刑法特論

（下冊）

侵害整體法益之犯罪

林山田 著

學歷：德國杜賓根大學法學博士
現職：國立臺灣大學法律系教授

三民書局印行

國家圖書館出版品預行編目資料

刑法特論／林山田著. --三修訂三版.
--臺北市：三民，民85
面；　公分
ISBN 957-14-0155-2（上册）
ISBN 957-14-0163-3（下册）

國際網路位址　http://sanmin.com.tw

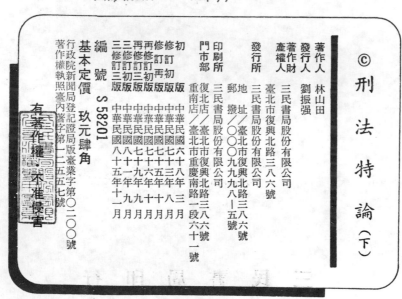

© 刑法特論（下）

著作人　林山田
發行人　劉振强
著作財產權人　三民書局股份有限公司
　臺北市復興北路三八六號
發行所　三民書局股份有限公司
　地址／臺北市復興北路三八六號
　郵撥／〇〇〇九九九八－五號
印刷所　三民書局股份有限公司
門市部　復北店／臺北市復興北路三八六號
　重南店／臺北市重慶南路一段六十一號
初版　中華民國六十八年三月
修訂初版　中華民國七十三年八月
修訂再版　中華民國七十五年十月
再修訂初版　中華民國七十六年十月
再修訂三版　中華民國七十九年九月
三修訂初版　中華民國八十一年九月
三修訂三版　中華民國八十五年十一月
編號　S 58201
基本定價　玖元肆角
行政院新聞局登記證局版臺業字第〇二〇〇號
著作權執照臺內著字第一二五五七號

ISBN 957-14-0163-3（下册：平裝）

刑法特論(下)目次

中篇　侵害社會法益之犯罪

第七章　破壞公共安全之犯罪

第八章 妨害公共信用與交易安全之犯罪

第九章 妨害風化之犯罪

第十章　妨害婚姻及家庭之犯罪

第十一章 褻瀆祀典及侵害墳墓屍體之犯罪

第十二章 妨害農工商業之犯罪

第十三章　危害公共健康之犯罪

下篇 侵害國家法益之犯罪

第十四章 危害國家或政府安全之犯罪

第十五章 公務員瀆職之犯罪

第十六章 妨害國權及公民權行使之犯罪

第十七章　妨害國家司法權之犯罪

中篇　侵害社會法益之犯罪

第七章　破壞公共安全之犯罪

第一節　概　說

破壞公共安全之犯罪乃指足以造成特定或不特定多數人死亡或身體健康受到傷害以及財物受損等嚴重後果之具有公共危險性之犯罪行爲。刑法上稱此等犯罪爲公共危險罪，計可分爲：放火罪、失火罪、決水罪、危害交通安全罪、危險物罪、妨害公共衞生罪以及其他公共危險罪等七大類，本書卽依此類別，分節加以論述。

一、公共危險罪之類型

綜觀本章之各罪行爲對於法益之影響程度，刑法公共危險罪章規定處罰之罪又可分成抽象公共危險罪、具體公共危險罪與實害罪等三種類型：

（一）抽象公共危險罪

抽象公共危險罪（Abstrakt gemeingefährliche Straftaten）係指違犯以行爲對特定法益之「抽象危險」(abstrakte Gefährdung) 或「一般危險性」(generelle Gefährlichkeit) 構架而成之「抽象危險構成要件」(abstrakte Gefährdungstatbestände) 的公共危險罪。此類公共危險罪在其構成要件要素中並未出現「公共危險」之字句。因此，在刑法實務上對於行爲人主觀上是否對其行爲之公共危險性有所認識，亦無須特別加以查證。易言之，即此類公共危險罪之行爲人主觀上對其行爲足生公共危險之事實無須有所認識。

立法者在構架此類公共危險罪之構成要件時，即以構成要件要素之彼此關聯，而預先認定該行爲具有一般之抽象危險，而不以事實上業已發生危險，方具應刑罰性（參閱第一章第二節、伍、三之㈢）❶。

（二）具體公共危險罪

具體公共危險罪（Konkret gemeingefährliche Straftaten）乃指於構成要件中明定「危險」字句之公共危險罪。在刑法實務上，司法者對於此類之公共危險罪必須就案件之實際情狀，逐一判斷是否眞有具體危險存在？若能斷定確實存在具體危險，行爲方能構成公共危險罪（參閱第一章、第二節、伍、三之㈢）❷。

❶此類之公共危險罪計有：放火燒燬現供人用之住宅或現有人在之處所罪（第一七三條第一項）、放火燒燬現非供人用之他人住宅或現未有人在之他人處所罪（第一七四條第一項）、失火燒燬現供人用之住宅或現有人在之處所罪（第一七三條第二項）、失火燒燬現非供人用之他人住宅或現未有人在之他人處所罪（第一七四條第三項前段）、決水浸害現供人用之住宅或現有人在之處所罪（第一七八條第一項）、決水浸害現非供人用之他人住宅或現未有人在之他人處所罪（第一七九條第一項）、過失決水浸害現供人用之住宅或現有人在之處所罪（第一七八條第二項）、過失決水浸害現非供人用之他人住宅或現未有人在之他人處所罪（第一七九條第三項前段）、傾覆或破壞交通工具罪（第一八三條第一項）、過失傾覆或破壞交通工具罪（第一八三條第二、三項）、普通危險物罪（第一八六條）、加重危險物罪（第一八七條）、毒化公衆飲水罪（第一九〇條第一項）、過失毒化公衆飲水罪（第一九〇條第三項），製造販賣陳列妨害衛生物品罪（第一九一條）、違背預防傳染病法令罪（第一九二條第一項）、妨害救災罪（第一八二條）、妨害公用事業罪（第一八八條）等。

❷此類之公共危險罪計有：放火燒燬現非供人用之自己住宅或現未有人在之自己處所罪（第一七四條第二項）、放火燒燬住宅等以外之他人所有物罪（第一七五條第一項）、放火燒燬住宅等以外之自己所有物罪（第一七五條第二項）、失火燒燬現非供人用之自己住宅或現未有人在之自己處所罪（第一七四條第三項後

（三）實害罪

實害罪（Verletzungsstraftaten）係因抽象公共危險犯或具體公共危險犯之危險狀態昇高至實害狀態而形成之公共實害罪，易言之，即犯各種公共危險罪，因而致人於死或致重傷之結果加重犯❸。

二、應行增訂之公共危險罪

雖然現行刑法關於公共危險罪之規定共有二十二條款，計有四十個罪名之多，但是衡量今日科技之發展與動力交通在量與速度之演進等社會現狀，尙有下述八種公共危險行爲應行增訂於未來新刑法之中：

（一）强刧航空器罪

以强暴、脅迫或其他非法方法刧持航空器之行爲，嚴重破壞空中交通安全，故亦爲公共危險罪章中所應加規定處罰之犯罪。雖民國六十三年修正公布之民用航空法對於此等行爲設有處罰之規定❹，但究非形式

（續前）段）、失火燒燬住宅等以外之物罪（第一七五條第三項）、決水浸害現非供人用之自己住宅或現未有人在之自己處所罪（第一七九條第二項）、決水浸害住宅等以外之他人所有物罪（第一八〇條第一項）、決水浸害住宅等以外之自己所有物罪（第一八〇條第二項）、過失決水浸害現非供人用之自己住宅或現未有人在之自己處所罪（第一七九條第四項）、破壞防水或蓄水設備罪（第一八一條第一項）、過失破壞防水或蓄水設備罪（第一八一條第二項）、損壞交通設備罪（第一八四條第一項）、過失損壞交通設備罪（第一八四條第三、四項）、損壞或壅塞通路罪（第一八五條第一項）、散布傳染病菌罪（第一九二條第二項）、漏逸或間隔電流或氣體罪（第一七七條第一項），損壞保護生命設備罪（第一八九條第一項）、過失損壞保護生命設備罪（第一八九條第三、四項）、違背建築術成規罪（第一九三條）、違背救災契約罪（第一九四條）等。

❸此類之犯罪計有：損壞交通設備罪之結果加重犯（第一八四條第二項），損壞或壅塞通路罪之結果加重犯（第一八五條第二項）、毒化公衆飲水罪之結果加重犯（第一九〇條第二項）、漏逸或間隔電流或氣體罪之結果加重犯（第一七七條第二項）、損壞保護生命設備罪之結果加重犯（第一八九條第二項）等。

❹依該法第七十七條之規定，以强暴脅迫或其他方法刧持航空器者，處死刑或無期徒刑。未遂犯亦罰之。預備犯則處三年以下有期徒刑。

刑法而欠缺一般預防之效果，故宜將處罰條文改行規定於刑法之中❺。

（二）危害飛航安全罪

由於空中交通之日趨頻繁，空中飛航安全之破壞行爲，亦極具公共危險性。因此，故意危害飛航安全與因嚴重過失而致危害飛航安全之行爲，亦應爲刑法公共危險罪章所加處罰之罪。對於故意危害飛航安全之行爲，雖然民用航空法亦設有處罰之規定❻，但因不具刑法法典之形式而欠缺一般預防之效果，故宜將其移置於刑法之中❼。同時，並應增訂過失犯之處罰規定。

（三）危害道路動力交通安全罪

由於道路動力交通之日趨頻繁與高速化，使酒醉駕車或嚴重違規駕車之行爲，如違規超車或不遵守優先權之規定而搶先行駛等，不但造成酒醉者或違規駕駛人之傷亡，而且還會引致其他參與道路交通者之傷亡，無異是一種公共危險罪，故應於刑法中增訂處罰之規定，使其成爲危害交通安全之犯罪行爲，而非祇是道路交通管理處罰條例所加處罰之行政不法行爲而已❽。

---

❺德國及奧地利刑法亦均設有處罰之規定，見德國刑法第三一六條 c 及奧地利刑法第一八五條。此外，日本刑法草案亦擬增設此等規定，見日本改正刑法草案第一九九、二〇〇條。

❻依該法第七十八條之規定，以強暴、脅迫或其他方法，危害飛航安全或其他設施者，處七年以下有期徒刑、拘役或二千元以上七千元以下罰金（第一項），未遂犯亦罰之（第四項）。因而致航空器或其他設施毀損者，處三年以上十年以下有期徒刑（第二項）。因而致人於死者，處死刑、無期徒刑或十年以上有期徒刑。致重傷者，處五年以上十二年以下有期徒刑（第三項）。

❼奧地利刑法第一八六條可作爲此等立法之參考。

❽例如酒醉駕車或服用痲醉藥品致意識模糊而駕車，均爲極具危險性之公共危險行爲，但依道路交通管理處罰條例第三十五條第一項之規定，祇是處九百元以上，一千八百元以下罰鍰，並禁止其駕駛之行政不法行爲而已。德國刑法第三一五條 a、三一五條 c，第三一六條之規定，可作爲我國刑法修改之參考。

（四）交通肇事逃逸罪

道路動力交通中難免發生交通意外事故，肇禍者往往為逃避刑事責任與民事責任，竟置受傷之被害人於不顧而逃逸，致增加交通事故之傷亡數，此等罔顧人命之行為在今日工業社會中亦頗具公共危險性，故亦為刑法公共危險罪章所應加規定處罰之行為❾。

（五）核能或放射性物質之危險罪

現行刑法之危險物罪所規定之危險物僅包括炸藥、棉花藥、雷汞或其他相類之爆裂物或軍用槍砲與子彈等，但近年來科技研究發展之核能(Kernenergie, Nuclear energy）與放射性物質，對於人體亦有相當高之殺傷性，故亦應將其增列為公共危險罪章中之危險物。同時，並應增訂故意引爆核能、濫用或任意棄置放射性物質，或因過失而致核能放射性物質發生公共危險等公共危險罪❿。

（六）故意引爆爆裂物罪

現行刑法僅處罰爆裂物之非法製造、販賣、運輸或持有等行為（第一八六、一八七條）。至於故意引爆此等爆裂物或因過失而致爆裂物發生爆炸等，因其具有高殺傷力，極易造成公共危險，但在現行刑法中却無處罰之規定，故新刑法亦應增訂此等故意與過失之公共危險罪⓫。

---

❾本罪與前罪可概稱為交通犯罪（Verkehrsdelikte）。德國一九六二年之官方刑法草案（Entwurf eines Strafgesetzbuches E 1962）曾設有交通罪（Verkehrsstraftaten）專章，加以規定。惟迄今之刑事立法上，大多數均將此類犯罪行為規定於公共危險罪章之中。此外，德國刑法第一四二條之規定可作為本罪之立法參考。

❿德國刑法第三一〇條b、三一一條a及三一一條b，奧地利刑法第一七一、一七二、一七五條，日本刑法改正草案第一七二條等，可作為此等立法之參考。

⓫德國刑法第三一一條，奧地利刑法第一七三、一七四條，瑞士刑法第二二四、二二五條，日本改正刑法草案第一七〇條及一七三至一七五條等，可作為此等立法之參考。

（七）汚染環境罪

近年來由於工業化而使空氣、水源或水流、土壤等生活環境遭受汚染，形成新興之公害犯罪，故新刑法之公共危險罪章自宜增訂防制此等犯罪行爲之公害刑法條款⓬。

（八）密醫罪

未受正式醫學敎育，且未經國家考試合格之人，爲圖私利，竟然掛牌行醫，使一般不明其底細之人前往就醫，往往使就醫之病患病情惡化，終至不治，故就社會公共安全而言，此等意圖私利之密醫行爲，亦具公共危險性，而應增訂於公共危險罪章中⓭。

第二節　放火罪與失火罪

故意縱火或過失引致火災，均具公共危險性，而爲刑法所加處罰之破壞公共安全之犯罪行爲。刑法依據燒燬或炸燬標的物之不同以及燒燬或炸燬係行爲人故意縱火或故意引爆，抑係過失引致火災或爆炸等而將放火罪與失火罪區分爲：壹、放火燒燬現供人用之住宅或現有人在之處所罪。貳、放火燒燬非供人用之他人住宅或現未有人在之他人所有處所罪。叁、放火燒燬現非供人用之自己住宅或現未有人在之自己處所罪。肆、放火燒燬住宅等以外之他人所有物罪。伍、放火燒燬住宅等以

⓬奧地利刑法第一八〇、一八一條，日本改正刑法草案第二〇八至二一一條等，可作爲此等立法之參考。

⓭奧地利刑法已有此等立法例，可作爲我國刑事立法之參考。見奧地利刑法第一八四條 (Kurpfuscherei)：「無醫生職業上必備之訓練，而以醫生方可從事之醫療多數人之工作爲業者，處三月以下自由刑或科一八〇日額數以下罰金刑」。

外之自己所有物罪。陸、失火燒燬現供人用之住宅或現有人在之處所罪。柒、失火燒燬現非供人用之他人住宅或現未有人在之他人處所罪。捌、失火燒燬現非供人用之自己住宅或現未有人在之自己處所罪。玖、失火燒燬住宅等以外之物罪。拾、準放火罪或準失火罪等。今分別論述如下:

壹、放火燒燬現供人用之住宅或現有人在之處所罪

行為人放火燒燬現供人使用之住宅或現有人所在之建築物、礦坑、火車、電車或其他供水、陸、空公衆運輸之舟、車、航空機者，構成第一七三條第一項之放火燒燬現供人用之住宅或現有人在之處所罪。本罪為一般犯與抽象危險犯。

一、行為客體

本罪之行為客體為現供人使用之住宅或現有人所在之建築物、礦坑、火車、電車或其他供水、陸、空公衆運輸之舟、車、航空機等。稱「住宅」係指供人居住生活之房屋或房間而言。住宅祇須現供人使用者，卽可成為本罪之行為客體，其外形、建築材料、設備等，均在所不問，卽使是簡陋不堪之草屋或在陋巷中臨時搭建之違章建築，祇要係供人居住使用者，卽可成為本罪之行為客體。至如建築華麗而有高級設備之新建大廈，如尙無人遷入居住，或如前曾有人居住，但原居住人現已遷出多時，而為無人居住之空屋等⓮，均不能成為本罪之行為客體。判

⓮參閱二九上六六：刑法第一百七十三條第一項所謂現供人使用之住宅，係指現時供人住居使用之房宅而言，如果住宅業已他遷，其原來住宅，縱尙有雜物在內，為原來住戶所保管，但該住宅旣非現時供人居住之使用，卽難謂係該條項所稱之住宅。

斷住宅是否爲現供人使用？不以住宅全部爲現供人使用爲必要，即使部分無人使用，但部分爲現供人使用者，亦可能成爲本罪之行爲客體。

所謂「建築物」係指周有門壁，上有屋蓋，足以蔽風雨之土地上之工作物而言，故如僅係草料支搭之棚舍，並無牆垣門窗，即非建築物⑮，惟如毗連住宅之棚舍，雖非供人使用之住宅，亦非現有人所在之建築物，但若故意縱火燒燬此等棚舍，則因其必然會延燒波及住宅，造成公共危險，則此毗連住宅之棚舍，自亦可成爲本罪之行爲客體⑯。又所謂「礦坑」係指爲採礦之用而掘鑿之坑道及其設備而言。稱「舟、車、航空機」則指供公衆運輸之水、陸、空交通工具，如船舶、汽車、火車、電車、飛機等。建築物、礦坑或供公衆運輸之舟、車與航空機等必須現有人在者，方能成爲本罪之行爲客體，故如破損不堪而久已無人居住之建築物、業已廢棄不用之礦坑、業已損害而停放不用之舟、車或航空機等，即不能成爲本罪之行爲客體。又如機關或學校等建築物，雖於夜間無人所在，但若機關或學校設有專人值宿者，即不能以起火時，偶然無人之故，而謂該機關或學校全部非現有人所在之建築物⑰。

由於本條係就縱火標的物爲現供人使用或現有人所在之抽象危險（或一般危險）構架而成之「抽象危險構成要件」，故本罪爲「抽象之危險犯」（參閱本章第一節及第一章第二節、伍、三之㈢）。因此，可作爲本罪行爲客體之住宅，祇須現供人使用者即爲已足，至於行爲人放

⑮參閱二九上四二二：被告燒燬之瓦廠，係稻草搭成，如果並無牆垣門窗，而僅係草料支搭之棚舍，尙不能認爲建築物。

⑯參閱二七上二七三九：上訴人於夜間至某姓住宅竊取衣物，因所帶香火遺落猪樓屋內，致將該猪樓燒燬，此項猪樓仍係現供被害人使用之住宅一部，不能適用刑法第一百七十四條第三項，與竊盜罪從一重處斷。

⑰參閱二四上一〇八五：被燒之圖書室爲學校之一部，縱使放火時無人在各該室內，但該學校夜間既有人値宿，即不能以起火之時圖書室偶然無人之故，遂謂該校全部非現有人所在之建築物。

火當時住宅之中是否眞有人在？則非所問。同樣地，可作爲本罪行爲客體之建築物、礦坑或供水、陸、空公衆運輸之舟、車或航空機，祇須現有人所在，卽爲已足，至於行爲人放火當時，是否確有人在其內？亦非所問。

稱現供人使用或現有人所在之「人」，當然係指行爲人以外之人而言，故如行爲人縱火燒燬之標的物，僅係供行爲人單獨使用或僅有行爲人單獨在內者，則此等標的物卽不能成爲本罪之行爲客體，行爲人放火燒燬之，自亦不構成本罪⑱。又可能成爲本罪行爲客體之住宅、建築物、礦坑、舟、車或航空器等，究屬他人所有？抑或屬於行爲人自己所有？則在所不問。

二、行爲

本罪之行爲爲放火。所謂「放火」乃指引致行爲客體燃燒之原因行爲，卽以積極作爲，使行爲客體置於燃燒狀態下，卽使將引燃物撤離行爲客體，或將引燃部份撲滅，但行爲客體仍可獨立繼續燃燒者，卽爲放火行爲⑲。至於行爲人係以何種方法引燃行爲客體而使其處於燃燒狀態？則在所不問。

放火行爲除以積極作爲直接點燃行爲客體，或點燃引燃物外，亦可

⑱參閱二八上三二一八：刑法第一百七十三條第一項之放火罪，係以放火燒燬之住宅或建築物等現旣供人使用或有人所在，依通常情形往往因放火結果遭受意外之危害，爲保護公共安全起見，特爲加重處刑之規定，故該條項所稱之人，當然係指放火人犯以外之人而言，如果前項住宅或建築物，卽爲放火人犯自行使用或祇有該犯在內，則其使用或所在之人，已明知放火行爲，並不致遭受何種意外危害，自不能適用該條項之處斷。上訴人教唆某甲、乙放火燒燬某處店房，該屋之住戶某丙，卽爲上訴人事前串商之共犯，此外，並無不知情之他人在內，顯與刑法第一百七十三條第一項所載之客體不符。此外，四五臺非八五亦同旨。

⑲參照 BGHSt 7, 37; 18, 363 以及 Schönke-Schröder, StGB, 1978, § 306, Rdn. 9.

能以消極之不作爲使行爲客體處於燃燒狀態，此等不作爲之放火係一種不純正不作爲犯。行爲人之不作爲是否可以構成本罪之放火行爲而負本罪之刑責？自以行爲人具有防止行爲客體着火燃燒之義務者爲限，此等防火義務可能由於法令之規定，亦可能係基於契約之約定，亦有可能係由於自己之前行爲。

依實務見解，認爲放火行爲具有毀損之本質，故放火燒燬他人住宅損及牆垣，自無兼論毀損罪之餘地⑳。就學理而論，放火行爲應同時構成放火罪與毀損罪，兩罪係法規競合。依特別關係，適用放火罪處斷，即爲已足。

三、行爲結果

行爲人之放火行爲必須造成燒燬行爲客體之結果，方能構成本罪，否則，祇能構成本罪之未遂犯（第一七三條第三項）。行爲客體着火燃燒至何程度，方可謂之燒燬？學說見解不一㉑：有謂行爲客體着火後雖脫離燃燒媒介物亦能獨立燃燒之程度，即爲燒燬（獨立燃燒說）。有謂行爲客體着火燃燒，其物質或效用全部滅失之程度，始爲燒燬（物質或效用全部毀損說）。有謂行爲客體之物質或效用一部滅失者，即可謂之燒燬（物質或效用一部毀損者）。亦有謂行爲客體着火燃燒，至其物之主要部分或其效用滅失者，即爲燒燬（主要物質或效用毀損說）。四說寬嚴不一，似可折衷爲如下之見解：所謂「燒燬」係指行爲客體由於燃燒而全部滅失，或雖部分燃燒而滅失，但已喪失其主要效用之程度而言。本罪因有未遂犯之規定，故如行爲客體雖着火燃燒但未達上述之程度者，即構成本罪之未遂犯。

四、主觀之不法要素

行爲人必須出於故意而放火，方能構成本罪。此等故意並不限於確

⑳參照二九上二三八八。
㉑參照韓著㈡，一六八頁。陳著，四一三頁。

定故意，即使爲未必故意，亦足以成罪。行爲人必須明知其行爲足以引燃住宅、建築物、礦坑或供水、陸、空公衆運輸之舟、車或航空機而燒燬之，並且對於此等放火標的物係現供人使用或現有人所在之事實有所認識。因爲本罪係抽象危險犯，故行爲人對其行爲是否足以引致人命死傷之危險，則無認識之必要，即使行爲人確信放火標的物中確無人在內而放火，亦不能阻却本罪之放火故意㉒。又本罪係破壞公共安全之犯罪，故行爲人之放火行爲縱得燒燬標的物所有人之承諾而爲之者，亦不得以此承諾而阻却違法。

五、罪數問題

本罪雖然具有破壞個人法益之性質，但仍以社會法益爲重，故一個放火行爲同時燒燬數個現供人使用之住宅或數個現有人所在之建築物等，仍應論以一個放火罪，不得以放火行爲所燒燬之住宅數或建築物數作爲決定罪數之標準㉓。

六、未遂犯

本罪之未遂行爲，第一七三條第三項設有處罰規定。既遂與未遂之區分乃以行爲客體是否已燒燬爲標準，已燒燬者爲既遂。反之，若已着手放火行爲，但行爲客體尚未燒燬者，即爲未遂（參閱前述三）。

七、預備犯

由於本罪具有高度之社會危險性，故預備行爲亦加犯罪化，而爲第一七三條第四項所加處罰之行爲。行爲人具備放火之故意，而準備放火

㉒參照 Schönke-Schröder, StGB, 1978, § 306, Rdn. 14.

㉓參閱二一上三九一：刑法上之放火罪，其直接被害法益爲一般社會之公共安全，雖私人之財產法益亦同時受其侵害，但本罪係列入公共危險章內，自以社會公安之法益爲重，此觀於燒燬自己所有物致生公共危險時並應論罪之點，亦可得肯定之見解，故以一個放火行爲燒燬多家房屋，仍祇成立一罪，不得以所焚家數，定其罪數。此外，五六臺上二〇五九㈠亦同旨。

之工具與燃料，即足以構成本罪之預備犯。

八、想像競合犯

本罪之放火行爲除燒燬本罪之行爲客體外，往往亦可能延燒行爲客體以外之物，此即構成本罪與其他放火罪與失火罪之想像競合關係。惟究與何種放火罪或失火罪成立想像競合犯？則應依延燒標的物之性質及行爲人之主觀不法狀態而作判斷:

(一) 延燒標的物若爲現非供人用之他人住宅或現未有人在之他人處所:

1. 行爲人如預見此延燒結果，且此結果之發生並不違背其本意者，則除構成本罪外，並另成立放火燒現非供人用之他人住宅或現未有人在之他人處所罪(第一七四條第一項)，兩罪應依第五十五條前段之規定，從一重處斷。

2. 行爲人如對於延燒結果並無預見，或雖有預見，而確信其不致發生者，則除構成本罪外，並另成立失火燒燬現非供人用之他人住宅或現未有人在之他人處所罪（第一七四條第三項），兩罪應依第五十五條前段之規定，從一重處斷。

(二) 延燒標的物若爲住宅等以外之他人所有物:

1. 如前（一)、1. 之類似情形，則構成本罪與放火燒燬住宅等以外之他人所有物罪（第一七五條第一項）之想像競合犯，應依第五十五條前段之規定，從一重處斷。

2. 如前（一)、2. 之類似情形，則構成本罪與失火燒燬住宅等以外之物罪（第一七五條第三項）之想像競合犯，應依第五十五條前段之規定，從一重處斷。

九、法律效果

犯本罪者，處無期徒刑或七年以上有期徒刑。犯本罪之預備犯者，處一年以下有期徒刑、拘役或三百元以下罰金。

十、檢討與改進

由於本罪之行爲客體係現供人使用之住宅或現有人所在之處所，故本罪之放火行爲除燒燬行爲客體外，往往亦會造成焚斃人命之加重結果，對於此等附有加重結果之放火行爲，因現行條文未作相當之規定，故未能作妥適之處斷㉔。因此，現行條文宜增訂結果加重犯之規定。

貳、放火燒燬現非供人用之他人住宅或現未有人在之他人處所罪

行爲人放火燒燬現非供人使用之他人所有住宅或現未有人所在之他人所有建築物、礦坑、火車、電車或其他供水、陸、空公衆運輸之舟、車、航空機者，構成第一七四條第一項之放火燒燬現非供人用之他人住宅或現未有人在之他人處所罪。本罪爲一般犯與抽象危險犯。

一、行爲客體

本罪之行爲客體爲現非供人使用之他人所有住宅或現未有人所在之他人所有建築物、礦坑、火車、電車或其他供水、陸、空公衆運輸之舟、車、航空機等。此等放火標的物雖非供人使用或現未有人所在，但爲他人所有，且易生公共危險，故刑法乃以此抽象危險，構架另一種放火罪之構成要件。

本罪之行爲客體以屬於他人所有者爲限，此之他人當然包括自然人與法人㉕。又放火標的物爲行爲人與他人共有者，因他人對於該物享有

㉔德國刑法係將此等加重結果規定作爲其「特別加重放火罪」(Besonders schwere Brandstiftung) 之加重要件，見該法第三〇七條第一款。

㉕參照三四院解二九七七。

所有權，故亦爲他人所有，而可成爲本罪之行爲客體。

二、行爲

本罪之行爲與前罪同爲放火，前（本節、壹之二）已詳述，在此不贅。

三、行爲結果

本罪亦與前罪同，必須發生燒燬放火標的物之結果，方能成罪，已詳述於前（本節、壹之三），在此不贅。

四、主觀之不法要素

行爲人主觀上必須具備放火故意，且須明知放火標的物係他人所有，方能構成本罪，否則，若行爲人欠缺此等主觀之不法要素，縱有放火行爲，亦不負本罪之刑責。

五、未遂犯

本罪之未遂行爲，第一七四條第四項設有處罰之規定。行爲人着手放火行爲，但尚未燒燬放火標的物者，卽爲本罪之未遂。反之，放火標的物已遭燒燬者，卽爲既遂。

六、牽連犯或想像競合犯

本罪之放火行爲往往亦可能延燒本罪行爲客體以外之物，而形成本罪與其他放火罪或失火罪之牽連或想像競合關係。此因延燒標的物之性質與行爲人主觀犯意等之不同，而異其處斷。

(一) 延燒標的物若爲現供人用之住宅或現有人在之處所:

1. 行爲人如以放火燒燬本罪之行爲客體爲手段，而達延燒現供人用之住宅或現有人在之處所之目的，則構成本罪與放火燒燬現供人用之住宅或現有人在之處所罪（第一七三條第一項）之牽連犯，應依第五十五條後段之規定，從一重處斷。

2. 行爲人如預見延燒結果，且此結果之發生並不違背其本意者，則構成本罪與放火燒燬現供人用之住宅或現有人在之處所罪（第一七三條第一項）之想像競合犯，應依第五十五條前段之規定，從一重處斷。

3.行為人如對於延燒結果並無預見，或雖有預見，而確信其不致發生者，則構成本罪與失火燒燬現供人用之住宅或現有人在之處所罪（第一七三條第二項）之想像競合犯，應依第五十五條前段之規定，從一重處斷。

（二）延燒標的物若為住宅等以外之他人所有物：

1.如前（一）、1.之類似情形，則構成本罪與放火燒燬住宅等以外之他人所有物罪（第一七五條第一項）之牽連犯，應依第五十五條後段，從一重處斷。

2.如前（一）、2.之類似情形則構成本罪與放火燒燬住宅等以外之他人所有物罪（第一七五條第一項）之想像競合犯，應依第五十五條前段，從一重處斷。

3.如前（一）、3.之類似情形，則構成本罪與失火燒燬住宅等以外之物罪（第一七五條第三項）之想像競合犯，應依第五十五條前段之規定，從一重處斷。

七、法律效果

犯本罪者，處三年以上，十年以下有期徒刑。

叁、放火燒燬現非供人用之自己住宅或現未有人在之自己處所罪

行為人放火燒燬現非供人使用之自己所有住宅或現未有人所在之自己所有建築物、礦坑、火車、電車或其他供水、陸、空公衆運輸之舟、

車、航空機，致生公共危險者，構成第一七四條第二項之放火燒燬現非供人用之自己住宅或未有人在之自己處所罪。本罪爲一般犯與具體危險犯或「純正危險犯」(echte Gefährdungsdelikte)。

一、行爲客體

本罪之行爲客體爲現非供人使用之自己所有住宅或現未有人所在之自己所有之建築物、礦坑、火車、電車或其他供水、陸、空公衆運輸之舟、車、航空機等。可能成爲本罪行爲客體之放火標的物以屬於行爲人或其共犯所有者爲限，又放火標的物如屬於行爲人或其共犯所有，縱令已經投保，仍可成爲本罪之行爲客體㉖。惟並非一切現非供人使用之自己所有住宅或現未有人所在之自己所有之建築物、礦坑或供水、陸、空之公衆交通運輸工具，均可能成爲本罪之行爲客體，因爲此等放火標的物若係孤立於一片空曠之地，雖故意縱火加以燒燬，並不致延燒他物而生公共危險，則此等放火標的物，即不能成爲本罪之行爲客體。因此，可以成爲本罪之行爲客體者，自以放火燒燬時，足以生公共危險之放火標的物爲限。

二、行爲

本罪之行爲亦爲放火，其義已詳述於前（本節、壹之二），在此不贅。

三、行爲結果

就現行條文「致生公共危險」之規定觀之，行爲人之故意放火行爲

㉖參閱二八上三二一八：舊刑法第二百零九條雖有自己所有物已保險者，以他人所有物論之規定，但刑法並不採用此種立法例，故燒燬之住宅或建築物等，如屬於犯人或其共犯所有，縱令已經保險，仍應論以燒燬自己所有物之罪，原審旣認上訴人與業主某丁商通放火，藉以詐取保險賠款，是其燒燬之房屋，係屬共犯所有，該屋雖經保險，亦與同法第一百七十四條第一項所稱他人所有之條件不合。此外，五三臺上一二〇〇亦同旨。

須有致生公共危險之結果，方能構成本罪，否則，如放火行爲未生公共危險之具體結果，即不負本罪之刑責㉗。惟本罪爲純正危險犯，就法理而言，行爲人之放火行爲祇要客觀上足以認定有發生公共危險之虞者，即可成立本罪，並不以致生公共危險之具體結果爲必要。按本罪之行爲客體原屬行爲主體所有，行爲主體對之本可自由加以處分，雖放火燒燬之，亦不受法律之干涉，惟放火標的物若與他人之住宅、建築物或其他之物相毗連，一旦燃燒，即顯有延燒波及他人之物而造成公共危險之虞，在此情況下，行爲主體之放火行爲，自非僅係對自己所有物之處分行爲，而爲應加刑罰之公共危險行爲。

本罪因係行爲人放火燒燬其本可自由處分之標的物，但因放火標的物所處之位置及其情狀，足以延燒而波及他物，造成公共危險，故在學說上稱本罪爲「間接放火罪」(mittelbare Brandstiftung)，以別於放火燒燬現非供人使用之他人所有住宅或現未有人所在之他人建築物等（第一七四條第一項）之「直接放火罪」(unmittelbare Brandstiftung)㉘。

四、主觀之不法要素

行爲人主觀上必須具備放火故意，方能構成本罪。此外，行爲人對於其放火行爲因放火標的物之所在地及其情狀足以生公共危險之事實，必須有所認識㉙，否則，行爲人若欠缺此等主觀之不法要素，則自不負本罪之刑責。

㉗參閱五二臺上二一六四：刑法第一百七十四條第二項之罪係結果犯，必因放火燒燬自己所有物而釀成具體公共危險者，始有該條項之適用。本件原判決既認定上訴人等放火燒燬其自己之房屋幸未波及比鄰，如果屬實，自難謂有該條項之適用。

㉘參照 Schönke-Schröder, SGB, 1978, § 308, Rdn. 11 ff. 此兩罪又合稱爲「單純放火罪」(Einfache Brandstiftung)，參閱西德刑法第三〇八條。

㉙參照 Schönke-Schröder, StGB, 1978, § 308, Rdn. 15. 但有反對說，認爲行爲人對於公共危險縱無認識，亦應認爲成立本罪，見韓著(一)，　七二頁。

五、牽連犯或想像競合犯

本罪之放火行爲可能延燒本罪行爲客體以外之他物，此應依延燒標的物之性質及行爲人之主觀犯意，而加以處斷：

（一）延燒標的物若爲現供人用之住宅或現有人在之處所：

與前罪之情形相類似（見本節、貳、六之㈠）。

（二）延燒標的物若爲住宅等以外之他人所有物：

與前罪之情形相類似（見本節、貳、六之㈡）。

（三）延燒標的物若爲現非供人用之他人所有住宅或現未有人在之他人所有處所：

1. 行爲人如以放火燒燬本罪之行爲客體爲手段，而達延燒現非供人用之他人住宅或未有人在之他人處所之目的，則構成本罪與放火燒燬現非供人用之他人住宅或未有人在之他人處所罪（第一七四條第一項）之牽連犯，應依第五十五條後段之規定，從一重處斷。

2. 行爲人如預見延燒結果，且此結果之發生並不違背其本意者，則構成本罪與放火燒燬現非供人用之他人住宅或未有人在之他人處所罪（第一七四條第一項）之想像競合犯，應依第五十五條前段之規定，從一重處斷。

3. 行爲人對於延燒結果並無預見，或雖有預見，而確信其不致發生者，則構成本罪與失火燒燬現非供人用之他人住宅或現未有人在他人之處所罪（第一七四條第三項）之想像競合犯，應依第五十五條前段之規定，從一重處斷。

六、法律效果

犯本罪者，處六月以上，五年以下有期徒刑。

七、檢討與改進

本罪爲純正危險犯，行爲主體之故意放火行爲祇要就其放火標的物之所在地及其情狀而客觀上可判定顯有延燒波及他物而生公共危險之虞者，卽可成罪。然現行條文「放火燒燬前項之自己所有物，『致』生公共危險者」之規定，不但未能顯示出純正危險犯之特質，而且使人極易誤會本罪爲實害犯，故爲符合構成要件之明確原則及純正危險犯之特質，本罪之規定似宜加修正，今試擬條文如下:

「放火燒燬前項之自己所有物，且就該物之所在地或客觀情狀，顯有延燒第一七三條第一項及前項之物之虞者，處六月以上五年以下有期徒刑。」

若不爲前述之修正，則爲避免將本罪錯當爲實害犯，至少應將條文中之「致」字改爲「足以」。本罪以次之第一七四條第三項、第一七五條第一、二、三項等放火罪或失火罪，亦均宜作此修正。

肆、放火燒燬住宅等以外之他人所有物罪

行爲人放火燒燬第一七三條與第一七四條所定以外之他人所有物，致生公共危險者，構成第一七五條第一項之放火燒燬住宅等以外之他人所有物罪。本罪爲一般犯與具體危險犯或純正危險犯。

一、行爲客體

本罪之行爲客體爲住宅、建築物、礦坑、火車、電車及其他供水、陸、空公衆運輸之舟、車、航空機以外之他人所有物。條文所稱之他人所有物兼指與他人共有之物。又他人之森林雖爲住宅等以外之他人所有物，但森林法第五十一條第一項設有放火燒燬他人之森林之處罰規定，因係本罪之特別法，自當優先適用。

二、行爲

本罪之行爲亦爲放火，前（本節、壹之二）已詳述，在此不贅。

三、行爲結果

自現行條文之規定觀之，本罪之行爲須有致生公共危險之結果，始能成罪，否則，如放火行爲未生具體公共危險之結果，自不負本罪之刑責㉚。惟本罪爲純正危險犯，就法理而言，祇要客觀上就行爲客體之所在地及其情狀可認定行爲足以發生公共危險之虞者，即可構成本罪，並不以放火行爲致生公共危險之具體結果，方能成罪。

四、主觀之不法要素

行爲人主觀上必須具備放火故意，且對其放火行爲足以生公共危險之事實有所認識，方能構成本罪。否則，行爲人若欠缺此等主觀之不法要素，自不負本罪之刑責。

五、法律效果

犯本罪者，處一年以上，七年以下有期徒刑。

伍、放火燒燬住宅等以外之自己所有物罪

行爲人放火燒燬第一七三條與第一七四條所定以外之自己所有物，致生公共危險者，構成第一七五條第二項之放火燒燬住宅等以外之自己

㉚參閱四七臺上一三四五：刑法第一七五條第一項係學說上所謂結果犯，如其放火結果未發生具體公共危險，除觸犯其他罪名外，不成立該條項之罪。

所有物罪。本罪爲一般犯與具體危險犯或純正危險犯。

一、行爲客體

本罪之行爲客體爲住宅、建築物、礦坑、火車、電車及其他供水、陸、空公衆運輸之舟、車、航空機以外之自己所有物。住宅、建築物等以外之物若爲無主物，在西德判例及通說上，均視爲自己所有物㉛，故放火燒燬住宅、建築物等以外之無主物，均適用本罪處斷㉜。又自己之森林雖爲住宅等以外之自己所有物，但因森林法第五十一條第二項設有放火燒燬自己之森林之處罰規定，因係本罪之特別法，自當優先適用。

二、行爲

本罪之行爲亦爲放火，已詳述於前（本節、壹之二），在此不贅。

三、行爲結果

與前罪同（見本節、肆之三）。

四、主觀之不法要素

行爲人主觀上必須具備放火故意，且對其放火行爲足以生公共危險之事實有所認識，方能構成本罪。

五、法律效果

犯本罪者，處三年以下有期徒刑。

㉛參照 Schönke-Schröder, SGB, 1978, § 308, Rdn. 14; Blei, BT. 1976, S. 278.

㉜但我國學者有認爲應科以放火燒燬住宅等以外之他人所有物罪者，見趙著(上)，二五六頁。

陸、失火燒燬現供人用之住宅或現有人在之處所罪

行爲人失火燒燬現供人使用之住宅或現有人所在之建築物、礦坑、火車、電車或其他供水、陸、空公衆運輸之舟、車、航空機者，構成第一七三條第二項之失火燒燬現供人用之住宅或現有人在之處所罪。本罪爲一般犯與抽象危險犯。

一、行爲客體

本罪之行爲客體爲現供人使用之住宅或現有人所在之建築物、礦坑、火車、電車或其他供水、陸、空公衆運輸之舟、車、航空機等，已詳述於前（本節、壹之一），在此不贅。

二、行爲

本罪之行爲爲失火，即指由於過失行爲而導致行爲客體之着火燒燬。至於行爲人之過失行爲係普通過失，抑或業務過失？均非所問。

失火行爲並不限於積極之作爲，即使爲消極之不作爲，亦有可能造成失火行爲[33]，如由於故意之放火行爲而延燒放火標的物以外之物，而不通知消防隊搶救，任其燒燬，此等消極不作爲亦可視爲本罪之失火行爲[34]。

三、行爲結果

行爲人之失火行爲必須造成燒燬行爲客體之結果，方能成罪。行爲客體着火燃燒至何程度始可謂之燒燬？已詳述於前（本節、壹之三），在此不贅。

---

[33] 參照 Schönke-Schröder, StGB, 1978, § 309, Rdn. 2.

[34] 參照 Wessels, BT-1, 1977, S. 132.

四、想像競合犯

本罪之失火行為可能延燒波及本罪行為客體以外之物，故除構成本罪外，並應依延燒標的物之性質，分別另行成立失火燒燬現非供人用之他人住宅或現未有人在之他人處所罪（第一七四條第三項）或失火燒燬住宅等以外之物罪（第一七五條第三項），並依第五十五條前段之規定，從一重處斷。

五、法律效果

犯本罪者，處一年以下有期徒刑、拘役或五百元以下罰金。

六、檢討與改進

由於本罪之行為客體係現供人使用之住宅或現有人所在之處所，故失火行為除燒燬行為客體外，往往亦會造成焚斃人命之加重結果。對於此等附有加重結果之失火行為，因現行條文未作相當之規定，只能成立本罪與過失致死罪（第二七六條）之想像競合犯，而從一重之過失致死罪處斷㉟。因此，現行條文宜增訂結果加重犯之規定。

由於都市房屋密集，本罪之失火行為往往造成鉅額之財物損失與人命之傷亡，其不法內涵與罪責程度，顯然相對增高。因此，本罪之法定刑亦宜作適度之提昇，似可提昇訂為二年以下有期徒刑或科二千元以下罰金。

柒、失火燒燬現非供人用之他人住宅或現未有人在之他人處所罪

行為人失火燒燬現非供人使用之他人所有住宅或現未有人所在之他人所有建築物、礦坑、火車、電車或其他供公衆運輸之舟、車、航空機

㉟參閱三〇上二七四四（見77頁之註⑯）。

者，構成第一七四條第三項前段之失火燒燬現非供人用之他人住宅或現未有人在之他人處所罪。本罪爲一般犯與抽象危險犯。

一、行爲客體

本罪之行爲客體爲現非供人使用之他人所有住宅或現未有人所在之他人所有建築物、礦坑、火車、電車或其他供水、陸、空公衆運輸之舟、車、航空機等。詳參閱放火燒燬現非供人用之他人住宅或現未有人在之他人處所罪（第一七四條第一項）所述者（本節、貳之一）。

二、行爲

本罪之行爲爲失火，詳見前罪（本節、陸之二）。

三、行爲結果

本罪行爲人之失火行爲必須造成燒燬行爲客體之結果，方能構成本罪，詳參閱放火燒燬現供人用之住宅或現有人在之處所罪（第一七三條第一項）所述者（本節、壹之三）。

四、法律效果

犯本罪者，處六月以下有期徒刑、拘役或三百元以下罰金。

捌、失火燒燬現非供人用之自己住宅或現未有人在之自己處所罪

行爲人失火燒燬現非供人使用之自己所有住宅或現未有人所在之自己所有建築物、礦坑、火車、電車或其他供水、陸、空公衆運輸之舟、車、航空機，致生公共危險者，構成第一七四條第三項後段之失火燒燬

現非供人用之自己住宅或現未有人在之自己處所罪。本罪爲一般犯與具體危險犯或純正危險犯。

一、行爲客體

本罪之行爲客體爲現非供人使用之自己所有住宅或現未有人所在之自己所有建築物、礦坑、火車、電車或其他供水、陸、空公衆運輸之舟、車、航空機等，詳參閱放火燒燬現非供人用之自己住宅或未有人在之自己處所罪（第一七四條第二項）所述者（本節、叁之一）。

二、行爲

本罪之行爲爲失火，已詳述於前（本節、陸之二），在此不贅。

三、行爲結果

行爲人之失火行爲須有致生公共危險之結果，方能構成本罪。詳參閱放火燒燬現非供人用之自己住宅或未有人在之自己處所罪（第一七四條第二項）所述者（本節、叁之三）。

四、法律效果

犯本罪者，處六月以下有期徒刑、拘役或三百元以下罰金。

玖、失火燒燬住宅等以外之物罪

行爲人失火燒燬第一七三條與第一七四條所定以外之物，致生公共危險者，構成第一七五條第三項之失火燒燬住宅等以外之物罪。本罪爲一般犯與具體危險犯或純正危險犯。

一、行爲客體

本罪之行爲客體爲住宅、建築物、礦坑、火車、電車及其他供水、陸、空公衆運輸之舟、車、航空機等以外之物。此等物究爲行爲人所有？抑爲他人所有？均非所問。又他人或自己之森林雖爲住宅等以外之物，但森林法第五十條第三項設有失火燒燬他人之森林，同條第四項設有失火燒燬自己之森林，因而燒燬他人之森林等之處罰規定，因爲此等規定均爲本罪之特別法，故他人或自己之森林，即不能成爲本罪之行爲客體㊱。

二、行爲

本罪之行爲亦爲失火，其義已詳述於前（本節、陸之二），在此不贅。

三、行爲結果

與前罪同（見本節、捌之三）。

四、法律效果

犯本罪者，處拘役或三百元以下罰金。

拾、準放火罪或準失火罪

行爲人故意或因過失，以火藥、蒸氣、電氣、煤氣或其他爆裂物炸燬第一七三條至第一七五條之物者，構成第一七六條之準放火罪或準失火罪。本罪爲一般犯、危險犯與獨立犯。

一、行爲形態

本罪之行爲形態可分爲下述二種：

㊱參閱四一臺非五九：森林法第五十一條第三項係刑法第一百七十五條第三項之特別規定，自應先於普通法而適用之。被告因搬運材料行至某處森林休息吸煙，忘將擲地火柴熄滅，致引着枯草延燒森林，應依森林法第五十一條第三項處斷。

（一）故意犯之準放火罪

（二）過失犯之準失火罪

二、行爲客體

本罪之行爲客體爲第一七三條至第一七五條所定之物。因之，所有之物，不問爲行爲人所有，抑爲他人所有，亦不問爲氣體、液體或固體，均可能成爲本罪之行爲客體。

三、行爲

本罪之行爲乃以火藥、蒸氣、電氣、煤氣或其他爆裂物炸燬。易言之，卽故意使用足以引致爆炸之物，炸燬行爲客體，或因過失致爆裂物爆炸而炸燬行爲客體。

四、主觀之不法要素

本罪中之準放火罪之行爲人在主觀上必須具備炸燬故意，且須對於火藥、蒸氣、電氣、煤氣或其他爆裂物足以引致爆炸而炸燬行爲客體之事實有所認識，方能成罪，否則，至多祇能成立準失火罪。

五、未遂犯與預備犯

故意以火藥、蒸氣、電氣、煤氣或其他爆裂物之炸燬行爲其所炸燬之行爲客體若爲現供人使用之住宅或現有人所在之建築物、礦坑、火車、電車或其他供水、陸、空公衆運輸之舟、車、航空機，則其未遂行爲與預備行爲可依第一七三條第三項與第四項分別加以處斷。又炸燬之行爲客體若爲現供人使用之他人所有住宅或現未有人所在之他人所有建築物、礦坑、火車、電車或其他供水、陸、空公衆運輸之舟、車、航空機，則其未遂行爲可依第一七四條第四項加以處斷。

六、法律效果

本罪之法律效果係按炸燬之行爲客體之種類與性質，而準用第一七三條至第一七五條之放火罪或失火罪之規定，以爲處罰。

第三節　決水罪

決水罪係指故意決水或因過失而使洪水氾濫成災，造成人命死傷與毀物之公共危險行爲，其基本類型有三：即㈠對人命構成危險之故意決水罪、㈡對物構成危險之故意決水罪、㈢過失決水罪等。我國刑法則依行爲人之「罪責形態」(Schuldformen)，將決水罪分成爲故意決水罪與過失決水罪。其次，並就決水侵害標的物之性質及侵害標的物係屬他人所有抑或行爲人所有，而將故意決水罪區分爲：壹、決水浸害現供人用之住宅或現有人在之處所罪。貳、決水浸害現非供人用之他人住宅或現未有人在之他人處所罪。叁、決水浸害現非供人用之自己住宅或現未有人在之自己處所罪。肆、決水浸害住宅等以外之他人所有物罪。伍、決水浸害住宅等以外之自己所有物罪等五種，並將過失決水罪區分爲：陸、過失決水浸害現供人用之住宅或現有人在之處所罪。柒、過失決水浸害現非供人用之他人住宅或現有人在之他人處所罪。捌、過失決水浸害現非供人用之自己住宅或現未有人在之自己處所罪。玖、過失決水浸害住宅等以外之物罪等四種。此外，故意或因過失破壞堤防、水閘、自來水池等之行爲，亦足以導致公共危險，故亦併入決水罪中加以規定，計有：拾、破壞防水或蓄水設備罪。拾壹、過失破壞防水或蓄水設備罪等兩種。今分別論述如下：

壹、決水浸害現供人用之住宅或現有人在之處所罪

行爲人決水浸害現供人使用之住宅或現有人所在之建築物、礦坑或火車、電車者，構成第一七八條第一項之決水浸害現供人用之住宅或現有人在之處所罪。本罪爲一般犯與抽象危險犯。

一、行爲客體

本罪之行爲客體爲現供人使用之住宅或現有人所在之建築物、礦坑或火車、電車等，已詳述於前（本章第二節、壹之一），在此不贅。

二、行爲

本罪之行爲爲決水。所謂「決水」係指足使水流横決氾濫成災之一切加工行爲。至於行爲人係使用何種方法而使水流横決氾濫？則與本罪之成立無關，行爲人可能以積極之作爲，亦可能以消極之不作爲而決水，前者如開放防水設備、決潰堤防、破壞水閘、損壞蓄水設備或壅塞水道等，後者如不關閉防水堤之水門或不開放水庫之放水閘等。易言之，凡一切足使水流失其常態，而浸害各種決水罪之行爲客體之行爲，均可謂之爲決水。

三、行爲結果

行爲人之決水行爲必須造成浸害行爲客體之結果，始能構成本罪。由於決水而使水流氾濫，行爲客體受害至何程度，方可該當本罪構成要件上所謂之浸害？學者見解不一㊲：有謂行爲客體之物質滅失者，即爲浸害（物質滅失說）。有謂行爲客體之效用因受水浸而喪失者，即爲浸害（效果喪失說）。有謂行爲客體之全部或一部浸沒水中，即係浸害

㊲參照韓著㈠，一七七頁。

（浸沒說）。亦有謂行爲客體之主要部份與主要效用因受水浸而毀損或喪失者，方爲浸害（主要物質或效用毀損說）。此四種見解寬嚴不一，似可折衷爲：浸害乃指行爲客體因決水行爲而全部浸沒水中，或雖部分浸沒水中，但已喪失其主要效用而言，故如行爲客體雖因行爲人之決水行爲而受害，但尙未達上述之程度者，卽爲本罪之未遂犯。

本罪僅係就對於人命之抽象危險而構架之抽象危險犯，至於決水行爲事實上是否造成人命之傷亡實害？則與本罪之成立無關。易言之，行爲主體祇須決水浸害現供人使用或現有人在之行爲客體，卽足以成罪，至於決水當時，是否確有人在行爲客體之中？則非所問。

四、主觀之不法要素

行爲人主觀上必須具備決水之故意，且對其決水標的物係現供人使用或現有人所在之事實有所認識，方能構成本罪，否則，行爲人若欠缺此等主觀之不法要素，自不負本罪之刑責。由於本罪係抽象危險犯，故行爲人主觀上對其行爲是否具有引致人命傷亡之危險，則無認識之必要，卽使行爲人確信決水浸害標的物中確無人在內而決水，亦不能排除本罪之決水故意。又本罪雖亦造成破壞個人法益之結果，但其所保護之法益仍以社會法益爲重，故行爲人之決水行爲縱得被害人之承諾而爲之者，亦不得以此承諾而阻却違法。

五、未遂犯

本罪之未遂行爲，第一七八條第三項設有處罰規定。旣遂與未遂之區分乃以行爲客體已否浸害爲標準，行爲人着手決水行爲，且已浸害行爲客體者，卽爲旣遂。反之，雖已着手決水行爲，但行爲客體並未受浸害者，則爲本罪之未遂。

六、想像競合犯

本罪之決水行爲可能波及浸害行爲客體以外之他物，而構成本罪與其他故意決水罪或過失決水罪之想像競合關係。惟究與何種故意決水罪或過失決水罪發生想像競合關係？則應依波及浸害標的物之性質及行爲人之主觀不法狀態而作判斷：

(一) 波及浸害標的物若爲現非供人用之他人住宅或現未有人在之他人處所：

1. 行爲人如預見波及浸害之結果，且此結果之發生並不違背行爲人之本意者，則構成本罪與決水浸害現非供人用之他人住宅或現未有人在之他人處所罪（第一七九條第一項）之想像競合犯，應依第五十五條前段之規定，從一重處斷。

2. 行爲人如對波及浸害之結果並無預見，或雖有預見，而確信其不致發生者，則構成本罪與過失決水浸害現非供人用之他人住宅或現未有人在之他人處所罪（第一七九條第三項）之想像競合犯，應依第五十五條前段之規定，從一重處斷。

(二) 波及浸害標的物若爲住宅等以外之他人所有物：

1. 如前（一）、1之類似情形，則構成本罪與決水浸害住宅等以外之他人所有物罪（第一八〇條第一項）之想像競合犯，應依第五十五條前段之規定，從一重處斷。

2. 如前（一）、2之類似情形，則構成本罪與過失決水浸害住宅等以外之罪（第一八〇條第三項）之想像競合犯，自應依第五十五條前段之規定，從一重處斷。

七、法律效果

犯本罪者，處無期徒刑或五年以上有期徒刑。

八、檢討與改進

本罪之決水行爲除浸害行爲客體外，往往亦會造成溺斃或流失人命之加重結果，因現行條文未作結果加重犯之規定，故在刑法實務上未能作適當之處斷㊳。因此，現行條文宜增訂結果加重犯之規定。

貳、決水浸害現非供人用之他人住宅或現未有人在之他人處所罪

行爲人決水浸害現非供人使用之他人住宅或現未有人所在之他人所有建築物或礦坑者，構成第一七九條第一項之決水浸害現非供人用之他人住宅或現未有人在之他人處所罪。本罪爲一般犯與抽象危險犯。

一、行爲客體

本罪之行爲客體爲現非供人使用之他人住宅或現未有人所在之他人所有建築物或礦坑等。此等決水浸害標的物以屬於他人所有者爲限，此之他人當然包括自然人與法人。又行爲人與他人共有之現無人使用之住宅或現無人所在之建築物等，亦可成爲本罪之行爲客體。

二、行爲

本罪之行爲爲決水，已詳述於前（本節、壹之二），在此不贅。

三、行爲結果

本罪亦與前罪同，必須發生浸害行爲客體之結果，方能成罪，詳參閱前罪所述者（本節、壹之三）。

四、主觀之不法要素

行爲人主觀上必須具備決水故意，且須明知決水浸害標的物係他人所有，方能構成本罪，否則，行爲人若欠缺此等主觀之不法要素，則不

㊳西德刑法第三一二條之「導致人命危險之故意決水罪」(Herbeiführen einer lebensgefährdenden Überschwemmung）後段之規定卽係針對此等造成人命死亡之決水罪之處罰，前段之決水危險犯可處三年以上自由刑，後段之決水實害犯則可處終身自由刑或十年以上自由刑。

負本罪之刑責。

五、未遂犯

本罪之未遂行爲，第一七九條第五項設有處罰規定，既遂與未遂之區分標準與前罪同，在此不再贅述（參閱本節、壹之五）。

六、牽連犯或想像競合犯

本罪之決水行爲可能波及浸害行爲客體以外之他物，而構成本罪與其他故意決水罪之牽連犯或本罪與其他故意決水罪或過失決水罪之想像競合犯。

(一) 波及浸害標的物若爲現供人用之住宅或現有人在之處所：

1. 行爲人如以決水浸害本罪之行爲客體爲手段，而達浸害現供人用之住宅或現有人在之處所之目的，則構成本罪與決水浸害現供人用之住宅或現有人在之處所罪（第一七八條第一項）之牽連犯，應依第五十五條後段之規定，從一重處斷。

2. 行爲人如預見波及浸害結果，且此結果之發生並不違背其本意者，則構成本罪與決水浸害現供人用之住宅或現有人在之處所罪（第一七八條第一項）之想像競合犯，應依第五十五條前段之規定，從一重處斷。

3. 行爲人如對於波及浸害結果並無預見，或雖有預見，而確信其不致發生者，則構成本罪與過失決水浸害現供人用之住宅或現有人在之處所罪（第一七八條第二項）之想像競合犯，應依第五十五條前段之規定，從一重處斷。

(二) 波及浸害標的物若爲住宅等以外之他人所有物：

1. 如前(一)、1之類似情形，則構成本罪與決水浸害住宅等以外之他人所有物罪（第一八〇條第一項）之牽連犯，應依第五十五條後段之規定，從一重處斷。

2. 如前(一)、2之類似情形，則構成本罪與決水浸害住宅等以外之他人所有物罪（第一八〇條第一項）之想像競合犯，應依第五十五條前段之規定，從一重處斷。

3.如前（一）、3之類似情形，則構成本罪與過失決水浸害住宅等以外之物罪（第一八〇條第三項）之想像競合犯，應依第五十五條前段之規定，從一重處斷。

七、法律效果

犯本罪者，處一年以上，七年以下有期徒刑。

叁、決水浸害現非供人用之自己住宅或現未有人在之自己處所罪

行爲人決水浸害現非供人使用之自己所有住宅或現未有人所在之自己所有建築物或礦坑，致生公共危險者，構成第一七九條第二項之決水浸害現非供人用之自己住宅或現未有人在之自己處所罪。本罪爲一般犯與具體危險犯或純正危險犯。

一、行爲客體

本罪之行爲客體爲現非供人使用之自己所有住宅或現未有人所在之自己所有建築物或礦坑。詳參閱放火燒燬現非供人用之自己住宅或未有人在之自己處所罪（第一七四條第二項）所述者（本章第二節、叁之一）。

二、行爲

本罪之行爲爲決水，已詳述於前（本節、壹之二），在此不贅。

三、行爲結果

就現行條文之規定觀之，本罪之決水行爲須有致生公共危險之結果，方能成罪，否則，如決水行爲並未生公共危險之具體結果，則行爲人即不負本罪之刑責；惟就具體危險犯之本質而論，行爲人之決水行爲

祇要客觀上就行爲客體之所在地及其情狀而足以認定有發生公共危險之虞者，即可成立本罪，並不以行爲致生公共危險之具體結果，始成立本罪。

四、主觀之不法要素

行爲人必須出於故意而實施決水行爲，方能構成本罪。此外，行爲人對其決水行爲因決水浸害標的物之所在地或其情狀足以生公共危險之事實，必須有所認識，否則，行爲人若無此認識或欠缺故意，自不負本罪之刑責。

五、牽連犯或想像競合犯

本罪之決水行爲可能波及浸害本罪行爲客體以外之他物，此應依波及浸害標的物之性質及行爲人之主觀犯意，而加以處斷：

(一) 波及浸害標的物若爲現供人用之住宅或現有人在之處所：

與前罪之情形相類似（見本節、貳、六之㈠）。

(二) 波及浸害標的物若爲住宅等以外之他人所有物：

與前罪之情形相類似（見本節、貳、六之㈡）。

(三) 波及浸害標的物若爲現非供人用之他人所有住宅或現未有人在之他人所有處所：

1. 行爲人如以決水浸害本罪之行爲客體爲手段，而達浸害現非供人用之他人所有住宅或現未有人在之他人所有處所之目的，則構成本罪與決水浸害現非供人用之他人所有住宅或現未有人在之他人處所罪（第一七九條第一項）之牽連犯，應依第五十五條後段之規定，從一重處斷。

2. 行爲人如預見波及浸害結果，且此結果之發生並不違背其本意者，則構成本罪與決水浸害現非供人用之他人所有住宅或現未有人在之他人處所罪（第一七九條第一項）之想像競合犯，應依第五十五條前段之規定，從一重處斷。

3.行爲人對於波及浸害結果並無預見，或雖有預見，而確信其不致發生者，則構成本罪與過失決水浸害現非供人用之他人住宅或未有人在之他人處所罪（第一七九條第三項）之想像競合犯，應依第五十五條前段之規定，從一重處斷。

六、法律效果

犯本罪者，處六月以上，五年以下有期徒刑。

七、檢討與改進

本罪爲純正危險犯，惟現條文「……，致生公共危險者」之規定，不但未能顯示出純正危險犯之特質，而且使人容易誤會本罪爲實害犯，故爲符合構成要件之明確原則及純正危險犯之特質，本罪之規定似宜加修正，今試擬條文如下：

「決水浸害前項之自己所有物，且就該物之所在地或客觀情狀，顯有波及浸害第一七八條第一項及前項之物之虞者，處六月以上五年以下有期徒刑」。

若不爲前述之修正，則爲避免將本罪錯當爲實害犯，至少應將條文中之「致」字改爲「足以」。本罪以次之第一七九條第四項、第一八〇條第一、二、三項、第一八一條等決水罪，亦均宜作此修正。

肆、決水浸害住宅等以外之他人所有物罪

行爲人決水浸害第一七八條與第一七九條所定以外之他人所有物，致生公共危險者，構成第一八〇條第一項之決水浸害住宅等以外之他人所有物罪。本罪爲一般犯與具體危險犯或純正危險犯。

一、行爲客體

本罪之行爲客體爲住宅、建築物、礦坑、火車、電車以外之他人所

有物。所謂他人所有物兼指行爲人與他人共有之物。

二、行爲

本罪之行爲亦爲決水，前（本節、壹之二）已詳述，在此不贅。

三、行爲結果

與前罪同（見本節、叁之三），在此不贅。

四、主觀上之不法要素

與前罪同（見本節、叁之四），在此不贅。

五、法律效果

犯本罪者，處五年以下有期徒刑。

伍、決水浸害住宅等以外之自己所有物罪

行爲人決水浸害第一七八條與第一七九條所定以外之自己所有物，致生公共危險者，構成第一八〇條第二項之決水浸害住宅等以外之自己所有物罪。本罪爲一般犯與具體危險犯或純正危險犯。

一、行爲客體

本罪之行爲客體爲住宅、建築物、礦坑、火車、電車以外之自己所有物。

二、行爲

本罪之行爲亦爲決水，前（本節、壹之二）已詳述，在此不贅。

三、行爲結果

與決水浸害現非供人用之自己住宅或現未有人在之自己處所罪（第一七九條第二項）所述者同（見本節、叁之三），在此不贅。

四、主觀之不法要素

與決水浸害現非供人用之自己住宅或現未有人在之自己處所罪第一七九條第二項所述者同（見本節、叁之四），在此不贅。

五、法律效果

犯本罪者，處二年以下有期徒刑。

陸、過失決水浸害現供人用之住宅或現有人在之處所罪

行爲人因過失決水浸害現供人使用之住宅或現有人所在之建築物、礦坑或火車、電車者，構成第一七八條第二項之過失決水浸害現供人用之住宅之或現有人在之處所罪。本罪爲一般犯與抽象危險犯。

一、行爲客體

本罪之行爲客體爲現供人使用之住宅或現有人所在之建築物、礦坑或火車、電車。其義已詳述於前（本章第二節、壹之一），在此不再贅述。

二、行爲

本罪之行爲爲過失決水，即行爲人因過失而致水流橫決，氾濫成災而浸害行爲客體。此種過失形態之公共危險行爲可能由於行爲人之積極作爲，亦可能係由行爲人之消極不作爲所造成者，前者如因判斷錯誤而下令開放水庫之水閘洩洪，致洪水氾濫而浸害行爲客體；後者如因過失而不關閉防水堤之水門，致洪水氾濫而浸害行爲客體。

三、行爲結果

行爲人之過失決水行爲必須造成浸害行爲客體之結果，方能構成本罪。行爲客體受害至何程度始可謂之浸害，已詳述於前（見本節、壹之三），有此不贅。

四、想像競合犯

本罪之過失決水行爲可能波及浸害本罪行爲客體以外之物，故除構成本罪外，並應依波及浸害標的物之性質，分別另行成立過失決水浸害現非供人用之他人住宅或現未有人在之他人處所罪（第一七九條第三項）或過失決水浸害住宅等以外之物罪（第一八〇條第三項），並依第五十五條前段之規定，從一重處斷。

五、法律效果

犯本罪者，處一年以下有期徒刑、拘役或五百元以下罰金。

六、檢討與改進

由於本罪之行爲客體係現供人使用之住宅或現有人所在之處所，故決水行爲除浸害行爲客體外，往往易造成溺斃或流失人命之加重結果，因現行條文未規定此等結果加重犯，故未能對此加重結果作妥適之處斷。因此，現行條文宜增訂此等結果加重犯之處罰規定。此外，本罪之法定刑顯有偏低，而未能與其不法內涵及罪責程度相當，故宜作適當之調整，似可提昇訂爲二年以下有期徒刑或科二千元以下罰金。

柒、過失決水浸害現非供人用之他人住宅或現未有人在之他人處所罪

行爲人因過失決水浸害現非供人使用之他人所有住宅或現未有人所在之他人所有建築物或礦坑者，構成第一七九條第三項之過失決水浸害現非供人用之他人住宅或現未有人在之他人處所罪。本罪爲一般犯

與抽象危險犯。

一、行爲客體

本罪之行爲客體爲現非供人使用之他人所有住宅或現未有人所在之他人所有建築物或礦坑。

二、行爲

本罪之行爲爲因過失而決水，詳見前罪（本節、陸之二）。

三、行爲結果

與前罪同（見本節、陸之三）。

四、法律效果

犯本罪者，處六月以下有期徒刑、拘役或三百元以下罰金。

捌、過失決水浸害現非供人用之自己住宅或現未有人在之自己處所罪

行爲人因過失決水浸害現非供人用之自己所有住宅或現未有人所在之自己所有建築物或礦坑，致生公共危險者，構成第一七九條第四項之過失決水浸害現非供人用之自己住宅或現未有人在之自己處所罪。本罪爲一般犯與具體危險犯或純正危險犯。

一、行爲客體

本罪之行爲客體爲現非供人使用之自己所有住宅或現未有人所在之自己所有建築物或礦坑。

二、行爲

本罪之行爲爲因過失而決水，已詳述於前（本節、陸之二），在此不

再贅述。

三、行為結果

行爲人之過失決水行爲須有致生公共危險之結果，方能構成本罪。詳參閱決水浸害現非供人用之自己住宅或現未有人在之自己處所罪（第一七九條第二項）所述者（本節、叁之三）。

四、法律效果

犯本罪者，處六月以下有期徒刑、拘役或三百元以下罰金。

玖、過失決水浸害住宅等以外之物罪

行爲人因過失決水浸害第一七八條與第一七九條所定以外之物，致生公共危險者，構成第一八〇條第三項之過失決水浸害住宅等以外之物罪。本罪爲一般犯與具體危險犯或純正危險犯。

一、行為客體

本罪之行爲客體爲住宅、建築物、礦坑、火車或電車等以外之物。此等物究爲行爲人所有，抑或爲他人所有？均非所問。

二、行為

本罪之行爲爲因過失而決水，已詳述於前（本節、捌之二），在此不贅。

三、行為結果

與前罪同（見本節、捌之三）。

四、法律效果

犯本罪者，處拘役或三百元以下罰金。

拾、破壞防水或蓄水設備罪

行爲人決潰堤防、破壞水閘或損壞自來水池，致生公共危險者，構成第一八一條第一項之破壞防水或蓄水設備罪。本罪爲一般犯與具體危險犯或純正危險犯。

一、行爲客體

本罪之行爲客體計有堤防、水閘及自來水池等。三者均可謂防水或蓄水之工作物，以作爲控制水流之用。

二、行爲

本罪之行爲爲決潰、破壞或損壞。凡一切作爲或不作爲而足以使堤防崩潰或使水閘破壞或自來水池損壞而失其控制水流之效用者，即足以該當爲本罪之行爲。

三、行爲結果

本罪之決潰、破壞或損壞行爲須有致生公共危險之結果，方能成罪，否則，若破壞行爲並無足生公共危險之虞者，如破壞業已廢棄不用而已乾涸之水庫之堤防或水閘，自不能構成本罪，祇能適用一般毀損罪（第三五四條），加以處斷。

水利法對於水利事業建造之防水、引水、蓄水、洩水等建造物及水運有關或利用水力之建造物以及防災建造物等之毀損行爲設有處罰之規定（水利法第九一條第一項、第四六、五一條），故如單純毀損上述建造物而無足生公共危險之虞或未釀成災害者，自應依該項處斷，但如有足生公共危險之虞者，則構成本罪與水利法第九十一條第一項之罪之法規競合，依特別關係，自應適用本罪處斷。惟如毀損行為因而釀成災害者，水利法第九十一條第二項前段特設有處罰之規定，或如毀損情節重大，且危害多數人之生命財產，同項後段亦設有處罰規定，此等規定為毀損行為之實害犯，故毀損行為一旦發生實害，自應依水利法第九十一條第二項處斷㊴，而無另行構成本罪危險犯之餘地。

自來水法第九十七條第一項設有毀損自來水事業之主要設備因而不能供水者之處罰規定，故如單純毀損此等設備，雖致不能供水，但未致生公共危險之行為，自不構成本罪而應依據自來水法第九十七條第一項加以處斷㊵。惟如毀損自來水事業之主要設備，不但導致不能供水，而且有足生公共危險之虞者，則發生本罪與自來水法第九十七條第一項之罪之法規競合現象，依特別關係，自應適用本罪處斷。

四、主觀之不法要素

行為人主觀上除須具備破壞之故意外，尚須對其破壞行為致生公共危險之事實有所認識，方能構成本罪，否則，行為人若欠缺此等主觀之不法要素，自不負本罪之刑責，如行為人係出於決水浸害他人住宅或建築物等之故意，而以本罪之行為為其手段，則應依決水罪處斷，而非本罪，或如行為人出於妨害他人農事水利之故意及加損害於他人之不法意圖而實施本罪之破壞行為，則因刑法另有妨害農事水利罪（第二五二條）之設，應依該罪處斷，亦不構成本罪。此外，如行為人以鐵鍬破壞農田水利會灌溉圳之水門，意圖多得一分水流灌溉，此因欠缺本罪之主

㊴毀損以致釀成災害者可處七年以上有期徒刑。其情節重大且危害多數人之生命財產者處死刑、無期徒刑或十年以上有期徒刑。

㊵亦與本罪之法定刑同為五年以下有期徒刑。

觀不法要素，而不構成本罪㊶。

本罪之故意並不以確定故意爲限，即使爲未必故意亦可成罪，如行爲人雖經縣政府核准採取砂石，但擅自越界採取，致生決潰堤防之結果，雖尙未釀成公共危險，但已有足生公共危險之虞，設若行爲人預見堤防潰決之結果，且此結果之發生並不違背其本意者，則構成本罪與竊盜罪之牽連犯，應依第五十五條後段之規定，從一重處斷。設若行爲僅具竊盜故意，且不預見堤防潰決之結果，或雖預見其能發生，但確信不致發生堤防潰決之結果，（參照第十四條第二項），則構成竊盜罪與過失破壞防水或蓄水設備罪（第一八一條第二項）之想像競合犯，應依第五十五條前段之規定，從一重處斷㊷。

五、未遂犯

本罪之未遂行爲，第一八一條第三項設有處罰規定。既遂與未遂之區別乃以行爲客體已否破壞爲標準，即行爲人着手破壞行爲，而堤防已遭決潰、水閘已遭破壞或自來水池已遭損壞，其作爲防水或蓄水之功效業已喪失，且足以生公共危險者，即爲本罪之既遂，否則，如行爲客體尙未遭破壞，則爲本罪之未遂。行爲客體已遭破壞，雖尙未生公共危險之具體結果，但已有足生公共危險之虞者，即構成本罪之既遂，而非未遂。

㊶參照五一臺上二九七。

㊷實例上則採不同之見解，見五九臺上三七五六：上訴人決潰堤防尙未釀成公共危險，自屬未遂犯。其損害堤防之行爲，雖觸犯刑法第一百八十一條第三項、第一項及水利法第九十一條第一項之罪，但係法條競合，應適用較重之前法處斷。又上訴人所採取之砂石，須繳手續費，經核准後始得採取，其擅自越界採取砂石，顯係意圖爲自己不法之所有竊取者，其以連續盜採砂石之竊盜行爲爲方法，達成決潰堤防之結果，其決潰堤防固可認係繼續犯，但其先後無數次盜採砂石之犯行係屬基於概括之犯意應以連續犯論。所犯決潰堤防致生公共危險未遂與連續竊盜間具有方法結果之牽連關係，應從一重處斷。

六、牽連犯或想像競合犯

本罪之行爲除造成堤防之決潰、水閘或自來水池之遭受破壞外，往往可能波及浸害決水罪所定之各種行爲客體，此應依據波及浸害標的物之性質，分別構成本罪與故意決水罪或過失決水罪，其後應依據行爲人之主觀犯意，分別論以牽連犯或想像競合犯，而依據第五十五條後段或前段之規定，從一重處斷。

七、法律效果

犯本罪者，處五年以下有期徒刑。

八、檢討與改進

決潰堤防、破壞水閘或損壞自來水池，固足以生水患危險，但如故意堵塞水流，亦能使其氾濫成災，而造成公共危險。因此，堵塞水流亦應增列爲本罪之一種行爲。

由於本罪之故意破壞行爲而使水流失其控制，氾濫成災，往往併生溺斃或流失人命之加重結果，惟現行條文並未設結果加重犯之規定，而未能作妥適之處斷，故宜增設結果加重犯之規定。

拾壹、過失破壞防水蓄水設備罪

行爲人因過失而決潰堤防、破壞水閘或損壞自來水池，致生公共危險者，構成第一八一條第二項之過失破壞防水蓄水設備罪。本罪爲一般犯與具體危險犯或純正危險犯。

一　行爲客體

與前罪同（見本節、拾之一）。

二、行爲

凡　切過失行爲而足以決潰堤防、破壞水閘或損壞自來水池者，均爲本罪之行爲。

三、行爲結果

本罪之過失行爲必須造成堤防決潰、水閘遭受破壞或自來水池遭受損壞，並進而致生公共危險之結果，方能成罪。因此，過失行爲若僅造成堤防之決潰、水閘破壞或自來水池損害之結果，而無足生公共危險之虞者，即不負本罪之刑責。又過失行爲若不但破壞本罪之行爲客體，而已決水浸害過失決水罪之行爲客體者，則應構成過失決水罪，而無成立本罪之餘地。

自來水法第九十七條第三項設有因過失毀損自來水事業之主要設備致不能供水之處罰規定，故因過失行爲毀損自來水事業之主要設備，雖致不能供水，但無足生公共危險之虞者，自應依該項處斷，惟過失毀損自來水事業之主要設備，不但因而致不能供水，且有足生公共危險之虞者，則生本罪與自來水法第九十七條第三項之罪之法規競合現象，依特別關係，自應適用本罪處斷。

四、法律效果

犯本罪者，處拘役或三百元以下罰金。

第四節　危害交通安全罪

參與水、陸、空之交通乃日常生活上之基本需要，故交通安全乃刑法所應加保護之重要社會生活利益。爲確保交通之安全，刑法除將交通運輸工具規定爲放火罪、失火罪、故意與過失決水罪之保護客體外，並另設有：壹、傾覆或破壞交通工具罪。貳、過失傾覆或破壞交通工具罪。叄、損壞交通設備罪。肆、過失損壞交通設備罪。伍、損壞或壅塞

通路罪等五種危害交通安全罪。今分別論述如下:

壹、傾覆或破壞交通工具罪

行爲人傾覆或破壞現有人所在之火車、電車或其他供水、陸、空公衆運輸之舟、車、航空機者，構成第一八三條第一項之傾覆或破壞交通工具罪。本罪爲一般犯與抽象危險犯。

一、行爲客體

本罪之行爲客體爲現有人所在之火車、電車或其他供水、陸、空公衆運輸之舟、車或航空機。本罪係以行爲客體爲現有人所在之抽象危險構架而成之抽象危險犯（參閱第一章、第二節、伍、三之㈢）。因此，可充當本罪行爲客體之供水、陸、空公衆運輸之交通工具祇要現有人所在者，即爲已足，至於行爲人傾覆或破壞當時，是否確有人在其上，則非所問。又稱現有人所在之「人」，係指行爲人以外之自然人而言。

可能成爲本罪之行爲客體僅以供公衆運輸之交通工具爲限，故如行爲人所傾覆或破壞者，並非供公衆運輸之交通工具，則除另成立其他罪名外，並不構成本罪㊸。又如貨運行之卡車係非供公衆運輸之交通工具，故不能成爲本罪之行爲客體㊹。此外，本條條文僅稱:「其他供水、陸、

㊸參閱四九臺上一二二三：刑法第一百八十三條之罪，係指現有人所在之火車、電車或其他供水陸空公衆運輸之舟、車、航空機被其傾覆或破壞者，始能構成。誠以此種舟車航空機，均係供公衆運輸之交通工具，苟於現有人所在之際傾覆或破壞之，危害公共安全較大，特設其處罰規定。反之，所傾覆或破壞者，非供公衆運輸之交通工具，除另成立其他罪名外，要與本條所定要件不合。此外，五一臺上二一七、五二臺上二三三五亦均同旨。

㊹參閱五二臺上一九三五：貨運行之卡車，固係供人雇用運輸，但祇限於雇用之特定人之運輸，而非多數不特定人安全之所繫，即與公共危險之罪質不符。

空公衆運輸之舟、車、航空機」，故舟、車、航空機等交通工具祇須供水、陸、空公衆運輸者，卽爲已足，至於交通工具係供多數不特定人，或供多數特定人之用，均應與本罪之成立無關，然最高法院判決之見解却認爲僅供特定人運輸之用者，如計程車卽不能成爲本罪之行爲客體㊺，就現代動力道路交通安全而言，此等見解實不無可議之處（詳參閱下述七）。

可以充當本罪行爲客體之交通工具，並不以正在行駛中或正在航行中者爲限，卽使停靠於車站之客車、火車，或停靠碼頭之輪船或停放於機場之飛機等，亦均可能成爲本罪之行爲客體。惟因故障而停放修理廠修理之客車、火車或飛機，或停泊船塢待修之客輪等，卽不能成爲本罪之行爲客體。

二、行爲

本罪之行爲有二，卽傾覆或破壞，行爲人祇要實施兩種行爲中之一種，卽可成罪㊻。所謂「傾覆」係指傾倒或覆沒。稱「破壞」係指損壞交通工具，使其效用一部或全部喪失而有足生公共危險之虞之程度，如破壞客車之剎車系統。反之，如僅損壞車中座椅或門窗玻璃等，則非本

㊺參閱

①五三臺上二六一八：刑法第一百八十三條所謂其他供水陸空公衆運輸之舟、車、航空機，係指舟、車、航空機而以運載輸送不特定之人或物爲目的者而言，如祇限於爲雇用之特定人運輸，而非多數不特定人安全之所繫，卽與公共危險罪之罪質不符。

②五五臺非五八：刑法第一百八十三條第三項之從事業務之人，因業務上之過失，犯傾覆或破壞現有人所在之供公衆運輸之舟車罪，係以其供公衆運輸之交通工具，於現有人所在之際傾覆或破壞，危害公共安全較大，特設其處罰規定，如其所傾覆或破壞者僅供特定人運輸之用，要與該條項所定要件不合。此外，五六臺上一九一五亦同旨。

③五九臺上二二二〇㈡：（前略）本件汽車行之計程車，祇限於雇用之特定人之運輸，而非多數不特定人安全之所繫，卽與公共危險之罪質不符。

㊻參照五五臺上二六九八㈡。

罪之破壞，自不構成本罪，而祇能成立一般毀損罪（第三五四條）。

三、行爲結果

本罪爲結果犯，故本罪之行爲必須造成交通工具傾覆或遭受破壞致喪失其交通效用之結果，方能構成本罪，否則，祇能構成本罪之未遂犯（第一八三條第四項）。

四、主觀之不法要素

行爲人主觀上必須具備傾覆或破壞本罪行爲客體之故意，而且必須明知其傾覆或破壞之標的物爲現有人所在之供水、陸、空公衆運輸之交通工具，方能構成本罪，否則，若行爲人欠缺此等主觀之不法要素，縱有本罪之行爲，亦不負本罪之刑責㊼。因本罪係抽象危險犯，故行爲人對其行爲是否足以引致人命死傷之具體危險？則無認識之必要，即使行爲人確信其傾覆或破壞之標的物中確無人在其上而加傾覆或破壞，亦不能排除本罪之故意。又本罪係危害交通安全之公共危險罪，故行爲人之傾覆或破壞行爲縱得交通工具所有人之承諾而爲之者，亦不得因此承諾而阻却違法。

五、未遂犯

本罪之未遂行爲，第一八三條第四項設有處罰之規定。既遂與未遂之區分乃以火車、電車或其他供水、陸、空公衆運輸之舟、車、航空機等已否傾覆或遭破壞爲標準，行爲人着手本罪之行爲而使供水、陸、空公衆運輸之交通工具業已傾覆或遭破壞者，爲本罪之既遂，否則，未達此程度者，即爲本罪之未遂。

㊼參閱四八臺上七〇九：刑法第一百八十三條第一項之傾覆火車罪，須以具有使火車傾覆之故意爲構成要件。若其犯意僅在使生火車往來之危險，則爲刑法第一百八十四條第一項之犯罪；如並無此項犯意，而其行爲之足以使火車往來發生危險出於過失，則更祇能依刑法第一百八十四條第二項之罪處斷。

六、法律效果

犯本罪者，處無期徒刑或五年以上有期徒刑。

七、檢討與改進

由於現代動力交通工具之高速度化，任何陸、海、空之動力交通工具若加以傾覆或破壞，不但構成處於交通工具中者之生命危險，而且亦同時危及其他參與交通者之生命，例如破壞私家轎車之刹車系統，不但構成乘坐該車之特定人之生命危險，而且亦造成肇事當時在該車附近行駛之相同或相反方向車輛中之不特定人之生命危險。由於現行條文將本罪行爲客體僅限於「水、陸、空公衆運輸之舟、車、航空機」，故如貨運行之卡車㊽、計程車㊾，即不能成爲本罪之行爲客體，此無異對本罪作不必要之限制，使某些破壞動力車輛而危及道路交通安全之行爲，未能依據本罪處斷，而造成法規漏洞。因此，本罪關於行爲客體之規定，宜加修訂，以絕此弊，今試擬條文如下:

「傾覆或破壞現有人所在之供水、陸、空交通之動力交通工具者，處五年以上有期徒刑。」

貳、過失傾覆或破壞交通工具罪

行爲人因過失而傾覆或破壞現有人所在之火車、電車或其他供水、陸、空公衆運輸之舟、車、航空機者，構成第一八三條第二項之普通過失傾覆或破壞交通工具罪。從事業務之人，因業務上之過失而傾覆或破壞現有人所在之火車、電車或其他供水、陸、空公衆運輸之舟、車、航

㊽參照五二臺上一九三五（見前註㊹）。
㊾參照五五臺非五八與五九臺上二二二〇(一)（見前註㊺之②與③）。

空機者，構成第一八三條第三項之業務過失傾覆或破壞交通工具罪。兩罪合稱爲過失傾覆或破壞交通工具罪，係抽象危險犯。前罪係一般犯，而後罪則爲特別犯。

一、行爲客體

本罪之行爲客體與前罪同，已詳述於前（本節、壹之一），在此不贅㊿。

二、行爲

本罪之行爲爲過失，即因行爲人之過失行爲而造成行爲客體之傾覆與破壞。此等過失包括無認識之過失（第十四條第一項）與有認識之過失（第十四條第二項）。通常多數之過失行爲，均屬於前者，祇有少數屬於後者。

依據本罪之規定，本罪之行爲又可分爲普通過失與業務過失。前者係指普通人因過失而致傾覆或破壞行爲客體之行爲，後者則指從事業務之人因業務上之過失而致傾覆或破壞行爲客體之行爲。何謂業務？已詳論於過失致死罪（見第二章、第二節、陸之二），在此不贅。

業務過失行爲僅限於從事業務之人在其業務上或與其業務有關之過失行爲，方能成罪。因此，從事業務之人在其所從事業務之外或與其業務無關之過失行爲而傾覆或破壞行爲客體者，當祇成立普通過失傾覆或破壞交通工具罪（第一八三條第二項）。

㊿參閱

①五二臺上一三〇三㈠：從事業務之人，因業務上之過失而犯刑法第一百八十三條第一項之罪，係以供水陸空公衆運輸之舟、車、航空機爲其構成要件。否則，縱因過失對之有傾覆或破壞行爲，除另應成立其他罪名外，要難按同條第三項論科。

②五六臺上二六七六㈡：漁船並非刑法公共危險罪章所指之交通器具，自不生同法第一百八十三條之第三項犯罪之問題。

三、行爲結果

行爲人之普通過失行爲或業務過失行爲必須造成供水、陸、空公衆運輸之交通工具之傾覆或遭受破壞而有足生公共危險之虞者，方能構成本罪，否則，過失行爲若不致生此具體危險，則行爲人即不負本罪之刑責。

本罪之過失行爲除造成行爲客體之傾覆或遭受破壞之結果外，往往亦導致乘坐交通運輸工具者之傷亡結果，此除構成本罪外，並另成立普通過失致死罪（第二七六條第一項）或業務過失致死罪（第二七六條第二項），或普通過失傷害罪（第二八四條第一項）或業務過失傷害罪（第二八四條第二項），兩罪構成想像競合關係，應依第五十五條前段之規定，從一重處斷㊿。

四、法律效果

犯普通過失傾覆或破壞交通工具罪者，處一年以下有期徒刑、拘役或三百元以下罰金。

犯業務過失傾覆或破壞交通工具罪者，處三年以下有期徒刑、拘役

㊿實例見五一臺上七二、五二臺上一一九一、五五臺上二二〇五、五九臺上二一七六等，均見77頁之註⑮。此外，並參閱

①十九上二二五：刑法上關於因過失傾覆人之舟車因而致人於死者，並無特別規定，自應適用刑法（舊）第一百九十七條第三項及第二百九十一條第一項，依第七十四條處斷。

②二五上二九九〇：上訴人原充輪船司機，駕駛某輪船行抵某處，依例停候海關查驗時，有乘客某甲等六人，雇搭某乙划船登岸，詎乘客尚未下完，上訴人即轉舵開駛，致輪尾將划船撞翻，除乘客某甲等遇救外，划戶某乙落江溺斃，原審認其因業務上之過失而傾覆現有人乘坐之船，及致人於死，係以一行爲而觸犯刑法第二百七十六條第二項及第一百八十三條第三項罪名，依同法第五十五條，從一重之第二百七十六條第二項處斷，自無不合。

③五〇臺上九〇七：上訴人之駕車不愼壓斃乘客，如係因翻車所致，則除應負業務上過失致人於死罪外，尚觸犯業務上過失傾覆現有人所在之車輛罪。

或五百元以下罰金。

叁、損壞交通設備罪

行爲人損壞軌道、燈塔、標識或以他法致生火車、電車或其他供水、陸、空公衆運輸之舟、車、航空機往來之危險者，構成第一八四條第一項之損壞交通設備罪。本罪爲一般犯與具體危險犯。

一、行爲客體

本罪之行爲客體爲軌道、燈塔或標識。所謂「軌道」乃指供火車或電車行駛之用而固着一定路線之軌轍，包括鐵軌、枕木、水泥軌枕、道釘[52]等。稱「燈塔」係指建造於沿海岬角島嶼之塔狀建築物，以供船舶航行擬定方向之用。稱謂「標識」係指爲導引水、陸、空交通工具行駛或航行之用而設置之標記或符號，如鐵路之號誌、道路之交通路標或海上航線之浮標等。

二、行爲

本罪之行爲爲損壞或以他法使供水、陸、空公衆運輸之交通工具發生往來之危險。行爲人以直接方法損壞行爲客體，使其喪失導引交通往來之效用，固爲該當本罪之行爲，即使以損壞以外之其他方法，而能使軌道、燈塔、標識等喪失其導引交通往來之效用者，亦可該當本罪，如以卵石堆積於鐵軌上，或扳動鐵路轉轍器，使鐵路列車駛入錯誤之軌道，或給予錯誤之號誌，使本應停止之鐵路列車繼續行駛前進，或以鋼

[52]參閱二二上二〇一一：被告屢在隴海鐵路上竊取道釘，其結果既已損壞軌道致生火車往來之危險，自應依刑法（舊）第七十五條、第七十四條、第三百三十七條第一項、第一百九十八條第一項，從一重處斷。

刀割斷火車號誌線路而使號誌失靈[53]，或關閉燈塔之電源等。

三、行爲結果

本罪之行爲必須對於供水、陸、空公衆運輸之交通工具構成交通往來危險者，亦卽使交通工具一旦行駛或航行卽足生傾覆、相撞、出軌、失事、沉沒之虞者，方能構成本罪。否則，雖然損壞軌道、燈塔或標識等，但並未損及其充當交通往來必要設備之效用，而未生交通往來之危險者，自不負本罪之刑責，僅能依毀損罪處斷。

四、主觀之不法要素

行爲人必須對其損壞行爲將使供水、陸、空公衆運輸工具發生往來之危險有所認識[54]，而決意損壞，方能構成本罪，否則，行爲人如欠缺此等主觀之不法要素，縱有本罪之行爲，亦不負本罪之刑責。

五、結果加重犯

本罪之基本形態雖爲危險犯，但此種危險行爲所造成之危險狀態，往往會昇高至實害之階段，對於此等加重結果之處罰，第一八四條第二項特設「因而致前項之舟、車、航空機傾覆或破壞者」之結果加重犯。此等致交通工具傾覆或破壞之加重結果必須確爲行爲人之損壞行爲所引致，且係行爲人所可能預見者，方能適用本項之結果加重犯加以處斷，否則，如加重結果與行爲人之行爲並不具因果關聯，且非行爲人所可能預見者，自無本項之適用。

---

[53] 參閱六一臺上二九三三：鐵路軌道旁所裝設之紅線號誌線，對於火車之來往，有防止危險之用途，上訴人竟以鋼刀割斷該號誌線，其有損害之故意無疑。原判決因認上訴人並非損壞標識，乃係損壞線路，使號誌失靈，屬於刑法第一百八十四條第一項以他法致生火車往來危險之行爲，尙無不合。

[54] 行爲人主觀上對於交通工具往來之危險是否亦須有所預見雖學者意見不一，然本罪係具體危險犯，故對於此等危險必須有所預見，方能成罪，此爲學者通說，參照韓著(一)，一八六頁以下。

六、未遂犯

本罪之未遂行爲，第一八四條第五項設有處罰規定。既遂與未遂之區別乃以軌道、燈塔、標識等是否已遭破壞爲標準，行爲人着手損壞行爲，且已將行爲客體破壞，而使交通工具有足生交通往來危險之虞者，卽爲本罪之既遂，否則，行爲人雖已着手損壞行爲，但行爲客體並未遭破壞，此卽爲本罪之未遂[55]。

七、法律效果

犯本罪者，處三年以上，十年以下有期徒刑。因而致舟、車、航空機傾覆或破壞者，處無期徒刑或五年以上有期徒刑。

八、檢討與改進

現行法將本罪之具體危險規定爲「致生火車、電車或其他水、陸、空公衆運輸之舟、車、航空機往來之危險」，似有不盡完善之處，故宜加修正，今試擬條文如下：

「損壞軌道、燈塔、標識或以他法使其喪失效用，足以生交通往來之危險者，處三年以上十年以下有期徒刑。」

本罪之結果加重犯依現行條文之規定係依傾覆或破壞交通工具罪（第一八三條第一項）處斷，此等法律效果似乎偏高，故宜作適當之調整。又本罪結果加重犯所處罰之加重結果係以供水、陸、空公衆運輸之舟、車或航空機之傾覆或破壞爲限，此等處罰範圍，似又太過狹窄。事實上，本罪行爲往往可能發生致參與水、陸、空交通者於死或重傷之加重結果。因此，本罪之結果加重犯宜增訂此等加重結果之處罰規定，並

---

[55]參閱六三臺上六八七：刑法第一百八十四條第一項之往來危險罪，區別其既遂、未遂之標準，在於是否致生火車、電車或其他供水、陸、空公衆運輸之舟、車、航空機往來之危險，至於因而致舟、車等傾覆或破壞者，則屬同條第二項加重結果犯之問題，殊不得資爲判斷同條第一項犯罪既遂未遂之標準。

調整其法定刑。今試擬條文如下:

「因而致供水、陸、空之動交通工具傾覆或破壞者，處五年以上有期徒刑。因而致人於死者，處無期徒刑或七年以上有期徒刑，致重傷者，處三年以上十年以下有期徒刑。」

肆、過失損壞交通設備罪

行爲人因過失而損壞軌道、燈塔、標識或致生火車、電車或其他供水、陸、空公衆運輸之舟、車、航空機往來之危險者，構成第一八四條第三項之普通過失損壞交通設備罪。從事業務之人，因業務上之過失而損壞軌道、燈塔、標識或致生火車、電車或其他供水、陸、空公衆運輸之舟、車、航空機往來之危險者，構成第一八四條第四項之業務過失損壞交通設備罪。兩罪合稱爲過失損壞交通設備罪，係具體危險犯。前罪係一般犯，而後罪則係特別犯。

一、行爲客體

本罪之行爲客體與前罪同，已詳述於前（本節、叁之一），在此不贅。

二、行爲

本罪之行爲爲過失，即行爲人因過失而損壞軌道、燈塔或標識等交通設備或致使此等交通設備喪失效用。詳參閱過失傾覆或破壞交通工具罪（第一八三條第二項）所述者（見本節、貳之二）。

三、行爲結果

行爲人之普通過失行爲或業務過失行爲必須造成交通設備之損壞或喪失其效用，而有足生交通往來危險之虞者，方能構成本罪，否則，過失行爲若不致生此具體危險，則行爲人即不負本罪之刑責。

四、法律效果

犯普通過失損壞交通設備罪者，處六月以下有期徒刑、拘役或三百元以下罰金。

犯業務過失損壞交通設備罪者，處二年以下有期徒刑、拘役或五百元以下罰金。

伍、損壞或壅塞通路罪

行爲人損壞或壅塞陸路、水路、橋樑或其他公衆往來之設備或以他法致生往來之危險者，構成第一八五條第一項之損壞或壅塞通路罪。本罪爲一般犯與具體危險犯。

一、行爲客體

本罪之行爲客體爲陸路、水路、橋樑或其他公衆往來之設備。稱「陸路」係指陸上供公衆或車輛往來之道路㊻，鐵路雖爲陸路之一種，但因其舖有軌道，已爲損壞交通設備罪（第一八四條第一項）之保護客體，而無再列爲本罪行爲客體之必要，故本罪所稱之陸路卽不包括鐵路。稱「水路」係指供舟筏、船舶航行之水道㊼，橋樑則指架構於河川上以供公衆或車輛往來之設備。陸路、水路、橋樑等均以供公衆往來者爲限，否則，如專供私用者，卽不能成爲本罪之行爲客體。

㊻參閱二一上二三七六：刑法（舊）第一百九十八條第一項之損壞軌道致往來車輛發生危險罪，應以所損壞者係行駛車輛之軌道爲構成要件，若係通常往來之陸路，而無車軌之設備者，則不得謂之軌道，其損壞此項陸路致生往來之危險，卽應成立同法第一百九十九條第一項之罪。

㊼參閱二八上三五四七：刑法第一百八十五條第一項之規定，係爲保護公衆往來交通上之安全而設，故其所謂水路，當然指可供公衆往來之水道而言，其壅塞非供公衆往來之水道，尙難以本條論擬。

二、行爲

本罪之行爲有三，即：損壞、壅塞或他法，行爲人祇要有三種行爲中之任何一種，即足以成罪。稱「損壞」係指以直接之方法破壞陸路、水路或橋樑等，使其喪失交通效用。稱「壅塞」則指以有形之障礙物以遮斷或阻塞陸路、水路或橋樑上之交通。又所謂「他法」則指損壞、壅塞等方法以外之一切足以使陸路、水路、橋樑或其他公衆往來設備喪失交通效用之其他方法而言。

三、行爲結果

本罪之行爲須致生交通往來之危險，方能成罪。換言之，即行爲人之行爲結果祇要客觀上可以認定足有發生交通危險之虞者，即可構成本罪，否則，如行爲雖已使陸路、水路、橋樑或其他公衆往來之設備遭受損壞或壅塞，但並無足以發生交通危險之虞者，自不負本罪之刑責。

四、主觀之不法要素

行爲人主觀上必須對其行爲所生之結果將足以生交通往來危險之虞有所認識，而決意損壞或壅塞，方能構成本罪，否則，行爲人如欠缺此等主觀之不法要素，則縱有本罪之行爲，亦不能成立本罪。

五、結果加重犯

本罪之基本形態亦爲危險犯，惟此種危險行爲所造成之危險狀態，往往極易昇高致生實害，針對此等現象，第一八五條第二項特設因而致人於死或致重傷之結果加重犯。此等加重結果必須確係行爲人之行爲所引致，且爲行爲人所能預見者，方能構成本項之結果加重犯，否則，如致人於死或致重傷之加重結果與行爲人之行爲並不具因果關聯，或非行爲人所能預見者，或被害人僅受輕傷等，自不能適用本項之結果加重犯，加以處斷。又本項之加重結果必須係行爲人出於危險故意所造成者，方可依據本項之結果加重犯處斷，否則，如行爲人係出於致人於死或致重傷之實害故意，而非本罪之危險故意，則應成立普通殺人罪（第二七一條第一項）或重傷罪（第二七八條第一項），而無由構成本罪，惟行為人若除具殺人或重傷之實害故意外，並具本罪之危險故意，則同時成立本罪與普通殺人罪（第二七一條第一項）或重傷罪（第二七八條第一項），兩罪應依行為人之犯意，分別成立牽連犯（第五五條後段）或數罪併罰（第五〇條）。

六、未遂犯

本罪之未遂行為，第一八五條第三項設有處罰規定，既遂與未遂之區別乃以陸路、水路、橋樑或其他公衆往來之設備是否已遭損壞或壅塞或已喪失其供公衆往來之效用為標準。行為人雖已着手本罪之行為，但陸路、水路、橋樑或其他公衆往來之設備並未遭受損壞或壅塞或其供公衆交通往來之效用並未喪失，此即為本罪之未遂犯。

七、法律效果

犯本罪者，處五年以下有期徒刑、拘役或五百元以下罰金。

犯本罪因而致人於死者，處無期徒刑或七年以上有期徒刑。致重傷者，處三年以上，十年以下有期徒刑。

八、檢討與改進

本罪雖為純正危險犯，但現行條文將本罪之具體危險規定為：「致生往來之危險」，極易造成誤解。此外，本罪之法定刑亦有不妥適之處。因此，現行條文似宜作修正，今試擬條文如下：

「損壞或壅塞陸路、水路、橋樑或其他供公衆交通之設備或以他法使供公衆交通之設備喪失其效用，而足以生交通往來之危險者，處五年以下有期徒刑或科一千元以下罰金。」

第五節　危險物罪

炸藥、雷汞、其他爆裂物、槍礮與子彈等危險物極易引致爆炸或燃燒而造成公共危險，爲防患危險於未然，刑法對於違法之製造、販賣、運輸或持有此等危險物之行爲，特設處罰規定，而列爲一種公共危險行爲，此即本節所述之危險物罪。

依據現行刑法之規定，危險物罪計有：壹、普通危險物罪。貳、加重危險物罪等。今分別論述如下：

壹、普通危險物罪

行爲人未受允准，而製造、販賣、運輸或持有炸藥、棉花藥、雷汞或其他相類之爆裂物或軍用槍砲、子彈而無正當理由者，構成第一八六條之普通危險物罪。本罪爲一般犯與抽象危險犯，係危險物罪之基本犯。

一、行爲客體

本罪之行爲客體即危險物罪中之危險物，包括炸藥、棉花藥、雷汞或其他相類之爆裂物或軍用槍砲、子彈等。所謂爆裂物乃指具有爆炸性，遇熱或加壓，立即爆裂而具殺傷力之物[58]，如條文所例示之炸藥、棉花藥、雷汞等或如土槍藥[59]。反之，不具爆炸性之物，如水銀、白藥

---

[58]參閱二二上四一三一：刑法上所謂爆裂物，係指其物有爆發性，且有破壞力，可於瞬間將人及物殺傷或毀損者而言。

[59]參閱二八上六四三：上訴人鋪內搜獲之土槍藥，既據查明含有爆裂性，即係刑法第一百八十六條所稱與炸藥等相類之爆裂物，其無故私藏，自無解於未受允准而持有爆裂物之罪責。

等，即非爆裂物㊵。稱「軍用槍砲、子彈」係指槍砲子彈之性能足供軍中需用者而言，不以具體之物現供軍用爲限，亦不以名稱定其性能㊶，故如獵槍及其槍彈非堪供軍用，卽不能成爲本罪之行爲客體㊷。惟如土製手槍裝用彈藥，若其效用與軍用槍相同，則亦可成爲本罪之行爲客體㊸。又軍用槍砲、子彈係指其整體且有效者而言，祇有部分零件者㊹，或已銹廢不堪使用而不具爆炸危險性者，自不能成爲本罪之行爲客體㊺。此

㊵參閱

①三四院二八六五：水銀僅係雷汞所含成分之一種，其本體亦無類似雷汞之爆裂性，自非刑法第一百八十六條所稱之爆裂物。

②三五院解三一〇六：製造火柴原料之白藥，如無與炸藥棉花藥雷汞等相類之爆裂性，卽非刑法第一百八十六條之爆裂物。

㊶參照二五院一五七二、五六臺上一七七三。

㊷參閱

①五六臺非二〇：違禁物依刑法第三十八條第一項第一款規定，固不問屬於犯人與否沒收之，至獵槍及子彈，係專供狩獵之用，不能認爲違禁物，被告等持有之槍枝，原判決既認屬獵槍專供狩獵之用，與純屬軍事上使用之槍枝究有不同，觀於刑法第一百八十六條未受允准而持有，僅限於軍用槍砲子彈，獵用槍彈並不在內，卽可明瞭，台灣省獵用槍枝彈藥管制辦法，縱將獵用槍枝子彈，認屬於軍事上使用之範圍，但未經過立法程序，原判決竟依刑法第一百八十六條論處被告等罪刑，並認獵槍爲違禁物予以沒收，均難認爲適法。

②五六臺非一八一：刑法第一百八十六條所謂軍用槍砲，係指就其品類能供軍事上使用者而言，既不以具體之物現供軍用爲限，亦不僅以名稱而決定其性能，至於是否違禁物，更與本條規定之罪構成要件無關，而是否能供軍用，則應由軍事機關鑑定，非可抽象推斷，被告等持有未請領槍照之美國獵槍一枝，是否具有軍用槍之效用，並未送有關軍事機關鑑定，徒憑未經立法程序之前台灣省保安司令部公佈之台灣省獵用槍枝彈藥管制辦法第三條、第四條擬制規定，遽判被告等未受允准並無正當理由，而持有軍用槍砲罪刑，自嫌率斷。

㊸參照三三院二七八一。

㊹參閱二三院一一八三：買賣軍用鎗炮原指整個者而言，其零件本不包括在內，除買受者用以製造鎗炮應成立製造罪，而出賣者又係知情供給，應論以從犯外，其單純買賣軍用鎗炮零件，並無上述之危險性，法無明文，應不爲罪。

㊺參閱五二臺上六〇一：刑法上所謂軍用槍炮，係指能供軍事上使用者而言。

外，鹽硝、毛硝、火硝、硫磺、硝磺等雖爲製造軍火之原料，但旣不能獨立燃燒亦無爆炸性及破壞力，故在未經調配製造成品時，均不能認爲刑法上之爆裂物㊅。至於以原子分裂之連鎖反應而引爆之核子武器，雖亦具爆炸性，但其爆炸之物理性及其殺傷力與破壞性顯與炸藥不同，故在刑法上自不得視之爲「其他相類之爆裂物」㊆。

二、行爲

本罪之行爲有四：即製造、販賣、運輸及持有。行爲人祇要實施四種行爲中之任何一種，即可構成本罪。製造包括製作與改造㊇，行爲人祇

（續前）上訴人向海軍供應司令部所標得者，如果確係廢舊手槍，則其能否供軍事上之使用，已屬不無疑義，且其持有上項手槍係由於海軍供應司令部標購而來，倘仍認其持有爲未受允准而無正當理由，是標售者，無異引人入罪，揆之情理當非如是。

惟如手榴彈雖已受潮失效，但未經軍方報廢有案者，依實例之見解認爲仍可成爲本罪之行爲客體，見五九臺上四〇〇：上訴人所持有之手榴彈雖經軍方鑑定已受潮失效，但旣未經軍方報廢有案，究仍不失爲軍用彈藥而可謂爲不再發生危險，上訴人持有該手榴彈無論始於何時，因係在繼續狀態中，故不發生追訴權時效消滅問題。

㊅參閱

①二二院九七八：單純鹽硝旣非爆裂物，其販賣自不成立刑法（舊）第二零一條之罪。

②二五院一四一八：毛硝、火硝及硫磺，雖足供製造軍火之原料，但未經配合以前，均不能認爲刑法上之爆裂物。

③二五院一四六五：硝磺雖足供製造軍火之原料，但未經配合以前，均不能認爲刑法上之爆裂物，藥商未受允准，私自購儲，以備配藥之用，除有違背硝磺管理規則之情形，應受規則處分外，不成立刑法第一百八十六條之罪。

④二五院一五〇一：毛硝旣不能獨立燃燒，火硝亦無爆發性及破壞力，不能認爲刑法上之爆裂物。（下略）

㊆參照韓著㈠，一九二頁。惟如日本刑法草案特於其第一七六條規定：「關於本章之罪，因原子能之爆發，視爲爆發物之爆發」。有此規定，自可視爲其他相類物之爆裂。

㊇司法院解釋尙將修理槍炮損壞零件視爲製造軍用槍炮，見三一院二四二二。

要有製造行爲，卽爲已足，並不以專業製造爲必要⑹⑼。販賣包括出售⑺⑽與交換。運輸包括在國內各地運送或自國內輸出或自國外輸入。行爲人爲人擦槍油或修理槍枝而未達於製造之程度，則可該當本罪之持有⑺⑴。又行爲人之持有行爲，往往係長時間之繼續，惟此長時間之繼續係出於一個持有行爲，故不生連續犯之問題⑺⑵。此外，如行爲人單純販運由槍枝拆出之各種零件，不成立犯罪，惟販運者如係爲避免發覺或便於搬運，故將整個槍枝拆開以爲運輸，則可成立本罪⑺⑶。

三、違法性

本罪之製造、販賣、運輸或持有等行爲以未受允准而無正當理由者爲限，方具有違法性，故行爲人已受主管官署之允准，或有正當理由而製造、販賣、運輸或持有本罪之危險物，自不構成本罪，前者如已領有自衞槍之執照而持有槍枝，後者如警察因執行任務之必要而佩帶槍枝，但如無職務上之必要，且無其上級機關之命令而擅自持槍外出，則爲無正當理由，此當可構成本罪⑺⑷。

四、法律效果

犯本罪者，處二年以下有期徒刑、拘役或五百元以下罰金。

⑹⑼參照五七臺上三一八五。

⑺⑽參閱四六臺上一一二：被告旣負辦理私有槍彈收購之責，私槍之收購自爲其主管事務，其對私槍出售人僞稱公家收購，暗中以黑市出售圖利，除犯未受允准販賣軍用槍彈外，尙應負對於主管之事務直接圖利罪責，再就其犯罪意思，以定應否以一罪論。

⑺⑴參照三四院解二九一〇㈡。

⑺⑵參照二四上三四〇一。

⑺⑶參照三七院解三八〇七。

⑺⑷參閱四七臺上四二九：警員有無使用槍彈之必要，原應由該管警察局決定，如果警局並無配發槍彈，縱因恐執行職務時被人毆打而持有無照槍彈，尙難遽認爲有正當理由，否則凡屬警員均將無刑法第一百八十六條之適用，立法意旨當非如是。

五、特別法

槍礮彈藥刀械管制條例第十一條第一項設有未經許可製造、販賣或運輸彈藥，第三項設有未經許可無故持有彈藥之處罰規定。又同條例第七條第一、二項設有未經許可製造、販賣或運輸火礮、機關槍、衝鋒槍、卡柄槍、自動步槍、普通步槍、馬槍、手槍或各類炸彈之處罰規定。此均屬本罪之特別法，自應優先適用。

貳、加重危險物罪

行為人意圖供自己或他人犯罪之用，而製造、販賣、運輸或持有炸藥、棉花藥、雷汞或其他相類之爆裂物或軍用槍砲、子彈者，構成第一八七條之加重危險物罪。本罪為一般犯與抽象危險犯，係危險物罪之加重犯。

一、行為客體

本罪之行為客體與前罪者同，在此不再贅述（見本節、壹之一）。

二、行為

本罪之行為亦與前罪者同，茲不贅述（見本節、壹之二）。

三、主觀之不法要素

行為人主觀上必須具備供自己或他人犯罪之用之不法意圖，而實施本罪之行為，方能成罪。行為人祇要製造、販賣、運輸或持有當時，存有此等不法意圖，即足以構成本罪，至於其意圖犯何罪？其所欲犯之罪是否特定？均在所不問。又行為人祇須具有本罪之不法意圖而有本罪之行為，即為已足，而不以實際上已用之於犯罪為必要，惟如自己或他人進而實施犯罪，則除構成本罪外，並另成立自己或他人所犯之罪，兩罪應依實際行為情況而作判斷：

(一) 成立本罪與所犯之罪之牽連犯

行為人意圖犯特定之罪而製造或持有危險物，其後持之以作為犯該罪之工具，此構成本罪與其所犯之罪之牽連犯，應依第五十五條後段之規定，從一重處斷；例有：

1. 行為人蓄意擄綁某乙勒贖，特向某丙借得槍彈備用，其後並持之以作擄綁某乙勒贖之工具，應成立本罪與擄人勒贖罪（第三四七條第一項）之牽連犯㊆。

2. 行為人向合法持有軍用手槍之某甲借得該槍以殺人，應構成本罪與殺人罪之牽連犯㊇。

3. 行為人於信內附有子彈一顆，寄給某甲，施以恐嚇，應成立本罪與恐嚇罪（第三〇五條）之牽連犯㊈。

4. 行為人結夥三人以上在禁止挖掘地區，竊掘日軍埋藏之火燒彈，應構成本罪與加重竊盜罪（第三二一條第一項）之牽連犯㊉。

5. 行為人買受他人盜賣軍用炸藥、雷管或子彈，構成本罪與買受盜賣軍用品罪（軍刑法第七七條第二項）之牽連犯⑲。

（二）成立本罪與其所犯之罪之想像競合犯

行為人意圖犯特定之罪，而製造或持有危險物，尚未着手，即被查獲，且其所欲犯之罪又有預備犯或陰謀犯之處罰規定者，則構成本罪與

---

⑮參照二九上一五二七前段（見後註⑳）。

⑯參閱二九上三三二九：某甲之持有軍用手槍，縱令已受允准，而上訴人向其借得該槍殺人，仍係意圖供自己犯罪之用而非法持有軍用槍砲，應於殺人罪外，並牽連犯刑法第一百八十七條之罪。

⑰參閱四五臺上一二九六（見167頁註⑭之②）。

⑱參閱四六臺上一三七四：上訴人結夥三人以上在保警隊牌示禁止挖掘之地區竊掘日軍埋藏之火燒彈，應觸犯刑法上之竊盜及公共危險二罪，且兩罪有方法結果之關係，依法應從一重處斷。

⑲參閱

①四七臺上二八：上訴人因買受盜賣品而持有子彈，又無正當理由，自屬觸犯刑法第一百八十六條之罪，唯此持有子彈為買受盜賣品罪之結果行為，依同法第五十五條之規定，仍應從較重之買受盜賣械彈罪處斷。

②五五臺上一二五二：上訴人明知甲之ＴＮＴ半磅重軍用炸藥及雷管為盜賣品，竟予以買受，係一行為觸犯陸海空軍刑法第七十七條第二項、刑法第一百八十七條兩罪名，依法自應從一重之知其為盜賣械彈而買受罪論處。

其所欲犯之罪之預備犯或陰謀犯之想像競合犯，應依第五十五條前段之規定，從一重處斷。例有：

1.行爲人意圖以非法之方法顛覆政府而製造或持有槍彈，雖尚未着手內亂，即被查獲，應成立本罪與普通內亂罪或暴動內亂罪之預備犯（第一〇〇條第二項、第一〇一條第二項）之想像競合犯。

2.行爲人意圖殺人或擄人勒贖而持有槍彈，尚未着手殺人或擄人，即被查獲，應構成本罪與殺人罪之預備犯（第二七一條第三項）或擄人勒贖罪之預備犯（第三四七條第四項）之想像競合犯。

（三）成立數罪併罰

行爲人意圖犯不特定之罪而持有槍彈以備隨時犯罪之用，其後果眞持槍而犯罪，此除構成本罪外，並另成立其所犯之罪，兩罪應依第五十條之規定，併合處罰，例有：

1.行爲人爲存備隨時犯罪之用而向某丙借得槍彈，嗣後臨時起意而執該槍枝擄綁某乙勒贖，除應構成本罪外，並另成立擄人勒贖罪（第三四七條第一項），兩罪併合處罰之⑧⓪。

2.行爲人早已非法持有槍枝，嗣後臨時起意，携槍行竊，除應構成本罪或前罪外並另成立加重竊盜罪（第三二一條第一項），兩罪應併合處罰之⑧①。

---

⑧⓪參閱二九上一五二七：上訴人如蓄意擄綁某乙勒贖，特向某丙借得槍彈備用，其持有槍彈之行爲，與擄人勒贖，自屬刑法第五十五條後段之牽連犯，假使借用時不過存備隨時犯罪之用，則其意圖犯罪而持有軍用槍彈已獨立構成犯罪，嗣後復臨時起意執持該槍擄綁某乙勒贖，卽應以所犯持有軍用槍彈與擄人勒贖兩罪，依刑法第五十條併合處罰，不能因期利用所持有槍彈，卽認爲與擄綁行爲，亦具有方法結果，適用刑法第五十五條論科。

⑧①參閱二六滬上一八：携帶軍用槍砲强取財物，除構成犯强盜罪而具有刑法第三百二十一條第一項第三款之加重條件外，原又觸犯同法之持有軍用槍砲罪，特

（四）祇成立本罪

行爲人雖意圖犯罪而製造或持有危險物，但尚未實施犯罪㉜，或實施未遂，而該罪無未遂犯之處罰規定者，則祇構成本罪㉝。

四、法律效果

犯本罪者，處五年以下有期徒刑。

五、特別法

槍礮彈藥刀械管制條例第七條第三項、第十條第二項之處罰規定，均屬本罪之特別法，自應優先適用。

第六節　妨害公共衞生罪

公共衞生乃一種重要之生活利益，妨害公共衞生而危害此種生活利益之行爲，自爲刑法所應加處罰之行爲，此卽本節所述之妨害公共衞生罪，包括投毒或混入妨害衞生物品於公衆之飲水或日用品或消費物、製造、販賣或意圖販賣而陳列妨害衞生之物品、違反預防傳染病之法令、散佈傳染病菌等對於公衆之生命或身體健康具有高危險性之公共危險行爲。

依據刑法之規定，妨害衞生罪計有：壹、毒化公衆飲水罪。貳、過

（續前）該項罪名應否適用第五十五條從一重處斷，則視其開始持有之原因如何而斷，如果盜犯早已非法持有槍砲，嗣後臨時起意携帶上盜，是其持有之始，已應論以刑法第一百八十六條或第一百八十七條之罪，與其後所犯之加重强盜，應數罪併罰，假使盜犯本未持有槍砲，因企圖行刧，始行置備，卽係犯一罪之方法復犯他罪，具有刑法第五十五條之牽連犯關係，應從一重處斷。

㉜惟以該罪無預備犯或陰謀犯之處罰規定者爲限，否則，卽如㈠所述者，成立本罪與該罪預備犯或陰謀犯之想像競合犯。

㉝參閱四一臺非二六：漁業法（舊）第四十五條並無處罰未遂犯之規定。被告等共同持有炸藥，意圖投放於水中滅害魚類，但未及實施卽被查獲，僅應構成刑法第一百八十七條之意圖供犯罪之用而持有炸藥之罪，自無漁業法（舊）第四十五條之適用。

失毒化公衆飲水罪。叁、製造販賣陳列妨害衞生物品罪。肆、違背預防傳染病之法令罪。伍、散佈傳染病菌罪等。今分別論述如下:

壹、毒化公衆飲水罪

行爲人投放毒物或混入妨害衞生物品於供公衆所飲之水源、水道或自來水池者，構成第一九〇條第一項之毒化公衆飲水罪[84]。本罪爲一般犯與抽象危險犯。

一、行爲客體

本罪之行爲客體爲公衆之飲水。飲用水爲日常生活不可或缺之物，若將毒物或妨害衞生物品投放或混入其內，輕則可傷害身體健康，重則可致人於死，故極具公共危險性。可能成爲本罪行爲客體之公衆飲水僅以供公衆所飲之水源、水道或自來水池中之飲水爲限。稱「水源」係指飲用水之泉源[85]。稱「水道」係指飲用水流行經過之河道或輸送自來水之管道。自來水池則指自來水之蓄水池。又飲用水以供公衆所飲者爲限，所謂「供公衆所飲」係指供不特定或特定之多數人飲用而言，故如僅專供特定之個人飲用者，自不能構成本罪[86]。惟專供某一家人飲用者，如某家自鑿而自用之水井，在解釋上應可認爲係供公衆所飲，因爲此等飲水，除該家之家人外，該家以外之人，亦有可能飲用，如該家之訪客，或該家左鄰右舍因自來水缺水而臨時取用等，致該水井亦有可能

---

[84] 有學者稱之爲妨害公衆飲水罪，見韓著(一)，一九五頁。趙著(上)，二八八頁。有稱之爲故意妨害公衆飲水罪，見蔡著(二)，三一九頁。亦有稱之爲妨害飲料水罪，見陳著，四四二頁。

[85] 參閱五四臺上四七六：鄉村無自來水池及水井設備者，均靠天然流水，如果附近居民素飲用該水塘之水，不論該水塘是否唯一水源，要難謂非供公衆所飲之水源。

[86] 參照韓著，一九五頁。

成爲「供不特定之多數人所飲」，故此等專供一家人所飲之水源或水池，亦可成爲本罪之行爲客體[87]。

二、行爲

本罪之行爲有二，即投放毒物或混入妨害衞生之物。稱「投放毒物」係指將具有毒性之物品[88]投入或放置於水源、水道或自來水池之中。投放或混入不以直接投放或混入水源、水道或自來水池爲限，即使間接投放或混入，如將毒物投放或混入與水源相通之河川，而使毒物流入水源，亦可構成本罪。所謂「妨害衞生物品」係泛指有害人體健康之物品。祇要有投放或混入行爲，即爲已足，至於行爲人係投放或混入何種毒物或妨害衞生物品？則非所問。又本罪爲抽象危險犯，故行爲人一旦實施投入或混入行爲，即已構成本罪，至於行爲人投放毒物或混入妨害衞生物品之水源、水道或自來水池中之飲水，是否因之而不堪飲用？則與本罪之成立無關[89]。

三、主觀之不法要素

行爲人必須出於危險故意，而實施本罪之投放或混入行爲，方能構成本罪，否則，行爲人若欠缺此等主觀之不法要素，自不負本罪之刑責。

本罪之成立僅限於具備危險故意之危險行爲，否則，如行爲人具備

[87]但實例則持反對說，參閱四七臺上一二五六：投毒於水井，若該井水平常僅供其家人飲用，必於天不下雨時村人始飲用，則該井原非供公衆所飲用，原審未查明當時是否天不下雨村人亦飲用該水，引用刑法第一百九十條第一項處斷，自嫌速斷。

[88]包括列載於中華藥典毒藥表中及中央衞生主管機關所定之毒藥以及含有毒藥成分之物品。參閱四六臺上一四五：上訴人以殺蟲毒藥水投放於水溝內，此項藥水所含毒質是否足以影響人之生命或健康，與刑法第一九〇條第一項犯罪之構成極關重要，自應選任專家加以鑑定，不宜專憑職司審判者之自由判斷。

[89]參照韓著(一)，一九五頁。

實害故意，則應依實害犯之相當條款，加以處斷，如行爲人係出於殺人故意或傷害故意，而以投放毒物或混入妨害衞生物品於供公衆所飲之飲用水爲手段，則應依殺人罪或傷害罪處斷。

四、結果加重犯

本罪雖爲出於危險故意之危險犯，然危險狀態往往會高昇至實害狀態，此卽構成第一九〇條第二項所規定處罰之因而致人於死或致重傷之結果加重犯，故被害人死亡或重傷之加重結果如確係行爲人所實施之行爲所引致者，且爲行爲人所能預見者，則應依本項之結果加重犯處斷。此外，並參閱損壞或壅塞通路罪結果加重犯（第一八五條第二項）所述者（本章第四節、伍之五）。

五、未遂犯

本罪之未遂行爲，第一九〇條第四項設有處罰規定，由於本罪爲抽象危險犯，一旦着手實施本罪之行爲，而已將毒物或妨害衞生物品投放或混入水中，行爲卽屬既遂，故對於直接之投放或混入行爲，實難想像存有未遂之狀態。成立未遂犯之可能性，唯有存在於間接之投放或混入行爲，如出於本罪之危險故意而將毒物或妨害衞生物品投放或混入與水源相通之河川之中，而在該已受毒化或汚染之水尙未流入水源之前，卽被查獲，此方能成立本罪之未遂犯。職是之故，大陸法系多數各國之立法例雖設有與本罪相近似之罪，但均未設未遂犯之處罰規定[90]。

六、法律效果

---

[90] 如西德刑法之「公共危險之毒化罪」(Gemeingefährliche Vergiftung)（德刑第三二四條)、奧地利刑法之「水與空氣汚染之故意危險罪」(Gefährdung durch Vergiftung der Gewässer oder der Luft)（奧刑第一八〇條)、瑞士刑法之「飲水汚染罪」(Verunreinigung von Trinkwasser)（瑞刑第二三四條第一項)、日本刑法之毒物混入淨水或水道罪（日刑第一四四、一四六條）等之規定，均不作未遂犯之處罰規定。

犯本罪者，處一年以上，七年以下有期徒刑。因犯本罪而致人於死者，處無期徒刑或七年以上有期徒刑。因而致重傷者，處三年以上，十年以下有期徒刑。

七、檢討與改進

本罪之現行規定，計有下述三點可值檢討者:

（一）行爲客體之範圍太過狹窄

本罪之行爲客體僅限於公衆飲用之飲水，然而投放或混入毒物或妨害衞生物品而引致公共危險之行爲往往並不祇限於本罪之行爲，例如投放或混入毒物或妨害衞生物品於公開販賣之物品或供公衆消費之物品等，此雖足以引致公共危險，但均不能適用本罪以爲處斷。

（二）關於行爲之規定太過機械性

本罪之行爲現行條文雖然規定爲「投放毒物或混入妨害衞生物品」，但是毒物可以投放，亦可混入，同理，妨害衞生物品可以混入，亦可投放，故刑法解釋上認爲混入毒物或投放妨害衞生物品亦應爲該當構成要件之行爲[91]。

針對上述兩點，本罪之現行規定在刑法修改時，宜作修正，今試擬條文如下:

「投放或混入毒物或妨害衞生物品於公衆飲用水、公用販售之物品或公衆消費物品者，處一年以上七年以下有期徒刑。」

（三）本罪未遂犯之設，似爲多餘之擧，可加刪除。

貳、過失毒化公衆飲水罪

行爲人因過失致將毒物或妨害衞生物品混入於公衆所飲之水源、水

[91] 參照陳著，四四三頁。

道或自來水池者，構成第一九〇條第三項之過失毒化公衆飲水罪。本罪爲一般犯與抽象危險犯。

一、行爲客體

本罪之行爲客體與前罪同，前（本節、壹之一）已詳述，在此不贅。

二、行爲

凡一切足以毒化汚染公衆飲水之過失行爲，均爲本罪之行爲，如工廠或礦場因過失排放含有毒物成分之廢水或在水源附近棄置汚染物而流入水源，致毒化汚染公衆飲用水。又行爲人係出於普通過失抑或業務過失？均非所問，惟可作爲量刑之參考。

三、法律效果

犯本罪者，處六月以下有期徒刑、拘役或三百元以下罰金。

叁、製造販賣陳列妨害衞生物品罪

行爲人製造、販賣或意圖販賣而陳列妨害衞生之飲食物品或其他物品者，構成第一九一條之製造販賣陳列妨害衞生物品罪。本罪爲一般犯與抽象危險犯。

一、行爲客體

本罪之行爲客體爲妨害衞生之飲食物品或其他物品。稱「妨害衞生之飲食物品」係指一切有礙人體健康之飲料與食物而言，擧凡一切供人飲用或食用之物品，而足以妨害衞生者，即可能成爲本罪之行爲客體，如儲藏已逾食用年限，且已變質之罐頭飲料或食物、受原子塵或放射線汚染之蔬菜或食用獸肉、業已腐爛或受農藥汚染之蔬菜或水果、以有礙健康之原料或足以妨害衞生之製造過程所製造而成之飲料或食物等。又稱「妨害衞生之其他物品」則指一切有礙人體健康之飲食物品以外之其他日常生活用品與消費品，如藥品、化粧品、玩具、香皂、牙膏等。

二、行爲

本罪之行爲有三，即製造、販賣或意圖販賣而陳列。行爲人祇要實施三種行爲中之任何一種，即足以構成本罪。稱「製造」乃指就原料加工而製造成品而言，行爲人祇須加工原料而製造成品，即足以構成本罪，至於係出於何種意圖而製造？則非所問。又稱「販賣」係指販售出賣或以物易物，行爲人祇須有販賣行爲，即足以成罪，至於其販賣物品係自已製造者，抑係他人製造者？亦在所不問。又稱「意圖販賣而陳列」則指意圖販售出賣而將妨害衞生之飲食物品或其他物品陳列於他人可得觀覽選購之處。

三、主觀之不法要素

行爲人主觀上必須對其所製造、販賣或陳列之飲食物品或其他物品爲有礙人體健康或妨害衞生之物有所認識，而決意製造、販賣或陳列，方能構成本罪，故行爲人若欠缺此等主觀之不法要素，則縱有製造、販賣或陳列之行爲，亦不負本罪之刑責，如因倉庫通風或冷凍設備損壞，而不知其儲藏尙未逾食用年限之罐頭食物業已變質，若食用將有礙人體健康，而仍舊販賣。

行爲人必須出於販賣之意圖而陳列妨害衞生之飲食物品或其他物品，始能構成本罪，故行爲人若不具販賣意圖而陳列之，自不負本罪之刑責。又行爲人祇須出於販賣意圖而陳列行爲客體，即足以成立本罪，而不以其陳列物品果已出售爲必要。

四、法律效果

犯本罪者，處六月以下有期徒刑、拘役或科或併科一千元以下罰金。

本罪與毒化公衆飲水罪（第一九〇條第一項）不同，並無結果加重犯之處罰規定，故若因犯本罪而致人於死或致重傷者，除成立本罪外，並另構成過失致死罪（第二七六條）或過失傷害罪（第二八四條），兩罪成立想像競合犯，應依第五十五條前段之規定，從一重處斷。惟若行爲人具有殺人或重傷之故意，而以本罪爲方法行爲，則構成本罪與普通殺人罪（第二七一條第一項）或重傷罪（第二七八條第一項）之牽連犯，應依第五十五條後段之規定，從一重處斷。至如行爲人製造僞藥或禁藥，因而致人於死或重傷者，藥物藥商管理法第七十二條第二項設有處罰規定，或如行爲人明知爲僞藥或禁藥而販賣或轉讓，因而致人於死或重傷者，同法第七十三條第二項亦設有處罰之規定，故若有此致人於死或致重傷之加重結果，自應依此等條款處斷。

五、特別法

民國五十九年公布施行之藥物藥商管理法所規定之罰則中計有下述三種處罰行爲，乃本罪之特別法，而應優先適用：

1. 製造僞藥或禁藥者，處二年以上，十年以下有期徒刑，得併科一萬元以下罰金（藥物藥商管理法第七二條第一項）。未遂犯罰之（同條第三項）。

2. 明知爲僞藥或禁藥而販賣、轉讓或意圖販賣而陳列者，處一年以上，七年以下有期徒刑，得併科五千元以下罰金（同法第七三條第一項）。因過失犯本罪者，處一年以下有期徒刑、拘役或一萬元以下罰金（同條第三項）。未遂犯亦罰之（同條第四項）。

3. 製造劣藥者，處一年以下有期徒刑，得併科三千元以下罰金（同法第七五條第一項）。因過失而犯前項之罪或明知爲本罪之劣藥而販賣、轉讓或意圖販賣而陳列者，處六月以下有期徒刑，得併科二千元以下罰金（同條第二項）。因過失而販賣、轉讓或意圖販賣而陳列劣藥者，處拘役或二千元以下罰金（同條第三項）。

食品衞生管理法第十一條規定：食品或食品添加物如有下列情形之一者，不得製造、調配、加工、販賣、貯存、輸入、輸出、贈與或公開陳列：

一、變質或腐敗者。

二、未成熟而有害人體健康者。

三、有毒或含有害人體健康之物質或異物者。

四、染有病原菌者。

五、殘留農藥含量超過中央主管機關所定安全容許量者。

六、受原子塵、放射能污染，其含量超過中央主管機關所定安全容許量者。

七、攙僞、假冒者。

八、屠體經衞生檢查不合格者。

設有違反上述之規定者，可處三年以下有期徒刑、拘役或科或併科一萬元以上，四萬元以下罰金，並得吊銷其營業或設廠之許可證照（食品衞生管理法第三二條第一項）。此亦爲本罪之特別法，自應優先適用。

又妨害衞生之化粧品亦爲本罪之行爲客體，故化粧品衞生管理條例所規定之販賣含有不合法定標準之化粧品色素之化粧品、違法製售化粧品色素或含有醫療或劇毒藥品之化粧品等行爲（該條例第二七條第一項、第十一條、第十七條第一項、第十六條第一項）亦爲本罪之特別法，自應優先適用，可處一年以下有期徒刑、拘役或併科二萬元以下罰金。

肆、違背預防傳染病法令罪

行爲人違背關於預防傳染病所公布之檢查或進口之法令者，構成第一九二條第一項之違背預防傳染病法令罪。本罪爲一般犯與抽象危險犯。

一、行爲

本罪之行爲爲違背關於預防傳染病所公布之檢查或進口之法令。本罪僅就違背法令之行爲作抽象之禁止規定，至於具體之禁止內容爲何？違背行爲是否與此具體之禁止內容相當而構成本罪？則決定於因事與因時而公布施行之預防傳染病之檢查與進口之法令，故本罪卽學說上所稱之該當「空白構成要件」(Blankettatbestand) 之犯罪（見第一章、第二節、伍、四之㈢)。稱「傳染病」乃指霍亂、桿菌性及阿米巴性痢疾、傷寒副傷寒、天花、流行性腦脊髓膜炎、白喉、猩紅熱、鼠疫、斑疹傷寒、回歸熱等富有蔓延性之急性病[92]。

本罪爲危險犯，故行爲人祇要一有違背預防傳染病所公布之檢查或進口法令之行爲，卽足以成罪，不以已生具體之公共危險爲必要。

二、法律效果

犯本罪者，處二年以下有期徒刑、拘役或一千元以下罰金。

伍、散布傳染病菌罪

行爲人暴露有傳染病菌之屍體，或以他法散布傳染病菌致生公共危險者，構成第一九二條第二項之散布傳染病菌罪。本罪爲一般犯與具體危險犯。

一、行爲

本罪之行爲爲散布傳染病菌。凡一切足以散布傳染病菌之行爲，卽爲該當本罪之行爲，包括積極之作爲與消極的不作爲，前者如持附有傳染病菌之衣物，四處散布，後者如條文所例示之暴露有傳染病菌之屍體，或如親屬因得傳染病致死，而不報告當地衞生主管機關，且對死者

---

[92] 見民國三十七年修正公布之傳染病防治條例第一條。

臥病之房間或衣物不加消毒，而放任他人出入。稱「暴露有傳染病菌之屍體」係指對於患有傳染病而死之人或獸之屍體不加掩埋而任其暴露於外。

二、行爲結果

依據現行條文之規定觀之，行爲人之散布傳染病菌行爲須致生公共危險者，方能構成本罪，否則，如散布行爲未生公共危險之具體結果者，行爲人卽不負本罪之刑責。

三、主觀之不法要素

行爲人主觀上必須具備散布傳染病菌之故意，而實施本罪之行爲，方能構成本罪，否則，行爲人若欠缺此等故意，則不負本罪之刑責。又本罪之故意不以確定故意爲限，卽使爲不確定故意，亦可成立本罪。

四、法律效果

犯本罪者，處二年以下有期徒刑、拘役或一千元以下罰金。

五、檢討與改進

現行條文「……致生公共危險者，……」之規定未能顯出本罪爲純正危險犯之特質，而易造成誤解，故宜將本罪條文中之「致」字改爲「足以」。

第七節　其他公共危險罪

刑法公共危險罪章中規定處罰之犯罪，除可歸成一類，而分節論述外，尙有七種犯罪行爲未能歸類者，此卽本節所論述之其他公共危險罪，卽：壹、漏逸或間隔電流或氣體罪。貳、妨害救災罪。叁、妨害公用事業罪。肆、損壞保護生命設備罪。伍、過失損壞保護生命設備罪。陸、違背建築術成規罪。柒、違背救災契約罪等。今分別論述如下：

壹、漏逸或間隔電流或氣體罪

行爲人漏逸或間隔蒸氣、電氣、煤氣或其他氣體，致生公共危險者，構成第一七七條第一項之漏逸或間隔電流或氣體罪。本罪爲一般犯、行爲犯與具體危險犯。

一、行爲

本罪之行爲爲漏逸或間隔電流、蒸氣、煤氣或其他氣體。所謂「漏逸」係指使電流或氣體洩漏於輸送電線或輸送管道或貯藏容器之外。又所謂「間隔」則指遮斷其流通而言。電流、蒸氣、煤氣或其他氣體，因其物理性之特殊，在輸送或貯藏上必須加以特殊處理，方能加以使用，今若以積極之作爲或消極之不作爲而使其漏逸或間隔，則將造成觸電、燙傷、中毒、引致爆炸或燃燒等之公共危險，故刑法乃特設本罪，用以處罰電流或氣體之漏逸或間隔行爲。惟行爲人若以漏逸或間隔電流或氣體之行爲而燒燬放火罪（第一七三至一七五條）或準放火罪（第一七六條）所定之行爲客體，則應構成本罪與放火罪或準放火罪之牽連關係，而可成立吸收犯，故依放火罪或準放火罪處斷，卽爲已足。[93]

二、行爲結果

---

[93] 參閱拙著㈢，三五三頁。

依據現行法之規定，本罪之漏逸或間隔行爲須有致生公共危險之結果，方能構成本罪；否則，縱有漏逸或間隔蒸氣、電氣、煤氣或其他氣體之行爲，而未生公共危險之結果者，自無構成本罪之餘地。

三、主觀之不法要素

行爲人必須出於危險故意而實施本罪之行爲，方能構成本罪，否則，若欠缺此等主觀之不法要素，如因過失而漏逸或間隔電流或氣體，則爲刑法所不加處罰之行爲。

四、結果加重犯

本罪之基本犯罪形態雖爲危險犯，惟此種危險行爲所造成之危險狀態往往可能昇高而生實害，故第一七七條第二項特設因而致人於死或致重傷之結果加重犯之處罰規定。故被害人之死亡或重傷之加重結果若確係由於行爲人之行爲所引致，且又爲行爲人所可能預見者，即可依據本項之結果加重犯處斷。此外，並參閱損壞或壅塞通路罪之結果加重犯（第一八五條第二項）所述者（本章第四節、伍之五）。

五、法律效果

犯本罪者，處三年以下有期徒刑、拘役或三百元以下罰金。犯本罪因而致人於死者，處無期徒刑或七年以上有期徒刑。因而致重傷者，處三年以上，十年以下有期徒刑。

六、檢討與改進

本罪之現行條文關於構成要件與法律效果之規定，似有不盡完善之處，而宜作修正，今試擬條文如下：

「漏逸或間隔電流、蒸氣、煤氣或其他氣體而足生公共危險者，處三年以下有期徒刑或二千元以下罰金。」

貳、妨害救災罪

行爲人於火災或水災之際，隱匿或損壞防禦之器械或以他法妨害救火或防水者，構成第一八二條之妨害救災罪。本罪爲一般犯與抽象危險犯。

一、情狀

本罪之行爲必須發生於火災或水災之際，方能構成本罪，否則，若無火災或水災之發生或雖發生災害，但係火災或水災以外之其他災害，則縱有本罪之行爲，亦不負本罪之刑責。所謂火災或水災，係指大火燃燒或洪水氾濫而造成災害，須以積極之救災作爲方能迅加撲滅或加以控制而言。此等火災或水災並不以人爲之故意縱火或決水與失火或過失決水所造成者爲限，即使由於自然力而引致之火災與水災，如遭雷擊而造成之火災，或如因豪雨而造成之水災等，亦包括在內。

二、行爲

本罪之行爲包括一切救火或防水等救災工作之妨害行爲，現行條文之規定除例示隱匿或損壞防禦之器械之外，尙規定以他法妨害。稱「隱匿」者係指故意藏匿消防救災器材，使人不能持之以救災而言。又稱「損壞」則指以破壞行爲而使消防救災器材喪失其效用而言。行爲人祇要有隱匿或損壞防禦器械即爲已足，至於防禦器械係公有抑或私有？則非所問。又稱「他法」則指隱匿或損壞防禦器材以外之一切其他足以妨害救災工作之行爲，如切斷消防用水之供水道、破壞通往火災區之唯一通道上之橋樑，使消防車無法進入救火等。

本罪之妨害救災行爲包括積極之作爲與消極之不作爲。消極之不作爲可以該當本罪之行爲者，必以行爲人具有提供消防救災器材之義務爲先決條件。行爲人祇要對於搶救火災或水災之工作實施妨害行爲，即足以構成本罪，至於消防救災行動是否因行爲人之妨害行爲而實際上受其影響，甚或因受其妨害而無法進行救災工作等，則非所問[94]。

三、主觀之不法要素

行爲人主觀上必須具備妨害消防救災之故意，而實施本罪之妨害行爲，方能構成本罪。否則，若欠缺此等主觀之不法要素，如因過失而致妨害消防救災，則不負本罪之刑責。又因本罪爲抽象危險犯，故行爲人對其行爲是否足以引致公共危險，則無認識之必要，即使行爲人確信其隱匿或損壞防禦器械之行爲，將不足以生公共危險，亦不能阻却本罪之故意。

四、法律效果

犯本罪者，處三年以下有期徒刑、拘役或三百元以下罰金。

五、檢討與改進

依據本罪之現行規定，則具有可罰性之妨害救災行爲僅限於搶救火災或水災之妨害行爲，至於妨害搶救火災與水災以外之其他災害之行爲，如對於搶救震災、饑荒、瘟疫等工作而爲之妨害行爲，自不能適用本罪加以科處，此卽爲「法律漏洞」(Gesetzeslücke)，而應以刑法修改之手段，加以彌補。針對現行條文之弊，玆擬修正條文如下:

「於火災、水災或其他重大災害之際，損壞或隱匿救災器械或救災必需品，或以他法妨害救災工作者，處三年以下有期徒刑或科二千元以下罰金。」

---

[94] 參照韓著(二)，二二〇頁。

叁、妨害公用事業罪

行爲人妨害鐵路、郵務、電報、電話或供公衆之用水、電氣、煤氣事業者，構成第一八八條之妨害公用事業罪。本罪爲一般犯與抽象危險犯。

一、行爲客體

本罪之行爲客體爲鐵路、郵務、電報、電話或供公衆之用水、電氣、煤氣等事業。此等事業以提供民生之日常需要之公用事業爲限，至於其爲公營，抑或私營？則在所不問。

二、行爲

本罪之行爲針對鐵路、郵務、電報、電話或供公衆之用水、電氣、煤氣事務之妨害行爲，舉凡一切作爲或不作爲，而足以妨害鐵路、郵務、電報、電話或供公衆之用水、電氣、煤氣等公用事業者，均可能該當爲本罪之行爲。

三、主觀之不法要素

行爲人主觀上必須具備妨害故意而實施本罪之行爲，方能構成本罪，否則，若行爲人欠缺此等主觀之不法要素，如因過失而妨害，自不負本罪之刑責。

四、法律效果

犯本罪者，處五年以下有期徒刑、拘役或五百元以下罰金。

五、檢討與改進

本罪之現行規定，顯然過於簡略，行爲僅規定爲「妨害」，且又無行爲結果之規定，故妨害行爲須妨害至何程度，始可評價爲該當本罪之行爲？或一有妨害行爲，無分鉅細，即可科以本罪？單純從現行條文之規定以觀，均爲無法解答之問題，故現行條文之規定，顯然有違構成要件明確原則（參閱第一章、第二節之貳）。因此，本罪之現行條文似宜加修訂，使其符合構成要件明確原則，而在刑法實務運用上，不致有無所適從之感。

肆、損壞保護生命設備罪

行爲人損壞礦坑、工廠或其他相類之場所內關於保護生命之設備，致生危險於他人生命者，構成第一八九條第一項之損壞保護生命設備罪。本罪爲一般犯與具體危險犯。

一、行爲客體

本罪之行爲客體以礦坑、工廠或其他相類之場所內關於保護生命之設備爲限，故如非損壞此等設備之行爲，自無本罪之適用[96]。稱「礦

---

[96]參閱五六臺上二七五五：（前略）查刑法第一百八十九條之公共危險罪，以損壞礦坑、工廠或其他相類之場所內關於保護生命之設備，致生危險於他人之生命，始克成立，上訴人所指被告開掘礦道，深入其廠房、鐵路及隧道之地底，危害地上建築物及鐵路等情，縱令屬實，但被告既非損害上訴人所有勞働場所有關保護生命之設備，又未發生使人生命危險之狀態，核與上開法條之構成要件，迥不相侔，顯無該條規定之適用。

坑」係指爲採礦之用而掘之坑道,「工廠」則指聚集多數人從事生產之工作場所。所謂「其他相類之場所」係指供多數人聚集居住、辦公或娛樂之場所,如摩天樓、電影院等。稱保「護生命之設備」係指礦坑、工廠或其他相類之場所爲維護在其內工作或停留之多數人之生命安全所建造之設備,此等設備並不以法令所規定而建造者爲限⑰,即屬非法令所規定,但事實上爲維護多數人生命之安全而建造者,亦包括在內。

二、行爲

本罪之行爲爲損壞,凡一切足以損壞保護生命安全之設備,使其喪失功能之行爲,均可爲本罪之行爲。又本罪具有毀損之本質,故若構成本罪後,即無另成立毀損罪之餘地。

三、行爲結果

行爲人之損壞行爲必須致生危險於他人生命,始能構成本罪,亦即損壞行爲對於他人之生命必有足生危險之虞,方能成罪,故如保護生命安全之設備雖遭損壞,但對於他人之生命並無足生危險者,即不構成本罪,祇能依毀壞建築物礦坑船艦罪(第三五三條第一項)或一般毀損罪(第三五四條)處斷。又所謂他人係專指自然人爲限⑱。

四、主觀之不法要素

行爲人必須出於危險故意而損壞行爲客體,且對其損壞保護生命設備之行爲足生危險於他人生命有所認識,方能成立本罪,否則,行爲人若欠缺此等主觀之不法要素,則縱有本罪之損壞行爲,亦不負本罪之刑責。

---

⑰如工廠法第四十一條所規定設置之安全設備及同法第四十二條所規定設置之衞生設備、礦場法第十九條所規定設置之安全設備及同法第二十一條之安全或衛生設備、礦場安全法第十、十五條所規定之安全設備等。

⑱見三四院解二九七七。

五、結果加重犯

本罪之危險行爲往往會昇高至實害行爲，亦卽發生致人於死或致重傷之加重結果，對於此等實害結果第一八九條第二項設有處罰規定，故被害人死亡或致重傷之加重結果若確與行爲人之損壞行爲具有因果關聯，而且又爲行爲人所能預見者，卽可依據本項之結果加重犯處斷。此外，並參閱損壞或壅塞通路罪之結果加重犯（第一八五條第二項）所述者（本章第四節、伍之五）。

六、未遂犯

本罪之未遂行爲，第一八九條第五項設有處罰規定，既遂與未遂之區別乃以保護生命之設備是否已遭受損壞爲標準，卽行爲人着手損壞行爲，並已將保護生命之設備損壞，使其喪失保護生命設備之效用，卽爲本罪之既遂，否則，如已着手損壞行爲，但保護生命之設備並未遭破壞或雖微受損害，但仍舊具有保護生命安全之功能者，則爲本罪之未遂犯。

本罪爲具體危險犯，係以損壞行爲對於他人之生命具有足生危險之虞爲構成要件，行爲有無此等具體危險，事關本罪之成立與否，而與本罪之既未遂無關（參閱前述三），然而實例上因不明此理，竟認爲行爲有致生危險於他人生命之結果者爲既遂，無此結果，雖已有損壞之事實，則仍爲未遂[99]，此等見解顯與本罪爲具體危險犯之本質未合，故行爲人雖已有損壞之事實，但客觀上對於他人之生命並無足生危險之虞，則根本不能成立本罪，而非本罪之未遂犯。

---

[99] 參閱四四臺上一〇一三：刑法第一百八十九條第一項之罪係以致生危險於他人生命爲犯罪之結果。有此結果者爲既遂，無此結果雖已有損壞之事實仍屬未遂。

七、法律效果

犯本罪者，處一年以上，七年以下有期徒刑。犯本罪因而致人於死者，處無期徒刑或七年以上有期徒刑。因而致重傷者，處三年以上，十年以下有期徒刑。

八、檢討與改進

爲使本罪更能符合具體危險犯之本質，並避免誤解，現行條文中之「致」字宜改爲「足以」。

伍、過失損壞保護生命設備罪

行爲人因過失損壞礦坑、工廠或其他相類之場所內關於保護生命之設備，致生危險於他人生命者，構成第一八九條第三項之普通過失損壞保護生命設備罪。從事業務之人，因業務上之過失而損壞礦坑、工廠或其他相類之場所內關於保護生命之設備，致生危險於他人生命者，構成同條第四項之業務過失損壞保護生命設備罪。兩罪合稱爲過失損壞保護生命設備罪，係具體危險犯，惟前罪爲一般犯而後罪則爲特別犯。

一、行爲客體

本罪之行爲客體與前罪同，前（本節、肆之一）已詳述，在此不贅。

二、行爲

凡一切過失行爲而足以損壞礦坑、工廠或其他相類之場所內關於保護生命之設備者，均可該當普通過失損壞保護生命設備罪（第一八九條第三項）之行爲，但從事業務之人，因業務之過失而損壞者，則爲該當業務過失損壞保護生命設備罪（第一八九條第四項）之行爲。關於業務之涵義，已詳論於過失致死罪（第二章、第二節、陸之二），在此不再贅述。又本罪之業務過失行爲僅限於從事業務之人在其業務上或與其業務有關之過失行爲，方能成罪。因此，從事業務之人在其所從事業務之外或與其業務無關之過失行爲而損壞保護生命之設備者，祇應成立普通過失損壞保護生命設備罪（第一八九條第三項）。

三、行爲結果

行爲人之普通過失或業務過失行爲必須足生危險於他人生命，始能構成本罪。否則，過失行爲若客觀上並不足以生此具體危險，則行爲人即不負本罪之刑責。

本罪並無結果加重犯之規定，故若過失行爲除損壞保護生命之設備外，並有致人於死或致重傷之加重結果，則除構成本罪外，並另成立普通過失致死罪（第二七六條第一項）或業務過失致死罪（第二七六條第二項）、或普通過失傷害罪（第二八四條第一項）或業務過失傷害罪（第二八四條第二項），兩罪成立想像競合犯，應依第五十五條前段之規定，從一重處斷。

四、法律效果

犯普通過失損壞保護生命設備罪者，處六月以下有期徒刑、拘役或三百元以下罰金。

犯業務過失損壞保護生命設備罪者，處二年以下有期徒刑、拘役或五百元以下罰金。

陸、違背建築術成規罪

承攬工程人或監工人於營造或拆卸建築物時，違背建築術成規，致生公共危險罪，構成第一九三條之違背建築術成規罪。本罪爲特別犯與具體危險犯。

一、行爲主體

本罪之行爲主體僅限於承攬工程人或監工人，故本罪爲特別犯。稱「承攬工程人」係指與定作人就建築物之營造或拆卸工程定有契約之承攬人（參閱民法第四九〇條），其人是否爲建築師？則非所問。稱「監工人」即指監督建築物之營造或拆卸工程之人，雖不以具專門工程人員之資格爲必要，但監工人若爲建築物之監造人，則依建築法第十三條第一項之規定，應以依法登記開業之建築師爲限。

二、情狀

行爲主體必須於營造或拆卸建築物時，實施本罪之行爲，始能成罪，否則，若非於營造或拆卸建築物之時，即於營造或拆卸建築物之前已有本罪之行爲，或於營造或拆卸之後，始有本罪之行爲，均無由構成本罪。

三、行爲

本罪之行爲爲違背建築術成規。所謂「建築術成規」係指營造或拆卸建築物時所應遵守之技術法規與相沿成習之規則，不以建築法令明文規定者爲限。又本罪之違背行爲包括積極之作爲與消極之不作爲。

四、行爲結果

就現行條文之規定觀之，行爲人之違背建築術成規之行爲須致生公共危險之結果，方能構成本罪，惟就具體危險犯之本質而言，行爲人祇要一有違背行爲，且此違背行爲有足生公共危險之虞者，即可成立本罪，故本罪爲一種具體危險犯。至於行爲是否有致生公共危險之具體結果？則與本罪之成立無關。

本罪之違背行爲祇要客觀上有足生公共危險之虞者，即可成罪，至於果眞發生公共危險之具體結果係發生於營造或拆卸期間，抑或於營造或拆卸之後始發生者？均與本罪之成立無關，故如從事建築業務之人承攬他人房屋新建工程，乃竟不切實遵守建築術成規，任意偷工減料，而使此新建樓房有倒塌足生公共危險之虞，此應即可構成本罪，其後因地震，該樓房果眞發生坍塌，因而壓死二人，此除構成本罪外，並另成立業務過失致死罪（第二七六條第二項），兩罪成立想像競合犯，應依第五十五條前段之規定，從一重處斷。惟實例却認爲本罪係指承攬工程人於營造或拆卸時，違背建築術成規，致生公共危害而言，故如上例行爲人承攬建築之房屋並非於營造或拆卸期間中發生危害，自無本罪之適用，行爲人祇負業務過失致死罪（第二七六條第二項）[100]。此等見解顯有違本罪之罪質，而將本罪之具體危險僅限於營造或拆卸期間中發生者，方有本罪之適用，此顯屬誤解。

五、主觀之不法要素

行爲人主觀上必須對其違背行爲足生公共危險之事實有所認識，而決意實施本罪之行爲，方能構成本罪，否則，行爲人若欠缺此等主觀之不法要素，自不負本罪之刑責。

六、法律效果

犯本罪者，處三年以下有期徒刑、拘役或三千元以下罰金。

七、檢討與改進

本罪之行爲往往亦會造成人命傷亡之加重結果，但現行刑法對於此等結果加重犯，却無處罰之規定，故未能作妥當之科處。因此，本罪宜增訂致人於死或致重傷之結果加重犯。此外，行爲人因重大之過失而違

---

[100]參閱五八臺上二二三二㈢：刑法第一百九十三條之公共危險罪，係指承攬工程人於營造或拆卸時，違背建築術成規，致生公共危害而言。上訴人承攬建築之房屋並非於營造或拆卸期間中發生危害，故亦無該條之適用。此外，並參閱五八臺上二二三二㈠（見70頁之註[99]）。

背建築術成規，亦有可能致生公共危險，但因本罪無過失犯之規定，而致成爲刑法所不處罰之行爲，由於都市化致人口集中，高樓大厦之營建亦日漸增多，行爲人故意違背建築術成規，固具公共危險性，即使行爲人出於過失而致違背建築術成規，同樣亦具公共危險性，故本罪實宜增訂過失犯之處罰規定。

爲使本罪更能符合具體危險犯之本質，避免誤解，現行條文中之「致」字，宜修改爲「足以」。又後罪亦宜同此修正。

柒、違背救災契約罪

行爲人於災害之際，關於與公務員或慈善團體締結供給糧食或其他必需品之契約，而不履行或不照契約履行，致生公共危險者，構成第一九四條之違背救災契約罪。本罪爲一般犯、行爲犯與具體危險犯。

一、情狀

行爲人必須於災害之際而有本罪之行爲，方能構成本罪。災害包括自然與人爲之災害，如火災、水災、震災、饑荒、瘟疫、戰亂等。

二、行爲

本罪之行爲爲不履行與公務員或慈善團體所訂之供給糧食或其他必需品之契約或不照契約履行。簡言之，即特定契約之不履行或不照契約內容而履行。契約以與公務員或慈善團體所締結之供給糧食或其他必需品爲內容者爲限，方能構成本罪，否則，行爲人若係與公務員或慈善團體以外之私人或非慈善團體締結之契約，或締約並非以供給糧食或其他必需品爲契約內容者，自無由構成本罪。稱「慈善團體」係指以救災行善爲目的而組成之團體而言，不以依據法令組織，且經主管機關許可者爲限。稱「糧食」係指穀糧與食物，如米、麥、雜糧、魚肉，蔬菜等。

又稱「其他必需品」則泛指糧食以外之其他一切民生必需品，以及一切救災所必需之器材物品，如藥品、衣服、運輸救濟物之交通工具等。

三、行爲結果

依據現行條文之規定，行爲人之不履行契約或不照契約內容之履行等行爲，須致公共危險之結果，方能構成本罪，惟就具體危險犯之本質而論，行爲人之行爲祇要客觀上具有足生公共危險之虞者，即可成罪，而不以行爲致生公共危險之具體結果爲必要。又行爲人之不履行契約或不照契約內容之履行若無足生公共危險之虞，自不能成立本罪，而爲刑法所不處罰之民事不法行爲而已。

四、主觀之不法要素

行爲人主觀上必須對其不履行契約或不照契約內容之履行有足生公共危險之虞有所認識，而決意不履行契約或不照契約內容而履行，方能構成本罪，否則，行爲人如因過失或其他不可抗力而致契約不履行或不照契約內容而履行，則自不負本罪之刑責。

五、法律效果

犯本罪者，處五年以下有期徒刑，得併科三千元以下罰金。

第八章　妨害公共信用與交易安全之犯罪

第一節　概　說

貨幣、有價證券、度量衡以及文書等四者在日常社會生活與經濟交易活動中，均極具重要性，確保此四者之眞實無僞，自爲社會共同生活上不可或缺之重要生活利益，對於此四者之僞造、變造或行使等行爲，均足以妨害社會之公共信用，並危及整個交易安全，故刑法對之乃專設僞造貨幣罪、僞造有價證券罪、僞造度量衡罪、僞造文書罪等四個罪章，加以處罰。此等刑法條款之規範標的雖有貨幣、有價證券、度量衡與文書等之差異，但其處罰之行爲則同爲僞造、變造與行使等行爲，而且行爲後果均爲公共信用與交易安全之妨害，故本書乃將此四類犯罪行爲合併一章，加以論述，並合稱此四類犯罪爲妨害公共信用及交易安全之犯罪。惟就此四類犯罪之特質，亦可簡稱爲「僞造或變造犯罪」。

貨幣、有價證券與文書在刑法上之意義爲何？實有必要於本節概說中詳加討論，今分述如下:

一、貨幣之意義

「貨幣」一詞在僞造貨幣罪章中有廣狹不同內涵之兩種用法，廣義之貨幣係指紙幣、硬幣與銀行券，狹義之貨幣則專指國家鑄造發行流通之硬幣（即金屬幣）。僞造貨幣罪章之章名係採廣義，但各罪條款中所稱之「貨幣」，則又指狹義者而言，此種同詞不同義之用法實足以危及構成要件之明確原則，故非良善之立法。因此，本書之論述乃稍作修正，稱「貨幣」者即指紙幣、硬幣與銀行券之廣義貨幣，至於現行條文中之狹義貨幣，則直稱爲「硬幣」。

二、有價證券之意義

所謂「有價證券」係表示財產權利之書證。原則上，必須占有此等書證，方能行使書證上所載之財產權利，同時，大多數之有價證券又具有相當之流通力，可於市場上自由流通，故其性質與通用貨幣有近似之處，其在經濟交易活動中，則又與一般文書有所不同。因此，刑法乃於僞造貨幣罪章與僞造文書印文罪章之外，另設僞造有價證券罪章，用以確保此種經濟交易上頗具重要性之財產權利書證之安全性與可靠性。

有價證券與通用貨幣雖有近似之處，但兩者亦有下述三點不同：㊀前者可能係政府，亦可能係私人發行者；後者必須由政府發行。㊁前者在事實上雖有時可直接代替金錢，但在法律上祇是財產權利之書證；後者無論在事實上或法律上，其本身卽爲直接代替金錢之物。㊂前者可能具有流通性，亦可能不具流通性；後者則全具强制通用力。

有價證券雖與一般文書中之債權證書最相類似，但仍有下述兩點不同：㊀前者具有部分之流通性；後者則全無流通性。㊁前者所載權利之行使與移轉以占有證券爲必要；後者則否，雖證書燬失，但其權利並不隨之消滅，祇須提出證據，則證書所載之債權仍可行使。

三、刑法上之文書

刑法上所謂之「文書」乃指記載「思想表示」(Gedankenerklärung)之有體物而言，它具有思想之內容（gedanklicher Inhalt)，且明示或可得知作成名義人，而能在法律交往（Rechtsverkehr）中充當適格而明確之證明❶。今析論如下：

（一）文書係由有體物制成者

❶參照 Wessels, BT-1, 1977, S. 105.

文書必定以有體物，如紙張、木、竹、金、石、布帛或皮革等制作而成。文書表意人之思想或意思以視覺感官可見之方法記載於有體物之上，而使其思想或意思之表示得以明確而持久地顯現於有體物之上，故文書亦可稱爲「有體物化之表意」(verkörperte Erklärung) ❷。由於文書係視覺感官可見之有體物，而且具有持久性，故文書乃具有證明功能 (Beweifunktion) ❸。

（二）文書必須具有思想內容

文書在外形上雖係一種有體物，但在實質上必須具備一定之思想內容，而使人可以視覺感官看出其所表示之意思者，方爲刑法上之文書，故尚未塡寫內容之表格，卽非文書❹。惟文書究應具有何種具體之思想內容，方爲刑法所保護之文書？對於此一問題大陸法系各國刑事立法例略有出入，計可分爲下述兩類：

1. 對於文書之內容設有抽象規定

此種立法例在條文中對於文書之內容設有抽象規定，如日本刑法之「有關權利、義務或事實證明之文書」❺，西德舊刑法之「爲證明權利或法律關係具有重要性者」❻。

2. 對於文書之內容不作規定

---

❷參照 Schönke-Schröder, StGB, 1978, § 267, Rdn. 2.

❸ 參照 Wessels, BT-1, 1977, S. 105; Schönke-Schröder, StGB, 1978, § 267, Rdn. 8 ff.

❹參閱

①四八臺上一三八八：刑法上僞造文書罪所稱文書，必以文字或符號在紙上或物品上表示其一定內容之意思者，方屬相當。

②四九臺上一五三三：刑法第二百十一條所謂文書指以文字或符號爲一定意思表示之有體物而言。本件上訴人向某甲購買之統一發票，據第一審判決書所載謂全屬空白並無書寫貨品及蓋用店章，爲毫無內容之空白印本，無一定之意思表示，與刑法上所謂文書之意義不合。

❺見日本刑法第一五九條及其改正刑法草案第二三〇條之規定。

❻見一九四三年以前之西德刑法第二六七條之規定。

此類立法例雖對文書之內容不作規定，但却另作限制規定而使刑法所保護之文書不致於漫無標準。由於此等限制規定有就不法意圖，有就行爲結果而作規定，故本類之立法例又可分爲下述二種：

(1) 就不法意圖而作規定

此類立法例乃就行爲人之不法意圖而作限制規定，如西德刑法之「圖爲法律交往上之詐欺」(zur Täuschung im Rechtsverkehr) ❼，或如瑞士刑法之「意圖損害他人之財產或權利或意圖爲自己或第三人謀取不法利益」❽、或如奧地利刑法之「圖爲在法律交往中用於權利、法律關係或事實之證明」❾。因此，在本類立法例中之所謂文書，自以能達此等不法意圖之內容者爲限。

(2) 就行爲結果而作規定

此爲我國刑法特有之立法例，係就僞造或變造行爲所發生之結果而作限制規定，即僞造或變造行爲之結果必須足以生損害於公衆或他人之情狀下，方能構成僞造或變造文書罪（詳參閱本章、第五節、壹之三）。

就我國刑法之規定以觀，雖然現行僞造或變造文書罪之條款對於文書之具體內容未作規定，但就行爲結果而作限制規定，亦可得而知，刑法所保護之文書乃以與權利或義務有關或法律交往所形成之法律關係具有重要性之事實爲思想內容者爲限，如表示權利或義務之發生、存續、變更、消滅等之契約、借貸證書、遺囑、或證明事實之鑑定書或證明書等。至如表示學術思想或其他抽象觀念之學術論著或文藝創作等，雖亦具有思想內容，但並非刑法上之文書，惟書籍封面及底頁載明著作人、

---

❼見西德現行刑法第二六七條第一項僞造變造文書罪 (Urkundenfälschung) 之規定。

❽見瑞士刑法第二五一條第一項僞造變造文書罪之規定。

❾見奧地利刑法第二二三條第一項僞造變造文書罪之規定。

發行人、印刷者、題名人等，因有一定事實之表示，足供證明之用，故爲私文書。因此，翻印他人著作出版之書籍，如係翻印其著作物之內容，則係單純侵害他人著作權之行爲，惟若竟連同著作出版書籍之底頁，依出版法所載著作人、發行人、印刷者等等，一併加以翻印，則除觸犯著作權法第三十三條第一項之侵害著作權罪外，並另構成僞造變造私文書罪(第二一〇條)，此係一行爲觸犯數罪名，而應依第五十五條前段之規定，從一重處斷。若翻印後，復進而出售，則成立侵害著作權罪（著作權法第三三條第一項）與行使僞造私文書罪（第二一六、二一〇條）之想像競合犯，亦應依第五十五條前段之規定，從一重處斷❿。

（三）文書係以文字或符號加以記述之思想或意思之表示

文書表意人之思想或意思表示必須以文字或符號記載於有體物之上，方能成爲文書。文字並不以本國文字爲限，符號如電碼、速記符號、盲人之點字、電腦符號等。由於口頭方式之思想表示（mündliche Gedankenäusserung）不易捉摸而易消失，故以文字或符號明確地記載於有體物之上，而能穩固思想與意思之表示內容。因此，文書具有穩固功能（Perpetuierungsfunktion）⓫。錄音或唱片係以聲音而穩固人類之

---

❿參閱

①四九臺非二四（見623頁註⓱之④)。

②五二臺上二四五四：同時僞造已註册之著作內容及其底頁著作人、封面設計人、發行人等姓名文字，係一行爲而觸犯著作權法及僞造私文書罪名，復進而先後出售僞書，係基於一個概括之意思，應以連續行使僞造文書一罪論。

③五三臺上二四四〇：被告翻印他人依法註册之著作圖利，自係違反著作權法，雖書籍內容不能爲僞造文書之客體，而書籍封面及底頁載明著作人印刷者題名人，有一定事實之表示，足供證據之用，既與他人權義關係甚大，竟擅自僞造，一併加以翻印出售圖利，除觸犯著作權法外，又構成行使僞造私文書之罪名，至又製版僞造題名人印章及印文，爲僞造私文書之一部，不另論罪。

⓫參照 Wessels, BT-1, 1977, S. 105; Schönke-Schröder, StGB, 1978, § 267, Rdn. 3 ff.

思想或意思之表示內容，但因記載之方法非視覺感官可見之文字或符號，故亦非文書。

（四）文書必須明示思想或意思之表示人

文書必須明示作成名義人，方能使文書具有證明價值，而成爲刑法所應保護之文書。所謂作成名義人，係指在文書上爲思想表示之表意人，而非文書之製作人或書寫人。因此，刑法所保護之文書上必須明示文書所表示之思想或意思內容係出自何人？至於文書係由何人書寫而成，則在所不問。又作成名義人並不以自然人爲限，卽使法人或非法人之人合團體，亦可爲之。由於作成名義人簽署或蓋章於文書之上，而充當保證人，故文書具有保證功能（Garantiefunktion）⓬。

（五）證明記號或識別符號亦以文書論

刑法上所謂之文書，除以文字或符號記載具有思想或意思之表示內容之有體物外，尙包括依習慣或特約而對法律重要事實（rechtliche erhebliche Tatsache）可充當適格而明確之「證明記號」（Beweiszeichen）或「識別符號」（Kennzeichen）⓭。我國刑法爲求明確而免却解釋上之爭論，乃特設第二二〇條文書範圍之補充規定，依此規定，則在紙上或物品上之文字或符號，依習慣或特約，足以爲表示其用意之證明者，關於僞造文書罪章之罪，亦以文書論，如密碼電報或稅務機關證明完稅之稅戳⓮，此等可依第二二〇條規定以文書論之稅戳必須具有文字或符號，

⓬參照Wessels, BT-1, 1977, S. 106; Schönke-Schröder, StGB, 1978, §267, Rdn. 16 ff.

⓭參照 Wessels, BT-1, 1977, S. 107. Schönke-Schröder, StGB, 1982, §267, Rn. 20.

⓮參閱四三釋三六：稅務機關之稅戳蓋於物品上用以證明繳納稅款者，依刑法第二百二十條之規定，應以文書論。用僞造稅戳蓋於其所私宰之牛肉，從事銷售，成立刑法第二百十六條之行使僞造公文書罪，應依同法第二百十一條處斷。（下略）
實例如下：

①三九臺上三五五、四七臺上六五二、四九臺上一四七三、五一臺上一〇八一（見340頁註㊻之①、③、⑤、⑥）。

②四七臺上一三九七：上訴人私宰毛豬意圖逃避稅捐，而以藍筆倣繪屠宰稅驗印印文或符號於豬肉之上，縱非先行僞造印章，但其使用藍筆倣繪文字符號，依

而依習慣或特約足以表示其用意之證明，否則，如稅戳只備印顆外形而無文字或符號顯出，則與第二二〇條之規定不符，而不以文書論⑮，惟雖無文字，但有符號表示一定用意者，則又可以文書論⑯。然而實例上對於此等案件之認定，均採從寬之見解，卽使無文字或一定之符號，亦認爲可適用第二二〇條以文書論，例如：行爲人利用凹凸不平之空罐頭之底

（續前）習慣足以爲表示已經納稅之證明，仍應論以僞造公文書之罪。

③四八臺上七二：僞造台北縣稅捐稽徵處稅戳，加蓋於私宰之豬皮上，該稅戳並非公印，而係屬於僞造刑法第二百二十條以文書論之文書，原判決忽未就此論述，又不依同法第三十八條第一項第二款，而依同法第二百十九條以爲沒收僞造稅戳之根據，自難謂無違誤。

④四九臺上六七八：僞造屠宰稅驗印戳並非表示機關或團體之印信，祇不過爲在物品上之文字符號，用以表示完稅之證明而已，屬於刑法第二百二十條以文書論之文書，非但與純正之公文書有別，卽與同法第二百十九條所定之印章、印文亦不同，其以之供犯罪之用，應依同法第三十八條第一項第二款上段沒收，而不得適用同法第二百十九條作爲沒收之依據。

⑤五〇臺上三四八（見341頁之註57）。

⑥五一臺上二二六四：上訴人所僞造之木質驗印稅戳，既無法定稅務機關之名稱，當非刑法上所稱之公印。其蓋於豬肉皮上，亦祇應論以在物品上之文字，依習慣足以爲表示其已繳納屠宰稅用意之證明以文書論而已。

⑦五四臺上二一七一（見635頁註147之④）

⑮參閱四五臺上一八四：僞造稅務稽征機關之稅戳，蓋用於物品之上，而應以行使僞造公文書論者，必須該稅戳刊成具有文字、符號，依習慣或特約足以爲表示其用意之證明者爲限。若該稅戳祇備印顆外形而無文字或符號顯出，則除就圖陷稽征人員於錯誤，冀免稅款支付，當應成立其他罪名外，自無刑法第二百十六條適用。

⑯參閱五一臺上一〇八一：被告企圖漏稅，以番薯刻製線紋，加蓋豬體上，冒充已稅訖出售，該番薯之內容，雖無文字可辨，但既將該番薯印於豬體之上，卽不能謂非物品之符號，而其用意又在混充已稅之豬出售，係以該符號冒充稅戳之用，依照刑法第二百二十條規定，自應構成僞造公文書之罪名。僞造之低度行爲，應爲行使之高度行爲所吸收。其行使之目的，在於逃稅圖得不法之利益，另成以詐術得財產上不法利益罪，二者具有方法或結果之關係，應從一重以行使僞造公文書罪論。

面，蘸以藍色印水，蓋於私宰之豬體上，僅現圓形藍色模糊痕跡⓱、或以紅色染粉塗於豬皮上⓲、或利用絲瓜瓤沾以紅色染料⓳或以脚踏車輪胎或蘸以紅墨水⓴，蓋於私宰之豬體上等情狀，雖無文字或符號顯出，但亦均認爲適用第二二〇條以文書論，此等從寬認定之見解，顯已超出第二二〇條之規定範圍。

實例上可見之符合第二二〇條之規定，而以文書論之準文書如：紅十字會會員徽章證書及紅十字旗幟袖章所定着文字符號㉑、自己帳簿所記物品數額，經利害關係人蓋章，以爲表示其承認無誤之證明㉒、鹽局

⓱參閱

①四五臺上一六一三（見340頁註㊱之②）。

②五二臺上一三三九(一)：屠商企圖漏稅，利用空罐頭之底面，蘸以藍色印水，蓋於私宰之豬體上，混充已稅訖出售。該空罐頭之內容，雖無文字符號，但該屠商既將該罐用藍印水蓋於豬體之上，即不能謂非物品之符號，而其用意，又在混充已稅之豬肉出售，自係以該符號冒充稅戳之用，依刑法第二百二十條規定，即屬觸犯同法第二百十六條、第二百十一條、第三百三十九條第二項之罪，應從一重處斷。

⓲見五八臺上三六一七。

⓳參閱五七臺上三三五一：如果上訴人確係企圖漏稅而利用絲瓜瓤沾以紅色染料蓋於私宰之豬體上混充業已稅訖，該絲瓜瓤之內容雖無文字符號，但上訴人既將絲瓜瓤用紅色染料印於豬體上，即不能謂非物品之符號，而其用意又在混充已稅之豬肉，自可認係以該符號冒充稅戳之用，依刑法第二百二十條之規定，當構成刑法第二百十一條僞造公文書罪名。

⓴參閱五七臺上三二八三：以脚踏車輪胎蘸以紅墨水蓋於豬皮上，意在混充已稅驗印之豬肉，自屬在物品上之符號，表示已稅之證明，依刑法第二百二十條規定，應以文書論。

㉑參閱二五院一四八六：紅十字會會員徽章證書及紅十字旗幟袖章所定着文字符號，如在習慣上足爲表示其用意之證明，自應以文書論。若僞造、變造而足生損害於公衆或他人者，自應依刑法第二百十一條處斷。其明知爲僞造、變造物而故爲販賣之者，應依行使罪處斷。

㉒參閱二五上四八六二：於以自己名義作成之文書爲不實之登載，除有特別規定外，原不構成僞造、變造文書之罪，惟自己之賬簿所記物品數額，經利害關係人蓋章，以爲表示其承認無誤之證明者，依刑法第二百二十條之規定，應以他人

以公印加蓋於裝載鹽面上，以作原裝狀況之證明㉓、商號在其出品之毛筆筆桿上之烙印㉔、戶政機關於戶口普查時加蓋於身分證上表示查訖之戳記㉕、聯勤總務處營務科價配私車證明單㉖、台糖公司蓋於其出品之飼料紙袋上表示檢驗合格之證明㉗、蓋在僞金塊上之商行鐵

（續前）名義作成之文書論，如就數額加以變更，即應認爲變造文書，若於所記數額外，另爲不實之登載，而與他人承認之數額無關者，仍不得謂構成變造文書罪。

㉓參閱二八上二五三六：鹽局以公印加蓋於裝載鹽面之上，係證明係原裝狀況，藉以防止私自搬動，即與刑法第二百二十條所稱足以爲表示其用意之證明者相當，自應以文書論。上訴人串同船戶侵占其承運之公鹽時，先將原蓋之印文毀滅，再於搬取後加蓋僞造之鹽局公印文於其上，係以毀棄公務員委託第三人掌管之文書，及僞造公文書，而爲侵占業務上持有物之方法，自應從一重以行使僞造公文書一罪論擬，方爲適法。

㉔參閱二八上三三七三：上訴人開設毛筆店，僞造某甲已登記之某某商號，並僞造銅印一顆，內刻某某商號名筆字樣，烙印於出售之筆桿，是上訴人於僞造商號外，尙有其他文字以表示係該號出品，依照刑法第二百二十條，應以僞造文書論，惟其刻成印顆，無非便於烙印筆桿，與單純僞造私人名號之印章，迥然有別，此項行爲僅屬僞造商號及僞造私文書之一部，自無更行論罪之餘地。

㉕參閱四〇臺非一七：刑法上所謂變造文書，係指無制作權者，就他人所制作之眞正文書加以改造，而變更其內容者而言。被告於戶口大檢查時，未回籍受檢，事後仿刻查訖之訖字戳記，加蓋於其國民身分證上，提出行使，是被告僅於眞正之國民身份證上加蓋「訖」字僞戳，對於該身分證並未有變更其內容，而加以改造，自應以僞造文書論。原判決竟以變造文書論處，顯有違誤。次查此項訖字依各地習慣，足認爲已經軍警機關查對之證明，原判決未引刑法第二百二十條，於法亦有未合。（下略）

㉖參閱四七臺上六四九：上訴人騙取他人之脚踏車後，僞造聯勤總部總務處營務科價配私車證明單一份，以資出質於當舖，原審認其僞造證明單並予行使，係屬處分贓物之行爲，與其詐取脚踏車之犯行，並無方法結果之牽連關係，應另成立刑法第二百十六條、第二百十一條之罪，而於該項證明單之性質，僅屬同法第二百二十條所定以文書論之公文書，竟置不論，尙難謂無違誤。

㉗參閱五五臺上三〇五：上訴人僞刻臺糖飼料檢驗用之戳記，加蓋於換裝飼料出售之紙袋，表示業經臺糖公司檢驗合格，即與刑法第二百二十條所稱足以表示其用意之證明者相當，其連續行使此種僞造以文書論之公文書，自係足生損害於公衆之行爲。

印㉘、汽(機)車引擎號碼㉙、校對印章㉚、台電公司之電錶封印㉛、縣政府發鎭公所使用之私有林木放行烙印㉜、家畜疾病防治所於其轄區爲豬瘟之預防注射後所爲「T」型記號㉝等。此外，此等依第二二〇條之規定以文書論之文書，亦有公文書與私文書之分，故處斷上應妥加區分，而

㉘參閱四七臺上一一三九：上訴人既係將僞造之商行鐵印蓋在僞金塊上，顯係僞造刑法第二百二十條所定以文書論之私文書。

㉙參閱

①五五臺上三一九〇：引擎號碼足以表示一定用意之證明，應以文書論。

②六六臺上一九六一：機車引擎號碼，係機車製造廠商出廠之標誌，乃表示一定用意之證明，依刑法第二百二十條規定，應以私文書論。上訴人將原有舊機車上之引擎號碼鋸下，用强力膠粘貼於另一機車引擎上，乃具有創造性，應屬僞造而非變造。

㉚參閱五六臺上一〇二一：校對印章並非表示公署或公務員資格之印信，祇爲表示合法之校對或更正之意思而已，實係刑法第二百二十條以文書論以公文書，上訴人擅行不法加蓋，應屬僞造該項公文書。

㉛參閱五九臺上二五一〇：已扣押之三枚僞造之電錶封印，係裝在電錶外殼，正反兩面刻有「臺電」及「321」字樣，顯爲表示該電錶已經檢驗加封，爲正確計算供電標準，鉛質封印並非錶內機件，而爲表示一定用意之符號，台電公司爲公營事業機關，其從事公司職務之人員，應認爲刑法上所稱之公務員，該封印爲臺電公司服務人員職務上所製作，表示一定用意之符號，依刑法第二百二十條之公文書論。上訴人撥動電錶，行使僞造封印，使臺電公司未能正確計算用電量，自足以損害於公衆，核其所爲，實應負行使僞造公文書及以其他方法使電度表失效不準之竊電罪，二罪間有方法結果之牽連關係，應從行使僞造公文書之一重罪處斷。

㉜參閱五九臺上七三八：縣政府發竹山鎭公所使用之私有林木放行烙印，其文義爲「南投縣政府四號放行印」，烙於竹木之上，爲表示已經主管機關查驗，係依法砍伐之物應予放行之意，爲刑法第二百二十條之文書，旣係表示政府機關許可放行，自應爲公文書。(下略)

㉝參閱五九臺上一〇〇五：家畜疾病防治所在其轄區爲豬瘟之預防注射後所爲「T」型記號，依習慣足以爲表示已經預防注射之證明，依刑法第二百二十條規定應以文書論。上訴人等不顧公共衞生，明知其毛豬尚未爲豬瘟之預防注射，竟分在其所飼養之毛豬左耳上僞造「T」型記號，足以表示其已預防注射，可隨時出售宰食，難謂無妨害公共衞生之虞，是其僞造文書之行爲顯足以生損害於公衆，係僞造刑法第二百二十條以文書論之公文書，應以同法第二百十一條僞造公文書處斷。

分別適用僞造或變造公文書或私文書之條款㉞。

（六）副本、複印本與謄本亦可能具有文書品質

副本（Durchschriften）通常係與原本同時制作，而使文書同時具備數份，在法律交往上，通常均被認定爲文書。又複印本（Vervielfaltigungsstücke）、影印本（Fotokopien）或謄本（或抄本）(Abschriften）是否具有文書品質（Urkundsqualität）而可認定爲刑法上之文書？則依其制作程序而定，此三者均爲原本之複製品（Reproduktion），本不具有文書品質，但若經官署或法院公證處公證其與原本無異，並蓋有公證戳記（Beglaubigungsvermerk）於其上者，自又可視爲文書㉟，如戶口謄本（前爲手抄之抄本，現爲影印本）是。

第二節　僞造貨幣罪

貨幣乃經濟交易之主要支付手段，係整個社會之經濟活動所不可或缺之媒介物，爲維護貨幣之公共信用，確保經濟交易之安全，對於僞造、變造通用貨幣或減損通用硬幣分量之行爲及行使此等僞造、變造之貨幣或減損分量之硬幣之行爲，以及供僞造變造貨幣之器械或原料之製

㉞參閱五三臺上二九〇五：刑法第二百二十條以文書論之文書，有公文書與私文書之分，原判決既未引用刑法第二百十條或第二百十一條之條文，亦未述明上訴人所行使者，究爲私文書抑公文書，已屬理由不備，又該條以文書論之文書，指在紙上或物品上之文字、符號，依習慣或特約足以爲表示其用意之證明者而言，故凡以虛僞之文字、符號或在物品或紙上表示一定用意之證明者，卽謂之僞造。

㉟參照 Wessels, BT-1, 1977, S. 108; Schönke-Schröder, StGB, 1978, § 267, Rdn. 39 ff.

造、交付或收受等行爲，刑法乃訂立專章，加以處罰，此即本節所欲論述之僞造貨幣罪❶。

貨幣均由國家統一印製與鑄造發行，故僞造貨幣罪之刑法條款即保護法益，除貨幣之公共信用與交易安全，亦即貨幣流通之安全性與可靠性 (Sicherheit und Zuverlässigkeit des Geldverkehrs) ❷等社會法益外，尚有政府之統一製幣權之國家法益。

刑法規定處罰之僞造貨幣罪，計有：壹、僞造變造通用貨幣罪。貳、行使僞造變造貨幣罪。叁、收集或交付僞造變造貨幣罪。肆、減損通用硬幣分量罪。伍、行使減損分量之硬幣罪。陸、收集或交付減損分量之硬幣罪。柒、製造交付收受僞造變造貨幣之器械原料罪等。今分別論述如下：

壹、僞造變造通用貨幣罪

行爲人意圖供行使之用，而僞造或變造通用之硬幣、紙幣或銀行券者，構成第一九五條第一項之僞造變造通用貨幣罪。本罪爲一般犯與結果犯。

一、行爲客體

本罪之行爲客體爲通用之硬幣、紙幣或銀行券。稱「硬幣」係指國家銀行以金屬鑄造之金屬幣 (Metallgeld) 而言，亦即狹義之貨幣。硬幣又可分爲正幣與輔幣，前者有銀幣，後者則有鎳幣與銅幣或其他合金

---

❶西德、瑞士、奧地利等國刑法均稱之爲 Geldfälschung。

❷參照 Lackner, StGB, 1977, § 146, Anm. 1; Schönke-Schröder, StGB, 1978, § 146, Rdn. 1.

幣。稱「紙幣」(Papiergeld) 係指由國家銀行以紙張印製而成之紙質貨幣。稱「銀行券」則指經政府許可之特定銀行所發行之貨幣兌換券❸。此三者均須爲通用者，方能成爲本罪之行爲客體。所謂「通用」係指流通使用，而具有强制通用力而言，故外國貨幣，如美金、港幣等，縱在國內具有事實之流通力，但並不具有强制通用力，故爲有價證券而非通用貨幣❹。又通用硬幣、紙幣或銀行券之强制通用力並不以永久通用或全國通用者爲限，卽使限制於特定時間或地區流通使用之硬幣、紙幣或銀行券，仍可成爲本罪之行爲客體，故如限制行使之銀幣或停止通用之紙幣或銀行券，在兌換期滿之前，仍舊具有强制通用力，自可成爲本罪之行爲客體❺。

政府自播遷來臺後，中央銀行曾停止貨幣之發行，而由臺灣銀行發行臺幣流通於臺灣省，故臺幣之性質乃屬政府許可地方銀行發行之銀行券❻，惟自民國五十年七月一日起，中央銀行委託臺灣銀行以新臺幣名

---

❸參閱

①十九上一二五一：刑法（舊）第二百十一條所謂通用紙幣，係指政府發行有强制通行力之紙幣而言。中國銀行鈔票，係經政府許可而發行之銀行券，與通用紙幣性質不同，故僞造中國銀行鈔票，應以僞造銀行券論。

②三九臺上三六：本票乃有價證券之一種，與銀行券不同，與貨幣、紙幣亦異。原判決以上訴人等之僞造臺灣銀行本票爲僞造幣券，適用妨害國幣懲治條例第三條處斷，不無違誤。

❹參閱

①三五院解三二九一(一)：美鈔現時在國內交易上旣有流通效力，自屬有價證券之一種，如有僞造變造者，應依刑法第二百零一條第一項處斷。

②四八臺上二○○（見573頁註㊸之①）。

③四九臺上一○四一（見562頁之註㊱）。

❺參閱二五院一五八二：限制行使之銀幣，在兌換期間內，仍應認爲刑法上之通用貨幣。此外，二五上七五一四亦同旨。

❻因此，自非「國幣」，其僞造或變造行爲，自不能適用民國三十二年公布施行之「妨害國幣懲治條例」。參閱

義代理發行紙幣，自此以後，臺幣之性質乃屬國幣，而非銀行劵❼。因此，目前在臺灣地區具有强制通用力之貨幣，則唯有新臺幣一種。

二、行爲

本罪之行爲有二，一爲僞造，另一爲變造，行爲人祇要有兩種行爲中之任何一種，即可構成本罪。所謂「僞造」乃指本無貨幣印製權或鑄造權者，模仿眞幣而印製或鑄造具有眞幣外形，使人極易誤認爲眞幣之僞幣。簡言之，即摹擬通用貨幣而印製或鑄製僞幣之行爲❽，此等僞造之硬幣、紙幣或銀行劵必須在外形上與眞幣或眞劵極爲近似，使一般人依通常收受貨幣之習慣，不易發現其爲僞幣，而當作眞幣以收受。換言之，即對於此等僞幣必須特別加以注意，或具有銀行專業人員之專業知識，方能發現。此等僞幣祇要在外形上足以亂眞，即爲已足，而不必與眞幣完全相同❾，且不以與眞幣所具要件一致爲必要，如不具眞幣之號碼或印章等❿，亦不影響本罪或行使僞造變造貨幣罪（第一九六條第一

（續前）

①四四臺非二六：臺灣省之新臺幣係經中央政府許可由臺灣銀行發行之銀行劵，與政府發行具有强制通行力之國幣不同，被告等所共同僞造者旣爲臺灣銀行所發行之新臺幣，自應依刑法第一百九十五條處斷，無適用妨害國幣懲治條例處罰之餘地。

②四五釋六三：妨害國幣懲治條例第三條所稱僞造變造之幣劵係指國幣幣劵而言，新臺幣爲地方性之幣劵如有僞造、變造情事，應依刑法處斷。

❼見五一釋九九（見後註㉑之①），並參閱五二臺上一一二：臺幣於上訴人犯罪時，業因中央銀行之委託發行，而應認爲國幣，此有大法官會議釋字第九十九號解釋可稽，雖上訴人僅提供印製器材，仍屬刑法而非妨害國幣懲治條例處罰範圍，但原判決所揭示之罪名，仍認臺幣爲銀行劵，究有未妥。

❽德國刑法稱之爲「仿造眞幣」(Nachmachen echten Geldes)，參照 Systematischer Kommentar zum StGB, 1977, § 146, Rdn. 6; Schönke-Schröder, StGB, 1978, § 146, Rdn. 5.

❾參閱五六臺上六三四：僞造之幣劵，僅須與眞幣類同，足使一般人誤信爲眞正之幣劵，罪卽成立，原不必與眞幣完全相同。

❿參閱二四上一二八一㈠：號碼並非銀行劵主要部分，僞造之銀行劵縱無號

項前段）之成立。

行爲人以何種方法？使用何種材料而僞造？均非所問，即使係利用已無强制通用力之廢幣而改造者，亦可成立本罪⑪。又行爲人之僞造行爲通常均須經摹擬、製版（或製模）、印刷（或鑄造）、裁剪等過程，此等不同之行爲過程，均屬於一個僞造行爲，而無由成立數個獨立行爲之連續犯⑫。此外，行爲人雖三易其地，始完成其僞造通用貨幣之行爲，然此先後易地而爲，僅屬達成僞造貨幣過程中之數個階段，故仍應成立單一之本罪⑬。

所謂「變造」乃就現具强制通用力之眞幣加以改造，使其得以混充票額不同之其他眞幣，或使本限於甲地流通之眞幣得在乙地使用。與前述之僞造同，必須變造後之具有僞幣性質之「眞幣」在外形上足使一般人於通常收受貨幣之習慣下不易發現係經變造之僞幣，方能成罪。變造祇限於對具有强制通用力之眞幣之加工行爲，故如行爲人所加工者爲業已作廢之貨幣，則非變造，而爲僞造⑭，或行爲人若不僅加工，而且破壞眞幣之原形，如銷鎔眞幣，而另鑄新幣，亦爲僞造，而非變造。又行爲人若意圖得利而銷燬銀幣或輔幣，則因構成妨害國幣懲治條例第一條第二項或第二條第一項之罪，故均非本罪之變造。同理，行爲人故意毀

（續前）碼，仍有行使之可能，其意圖行使而交付於人，於其犯罪之成立，不生影響。

⑪參閱二六渝上一〇七二（見後註⑭）。

⑫參閱二六上一七八三：上訴人僞造紙幣之行爲，其開始摹擬與印造樣品以迄付印未成，雖經數個階段，然係繼續的侵害一個之法益，僅屬一個行爲，顯與數個獨立行爲之連續犯有別。

⑬參照五八臺上三九六四。

⑭參閱二六渝上一〇七二：銀行券之變造，必以該銀行券之本身原具有通用效力，惟將其內容加以變更者始屬之，若券已作廢，而又重行改造，以供行使，即係僞造而非變造。

損幣劵，致不堪使用，則爲該當妨害國幣懲治條例第五條之行爲，故亦非本罪之變造。此外，雖爲眞幣之加工行爲，但僅爲減損通用硬幣之分量，則因減損通用硬幣罪（第一九七條第一項）設有處罰規定，故亦非本罪之變造。

三、主觀之不法要素

行爲人主觀上必須出於供行使之用之不法意圖而故意僞造或變造貨幣，始構成本罪，否則，行爲人若欠缺此等主觀之不法要素，縱有僞造或變造之行爲，亦不負本罪之刑責。稱「供行使之用」即指僞造或變造貨幣之目的係在於得以僞造或變造之僞幣充當通用之眞幣流通使用而言。行爲人祇要有此不法意圖，而實施本罪之行爲，即足以成罪，至於僞造或變造後是否果眞持之以使用？則與本罪之成立無關。又行爲人之不法意圖究係供自己行使之用？抑或供他人行使之用？亦在所不問。

四、未遂犯

本罪之未遂行爲，第一九五條第二項設有處罰規定。既遂與未遂之區別乃在於僞造或變造行爲是否完成爲標準。行爲人着手僞造或變造行爲，若其僞造或變造之僞幣已具通用眞幣之外形，而可持之冒充眞幣行使之階段，即爲本罪之既遂⑮。反之，若行爲人所僞造或變造之貨幣猶未具通用貨幣之外形，而尙未能持之以冒充通用貨幣行使流通之程度，則爲本罪之未遂⑯。

行爲人祇要具有本罪之主觀不法要素，而着手僞造或變造通用貨幣

---

⑮參閱四七臺上二六八：僞造新臺幣五角劵多張，其中有業已完成者，雖未使用，自不得謂爲未遂。

⑯參閱

①四三臺上二五四：上訴人等之僞造新臺幣旣僅印正面版，而因模糊不明，將之焚燬，則上訴人之僞造銀行劵，顯未達於旣遂程度，自應依刑法第一百九十五條之未遂罪處罰。

所必要之行爲，如已製成銅版，並購置機械與原料等，雖尚未開始印製僞幣，即被查獲，此當可構成本罪之未遂犯，然實例之見解，竟認爲行爲人尚未着手於僞幣之印製，不能構成本罪之未遂犯，而應成立製造交付收受僞造變造貨幣之器械原料罪（第一九九條）⑰。若採此等見解，則本罪未遂犯之規定，即永無適用之餘地。

五、法律效果

犯本罪者，處五年以上有期徒刑，並得併科五千元以下罰金。

六、沒收特例

第二〇〇條設有僞造貨幣罪章之沒收特例，故本罪所生之僞造或變造之通用硬幣、紙幣或銀行券等，不問屬於行爲人與否，均可依此特例沒收之，刑法總則關於沒收之條文，即可不必引用⑱。又得依第二〇〇條之沒收特例沒收之僞造紙幣，自以構成刑法僞造貨幣罪章所定之各罪

（續前）

②四四臺上一四七：上訴人等雖已着手於犯罪行爲之實行，然僅印有銀行券票面模樣，尚未完成僞造銀行券之行爲，仍屬未遂，原判決依刑法第一百九十五條第二項論以共同意圖供行使之用而僞造銀行券未遂罪，尚無不合。

⑰參閱

①五四臺上一六〇四㈠：上訴人等犯罪之目的，雖爲僞造臺幣，然在製造銅版等器械與原料之階段即爲查獲，尚未着手於僞幣之印製，應成立刑法第一百九十九條之製造器械原料罪。

②五七臺上三九三〇：上訴人明知共同被告等僞造新臺幣缺乏資金，待其參加出資買受僞造之原料機械等物，乃竟出資，使被告等得以買受，其係以自己收受僞造貨幣機器原料等之意思，而由被告等實施，自應負收受罪責。雖部分僞造之銅版等物，於上訴人參加時被告已有收受，然既在被告之收受中上訴人即行參加，則其對於該項收受亦應負其責任。惟上訴人於收受僞造之機械原料等後，於搬運中即被查獲，並未着手幣券之僞造，尚難以妨害國幣懲治條例第三條第一項、第二項之意圖供行使之用而僞造幣券未遂罪相繩。核上訴人所爲，應成立刑法第一百九十九條之意圖供僞造通用之紙幣而收受各項器械原料罪。

⑱參閱二四上二一〇四：僞造之銀行券不問屬於犯人與否，應予沒收，刑法（舊）第二百十六條既有特別規定，則沒收僞鈔自應逕行適用該條辦理，刑法總則關於此項沒收之條文，不得再予引用。

爲限，如僞造紙幣係構成該章以外特別刑事法令之罪名者，則該項僞造之紙幣，即不得適用第二〇〇條沒收之⑲。此外，第二〇〇條之沒收特例係採必須沒收原則，故不以已經扣押爲必要，始加沒收⑳。

七、特別法

民國六十二年修正公佈之妨害國幣懲治條例第三條第一項設有意圖供行使之用，而僞造、變造幣劵行爲之處罰規定，此爲本罪之特別法。如前一、所述，臺幣自民國五十年七月一日之後，已具有國幣之性質，故在妨害國幣懲治條例有效期間，僞造或變造臺幣之行爲，自應依該條例第三條第一項處斷㉑，可處無期徒刑或五年以上有期徒刑，並得併科五千元以下罰金。又若因而擾亂金融，情節重大者，尚可依該條例第三條第二項科處死刑。此外，本罪所生之僞造或變造之幣劵，不問屬於行

---

⑲參照三〇上二〇一四與五五臺上八二〇。

⑳參閱

①四三上一三四：刑法第二百條所定之沒收，爲對於同法第三十八條之特別規定，係採必須沒收主義，更不以其已經扣押爲必要，原審既認上訴人犯罪成立，祇以上訴人持有之僞幣未經扣押，亦不復存在，爲無從沒收之根據，並未就其不復存在之事實，予以具體說明，難謂於法無違。

②五二臺上一三〇二(一)：僞造之紙幣不問屬於犯人與否，亦不問其已否扣押，依法均應宣示沒收，法院並無審酌之權。

㉑參閱

①五一釋九九：臺灣銀行發行之新臺幣自中央銀行委託代理發行之日起，如有僞造、變造等行爲者，亦應依妨害國幣懲治條例論科。

此外，民國六十二年九月四日修正公布之妨害國幣懲治條例第一條第一項亦規定：「本條例所稱國幣，係指中華民國境內，由中央政府或其授權機構所發行之紙幣或硬幣」。

②五六臺上二一七一：中央銀行於民國五十年七月一日在臺復業後，即已委託臺灣銀行發行新臺幣，自是時起新臺幣卽已具有國幣之功能，此觀司法院大法官會議五十一年十二月十九日議決釋字第九十九號解釋自明，上訴人等僞造新臺幣之時間爲五十二年四月間，在上開大法官解釋以後，自應依妨害國幣懲治條例治罪。

以外，五七臺上一八五六亦同旨。

爲人與否？均可依該條例第六條沒收之。

八、檢討與改進

如前所述，貨幣一詞因有廣狹不同之涵義，故易造成混淆。因此，本罪行爲客體之規定，宜作適當之修正，而修改爲「通用之硬幣、紙幣、銀行券」。此外，本條以次之第一九六條第一項㉒及第二項、第一九九條、第二〇〇條等，亦均宜作此修正。

貳、行使僞造變造貨幣罪

行爲人行使僞造、變造之通用硬幣、紙幣、銀行券者，構成第一九六條第一項前段之行使僞造變造貨幣罪。本罪爲一般犯與結果犯。

一、行爲客體

本罪之行爲客體爲僞造變造通用貨幣罪（第一九五條第一項）之行爲人所僞造或變造之通用硬幣、紙幣㉓或銀行券。此等僞造或變造之通用貨幣，究係行爲人自己所僞造或變造？抑係他人僞造或變造者？均不

㉒若能作此修正，則刑法實務上方不致於因使用廣義或狹義貨幣之不同，而造成混亂。參閱

①五六臺上六三八(一)：刑法第一百九十六條所謂通用貨幣，係指硬幣而言，原判決既認上訴人係行使僞造新臺幣，即係行使僞造通用紙幣，乃竟論以行使僞造通用貨幣罪刑，顯有違誤。

②五六臺上二六八三：臺灣銀行發行之新臺幣，依大法官解釋固與國幣同有通用之效力，但該五十元券係屬紙幣，自與貨幣有別。

③六三臺上二一九四：刑法第一百九十六條所謂貨幣係指硬幣而言，原判決既認上訴人先後行使僞造之新臺幣幣券，自係連續行使僞造之通用紙幣，乃竟論以連續行使僞造之通用貨幣罪，顯有違誤。

㉓參閱五五臺上七七九：臺灣銀行發行之新臺幣，自中央銀行委託臺灣銀行代理發行之日起，應認爲具有妨害國幣懲治條例所稱國幣之功能，原判決未論上訴人行使僞造通用紙幣罪名，仍以行使僞造銀行券論擬，非無疑問。

影響本罪之成立，惟如行使自己所僞造或變造之貨幣，則依實例之見解認爲行使之低度行爲爲僞造或變造之高度行爲所吸收，故應逕論以僞造變造通用貨幣罪（第一九五條第一項），而不另成立行使僞造變造貨幣罪㉔。

二、行爲

本罪之行爲爲行使，稱「行使」乃指將僞造或變造之通用貨幣冒充通用眞幣，以通用貨幣之通常用法，加以使用，而使不具通用力之僞幣，得以冒充眞幣而流通。又所謂通用貨幣之通常用法如支付價金、清償債務、提供保證金、兌換票據、現金贈與等。行爲人祇要將僞幣充當眞幣依通用貨幣之通常用法而使用之，即足以構成本罪，至於使用之方式與目的究爲合法，抑係非法？則不影響本罪之成立，如以僞幣冒充眞幣充當賭資而賭博，或以僞幣冒充眞幣以行賄等，均可構成本罪。又本罪之行爲人必須不令他人知悉其僞造或變造之實情而使用僞幣，方能構成本罪，否則如明示他人爲僞幣而價賣於人，則不構成本罪，至多祇能適用收集或交付僞造變造貨幣罪（第一九六條第一項後段）處斷㉕。

行使僞造或變造通用貨幣行爲之不法內涵，除行爲人之不法圖利外，主要乃是使僞幣流通市場，而足以破壞貨幣流通之安全性與可靠性。因此，行爲人若非以眞幣之通常用法行使僞幣，而使其流通使用，縱然行爲人雖已獲實利，但亦非本罪之行使行爲，如將僞造之硬幣或紙幣充當裝飾品或紀念品以出售是。此外，本罪之行使行爲不以行爲人親

㉔參照二四、七、議。然學說上亦有主張宜成立本罪與僞造變造通用貨幣罪（第一九五條第一項）之牽連犯，並依第五十五條後段之規定，從一重處斷，參照趙著(上)，三〇七頁。

㉕參閱二〇上一〇九五：刑法（舊）第二百十二條第一項前半所謂行使僞造通用紙幣及銀行劵，係指使用是項僞票，不令人知其爲僞，而冒充爲眞票行使者而言，至明示爲僞，價賣於人，自屬構成該項後半所定意圖供行使之用而交付於人之罪。此外，五二臺上一三〇二(一)亦同旨。

自行使爲必要，卽使利用不知情之人而行使，亦可構成本罪[26]。

本罪之行使行爲在本質上卽含有詐欺之性質，故如行使僞造或變造之通用貨幣而取得財物或獲得財產上之不法利益，雖然亦該當詐欺取財罪（第三三九條第一項）或詐欺得利罪（第三三九條第二項）之構成要件，但係行使僞造或變造通用貨幣行爲之當然結果，故除構成本罪外，不另成立詐欺取財或得利罪（第三三九條第一、二項）[27]。

本罪往往係行爲人出於概括之犯意而反覆爲同一之行使行爲，此自應依第五十六條之規定論以本罪之連續犯，例如行爲人明告他人爲僞造之新臺幣而賣與他人，並未冒充眞幣而行使，此自係收集或交付僞造變造貨幣罪（第一九六條第一項後段）之交付行爲，而非本罪之行使行爲，行爲人除此行爲外，並另持部分僞幣，冒充眞幣使用，此自應構成行使僞造變造貨幣罪，行爲人前後多次交付或行使僞造之紙幣，係基於概括之犯意，反覆而爲同一之行爲，依連續犯之規定，而論以本罪之連續犯[28]。

三、主觀之不法要素

行爲人主觀上必須對行爲客體爲僞造或變造之硬幣、紙幣或銀行

---

[26]參閱十九上一五一二：利用不知情之人行使僞造銀行券，顯係間接正犯。原審竟以第一審認上訴人爲行使僞造銀行券爲不當，誤解爲意圖行使而交付於人，而又以科刑無出入，仍維持第一審之判決，其見解殊有未合。

[27]參閱二九上一六四八：行使僞造紙幣，本含有詐欺性質，苟其行使之僞幣，在形式上與眞幣相同，足以使一般人誤認爲眞幣而矇混使用者，卽屬行使僞造紙幣，而不應以詐欺罪論擬。本件搜獲之僞造中央銀行十元紙幣，及中國農民銀行一元紙幣，其式樣色澤文字數額之主要部分，表面上極與眞鈔相似，其中央之十元紙幣，僅背面號碼之左方3字，於右方作爲2字，苟非詳加辨認，不易察知眞僞，而農民銀行一元紙幣之水印，如非與眞幣細加比較，尤難發見其瑕疵所在，何能以此等易使一般人忽略部分之不同，卽謂與行使僞幣罪之要件不符，上訴意旨主張應依詐欺罪處斷，自難成立。

[28]參照五九臺上一一九四㈠。

券有所認識，而決意行使之，方能構成本罪，否則，行爲人如對僞造或變造之事實毫無認識，雖持之以行使，自不負本罪之刑責㉙。又行爲人認識行爲客體係僞造或變造之通用貨幣之事實必須在其收受或擁有之前，而後持之冒充眞幣使用，使其流通於市場，方負本罪之刑責，否則，如行爲人於收受後方知爲僞造或變造之通用貨幣，而仍行使之，則與本罪之主觀不法構成要件不相當。此等情事大多爲收受後不甘損失而仍行使，乃人情之常，其不法內涵，顯較本罪者爲低，故第一九六條第二項前段乃特加規定，而作爲本罪之減輕原因，故如前述行爲人於收受後方知爲僞幣而仍行使之行爲，即可依第一九六條第二項之行使僞造變造貨幣罪之減輕犯，加以科處㉚。

四、未遂犯

本罪之未遂行爲，第一九六條第三項設有處罰規定。旣遂與未遂之區別乃以行爲人之行使行爲是否業已完成爲斷，如行爲人持僞幣購物，在付款時卽被發現爲僞造之通用貨幣，則此行使行爲並未完成，故爲本罪之未遂㉛。反之，若行爲人持僞幣購物，並已銀貨兩訖，則行使行爲業已完成，故爲本罪之旣遂。

五、法律效果

㉙參閱二八上四二五三：刑法第一百九十六條第一項關於行使僞造紙幣之規定，以行使者明知該紙幣係僞造爲必要，如行使時不知其爲僞造，不能論以該項罪刑。

㉚參閱二七上四二九：刑法第一百九十六條第一項之行使僞造紙幣罪，以明知係僞造之紙幣，故意收受後冒充眞幣行使爲構成要件，如其收受之初並不知係僞造，嗣後發覺因不甘受損失而仍行使者，則其情節較輕，同條第二項另設有專科罰金之規定，與第一項之行使僞幣罪有別。

㉛參閱二〇上一九一一：被告以僞造之中央銀行券，向某洋貨店購買肥皂，果由該店登時發見爲僞造，則被告行使該票，尙屬未遂，自難律以刑法（舊）第二百十二條第一項之旣遂罪。

犯本罪者，處三年以上，十年以下有期徒刑，並得併科五千元以下罰金。依第一九六條第二項前段之規定，行爲人收受後方知爲僞造或變造之通用硬幣、紙幣、銀行券，而仍行使者，處五百元以下罰金。又自臺幣具有國幣之地位後，僞造臺幣之行爲，固應依妨害國幣懲治條例論處（見本節、壹之七），然該條例對於行使僞造臺幣之行爲，並無處罰之規定，故仍應適用刑法處斷㉜。

本罪行爲人所持以行使之僞造或變造之通用硬幣、紙幣或銀行券，不問屬於行爲人與否，均沒收之（第二〇〇條）（並參閱本節、壹之六所述者）。

叁、收集或交付僞造變造貨幣罪

行爲人意圖供行使之用而收集僞造或變造之通用硬幣、紙幣、銀行券，或將僞造或變造之通用硬幣、紙幣、銀行券交付於人者，構成第一九六條第一項後段之收集或交付僞造變造貨幣罪。本罪爲一般犯與結果犯。

一、行爲客體

本罪之行爲客體與前罪同，已詳述於前（本節、貳之一），在此不贅。

二、行爲

本罪之行爲有二，一爲收集，另一爲交付於人，行爲人祇要有兩種行爲中之任何一種，即可構成本罪。所謂「收集」係指收藏蒐集而言，包括收買、收受（接受他人之交付）、受贈、互換等一切收歸自己持有支配之一切行爲㉝。行爲人

㉜參照五九臺上一一九四㈡。

㉝參閱五四臺上二五二〇：刑法第一百九十六條第一項所謂收集，係指收買、受贈、互換等行爲，在收取以前即有行使之犯罪意思者而言。

係使用何種方法收集？係有償或無償而收集？均非所問。又行爲人究以合法之方法？抑或使用違法之手段而收集？亦與本罪之成立無關，如行爲人明知係僞幣而以詐欺手段而騙取，或以竊盜手段而竊取，或以强盜手段而强取，或易持有爲所有而侵占等，均可能構成本罪之收集行爲。又行爲人所收集之僞幣必須非行爲人自已所僞造或變造者爲限，否則，如行爲人收集自已僞造或變造之僞幣，則當然包括於行爲人之僞造或變造行爲之中，除構成僞造變造通用貨幣罪（第一九五條第一項）外，並無另成立本罪之餘地。此外，收集行爲本含有反覆爲同一行爲之意，故先後多次之收集行爲自爲一行爲，而非獨立數行爲之連續犯㉞，惟本罪之收集行爲並非以反覆爲之者爲必要，卽使僅有一次之收集行爲，亦足以構成本罪。又行爲人收集後持之以交付於人，則收集之低度行爲應爲交付之高度行爲所吸收，而應論以交付之罪㉟。

所謂「交付於人」係指明示他人爲僞幣而移交他人，使其持有而言。行爲人係以何種方法將僞幣交付於人？交付係有償或無償？均在所不問。該當本罪之交付行爲必須行爲人於交付他人之時，明告他人其所交付者爲僞造或變造之通用貨幣，方能構成本罪㊱，否則，如交付當時並不明告他人，而係混充眞幣以流通，則非本罪之交付，而爲行使僞造

㉞參閱二九上二一五五：意圖供行使之用而收集僞造銀行劵之罪，其收集二字，本含有反覆爲同一行爲之意義，被告甲先後收集僞劵，交與乙、丙販賣，其收集行爲並無連續犯之可言，原判決竟以連續犯論罪，顯屬錯誤。

㉟參閱

①二四上一二八一㈡：收集僞造銀行劵與交付於人，雖係兩種行爲，然在法律上既均以意圖行使爲要件，則上訴人於意圖行使而收集後，復以行使之意思而交付於人，其收集行爲，自應爲交付行爲所吸收，論以交付之罪。

②二六、四、二七議：意圖供行使之用而收集之紙幣銀行劵，並交付於人，係犯刑法第一百九十六條第一項之一罪，其收集僞造銀行劵固應爲情節較重之收集僞造紙幣所吸收；其收集行爲亦爲情節較重之交付行爲所吸收。

㊱參閱二〇上一〇九五（見前註㉕）。

變造貨幣罪（第一九六條第一項前段）之行使行爲。若交付於不知情之人，而利用以行使，自應構成行使僞造變造貨幣罪（第一九六條第一項前段）之間接正犯㊲。此外，該當本罪之交付行爲就實質而論，實無異爲行使僞造變造貨幣罪（第一九六條第一項前段）之教唆犯或幫助犯，但因刑法已專就此等行爲特設規定，故自應成立本罪，而無由構成行使行爲之教唆犯或幫助犯。

三、主觀之不法要素

行爲人主觀上必須具備供行使之用之不法意圖，而且認識其所收集或交付於人者爲僞幣，而決意收集或交付於人，方構成本罪，否則，行爲人若欠缺此等主觀之不法要素，則縱有本罪之行爲，如供收藏或研究之用而收集或交付等，自不負本罪之刑責。

行爲人祇須意圖供行使之用而收集僞造或變造之貨幣或將僞造或變造之貨幣交付於人，即足以成罪。至於行爲人係意圖供自己行使？抑或供他人行使？均不影響本罪之成立㊳。又行爲人必須在收受當時，即明知其所收受者爲僞造或變造之通用貨幣，其後出於本罪之不法意圖而將其收受之僞幣交付於人，方與本罪之構成要件相當，否則，行爲人若收受後方知爲僞造或變造之通用貨幣，但因不甘受損，而出於供行使之用的不法意圖而交付於人，則應依第一九六條第二項後段之規定，而成立本罪之減輕犯。

㊲參閱十九上一五一二（見前註㉖）。

㊳參閱五七臺上二五二一：刑法第一百九十六條第一項所謂收集僞造、變造之幣券，係包括收藏行爲在內，而意圖供行使之用，亦不以供自己行使之用爲限。某甲以僞幣交與被告，果爲抵償債務，則被告予以收存，即有供自己行使之意圖；若某甲交存之目的，僅爲擔保債務，將來仍欲收回，則被告之收存行爲，即難謂無供他人行使之意圖。核與上開規定之收集僞造、變造幣券罪之構成要件，自屬相當。

行爲人在收集前具有供行使之用的不法意圖而收集僞幣，即足以成罪㊴，惟行爲人收集後，果眞持之以行使，則因收集之低度行爲爲行使之高度行爲所吸收，故應逕論以行使僞造變造貨幣罪（第一九六條第一項前段）。又行爲人祇要意圖供行使之用而將僞幣交付於人，即足以構成本罪，至於他人是否果眞持之以行使，則與本罪之成立無關。換言之，即行爲人若出於本罪之不法意圖而交付於人，即已成罪，即使他人並不持之以行使，但交付之行爲人仍構成本罪㊵。

四、未遂犯

本罪之未遂行爲，第一九六條第三項設有處罰規定。既遂與未遂之區別乃以收集或交付行爲已否完成爲斷。行爲人一旦着手收集或交付行爲，即可構成本罪之未遂犯，如行爲人已支付眞幣以收購僞幣，但出售者尙未將僞幣交出，此即可依本罪之未遂犯處斷，但若他人根本無僞幣可出售，祇是利用行爲人貪圖厚利之心而騙取行爲人之眞幣後，以紙盒裝磚頭冒充僞幣以交付行爲人，則行爲人即構成本罪之不能未遂㊶。

五、法律效果

犯本罪者，處三年以上，十年以下有期徒刑，並得併科五千元以下罰金。依第一九六條第二項後段之規定，行爲人收受後方知爲僞造或變

㊴參閱二六渝上八六七：刑法第一百九十六條第一項所謂收集，係指收買、受贈、互換等一切行爲，在收取以前，即有行使之犯罪意思者而言，雖以反覆而爲多數收取行爲爲常業，但以圖供行使意思，一次收取，亦即成立該項收集罪名。

㊵參閱二七上三三一：刑法第一百九十六條第一項所謂意圖供行使之用而收集僞造銀行劵之罪，祇以供行使之意思將僞劵收集到手後，即屬旣遂，至嗣後之行使與否，於其犯罪之成立無關。

㊶參閱五六臺上一八五三：上訴人擬以一對二之比例，以眞幣與某甲兌換僞幣，旣已提出自己藏有眞幣之皮包與某甲交換僞幣，則其意圖供行使之用而收集僞幣之行爲，顯已着手，雖某甲等自始卽無以僞幣交付之意，係屬不能犯未遂，仍難辭其刑責。

造之通用硬幣、紙幣、銀行券而仍交付於人者，處五百元以下罰金。又意圖供行使之用而交付僞造之新臺幣於人者，因妨害國幣懲治條例無處罰之規定，故仍應適用刑法論處㊷。

本罪行爲人所收集或交付於人之僞造或變造之硬幣、紙幣或銀行券，不問屬於行爲人與否，均沒收之（第二〇〇條）。

六、檢討與改進

行使、收集或交付等行爲之不法內涵，各不相同，同列一項規定處罰，實有不當之處，故宜將本罪之收集與交付行爲，獨立專項規定，並降低其法定刑。

肆、減損通用硬幣分量罪

行爲人意圖供人行使之用，而減損通用硬幣之分量者，構成第一九七條第一項之減損通用硬幣分量罪。本罪爲一般犯與結果犯。

一、行爲客體

本罪之行爲客體爲狹義之貨幣，即以金屬鑄造之硬幣爲限（參閱本節、壹之一）。

二、行爲

本罪之行爲爲減損分量。按政府鑄造之硬幣，無論爲正幣或輔幣，均有一定之金屬分量，本罪之行爲即在不改變硬幣外形之條件下而減損硬幣之正常分量，故如爲減損分量而銷熔硬幣，或使硬幣失其原來之外形者，即非本罪之行爲，而應依行爲之實際情狀分別適用妨害國幣懲治條例第一條第四項、第二條第一項或第五條處斷。此外，又如銷熔硬幣充作僞造新幣之原料，則爲僞造，而非本罪之減損。

三、主觀之不法要素

行爲人主觀上必須具備供行使之用的不法意圖而故意減損硬幣之分

㊷參照五三臺上八〇一及五九臺上一一九四㈡。

量，始構成本罪，否則，行爲人若欠缺此等主觀之不法要素，縱有本罪之行爲，亦不負本罪之刑責。

四、未遂犯

本罪之未遂行爲，第一九七條第二項設有處罰規定。旣遂與未遂乃以減損分量之行爲已否使硬幣之正常分量因之受到減損爲斷。

五、法律效果

犯本罪者，處五年以下有期徒刑，並得併科三千元以下罰金。

本罪行爲人所減損之不足分量之硬幣，不問屬於行爲人與否，均沒收之（第二〇〇條）。

六、檢討與改進

如前所述，現行條文中所稱之貨幣係指狹義之貨幣，而專指硬幣而言，爲使現行條文更能符合構成要件之明確原則，自宜將條文中之「貨幣」改成「硬幣」。此外，第一九八條第一、二項之「貨幣」亦同。

伍、行使減損分量之硬幣罪

行爲人行使減損分量之硬幣者，構成第一九八條第一項前段之行使減損分量之硬幣罪。本罪爲一般犯與結果犯。

一、行爲客體

本罪之行爲客體爲減損通用硬幣分量罪（第一九七條第一項）所生之不足分量之硬幣。此等硬幣若爲行爲人自己所減損者，則構成本罪與減損通用硬幣分量罪（第一九七條第一項）之牽連關係，而成立吸收犯，應依較重之減損罪處斷。

二、行爲

本罪之行爲爲行使，即不告知他人硬幣不足分量之事實，而持之冒充正常分量之硬幣以使用，使其流通於市場。此外，參閱行使僞造變造貨幣罪（第一九六條第一項前段）所述者（本節、貳之二）。

三、主觀之不法要素

行為人主觀上必須對於行為客體係經減損而不足分量之硬幣有所認識，而決意持之以行使，始能成立本罪，否則，行為人若欠缺此等認識，自不負本罪之刑責。行為人必須在收受或持有行為客體當時，即已有此認識，方能構成本罪，否則，若行為人於收受後方知為減損分量之通用硬幣，而仍持之以行使，此則構成本罪之減輕犯，應適用第一九八條第二項前段處斷。

四、未遂犯

本罪之未遂行為，第一九八條第三項設有處罰規定。既遂與未遂之區別與行使偽造變造貨幣罪（第一九六條第一項前段）者同（本節、貳之四），在此不贅。

五、法律效果

犯本罪者，處三年以下有期徒刑，並得併科一千元以下罰金。依第一九八條第二項前段之規定，行為人收受後，方知為減損分量之通用硬幣而仍持之以行使者，處一百元以下罰金。

本罪行為人所持以行使之減損分量的硬幣，不問屬於行為人與否，均沒收之（第二〇〇條）。

陸、收集或交付減損分量之硬幣罪

行為人意圖供行使之用而收集減損分量之通用硬幣或將減損分量之通用硬幣交付於人者，構成第一九八條第一項後段之收集或交付減損分量之硬幣罪。本罪為一般犯與結果犯。

一、行為客體

本罪之行為客體與前罪者同（本節、伍之一），在此不贅。

二、行爲

本罪之行爲有二，一爲收集，另一爲交付於人。已詳述於前（本節、叁之二），在此不贅。

三、主觀之不法要素

本罪之主觀不法要素與收集或交付僞造變造貨幣罪（第一九六條第一項後段）者同（本節、叁之三），所不同者，唯行爲人收受後，方知爲減損分量之通用硬幣，而仍將之交付於人者，則應適用第一九八條第二項後段處斷。

四、未遂犯

本罪之未遂行爲，第一九八條第三項設有處罰規定。既遂與未遂乃以收集或交付行爲已否完成爲斷。

五、法律效果

犯本罪者，處三年以下有期徒刑，並得併科一千元以下罰金。依第一九八條第二項後段之規定，行爲人收受後，方知爲減損分量之通用硬幣而仍持之以交付於人者，處一百元以下罰金。

本罪行爲人所收集或交付於人之減損分量之硬幣，不問屬於行爲人與否，均沒收之（第二〇〇條）。

柒、製造交付收受僞造變造貨幣之器械原料罪

行爲人意圖供僞造或變造通用之硬幣、紙幣、銀行劵或意圖供減損通用硬幣分量之用，而製造、交付或收受各項器械原料者，構成第一九九條之製造交付收受僞造變造貨幣之器械原料罪。本罪爲一般犯與結果犯。

一、行爲客體

本罪之行爲客體爲僞造或變造通用貨幣或減損通用硬幣之分量等所

需之各項器械與原料，如印刷機、銅板、紙張、油墨等。此等器械與原料必須確係能供僞造或變造貨幣或減損硬幣分量之用者，方能成爲本罪之行爲客體，並不以專供僞造或變造貨幣或減損硬幣分量之用者爲必要㊸。

二、行爲

本罪之行爲有三，即：製造、交付與收受，行爲人祇要有三種行爲中之任何一種，即足以構成本罪㊹。製造包括創製與改造。稱「交付」係指將行爲客體移交他人，使其持有。「收受」則指接受他人之交付而言，由於交付與收受之相對性，故雙方均可獨立構成本罪。

該當本罪構成要件之製造或收受行爲，在本質上實有僞造變造通用貨幣罪（第一九五條第一項）或減損通用硬幣分量罪（第一九七條第一項）之預備行爲的性質，然因基於防患未然之刑事政策，刑法亦將此等具有預備性質之行爲加以犯罪化，而使其成爲獨立可加處罰之獨立犯，而非依附於僞造或變造貨幣行爲或減損硬幣分量行爲之預備犯。惟行爲人若製造或收受僞造或變造貨幣或減損硬幣分量之器械或原料之後，果眞持此器械與原料着手實施僞造或變造貨幣或減損硬幣分量之行爲，則

㊸參閱四六臺上九四七：刑法第一百九十九條所定意圖供僞造通用銀行劵之用而收受器械原料罪，必須所收受者，確係能供僞造銀行劵之器械原料，方足成立，否則僅被告主觀上有惡性之表現，而實際收受者並非僞造銀行劵之器械原料，即不成立該條之罪。此外，四六臺上四七〇㈠亦同旨。

㊹參閱

①四六臺上一四三：刑法第一百九十九條犯罪行爲態樣，有製造、交付及收受之不同，原判決徒以上訴人並未製造，遂於交付行爲應否構成犯罪，竟恝置不論，自嫌未洽。

②五二臺上一七五四：原判決既認上訴人有共同意圖供僞造通用紙幣之用，而製造及收受各項器械原料行爲，而其主文僅爲共同意圖供僞造通用紙幣之用而收受各項器械原料之諭知，略未列入製造，顯有違誤。

製造或收受之預備行爲（前行爲）爲僞造、變造或減損之實現行爲（後行爲）所吸收，應逕論以僞造變造通用貨幣罪（第一九五條第一項）或減損通用硬幣分量罪（第一九七條第一項），而不另成立本罪㊺。至如行爲人製造僞造或變造貨幣或減損硬幣分量之器械或原料而交付他人，他人果眞持之以作僞造或變造貨幣或減損硬幣分量之用，在此情形下，行爲人究應成立本罪？抑或應令負僞造變造通用貨幣罪（第一九五條第一項）或減損通用硬幣分量罪（第一九七條第一項）之從犯？對於此一問題學者之間各有不同之見解：有學者認爲刑法已就此準備行爲設其獨立規定，無從再就其行爲具有加功於他人之僞造、變造或減損行爲之作用加以處罰，故行爲人僅負本罪之刑責即爲已足，而不另構成僞造變造通用貨幣罪（第一九五條第一項）或減損通用硬幣分量罪（第一九七條第一項）之從犯㊻。但另有學者則採反對說而認爲刑法規定本罪之行爲而成獨立犯罪，亦祇謂有此等行爲時縱未發生僞造變造或減損分量之犯罪行爲時，亦應依本罪論處而已，並非謂本罪之規定，可排除關於法規競合原則之適用，故凡有本罪之行爲，如已與加功於該他人犯罪之情形相當時，即不能不依加功之高度行爲，而令負從犯之責，不得徒以刑法對於此等預備行爲設有獨立處罰之規定，即認爲不得依從犯之例，從重論處㊼。按犯罪判斷應兼顧客觀行爲與主觀犯意，行爲人製造僞造變造貨幣或減損硬幣分量之器械或原料而交付他人，他人並持之以實施僞造、變造或減損分量之行爲，此等情狀，若兼就客觀行爲與主觀犯意而作犯罪判斷，則可能有兩種情形，而各異其處斷者：

㊺參閱四一臺上一七三：意圖供僞造銀行劵之用而收受各項器械、原料之犯行，已爲其意圖供行使之用而僞造銀行劵之犯行所吸收，應論以僞造之罪責。

㊻見陳著，四六一頁。趙著（上），三一九頁。

㊼見韓著㈡，二一六頁。

（一）單純構成本罪

行爲人若單純出於本罪之不法意圖（見下述三）而製造僞造變造貨幣或減損硬幣分量之器械或原料並交付他人，其主觀上並無絲毫幫助他人僞造變造貨幣或減損硬幣分量之故意，則行爲人因欠缺從犯之主觀不法要素㊽，故祇應構成本罪，而無由成立僞造變造通用貨幣罪（第一九五條第一項）或減損通用硬幣分量罪（第一九七條第一項）之從犯。

（二）依僞造、變造或減損罪之從犯處斷

行爲人製造僞造變造貨幣或減損硬幣分量之用之器械或原料並交付他人，若其主觀上除具本罪之不法意圖外，尚具幫助他人僞造或變造貨幣或減損硬幣分量之幫助故意，則其製造與交付行爲自然包括於其幫助行爲之中，此自可逕論以僞造變造通用貨幣罪（第一九五條第一項）或減損通用硬幣分量罪（第一九七條第一項）之從犯。

三、主觀之不法要素

行爲人主觀上必須具備供僞造或變造通用貨幣之用或供減損硬幣分量之用等之不法意圖，而製造、交付或收受本罪之行爲客體，方能構成本罪。行爲人祇要具有兩種不法意圖中之任何一種，而實施本罪之行爲，即足以成罪。至於行爲人係意圖供自己或他人之用，則與本罪之成立無關，祇是若爲供自己之用，且其後自己果眞持之以僞造或變造通用貨幣或減損硬幣分量，則如前二、所述祇就僞造變造或減損行爲論罪，而不另構成本罪。又行爲人主觀上祇須具有本罪之不法意圖而實施本罪之行爲，即爲已足。至於他人是否果眞持之以僞造或變造貨幣或減損硬幣之分量？則在所不問。

㊽參閱拙著㈢，二三二頁。

四、法律效果

犯本罪者，處五年以下有期徒刑，並得併科一千元以下罰金。

行爲人所製造、交付或收受之供僞造或變造通用貨幣之用或供減損硬幣分量之用之器械或原料，不問屬於行爲人與否，均沒收之（第二〇〇條）㊾，故如本罪一旦成立，則應主刑與從刑併宣告之，不可僅處主刑，而置從刑於不問㊿。又供僞造或變造通用貨幣之用或供減損硬幣分量之用之器械或原料能否依第二〇〇條之規定加以沒收，乃以本罪能否成立爲定，若本罪未能成立，則因第四十條所規定之單獨宣告沒收係以違禁物爲限，故自不得沒收之[51]。

㊾參閱四六臺上九〇一：僞造變造通用貨幣、銀行劵及刑法第一百九十九條之器械原料不問屬於犯人與否沒收之，爲刑法第二百條所明定，此爲强行規定。如有收集該項器械及原料，卽應予以沒收；至原物存在與否，乃屬執行問題，並非應否沒收之關鍵。

㊿參閱四〇臺非一九：被告意圖供僞造銀行劵之用收受各項器械原料，依刑法第二百條規定，該器械原料不問屬於犯人與否沒收之，原判僅處主刑，而置從刑於不問，於法自屬有違。

[51]參閱三〇院二一六九：（前略）刑法上得單獨宣告沒收之物，依同法第四十條但書之規定，係以違禁物爲限，關於分則所設不問屬於犯人與否沒收之規定，其沒收之物，並非均係違禁物，如被告並不成立犯罪時，該物應否單獨宣告沒收，仍應視其是否屬於違禁物爲斷，不能因分則有沒收之規定，概行沒收。

第三節　僞造有價證券罪

有價證券乃文書之一種，惟因其內容均爲表示財產權利，而且證券本身又與其所表示之財產權利具有不可分之關係，同時，大多數之有價證券又具有相當之流通力，故其在經濟活動中之重要性，並不下於通用貨幣。因此，對於僞造、變造或行使此等財產權利書證之行爲，刑法乃特設僞造有價證券罪章，加以處罰。

僞造有價證券罪章所保護之客體除公債票、公司股票等有價證券外，尙有郵票、印花、稅票、船票、火車票、電車票等交通客票等。其所處罰之行爲亦不限於僞造或變造上述之保護客體之行爲，而且尙包括行使此等僞造或變造之有價證券等之行爲以及供僞造或變造有價證券等之用之器械或原料之製造、交付或收受行爲等❶。

刑法規定處罰之僞造有價證券罪計有：壹、僞造變造有價證券罪。貳、行使僞造變造有價證券罪。叁、收集或交付僞造或變造有價證券罪。肆、僞造變造郵票或印花稅票罪。伍、行使僞造變造郵票或印花稅票罪。陸、收集或交付僞造變造郵票或印花稅票罪。柒、塗抹郵票或印花稅票之註銷符號罪。捌、行使塗抹之郵票或印花稅票罪。玖、僞造變造交通客票罪。拾、行使僞造變造交通客票罪。拾壹、製造交付收受僞造變造有價證券之器械原料罪等。今分別論述於後：

壹、僞造變造有價證券罪

行爲人意圖供行使之用，而僞造或變造公債票、公司股票或其他有

---

❶故嚴格言之，本罪章應稱之爲「僞造有價證券與行使僞造有價證券罪」。

價證券者，構成第二〇一條第一項之僞造變造有價證券罪。本罪爲一般犯與結果犯。

一、行爲客體

本罪之行爲客體爲有價證券，如條文所例示之公債票、公司股票等。所謂「公債票」係指政府爲輔助國庫或爲特種需要，而向人民募集公債時所發行之證券。稱「公司股票」則指公司股東之權利證書而言。可以成爲本罪行爲客體之有價證券乃指除郵票、印花稅票、交通客票等以外之一切表示財產權利之書證，此等書證所表示之財產權利之行使或移轉與書證之占有，具有密切不可分之關係，例有：支票，包括銀行支票❷、信用合作社支票❸、農會支票❹及非票據法上之支票❺、本票❻、

❷參閱

①二八滬上五三㈠：有價證券係以實行券面所表示之權利時，必須占有該券爲特質，銀行支票在市面上並非不可自由流通，且祇須持有該票卽能行使票面所載權利，自係屬於有價證券之一種。

②三一上一九一八（見後註㊳之①）。

③四一臺上四一九㈡：支票具有流通之性質，係有價證券之一種，行使是項證券本含有詐欺性質，其詐欺行爲不應另行論罪。

❸參閱四三臺非四五㈠：信用合作社之支票本身，旣具金錢價值，又有流通力量，自應別於一般私文書，而爲一種有價證券。（下略）

❹參閱

①四六臺上八八八：被告所僞造之農會支票，雖與（舊）票據法上限於以銀錢業者及信用合作社爲付款人之支票不同，但執票人行使該票所載之權利，與其占有票據，旣有不可分離之關係，自係有價證券，而非普通私文書。

②五六臺上二三一〇（見後註㊿之①）。

③五九臺上三二八九（見後註㉘）。

❺參閱二八上二二三二：被告所僞造之支票非以銀錢業爲付款人，雖與票據法上之支票不同，但執票人行使該票所載之權利，與其占有票據，旣有不可分離之關係，自係有價證券，而非普通之私文書。

❻參閱

①二六渝上一五五：上訴人僞造某商號各式印文四個，用以僞造該商號之本票，並僞造區長某甲名章印文一個，加蓋票上，交於不知情之乙，僞稱該區長因無

滙票❼、期票❽、倉單❾、銀行未經政府認許而發行之兌換券❿、外國貨幣⓫、業已中獎之獎券，包括政府發行之獎券⓬及私人發行之獎券⓭、

（續前）款交納錢糧，特向某商號借來本票，命乙持向丙押款使用，是上訴人僞造有價證券，利用不知情之人行使，其行使之低度行爲應爲僞造之高度行爲所吸收，而僞造某商號印文，原爲僞造證券之一部，亦應爲僞造證券行爲所吸收，僅有僞造區長某甲印文，非證券構成之要件，並與僞造證券有方法結果關係，應與之從一重處斷。

②三一上四〇九（見344頁註67之③）。

③三九臺上三六（見533頁註❸之②）。

④四六臺上三八四：本票原爲有價證券之一種，苟依票據法（舊）第一百十七條規定而作成之票據，卽應認爲合法之本票。上訴人等所僞造之本票，旣表明其爲本票之文字及一定之金額，受款人之姓名或商號暨無條件支付各款事項，並記載應支付利息及利率，保證責任及免除作成拒絕證書各項，與票據法（舊）第一百十七條所規定之本票並無差異。僞造前開本票，自屬僞造有價證券。

⑤六一臺上四二二八：本票爲有價證券之一種，上訴人欲作爲投資之本，而予以僞造，係犯刑法第二百零一條第一項之罪。僞造印章爲僞造有價證券之一部，其僞刻某甲之印章後，加蓋於本票之上，其僞造印章之行爲，爲僞造有價證券罪所吸收，不另論罪。

❼參閱三一上二六七三（見後註88之②）。

❽參閱三〇上一一一六：商業上之期票，雖載有受款人姓名商號，但其所載名號，如係假定的性質，而實際上仍屬憑票卽付，其權利之行使與票據之占有，旣立於不可分離之關係，且可流通市面，得以自由轉讓，自屬於有價證券之一種。

❾參閱四〇臺上四四：倉單所載之權利，依民法第六百十八條規定，旣得由貨物所有人背書並經倉庫營業人簽名，而移轉受讓人，仍得因占有而行使其票面所載之權利，故倉單自係有價證券之一種。

❿參照二八非二。

⓫參閱

①三五院解三二九一(二)（見533頁註❹之①）。

②四八臺上二〇〇（見後註68之①）。

③四九臺上一〇四一（見後註36）。

⓬如尚未開獎或業已中獎之愛國獎券。此外，並參閱二五上一〇五〇：政府發行之航空公路建設獎券，自屬有價證券。

⓭參閱五〇臺上六六二（見後註37之②）。

公教人員之實物配給票⓮、陸軍補給站提糧憑單⓯、石油公司所發行之記帳加油票⓰、或高級汽油加油票⓱、外國私人支票⓲、外國公債票與外國公司股票、信用狀等。

證券如非以財產權利爲內容，或證券所載權利之移轉或行使並無須占有證券者，即非本罪之有價證券，如空白支票⓳、當鋪發給之當票⓴。

⓮參閱

①四五臺上一一一八（見後註㉖之①）。

②五九臺上一四五七：實物配給單乃表示權利，且具有價格之指示證券，其權利之行使與單據之持有，具有不可分離之關係，係屬有價證券。上訴人僞造之，自係觸犯刑法上僞造有價證券罪。其餘僞造印章係爲僞造有價證券之一部分，不另論罪。又僞造後進而行使，其行使之低度行爲應爲僞造之高度行爲所吸收。其先後多次之僞造行爲，係出于一概括犯意，應依連續犯論。

⓯參閱五四臺上六〇：陸軍第三軍團第三補給站提糧憑單，如果以實行券面所表示之權利時，必須占有該券爲其特質，自屬有價證券之一種，原審就此未加審酌，遽依僞造公文書論處，適用法律不無可議。

⓰參閱五二臺上一〇七四（見後註㉖之②）。

⓱參閱六六臺上五三：中國石油公司發行之高級汽油加油票，依該公司「票摺加油辦法」之規定，權利人行使加油票上所載權利，與加油票之持有不可分離，又加油票可以自由轉讓移轉，具有流通性，其性質屬於有價證券。上訴人與其他之人意圖供行使之用予以僞造，其間有犯意聯絡，行爲分擔，爲共同正犯。其僞造文章、印文，係僞造有價證券之一部，不另論罪，僞造而復持以行使，其行使之低度行爲，應爲高度之僞造行爲所吸收，僅應論以僞造有價證券一罪。

⓲參閱五六臺上四二五：美國私人支票在臺灣通常可由臺灣銀行以託收方式處理，僞造此種支票即屬僞造有價證券，上訴人雖僅受託塡寫票面文字，但已參與僞造有價證券之構成要件行爲，仍應以共同正犯論。

⓳參閱五七臺上二一二：空白之支票，如未載齊付款人、發票日期及票面金額並經發票人簽章其上者，尚未具有支票之效力，亦卽尙非有價證券性質。故盜刻他人印章，僞冒他人名義，向合作金庫等國家行庫申請設立帳戶，領取支票簿之行爲，雖已足構成刑法第二百十條、第二百十四條、第二百十七條等罪責，但除非行爲人另有將冒名領得之空白支票再予冒名簽發使用之行爲，否則尙難進而論以僞造有價證券之罪責。

⓴參閱二九上六：當票之性質，不過持以證明他人質物之關係，於其期限內有將原物贖回之權利，自係私文書之一種，不能認爲有價證券。

戲票㉑、滙款報單㉒、銀行爲便利存款人取款而印好任人索取塡寫之取款憑條㉓等。又如公司所設餐廳之代用劵，僅爲該公司員工購往餐廳用膳之用，與有價證劵之性質不同，祇能認爲私文書㉔，但如美軍餐票實屬於一種實物待遇之證劵，其本身旣與現金待遇之幣劵無異，故爲有價證劵㉕。

有價證劵究與通用貨幣有所區別，故自不以具有流通性爲必要，祇要證劵上權利之發生移轉或行使以證劵之占有爲要件者，縱使其本身不得轉售或禁止轉讓而不具流通性，亦可認爲本罪所稱之有價證劵㉖，故

㉑參閱二九非五八：戲票係戲園之入場劵，專供人一時娛樂之需，祇屬私文書之一種，不能以有價證劵論。

㉒參閱十九上二〇七四：有價證劵以實行劵面所表示之權利時，必須占有該劵爲其特質。本案上訴人所僞造之滙款報單係甲店對於乙店所發之通知，縱屬實在之物，而取款人行使權利之時，並無占有之必要，與滙票之性質，殊不相同，此項報單，祇屬私文書之一種，不能認爲有價證劵。

㉓參閱四九臺上一四〇九：銀行爲便利存款人取款而印好任人索取塡寫之取款憑條，非可流通市面得以自由轉讓，祇屬私文書之一種，不能認爲有價證劵。其僞造而行使以達詐欺取款之目的者，應從一重論之行使僞造私文書之罪。此外，六一臺上二二亦同旨。

㉔參照五二臺上一五一五。

㉕參閱五五臺上二二二〇㈠（見後註之③）。

㉖參閱

①四五臺上一一一八：有價證劵並不流通買賣爲必要條件，苟證劵上權利之發生、移轉或行使，有其一以證劵之占有爲要件時，均屬有價證劵之範圍，公教人員之實物配給票，於領取實物時以配給票之占有爲前提，一旦喪失占有，即不能享有配給票上之權利，實爲政府對所屬公教人員一種實物待遇之證劵，其本身旣與現金待遇之幣劵並無二致，縱係禁止轉讓亦不得謂非有價證劵，原審徒以其不能在市面流通，即認爲係刑法第二百十二條之一種證書，見解殊有未合。

②五二臺上一〇七四：（前略）上訴人等被訴變造之石油公司所發之記賬加油票，既爲一種不記名式憑票加油之提貨憑證，倘有遺失，槪不掛失，顯以該油票之占有爲其要件，一旦喪失占有，即不能享有加油之權利，其本身自不能謂無相當經濟價値，縱依規定不得轉售，亦難謂非有價證劵。

有價證券實包括不具流通性與具有流通性者㉗兩種。

二、行爲

本罪之行爲有二：即僞造或變造，行爲人祇要有兩種行爲中之任何一種，即足以成罪。僞造或變造行爲必須完成，而使虛僞之有價證券已具通常有價證券之外形，方能成立本罪，僞造或變造行爲一旦完成之後，該有價證券並不立即提出行使，雖逾期已久，但該僞造或變造之有價證券仍有行使之可能，故亦不影響本罪之成立㉘。玆分僞造與變造兩項論述之：

(一) 僞造

所謂「僞造」乃指無權制作有價證券者，假冒他人名義，而制作具有有價證券外形之虛僞證券之行爲。今申論如下：

1. 本罪之僞造行爲僅限於無權制作者之虛僞制作行爲㉙，即所謂

(續前)

③五五臺上二二二〇(二)（前略）美軍餐票於用餐時以餐票之占有爲前提，一旦喪失，即不能享有餐票上之權利，實屬一種實物待遇之證券，其本身既與現金待遇之幣劵無異，即不得謂非有價證券。

此外，五六臺上五八五亦同旨。

㉗不具有流通性之有價證券見前註。具有流通性之有價證券例有：

①二八滬上五三(一)（見前註㉒之①）

②三〇上一一一六（見前註⑧）

③三一上四〇九（見344頁註㊼之③）

④三一上一九一八（見後註㊳之①）

⑤四三臺非四五(一)（見後註㊴之③）。

㉘參閱五九臺上三二八九：上訴人所變造之農會支票，雖非（舊）票據法上限於以銀錢業者及信用合作社爲付款人之支票，但執票人行使該票所載之權利，與其占有票據旣有不可分離之關係，自係有價證券。又該項支票逾期已久，爲拒絕往來者，但並非無效之票據，發票人仍有給付票面金額之責任。上訴人變造農會支票而行使之，自屬意圖供行使之用而變造有價證券。

㉙參閱

①五三臺上一八一〇：刑法上所謂僞造有價證券，以無權簽發之人冒用他人名義

「有形僞造」。至於有權制作發行者所作虛僞內容之「無形僞造」，則非本罪之僞造㉚。因此，遇有此等情形，則依票據法有關之條款㉛，或依刑法之業務登載不實罪（第二一五條）處斷。又如以他人之代理人之名義，作成虛僞之證券，若係無代理權而假冒名義者，自可該當本罪之僞造，但若有代理權，祇是濫用此等代理權代理他人制作其權限以外之證券，則又非本罪之僞造㉜。

2. 行爲人必須假冒他人名義而制作虛僞證券。他人包括法人與自然人，至於他人是否實際存在而眞有其人？則與本罪之成立無關㉝。

（續前）簽發爲要件，如果行爲人基於本人之授權，或其他原因有權簽發者，則與無權之僞造行爲不同。

此外，五三臺上二二六五亦同旨。

②五六臺上二四〇六：刑法上之僞造有價證券罪，指無制作權之人冒名制作他人名義之有價證券而言。

㉚日本刑法之僞造有價證券罪，因設有「以行使之目的，於有價證券爲虛僞之記入者，亦同」之規定（日刑第一六二條第二項），故可據此以爲處斷。

㉛參閱

①四四臺上五四八：被告甲已知其子之存款戶於民國四十三年五月十七日被拒絕往來後即存款不足，乃復於同年六月十四日、七月十四日，利用其子乙名義所領某銀行支票簿，開發不能兌現之支票，交與丙購買古鐵。雖甲係以法定代理人之資格代其子簽發支票，核與無權製造而摹擬眞物以爲製造之僞造行爲未盡洽當，尙難以甲簽發支票行爲觸犯刑法第二百零一條之僞造有價證券罪名。但甲如果明知已無存款，又未經付款人允許墊借，而以其子名義對之開發支票，仍應由其自己負票據法（舊）第一百三十六條之罪責。

②四七臺上一〇四二：上訴人簽發自己名義之空頭支票部份即無僞造有價證券罪名可言，倘有觸犯違反票據法及詐欺罪，如已在檢察官起訴之範圍，自難置而不論。原判決謂上訴人簽發本人支票詐取財物，其間固有方法結果關係，但詐欺行爲亦爲僞造有價證券之高度行爲所吸收，違反票據法與僞造有價證券之罪質又係相同，自無另論罪之餘地。率執共同連續意圖供行使之用而僞造有價證券罪以相繩，尤難謂無違誤。

㉜參照韓著㈠，二二一頁。並參閱五〇臺上二〇二〇：被告之簽發上訴人名義支票，既受上訴人之概括授權，自不得因支票之退票，遽指被告應負僞造有價證券之罪責。

㉝參閱四六臺上一四五五：銀行支票爲有價證券之一種，僞造該項支票不限於

3. 行爲人所制作發行者須爲具有證券外形之虛僞證券:

(1) 有價證券之僞造行爲與通用貨幣之僞造行爲相類似, 但兩者有其不同之處, 即: 行爲人所僞造之通用貨幣在外形上必須與具有强制通用力之眞正通用貨幣相近似, 而足以亂眞, 使一般人在通常使用習慣上不易發覺係僞造之貨幣, 而把它當作眞幣收受或使用。但行爲人所僞造之有價證券則不以外形上與任何一種眞正之有價證券相近似爲必要, 行爲人仿照某特定有價證券而僞造與此特定有價證券之外形相近似之虛僞證券, 固爲本罪之僞造行爲, 但行爲人並不模仿任何特定有價證券, 而獨立創作不與任何有價證券相類似, 惟自外形上足以使人誤認爲係一種眞實之有價證券者, 亦可爲本罪之僞造。

(2) 行爲人所制作之虛僞證券必須已具有通常有價證券之外形, 若尙欠缺有價證券所應記載之內容, 如支票或滙票上尙未塡寫金額, 或如農會眷糧換發單尙未塡載糧食名稱、項目或數量等, 則此僞造行爲尙屬未遂, 因本罪無未遂犯之處罰規定, 故上述尙未完成之僞造行爲, 即爲刑法所不處罰之行爲㉞。

(3) 僞造之有價證券如爲銀行支票, 則無論支票上所塡蓋之戶名圖章是否爲該票所有人之物? 支票持有人實際有無損害? 均不影響本罪之成立㉟。又僞造之虛僞證券祇要外形上足以令人信以爲眞即爲已足, 至其品質之優劣, 已否打號? 亦在所不問㊱。

4. 行爲人係使用何種方法或以何種材料而僞造? 則非所問, 行爲人

(續前) 簽票人是否實在, 縱屬以自己之化名而僞造支票, 仍不失爲僞造有價證券。

㉞參閱五七臺上三八四〇(二): 上訴人僞造之馬公鎭及楠梓區農會眷糧換發單, 旣未塡載糧食之名稱、項目及數量, 其僞造行爲自未完成, 而僞造有價證券及僞造文書罪均無處罰未遂犯之規定, 原審併依僞造有價證券論處罪刑, 尤難謂合。

㉟參照二八滬上五三(一)。

㊱參閱四九臺上一〇四一: 僞造有價證券以足使人信爲眞正爲已足, 至其品質

可能塗改過期未中獎之獎券號碼，使其成爲中獎之獎券㊲，亦可能以空白之眞正證券爲僞造材料，而僞塡內容，加以制作，使其成爲虛僞證券㊳。

5. 僞造行爲過程中，常須僞造或盜用印章、印文或署押，此爲僞造有價證券之階段行爲，當然包括於本罪之僞造行爲之中，不另成立僞造或盜用印章印文署押罪（第二一七條第一、二項）㊴。惟行爲人若於

（續前）優劣，已否打號碼，於犯罪之成立並無影響。美鈔依金融措施實施辦法雖禁止自由買賣，但仍准其繼續持有及持向銀行兌換，具有一定之價值，且以實行券面所表示財產上權利時必須占有該證券，其爲有價證券無疑。

㊲參閱

①四一臺上九六：有價證券之變造，係指該券本身原具有價值，僅將其內容加以變更者而言，未中獎之愛國獎券，其本身已無價值，一經改進使與中獎號碼相符，即能行使其券面所載之權利，自係僞造有價證券而非變造。

此外，四三臺上七二七、四九臺上一〇一九、五二臺上三三二六㈠、六一臺上一八五三㈠亦均同旨。

②五〇臺上六六二：三星氟化牙膏房屋獎券，既指定與某期愛國獎券第一特獎號碼相同者，可憑券領得西式花園一幢或新臺幣五萬元，其爲有價證券性質無疑，上訴人將已作廢之該項獎券挖補，變爲有效之中獎獎券，並利用不知情之人持往領獎使用，自應構成行使僞造有價證券罪名。（依多數實例之見解，本例應構成僞造罪，而非行使罪，見後註㊾）。

㊳參閱

①三一上一九一八：銀行支票，係以券面載明金額而欲實行其金額之權利，必須占有該支票，且該支票得自由轉讓，具有流通之性質，自係有價證券之一種，其以他人空白支票僞塡內容而資行使者，即屬僞造有價證券，刑法上關於僞造有價證券，旣有特別規定，卽不容視爲普通私文書。

②三一上二六七三：刑法上所謂變造，係指不變更原有之本質，而僅就其內容，非法加以變更者而言，上訴人所竊得之空白滙票，本無內容之存在，於竊得後依式塡寫加蓋印章，使發生有價證券之效力，與就其眞實之內容加以不法之變更者不同，自屬僞造行爲，不應認爲變造。

㊴參閱

①二六上一三六二：署押爲構成有價證券之一部，如於僞造之有價證券上僞造署押，卽吸收於僞造有價證券行爲之內，不另構成僞造署押罪名。

僞造有價證券之外，尙有僞以他人名義爲背書人，而僞造其署押之行爲，則此行爲並不當然包括於僞造行爲之中，而與僞造行爲具有方法結果關係，自不可置而不論，而應依第五十五條後段之規定，從一重處斷㊵。

---

②三一上八八：僞造有價證券而復持以行使，其行使行爲吸收於僞造行爲之中，祇應論以僞造罪，且有價證券內所蓋之印文，爲構成證券之一部，所刻之印章，爲僞造之階段行爲，均應包括於僞造罪之內，自不生牽連或想像競合之問題。

③四三臺非四五㈠：（前略）私刻他人印章，僞造此項有價證券，並曾持向領款，其證券內所蓋印文，爲構成證券之一部，僞造印章應係僞造有價證券階段行爲，而包括於僞造有價證券行爲之內，其僞造完成後持向領款，雖已達行使程度，但此項行使行爲應吸收於僞造行爲之中，且意圖行使而僞造有價證券，其效用卽爲非法取得他人財物，亦不另成立詐欺罪，應依同法第二百零一條第一項，論以意圖供行使之用而僞造有價證券罪，僞造之印章並依刑法第二百十九條之特別規定予以沒收。

④四七臺上三五九：行使僞造有價證券之本身已含有詐欺之意圖，不能再論以詐欺取財罪，而私刻印章又爲僞造之階段行爲，已爲僞造有價證券之高度行爲所吸收，亦不成立僞造印章罪。

⑤五一臺上四七二（見後註㊽之②）。

⑥五六臺上二一九六：上訴人盜用印章，爲僞造有價證券之階段行爲，不另論罪，僞造後持以行使，其行使行爲已爲僞造行爲所吸收，應按僞造有價證券論處，同時僞造二人名義之本票，係一行爲侵害兩個法益，應從一重處斷。

⑦五六臺上二六一六（見344頁註㊲之⑦）。

⑧五九臺上一四五七（見前註⓮之②）。

⑨六一臺上四二二八（見註❻之⑤）。

⑩六六臺上五三（見前註⓱）。

㊵參閱

①四七臺上一五二三：竊盜空白支票僞塡金額之外，旣尙有僞以他人名義爲背書，而僞造其署押之行爲，其僞造署押固非僞造有價證券構成之要件，但與行使僞造有價證券不無方法結果關係，卽難置而不論，自應從一重處斷。

②五九臺上二五八八：支票上之背書，係發票後之另一票據行爲，上訴人在其僞造之支票背面僞造某甲署押爲背書，並達行使之程度，自足以生損害於某甲，顯屬另一行使僞造私文書之行爲，乃原判決及第一審判決均以僞造上項背書爲僞造有價證券之一部，自難謂無違誤。

（二）變造

所謂「變造」乃指無權更改有價證券之記載內容者，就有效之眞正有價證券加以塗改，雖不變更其爲有價證券之本質，但改變其原所記載之內容，致成爲虛僞證券。今申論如下：

1.變造之行爲人以對於有效之眞正有價證券之記載內容無更改權者爲限。行爲人祇要無權更改，而竟非法加以竄改，卽足以構成變造，至於該有價證券係以他人名義或以行爲人自己名義而制作，則在所不問，如自已制作而交付他人之票據，經他人背書後，又竄改其內容，亦爲變造行爲㊶。反之，如自已簽發之支票，雖經他人背書後，但以現金換回該支票而加更改者，則不構成變造。

2.變造係就有效之眞正有價證券之改造行爲。因此，就無效或已失效之有價證券而爲之改造行爲，則爲僞造行爲而非變造行爲，如塗改並未中獎之愛國獎券或其他獎券，使其成爲中獎之獎券㊷，或塗改業經公示催告除權判決而失效之證券，使其成爲有效之有價證券㊸。

3.變造行爲所變更者僅爲有效之眞正有價證券所記載之權利內容，但有價證券之本質並未因之而改變㊹，如塗改中小獎之獎券號碼，使其成爲中大獎之獎券是，或塗改小額支票，而成爲大額支票等。

4.變造係就眞正之有價證券之原內容之竄改行爲。因此，就本無內容

---

③六四臺上一五九七：僞造印章蓋於支票之背面卽係僞造背書，其性質係屬僞造私文書，不待依習慣或特約，卽足認定其用意之表示，無刑法第二百二十條之適用。

㊶參照韓著㈡，二二二頁。

㊷實例參閱前註㊲。

㊸參閱五二臺上二五四〇：上訴人持有之臺灣省實物土地債券，旣經公示催告除權判決失其效用，本身已無價值。上訴人塗改號碼使能行使劵面所載之權利，自係僞造而非變造。至債券發行區雖未依照塗改號碼同時更改，仍不影響其僞造行爲之旣遂。

㊹參閱五二臺上一七四三：刑法上所謂變造，係指不變更原有之本質，而僅就其內容非法加以變更者而言。

之空白證券塡加內容使其生有價證券之效力者，則爲僞造，而非變造，如就空白之支票或滙票，加以塡寫制作，加蓋印章，使其發生有價證券之效力是㊺。

三、主觀之不法要素

行爲人主觀上必須出於供行使之用的不法意圖，而故意僞造或變造有價證券，方構成本罪，否則，行爲人若欠缺此等主觀之不法要素，縱有本罪之僞造或變造行爲，亦不負本罪之刑責。又本罪之不法意圖僅限於供行使之用，行爲人主觀上並不須具備爲自己不法之利益及足生損害於他人等不法意圖，故行爲人一旦意圖供行使之用，而將低額支票變造爲高額支票，並持之以行使，縱非意圖爲自己不法之利益，而於支票到期前，給付發票人其變造所增之差額，亦不影響本罪之成立㊻。此外，並參閱僞造變造通用貨幣罪（第一九五條第一項）所述者（本章、第二節、壹之三）。

四、牽連犯

本罪往往可能與竊盜罪或侵占罪發生牽連犯之關係，如行爲人竊取他人之空白支票，而僞塡金額，制作而成虛僞之票據㊼，或如侵占他人

㊺實例參閱前註㊳。

㊻參閱四六臺上四〇三：變造有價證券原不須具備意圖爲自己不法之利益及足生損害於他人爲構成要件。上訴人將一百元之支票變造爲五百元持向某甲行使，縱令於支票到期前給付發票人四百元存諸銀行，亦無解於犯罪之成立。

㊼參閱

①四四臺上一一六〇㈠：僞造印章爲僞造有價證券行爲之一部，行使僞造有價證券又爲僞造行爲所吸收，而竊取支票則與其僞造有價證券有方法結果關係，應從一重之僞造有價證券罪處斷。

②四七臺上一五二三（見前註㊵之①）。

③六四臺上三二八二：（前略）竊取空白支票加以僞造，其所犯竊盜罪與僞造有價證券，有方法結果之牽連關係，應從一重之僞造有價證券罪處斷。

之空白支票，擅自簽發㊽，此除構成本罪外，並另成立竊盜罪或侵占罪，兩罪因有方法結果關係，自應依第五十五條後段之規定，從一重處斷。此外，本罪亦可能與行使僞造私文書罪發生牽連犯之關係，此自亦應依第五十五條後段之規定，從一重處斷㊾。

五、法律效果

㊽參閱

①四八臺上七〇：上訴人爲私人用途，在業務上持有經理之印章及空白支票而擅自簽發，自無解於僞造有價證券罪名。先後多次基於概括犯意，應依連續犯論以一罪。行使部分爲僞造行爲所吸收，又兼有侵占業務上所持有空白支票之行爲，與僞造證券有方法結果之關係，應從一重處斷。

②五一臺上四七二：上訴人侵占業務上持有之空白支票，爲僞造有價證券之方法。僞刻印章，爲僞造有價證券行爲之一部。僞造有價證券，持以行使，其行使之低度行爲爲僞造之高度行爲所吸收，應從一重之意圖供行使之用而僞造有價證券罪處斷。

③五二臺上二三九八：上訴人黃某拾得空白支票八張，意圖行使，私刻他人印章，先後簽發該項支票，分別交與他人使用。私刻印章爲僞造有價證券行爲之中，其僞造有價證券罪與侵占遺失物罪具有牽連關係，應從一重之僞造有價證券罪處斷。其先後僞造分別交與他人使用，係基於概括犯意，應依連續犯論科。（下略）

㊾參閱

①五五臺上二一九一：上訴人等先僞造被害人印章，再僞造請領戶籍謄本之申請書、開戶申請書、約定書、印鑑卡並僞造支票十九張在外行使，僞造印章及蓋用僞印文，均爲僞造私文書與僞造有價證券之一部份，僞造私文書之低度行爲，又爲行使之高度行爲所吸收，行使僞造私文書，與僞造有價證券，復有方法結果之關係，應從一重之僞造有價證券罪處斷，又先後共同僞造有價證券，係基於概括犯意，爲連續犯，應論以一罪。

②五九臺上七八四㈠：支票係有價證券，未得發票人同意，而擅自在他人空白支票上塡寫日期金額後持票以行使之行爲，因其行使行爲，已爲僞造行爲所吸收，自難辭意圖供行使之用而僞造有價證券之罪責。至支票之背書，有一定之意義，乃私文書之一種，僞造簽名、背書，顯足生損害於他人，僞造簽名爲僞造私文書（背書）之一部，僞造後又持以行使，僞造之低度行爲，已爲高度之行使行爲所吸收，惟此一行使僞造私文書罪行與僞造有價證券罪有方法結果之牽連關係，自應從較重之後罪處斷。

犯本罪者，處三年以上，十年以下有期徒刑，並得併科三千元以下罰金㊿。

六、沒收特例

第二〇五條設有僞造有價證券罪章之沒收特例，故本罪所生之僞造或變造之有價證券，不問屬於行爲人與否，均應依第二〇五條沒收之，而不可引用總則所規定之沒收條文諭知沒收51。又由於沒收爲從刑之一種，與主刑有從屬之關係，故遇有撤銷改判時，不可置應予沒收之僞造或變造之有價證券於不論52，或如僞造之有價證券雖已於另案中宣告沒收，但因從刑與主刑不可分之關係，本案判決仍應諭知沒收53。

第二〇五條之沒收特例唯有於行爲人之行爲該當本罪之構成要件而成罪時，方有其適用，否則，如行爲不構成本罪，自不可引用第二〇五條之規定而諭知沒收54。又依第二〇五條之規定諭知沒收之物僅以本罪

㊿參閱五〇臺上四五七：刑法第二百零一條第一項與第二項係分別規定其罪刑，意圖供行使之用而變造有價證券，僅引同條第一項爲已足，無再引用第二項之必要。

51參閱四四臺上一一六〇㈢：僞造之有價證券及僞造之印章，不問屬於犯人與否沒收之，爲刑法第二百零五條、第二百十九條所特別規定，原判決不適用該項專條宣告沒收，而依同法第三十八條第一項第二款爲沒收之諭知，其適用法律更難謂無違誤。

52參閱五〇臺上八二五：沒收係從刑之一種，與主刑有從屬之關係，第一審判決雖已將變造之支票一紙，於上訴人與其他共犯之罪刑內同時諭知沒收，但此種沒收之諭知，對於上訴人部分，仍不失爲從刑，原審旣將第一審關於上訴人部分之判決撤銷改判，乃置予沒收之變造支票於不論，自有未合。

53參閱五二臺上二四七〇㈠：僞造之有價證券，依刑法第二百零五條之規定，係在必應沒收之列。原判決雖於理由中說明獲案支票業於另案中宣告沒收，但沒收爲從刑之一種，與主刑爲不可分，在上訴人部分仍不失爲從刑，原判決未予諭知沒收，自屬違誤。

54參閱五一臺上一五五四：支票祇蓋用僞造印章之印文，而未就該支票加以僞造，且非屬於該被告所有，原審不依刑法第二百十九條僅就其僞造印文諭知沒收，竟援第二百零五條將支票一併予以沒收，不無違誤。

所生之僞造或變造之有價證券爲限，至於與本案有關之其他僞造證書，則應依據總則之沒收規定，諭知沒收㊺。此外，第二〇五條之沒收特例爲第三十八條之特別規定，係採必須沒收原則，除能證明其業經毁棄確不存在外，更不以其已經扣押爲必要，故判決若以僞造之有價證券不知去向，不能證明尙屬存在，卽免爲沒收之諭知，此判決卽屬違法㊻。

貳、行使僞造變造有價證券罪

行爲人行使僞造或變造之公債票、公司股票或其他有價證券者，構成第二〇一條第二項前段之行使僞造變造有價證券罪。本罪爲一般犯與結果犯。

一、行爲客體

本罪之行爲客體爲僞造變造有價證券罪（第二〇一條第一項）之行爲人所僞造或變造之有價證券，如僞造或變造之農會支票㊼或銀行支票等（參閱本節、壹之一），故若行爲人所行使者並非有價證券，自不構

㊺參閱五二臺上三二六㈢：變造之軍人身份補給證，係上訴人所有供犯罪之物，應依刑法第三十八條第一項第二款上段之規定沒收，不能與沒收僞造有價證券、僞造印章適用同一條文。

㊻參照五六臺上二三三七，並參閱五一臺上一二六：僞造之有價證券，不問屬於犯人與否沒收之。故除證明原物已不存在，不能爲沒收外，均應諭知沒收。原判決以僞造美鈔二張不知去向，不能證明其尙屬存在，不予宣告沒收，不無違誤。

㊼參閱

①五六臺上二三一〇：僞造之農會支票，雖與（舊）票據法上限於以銀錢業者及信用合作社爲付款人之支票不同，但執票人行使該票所載之權利，與其占有票據，旣有不可分離之關係，自係有價證券，而非私文書，被告行使僞造之農會支票，卽屬觸犯刑法第二百零一條第二項之罪。

②五九臺上三二八九（見前註㉘）。

成本罪㊽。又可能充當本罪行爲客體之有價證券究係行爲人自己所僞造或變造者，抑係他人所僞造或變造者？均不影響本罪之成立，惟行爲人所行使者如係自己所僞造或變造之有價證券，則依實例之見解認爲行使之低度行爲應爲僞造或變造之高度行爲所吸收，故應逕論以僞造變造有價證券罪（第二〇一條第一項），而不另成立本罪㊾。

㊽參閱二三上一六二三：香檳票本有彩票性質，非經政府允准發行，則爲法之所禁，行使此項僞票，雖應成立其他罪名，要非得以行使僞造有價證券論。

㊾參閱

①二四上四五八：僞造有價證券而復行使，在舊刑法有效期內，因僞造與行使之法定刑相等，雖應依行使論科，但刑法所定僞造之刑，已較行使爲重，按照低度行爲吸收於高度行爲之原則，其行使行爲當吸收於僞造行爲之中，自應專依僞造法條處斷。

②三一上八八與四三臺非四五㈠（見前註㊴之②與③）。

③四四臺上一一六〇㈠（見前註㊼之①）。

④五一臺上四七二（見前註㊽之②）。

⑤五二臺上二三二：有價證券之僞造與行使，本屬兩事，僞造而又行使，其低度之行使行爲固爲高度之僞造行爲所吸收，如不能證明有僞造行爲，縱係由其行使，亦不能遽按刑法第二百零一條第一項論科。

⑥五二臺上一五八三：上訴人變造行使有價證券詐欺，其詐欺行爲已包含於行使犯罪之中，而行使變造有價證券之低度行爲，亦應吸收於高度之變造犯罪之中。（下略）

⑦五二臺上二五二二：盜刻印章係僞造有價證券之一部，其僞造有價證券後持之行使，行使行爲已爲僞造行爲所吸收，應論以意圖供行使之用而僞造有價證券罪。

⑧五二臺非一六（見後註㉛之⑤）。

⑨五六臺上二一九六（見前註㊴之⑥）

⑩五六臺上二六一六（見344頁註㊸之⑦）。

⑪五九臺上一四五七（見前註⑭之②）。

⑫六二臺上三九三〇：僞造有價證券罪，既以供行使之用爲目的，其行使行爲當然爲僞造行爲所吸收，上訴人某甲將僞造之獎券託交上訴人某乙代領獎金之「託交」行爲，依法應已吸收於其僞造行爲之內，縱令上訴人某乙係知情行使，亦屬單獨之行使行爲，無與上訴人某甲成立共同行使僞造有價證券罪名之餘地。

二、行爲

本罪之行爲爲行使，所謂「行使」係指將僞造或變造之虛僞證券冒充眞正之有價證券，並依眞正證券之通常用法，加以使用而言。眞正有價證券之通常用法，如出售、將票據向付款人爲承兌之提示、支付價金、淸償債務（包括賭債）、提供保證金等。由於有價證券並不以具有流通性爲必要，故本罪之行使行爲不必如僞造或變造通用貨幣之行使行爲必須將本罪之行爲客體置之於流通之狀態。本罪之行使行爲與後罪（本節之叁）之交付行爲之區別，在於行爲人有無欺騙相對人之意思爲斷，如有欺騙之意思，即爲本罪之行爲，否則，則爲交付，故凡應成立本罪之行使者，即無由構成後罪之交付❻⓪。又本罪之行使行爲在本質上亦含有詐欺之性質，故如行使僞造或變造有價證券而取得財物或獲得財產上之不法利益，除構成本罪外，亦不另成立詐欺取財或得利罪（第三三九第一、二項）❻①。此外，並參閱行使僞造或變造貨幣罪（第一九六

---

⑬六四臺上三二八二：上訴人僞造支票後先後持以行使，其兩次行使僞造有價證券之低度行爲，均應爲僞造有價證券之高度行爲所吸收，應論以僞造有價證券罪，而不另論以行使僞造有價證券罪，故不生連續犯問題。（下略）

⑭六六臺上五三（見前註⓱）。

❻⓪參照三二上四七七、五〇臺上一三三八、五一臺上一三一一、五七臺上一六九五。

❻①參閱

①二五上一八一四、三一上四〇九、五二臺上八二四（見344頁註❻⑦之①、③、⑥）。

②四一臺上四一九㈡（見前註❷之③）。

③四三臺非四五㈠（見前註❸⑨之③）。

④五二臺上一五八三（見前註❺⑨之⑥）。

⑤五六臺上二六一六（見344頁註❻⑦之⑦）。

⑥五二臺非一六：僞造有價證券而行使之，本含有詐欺性質，其詐欺行爲不應另行論罪。又未中獎之愛國獎券改爲使與中獎之號碼相符，係屬僞造有價證券。其行使行爲爲僞造行爲所吸收，應按僞造有價證券罪論處。

條第一項前段）所述者（本章、第二節、貳之二）。

三、主觀之不法要素

行爲人主觀上必須對於行爲客體係僞造或變造之有價證券有所認識，而決意行使之，方構成本罪，否則，行爲人若對僞造或變造之事實毫無所知，縱持之以行使，亦不負本罪之刑責。至於行爲人係於收受或擁有之前，抑或於收受之後，方知其爲僞造或變造者？則與本罪之成立無關，行爲人祇須在行使當時，知其持以行使之有價證券係僞造或變造之虛僞證券，即爲已足。

四、法律效果

犯本罪者，處一年以上，七年以下有期徒刑，並得併科三千元以下罰金。

行爲人所持以行使之僞造或變造有價證券，不問屬於行爲人與否，均沒收之（第二〇五條）㉜。

叁、收集或交付僞造變造有價證券罪

行爲人意圖供行使之用，而收集僞造或變造有價證券或將僞造或變造有價證券交付於人者，構成第二〇一條第二項後段之收集或交付僞造變造有價證券罪。本罪爲一般犯與結果犯。

（續前）

⑦五六臺上六七三㈠：行使變造之有價證券，以使人交付財物，如所交付者即係該證券本身之價值，則其詐欺取財仍屬行使變造證券之行爲，不另成立詐欺之罪名。

此外，六一臺上四五四四亦同旨。

㉜參閱五二臺上八二四：（前略）上訴人受寄之僞美鈔既有十四張，無論其已否交付於人，在不能證明其有滅失以前，均應予以沒收。原判決僅沒收其獲案者七張，而置其餘七張於不問，顯與法不合。

一、行爲客體

本罪之行爲客體與前罪者同，已詳述於前（本節、貳之一），在此不贅。

二、行爲

本罪之行爲有二，卽收集或交付於人⑬。此兩種行爲已詳述於收集或交付僞造變造貨幣罪（第一九六條第一項後段），在此不再贅述（參閱本章、第二節、叁之二）。

三、主觀之不法要素

行爲人主觀上必須具備供行使之用的不法意圖，且對於行爲客體爲僞造或變造之有價證券有所認識，而決意收集或將其交付於人，方構成本罪，否則，行爲人若欠缺此等主觀之不法要素，則縱有本罪之行爲，亦不負本罪之刑責。

行爲人之不法意圖究爲供自己行使？抑爲供他人行使？則非所問。又行爲人祇要在收集或交付當時，明知行爲客體爲僞造或變造之有價證券，卽爲已足。至於行爲人係於收受前，抑於收受後方知爲僞造或變造

⑬參閱

①四八臺上二〇〇：上訴人明知該美鈔爲僞造而仍交付與人，對外使用，並未自行行使，自應構成刑法第二百零一條第二項後段意圖供行使之用而交付於人之罪名，原判決維持第一審依同條項前段論處行使僞造有價證券罪刑之判決，顯有違誤。

②五〇臺上五九八：刑法第二百零一條第二項後段之罪，係以意圖供行使之用而收集僞造有價證券或交付於人爲要件，且收集與交付於人係兩種行爲，如於意圖行使而收集後，復以行使之意圖而交付於人，其收集行爲應爲交付行爲所吸收，僅論以交付之罪。收集二字本含有反覆爲同一行爲之意義，故收集行爲並無連續犯之可言。

此外，五一臺上二〇八亦同旨。

③五五臺上三二：上訴人意圖行使而收集僞造美鈔後，復以推銷之意思而交付於人，其收集行爲自應爲交付行爲所吸收，乃原判決對於上訴人之交付行爲竟恝置不論，適用法律之見解，不能謂無違誤。

之有價證券而仍交付於人？亦在所不問。此外，並參閱收受或交付僞造變造貨幣罪（第一九六條第一項後段）所述者（本章、第二節、叁之三）。

四、法律效果

犯本罪者，處一年以上，七年以下有期徒刑，並得併科三千元以下罰金。

行爲人所收集或交付於人之僞造或變造之有價證券，不問屬於行爲人與否，均沒收之（第二〇五條）。

肆、僞造變造郵票或印花稅票罪

行爲人意圖供行使之用，而僞造或變造郵票或印花稅票者，構成第二〇二條第一項之僞造變造郵票或印花稅票罪。本罪爲一般犯與結果犯。

一、行爲客體

本罪之行爲客體爲郵票及印花稅票。稱「郵票」係指郵政機關所發行用以證明繳納郵資之印紙。稱「印花稅票」則指由政府發行用以證明繳納印花稅或其他規費之各種印紙而言。由於郵政法第三十九條規定意圖供行使之用，而僞造或變造明信片、特製郵簡（如國際郵簡或國內郵簡）、郵政認知證、國際回信郵票券、表示郵資已付之符誌以及同法第五條所列之滙兌、儲金、簡易人壽保險及旅客運送等業務上之票據者，依本罪處斷。因此，上述之明信片、郵簡等或其他郵政業務上之票據等，雖非郵票，但亦可成爲本罪之行爲客體。

二、行爲

本罪之行爲有二，一爲僞造，另一爲變造，前者係仿照眞票而印製，後者係就眞票而改造。詳參閱僞造變造通用貨幣罪（第一九五條第一項）所述者（本章、第二節、壹之二）。

三、主觀之不法要素

行爲人主觀上必須具備供行使之用的不法意圖，而故意僞造或變造本罪之行爲客體，方構成本罪。此外，參閱僞造變造通用貨幣罪（第一九五條第一項）所述者（本章、第二節、壹之三）。

四、法律效果

犯本罪者，處六月以上，五年以下有期徒刑，並得併科一千元以下罰金。

行爲人僞造或變造之郵票或印花稅票，不問屬於行爲人與否，均沒收之（第二〇五條）。

伍、行使僞造變造郵票或印花稅票罪

行爲人行使僞造或變造之郵票或印花稅票者，構成第二〇二條第二項前段之行使僞造變造郵票或印花稅票罪。本罪爲一般犯與結果犯。

一、行爲客體

本罪之行爲客體爲經僞造或變造後之郵票或印花稅票，此等僞票係行爲人自已所僞造或變造？抑或他人所僞造或變造者？均在所不問。又由於郵政法第三十九條第二項之處罰規定，故僞造或變造之明信片、特製郵簡、郵政認知證、國際回信郵票券、表示郵資已付之符誌及同法第五條所列之郵政業務上之票據等，亦可成爲本罪之行爲客體。

二、行爲

本罪之行爲爲行使。稱「行使」乃指將僞造或變造之郵票或印花稅票冒充眞票，而依眞票之通常用法，加以使用而言。詳參閱行使僞造變造貨幣罪（第一九六條第一項前段）所述者（本章、第二節、貳之二）。

三、主觀之不法要素

行爲人主觀上必須對於行爲客體係僞造或變造之郵票或印花稅票有所認識，而決意持之以行使，方構成本罪。此外，並參閱行使僞造變造有價證券罪（第二〇一條第二項前段）所述者（本節、貳之三）。

四、法律效果

犯本罪者，處三年以下有期徒刑，並得併科一千元以下罰金。

行爲人持以行使之僞造或變造之郵票或印花稅票，不問屬於行爲人與否，均沒收之（第二〇五條）。

陸、收集或交付僞造變造郵票或印花稅票罪

行爲人意圖供行使之用，而收集僞造或變造之郵票或印花稅票，或將僞造或變造之郵票或印花稅票交付於人者，構成第二〇二條第二項後段之收集或交付僞造變造郵票或印花稅票罪。本罪爲一般犯與結果犯。

一、行爲客體

本罪之行爲客體與前罪同（本節、伍之一），在此不再贅述。

二、行爲

本罪之行爲爲收集或交付於人。詳參閱收集或交付僞造變造貨幣罪（第一九六條第一項後段）所述者（本章、第二節、叁之二）。

三、主觀之不法要素

行爲人主觀上必須具備供行使之用之不法意圖，且對於行爲客體爲僞造或變造之郵票或印花稅票有所認識，而收集或將其交付於人，方構成本罪。詳參閱收集或交付僞造變造貨幣罪（第一九六條第一項後段）所述者（本章、第二節、叁之三）。

四、法律效果

犯本罪者，處三年以下有期徒刑，並得併科一千元以下罰金。

行爲人所收集或交付之僞造或變造之郵票或印花稅票，不問屬於行爲人與否，均沒收之（第二〇五條）。

柒、塗抹郵票或印花稅票之註銷符號罪

行爲人意圖供行使之用，而塗抹郵票或印花稅票上之註銷符號者，構成第二〇二條第三項前段之塗抹郵票或印花稅票之註銷符號罪。本罪爲一般犯與結果犯。

一、行爲

郵票或印花稅票一經使用，均加蓋註銷符號於其上，使其不能再次重複使用，如郵票之加蓋郵戳或在印花稅票騎縫處加蓋圖章是，故郵票或印花稅票蓋有註銷符號者，卽成廢票，本罪之行爲卽是塗抹郵票或印花稅票上之註銷符號，而使廢票在外形上變成可再次使用之郵票或印花稅票。所謂「塗抹」乃指一切足以除去或消滅蓋於郵票或印花稅票上之註銷符號之行爲，至於行爲人係以何種方法而除去或消滅註銷符號？則非所問，不僅限於塗飾及擦抹，卽撕去註銷符號之一部，使殘餘之部分與其他郵票之殘餘部分相結合，而外形上彷彿爲未蓋有註銷符號之郵票或印花稅票，亦可視爲本罪之塗抹[64]。

依郵政法第三十九條第三項之規定，行爲人意圖供自己或他人連續行使之用，而於郵票、明信片及特製郵簡之印花，或表示郵資已付之符

---

[64]參閱二五非三二九：刑法第二百零二條所謂變造郵票，指就眞正郵票加以一部之變更者而言，若對於眞正郵票並未有所變更，僅就已使用之兩個郵票撕去蓋有註銷符號之部分，拼成似未使用之郵票，則爲塗抹郵票上註銷符號，而非變造郵票。（下略）

誌上，塗用膠類、油類、漿類，或其他化合物者，亦依本罪處斷。此等行爲僅係重複使用郵票、明信片、郵简等之預備行爲，使郵票等因塗有膠類、油類、漿類等物，而易於除去蓋於其上之郵戳，故並非本罪之塗抹行爲，本不構成本罪，但因郵政法之特別規定，故亦成爲本罪之行爲[65]。惟行爲人若於郵票、明信片或郵简印花上塗上膠類或漿類等物，經使用而蓋上郵戳之後，復又塗抹郵戳，則前行爲爲後行爲所吸收，而應逕論以後行爲之本罪。

二、主觀之不法要素

行爲人主觀上必須具備供行使之用之不法意圖而故意加以塗抹，方能構成本罪，否則，行爲人若無此等不法意圖而塗抹，自不成立本罪。

三、法律效果

犯本罪者，處一年以下有期徒刑、拘役或三百元以下罰金。

捌、行使塗抹之郵票或印花稅票罪

行爲人行使塗抹之郵票或印花稅票者，構成第二〇二條第三項後段之行使塗抹之郵票或印花稅票。本罪爲一般犯。

一、行爲客體

本罪之行爲客體卽業經塗抹註銷符號之郵票或印花稅票。

二、行爲

本罪之行爲爲行使，卽將經過塗抹之郵票或印花稅票冒充尙未使用過之郵票或印花稅票，重複加以使用。

[65]參閱四一臺非四四：刑法第二百零二條第三項之罪，依郵政法第三十九條第三項規定，祇以有供自己或他人連續使用之意圖，與塗用膠類漿類或其他化合物於郵票明信片或特製郵简之印花上之行爲，卽應依刑法第二百零二條第三項處斷，殊不以有該條項所定塗抹郵票上註銷符號之行爲爲要件。

三、主觀之不法要素

行爲人主觀上必須對於行爲客體係經塗抹註銷符號之郵票或印花稅票有所認識，而決意持之以行使，方構成本罪。

四、法律效果

犯本罪者，處一年以下有期徒刑、拘役或三百元以下罰金。

玖、僞造變造交通客票罪

行爲人意圖供行使之用，而僞造或變造船票、火車票、電車票或其他往來客票者，構成第二〇三條前段之僞造變造交通客票罪。本罪爲一般犯與結果犯。

一、行爲客體

本罪之行爲客體爲交通客票，此係指一切旅客支付旅費而取得之用以搭乘陸、海、空等交通工具之票據，如條文所例示之船票、火車票或電車票等。其他如各種客運車票、公共汽車票或機票等。至於鐵路局、公路局及公車管理處或各種客運公司所製發之免費乘車證，因非車票，故不能成爲本罪之行爲客體。

二、行爲

本罪之行爲爲僞造或變造，已詳述於前（本章、第二節、壹之二），在此不再贅述。

三、主觀之不法要素

行爲人主觀上必須具備供行使之用之不法意圖，而故意僞造或變造交通客票，方構成本罪。此外，並參閱僞造變造通用貨幣罪（第一九五條第一項）所述者（本章、第二節、壹之三）。

四、法律效果

犯本罪者，處一年以下有期徒刑、拘役或三百元以下罰金。

拾、行使僞造變造交通客票罪

行爲人行使僞造或變造之往來客票者，構成第二〇三條後段之行使僞造變造交通客票罪。本罪爲一般犯與結果犯。

一、行爲客體

本罪之行爲客體爲僞造或變造之交通客票（參閱本節、玖之一）。

二、行爲

本罪之行爲爲行使，即持僞造或變造之交通客票，冒充眞票而使用，如持之以出售，或持之以搭乘陸、海、空交通工具。又本罪之行使行爲本含有詐欺之性質，故一旦構成本罪，即無再另成立詐欺罪之餘地[66]。

三、主觀之不法要素

行爲人主觀上必須對於行爲客體係僞造或變造之交通客票有所認識，而決意持之以行使，方構成本罪。

四、法律效果

犯本罪者，處一年以下有期徒刑、拘役或三百元以下罰金。

---

[66] 參閱四五臺非二：僞造刑法第二百零三條之船票車票客票而行使之，本含有詐欺性質，其詐欺行爲不應另行論罪，原判決以被告僞造公共汽車往來客票，低價出售，使人發生誤信，將本人之物交付，認其僞造與詐財有方法結果關係，從一重之詐欺罪處斷，其適用法律，顯有違誤。

拾壹、製造交付收受僞造變造有價證券之器械原料罪

行爲人意圖供僞造或變造有價證券、郵票或印花稅票之用，而製造、交付或收受各項器械原料者，構成第二〇四條之製造交付收受僞造變造有價證券之器械原料罪。本罪爲一般犯與結果犯。

一、行爲客體

本罪之行爲客體爲僞造或變造有價證券或郵票或印花稅票等所需之各項器械與原料，如印刷機、銅板、紙張、油墨或空白支票[67]等。此等器械或原料祇要實際上可供僞造或變造有價證券、郵票或印花稅票之用者，即爲已足，並不以專供僞造或變造有價證券、郵票或印花稅票之用者爲必要。

二、行爲

本罪之行爲有三：即製造、交付、收受等。此三行爲已詳述於前（本節、柒之二），在此不再贅述。

三、主觀之不法要素

行爲人主觀上必須具備供僞造或變造有價證券、郵票或印花稅票之用的不法意圖，而故意製造、交付或收受者，方能構成本罪。此外，參

---

[67]參閱

①五五臺上三二二：單純以空白支票，售與他人，供其僞造之用，若無其他幫助之行爲，縱他人果用以爲僞造，仍成立刑法第二百零四條之罪，而非僞造有價證券之從犯。

②五五臺上一四八六：意圖供僞造有價證券之用，而交付各項器械原料，刑法第二百零四條設有處罰專條，第一審以上訴人將空白支票供甲僞造，係幫助他人僞造有價證券，依刑法第三十條第二百零一條第一項論斷，原審不加糾正，遽予維持，是否適當亦非無疑。

閱製造交付收受僞造變造貨幣之器械原料罪（第一九九條）所述者（本章、第二節、柒之三）。

四、法律效果

犯本罪者，處二年以下有期徒刑，並得併科五百元以下罰金。

行爲人所製造、交付或收受之供僞造或變造有價證券、郵票或印花稅票之用之器械或原料，不問屬於行爲人與否，均沒收之（第二〇五條）。

第四節　僞造度量衡罪

度量衡乃指用以丈量長度、容積或重量之器具。各種經濟活動之交易標的物，莫不有賴國家定程之度量衡，方能丈量出全國一致結果之標準長度、容積或重量。如此，才能確保公平交易之市場秩序，否則，若於經濟交易中各有其丈量標準，或使用違背定程之度量衡而各行其是，則勢必造成市場與價格之紊亂。針對此等足以破壞經濟交易之安全性與可靠性之犯罪行爲，刑法特設僞造度量衡罪章。

雖然罪章名之爲僞造度量衡，但所處罰之行爲並無如僞造貨幣與僞造有價證券兩罪章中之無權制作者擅自模仿眞物之僞造行爲，而祇是違背定程而製造度量衡或變更度量衡之定程而已，此爲本罪章之僞造與前兩罪章之僞造所不同之處。

刑法規定處罰之僞造度量衡，計有：壹、製造或變更定程之度量衡罪。貳、販賣違背定程之度量衡罪。叁、行使違背定程之度量衡罪等。今分別論述如下：

壹、製造或變更定程之度量衡罪

行為人意圖供行使之用，而製造違背定程之度量衡或變更度量衡之定程者，構成第二〇六條之製造或變更定程之度量衡罪。本罪為一般犯與結果犯。

一、行為

本罪之行為有二，一為製造違背定程之度量衡，另一為變更度量衡之定程。行為人祇要有兩種行為中之任何一種，即可構成本罪。度量衡依據度量衡法[68]之規定，係以萬國權度公會所制定鉑鉱公尺公斤原器為標準，條文上所稱之「定程」即指度量衡法規定之標準而言[69]。本罪之第一種行為即是生產製造不合度量衡法規定之標準之度量衡。第二種行為則就符合度量衡法規定標準之度量衡加以改造，使其不符度量衡法所規定之標準，行為人係以何種方法而加以變更？則非所問。

二、主觀之不法要素

行為人主觀上必須具備供行使之用之不法意圖而故意製造或變更者，方能構成本罪，否則，行為人若不具此等不法意圖，縱有本罪之行為，亦不成立本罪。

三、法律效果

犯本罪者，處一年以下有期徒刑、拘役或三百元以下罰金。

本罪所生之違背定程之度量衡，不問屬於行為人與否，均沒收之（第二〇九條）。

---

[68]民國十八年公布，四十三年及四十四年修正公布。

[69]參照三五院解三二二八。

貳、販賣違背定程之度量衡罪

行爲人意圖供行使之用，而販賣違背定程之度量衡者，構成第二〇七條之販賣違背定程之度量衡罪。本罪爲一般犯與結果犯。

一、行爲客體

本罪之行爲客體爲違背定程之度量衡，包括前罪之製造與變更行爲所製成之不符度量衡法規定標準之度量衡。

二、行爲

本罪之行爲爲販賣，係指一切售賣行爲，不以先買入而後賣出，亦不以多次反覆爲之爲必要。行爲人所販賣之行爲客體究爲自己所製造或變更者？抑係他人所製造或變更者？均不影響本罪之成立，惟行爲客體若係行爲人自己所製造或變更者，則販賣之低度行爲即爲製造或變更之高度行爲所吸收，故可逕論以製造或變更定程之度量衡罪（第二〇六條），而不另成立本罪。

三、主觀之不法要素

行爲人主觀上必須具備供行使之用之不法意圖而故意販賣行爲客體，方構成本罪。

四、法律效果

犯本罪者，處六月以下有期徒刑、拘役或三百元以下罰金。

行爲人所販賣之違背定程之度量衡，不問屬於行爲人與否，均沒收之（第二〇九條）。

叁、行使違背定程之度量衡罪

行爲人行使違背定程之度量衡者，構成第二〇八條第一項之普通行使違背定程之度量衡罪。從事業務之人，關於其業務行使違背定程之度量衡者，構成同條第二項之業務行使違背定程之度量衡罪。前者爲一般犯，後者爲特別犯，兩罪合稱爲行使違背定程之度量衡罪。

一、行爲客體

本罪之行爲客體與前罪者同（本節、貳之一）。

二、行爲

本罪之行爲爲行使，即持違背定程之度量衡作爲丈量長度、容積與重量之器具。祇是因行爲主體之不同，而分別成立普通行使與業務行使。關於業務之涵義已詳述於過失致死罪（第二七六條）（見第二章、第二節、陸之二），在此不再贅述。

行爲人祇要一有行使行爲，不問其係出於何種意圖，均足以構成本罪，然行爲人若出於獲取不法利益之意圖，以本罪爲手段而詐取財物，則就法理而言，自應構成本罪與詐欺取財罪（第三三九條第一項）之牽連犯，而依第五十五條後段之規定，從一重處斷。惟事實上，行使違背定程之度量衡之行爲人，少有不爲謀取不法利益者，苟如有不法獲利意圖，即將本罪視爲詐欺取財之手段，而從一重之詐欺取財罪（第三三九條第一項）處斷，此實有失本罪獨立處罰規定之本旨。因此，似宜將行爲人詐欺取財之行爲視爲包括於本罪行使行爲之一部分。易言之，即本罪之行使行爲在本質上應含有詐欺取財之性質，故一旦成立本罪，即無庸再另論詐欺取財行爲。

三、法律效果

犯普通行使違背定程之度量衡罪者，處三百元以下罰金。犯業務行使違背定程之度量衡罪者，處六月以下有期徒刑、拘役或五百元以下罰金。

行爲人所行使之違背定程之度量衡，不問屬於行爲人與否，均沒收之（第二〇九條）。

第五節　僞造文書印文罪

現代社會生活中或經濟交易中，各形各類之文書具有極爲重要之地位，它可充當權利之書證❶，亦可作爲締約雙方當事人之權利與義務之依據。簡言之，各種法律行爲所生之法律關係均有賴文書之穩固與保證或證明。因此，確保文書之眞實，亦爲刑法所應加以保護之一種重要生活利益。

印章、印文與署押等乃證明人格同一性之記號，其在社會生活中與經濟交易中，亦與文書同具重要性，故印章、印文或署押等亦應與文書同受刑法之保護。由於印章、印文或署押爲文書不可或缺之部分，故刑法乃將其與文書同列一罪章，加以規定，本書亦依此體例，加以論述。

僞造文書印文罪章所規定之內容爲包括僞造文書與僞造印章、印文或署押等兩類，其所處罰之犯罪行爲計有僞造、變造、行使、盜用等。刑法規定之罪名，爲求簡要，而簡稱爲僞造文書印文罪❷。本罪章之刑法條款所保護之法益乃法律交往之安全性與可靠性 (Sicherheit und

---

❶職是之故，有價證券實亦爲文書之一種。

❷學說上亦有稱之爲「文書犯罪」(Urkundenstraften)

Zuverlässigkeit des Rechtsverkehrs) ❸。易言之，即經濟交易與社會往來之公共信用。雖然僞造文書印文罪章之刑法條款所保護之法益有時可能係財產法益，但是此種情形均爲間接，而非直接之財產法益。

刑法規定處罰之僞造文書印文罪計有：壹、僞造變造私文書罪。貳、僞造變造公文書罪。叁、僞造變造證書介紹書罪。肆、公務員登載不實罪。伍、使公務員登載不實罪。陸、業務登載不實罪。柒、行使僞造變造或登載不實之文書罪。捌、僞造印章印文署押罪。玖、盜用印章印文署押罪。拾、僞造公印公印文罪。拾壹、盜用公印公印文罪等。今分別論述如下：

壹、僞造變造私文書罪

行爲人僞造或變造私文書，足以生損害於公衆或他人者，構成第二一〇條之僞造變造私文書罪。本罪爲一般犯與結果犯。

一、行爲客體

文書可分爲公文書與私文書兩種，本罪之行爲客體爲私文書，稱「私文書」係指以私人資格，而非公務員在職務上所制作之文書而言，文書之作成名義人縱具公務員身分，但並非基於職務，而以私人資格所制作者，亦爲私文書❹。私文書祇要符合前述（本章、第一節之三）文

---

❸參照 Schönke-Schröder, StGB, 1978, § 267, Rdn. 1; Blei, BT. 1976, S. 252: Wessels, BT-1, 1977 S. 104.

❹參閱四四臺上九六七：通霄鎮護林協會，係屬人民團體，鎮長甲兼任該會理事長，亦係由會員大會選出，並非以鎮長身分當然兼任，則該理事長甲及充任該會雇員之上訴人，均無公務員身分，其以理事長名義對外行文，即非公務員職務上所制作之公文書，該會文書本身旣屬私文書性質，則上訴人僞造該會文書之初，其犯意所及，自僅認爲私文書而僞造。縱收發員以該會所刊圖記，在未經苗

書之條件，卽可成爲本罪之行爲客體。文書必須具有內容，否則，僅具文書格式，而無記載內容，卽無成爲本罪行爲客體之可能。至於文書所記載之內容，則非所問，更不以足以證明行爲人個人之權義者爲必要❺。

二、行爲

本罪之行爲有二，卽：僞造或變造。行爲人祇要有二種行爲之任何一種，卽足以構成本罪。今分項論述之：

(一) 僞造

所謂「僞造」乃指無制作權者制作虛僞私文書而言❻，稱虛僞私文書乃謂非出自私文書上所示之作成名義人之私文書，亦卽對外足以詐騙作成名義人之同一性（Identität）之私文書❼。因此，僞造私文書卽指假借他人名義，而制作在外形上足以使人認爲係出自作成名義人之具有不眞實性（Unechtheit）之私文書。今析論如下：

1.行爲人必須爲無制作權人而假借或揑造他人名義而制作私文書，方能構成本罪之僞造行爲❽，故行爲人若係有制作權而以自己名義而制

（續前）栗縣政府核准備案以前，不能啓用，借蓋鎭公所大印發出，亦不因而有異，是上訴人僞造該會文書之行爲，祇應構成刑法第二百十條之罪，原判決依刑法第二百十一條論科，不無違誤。

❺參閱二六上一四三二：僞造及變造私文書罪之構成，以足生損害於公衆或他人爲已足，至其是否足以證明犯罪人個人之權義，在所不問。上訴人所經理之某商號，原係自訴人與各股東均有權義關係，乃上訴人未得各股東之同意，擅於原招牌添加和記字樣，致與該商號成立時之名稱不符，顯足以生損害於各股東，自不能以此項加記行爲，並非證明上訴人個人之權利義務，而主張無罪。

❻故如西德刑法第二六七條第一項之僞造變造文書罪（Urkundenfälschung）將「僞造」規定爲「制作虛僞文書」(Herstellung unechter Urkunden)。

❼參照 Schönke-Schröder, StGB, 1978, § 267, Rdn. 48.

❽實例如下：

①四一臺上一八五：上訴人撕下所保管戶籍黏附照片簿之照片，揑名附照函寄他人應徵女伴，除犯刑法第二百十六條、第二百十條之僞造文書罪外，更犯刑法第一百三十八條之毀損文書罪，兩罪並有方法與結果之牽連關係。（下略）

②四四臺上一〇二〇：刑法處罰行使僞造私文書罪之目的，於保護制作權以外，

作，自無僞造可言❾，縱所制作之文書內容與其眞意不符，且涉及他人之權利，亦非本罪之僞造❿。又如行爲人對於文書本有制作權，縱令其

（續前）更重在保護文書公共之信用。上訴人對於已經海關依法沒收之進口貨物，竟行僞造委託書而以代理人身份請求驗收，雖海關就其請求儘可自由准駁，然究於所爲行政處理不無損害之足生，故其制作文書名義人確係出於虛擬，仍無妨於本罪之成立。

③四七臺上一五四五：上訴人於新聞服務社停刊後，仍以該社名義行文，當時未得社長同意，縱其內容僅涉及戶口校正及戶口遷出等，亦難謂不生損害於該社，自無解於僞造私文書之罪責。

④五七臺上二九二一：於支票背面背書他人姓名，依票據法規定，視爲背書人，發生擔保付款之效力，足以爲表示其用意之證明，依刑法第二百二十條規定，以文書論，擅自背書應成立僞造私文書罪。

⑤五七臺上三七三四：題字具有特定之意義，乃文書之一種。若將題字摘取而用于其他內容不同之著作，即有違背題字人用意表示，足以生損害於他人，應構成僞造私文書罪。

❾參閱

①四七臺上一四四八（見 330 頁之註㉟）。

②四八臺上三四三：刑法第二百一十條之僞造私文書罪，以僞造他人名義之文書爲必要，被告將自己所有之土地借與他人使用，以自己之名義與他人訂立借用契約，殊無僞造私文書之可言。

③四九臺上四九五：上訴人所指被告僞造文書，即攤位讓與契約，既經該文書作成之名義人到庭承認其事，則無論其內容是否確實，權利有無瑕疵，皆爲該文書之效力問題，要難成立僞造文書之罪。

❿此即學說上之「無形僞造」，雖不構成本罪之僞造，但對於制作文書負有保持眞實之義務者，就其職務上或業務上所作成文書爲虛僞之記載，則仍爲刑法所加處罰之行爲，如第二一三、二一五條。實例如下：

①十九非一一三：刑法（舊）第二百二十四條僞造文書罪，係指僞造他人之文書而言，若自己之文書，雖登載不實，祇屬虛妄行爲，不能構成僞造文書之罪，觀刑法（舊）第二百三十條第二百三十二條登載不實之事項於自己所掌之公文書，或提出之證書之特別規定，自可明瞭。

此外，五六臺上八二〇、五六臺上一〇六二，亦均同旨。

②二〇非七六：於以自己名義作成之文書，雖爲不實之登載，無論是否足生損害於他人，刑法上既無處罰明文，自無論罪之餘地。

③二五上四八六二（見528頁之註㉒）。

不應制作而制作，因係以自己名義而制作者，故無僞造之可言⓫。反之，行爲人對於文書本無制作權，縱以自己名義而制作，則有可能成立本罪僞造。又行爲人若串令他人冒用自己名義作成文書，縱使所載不實，仍屬虛妄行爲，亦不能以本罪相繩⓬。

行爲人祇要假借他人之名義而制作，即足以構成本罪之僞造，至於是否確有其人？則非所問⓭，即使其所假借之他人，雖確有其人，但業

（續前）

④三一上二一二四：刑法第二百一十條之僞造私文書罪，以無制作權人而捏造他人名義制作該文書爲構成要件，如行爲人對於此種文書本有制作權，縱令其制作之內容虛僞，且涉及他人之權利，除合於同法第二百一十五條之規定，應依該條處罰外，尙難論以首開法條之罪。

此外，五六臺上八三八亦同旨。

⑤四七臺上三六五：刑法第二百一十條之僞造文書罪，指無制作權不法制作者而言，若自己之文書，縱有不實之記載，要難構成本條之罪。

⑥五一臺上二六三：刑法第二百十條之僞造私文書罪，以僞造他人名義之文書爲其成立要件。若以自己名義作成之文書，縱令其制作之內容虛僞，且涉及他人之權利，仍難以僞造私文書罪相繩。

⑦五一臺上一一八五：被告以自己名義立契將他人土地賣予第三人，縱其爲無權處分，亦僅屬虛妄行爲，要與刑法第二百十條之僞造文書罪，須係無製作權人冒用他人名義製作文書之構成要件不相符合。

⑧五九臺上二五一三㈠：刑法第二百一十條之僞造文書罪，係指僞造他人之文書而言，若係自己文書，除從事業務之人，明知爲不實之事項而登載於其業務上作成之文書，當另成立同法第二百十五條之罪外，雖登載不實，祇屬虛妄行爲，不能構成本罪。

⓫參照二四上五四五八、四五臺上一〇二六、五二臺上四三九、五九臺上一〇八五、六〇臺上三四九四。

⓬參閱

①二九上一一九六：刑法第二百一十條之僞造私文書罪，以僞造他人名義之文書爲其成立要件，若串令他人冒用自己名義作成文書，縱使所載不實，仍屬虛妄行爲，不能以本罪相繩。

②三三上四八三（見後註⓲之②）。

⓭參閱

①二七滬上一一三：僞造私文書或印章罪之成立，固須所僞造者爲他人名義之文書或印章，惟所謂他人名義，即非自己名義之意，非謂名義人必須實有其人，

已死亡⑭，或係出自虛揑⑮，亦均不影響本罪之成立。所謂他人包括法人與自然人，行爲人以外之任何人，均屬他人，其與行爲人之關係爲何，亦非所問⑯。

行爲人本無制作權竟冒用或揑造他人名義而制作，或未受他人委託，而擅用他人名義而制作⑰，即可構成本罪之僞造行爲，故行爲人若

（續前）苟其所僞造之文書或印章，足以使人誤信其爲眞正，雖該名義人係出虛揑，亦無妨於僞造罪之成立。

②三一上一五〇五：刑法處罰行使僞造私文書罪之主旨，重在保護文書公共之信用，非僅保護制作名義人之利益，故所僞造之文書，如足以生損害於公衆或他人，其罪卽應成立，不問實際上有無制作名義人其人，縱令制作文書名義人係屬架空虛造，亦無妨於本罪之成立。

此外，五四臺上四八七亦同旨。

⑭參閱

①二一上二六六八：僞造文書罪，係着重於保護公共信用之法益，卽使該僞造文書所載之作成名義人業已死亡，而社會一般人仍有誤認其爲眞正文書之危險，自難因其死亡阻却犯罪之成立。

此外，五七臺上三三一二亦同旨。

②四〇臺上三三：刑法上處罰行使僞造私文書罪，其主旨在保護文書之公共信用，故所僞造之文書旣足以生損害於他人或公衆，其犯罪卽已成立，縱制作名義人業已死亡，亦無妨於本罪之成立。

⑮見前註⑬。

⑯參閱

①二二院八六六：刑法（舊）第二百二十四條之僞造文書，係指僞造他人之文書而言，所謂他人，除自己外，父母妻子兄弟，均包括在內。

②二四上三九六八：刑法第二百一十條之僞造私文書罪，以僞造他人名義之文書爲必要，而所謂他人，除自己外，父母、妻子、兄弟均包括在內，某甲僞造之分書，旣係某乙名義所立，卽屬他人名義之文書，如足生損害於公衆或他人，卽無解於僞造私文書罪之成立，何得以僞造自己祖遺分書，主張無罪。

③五五臺上七五一：僞造文書係指僞造他人之文書而言，所謂他人，除自己以外，岳父、妻舅、胞弟、妻、子均包括在內。且刑法上處罰行使僞造私文書之主旨在保護文書公共之信用，與事後是否負責淸償無關。

④六七臺上一四二二：上述人利用電話口述，使不知情之某報社工作人員，在報上刊登冒用臺北市第十信用合作社簡稱「十信」名義之廣告，應成立僞造私文書罪之間接正犯，刊登廣告，藉報紙之販賣而流傳，已達行使之程度，應依行使僞造私文書罪論擬。

⑰參閱二五院一四五六：甲未受債權人乙、丙委託，而擅用乙、丙名義，對債

未揑造他人名義而制作⑱，或行爲人係基於他人之授權委託而制作⑲，或用制作人之名義書立文書後，送交制作名義人簽名蓋章於其上⑳，均非本罪之僞造，惟行爲人若逾越他人授權範圍外，而以他人名義而制作私文書者，則又可構成本罪之僞造㉑。又如行爲人於他人意圖繼承遺

（續前）務人丁具狀起訴，並於判決確定後請求執行，若係意圖爲自己或第三人不法之所有，應成立詐欺及行使僞造私文書之罪。

⑱參閱二六渝上一二五：僞造私文書罪，以揑造他人名義制作文書爲構成要件之一，上訴人出售其與自訴人共有之租穀，雖以該上訴人與自訴人二人名義向甲書立售條，其時自訴人並未在場，由上訴人代爲署名簽押，但於該名押之下註一代字，以明此項名押非自訴人所簽，即與揑造他人名義之條件不合。

⑲參閱

①三〇上一四一六：刑法第二百十條之僞造私文書罪，以文書所載之制作名義人完全出於虛揑或假冒爲必要，若制作名義人因案被緝，由其親屬委託他人代立文書，縱委託人未予簽名，亦與假冒之情形有別，自不具備僞造私文書之要件。

②四七臺上二二六：刑法第二百一十條之僞造文書，以無制作權之人冒用他人名義而制作該文書爲要件之一，如果行爲人基於他人之授權委託，即不能謂無制作權，自不成立該條之罪。

③五三臺上一一七八：刑法第二百一十條之僞造文書，以無制作權之人，冒用他人名義，而制作該文書爲必要。如果係代有制作權之人書寫，自無僞造之可言。

⑳參閱四五臺上八：僞造私文書罪以文書所載之制作名義人完全出於虛揑或假冒爲必要，若用制作人之名義寫立文書之後，送交制作名義人簽字蓋章於其上，顯與虛揑或假冒之情形有別，自不具備僞造文書之要件，其行使此項文書自然亦不能論以行使僞造私文書之罪。

㉑參閱

①二八上一七八〇：被告等受推爲某氏修譜，該項族譜，固爲其有權制作之文書，但譜內附載之某公妣墳山記一文，載明爲某公後裔同誌，此項文書之制作名義人，屬於某公後裔之全體，並非該被告有權制作之文書，不能並爲一談，如果某公妣墳山記一文，確係被告等假用某公後裔之名義私行僞造，而其記載之內容，又足生損害於其他族人，則被告等自無解於僞造私文書之罪責。

②五一臺上一四八四：被告係受託製作會議記錄，內容應以參與會議人全體決議之結果予以記載，並無製作會議內容之權，該會議記錄之名義人，亦應屬於參加會議之全體人員，被告僅爲會議之記錄人，而非會議錄之名義人，該會議錄如有僞造情事，自難不負刑責。

產僞造文書之際，列名作證，雖非參加僞造內容之行爲，亦無圖得該遺產之意，但其列名既在增加該文書之效力，故應負幫助僞造之刑責㉒。

2. 行爲人所假借之他人若果眞有其人，則虛僞文書所載內容與其所明示之作成名義人之思想與意思是否符合一致？則與行爲人能否構成本罪之僞造行爲無關，即使虛僞文書所載內容確與作成名義人之表意相一致，亦可構成本罪之僞造行爲，故能否成爲本罪之僞造行爲，其關鍵點乃在於作成名義人之同一性，至於虛僞文書之內容，則非所問㉓。因此，文書之虛僞性或眞實性與作成名義人之表意眞實內容無關，所以，可能有不實內容之眞實文書，亦可能有眞實內容之虛僞文書㉔。

3. 行爲人係以何種方法？使用何種材料而僞造？均在所不問。實例上如：就原有文書之空白年月日部分，倒塡時日㉕、將既未失效之佃約，私行批註作廢㉖、將有制作權者簽名蓋章之空白文書塡寫內容而移作別用㉗、拆去原有宗譜三頁，而將另制虛僞記載之三頁訂入譜內㉘。

4. 由於我國刑法對於行爲結果之限制規定，故虛僞文書必須足以生損

㉒參照二九上一八七一。

㉓但有反對說而認爲犯罪之構成不僅以其形式上名義虛僞而已，猶須其實質內容欠缺眞實，始與此之所謂僞造行爲相當。參照韓著㈠，二三八頁。實例亦採此見解，見二〇上一〇五〇：刑法處罰僞造文書罪之主旨，所以保護文書之實質的眞正，故不僅作成之名義人須出於虛捏或假冒，卽文書之內容，亦必出於虛構，始負僞造之責任。此外，五二臺上一四九二亦同旨。

㉔參照 Schönke-Schröder, StGB, 1978, § 267, Rdn. 1, 48, 54.

㉕見二六、六、一五議。

㉖參閱二七上二五六五：上訴人與某甲等所訂佃約既未失效，乃私行批註作廢，持向民事庭作證，其批註廢約字樣，係屬僞造，與變造之情形不符。

㉗此卽學說上所謂之「空白僞造」(Blankettfälschung)，參閱二八上二二七八（見後註㉙）。

㉘參閱二九上一七八五：變造文書，係指不變更原有文書之本質，僅就文書之內容有所更改者而言，上訴人既拆去原有宗譜三頁，而將另造虛僞記載之三頁訂入譜內，其文書之本質已有變更，自應以僞造私文書論罪。

害於公衆或他人，方能構成本罪（詳閱下述三）。因此，行爲人之行爲雖可該當本罪之僞造行爲，但其行爲結果若不足以生損害於公衆或他人者，亦不構成本罪。

（二）變造

所謂變造 (Verfalschung) 乃指無權修改文書內容者，擅自更改眞實文書之內容而言㉙，故變造之行爲客體必須爲眞實文書 (echte Urkunde)㉚。今析論如下：

1.行爲人必須爲無權修改文書所載內容之人㉛，故有更改權(Abänderungsrecht) 之人或無更改權人事先已得有更改權人之同意或授權者，在其權限範圍內修改文書內容之行爲，自無由構成本罪之變造。又共同制作之文書，其部分制作人未經全體之同意，而擅自更改文書之內容，亦足以構成本罪之變造㉜。

原則上，文書之原制作人可能具有更改權，但文書作成後，原制作人亦可能喪失此等更改權，故雖爲自己制作之文書，但對該文書業已喪失更改權者，若擅自更改文書內容，自亦可構成本罪之變造㉝。惟至何

㉙參閱二八上二二七八：刑法上所謂變造文書，指無制作權者，就他人所制作之眞正文書，加以改造而變更其內容之謂，若將有制作權者簽名蓋章之空白文書，移作別用，則其始本無文書之內容存在，即非就其眞實內容加以變更，自屬文書之僞造行爲，不得以變造論。此外，四四臺上一九二亦同旨。

㉚因此，西德刑法稱變造文書爲 Verfälschen echter Urkunden，見該法第二六七條第一項。

㉛參閱二三上二七二四：刑法（舊）第二百二十四條之僞造、變造文書，係指僞造、變造他人之文書而言，祖先之文書，雖爲自己執管，究不能謂爲自己有權製作之文書，如果加以變造，足生損害於公衆或他人，自應成立變造文書之罪。

㉜參照五六臺上二三八〇（見後註㊾之③）。

㉝如以自己名義所開具之借據，於取得借款而將該借據交付貸與人之後，竟再竄改借據上之借貸數額。

時原制作人可能喪失更改權？則因實際情狀而異。原則上，文書作成後，仍在制作人持有之中，而尚未持以參與法律交往者，則原制作人對之即具有更改權；反之，若文書作成後，制作人已將其提交相對人，而使文書業已參與法律交往，該文書已非制作人單獨可以支配者，則文書之原制作人，即已喪失其文書之更改權㉞。

2. 行爲人必須就本爲眞實之文書而爲竄改，方能構成本罪之變造行爲㉟，故若就本爲虛僞之文書而加修改，則非變造，而可能成立僞造。至於行爲人所竄改之眞實文書係他人名義或係自己名義？則非所問，惟修改自己名義之文書，祇以自己對於該文書已無更改權者爲限，方能構成本罪之僞造。

3. 眞實文書經變造後，其「證明資格」(Beweiseignung) 與「文書品質」(Urkundsqualität)，並不因之完全消失，否則，眞實文書之證明資格或文書品質，若竟因變造行爲而完全消失者，則非變造，而爲僞造㊱。換言之，即變造必須不變更原有文書之本質，而僅就文書之內容有所更改而已，故如更改文書之內容，並使文書之本質爲之變更者，則非變造而爲僞造㊲，如於眞實文書上私行加註而使該文書失效是㊳。

4. 行爲人係以何種方法而將眞實文書在不變更其本質之條件下，加以變造，則在所不問。實例上如：就報社排版已竣之新聞，潛爲更易侮辱他人之文句，圖使該排版工人不能安於其職㊴、在與他人訂定之契約上

㉞參照 Wessels, BT-1, 1977, S. 114.

㉟參閱五一臺上二九五：刑法上變造文書，係指不變更原有文書之本質，僅就文書之內容有所更改而言，故必先有他人文書之存在，而後始有變造之可言，否則難以該項罪名相繩。

㊱參照 Wessels, BT-1, 1977, S. 113.

㊲參閱二九上一七八五（見前註㉘）。

㊳參閱二七上二五六五（見前註㉖）。

㊴參照二六、四、六議。

私添文字㊵等。

5. 由於我國刑法對於行爲結果之限制規定，故眞實文書經行爲人變造之後必須足以生損害於公衆或他人，方能構成本罪（詳閱下述三）。因此，行爲雖可構成變造行爲，但文書經變造後，並不足以生損害於公衆或他人者，自不成立本罪。

三、行爲結果

僞造或變造私文書之結果必須足以生損害於公衆或他人者，始構成本罪，否則，如行爲結果並不足以生損害於公衆或他人者，自不負本罪之刑責㊶。僞造或變造私文書之結果有發生損害公衆或他人之虞時，即可認定爲足以生損害於公衆或他人，而構成本罪，而不以公衆或他人果已遭受損害爲必要。易言之，即僞造或變造行爲實際上已否發生損害？則與本罪之成立無關㊷。至於僞造或變造行爲之結果，是否足以生損害

㊵參閱二九上一六八五：如果被告未得上訴人同意，在受撥上訴人田業之撥約內，私添限期十年四字，致將無回贖期限之約據，成爲附有回贖期限之契約，自不能謂非變造私文書，而足以生損害於他人，至該項批註既添入上訴人所立撥約而成爲其內容之一部，尤不能謂非揑造上訴人名義之變造行爲。

㊶參閱

①二九上一一六五：上訴人卽自訴人價賣產業與被告，立有買契屬實，該被告倩人另寫一張，持以投稅，此項另寫之契紙，其內容旣與原契相同，則對於上訴人及公衆不致發生何種損害，卽與僞造私文書罪構成要件不符。

②三〇上四六五：刑法上之僞造文書罪，須以足生損害於公衆或他人爲成立要件，故行爲人向某甲追索債款，所提出之債劵，雖係僞造，但某甲對於行爲人確負有此項債務，卽不足生損害於他人，自與上開犯罪之要件不合。

③五一臺上一九〇九：被告於報上刊登上訴人之申辯，雖未照其原函披露，但核其內容旣係參酌上訴人附送之文件資料，略爲報導，縱有出入，在客觀上並無足生損害於公衆或上訴人之虞，自無僞造或變造文書之可言。

㊷參閱

①二二上八七四：刑法（舊）第二百二十四條之僞造、變造文書罪，祇須所僞造、變造之文書有足生損害於公衆或他人之危險，卽行成立，並非以確有損害事實之發生爲構成要件。

於公衆或他人？則應就案件之具體情狀而爲判斷。行爲人之僞造或變造行爲完成後，若其行爲結果有足生損害於公衆或他人之危險者，即可成立本罪，而不可以行爲人尚未將其僞造或變造之虛僞文書提示於人，或尚未達於行使階段，即認定爲不足以生損害於公衆或他人㊸。又行爲人

（續前）

②三三上九一六：刑法第二百一十條之僞造私文書罪，祇須所僞造之私文書足以生損害於公衆或他人爲已足，至公衆或他人是否因該私文書之僞造而實受損害，則非所問。某甲前與上訴人爲分割遺產事件涉訟，其敗訴之原因，固係由於繼承回復請求權之消滅時效完成之故，而非由於上訴人僞造遺囑分約之所致，但查民法第一千一百四十六條第二項所定之消滅時效完成後，非經回復義務人以此爲抗辯，法院不得據以裁判，假使上訴人在分割遺產案內，不以某甲繼承回復請求權之消滅時效完成爲抗辯，而根據遺囑分約，主張某甲無權繼承遺產，則某甲分割遺產之訴有無理由，即不得不以遺囑分約之眞假爲解決之關鍵，是系爭遺囑分約之僞造，並非不足生損害於某甲之遺產繼承權，上訴人所持此項遺囑分約，既屬僞造，自無解於僞造私文書罪之成立。

③四三臺上三八七：刑法第二百十條所稱足生損害於公衆或他人，以有損害之虞爲已足，不以實際發生損害爲要件。

④四七臺上三五八（見後註）

⑤五〇臺上一二六八：刑法上之僞造文書罪，須以足生損害於公衆或他人爲成立要件，而所謂足生損害，係指他人有可受法律保護之利益，因此遭受損害或有受損害之虞而言，若他人對行爲人原負有制作某種文書之義務而不履行，由行爲人代爲制作，既無損於他人之合法利益，自與僞造文書罪之構成要件不合。

⑥五一臺上一一一一（見後註㊺之②）。

⑦五三臺上二二一六：刑法第二百十條所謂足生損害於公衆或他人，係指有足以生損害於公衆或他人之危險者而言，被告某甲自訴某乙僞造其帶有律師頭銜之名片於自訴其侵占案內提出作證，藉以影響審判上之心證，如果屬實，則此項僞造即不能不認爲有足生損害於某甲之危險。

㊸參閱四七臺上三五八：僞造、變造私文書罪，以足生損害於公衆或他人爲其構成要件之一，所謂足生損害，係指他人事實上有因此受損害之虞而言，苟僞造、變造行爲完成而具備上項要件，罪即成立，至該文書是否已達於行使階段，係另一事，此觀於刑法就僞造與行使分別規定而自明。

理由：被告意欲向其友人炫耀，而囑打字機行爲其打字油印虛僞之中國×××中心錄取保送日本實習電視之通知書，當通知書打就之際，即被發覺，因該通知書已完成，而中國×××中心，有因此受損之虞，即不因其未經使用而謂不生損

所僞造或變造之虛僞文書，即使假定爲眞實文書，其在法律上亦爲無效者，則對於此等僞造或變造行爲是否有足生損害於公衆或他人之虞，亦應就實際之行爲情狀而爲判斷，不可僅以該虛僞文書即使爲眞實文書亦爲無效之事實，即判定僞造或變造之結果不足以生損害於公衆或他人㊹。

僞造或變造行爲之結果所生之損害究爲民事上之損害？抑或其他損害？均與本罪之成立無關。所謂之損害亦不以經濟價值之損害爲限，其他非經濟價值之損害，亦可該當本罪之損害㊺。又僞造或變造行爲所生

（續前）害，故應可構成本罪。

㊹參閱二六上二七三一：僞造、變造私文書罪之所謂足生損害，係指他人事實上有因此受損害之虞而言，至此項文書在法律上是否有效，在所不問。甲婦之遺囑，如確係上訴人所僞造，縱使其時甲婦因嗣子某乙已經成年，無權處分遺產，其出捐行爲於法不能生效，但某乙如誤認該遺囑爲眞正，且以繼母旣經出捐，迫於社會上孝親之通義，不再主張權利，卽不無因此而受損害之虞，自不能以該遺囑於法無效，不能發生損害，認爲與僞造私文書罪構成要件不合。

㊺參閱

①二八上六七：刑法第二百一十條所謂足以生損害於公衆或他人之法意，並不以文書內容所載之經濟價值爲準，如於物之所有人之使用收益處分權有所侵害，卽不能不認爲足生損害於人，不動產之買賣契約，旣以書立契據爲成立要件，則未經所有權人同意自僞立賣契，縱使所載賣價超過其原有之實價，亦無解於僞造私文書之罪責，至以賣價代賣主償還債務，如未經賣主承認，亦與僞造文書罪之成立不生影響。

②五一臺上一一一一：刑法處罰僞造文書罪之主旨，所以保護文書之實質的眞正，雖尙以足生損害於公衆或他人爲要件之一，亦祇以有損害之虞爲已足，有無實受損害，在所不問，且此所謂損害，亦不以經濟價值爲限。

③五三臺上二九九六：按旁聽生無學籍，亦不能申請緩徵兵役，上訴人等竟將旁聽生三十三名夾雜於正式生間，僞造新生學籍名册，及該學院呈文呈報教育部，企圖混取學籍，另又僞造緩徵兵役用之在學證明函，分致台北市政府兵役科及高雄縣政府，意圖妨害兵役，便利該生等逃避服役，自均足生損害於公衆，應構成僞造私文書及妨害兵役罪。其行使僞造在學證明函，旨在便利彼等逃避服役，與妨害兵役有方法結果關係，應從一重之妨害兵役罪處斷。

之損害，並不以眞正名義人爲限，凡因僞造或變造行爲而足以蒙受損害者，即爲本罪之被害人㊻。此外，僞造或變造行爲完成後，有足生損害於公衆或他人之虞者，即足以成立犯罪，雖眞正名義人事後表示追認，亦不影響業已成立之罪名㊼。

四、主觀之不法要素

行爲人主觀上必須對其所僞造或變造者爲私文書有所認識，而決意僞造或變造，方能構成本罪，否則，行爲人若欠缺此等主觀之不法要素，縱有本罪之僞造或變造行爲，亦不負本罪之刑責。至於行爲人係出於何種意圖？如意圖獲取不法利益，或意圖損害他人之財產等，而僞造或變造，則因現行條文未作規定，故在所不問㊽。

㊻參照五六臺上一四七三、五六臺上二七三六㈡，並參閱六一臺上一四五〇：按刑法第二百十條第一項僞造文書罪之所謂損害，並不以文書之眞正名義人爲限，即該項僞造或變造之文書足以蒙受損害之人，在實體上亦足認其爲被害人，自非不得提起自訴。

㊼參閱

①二五上二一二三：刑法第二百一十條所謂僞造私文書足以生損害於公衆或他人，祇須僞造時足以發生損害爲已足，至眞正名義人之事後追認，與其已成立之罪名，並無影響，被告旣冒用上訴人名義，寫立借據私自押款，則該上訴人對於債權人方面，形式上即負有償還責任，是被告僞造借據之際，已足發生損害，極爲顯然，雖上訴人事後對之表示追認，與被告所犯行使僞造私文書罪之成立，毫無關係，自不能據爲免罪之主張。

②四八臺上一二〇八：僞造文書罪，祇須所僞造之文書足以生損害於公衆或他人爲已足。至於公衆或他人是否因該文書之僞造而實受損害，則非所問。若眞正名義人之事後追認，更與其已成立之罪名無影響。

③五五臺上三一七一：僞造文書罪，祇須僞造時足以生損害於公衆或他人爲已足，至於眞正名義人事後默認或追認，與其已成立之罪名並無影響。

㊽如前所述，大多數之大陸法系諸國刑法，均設有不法意圖之規定，見西德刑法第二六七條第一項、瑞士刑法第二五一條第一項及奧地利刑法第二二三條第一項。即使對文書內容設有抽象規定之日本刑法亦規定「以行使之目的」之不法意圖（日刑第一五九條第一項、日刑草第二三〇條），參閱本章、第一節、三、㈠之2。

行爲人出於故意而僞造或變造，且於僞造或變造當時認爲其所冒用名義之他人於事後將會追認，此並不能排除本罪之故意，或如行爲人係假借他人名義而制作私文書，即使制作成罪後，其所假借名義之他人，果眞事後加以追認，亦可構成本罪之僞造行爲㊾。

五、違法性

如前所述，本罪之刑法條款所保護之法益乃是法律交往之安全性與可靠性，係事關公共信用之公法益，而非私法益，故私人無權加以處分。因此，行爲人即使已得他人同意，而以他人名義僞造私文書，則此等同意，並不能阻却僞造行爲之違法性，而仍可構成本罪㊿。判例上似乎忽畧此一理論基礎，而認爲行爲人若與他人通謀，以該他人名義而制作，則與僞造之要件不符，故不能構成本罪之僞造(51)。

六、法律效果

犯本罪者，處五年以下有期徒刑。

㊾參閱前註㊼，並參照 Schönke-Schröder, StGB, 1978, § 267, Rdn. 83.

㊿參照 Schönke-Schröder, StGB 1978, § 267, Rdn. 81.

(51)參閱

①二八上三六八九：僞造私文書罪，除從事業務之人，明知爲不實之事項而登載於其業務上作成之文書外，以僞造他人名義之私文書爲構成要件，若與作成文書名義人，雙方通謀而制作虛僞之普通文書，此項文書所載之意思表示，雖在民法上以無效爲原則，究不構成僞造文書之罪。

②四四臺上五七〇：（前略）上訴人自訴被告於民國三十九年三月十九日乘其所有財產被債權人施行拍賣心慌無主之機會，唆使僞造上訴人向被告借用砂糖九十包之借據，冀得就拍賣財產中參與分配，藉以維持上訴人家庭生活，上訴人誤信爲眞，遂允其行。此種情形，該被告僅係與上訴人通謀而制作虛僞之文書，尙難以僞造私文書罪相繩。

貳、僞造變造公文書罪

行爲人僞造或變造公文書，足以生損害於公衆或他人者，構成第二一一條之僞造變造公文書罪。本罪爲一般犯與結果犯。

一、行爲客體

本罪之行爲客體爲公文書。所謂公文書乃指公務員職務上制作之文書（第十條第三項），卽具有公務員之身分者，在其職務範圍內所制作之文書㊷，故公務員在其職務範圍外所制作之文書，卽非公文書㊸。公文書之內容爲何？係以官署爲名義？抑或以制作之公務員或其他公務員爲名義而制作？均在所不問。又行爲人所僞造之虛僞公文書所載名義制作人是否眞有其人？亦非所問㊹。此外，可能成爲本罪行爲客體之公文書必須載有內容而有一定之意思表示，否則，如統一發票之空白印本，卽不能成爲本罪之行爲客體㊺。

公文書與私文書有時可能相黏連或制作於同一紙張之上，依實例之見解認爲私文書不應因官署黏貼契尾而成爲公文書，故應區分僞造部分

㊷惟公務員在其職務範圍所制作文書，若具有代人民而制作之性質，實例上有認爲係私文書者，參閱五七臺上三六七二：多令救濟金淸册雖爲公務員所作成，實係代領受人而製作，由領受人蓋印表示收到之收據，爲私文書。

㊸參閱二〇上六六八：刑法上之公文書，係指公務員職務上制作之文書而言，故雖公務員制作之文書，而非基於職務上關係所制作者，仍不得以公文書論。上訴人僞造總司令部秘書廳電文，僅爲對於其個人介紹事件而發，本難認爲職務上制作之文書，原審論以僞造公文書罪名，已屬誤會。

㊹參閱五四臺上一四〇四（見325頁註⑮之①）。

㊺參閱四九臺上一五三三（見523頁註④之②）。

究爲公文書，抑或私文書，而定其刑責㊻。又公務員在職務上所制作之公文書已具有價證券之特質（參閱本章、第一節之二）而可認定爲有價證券時，即不可能成爲本罪之行爲客體㊼。

二、行爲

本罪之行爲有二：即僞造或變造。所謂「僞造」乃指無制作公文書之權者，冒充或揑造公務機關或公務員之名義，制作虛僞之公文書㊽。所謂「變造」則指無權修改公文書內容者，擅自竄改業已制作完成之眞實公文書之內容而言㊾，故有權更改公文書內容之公務員，對其職務上

㊻參閱二七上二八〇一：稱公文書者謂公務員職務上制作之文書，刑法第十條第三項定有明文，公務員於稅契時所制作之契尾，固屬公文書，第公文書與私文書相黏連或制作於同一之用紙，仍不失爲公私兩文書，雖契尾係由公務員黏連於契據，但文書之制作，係以文字、符號表示意識之行爲，僅將契尾黏附賣契，並非文書之制作行爲，即在黏連處及契據中蓋用公印，要不過表示契尾之相黏連及契稅之已徵收，亦非將立契人所表示之意識引爲公務員之所表示，故除公務員在契據用紙內以文字符號表示其意識之部分爲公文書外，該契據之本身究不因此而變爲公文書，如僅係契據本身爲他人所僞造，自不能以僞造公文書論。

㊼參閱五四臺上六〇（見558頁之註⑮）。

㊽參閱四三臺上三三七：刑法第二百十一條所云變造，係就原已完成之公文書，無改作之權，而加以變更之謂。上訴人將另案民事判決正本末頁蓋有公印之空白部分裁下添寫，改作傳喚某甲之傳票，飭令不知情之僱工送達某甲，是其對此原非傳票又本無制作之權而予以僞造並行使之，自係行使僞造公文書，原判決認爲行使變造公文書，不無違誤。

㊾參閱

①五五臺上一六八：本件之領料單雖爲上訴人所塡寫，然旣爲公文書，其於塡寫完成之後，即不得擅行更改，故上訴人如將領料單送呈主管核章之後，塗改其品名及數量，自應構成變造公文書罪。反之，倘上訴人於該項領料單送其主管核章之前，明知不實而浮塡材料之品名及數量，亦無解於刑法第二百十三條之罪責。

②五五臺上二二三五：變造公文書係無製作公文書職權之人，將該公文書之眞正內容變更其部分爲虛僞，有損予公衆或他人者而言。如有人敎唆變造，則被敎唆者固應負變造公文書之罪責，如有公務員身分，並應視其有無假借職務之機會或權力，而應否加重其刑。而敎唆者亦應負敎唆之罪責，若被敎唆者有權變

作成之文書加以更改，除明知爲不實之事項而故爲之登載，應構成公務員登載不實罪（第二一三條）外，不生變造公文書之問題❻⓪。又虛僞之公文書雖係行爲人就原文竄改，繕成正本，加蓋公印文而制成者，但已非原件，故爲僞造而非變造❻①。此外，並參閱前罪所述者（本節、壹之二）。

三、行爲結果

僞造或變造公文書之結果必須足以生損害於公衆或他人之虞，方能構成本罪。按刑法處罰僞造文書罪之主旨，乃在於保護文書之實質的眞實，特別是公文書之眞實。因此，行爲人之僞造或變造公文書之結果所生之損害危險自不以經濟價值之損害爲限❻②，如行爲人之僞造或變造公文書之結果，對於機關或私人雖無足生經濟價值之損害可言，但若已對

（續前）造該公文書時，並應負明知爲不實之事項而登載於職務上所掌公文書之罪責。而教唆變造者亦應負明知爲不實之事項而使公務員登載於職務上所掌公文書等罪責。

③五六臺上二三八〇：共同制作之文書，其部分制作人未經全體同意，擅自更改文書之內容，苟足以生損害於公衆或他人，即與變造文書罪之要件相當。

❻⓪參照二九上一二二三，並參閱

①五五臺上二二三五（見前註之②）。

②五七臺上一四八六：刑法第二百十一條所謂變造公文書，係指無制作權或無變更權人就他人制作之文書變更其內容而言。若公務員對於文書之內容，本有變更之職權，而加以變更，縱有故意將他人所制作公文書之眞實內容變更爲不實，亦屬同法第二百十三條範疇，要難論以變造公文書罪。

❻①參閱三三上一七五二：某縣審判官將其前任某乙辦案之判決，竄改制作人之姓名及年、月、日，作爲自己承辦之件，繕成正本，加蓋該縣司法處印文，呈送司法行政部審查，圖得不正當之銓衡，其所行使者，既非原件，卽爲僞造而非變造，又因年、月、日移後之結果，並可引起當事人間之糾紛，尤難謂其不足生損害於公衆或他人，自應成立行使僞造公文書之罪，不能因其就原文竄改而成，論爲變造。

❻②見前註❹⑤。

公文書之實質的眞實已構成損害之危險者，則應可認定其僞造變造行爲有足以生損害於公衆或他人，而應構成本罪[63]。此外，並參閱前罪所述者（本節、壹之三）。

四、主觀之不法要素

行爲人主觀上必須對其所僞造者或變造者爲公文書有所認識，而決意僞造或變造，始能構成本罪。已詳述於前（本節、壹之四），在此不贅。

五、法律效果

犯本罪者，處一年以上，七年以下有期徒刑。

---

[63] 實例則持反對說，見四九臺非一八：

（甲）事實摘要

被告某甲前充××航空檢疫所所長，於民國四十二年三月二十五日僱用某乙爲該所工役，調派在其寓所工作，嗣某乙於同月末日離職他去，該所另僱工役某丙接替，乃某甲竟不塡報人事異動，自同年四月份起，仍以某乙名義報領薪餉及實物配給，交與接替工役某丙，並僞刻某乙之印章蓋用於配給實物印領清册及員役現金給與清册，是項清册且經按月呈報上級機關，直至民國四十三年五月始將某乙除名。

（乙）裁判要旨

刑法上僞造文書罪之成立，以足生損害於公衆或他人爲特別要件，所謂足生損害，固不以實已發生損害爲必要，然亦必須有足生損害之虞者，始足當之，若有僅具僞造之形式，而實質上並不足以生損害之虞者，尙難構成本罪。

（丙）理由

（前略）被告以某乙名義報領之薪餉及配給實物交與接替人員，既爲接替人員實行服務所應享受之報酬，復爲公家對於服務人員所應負擔之給與，於公於私均無足生損害之可言。

（丁）評釋

最高法院於本判決似僅就經濟價値之觀點而判斷某甲之行爲無損害之虞，而未就刑法保護文書之實質的眞實而加考量，故不無可議之處。

叁、偽造變造證書介紹書罪

行為人偽造或變造護照、旅券、免許證、特許證及關於品行、能力、服務或其他相類之證書、介紹書，足以生損害於公衆或他人者，構成第二一二條之偽造變造證書介紹書罪。本罪為一般犯與結果犯。

一、行為客體

本罪之行為客體計有護照、旅券、免許證、特許證及關於品行、能力、服務或其他相類之證書或介紹書等。此等文書或為公文書，或為私文書，其偽造或變造行為，本可適用偽造變造公文書罪（第二一一條）或偽造變造私文書罪（第二一〇條），加以處斷，但因此等偽造或變造行為大多係為圖一時之便利或為求職謀生，其情實有可憫之處，故另設本罪之構成要件，以為處斷，有如偽造或變造公、私文書罪之減輕犯。因此，本罪可謂偽造變造公文書罪（第二一一條）及偽造變造私文書罪（第二一〇條）之特別規定，依特別規定優於普通規定之原則，行為一旦構成本罪，即無適用偽造變造公、私文書罪之餘地[64]。稱「護照」乃指由主管官署發給人民出國旅行時之身分證明執照，包括國內官署或本國駐外使領館所頒發之護照[65]。稱「旅券」係指旅行之書證。「免許證」係指免

---

[64]參閱四三臺上八七五：刑法第二百十二條之文書，雖為私文書或公文書之一種，但偽造此種文書，多屬於為謀生及一時便利起見，其情節較輕，故同法於第二百十條及第二百十一條外，為特設專條科以較輕之刑，依特別規定優於普通規定之原則，殊無適用同法第二百十條或二百十一條，而論以偽造私文書或公文書罪之餘地。

[65]參閱二三院一一一七：偽造駐在中國之外國公使、領事所發護照，如足生損害於公衆或他人，自應構成刑法（舊）第二百二十九條之罪。此外，實例之見解有認定通行證亦為護照者（見後註[80]之②）。

除人民一定手續或義務而取得權利或資格之證書。又稱「特許證」則指特許享有一定權利之證書，如專利證書、專賣憑證⑯、自衛槍枝執照、汽車牌照等⑰。又條文所稱關於品行、能力、服務證書或介紹書，如警局制作之良民證、學校成績單、修業或畢業證書⑱、考試及格證書、醫師證書、律師或會計師證書、服務證書⑲等。又其他相類之證書或介紹書則指與關於品行、能力、服務之證書、介紹書相類似之文書而言，如國民身分證、依親生活證明⑳、縣政府營繕工程驗收證明書㉑、退役證書㉒等。惟行爲人所僞造或變造者與品行、能力、服務等無關者，

---

⑯參閱

①四一臺上一四一㈡（見後註⑳之⑤）。

②四一臺非三七：臺灣菸酒公賣局係菸酒專賣機關，該局出售各種菸類所用標紙，應視爲具有特許性質之專賣憑證，與普通商標不同，被告私造該局新樂園香煙標紙，用以製成香煙，自係僞造特許證，應構成刑法第二百十二條之罪。

⑰六三臺上一五五〇：汽車牌照爲公路監理機關所發給，固具有公文書性質，惟依道路交通安全規則第十二條規定，汽車牌照僅爲行車之許可證，自屬於刑法第二百十二條所列特證之一種。對變造汽車牌照，即無依同法第二百十一條之變造公文書罪論處之餘地。

⑱參閱三一院二三三四：僞造學校修業或畢業證書，應依刑法第二百十二條處斷。（下略）

⑲如稽查證，見十八上八三八：稽查證，乃服務證書之一種，刑法（舊）第二百二十九條既有特別規定，則無適用同法第二百二十五條之餘地。惟軍人所佩之證章，則非服務證書，見二〇上九一七：軍人所佩之證章，係單純表示其人之職位，與證明服務之證書不同，原判決認爲行使服務證書，引用刑法（舊）第二百二十九條、第二百三十三條第一項，殊有誤解。

⑳六八臺上三六一二：上訴人所僞造之駐加拿大多倫多埠安大略省中華總會館主席名義之依親生活證明書，固屬私文書，但其名稱已載明爲依親生活，內容又僅止於證明擬前往該處之人與當地僑民之身分關係，與國民身分證僅爲證明身分無殊，爲屬於刑法第二百十二條其他相類證書之一種，依特別規定優於普通規定之原則，無適用同法第二百十條論罪之餘地。

㉑參閱四六臺上一三五〇㈡（見後註㉛之③）。

㉒參閱三七院解三九一五：甲借用乙之退役證書將自己相片姓名貼上攝成像片，持以投考學校，應依刑法第二百一十六條適用同法第二百一十二條處斷。

自非本罪之其他相類之證書，故不構成本罪，而應就其性質，分別論以僞造變造私文書罪（第二一〇條）或僞造變造公文書罪（第二一一條），實例上可見者有：配給糙米借條⑬、公醫診斷書⑭、公敎人員之實物配給票⑮、區公所戶籍主任收到聲請補發國民身分證文件之收據⑯、銀行之存款額證明書⑰等。

二、行爲

本罪之行爲亦爲僞造或變造。其義已詳述於前（本節、壹之二），在此不贅。至於持有或意圖供行使之用而收集本罪之行爲客體，因刑法並無處罰之規定，故爲不罰行爲⑱。又本罪之行爲可能與詐欺得利罪

---

⑬參閱四二臺上一二八：刑法第二百十二條所謂其他相類之證書、介紹書，係指與關於品行、能力、服務之證書、介紹書相類似之文書而言。僞造配給糙米借條純係證明其借貸關係之事實，並非有關品行、能力服務等相類似之事項，與上開法條之要件並不相當。

⑭參閱四五臺上五六九：刑法第二百十二條之別於同法第二百十條而另設專條規定者，於注意足生損害之範圍外尙應從其僞造目的與關係輕重等等予以審酌，而事區分，此觀於刑法第二百十二條規定僞造、變造文書種類，於揭舉多屬爲謀生及一時便利起見之護照、旅券、免許證、特許證四種之餘，而於所謂其他相類之證書、介紹書又復以關于品行能力服務爲其例示內容可以概見。本件上訴人僞造公醫診斷書，旣係爲詐取保險金之犯罪方法，自與爲謀生及一時便利起見之情節截不相侔，應適用刑法第二百十一條處斷。

⑮參閱四五臺上一一一八（見559頁註㉖之①）。

⑯參閱四六臺上一一七九：僞造區公所戶籍主任及副主任收到聲請補發國民身分證文件之收據與國民身份證不同，當屬一般公文書而非刑法第二百十二條之證書。

⑰參閱五七臺非九九：刑法第二百十二條所謂「其他相類之證書」，係指關於品行能力服務相類之證書而言，銀行之存款餘額證明書與之性質迥異。

⑱參閱四一臺非二一：臺灣省菸酒公賣局係菸酒專賣機關，該局出售各種酒類所用標紙，應視爲具有特許性質之專賣憑證，與普通商標不同，其持有或意圖供行使之用而收集此類特許憑證者，法律上無處罰明文。被告持有該局米酒、芬芳酒標紙，旣係向他人買來，而非自己或與他人所共同僞造，亦未曾予以使用，自難構成刑法第二百五十三條之犯罪。

(第三三九條第二項)發生牽連犯之關係，自應依第五十五條後段之規定，從一重處斷⑲。

僞造或變造本罪之行爲客體往往同時亦僞造或盜用印章、印文、公印或公印文，此除構成本罪外並另成立僞造印章印文署押罪(第二一七條第一項)或盜用印章印文署押罪(第二一七條第二項)、僞造公印公印文罪(第二一八條第一項)或盜用公印公印文罪(第二一八條第二項)，本罪與僞造或盜用公私印章印文罪究應構成吸收犯?抑或牽連犯?最高法院之判決與司法院大法官會議之解釋，各有不同之見解:

(一)認爲應成立吸收犯，即僞造或盜用公、私印章印文之行爲爲本罪所吸收，故祇構成本罪，而不另論僞造或盜用印章、印文、公印或公印文之罪⑳。

---

⑲參閱三三院二七九七:單純僞造於類專賣憑證，應依刑法第二百十二條論處，業經本院以院字第二七一六號指令解釋有案，設僞造此項憑證已至行使而圖得財產上不法利益者，應分別既遂未遂情形，成立刑法第三百三十九條第二項第三項之罪，並依同法第五十五條從一重處斷。

⑳參閱

①三〇上二九八二:刑法第二百一十二條之護照，雖爲公文書之一種，但僞造此種公文書，多屬於爲謀生及一時便利起見，其情與僞造、變造他種公文書有別，且爲害尙輕，故刑法於第二百一十一條外特列專條，科以較輕之刑，雖僞造護照中並有僞造公印文情事，然僞造護照非同時僞造或盜用公印文不能完成其護照之效用，則護照上之公印文，實爲護照應有之構成部分而不可分離，僞造護照旣屬情輕之公文書，應適用輕刑，則其護照內所僞造或盜用之公印文，自應包含在內，即無庸更論以僞造或盜用公印文之罪，否則僞造護照罪之法條，等於虛設，無單獨適用之餘地。

②三一上七四四:上訴人將僞通行證發給購貨之某甲，意在希望沿途各機關查驗放行，其性質實爲護照，而非普通公文書，雖護照爲公文書之一種，而立法意旨以此類護照爲行旅通常使用之憑證，縱有僞造或變造情事，與公共信用之影響尙非重大，故刑法於第二百十一條外，另設第二百十二條處罰較輕之規定，依特別規定優於普通規定之原則，僞造護照殊無適用刑法第二百十一條之餘地。至僞造公印文而僞造護照時，其僞造公印文爲僞造護照行爲之一部，自亦

(二) 認爲僞造或盜用公、私印章印文之行爲與本罪之行爲具有方法結果關係，故應成立牽連犯，而應依第五十五條後段之規定從一重處斷㊵。

（續前）不應就公印文部份更論以僞造罪名，雖刑法第二百十八條第一項所定僞造公印文罪之刑較僞造護照罪之刑爲重，但公印文既已構成護照之一部，而護照之影響公共信用仍不及單純僞造公印文之重大，揆諸上開立法本旨，亦無再援引同法第二百十八條第一項及第五十五條論擬之理。

③三四院解二八九三：某甲僞造某師部之服役證明書，並蓋有某師部之僞印，及師長之僞章，先後賣與乙丙二人，乙丙買得後，持向當地縣府希圖免役，乙丙既自知並無服役師部之事實，而仍出價購買，即非被騙，某甲向其售賣得價，自不成立詐欺之罪，唯此種證明書所記載之內容，如係證明在某師部所服之役爲兵役，即與妨害兵役治罪條例（舊）第十條所定關於兵役之文書相當，除僞造公私印文屬於僞造文書之一部不另論科外，某甲僞造兩個文書，先後售與乙丙二人，如係一行爲生數結果，或係基於連續之行爲，應分別情形適用刑法第五十五條或第五十六條從妨害兵役治罪條例（舊）第十條之一重或以同條之一罪論處。（下略）

④三四院解三〇二〇㈠：送審證件上之印信並非僞造，僅於文件內揑造事實者，如係揑造關於品行能力服務之事實，足生損害於證明之機關或個人，應成立刑法第二百十二條之罪。

㊵參閱

①三四院解三〇二〇㈡：僞造學校畢業證書或證明書，應成立刑法第二百十二條之罪，已見院字第二三三四號解釋，至僞造學校之印章，應分別成立刑法第二百十八條第一項或第二百十七條第一項之罪，如與僞造畢業證書或證明書有方法結果之關係，應依同法第五十五條從一重處斷。

②三四院解三〇二〇㈢：僞造學校畢業證書，並僞造教育部、省教育廳或其他主管教育機關之公印，加蓋其上者，應成立刑法第二百十二條及同法第二百十八條第一項之罪，並依同法第五十五條從一重處斷。

③四六臺上一三五〇㈡：上訴人僞造雲林縣政府營繕工程驗收證明書，並僞造雲林縣政府公印及縣府主管人員私章等加蓋其上，其僞造公印與僞造關於能力之證書有方法結果關係，應從較重之僞造公印一罪處斷。

④四八釋八二：僞造公印刑法第二百十八條既有獨立處罰之規定，且較刑法第二百十二條之處罰爲重，則於僞造刑法第二百十二條之文書，同時僞造公印者，卽難僅論以該條之罪，而置刑法第二百十八條處刑較重之罪於不問。本院院解字第三零二號第三項解釋於立法本旨並無違背，尙無變更之必要。

⑤五二臺上一八六九：上訴人等僞造納稅證明卡，係屬刑法第二百十二條之罪，

按本罪之立法意旨乃以僞造或變造本罪所列之特種文書之行爲，情有可憫，故特設從輕之例外規定，今若採後說之見解，則本罪之立法意旨即無法貫徹。同時，依據社會一般觀念，僞造或盜用印章、印文、公印或公印文之行爲當然包括於僞造行爲中，本罪之僞造行爲，自亦不例外，故理論上似宜認爲吸收犯而非牽連犯[82]。

三、行爲結果

僞造或變造本罪之特種文書之結果必須足以生損害於公衆或他人，方能構成本罪，詳參閱僞造變造私文書罪（第二一〇條）所述者（本節、壹之三）。

四、主觀之不法要素

行爲人主觀上必須對其所僞造者爲本罪所列之特種文書有所認識，而決意僞造或變造，方能構成本罪。詳參閱僞造變造私文書罪（第二一〇條）所述者（本節、壹之四）。

五、法律效果

犯本罪者，處一年以下有期徒刑、拘役或三百元以下罰金。

六、檢討與改進

本罪之行爲往往同時亦僞造或盜用印章、印文或公印、公印文，此等僞造或盜用印章、印文、公印或公印文之行爲，在理論上雖可認爲包括於本罪行爲之中，而成立吸收犯（參閱前述之二），但因僞造或盜用印章印文署押罪（第二一七條第一、二項）或僞造或盜用公印公印文罪（第二一八條第一、二項）之法定刑，均顯較本罪爲高，故上述之情況若依理

（續前）而其僞造關防之公印目的，在於僞造納稅證明卡，依大法官會議第八十二號解釋，應從一重之僞造公印罪處斷。

[82] 參照四八釋八二之不同意見書，見司法院大法官會議解釋彙編，一一九頁以下。

論而僅處以本罪，雖然實質上係僞造或盜用印章、印文、署押或公印、公印文之行爲爲本罪之僞造行爲所吸收，但在形式上，似如大法官會議釋字第八十二號解釋上所稱之「置……處刑較重之罪於不問」，而致輕重失衡。同時，行爲人若僅僞造或盜用印章、印文、署押、公印或公印文之行爲，即應論以較重之僞造或盜用印章印文署押罪（第二一七條第一、二項）或僞造或盜用公印公印文罪（第二一八條第一、二項），惟行爲人若進而僞造或變造本罪之行爲客體，則反而依較輕之本罪處斷，此亦顯有違法律衡平之理。總之，不問係就何種觀點，均無法獲得兩全其美之解決辦法。

按本罪之行爲客體若非私文書，即爲公文書，故僞造或變造本罪行爲客體之行爲，自可依僞造變造私文書罪（第二一〇條）或僞造變造公文書罪（第二一一條）處斷，而無另訂本罪之必要，苟如本罪之立法意旨所言，本罪之行爲人大多爲圖一時之便利或爲求職謀生，而出此下策，其情可憫，故特設本罪，則此等可憫恕之行爲情況實可依刑罰裁量之手段（第五七、五九條），而無須以刑事立法之手段而謀求解決，況且由於本罪之訂定，而在刑法實務上造成顧此失彼之現象，反而增加刑法實務之困擾。職是之故，本罪似可刪除。

肆、公務員登載不實罪

公務員明知爲不實之事項，而登載於職務上所掌之公文書，足以生損害於公衆或他人者，構成第二一三條之公務員登載不實罪。本罪爲特別犯與結果犯。

一、行爲主體

本罪之行爲主體僅限於公務員，即依法令從事於公務之人員（第十條第二項）。由於本罪係就公務員身分而設之處罰規定，故公務員之行爲構成本罪時，即不得再依第一三四條之規定，加重其刑⑧³。又行爲人縱無公務員身分，但與公務員串通而於公文書上爲不實之登載，則依第三十一條第一項之規定，行爲人仍負本罪之共犯責任⑧⁴。

二、行爲客體

本罪之行爲客體以公務員職務上所掌之公文書爲限，故公務員於非其職務上所掌之公文書，自不能成爲本罪之行爲客體⑧⁵。易言之，即公務員對於他公務員職務上所掌之公文書擅爲不實之登載，則不構成本罪，而可能成立僞造變造公文書罪⑧⁶。稱「職務上所掌」係指公務員在其職務範圍內有權制作或掌管而言⑧⁷，並不以經常在執管之中爲限⑧⁸。

---

⑧³參閱五二臺上二四三七：刑法第二百十三條之罪，係因身分而成立，與同法第一百三十四條但書所謂因公務有關之身分，已特別規定其刑之情形相當，故犯公務員登載不實之罪時，因有上開但書規定，不得再依同條前段加重其刑。

⑧⁴參閱二八上二九四一：若某甲係受縣政府委任，辦理土地陳報事宜，而串同被告等，使爲虛僞之陳報，予以登載，足生損害於公衆或他人，則被告等縱無公務員身分，依刑法第三十一條第一項，仍應負同法第二百十三條之共犯責任，與同法第二百十四條規定，係以公務員不知情而使爲不實之登載者，其情形有別。

⑧⁵參閱二八上二六二三：刑法第二百十三條之虛僞登載罪，以公務員對於其職務上所掌之公文書爲虛僞登載爲限，公務員因履勘案件，於自己作成之計算書上，浮報開支數額，以圖浮領錢物，尙與該條之規定不侔。

⑧⁶參閱

①四七臺上四八一：刑法第二百十三條之登載不實罪，以公務員對於其職務上所掌之公文書，爲虛僞登載者爲限，若對他人職務上所掌之公文書，擅爲不實之登載，則不能執該罪以相繩。

②五七臺上二七三六：刑法第二百十三條之登載不實罪，不僅犯罪主體須爲公務員，且犯罪客體須爲其職務上所掌之公文書，始克成立。若公務員對於他人職務上所掌之公文書擅爲不實之登載，則屬僞造或變造公文書，殊無適用首開規定之餘地。

⑧⁷參閱三一、七、九議：刑法第二百十三條第二百十四條所謂所掌，凡公務員職掌上制作之公文書皆是，不以掌管者爲限。

⑧⁸參閱五四臺上二三一八：刑法第二百十三條所謂「職務上所掌」，係指公務員在其職務範圍有權掌管而言，並不以常在執管之中爲限。

又本罪之行爲客體僅以公文書爲限，私文書除可能成爲業務登載不實罪（第二一五條）之行爲客體外，並無成爲本罪行爲客體之可能⑧⑨。

三、行爲

本罪之行爲爲不實登載，即將明知爲不實之事項，登載於其職務上所掌之公文書，使此不實之事項成爲公文書之內容，此即學說上之「無形僞造」。又本罪之登載以行爲人對於公文書具有制作權爲前提要件，故公務員在其文書制作權限存續中，縱對自己原已作成之公文書加以竄改，亦可成立本罪。反之，公務員若對其原所制作之公文書已無制作或修改權，而竟擅加竄改，則非本罪之登載行爲，而爲僞造變造公文書罪（第二一一條）之變造行爲，本罪與變造公文書之區別，即在於此⑨⓪。

本罪之登載行爲並不限於積極之作爲，即使是消極之不作爲，亦可成立，如行爲人對於應行登載之眞實事項，故意不爲登載是⑨①。又行爲

⑧⑨參閱二四上四三九二：草契紙，係由監證人售與田房交易人，由田房交易人以自己之名義作成之契據，並非公文書，上訴人縱因充當監證人，將買主某甲交付之草契紙擅自短填契價，以便侵占其所交付之稅銀，亦與公務員明知不實之事項而登載於職務上所掌公文書之情形不同。

⑨⓪參閱

①四五臺上一二三五：刑法第二百十三條公務員明知爲不實之事項而登載於職務上所掌之公文書，係以登載此種不實之事項，爲其制作公文書之手段，若公文書既已依法制作完成，則縱爲原制作之人，倘屬無權更改，亦應構成刑法第二百十一條之變造公文書罪，與同法第二百十三條之罪，顯不相當。

②四六臺上一一一〇：刑法第二百十三條登載不實罪，與同法第二百十一條變造公文書罪之區別，前者爲有權登載而故意登載不實，後者爲無權更改而非法塗改。

⑨①參閱四四臺上三八七：刑法第二百十三條犯罪處罰，原係以保護公文書之正確性爲目的，所謂明知不實事項而登載，祇須登載之內容失眞出於明知，並不問失眞情形爲全部或一部，亦不問其所以失眞係出於虛增或故減，某甲於四十二年度在鎭公所服務記錄，曾有記大過一次，已爲上訴人明知，乃上訴人爲甲製發服務成績證明書時，將記過一節故予刪除，其登載不實之實，自屬難辭。

人亦可利用不知情之第三人，在其所掌公文書上，爲不實之登載，此即構成本罪之間接正犯㉜。此外，行爲人所登載之內容必須爲不實之事項，方能構成本罪，故如所登載之事項並非不實，祇是辦理不當而已，自不負本罪之刑責㉝。至於行爲人所登載之不實事項，係全部不實？抑爲一部不實？其失眞係出於行爲人之虛增或故減內容？均在所不問㉞。此外，本罪亦可能爲貪汚罪之方法行爲，而成立本罪與貪汚罪之牽連犯，此應依第五十五條之規定，從一重處斷㉟。

㉜參閱二四上三八七：上訴人充當公安局員，對於鄉長所開抗捐滋事呈請拘辦之名單，不能謂非職務上所掌之公文書，乃明知某甲爲名單所無之人，竟將卷內該名單抽出，交由鄉公所書記爲虛僞之添註，自係於其所掌公文書內，故意爲不實之登載，其利用無犯意之第三人，依樣添註，即屬無形僞造之間接正犯。

㉝參閱十九上五〇〇：刑法（舊）第二百三十條之僞造文書罪，係以公務員明知爲不實之事項登載於其所掌公文書爲構成要件，如僅係辦理不當，而其所登載之事項並非不實時，雖應負行政上責任，尙難遽論以該條之罪。本案上訴人爲縣教育局長，前據小學校長呈請辭職，業經指令慰留，嗣又根據該項辭呈，令准辭職，其辦理之手續，固有未合，惟教育局對於所屬各小學校長，原有任免之權，上訴人於慰留該校長辭職之後，認爲應行更換，並不正式罷免，竟以指令核准辭職，僅屬於行政處分之不當問題，該校長旣確有提出辭呈之事實，上訴人據以辦發指令，究非明知爲不實事項而爲虛僞之登載，揆以上述刑法（舊）第二百三十條之構成要件，顯有未符，自不負刑事上之罪責。此外，五三臺上一一六一亦同旨。

㉞參閱

①四四臺上三八七（見前註㉛）。

②四五臺上五六四：刑法第二百十三條所謂登載不實之事項，非以全部不實者爲限，卽一部不實亦包括之，行爲人以之登載於其職務上所掌之公文書，苟有直接故意而又足以生損害於公衆或他人者犯罪卽爲成立，並不以圖利及實際上已生損害爲要件。

㉟參閱三〇院二一三三㈡：下級機關主管人員某甲對於職務上應購之中等品質米糧，於未領得公款之先，以自己私款照上述等質買進應用，其後造册浮開高於買進時行市之價，呈經上級機關核准照發，因之獲利，自係對於主管之事務，行使登載不實事項之公文書詐財，應依懲治貪汚暫行條例（已廢）第三條第一項第二款，及刑法第二百十六條、第二百十三條、第五十五條處斷。

四、行爲結果

行爲人之不實登載行爲必須有足以生損害於公衆或他人之虞，方能構成本罪，否則，若不足以生損害於公衆或他人者，即不負本罪之刑責⑯。又本罪之行爲祇要有足生損害之虞，即爲已足，不以實際發生損害爲必要⑰。此外，參閱僞造變造私文書罪（第二一〇條）所述者（本節、壹之三）。

五、主觀之不法要素

行爲人主觀上必須明知爲不實之事項⑱，而決意登載，方能構成本罪，否則，若欠缺此等主觀之不法要素，雖有本罪之行爲，且足以生損害於公衆或他人，亦不負本罪之刑責⑲。公務員在其所掌之公文書無論登載自己所認定判斷之事項，抑或就人民申報之事項加以登載，均負有

---

⑯參閱三三院二六六一(一)：派由他人代爲驗屍，而於驗斷書內塡註親驗字樣，此項虛僞記載，如不足以生損害於公衆或他人者，即不負刑事上之責任。

⑰參閱

①三一上一八二六：刑法第二百十三條之罪，僅以明知爲不實之事項而登載於職務上所掌之公文書，及足以生損害於公衆或他人爲要件，初不因其登載時有無生損害於公衆或他人之犯意，及實際上已否生損害，而爲區分。

②四七臺上一九三：刑法上僞造文書罪，所謂足以生損害於公衆或他人，以有損害之虞爲已足，不以實際發生損害爲必要。承攬人浮報建橋工程使用之水泥，於該橋之堅固安全，不得謂無影響，縱令工程完成後，尙未發生實害，而上訴人等以鄉長、課長、技士奉令修建該橋，若以明知而爲不實之呈報，自難解免刑法第二百十三條之罪責。

⑱參閱四三臺上四五六：刑法第二百十三條之罪，係以明知爲不實之事項而登載及足以生損害於公衆或他人爲成立要件，所謂明知，係指與含有犯罪之故意相關連而言，此觀於同法第十三條之規定自可明瞭，如其所爲明知有欠缺犯罪之故意，依法亦不爲罰。

⑲參閱三九臺上一八：刑法第二百十三條僞造公文書之罪，以公務員明知爲不實之事項而登載於職務上所掌之公文書，及足以生損害於公衆或他人爲構成要件，如公務員登載不實之事項，並非明知，雖足以生損害於公衆或他人，亦不成立僞造公文書之罪。

眞實記載之義務，今若明知爲不實之事項，且故意加以登載，致影響公文書之正確性與可靠性，則此等職務上之登載行爲，卽具可罰性。又本罪之故意僅以直接故意 (dolus directus) 爲限，行爲人若僅具間接故意（或未必故意）(dolus eventualis)，則不構成本罪[100]。此外，行爲人祇要明知爲不實之事項，縱其登載行爲係出於被動，亦可構成本罪[101]。至於行爲人之故意爲不實之登載行爲係出於何種意圖？因條文未作規定，故在所不問[102]。

六、法律效果

犯本罪者，處一年以上，七年以下有期徒刑。

伍、使公務員登載不實罪

行爲人明知爲不實之事項，而使公務員登載於職務上所掌之公文書，足以生損害於公衆或他人者，構成第二一四條之使公務員登載不實

---

[100]參閱

①四五臺上五六四（見前註[94]之②）。

②四六臺上三七七：刑法第二百十三條之登載不實罪，以公務員所登載不實之事項出於明知爲前提要件，所謂明知，係指直接故意而言，若爲間接故意或過失，均難繩以該條之罪。

此外，五四臺上四六五、五五臺上二四五五、五六臺上二一二六(一)、五九臺上一三七六、五九臺上二三二八、六〇臺上二九五五亦均同旨。

[101]參閱四五臺上六七四：公務員明知爲不實之事項而登載於職務上所掌之公文書，同時更以虛僞聲明，利用他公務員不知其事項之不實，而使之登載，足以生損害於公衆或他人者，固於犯刑法第二百十三條之罪外，更犯同法第二百十四條之罪，若他公務員對於事項之不實，亦所明知，則其登載縱係出於被動，亦已入於共犯範圍，除均成立刑法第二百十三條之罪外，別不構成同法第二百十四條之罪。

[102]參閱四五臺上五六四（見前註[94]之②）。

罪。本罪爲一般犯與結果犯。

一、行爲主體

有權登載於其所掌公文書之公務員以外之任何人，均可成爲本罪之行爲主體，可能係公務員[103]，亦可能爲非公務員。

二、行爲客體

本罪之行爲客體與前罪者同，在此不贅（本節、肆之二）。

三、行爲

本罪之行爲乃使公務員爲不實之登載，即指以欺罔手段或其他方法，利用公務員之不知其情，而使其將不實之事項登載於其職務上所掌之公文書上[104]，此種矇使公務員爲不實登載之行爲，就其本質言之，實係「間接之無形僞造」，亦爲公務員登載不實罪（第二一三條）之一種「間接正犯」，但因本罪之規定，而成爲獨立之犯罪[105]。

行爲人矇使公務員登載於公文書上之事項必須爲不實者，方能構成本罪，故如使公務員登載之事項，並無不實之情事，自無由成立本罪[106]。又本罪行爲人之行爲僅止於使公務員爲不實之登載，而不實事項

---

[103] 參閱四五臺上六七四（見前註[101]）。

[104] 參閱五〇、八、八議：某甲因積欠乙工資，於民國四十八年五月間簽發某信用合作社同年六月十日新臺幣五千元支票乙紙，交某乙抵償工資，某乙又持該支票向其貼現。詎某甲竟於同年五月二十七日向某警察派出所申報該支票遺失，取得派出所證件後，即向某信用合作社止付。某甲之行爲，應依刑法第二百十四條論處。

[105] 參照韓著(一)，二四二頁。

[106] 參閱五二臺非八六：刑法第二百十四條之僞造文書罪，以行爲人明知爲不實之事項而使公務員登載於職務上所掌之公文書，足以生損害於公衆或他人爲其構成要件。本件系爭土地雖經某乙與某丙訂立買賣契約，但在辦理所有權移轉登記前，某乙業已死亡，其繼承人即被告某甲，本其繼承關係爲上項土地所有權登記，尚難指爲使登載不實之事項。縱被告負有使買受人取得該物所有權之義務，究屬民事範圍，不得遽令被告負刑事責任。

之登載必須假手不知情之公務員，方屬於本罪之範圍，否則，行爲人如自行從事登載，則應構成僞造變造公文書罪（第二一一條）。又如上級公務員命不知情之下級公務員以不實之事項抄寫於其職務上之公文書，則應成立僞造文書之間接正犯，而非本罪[107]。

本罪之成立並不以行爲人出於主動而使公務員爲不實之登載爲限，即使係公務員主動命行爲人陳述，而行爲人竟故爲虛僞之陳述，而使公務員登載不實，亦可構成本罪[108]，但如公務員明知不實之事項，而命他人爲不實之陳述後，故意登載於其職務上所掌之公文書，則此公務員構成公務員登載不實罪（第二一三條），而該爲不實陳述之他人，並不構成本罪，應就其主觀之犯意及實際之行爲情狀，而分別成立公務員登載不實罪（第二一三條）之共犯或幫助犯。

本罪之行爲人必須祇是利用公務員之不知虛僞之事實，而使之爲不實之登載，方能構成本罪[109]，故若與公務員共謀爲不實之登載，公務員

---

[107]參閱五五臺上一一五三：上訴人命不知情之甲以不實之事項抄寫於其職務上之公文書，且足以生損害於政府放租公地之權益，應成立僞造文書之間接正犯。（下略）

[108]惟實例之見解則採反對說，參閱五六臺上二三九四㈡：刑法第二百十四條僞造文書罪之成立，以使公務員登載不實爲要件，故其主動在行爲人，而非公務員，如公務員命其陳述而登載，縱屬因其陳述虛僞致登載不實，亦不能成立該罪。（下略）

[109]實例如下：

①四一臺上一三八㈠：刑法第二百十二條之僞造證書罪，以無制作權之人冒用他人名義而制作該證書爲必要。被告改名易姓，虛報戶口，領取國民身份證使用，係冒頂他人使公務員爲不實之登載，並非由無制作權人所僞造，不構成該條之僞造證書罪。

②四一臺非五〇：姓名使用條例（已廢）施行日期，以命令定之，爲該條例第十五條所明定，是該條例在未經明令施行前，雖經公布，亦難遽予援用。被告冒張國順姓名請領國民身分證一枚持以使用，原判決不依刑法第二百十六條、第二百十四條處斷，而竟援用未經施行之姓名使用條例論科，自屬違法。

亦明知爲不實之事項，而仍登載於其職務上所掌之公文書，則行爲人與該公務員構成公務員登載不實罪（第二一三條）之共犯，而無由構成本罪⑩。又本罪之矇使公務員爲不實之登載應與敎唆公務員爲不實之登載應嚴加區分，因爲後者係構成公務員登載不實罪（第二一三條）之敎唆犯，而非本罪。

本罪之行爲往往亦可能與詐欺取財或得利罪（第三三九條第一、二項）發生牽連關係，如以本罪爲方法而詐財，此應依第五十五條後段之規定，從一重處斷⑪。

四、行爲結果

行爲人使公務員爲不實之登載行爲，必須有足以生損害於公衆或他人之虞，方能構成本罪，否則，如無此等損害危險，自不負本罪之刑責⑫。此外，並參閱僞造變造私文書罪（第二一〇條）所述者（本節、

---

⑩參閱二八上二九四一（見前註84）。

⑪參閱

①三〇院二二一九：（前略）保甲長與族長明知其人原非軍人遺族，揑稱爲軍人遺族，聯名出具請求更正遺族之保結以便他人冒領郵金，該郵金旣尙未領得，自應構成幫助以詐術使人將物交付未遂罪，如該管公務員已據其保結登載於職務上所掌之公文書，卽又成立刑法第二百一十四條之罪，應依同法第五十五條從較重之詐欺未遂罪處斷。

②五四、一、二六議：被告某甲將其承領之耕地，價賣與告訴人某乙，已將耕地交某乙耕作，約定俟承領地價繳清後移轉所有權登記與某乙，該承領地價，經某乙代爲繳清後，某甲竟憑其領得之所有權狀另行設定抵押權與某丙，並向該管地政機關聲請登記。此項情形，某甲以明知爲不實之事項而使公務員登載職務上所掌公文書之方法，實施詐欺，應依刑法第三百三十九條第二項從一重處斷。

⑫參閱五三、一一、三〇議：某甲用乙之名義投標，事前得乙之同意，並經乙將名章交甲使用，已難謂不實，且此項投標行爲又非有必須本人親自到場之限制，則甲屆期用乙名到場投標，並在執行處冒乙名應訊，蓋用乙之名章得標，尤無足以生損害於公衆或他人之虞之可言，自不成立本條之犯罪。

壹之三)。

五、主觀之不法要素

行爲人主觀上必須明知爲不實之事項，而決意使公務員爲不實之登載，方能構成本罪，否則，若欠缺此等主觀之不法要素，自不負本罪之刑責。此外，並參閱前罪所述者（本節、肆之五)。

六、法律效果

犯本罪者，處三年以下有期徒刑、拘役或五百元以下罰金。

陸、業務登載不實罪

從事業務之人，明知爲不實之事項，而登載於其業務上作成之文書，足以生損害於公衆或他人者，構成第二一五條之業務登載不實罪。本罪爲特別犯與結果犯。

一、行爲主體

本罪之行爲主體以從事業務之人爲限，故本罪爲特別犯。何謂業務，已詳論於過失致死罪（第二章、第二節、陸之二)，在此不贅。

二、行爲客體

本罪之行爲客體爲從事業務之人在其業務上作成之文書，即指本罪之行爲主體本其業務有權制作之文書而言[113]，故如從事業務之人，在其

[113]參閱

①四七臺上二九七：農會配給肥料，如果基於契約上之委任關係，而原判決所認上訴人係負責辦理開發肥料裝運通知單工作，又屬無訛，則上訴人對於此種本有制作權之文書而爲不實之登載，除合於刑法第二百十五條之規定，應依該條處罰，並與詐欺罪從重論科，尚難以僞造私文書之罪相繩。

②四七臺上五一五：刑法第二百十五條所謂業務上作成之文書，係指從事業務之人，本於業務上作成之文書者而言。

從事業務之外所作之文書，即不能成爲本罪之行爲客體⑭。

三、行爲

本罪之行爲乃不實登載，稱「不實登載」係指將明知爲不實之事項，登載於其業務上作成之文書，故亦爲一種「無形僞造」。詳參閱公務員登載不實罪（第二一三條）所述者（本節、肆之三）。此外，本罪之行爲可能與詐欺罪（第三三九條第一、二項）或業務侵占罪（第三三六條第二項）發生牽連犯或併合處罰之關係，此應依第五十五條後段或第五十條之規定，分別處斷⑮。

四、行爲結果

與公務員登載不實罪者同（見本節、肆之四），在此不贅⑯。

五、主觀之不法要素

本罪行爲人所應具之主觀不法要素與公務員登載不實罪者同（見本節、肆之五），在此不贅。

六、法律效果

犯本罪者，處三年以下有期徒刑、拘役或五百元以下罰金。

---

⑭參閱五二臺上七三七：僞造農戶領肥清册，雖屬上訴人業務上作成之文書，但稻作肥料切結書，乃係農戶對台灣省糧食局出立切結保證絕不私售轉讓並遵限換繳之表示，顯係農戶之私文書，農會爲便民計，代爲塡寫，亦祇屬代辦性質，究不能謂係業務上作成之文書，從而上訴人僞造此項切結書而行使之，應以行使僞造私文書罪論擬。

⑮參閱

①四七臺上二九七（見前註⑬之①）

②六三臺上二一六四（見 313 頁之註⑳）。

⑯參閱三一院二三九四：律師代人撰狀，揑稱對造律師在外宣傳，謂有同鄉在上訴及法院任事，可以情面推翻原案等語，係從事律師業務之人，明知爲不實之事項，而登載於其業務上作成之文書，且於對造律師之名譽等，並非不足以生損害，自應構成刑法第二百十五條之罪。

柒、行使僞造變造或登載不實之文書罪

行爲人行使第二一〇條至第二一五條之文書者，構成第二一六條之行使僞造變造或登載不實之文書罪。本罪爲一般犯與行爲犯。

一、行爲客體

本罪之行爲客體計有僞造變造私文書罪（第二一〇條）之虛僞私文書、僞造變造公文書罪(第二一一條)之虛僞公文書、僞造變造證書介紹書罪（第二一二條）之虛僞特種文書、公務員登載不實罪(第二一三條)及使公務員登載不實罪（第二一四條）之不實公文書、業務登載不實罪（第二一五條）之不實文書等。此等文書究係行爲人自己所僞造、變造、不實登載或使不實登載者？抑係他人所僞造、變造、不實登載或使不實登載者？均不影響本罪之成立，惟如係行爲人自己所僞造、變造不實登載或使不實登載者，則依實例之見解，認爲僞造、變造、不實登載或使不實登載等低度行爲爲行使之高度行爲所吸收，故應逕論以本罪，而不另成立僞造、變造、不實登載或使不實登載之罪[117]。此與僞造貨幣罪及僞造有價證券罪之情形顯不相同，因爲在該兩類犯罪中，實例之見解認爲僞造或變造行爲係高度行爲，而行使行爲係低度行爲，故祇論以

---

[117]參閱

①二〇上一七八九：上訴人僞造署押，爲僞造文書之方法，行使僞造文書爲詐取財產上不法利益之方法，但僞造文書意在行使，其僞造行爲當然爲行使行爲所吸收，其間並無方法結果之關係，原審以僞造與行使發生牽連問題，而對於詐取財產上不法之利益，係屬未遂，原審亦未明白認定，均有未當。

②二二上五六四：僞造收據，原意在於行使，則行使此項僞據時，其低度之僞造行爲，自應爲高度之行使行爲所吸收，祇成立行使僞造文書之罪，不能再論以僞造罪，而從一重處斷。

僞造或變造罪，而不另論以行使罪（參閱本章、第二節、貳之一及第三節、貳之一）。

本罪之行爲客體僅以僞造、變造、不實登載或使不實登載等行爲所制作而成之虛僞文書或不實文書爲限，故行爲人所行使之文書，若非僞造、變造、不實登載或使不實登載等行爲所制成之虛僞文書或不實文

（續前）

③四〇臺非一七：（前略）變造文書而復行使，其變造之低度行爲，應爲行使之高度行爲所吸收，應僅成立行使變造文書罪名，原判決竟認變造與行使有牽連關係，援同法第五十五條從一重處斷，亦屬違法。

④四九臺非二四：翻印他人著作出版之書籍，如係翻印其著作物之內容，固係單純侵害他人著作權，若竟連同著作出版書籍之底頁，依出版法所載著作人、發行人、印刷者等等，一併加以翻印出售圖利者，則除觸犯著作權法（舊）第三十條第一項侵害他人著作權之罪外，又已構成刑法第二百十六條行使第二百十條僞造私文書之罪名，應依同法第五十五條，從一重之行使僞造私文書罪處斷。

⑤五二臺上四五一：上訴人在其所用之支票背面僞造署押，加蓋僞印，並載明爲背書之意，雖因背書非支票本身之構成要件，不能以僞造有價證券罪論，但究屬僞造私文書性質，且足生損害於他人，僞造後交付與人，已達於行使階段，應成立行使僞造私文書罪。先後三次犯行，係基於一概括之犯意，爲連續犯，以一罪論。僞造印章印文署押，因係僞造私文書之部分行爲，固不另論罪，但依法應予沒收。

⑥五二臺上二一八九：上訴人係地政事務所地價催徵員，承辦地籍登記業務，假借職務上之機會，於經辦土地買賣登記及土地抵押權設定事項，竊取另一職員保管已蓋有公印之空白土地所有權狀及土地他項權利證明書，擅將經收之申請書不依手續登記送閱判行，私自填發，騙取登記費。並於登記總簿作不實之記載，應成立僞造土地所有權狀，土地他項權利證明書罪，及公務員明知爲不實之事項登載於職務上所掌土地登記總簿上之罪。其僞造土地所有權狀，土地他項權利證明書，及爲不實之登載，均足以生損害於公衆。而僞造之書狀均已交付於人，業已達於行使程度，其僞造行爲應爲行使所吸收，祇論以行使之罪。（下略）。

⑦五二臺上二三七五：上訴人以乃妻名義簽發支票二紙，背面僞造告訴人之署押，以爲告訴人在其簽發之支票上背書，使負連帶清償票款之責，足見其僞造私文書足以生損害於告訴人。又其僞造之低度行爲，復爲行使之高度行爲所吸收，應論行使僞造私文書罪。

⑧五五臺上一三二〇：上訴人僞造之保證書，已持向合會公司標領會款，已由僞造之階段進入行使之階段，則僞造之低度行爲，爲高度之行使行爲所吸收，應論行使僞造私文書罪。

書，則自無構成本罪之餘地[118]。又公文書與私文書有時可能相黏連或制作於同一紙張上，行爲人若僅就私文書部分加以變造而持之以行使，則應僅論以行使變造私文書之罪[119]；反之，若僅就公文書部分加以變造而持之以行使，自應僅論以行使變造公文書之罪。此外，行爲人所行使之虛僞文書或不實文書究爲僞造或變造之公文書、私文書或特種文書？抑爲不實登載之公文書或特種文書？或爲使不實登載之公文書或特種文書？應妥加區分，以作爲本罪處斷之依據[120]。

---

[118] 參閱

①二六上二七七一：譜牒爲記述其族人行事及生歿年月、葬所之家乘，對於外姓，自應視爲該族人以自己名義作成之文書，被告等前與上訴人訟爭墳山，提出其本族道光年間所修之族譜爲證，縱令其明知此項族譜之記載無根據可考，但既係該族人以自己名義作成之文書，根本上不具備僞造他人私文書之要件，即不能論以行使僞造私文書之罪。

②三三上四八三：刑法第二百十六條行使僞造私文書之罪，必其所行使之私文書，具備僞造罪之要件，始可成立，如係串令他人冒用自己名義作成文書，縱使所載不實，仍屬虛僞行爲，不能構成僞造私文書罪，縱而行使之，亦即不能以本罪相繩。

③四五臺上八（見前註[20]）。

④四七臺上七五九：查刑法第二百十六條行使僞造私文書罪，必其所行使之私文書具備僞造罪之要件始可成立，如係受他人之委託，已取得制作權，則其作成之文書，即與冒用他人名義制作者有別，不能構成僞造私文書罪，從而行使之，亦即不能以本罪相繩。

[119] 參閱三〇上一四六四：將眞正契據持向官廳投稅，官廳將官契黏附於眞正契據，加以騎縫印，發交投稅人，投稅人僅就原來眞正契據之內容有所變更而行使者，僅應成立行使變造私文書之罪。

[120] 實例如下：

①三一上八三六：商會非執行公務之機關，該會主席原非公務員，上訴人因侵占所保管之商會飛機捐款，僞造商會主席公函，偸蓋該會鈐記，並提出作爲付清該款之憑證，自係盜用印文僞造私文書而復行使，不應成立行使僞造公文書之罪。

②三二上四三八：僞造公立學校畢業證書而行使之，應成立刑法第二百十六條行使第二百十二條僞造關於能力證書之罪。

二、行爲

本罪之行爲爲行使，所謂行使乃指將僞造、變造、不實登載或使不實登載之虛僞文書或不實文書冒充眞實文書，而以文書之通常用法，加以使用。由於文書具有證明、穩固與保證等三大功能（參閱本章、第一節、三之㈠、㈢、㈣），故文書之通常用法，即指提出文書，主張文書之內容，而將虛僞文書或不實文書置於法律交往中，使其可得發生證明、穩固或保證等功能而言，故行爲人如僅提出虛僞文書或不實文書，而尚未主張該文書之內容，或尚未將該文書置於可得發生文書功能之狀況，則不得謂爲本罪之行使⑫。

行爲人祇要提出虛僞文書或不實文書，而將該文書置於可能發生文書功能之狀態下，即可成罪⑫，故本罪爲行爲犯。至於相對人是否瞭

（續前）

③三三上四四八：上訴人僞造鹽務稅警隊放行證之目的，僅在免除沿途軍警之盤查，其性質相當於刑法第二百十二條之護照，此項放行證，既經持以挑鹽出境，以抵制檢查，是已達於行使之程度，應適用刑法第二百十六條，依同法第二百十二條之規定處斷。

④三三上一七五二（見前註⑥）。

⑤四一臺上一四一㈠：臺灣省菸酒係屬專賣，臺灣省菸酒公賣局依臺灣省政府頒行菸酒專賣規則及其他施行細則出售之各種菸類所用包裝之一切標紙，自應視爲具有特許性質之專賣憑證，與一般商標不同。共同行使僞造之菸酒公賣局出品新舊樂園標頭紙及封標，製造私煙出售，應構成共同行使僞造特許證罪名。

⑫參照韓著㈡，二四四頁。並參閱五二臺上一七八一：刑法第二百一十六條之行使登載不實事項於公文書罪，以本於該文書之內容有所主張爲其成立要件。

⑫實例如下：

①二六滬上二三：刑法上之行使變造文書罪，祇須提出變造之文書，本於該文書之內容有所主張，即已成立，其行使之目的能否達到，原與該罪之既遂與否毫無關係，上訴人已根據僞約提起訴訟，即無行使未遂之可言。

②四四臺上一五四：上訴人既將僞造保證人之印章，蓋於僞造之私文書，交付於債權人，顯已達於行使之程度，原判決不依刑法第二百十六條之高度行使行爲處罰，對於法定必須沒收之印章、印文，又未依同法二百十九條，予以沒收，自難謂非違法。

解該文書之內容？已否信以爲眞而誤認虛僞文書或不實文書爲眞實文書？行爲人所提出之虛僞文書或不實文書是否果已發生證明、穩固或保證等功能？均非所問。行爲人若尙未提出虛僞文書或不實文書，而僅以言詞或其他書面將文書內容告知相對人，或雖已提出，但尙未到達相對人之手等，則均不構成本罪。此外，行爲人所行使之文書祇要是僞造、變造而成之虛僞文書，或不實登載或使不實登載之不實文書，即足以構成本罪，縱使制作名義人業已死亡，亦不影響本罪之成立㉓。

本罪之行使行爲並不當然含有詐欺之本質。因此，行使僞造、變造、不實登載或使不實登載之文書，以詐欺取財或得利，則構成本罪與詐欺取財與得利罪（第三三九條第一、二項）之牽連犯，應依第五十五條後段之規定，從一重處斷㉔。此與僞造或變造貨幣或有價證券罪之行使行爲含有詐欺本質之情形，有所不同，故宜特別注意之。

（續前）

③四七臺上一〇四八：刑法上之行使僞造私文書罪，必須提出僞造之文書，本於該文書之內容有所主張方得成立，原判決認定上訴人行使僞造私文書，據其所載理由，僅以上訴人僞造借用證後，復持交他人保管，即認爲已達行使之階段，而於上訴人對於該借用證之內容究竟何所主張，並未加以說明，關於採證之理由，自嫌未備。

④五二臺上八二九：上訴人向人收買僞造之戲院招待券，轉售牟利，應依連續行使僞造私文書論處。

㉓參閱四〇臺上三三（見591頁註⑭之②）。

㉔參閱

①十九上一三三〇：上訴人提出僞造借約狀向法院追償，已達行使僞造文書之程度，惟行使僞造文書，意在以詐術使人交付所有物，雖其行使僞造文書爲詐欺罪之方法，依刑法（舊）第七十四條，應從一重處斷，原審竟置詐欺罪於不論，顯係違法。

②二七上二九四九：郵局儲金簿，僅係證明私人往來存款之用，亦屬私文書之一種，持僞造儲金簿向郵局提款，自係行使僞造私文書以詐財之行爲，應從一重處斷。

③四六臺上七〇五：上訴人與另人同謀就公賣酒廠所用吸管之原產國爲僞造之標

本罪之行使行爲亦可能與業務侵占罪（第三三六條第二項）⑫⑤、僞

（續前）記，及僞造檢定機關表示檢定合格之「同」字圖，印於吸管之上，該圖印依刑法第二百二十條規定，係屬以公文書論之一種，應構成一行爲而觸犯同法第二百五十五條第一項、第二百十一條兩罪名，僞造後持往投標，即已達行使之程度，又其行使之目的，在使酒廠陷於錯誤而爲買受，雖未成交，亦已成立詐欺未遂罪名，倂有方法結果之關係，應從一重之行使僞造公文書罪處斷。

④四八臺上一〇九：上訴人將他廠出產之味精原裝盒拆開，取出約二成眞品，再以同等重量之酒石酸滲入，在盒口玻璃紙上加熱封閉，如原裝盒口玻璃紙已被拆破，則於封閉時以其僞刻之「檢 47530 林」字樣印一顆加蓋於封口，免人生疑，又將由原裝盒內取出之眞品滲以酒石酸，用玻璃紙改裝成小包，以其僞造之「高級正結晶味王壹元」字樣印一顆蓋於小包裝袋上，又用其僞爲設計自定牌名之雙麥牌味津膠袋裝成每袋四十小包，以其僞定廠名而僞刻之「四十小包裝結晶味素每小包零售壹元永豐食品廠」字樣印一顆蓋於膠袋上，依上開方法拆改裝滲有酒石酸之假味精，經向各方按眞品價格銷售騙取款項。上訴人僞造之印章三顆係一種表示用意之證明，依刑法第二百二十條應以僞造私文書論，且又行使，其僞造行爲爲行使行爲所吸收，應以行使僞造私文書罪論處。又行使僞造私文書目的在以酒石酸充眞味精詐取財物，與詐欺罪有方法結果之關係，應從一行使僞造私文書重罪論刑。

⑤四九臺上一四〇九（見559頁之註㉓）

⑥五〇臺上一四八：上訴人於僞造私文書後，利用不知情之人，代爲行使該文書詐財，係屬間接正犯，原判決從一重論處上訴人行使僞造私文書罪刑，於法並無不合。

⑦五一臺上四〇〇（見 324 頁註⑬之④）。

⑧五一臺上一七七五：刑法第五十五條之牽連犯，比較罪之重輕，係以所犯法條之本刑爲標準，被告行使僞造私文書，及明知爲不實事項登載於職務上所掌之公文書，與其所犯詐欺罪間，具有方法結果之牽連關係，而比較各法條本刑，以行使明知爲不實事項登載於職務上所掌公文書之法定本刑一年以上七年以下有期徒刑爲最重，原判決遽論被告行使僞造文書罪刑，其適用法律，難謂無違誤。

⑨五四臺上一四〇四（見 325 頁註⑮之①）

⑩五六臺上九八六：上訴人將前一日之戲票更改爲當日日期而予出售，對於戲院及買受人俱有損害，其變造行爲爲行使行爲所吸收，其出售變造戲票之目的在於詐欺取財，其詐欺犯行與行使變造私文書犯行，有方法結果之牽連關係，應從一重之行使變造私文書罪論擬。

⑫⑤參閱二八上二五三六（見529頁之註㉓）。

造商標商號罪（第二五三條）⑯、竊盜罪（含竊取森林及竊電）⑰、普通誣告罪（第一六九條第一項）⑱、貪汚罪⑲、使公務員登載不實罪（第

---

⑯參閱十九上一七七三：商號仿單，係用以說明其商品之特質，故就其性質言，除商號關係外，並爲商人所製文書之一種，上訴人將僞造之仿單，給與買主，以外貨冒充某紗廠之出品，顯於僞造商號外，更有行使僞造文書以損害他人之行爲，應依刑法（舊）第二百六十八條、第二百三十三條第一項、第七十四條，從一重處斷。

⑰參閱

①四九臺上三七〇：某汽車修配廠並無出售引擎之事，被告竟先後竊用該廠估價單及統一發票，並盜蓋其印章以之交付於人，顯係以竊盜爲手段而達僞造私文書之目的並以之行使，其竊盜與行使僞造私文書間有方法結果之關係，原判決竟認係一行爲而觸犯數罪名，其法律見解，顯有誤會。又其先後所爲，係基於概括之犯意，應以連續犯論處。

②五二臺上一一〇四：上訴人在其所盜伐之柚木上僞造放行印，持之出賣，足以生損害於公衆，依刑法第二百二十條之規定係屬僞造應以文書論之文書，且已達於行使之程度，其行使僞造公文書罪與其竊取森林主產物罪，有方法結果之關係，應從一重之行使僞造公文書罪處斷。

③五九臺上二五一〇（見530頁之註㉛）。

⑱參閱三〇上三二三二：上訴人僞造私文書持以誣告，其僞造印章，係屬僞造私文書之預備行爲，僞造印文、署押，則屬僞造私文書行爲之一部，此項僞造私文書之低度行爲，雖均應吸收於行使之高度行爲之內，不另構成罪名，但行使僞造私文書，既爲犯誣告罪之方法，即非無刑法第五十五條之適用。

⑲參閱

①五六臺上四七七㈢：上訴人係農會職員，藉代理經辦發放肥料職務之機會，盜用印章，僞塡單據，虛捏農戶貸肥，而持向倉庫冒領肥料化用，除其盜用印章行爲，原爲僞造文書之一部，不另成立犯罪，及其僞造文書之行爲，應爲行使之行爲所吸收外，顯係觸犯刑法第二百十六條、第二百十條之行使僞造私文書及戡亂時期貪汚治罪條例第五條第二款利用職務上之機會詐取財物罪，而兩罪有方法結果關係，應從一重之後罪處斷。

②五八臺上三六八一：上訴人盜用印章爲公務上所掌公文書登載不實行爲之一部，不另成立盜用印文罪，而其登載不實之公文書已提出行使，低度之登載不實行爲應爲高度之行使行爲所吸收，核其所爲係以行使職務上所掌公文書登載不實爲方法，而達對於主管事業直接圖利爲目的，兩者有方法結果之牽連關係，應從一重之直接圖利罪（戡亂時期貪汚治罪條例第六條第三款）處斷。

二一四條)[130]、贓物罪[131]、藏匿人犯或使之隱避罪(第一六四條第一項)[132]等發生牽連關係，此均應依第五十五條後段之規定，從一重處斷。

三、主觀之不法要素

行爲人主觀上必須對於行爲客體係僞造、變造或不實登載之文書有所認識，而決意持之以行使，方構成本罪[133]，否則，行爲人若欠缺此等主觀之不法要素，自不負本罪刑責。

---

[130]參閱

①五二臺上二一八〇：上訴人盜用其妻印章，以僞造離婚證書，盜用印章僞造離婚證書之一部，應爲僞造行爲所吸收，嗣後持此僞造離婚證書，向區公所申請離婚登記，已達行使階段，僞造行爲應爲行使行爲所吸收，其申請登記又犯使公務員爲不實事項登載於所掌之公文書罪，並有方法結果之關係，應從一重之行使僞造私文書罪處斷。

②六一臺上四三〇九：上訴人從事駕駛業務，因過失致同時同地撞死二人，係一行爲觸犯數罪名，應從其一重之業務上過失致人於死罪論處。又僞造某甲印章，冒名申請駕駛執照，自足生損害於公衆。其僞造印章，爲僞造申請文書之一部，不另論罪。僞造私文書持以行使，其僞造私文書之低度行爲，應吸收於高度之行使行爲中，僅應論以行使一罪。行使僞造私文書與矇使公務員爲不實之登載兩罪間，有方法結果之牽連關係，應從其前者之一重處斷。先後行使僞造私文書，犯意概括，亦應以連續犯一罪論。所犯業務上過失致人於死與行使僞造私文書兩罪，犯意各別，行爲獨立，應予併合論處，定應執行之刑。

[131]參閱五六臺上二九九一：先後收買贓物，係屬連續故買贓物罪，將之出當係處分行爲，不另構成罪名，惟其故買贓物機車之時，即具有僞造證件出當之犯意，則其僞造行車執照、來源證明書、稅單等係與故買贓物罪具有方法結果之牽連關係，應從一重處斷，僞造文書已達行使，應按行使罪論，僞造印章係爲僞造文書之部分行爲，不另構成罪名，僞造公文書與僞造私文書，及變造身份證，犯意同一，以連續犯論。

[132]參閱三一院二四〇〇：某參謀長押解之人員，僞報早已離職，以期釋放了案，如令文內已敍明該人員犯有刑事嫌疑，則某參謀長應構成刑法第一百六十四條第一項藏匿犯人罪，倘其僞報以書面爲之，並犯同法第二百十六條行使第二百十三條之公文書罪名，應適用五十五條從一重之第二百十六條依第二百十三條之規定處斷。

[133]參閱十九上六五三：僞造或變造文書之行使，以明知爲僞造或變造之文書而

四、法律效果

犯本罪者，依僞造、變造文書，或登載不實事項，或使登載不實事項之規定處斷，即就行爲人所行使之虛僞文書或不實文書之種類，而分別適用僞造、變造、不實登載或使不實登載該項文書之罪之法定刑，加以處斷。易言之，即行使行爲各依行使該文書之僞造、變造、不實登載或使不實登載罪之刑處斷，而非論以該文書之僞造、變造、不實登載或使不實登載之罪[134]。

捌、僞造印章印文署押罪

行爲人僞造印章、印文或署押，足以生損害於公衆或他人者，構成第二一七條第一項之僞造印章印文署押罪。本罪爲一般犯與結果犯。

一、行爲客體

本罪之行爲客體爲印章、印文或署押。稱「印章」乃指用以顯現印文之物，其質料爲何？則非所問。「印文」即指蓋以印章而顯現出之文字或符號。「署押」則指署名劃押而言，包括簽名、捺指印或以其他符號代簽名等。又本罪之行爲客體僅以私章、私印文及署押爲限，故公印或公印文，自非本罪之行爲客體。

可能充當本罪行爲客體之印章、印文或署押是否以專供證明權利義務關係或法律事項之用爲必要？學說見解不一，有採肯定說，有採否定

（續前）故意行使爲成立要件，若不知該文書係屬僞造或變造，縱有行使，亦屬無故意之行爲，應不爲罪。

[134]參閱十九上一八九：刑法（舊）第二百三十三條所謂行使變造文書者，依變造文書之規定處斷云云，係指適用變造文書所定之刑，非論以變造文書之罪。

說。通說係採後說，因爲印章、印文或署押乃證明人格同一性之記號，故凡具有此等內容者，即可能成爲本罪之行爲客體，而不以專供證明權利義務與事實之用爲必要。因此，如僞造古畫上之印章落款之類，苟於公衆或他人足生損害之虞者（參閱下述三），亦得爲本罪之行爲客體。反之，若印章或印文之內容與人格之同一性無關者，如鐫刻格言或詩詞之圖記，自不能成爲本罪之行爲客體[135]。

二、行爲

本罪之行爲爲僞造。所謂「僞造」乃指無製作權之人，擅自製作他人之印章、印文或署押而言。行爲人祇要擅自制作他人之印章、印文或署押，而使人在外觀上足以認爲印章、印文或署押，即爲已足，至於行爲人係虛捏或假借他人名義？其所假借之他人是否眞有其人？虛捏或假借名義之他人究爲自然人或法人？等問題均與本罪之成立無關。

行爲人係以何種方法而僞造？其所僞造而成之虛僞印章、印文或署押是否與眞實之印章、印文或署押相類似？亦均非所問，即使僞造之虛僞印章、印文或署押與眞實之印章、印文或署押並無相似之處，亦可構成本罪。又印文之僞造並不以僞造印章而加蓋於物體上，使其顯現印文爲必要，即使無僞造印章，而直接將印文描畫於物體上，使其自外觀上足以令人認爲係印文者，亦可構成僞造印文罪[136]。

僞造印章、印文或署押往往係僞造文書或有價證劵，或行使僞造文書或有價證劵之階段行爲或部分行爲，故如僞造印章後持之加蓋於其僞造之虛僞文書或於僞造之虛僞有價證劵之上，或並持之以行使，則應論以僞造文書或僞造有價證劵，行使僞造文書或有價證劵之罪，而不另成

[135]參照韓著(二)，二四七頁。

[136]參閱四七臺上七三五（見340頁註[56]之④）。

立本罪⑬⑦，更不可僅論以本罪，而置僞造文書或有價證券罪、行使僞造文書或有價證券罪於不論⑬⑧。又以僞造印文爲目的而僞造印章，則僅論以僞造印文，即爲已足，並不另行成立僞造印章罪，更無成立牽連犯而適用第五十五條後段規定之餘地。此外，本罪亦可能與他罪發生牽連犯之關係，自應依第五十五條後段之規定，從一重處斷⑬⑨。

三、行爲結果

行爲人僞造印章、印文或署押之結果必須足以生損害於公衆或他人

---

⑬⑦參閱563頁之註㊴，並參閱

①三〇上三二三二（見前註⑫⑤）。

②四四臺上八六四：上訴人因行使僞造私文書詐財，其僞造他人之印章，及蓋用僞印文於委託函上，係屬僞造私文書行爲之一部，不另構成僞造印章、印文之罪，該僞造之委託函，雖經交付他人所有，而其中所蓋之僞印文，依刑法第二百十九條之規定，仍應予以沒收。原判決適用刑法第二百十六條、第二百十條、第三百三十九條第一項、第五十五條，從一重處斷，乃竟併引同法第二百十七條，科以僞造印章印文罪，適用同法第二百十九條諭知沒收僞造之印章，又漏未及於僞造之印文，均屬於法有違。

③五二臺上二五六二：僞造他人印章加蓋於合會償還會金契約書，列其爲連帶保證人，持以行使領取會金。僞造印章係僞造償還契約上保證文書之部分行爲，僞造之保證文書已達行使程度，應以行使論罪。僞造之印章及蓋在保證書上之印文應予沒收。

④五二臺上二五二二（見570頁註㊾之⑦）。

⑬⑧參閱

①四一臺上二九九：僞造署押係屬僞造私文書行爲之一部，並不另成罪名。

②四一臺上四一九㈠：僞造印章係屬僞造私文書之預備行爲，並不另成立罪名。

③六一臺上四七八一：原判決既認被告冒充某甲，在定期放款借據上，僞造某甲之署押，以示承還保證之意思，顯係僞造保證之文書，其行爲非僅止於僞造署押，乃原判決僅以僞造署押罪相繩，自有違誤。

⑬⑨參閱三六院解三四六一：郵政代辦人於經收之掛號信件，私行拆開取出封內滙票，僞造收款人署押並舖保戳記，持向另一郵局冒領款項，自係成立刑法第三百一十五條（參照郵政法第四十一條）、第三百二十條第二項（參照郵政法第四十四條前段規定）、第二百一十七條第一項、懲治貪汚條例（已廢）第三條第五款之罪，應依刑法第五十五條後段從一重處斷。

者，方能構成本罪，否則，若僞造行爲並無損害之危險者，自不負本罪之刑責⑭。詳參閱僞造變造私文書罪（第二一〇條）所述者（本節、壹之三）。

四、主觀之不法要素

行爲人主觀上必須對其所僞造者爲印章、印文或署押有所認識，而決意僞造者，方能構成本罪⑭，否則，行爲人若欠缺此等主觀之不法要素，縱有僞造行爲，亦不負本罪之刑責。

五、法律效果

犯本罪者，處三年以下有期徒刑。

六、沒收特例

第二一九條設有僞造印章、印文或署押之沒收特例，故行爲人僞造之印章、印文或署押，不問屬於行爲人與否，卽可依此特例沒收之，刑法總則關於沒收之條文，卽可不必引用⑭。本條之沒收特例係第三十八

---

⑭參閱

①二四上二三八：僞造署押罪，必其署押係違反本人之意思而揑造，且以足生損害爲要件，上訴人與某甲離婚，旣於聲請調解時委任被告爲其代理人，且與之一同到庭陳述聲請調解意旨，卽令被告所代遞之聲請狀內非上訴人本人署押，仍與上訴人之本意不相違反，且亦無損害之可言，自不成立僞造署押之罪。

②四三臺非一五七：刑法第二百十七條第一項之僞造印章罪，係以足生損害於公衆或他人爲構成要件，如能證明制作當時僅係以供鑑賞或習藝，自始卽於公衆或他人不致發生損害之虞者，卽應因犯罪構成要件欠缺，而無本條之適用。

⑭參照前註之①。

⑭參閱

①四四臺上一一六〇㈠（見568頁之註㉛）。

②四四臺上三五三：（前略）僞造印章雖不另成罪名，然該印章必須予以沒收，刑法第二百十九條已有特別規定，原判決諭知沒收印章，竟不適用該條特別規定，而以同法第三十八條第一項第二款之普通規定爲依據，更難謂非用法不當。

③四七臺上三三〇：僞造之印章應依刑法第二百十九條沒收，原判決依同法第三

條第三項但書所指之特別規定，係採必須沒收原則，故僞造之印章、印文或署押，如屬存在，即應加以沒收⑭³，縱未經搜獲，仍應諭知沒收⑭⁴。易言之，即如不能證明僞造之印章、印文或署押已不存在，即應爲沒收之諭知⑭⁵。此外，得依第二一九條之規定，諭知沒收者祇限於僞造之印章、印文或署押爲限，故印章如非僞造者⑭⁶、或爲第二二〇條以文書論之文書而非公印或公印文⑭⁷，則無第二一九條之適用，而應適用第三十

（續前）十八條第一項第二款諭知沒收，自屬違誤。

④四八臺上六五七：原判決對於沒收僞造被害人之印章，不依刑法第二百十九條之規定，而竟引用同法第二百條，已有未合，且上訴人僞造被害人之信二封，既經先後寄給他人行詐，即爲該他人所有，而非屬於犯人者，不得沒收，僅其信內所僞造被害人之署押各一個，係在刑法第二百十九條所定必須沒收之列，原判決竟援同法第三十八條第一項第二款，將該信二封諭知沒收，更難謂爲於法無違。

⑭³參閱四七臺上一一六四：取款條上之他人署押，既係上訴人所僞造，則該條雖經交付於付款之銀行，而其中所僞造之署押，依刑法第二百十九條之規定，仍應予以沒收，第一審判決漏未諭知沒收，原判決不爲糾正，均屬於法有違。

⑭⁴參閱

①二五上六六二〇：上訴人僞造之印章，依刑法第二百十九條規定，係在必應沒收之列，該印章如屬存在，縱未經搜獲，仍不得不爲沒收之宣告。

②二六、四、二〇議：未經搜獲之僞造印章應依本條沒收。

⑭⁵參閱五一臺上一一三四：僞造他人之長戳方印各一顆，既不能證明已不存在，依刑法第二百十九條之規定，必須予以沒收。

⑭⁶參閱五一臺上一〇五四：上訴人將拾得他人之私章蓋於僞造支票之上，該私章屬於他人所有，其印文並非僞造，均不在得以沒收之列。又支票上所蓋僞造他人工廠圖章之印文，係屬僞造支票之一部分，已因支票之沒收而包括在內，亦不應重爲沒收之諭知。此外，並參閱後註⑮⁵。

⑭⁷參閱

①四八上七二、四九臺上六七八（見527頁註⑭之③、④）。

此外，五三臺上一五二五亦同旨。

②五一臺上一一〇三：冒充稅戳之洋鐵罐，僅屬供犯罪所用之物，並非刑法第二百十九條之印章、印文可比，縱認其應予沒收，亦祇能適用刑法第三十八條第一項第二款之規定爲之。

八條第一項第二項之規定，加以沒收。

如前二、所述，僞造印章、印文或署押往往係僞造文書或行使僞造文書之預備行爲，故僞造印章、印文或署押之行爲卽應吸收於僞造文書或行使僞造文書之行爲中，而無須另行論以僞造印章印文署押罪，但行爲人所僞造之印章、印文或署押，不問屬於行爲人與否，仍應依第二一九條之規定，諭知沒收⑭⑧。同理，僞造印章、印文或署押往往亦爲僞造

（續前）

③五四臺上六四〇：上訴人所僞造者，旣爲刑法第二百二十條以文書論之文書，原判決乃不引用刑法第三十八條第一項第二款，而依同法第二百十九條，以爲沒收其僞造戳記及戳文之依據，顯有違誤。

④五四臺上二一七一：僞造之「園屠宰印」及「桃縣稅印」，並非表示機關團體之印信，祇不過爲在物品上之文字符號，用以表示完稅之證明而已，自與刑法第二百十九條所規定之印章、印文不符，以之加蓋於猪皮上，亦祇屬於刑法第二百二十條以文書論之文書，與純正之公文書亦有別，僞造之稅印，旣與刑法第二百一十九條所定之印章、印文不同，卽不得適用該條，作爲沒收之依據，而應依刑法第三十八條第一項第二款上段沒收，蓋有僞印文之猪皮一塊，爲上訴人所有用供犯罪之物，亦得予以沒收，不必僅將猪皮上所蓋之僞印文沒收。

⑭⑧參閱

①二七上二五九七：僞造之搭班字，係因犯罪所得之物，依刑法第三十八條第一項第三款，其沒收與否，固得由法院自由酌定，但搭班字內僞造之某甲署押，依同法第二百十九條規定，則不問屬於犯人與否皆應沒收，縱署押爲文書之一部，僞造署押行爲應吸收於僞造文書行爲之中，無須另行論罪，然關於從刑部分，未將僞造文書沒收者，仍應依第二百十九條將僞造之署押沒收，方爲合法。

②四四臺上一五四（見前註⑫⑫之②）。

③四四臺上八六四（見前註⑬⑦之②）。

④四四臺上一三五三：原判決旣認上訴人因僞造有價證券而僞造某甲之印章，不另構成僞造印章罪，乃復謂其僞造印章爲僞造有價證券所吸收，已屬理由矛盾，而且僞造印章雖不另成罪名，然該印章必須予以沒收，刑法第二百十九條已有特別規定，原判決諭知沒收印章，竟不適用該條特別規定，而以同法第三十八條第一項第二款之普通規定爲依據，更難謂非用法不當。

⑤四七臺上八八三：上訴人僞造他人之印文及署押，雖爲僞造私文書行爲之一部，不另論以刑法第二百十七條第一項之罪，但所僞造之此項印文署押，則應

有價證券之預備行爲，係僞造有價證券行爲之一部，雖僅論以僞造變造有價證券罪（第二〇一條第一項），而不另成立僞造印章印文署押罪，但行爲人所僞造之印章、印文或署押，不問屬於行爲人與否，均應依第二一九條之規定沒收之⑭⑨。至如僞造之有價證券已加沒收，在僞造之有價證券上之印文、署押，自已包括在內，毋庸復依第二一九條之規定，重爲沒收之諭知⑭⑨ⓐ。

玖、盜用印章印文署押罪

行爲人盜用印章、印文或署押，足以生損害於公衆或他人者，構成第二一七條第二項之盜用印章印文署押罪。本罪爲一般犯與結果犯。

一、行爲客體

本罪之行爲客體與前罪者同（本節、捌之一），在此不贅。

二、行爲

本罪之行爲爲盜用。所謂「盜用」係指無權使用之人，擅自使用他人之印章、印文或署押而言，故有權使用之人，使用他人印章之行爲，自不構成本罪⑮⓪。又本罪之盜用行爲並不以盜取而後使用爲必要，即使

（續前）依同法第二百十九條予以沒收。

⑭⑨參閱四八臺上一一三七：僞造印章，雖爲僞造有價證券行爲之一部，不另成立僞造印章罪名，然所僞造之印章，不問屬於犯人與否沒收之，刑法第二百十九條定有明文，原判決論處上訴人僞造有價證券罪刑，沒收其所僞造之支票，而不將僞造之印章一顆併予沒收，不能謂無違誤。此外，五一臺上一九六二亦同旨。

⑭⑨ⓐ參照六三臺上二七七〇。

⑮⓪參閱

①十九上三八一㈢：盜用印文罪之成立，係以無使用權而盜用他人之印文爲要件，甲某旣爲農民協會常務委員，且被推爲主任，對於該會鈐記之蓋用，自不得謂無使用權，至其對外行文是否應由常務委員三人之署名姓名效力，係屬另一問題，不能僅以執行會議並未議及常務主任有自由蓋印權之語，遂認爲盜用印文罪之成立。

②四七臺上五七一：水利委員會主任委員將章印交上訴人在處理會務時代爲使用，並非單純保管，上訴人使用時縱或失當或越權使用，究非盜用可比。

合法持有或保管他人之印章，但未經他人之同意，而擅自將印章加蓋於文書或其他物體上，亦爲盜用[151]。條文之規定既稱「盜用」，且本罪又無未遂犯之規定，故必盜而復用，始能成罪，否則，如僅盜取他人印章，而未以印章之通常用法加以使用，除構成竊盜罪之外，並不能成立本罪。此外，如行爲人騙使他人蓋章，亦可該當本罪之盜用。

本罪之盜用印章、印文或署押之行爲往往與僞造文書或行使僞造文書行爲發生吸收關係，故應逕論以僞造文書罪或行使僞造文書罪，而不再成立本罪[152]。又本罪之盜用行爲往往亦爲犯他罪之方法行爲，故構成本罪與他罪之牽連犯，應依第五十五條後段之規定，從一重處斷[153]。

---

[151]參閱五二臺上八五㈡：刑法上處罰盜用印章罪之主旨，在保護印章所有人之利益。被告趙某雖保管上訴人之印章屬實，但在向莊某借款證書上使用上訴人之印章爲保證人，如果未得上訴人同意，仍屬盜用。

[152]參閱

①四四臺上五六㈠：盜用印章係屬僞造文書之一部，其僞造之低度行爲又爲行使之高度行爲所吸收，應依行使僞造私文書罪論擬。

②四八臺上八〇八：盜用印章以僞造公文書，其盜用印章即爲僞造公文書所吸收，不另論罪。原審以盜用印章爲僞造公文書之方法，其法律上之見解自非允洽。

③五二臺上一五八三：（前略）盜用印章僞造背書而持以行使，其盜用印章爲僞造背書之一部，僞造背書既已達於行使階段，其僞造背書之低度行爲，自亦應爲高度之行使犯罪所吸收。行使僞造背書足生損害於他人及變造有價證券兩罪間，具有方法結果之牽連關係，祇應從其一重之後者變造罪論處。

④五五臺上一五三五：上訴人以紅印泥沾死屍右拇指，捺按於僞造之收養契約上，與盜捺指印爲僞造文書之部分行爲，不另論罪。

[153]參閱四〇臺特非六：被告某甲係充某法院書記官，辦理出納事務，對於院中應存歲入類限戶之款，竟盜用某乙私章，以某乙名義，將該款向台灣銀行存放定期一月之優利存款，冀得不法利息，自係對於主管之事務直接圖利，並有盜用印

三、行爲結果

行爲人之盜用結果必須足以生損害於公衆或他人者，方能構成本罪，否則，行爲人自不負本罪之刑責。行爲人之行爲祇要有足生損害於公衆或他人之危險，即爲已足，並不以確有損害事實之發生爲必要[154]。此外，並參閱僞造變造私文書罪（第二一〇條）所述者（本節、壹之三）。

四、主觀之不法要素

行爲人主觀上必須對屬於他人之印章、印文或署押有所認識，而決意盜用，方能構成本罪，否則，如欠缺此等主觀之不法要素，縱有盜用行爲，亦不負本罪之刑責。

五、法律效果

犯本罪者，處三年以下有期徒刑。

第二一九條所規定之沒收特例僅以僞造之印章、印文或署押爲限，本罪所盜用者則爲眞實印章、印文或署押，故自無第二一九條之適用[155]。

（續前）章情形，應構成懲治貪污條例（已廢）第三條第六款，及刑法第二百十七條第二項之罪，其中有方法結果關係，且所得財物在三百元以下，應依同條例第四條第二項前段，及刑法第五十五條，從一重處斷。

[154] 參照五八臺上二四八六。

[155] 參閱

①四八臺上一一三：盜用他人眞印章所蓋之印文，並非僞造印章之印文，不在刑法第二百十九條所定必須沒收之列，原判決竟依該條予以沒收，非無違誤。

此外，五一臺上二二二三、六三臺上一四六九亦均同旨。

②四八臺上一五三三：刑法第二百十九條所定不問屬於犯人與否沒收之者，以僞造之印章、印文或署押爲限，盜用者不在其列，原判決竟將盜用印章蓋在限欠字據之印文，依該條予以沒收，顯屬於法有違。

此外，五二臺上一一七四㈢亦同旨。

③五二臺上六五六：刑法第二百十九條沒收之印文，以僞造者爲限。印文旣係上訴人騙使告訴人所蓋用，即與僞造情形不同，原判決遽予沒收，顯有違誤。

④五二臺上一四九六：沒收之印文以僞造者爲限，刑法第二百十九條規定甚明。

拾、偽造公印公印文罪

行爲人僞造公印或公印文者，構成第二一八條第一項之僞造公印公印文罪。本罪爲一般犯與行爲犯。

一、行爲客體

本罪之行爲客體爲公印或公印文。所謂「公印」係指公務機關與公務員職務上所使用之印信而言 ⑮⑥，包括官署之印信及公務員之官章，其形式無論爲國璽、印、關防、職章、圖記等均不拘，衹要足以表明公務主體之同一性者，均可認爲公印 ⑮⑦，故如印章或戳記若與公務主體之同一性無關者，即非本罪之公印，如：兵役機關用之以蓋於國民身分證上之「身調」、「體檢」戳記 ⑮⑧、蓋有信封或公文封套上機關名義之長戳 ⑮⑨、

（續前）本件上訴人既係盜用稅戳，即與僞造印文不同，乃原判決遽依上開法條諭知沒收，顯有違誤。

⑮⑥參閱二二上一九〇四：刑法所謂公印，係指公署或公務員職務上所使用之印信而言，否則即爲普通印章。

⑮⑦參照韓著㈡，二四九頁。

⑮⑧此等戳記祇是蓋於役男身分證上用以表示業已辦理身家調查及體格檢查之證明，故非本罪之公印或公印文，而爲第二二〇條之以文書論之文書，實例則持反對說，認爲以蕃薯僞造兵役機關之「身調」「體檢」戳記，加蓋於國民身分證上之行爲，應構成僞造公印公印文罪（第二一八條第一項），參閱四三臺非二三九：被告以蕃薯僞造兵役機關「身調」「體檢」戳記，加蓋於其國民身分證上，以圖避免征集或召集，自係構成妨害兵役治罪條例(舊)第六條第一款及刑法第二百十八條第一項之罪，二者有方法結果之牽連關係，應從一重之該條第六條第一款處斷。原判決竟援該條例(舊)第五條第一款，刑法第二百十七條第一項從一重論科，顯非適法。

⑮⑨參閱三一院二三七六：來文所稱，蓋有信封或公文封套上機關名義之長戳，非刑法第二百十八條第一項之公印，如僞造該長戳而具備足生損害之條件，應論以同法第二百十七條第一項僞造印章之罪。

臺銀分行代理收稅印章⑯等。

可能成爲本罪行爲客體之公印並不以依印信條例所頒發者爲限，即如機關爲公務之需而自備足以表明公務主體同一性之印戳，亦可成爲本罪之行爲客體。又公印或公印文並不以現仍有效使用者爲限，方能成爲本罪之行爲客體，即使公印或公印文現已失效，但仍足以表明公務主體在該公印或公印文失效前之同一性者，亦在本罪條款保護之列⑯。

公印必須爲公務機關之印信，故如私人團體非公務機關之印章，自非公印⑯。又雖爲公務機關之印信，但爲機關內收發室之圖記，僅足爲該機關內一部分之識別，不足以表示公署或公務員之資格，故不得謂爲公印⑯。此外，刑法爲國內法，其所保護之公印自僅及本國公署或公務員之印信，外國公署或公務員之印信，自非公印，而不能成爲本罪之行爲客體⑯。

---

⑯參閱六〇臺上四九七七：刑法上所稱之公印，係指表示公署或公務員資格之印信而言，本件原判決認定上訴人係僞造臺灣銀行嘉義分行代理收稅印章蓋於報繳書上，以充完稅證明，該項印章既非表示公署或公務員資格之印信，第一審論處上訴人僞造公印罪刑之判決，難謂適法。

⑯參閱二八上二一五四：僞造失效之公印文，如其僞造行爲，係表示其在有效期內之公印文者，即仍屬公印文之僞造，而非普通印文之僞造，至此項公印文之效力如何，自不因朝代之變遷，而有差異，上訴人於照抄之祖遺分關內，僞造前清某縣印文，依其僞造之作用，旣具有當時公印文之效力，自無解於刑法第二百十八條第一項之罪責。

⑯參閱十九上三八一㈣：私人團體組織之農民協會，旣非公之機關，其刊用鈐記，亦不得爲公印。

⑯參閱參照三三上一四五八、五二臺上九一三、五五臺上二二二〇㈠、五五臺上三一四七㈡並參閱五六臺上二一二三：國防部印係表示公署資格之印信，係爲公印，至校對章、文號章以及通訊中心收文章，則屬機關內部關于收發文之圖記，不足以表示公署或公務員之資格，應認爲私章，上訴人基於概括之犯意，先後僞刻，應以連續犯論處較重之僞造公印罪刑。

⑯參閱六〇臺上一七四六：刑法爲國內法，其第二百十八條第一項之僞造公印，係指僞造表示本國公署或公務員資格之印信而言，僞造表示外國公署或外國

二、行爲

本罪之行爲爲僞造，即無權製作者，擅自製作公印或公印文。行爲人祇要製作完成，即自外形上已具公印或公印文之形式者，即足以構成本罪之僞造行爲。至於此等僞造之公印或公印文是否與眞實之公印或公印文相類似？則非所問。由於公印或公印文乃官署之徵信手段，若經僞造，則對公共信用之影響遠甚於私印或私印文，故本罪之僞造行爲一旦完成，罪即成立，而無待於足生損害於公衆或他人，方能成罪。因此，本罪爲行爲犯，而非如其他僞造文書印文罪爲結果犯。

僞造公印文並不以僞造公印而加蓋於物體上爲必要，即使直接將公印文描畫於物體上，亦可該當本罪之僞造公印文。

三、主觀之不法要素

行爲人主觀上必須對其所僞造者爲公印或公印文有所認識，而決意僞造者，始能構成本罪。

四、法律效果

犯本罪者，處五年以下有期徒刑。

第二一九條之沒收特例雖僅規定印章、印文或署押，而未明示公印及公印文，然印章或印文包括公、私印章或印文，故解釋上應可認爲本罪僞造之公印或公印文亦應依第二一九條之規定，不問屬於行爲人與否，均沒收之[165]。

（續前）公務員資格之印信，僅足構成同法第二百十七條僞造印章之罪，尙難以僞造公印罪相繩。

[165]參閱二六滬上五四：刑法第二百十九條所謂印章，包含公印在內，沒收僞造之公印，自應適用本條規定，並無援用同法第三十八條第一項第一款之餘地。

拾壹、盜用公印公印文罪

行爲人盜用公印或公印文，足以生損害於公衆或他人者，構成第二一八條第二項之盜用公印公印文罪。本罪爲一般犯與結果犯。

一、行爲客體

本罪之行爲客體與前罪者同（本節、拾之一），在此不再贅述。

二、行爲

本罪之行爲爲盜用，已詳述於前（本節、玖之二），在此不贅⑯⑥。

三、行爲結果

行爲人之盜用結果必須有足以生損害於公衆或他人之虞者，方能構成本罪，詳參閱僞造變造私文書罪（第二一〇條）所述者（本節、壹之三）。

四、主觀之不法要素

行爲人主觀上必須認識行爲客體係公印或公印文，而決意加以盜用，方能構成本罪，否則，如欠缺此等主觀之不法要素，縱有盜用行爲，亦不負本罪之刑責

五、法律效果

犯本罪者，處五年以下有期徒刑。

---

⑯⑥參閱

①四〇臺非二二：刑法第二百十八條第二項之盜用公印或公印文罪，必以盜取後，秉有使用之行爲，足以生損害於公衆或他人爲構成要件，被告携帶某處蓋有公印之空白公文紙，僅備作塡寫證明之用，與上述情形並不相合，自難遽令負刑事罪責。

②四四臺上八三九：（前略）原判決既認上訴人在高雄港務警察所任職期內盜用該所關防，加蓋於該所空白公文紙上備供使用，卽係盜而未用，乃未就其是否與盜用之要件相符，予以斟酌，又未於其如何足生損害於公衆或他人有所說明，遽依本條項處罰，非無違誤。

第九章　妨害風化之犯罪

第一節　概　　說

個人嚴重違背性道德規範之性慾行爲，不但有傷風化，破壞社會良俗，而且侵犯個人之性自由，故刑法乃特設專章加以處罰，此即本章所論述之妨害風化之犯罪，就犯罪行爲之本質以觀，此類犯罪均與性慾有關，故本章之罪亦可稱爲「性犯罪」(Sexualstraftaten)。

現行刑法所規定之妨害風化罪種類繁多，就其罪質而加區分，計可分爲姦淫罪、猥褻罪、媒誘姦淫或猥褻罪等三類:

一、姦淫罪

姦淫罪乃指行爲人出於姦淫故意，而姦淫婦女之性犯罪。由於行爲人爲達姦淫目的而使用手段之不同，姦淫罪又可分爲强姦、和姦、輪姦、乘機姦淫、利用權勢姦淫、詐姦等。此外，尙有乖亂人倫禮敎，並足以妨礙種族優生之血親相姦以及保護未滿十四歲女子之準强姦與保護未滿十六歲女子之姦淫十四歲以上未滿十六歲女子等。

二、猥褻罪

猥褻罪乃行爲人出於猥褻故意，而行猥褻之有傷風化的犯罪行爲。由於行爲人爲達猥褻目的而使用手段之不同，猥褻罪亦與姦淫罪同，可分爲强制猥褻、乘機猥褻與利用權勢猥褻等。此外，爲保護未滿十六歲之男女，尙有準强制猥褻與對十四歲以上未滿十六歲男女爲猥褻等。

三、媒誘姦淫或猥褻罪

媒誘姦淫或猥褻罪乃指媒介或誘發婦女與人姦淫或爲猥褻行爲，或散佈猥褻物品等媒介色情或誘發性慾之妨害風化罪。此類犯罪大多出於行爲人之營利意圖，雖爲一種圖利行爲，但其行爲後果却助長賣淫之風，誘發更多妨害風化之事件，造成色情之氾濫，嚴重破壞社會之善良風俗，故刑法乃將其犯罪化，而成爲一種妨害風化之犯罪。

妨害風化之犯罪所破壞之法益主要的乃是社會之倫理秩序與善良風俗以及個人在性行爲上之自決自由❶，故本章之刑法條款之保護客體除社會性道德與倫理以及社會之善良風俗與個人在性生活上之自我決定權外，尙有未成年人，特別是未滿十六歲之男女，在性之成長（Sexuaelle Entwicklung）上不受傷風敗俗行爲之不良影響。

第二節 姦淫罪

刑法規定處罰之姦淫罪計有：壹、强姦罪。貳、準强姦罪。叄、輪姦罪。肆、强姦而故殺被害人罪。伍、乘機姦淫罪。陸、姦淫十四歲以上未滿十六歲女子罪。柒、利用權勢姦淫罪。捌、詐術姦淫罪。玖、血親相姦罪等。今分別論述如下：

---

❶此卽德國刑法文獻上所稱之 Freiheit zu geschlechtlicher Selbstbestimmung 見 Lackner, StGB, 1977, Vor § 174, Anm. 2. 因此，德國新刑法改稱本章之罪爲「違反性的自決之犯罪行爲」（Straftaten gegen sexuelle Selbstbestimmung）。

壹、強姦罪

行爲人對於婦女以强暴、脅迫、藥劑、催眠術或他法，至使不能抗拒而姦淫，構成第二二一條第一項之强姦罪。本罪爲特別犯及實害犯。

一、行爲主體

本罪之行爲主體原則上以男性爲限，惟女性亦有可能教唆或幫助男性實施强姦，或以共同正犯之意思而與男性共同實施强姦，或利用無責任能力之男性，而强姦婦女，故女性亦有可能成立本罪之教唆犯或幫助犯❷，或與男性成立共同正犯❸，或利用他人而成立間接正犯。

二、行爲客體

本罪之行爲客體以婦女爲限，其年齡爲何？已婚抑或未婚？均非所問。又本罪條款所保護之法益乃是社會之善良風俗與婦女對於性交對象之選擇自由，故本條所保護之對象自不以良家婦女爲限，即使爲娼妓與蕩婦，亦有其性交之自由，故亦可能成爲本罪之行爲客體。

---

❷參閱三〇上一一：上訴人將某女誘閉家內，聽任其預留之男子强迫行姦，即係强姦之幫助行爲，與刑法第二百三十一條第一項所謂引誘與人通姦之要件，顯有未符，應祇成立刑法第二百二十一條第一項之罪，不得適用該條項及第二百三十一條第一項，依第五十五條從一重處斷。

❸參閱二九上二四二六：甲婦於某乙强姦丙女之時，當場按住丙女之口，使其不得喊救，雖其意只在幫助强姦，而其按住被姦人之口，即係實施構成强姦要件之强暴行爲，自應成立强姦罪之共同正犯，原審認爲幫助犯，適用法則殊屬錯誤。

三、行　爲

本罪之行爲爲强姦。所謂「强姦」係指以强暴、脅迫、藥劑、催眠術或其他方法爲手段，强制婦女，使其不能抗拒之情況下而違背其意思加以姦淫，故本罪之行爲實含施暴行强與姦淫兩個行爲。因此，若行爲人於求姦之際，尙無行强情形，僅因被姦者自己之疑慮，恐其將至行强，爲避免行强之發生，而認許行爲人姦淫者，則爲和姦而非强姦❹。

稱「强暴」係指以不法腕力，排除婦女之抵抗，使之就範。稱「脅迫」則謂以威脅之手段，使婦女心生恐懼，或心中有所顧忌，因而喪失或抑制其抵抗能力，此等手段並不以直接對被害婦女實施爲限❺。稱「藥劑」係指足以使人失却知覺或抵抗力之藥物。又稱「催眠術」則指使人進入人工睡眠狀態之方術。所謂「他法」係指强暴、脅迫、藥劑、催眠術以外之一切足使婦女不能抗拒之手段❻。又所謂「姦淫」係泛指

---

❹參閱二二上四七七：强姦罪之成立，於姦淫行爲外，尙須有行强之行爲，苟犯人於求姦之際，尙無行强情形，僅因被姦者自己之疑慮，恐其將至行强，爲避免行强之發生，而認許姦淫者，則仍爲和姦而非强姦。

❺關於强暴與脅迫已詳論於强制罪（第三〇二條第一項），詳參閱第四章、第二節、貳之二。

❻實例如下：

①五二臺上一〇二四：上訴人自稱爲齊天大聖乩童，爲被害人治病，爲其燒香祈求消災，佯言亡魂纒身，以符令一張燒灰令其吞服，一張安置於其枕頭下，並稱適遇亡魂，已代爲買回生命，惟須讓其姦淫，否則，祇能活至三十歲云云，被害人因聽其言而心生畏懼，致使不能抗拒而被姦淫，事畢，上訴人復囑不得聲張，否則，將被鬼擒去，其以他法致使被害人不能抗拒而姦淫，應依刑法第二百二十一條第一項論處。

②五六臺上二二一〇：告訴人乃一自幼生長農村，未受敎育，智識極端淺薄之村姑，與曾受敎育之成年人不可等論。上訴人先燒香禮拜，使其隨同禱唸「你知，我知，神知，若被第三人知，必受神的制裁」，繼藉口「解運」，用毛筆在其胸背書畫符咒，致使告訴人陷於恐佈，心懷畏懼，聽任褫褲姦淫，自係對於婦女以强暴脅迫藥劑催眠術以外之他法，致使不能抗拒，而爲姦淫，自應成立强姦罪。

違反性倫理規範之性交行爲，然本罪所稱之「姦淫」則專指男性對於女性之非婚姻關係上之性交行爲，若係男性對於男性之性行爲，或女性强迫男性所爲之性交行爲，則爲猥褻，而非姦淫。稱性交行爲爲姦淫乃用以顯示對於此種行爲之「非價判斷」(Unwerturteil)。

行爲人無論實施强暴或脅迫行爲，抑或使用藥劑、催眠術或其他非法方法，必須使被害婦女受到强制，致不能抗拒，而任其姦淫，方能構成本罪。所謂「不能抗拒」乃謂被害婦女對於行爲人之强制手段無抗拒之可能，此不限於體力不敵之情形，即使如受脅迫，心生畏懼，或心中有所顧忌，未能在自由意思下拒絕行爲人之行姦，而不得不容忍行爲人姦淫之情狀亦應包括在內。被害人是否已達不能抗拒之程度？自應就行爲當時之客觀情狀而爲判斷，如行爲人係夜間在郊野持尖刀脅迫被害人，並於被害人反抗時施以暴力，致被害人頭、胸、上肢、下肢等部各傷達二十一處之多，故在客觀上，即難謂非達於使人不能抗拒之程度❼。

行爲人之姦淫行爲必須與其所實施之强暴脅迫等强制行爲具有因果關聯。易言之，即行爲人之姦淫行爲必須爲其實施强暴脅迫等不法行爲强制被姦婦女之後，而始發生者，方能構成本罪，否則，雖可成立其他妨害風化或妨害婚姻或家庭之犯罪，但不構成本罪。又行爲人之强制行爲必須達到使被害婦女不能抗拒之程度之後，而可違反被害婦女之意思開始姦淫行爲，方能構成本罪，否則，如行爲人着手强暴脅迫行爲之際，客觀上尙未達到使被害婦女不能抗拒之階段時，該被害婦女竟以身相許而和姦，雖姦淫行爲完成而爲既遂，但强制行爲並未達構成要件上所定之既遂階段，故有時祇能構成本罪之未遂犯❽。此外，被害婦女雖先出於自願而與行爲人姦淫，但在行姦中突改其意而不願續行姦淫，此

❼參照五六臺上一九〇四。

❽參照 Blei, BT. 1976, S. 126; Lackner, StGB, 1977, § 177, Anm. 3.

時，若行爲人竟實施强暴脅迫等不法行爲，强制被害婦女至不能抗拒之程度而續行姦淫，則因姦淫行爲與其强制行爲具有因果關聯，故應構成本罪❾。惟如行爲人於姦淫後，另有其他原因而實施强暴脅迫者，自不構成本罪❿。

行爲人祇要首先實施强暴脅迫，使被害婦女不能抗拒，而後施行姦淫行爲，即可構成本罪。至於行姦之際，行爲人有無實施强暴脅迫或被害婦女有無抵抗？均與本罪之成立無關，即使行姦之際，行爲人已不再施暴或被害婦女亦不再抵抗，仍可構成本罪⓫。

强姦行爲必須違反被姦婦女之意思而實施者，方能成罪，故姦淫行爲如係婦女所同意者，則爲和姦而非强姦。又判斷姦淫行爲是否違反婦女意思與被姦婦女曾否一度或數度與行爲人和姦之事實無關。易言之，即使行爲人曾與被害婦女一度或數度和姦，其後，竟違反該婦女之意思而强行姦淫，仍應成立本罪。或如行爲人縱與被害人素有曖昧，但既未經被害人同意，而以强暴脅迫方法施行姦淫，仍無解於强姦罪之成立⓬。至於夫在婚姻關係存續中，違反妻之意思而强制行性交之行爲，可否構成本罪？有肯定說與否定說，前說認爲夫之行爲既該當本罪之構成要件，故可構成本罪；後說則認爲就民法而言，夫婦互負同居之義務（民法第一〇〇一條），在原則上妻不但無法拒絕夫性交之自由，且有容許夫性交

❾此爲西德聯邦最高法院之判例，見 BGH GA 1970 57 並參照 Schönke-Schröder, StGB, 1978, § 177, Rdn. 11.

❿參閱四八臺上二一：刑法上之强姦罪，在主觀方面須有强姦之故意，客觀方面須有强暴脅迫之行爲，而强暴脅迫之實施，須在着手强姦中始得構成，若於姦淫後另有其他原因實施强暴脅迫者，仍不能成立强姦罪。

⓫參閱五八臺上四九二：刑法第二百二十一條第一項强姦罪，其强暴脅迫手段，非必須於正在姦淫時所實施者爲限。如在行姦前，有以强暴脅迫至使不能抗拒之情形，而任其姦淫者，仍與該罪名構成要件相當。

⓬參照四五臺上一六一八。

之義務，故夫違反妻之意思而強行性交之行爲，自非與無婚姻關係之男性對於女性之強姦行爲等價。因此，不構成本罪，此爲通說之見解⓭。

實例上認爲本罪之行爲可能與傳染花柳病痲瘋病罪（第二八五條）發生想像競合之關係，如行爲人久患淋病未癒，並強姦幼女，致將病傳染與被害人，除構成本罪之外，尙另成立傳染花柳病痲瘋病罪（第二八五條），此應依第五十五條前段之規定，從一重處斷⓮。此等見解實有可議之處，因第二八五條處罰隱瞞自己之花柳病而與他人姦淫，應指與人和姦而言；若強姦婦女；則無所謂隱瞞之問題，故與第二八五條之構成要件不符；況且行爲人之目的係在於強姦，傳染花柳病爲強姦之當然結果，故僅成立強姦罪即爲已足，而無另行成立傳染花柳病罪之餘地。

強姦行爲中之強暴脅迫行爲，往往亦生輕傷之結果，除行爲人另有傷害故意，而另構成輕傷罪（第二七七條第一項），應依數罪併罰之例處斷外，係強暴行爲之當然結果，而不另成立輕傷罪（第二七七條第一項）⓯。同理。行爲人之強姦行爲往往也生損壞衣物之結果，此亦爲強姦行爲之當然結果，故除成立強姦罪之外，不另負毀損之刑責⓰。此外，強姦行爲具有強制罪（第三〇四條第一項）之本質，強姦罪一經成立，則妨害自由之強制行爲，即已包含在強姦罪之中，自不另論以強制罪（第三〇四條第一項）⓱。

強姦行爲如以剝奪他人行動自由而着手實行，則此妨害自由之行爲，自應包括在強姦行爲之內，除成立強姦罪外，不另構成私行拘禁罪（第三〇二條第一項）。至如行爲人出於強姦故意，以剝奪他人行動自由爲手段，而達強姦之目的，則應構成妨害自由罪與強姦罪之牽連犯。惟行爲人如初以妨害自由之故意而剝奪他人之自由，而後始起意強姦，則

⓭參照韓著(二)，二五七頁。趙著(下)，三九三頁。蔡著(二)，三五一頁。
⓮參閱四五臺上一五三一：上訴人久患淋病未癒，是其明知自己有花柳病隱瞞而強姦九歲之幼女致傳染與人，除觸犯強姦罪外，並犯刑法第二百八十五條之罪，以其係一行爲而觸犯數罪名，且其多次犯行係基於概括之犯意，應從一重論以連續強姦一罪。
⓯參照二四、一一、一九議，並參閱五一臺上五八八：判決事實既認定告訴人頸項成傷，係因上訴人扼勒所致，內褲撕破係被扯脫所致，自屬強暴行爲當然發生之結果，殊難推定上訴人另有傷害毀損之故意，事實上上訴人意在姦淫尋歡，何致尙有傷害毀損心情，既非出於故意，毀損罪且不罰及過失犯，則除強姦一罪外，自未便論以傷害毀損罪名。
⓰參照五一臺上五八八（見前註）。
⓱參閱四六臺上一二八五（見145頁註㉝之②）。

應成立私行拘禁罪與强姦罪之實質競合⑱。

四、主觀之不法要素

行爲人除客觀上有强姦行爲外，主觀上尙須具備强姦故意，方能構成本罪⑲。行爲人必須對於被害婦女對其强制姦淫行爲必將拚命抗拒有所認識，而竟實施强暴脅迫等强制行爲，排除被害人之抗拒而强加姦淫，此卽具强姦故意，故如行爲人誤以爲被害婦女對其行爲並未認眞地加以抗拒，祇是虛張聲勢，矯揉造作而已，此卽爲「構成要件錯誤」(Tatbestandsirrtum)，而可排除故意⑳。又如行爲人認爲被害婦女對其初步行爲並無顯著之抗拒，但當其實施進一步之行爲時，發覺被害婦女係認眞地全力抗拒，此時行爲人當卽止手，任由被害婦女離去，則此行爲人卽可推定不具强姦故意，而不構成本罪㉑。行爲人祇是爲使被害婦女處於受制而羞憤不堪之境，得以從中取樂，竟使用强暴脅迫等手段，但並未進而實施姦淫行爲，此亦欠缺强姦故意，而不成立本罪㉒。此外，本罪之故意並不以確定故意爲限，未必故意亦包括在內。行爲人若可推知被害婦女對其行爲必將盡其所能加以抗拒，但却甘冒實現本罪構成要件之危險而爲之者，此卽足以構成强姦之未必故意。

本罪與强制猥褻罪（第二二四條第一項）之區別乃在於兩罪之主觀不法要素之不同：前者係出於强姦故意，後者則出於强制猥褻之故意。因此，行爲人若係出於强姦故意而着手强姦行爲，雖然未達强姦目的，而在客觀上祇是强制猥褻之行爲，亦應論以本罪未遂犯，而不能遽論以

⑱參閱六八臺上一九八：强姦婦女而剝奪該婦女之行動自由時，是否於强姦罪外，另成立妨害自由罪，須就犯罪行爲實施經過之全部情形加以觀察，除該妨害自由之行爲已可認爲強姦行爲之着手開始，應成立單一之强姦罪外，應認係妨害自由罪及强姦罪之牽連犯。本件原判決，旣認定上訴人係以機車將被害人載至大社鄉後，不允其下車，而加速馳往現場，然後下手行姦，則其强載被害人顯尙未達於着手强之程度，自難以單一之强姦罪論處。

⑲參閱五九臺上四一二一：强姦罪之成立，係以施用强脅、藥劑、催眠術或他法，使婦女不能抗拒而姦淫之意思，客觀上有强姦之行爲卽爲已足，至實施强姦行爲之場所是否適當，能否被人發覺，均與犯罪之構成要件無關。

⑳參照 Lackner, StGB, 1977, § 177, Anm. 6.

㉑參照 Schönke-Schröder, StGB, 1978, § 177, Rdn. 10.

㉒如以强暴脅迫等手段，强迫被害婦女脫衣，以觀賞其裸露之胴體取樂。

强制猥褻罪（第二二四條第一項）㉓。

五、未遂犯

本罪之未遂行爲，第二二一條第三項設有處罰規定，故凡行爲人本於强姦故意而着手强制行爲時，即可依據本罪之未遂犯處斷，而不必以行爲人業已着手姦淫行爲，方可構成本罪之未遂犯，例如行爲人圖姦婦女，而掩住其口，挾持其脅肋，使其不得聲張掙脫，縱尙未開始姦淫，但其强姦行爲自屬已經着手，故仍應成立本罪之未遂犯㉔。又判斷行爲人是否已有着手以上之行爲，則應有客觀之事實，如行爲人雖有行强之意，但尙未着手强暴脅迫行爲之前，因意外障礙而未及實施者，即不能論以本罪之未遂犯㉕。

區別本罪之既遂與未遂乃以姦淫行爲是否完成爲斷，行爲人之姦淫行爲業已完成者爲既遂，尙未完成者，則爲未遂，惟姦淫行爲至何程度

㉓參閱

①四五臺上五六三：刑法第二百二十四條所謂猥褻行爲，係指强姦以外有關風化之一切色慾行爲而言，若行爲人意在姦淫而施用强暴脅迫之手段者，卽使姦淫尙未開始，仍不得謂非着手强姦，不能論以刑法第二百二十四條第一項之罪。此外，五二臺上一六二〇、五六臺上三一一〇亦均同旨。

②六三臺上二二三五：刑法上之猥褻罪，係指姦淫以外，足以興奮或滿足性慾之一切色情行爲而言，若行爲人意在姦淫，而已着手實行且已達於用强程度，縱令未達目的，仍應論以强姦未遂，不得論以猥褻。

㉔參照二九上二一〇三及四九臺上七五四，並參閱

①五七臺上一五九九：被害人所稱被告要求非禮，經其拒絕，而仍不放手，遂行叫喊，乃扭住其肩部，扼其咽喉，使其不得叫喊掙扎，如果非虛，卽難解於已着手强姦之行爲。

②六〇臺上三三三五：告訴人指稱被告在告訴人熟睡中壓在其身上感痛驚醒，拚命抗拒，被告將伊兩手捉住，用左手壓住伊嘴，再以右手拉脫其內褲等情，如果非虛，卽已着手强姦行爲，而進入强姦未遂階段，核與乘機姦淫未遂之情形不同。

㉕參照二八上一四六七：犯强姦罪之强暴脅迫等方法，必以見諸客觀事實者爲限，若犯人主觀上雖有行强之意，但在未着手强暴脅迫等方法以前，因意外障礙而未及實施者，卽不能以强姦未遂罪論擬。此外，四五臺上四七六、四六臺上七七亦均同旨。

始爲完成？則論說不一，計有：

（一）接觸說

接觸說認爲男女兩性器官若已接觸，姦淫行爲即屬完成。我國司法院與最高法院早期之解釋及判例，即採本說之見解㉖。

（二）接合說

接合說認爲男女兩性器官之接合，即爲姦淫行爲之完成。易言之，即男性陰莖必須業已挿入，姦淫行爲始屬完成。至於係一部或全部挿入，則非所問。

（三）性慾滿足說

性慾滿足說則認爲男性射精而滿足其性慾時，方爲姦淫行爲之完成。在此階段之前，姦淫行爲則屬尚未完成。

綜觀上述三說，則第一說失之過嚴，反之，第三說則失之過寬，而以第二說之見解較爲持中，是爲通說且爲近年之判例所採㉗，故如僅有性器官相接觸之情形，而無挿入之行爲，則姦淫行爲並不能認爲完成，祇成立本罪之未遂犯。

㉖參閱二二上二九八六：姦淫罪之成立，以男女生殖器官接觸爲既遂，至陰莖已否伸入膣內，及處女膜已否破裂，皆非所問。

㉗參閱

①二三院一〇四二：强姦罪之既遂、未遂，應以生殖器官已否接合爲準，不以滿足性慾爲既遂條件。

②五八臺上五一：强姦罪既遂與未遂之區分，採接合說，祇須陰莖之一部挿入女陰即屬既遂，不以全部挿入爲必要，而女方之處女膜有無因姦破裂，尤非所問。

③五九臺上一三一二：（前略）上訴人將其生殖器挿入被害人陰戶內，既爲事實，則兩性生殖器官已經接合，自屬姦淫既遂。

④六二臺上二〇九〇：所謂兩性生殖器接合構成姦淫既遂一節，係以兩性生殖器官已否接合爲準，不以滿足性慾爲必要，申言之，即男性陰莖一部已挿入女陰，縱未全部挿入或未射精，亦應成立姦淫既遂，否則雙方生殖器官僅接觸而未挿入，即未達於接合程度，應爲未遂犯。

此外，西德之通說及判例亦均採接合說，參照 Bockelmann, BT/2, 1977, S. 177; Schönke-Schröder, StGB, 1978, § 177, Rdn. 11.

六、結果加重犯

本罪之結果加重犯除與通常之罪相同之一般結果加重犯外，尙有因姦淫罪之特質所設之特別結果加重犯。一般結果加重犯係指第二二六條第一項所規定之犯强姦罪因而致被害人於死或致重傷之情形，特別結果加重犯則指第二二六條第二項所規定之犯强姦罪因而致被害人羞忿自殺或意圖自殺而致重傷之情形。今分述於後：

(一) 一般結果加重犯

犯强姦罪因而發生致被害人於死或致重傷之加重結果者，第二二六條第一項設有處罰規定。此等結果加重犯之成立祇限於被害人之死亡或受重傷爲限，故若致被害人以外者之死亡或重傷，或致被害人輕傷，自不成立本項之結果加重犯。又行爲之加重結果必須與强暴脅迫等强制行爲或與姦淫行爲具有因果關聯，而且爲行爲人所能預見者，方能構成本項之結果加重犯。若行爲人有致被害人於死之直接或間接之故意者，則非本項之結果加重而應構成强姦而故殺被害人罪（第二二三條）㉘。至於加重結果係因强暴脅迫等强制行爲所造成者，抑或係因姦淫行爲所造成者？均不影響結果加重犯之成立。此外，强姦行爲究已既遂？抑或仍爲未遂？亦與結果加重犯之成立無關，也卽行爲人祇要有着手以上之行爲，並因其行爲而生加重結果，卽可構成本項之結果加重犯㉙。

㉘參閱

①二二上一二八七：刑法（舊）第二百四十條第四項所謂犯强姦罪因而致被害人於死，係指被害人之死亡由於强姦行爲所致，而犯人對於此項死亡之發生，並無直接或間接之故意者而言，若犯人有致死被害人之決心，或預見被害人必致死亡，而其死亡結果之發生與其本意並不違背者，卽應以同條第六項（§223）犯强姦罪而故意殺被害人論罪。

②五七臺上三〇六六：强姦而故意殺害被害人罪與强姦因而致被害人於死罪，二者之區別，在於行爲人於强姦行爲之外，有無殺人之直接或間接故意。

㉙參閱三二上一二〇六：上訴人之强姦雖尙未遂，亦未將被害人推墮水中，但

(二) 特別結果加重犯

强姦行爲往往引致被害婦女羞忿不堪而自殺之結果，此等結果並非强姦行爲之必然結果，故不能適用刑法因果關係之法理，而處以前項之一般結果加重犯。因此，刑法乃設第二二六條第二項之特別結果加重犯，用以處罰犯强姦罪因而致被害人羞忿自殺或意圖自殺而致重傷之特別加重結果。

被害婦女必須自殺而身死或意圖自殺而致重傷，方能成立本項之結果加重犯，故被害人若自殺而無死亡或重傷之結果，或自殺僅生輕傷之結果，自不能適用本項處斷。又被害婦女之自殺行爲必須由於羞忿所引起，而羞忿之心又是由於行爲人之强姦行爲所引造成者，方能構成本罪，否則，被害婦女並非出於羞忿而係別有原因而自殺身死或自殺致重傷，則行爲人即不負本項結果加重犯之刑責㉚。此外，羞忿自殺者必須爲被害婦女，方能構成本罪，故若被害婦女以外之第三人，縱因行爲人之强姦行爲而羞忿自殺致死或自殺致重傷，自不能適用本項之規定加以處斷。又行爲人之强姦行爲究已既遂？抑或仍爲未遂？均不影響本項結果加重犯之成立。換言之，即行爲人祇要有着手以上之行爲，且因此行爲而生本項之加重結果者，即可構成本項之結果加重犯㉛。

(續前) 該被害人既係因拒姦跌入塘內溺斃，其死亡之發生，與上訴人之强姦行爲，顯有相當因果關係，上訴人自難辭强姦因而致被害人於死之罪責。

㉚參閱三〇上一六一四：刑法第二百二十六條第二項關於强姦因而致被害人羞忿自殺之規定，必須有强姦已遂或未遂之事實，及被害人因此事實而羞忿自殺者，始有其適用，如並無此項事實，或雖有此事實，但其自殺並非由於羞忿，而係另有原因者，均不能依該條論罪。

㉛參閱二一非九：刑法（舊）第二百四十條第五項之罪，祇須對於婦女已着手於强姦行爲，以致激成羞憤自殺之結果，即屬完成，至其姦淫是否達於既遂，與本罪之構成要素無關。

七、法律效果

犯本罪者，處五年以上有期徒刑。犯本罪因而致被害人於死者，處無期徒刑，或七年以上有期徒刑（第二二六條第一項）。犯本罪因而致被害人羞忿自殺，或意圖自殺而致重傷者，處七年以上有期徒刑（第二二六條第二項）。

本罪須告訴乃論（第二三六條）[32]，非待有告訴權人[33]提出告訴，不得開始刑事追訴程序。此乃爲顧全被害人之名譽，法律特設此等追訴條件之規定，以尊重被害人之意思，避免因無此限制，由於刑事追訴勢必將不足爲外人道之隱私，强行宣洩於外，致被害人遭受雙重之損害。惟本罪之結果加重犯，雖有致被害人於死或重傷之加重結果，但依第二三六條之規定，仍須告訴乃論，如此，若無告訴權人之告訴，則雖事關人命，亦不得加以刑事追訴，此不特有違生命之絕對保護原則 (Grundsatz des absoluten Lebensschutzes)（見第二章、第一節之一），且足以滋擾社會，並影響司法威信，故爲謀救濟此等弊端，乃將致被害人於死或重傷之加重結果自强姦罪中分離而出，而專就此等加重結果從事刑事追訴。惟就法理而言，結果加重犯與强姦罪具有不可分之密切關係，今爲謀救濟弊端，竟將此不可分之關係，强分爲二，而得單獨就加重結果部分從事追訴，此顯與結果加重犯之本質不符。因之，此種救濟之道，實非良善之法，根本之道，實宜自刑事立法着手，縮小告訴乃論罪之範圍，修改第二三六條之規定，將具有致被害人於死之結果加重犯排除於告訴乃論之範圍外。

---

[32] 參閱二〇上一八六一：强姦罪須告訴乃論，被害人對逼姦情形，雖已歷歷指陳，但尚無請求處罰之表示，又未據其法定代理人等獨立告訴，則被害人是否願意告訴，與被告所犯强姦部分應否受理，關係甚鉅。

[33] 關於告訴權人或告訴期間之限制，見刑事訴訟法第二三二、二三三、二三七條。

貳、準強姦罪

行爲人姦淫未滿十四歲之女子者，構成第二二一條第二項之準强姦罪。本罪爲一般犯與實害犯。

一、行爲主體

本罪之行爲主體與强姦罪（第二二一條第一項）者同，在此不贅（參閱本節、壹之一）。又依司法院解釋，軍人和姦未滿十四歲之幼女，祇能成立本罪，而不適用陸海空軍刑法之强姦罪（軍刑法第八十七條第一項）論處㉞。

二、行爲客體

本罪以行爲客體爲未滿十四歲之女子，惟就本罪之立法意旨以觀，本罪之行爲客體應以未滿十四歲之未婚女子爲限，因爲未滿十四歲之已婚女子已有性行爲之經驗，而具有性交之同意能力，故不再是本罪之行爲客體，而應是通姦罪（第二三九條）之行爲客體，司法院之解釋㉟與最高法院之判例㊱，均持此見解。

㉞見三七院解三七九五。

㉟參閱

①二四院一二八二：刑法（舊）第二百四十條第二項，係姦淫未滿十六歲之女子，若爲已婚之婦，則不成立該條之罪。

②二九院二〇三二：刑法第二百二十一條第二項及第二百二十七條第一項所稱之女子係專指未結婚者而言，（參照院字第一二四六號及第一二八二號之解釋）乙、丁二女與甲、丙結婚，雖均違反適婚最低年齡之規定，致被判令撤銷，但仍不失爲已婚之婦，從而該二女於婚姻撤銷後，乙尙未滿十四歲，丁亦未滿十六歲，戊已各別與之相姦，自亦不能依刑法第二百二十一條第二項及二百二十七條第一項分別論科。

㊱參閱

①二一上一三六六：刑法（舊）第二百四十條第二項所稱以强姦論，係指姦淫未

此外，祇要是未滿十四歲之未婚女子，即可成爲本罪之行爲客體，至於是否爲良家婦女，則在所不問㊲。

三、行爲

本罪之行爲爲姦淫，即指强姦行爲以外之一切姦淫行爲，包括和姦、乘機姦淫、利用權勢姦淫。鑒於未滿十四歲之女子身心發育尚未臻成熟，欠缺是非判斷與性行爲之同意能力，故特設本罪，以資保護，將行爲人以非强制手段而加姦淫之行爲論以强姦行爲。又本罪之行爲僅限於强姦以外之姦淫行爲，若行爲人竟以强暴、脅迫、藥劑、催眠術或他法，至使未滿十四歲之女子不能抗拒而加姦淫者，則仍應適用强姦罪（第二二一條第一項）加以處斷，而無適用本罪科處之餘地㊳。至於所實施之

（續前）滿十六歲之女子而言，其姦淫未滿十六歲有夫之婦，則應成立刑法（舊）第二百五十六條之罪。

②二八上一二二八：刑法第二百二十一條第二項之姦淫罪，以對於未滿十四歲之女子爲限，若已經正式結婚之婦女，則其年齡縱尚未滿十四歲，亦不得適用同條項論科。

③二九上一三三二：姦淫未滿十四歲而已結婚之婦女，固不適用刑法第二百二十一條第二項之規定，若童養媳既難視爲已婚，仍應受該條項之保護。

㊲參閱四一臺上一四七：刑法第二百二十一條第二項爲一切姦淫罪之特別規定，祇須被姦淫者爲未滿十四歲之女子，即應以强姦論，依同條第一項處斷，不問其是否良家女子。

㊳參閱

①十八上一三三〇：刑法（舊）第二百四十條第二項姦淫未滿十六歲女子以强姦論之規定，係指犯人所用手段本非强姦者而言，被害人年齡雖未滿十六歲，但既以强暴脅迫而姦淫之者，即屬强姦行爲，自應適用該條第一項處斷，原審援用該條第二項論處，適用法律顯屬不當。

②二〇上八六二：刑法（舊）第二百四十條第二項，係就姦淫未滿十六歲之女子，雖未具備同條第一項所列舉之情形，仍以强姦論罪之規定，若既已實施强暴而爲姦淫，即已合於第一項所列舉之要件，則構成該項之罪，自無疑義，無論被害人是否已滿十六歲，均無再引同條第二項之餘地。

强暴脅迫必以見諸客觀事實者爲限，如行爲人係利用未滿十四歲之幼女懞懂不解人事可以聽任擺佈之機會，予以姦淫，實際上並未實施强暴脅迫等行爲，則仍應論以本罪㊴。此外，又如行爲人將未滿十四歲之被害女子强拉入房內，並加以鎖閉，聽任不知姓名之軍人入內强行姦淫，自屬强姦罪（第二二一條第一項）之從犯，而無本罪之適用，行爲人縱有營利之意圖，自不另成立引誘婦女與人姦淫罪（第二三一條第一項）或引誘未滿十六歲男女與人姦淫猥褻罪（第二三三條）㊵。

本罪祇以被害人之年齡爲其特殊要件，若被姦女子雖尚未滿十四歲，縱使姦淫行爲係行爲人利用權勢對於服從自己監督之人而爲之者，雖又該當利用權勢姦淫罪（第二二八條）之構成要件，但應認爲被吸收於本罪之中，不發生與利用權勢姦淫罪（第二二八條）從一重處斷之問題㊶。同理，被姦女子雖尚未滿十四歲，縱使姦淫行爲係行爲人乘被姦女子心神喪失或其他相類之情形，不能抗拒而姦淫之者，雖又該當乘機姦淫罪（第二二五條第一項）之構成要件，但應認爲被吸收於本罪之中，不發

（續前）

③三八穗上八：刑法第二百二十一條第二項姦淫未滿十四歲之女子以强姦論之規定，係指犯人所用之手段本非强暴脅迫者而言。如被害年齡雖未滿十四歲，而犯人既已施用强暴脅迫之手段姦淫者，卽屬强姦行爲，自應依該條第一項處斷，無適用同條第二項之餘地。

④四五臺上四三三：刑法第二百二十一條第一項之罪並無年齡限制，同條第二項乃指其姦淫未以强暴行爲爲方法者而言，否則縱使被姦淫者爲十四歲未滿之女子祇應適用第一項，無適用第二項之餘地。

⑤五〇臺上一〇九二：刑法第二百二十一條第二項所以規定未滿十四歲之女子以强姦論者，係以年齡過幼，發育未臻完全，法律予以特殊保護，遂以强姦論，倘實施姦淫時，其手段係用强暴脅迫至使不能抗拒，縱被害人年齡未滿十四歲，因其行爲屬於强姦，應依該條第一項處斷，不能適用同條第二項論科。

㊴參照四九臺上一五九七。

㊵參照五〇臺上二〇四〇。

㊶參照二八上六五八（見後註㊻）、五六臺上四一。

生與乘機姦淫罪（第二二五條第一項），從一重處斷之問題，如乘未滿十四歲女子熟睡之際而加姦淫，祇構成本罪，而無適用乘機姦淫罪（第二二五條第一項）之餘地㊷。

本罪之行爲往往係行爲人以概括之犯意而反覆爲之者，故應依連續犯（第五十六條）之規定，加以處斷。行爲人第一次姦淫某女時，某女尙未滿十四歲，固應成立本罪，嗣後續姦多次，某女已年滿十四歲但未滿十六歲，此時之姦淫行爲固然該當姦淫十四歲以上未滿十六歲女子罪（第二二七條第一項），早期之見解認爲此罪與準強姦罪（第二二一條第一項）罪質相同，且行爲人係以概括之犯意反覆爲之，應論以準強姦罪（第二二一條第一項）之連續犯㊸。惟自司法院大法官會議六十七年釋字第一五二號解釋變更院字第二一八五號解釋之後，刑法第五十六條所謂「同一之罪名」，係指基於概括之犯意，連續數行爲，觸犯構成要件相同之罪名者而言，故上述情形即不能再論以準強姦罪（第二二一條第一項）之連續犯，而應論以姦淫十四歲以上未滿十六歲女子罪（第二二七條第一項）之連續犯，並與準強姦罪（第二二一條第二項）併合處罰。

四、主觀之不法要素

行爲人主觀上必須對被害人爲未滿十四歲之事實有所認識，而決意加以姦淫，始能構成本罪。又故意不以確定故意爲限，未必故意即爲已

㊷參閱三〇上一四三：乘婦女睡眠之際而施姦淫，與以強暴脅迫或他法至使不能抗拒而姦淫之情形不同，固非刑法第二百二十一條第一項之罪，唯同條第二項爲一切姦淫罪之特別規定，故被姦淫者如爲未滿十四歲之女子，則應以强姦論，自仍應依第二百二十一條第二項處斷，無適用同法第二百二十五條第一項論罪之餘地。

㊸參照五九臺上一四五一，並參閱四一臺上三八：上訴人先後姦淫被害人係基於概括之犯意，則上訴人於被害人十四歲以上未滿十六歲時實施姦淫之罪行，已爲其於被害人未滿十四歲時實施姦淫之罪行所吸收，自應論以連續姦淫未滿十四歲之女子之罪。

足，故如行爲人不知被害人究竟幾歲？但竟甘冒可能實現該當本罪構成要件行爲之危險，而姦淫被害人，此即具本罪之未必故意㊹。

本罪與準强制猥褻罪（第二二四條第二項）之區別乃在於兩罪之主觀不法要素之不同：前者係出於姦淫故意，而後者則爲猥褻故意，故行爲人若係出於姦淫故意而姦淫未滿十四歲之女子，雖然未達姦淫目的，但亦應論以本罪之未遂犯，而不能成立準强制猥褻罪（第二二四條第二項）。

五、未遂犯

本罪之未遂行爲，第二二一條第三項設有處罰規定，行爲人以姦淫之意思而有着手階段以上之姦淫行爲時，即可成立本罪之未遂犯。至於姦淫行爲至何階段始爲完成？通說及判例均採接合說（參閱本節、壹之五），故如僅有性器官之接觸而無插入之行爲，則爲本罪之未遂㊺。

六、結果加重犯

本罪之結果加重犯與强姦罪（第二二一條第一項）者同，已詳述於前（本節、壹之六），在此不贅。

七、法律效果

本罪之法律效果與强姦罪（第二二一條第一項）同（見本節、壹之七）。

本罪僅規定以强姦論，並未明定刑罰，其法定刑自係以强姦罪者爲標準，故本罪之判決應同時引用第二二一條第二項與第一項，否則，如僅引用第二項，而未引用第一項，則使科刑失其依據㊻。此外，本罪

㊹參照 Schönke-Schröder, StGB, 1978, § 176, Rdn. 18.

㊺參閱五一臺上八七八：上訴人既僅以生殖器在未滿十四歲幼女之陰門外部磨擦，以生快感，而使精液外流，自應成立强姦未遂罪。

㊻參閱四六臺上三二七：刑法第二百二十一條第二項規定以强姦論，並未明定刑罰，則其法定刑之範圍，自係以第一項爲標準，第一審判決僅適用第二項，而置第一項於不引用，致科刑失其根據，原判決未予糾正，不無疏漏。

係以被害人之年齡爲構成犯罪之要件，故刑法實務上應斟酌被害人身體發育情狀，以爲量刑之標準㊼。

叁、輪姦罪

二人以上犯强姦罪或準强姦罪，而共同輪姦者，構成第二二二條之輪姦罪。本罪爲一般犯與實害犯。

一、行爲主體

本罪之行爲主體以男性爲限，並且必須二人以上共同實施，方能構成本罪。惟女性亦可能成爲本罪之共同正犯、間接正犯、教唆犯或從犯。

二、行爲客體

本罪之行爲客體以婦女爲限，已詳述於前（見本節、壹之二），在此不贅。

三、行爲

本罪之行爲爲共同輪姦。所謂「共同輪姦」係指二人以上共同實施强姦行爲或準强姦行爲而言。因本罪無未遂之規定，故各行爲主體之行爲必須均爲既遂，方能成立本罪，若各行爲主體之行爲均爲未遂，自不構成本罪，而應依强姦罪或準强姦罪之未遂犯處斷（第二二一條第三項）㊽。又若各行爲主體中有行爲既遂，也有行爲未遂者，則因行爲主體人數之不同而異其處斷結果:

（一）行爲主體爲二人

㊼參照五八臺上五三八。

㊽參閲六五臺上二〇六四：按刑法第二百二十二條之輪姦罪，必須參與行爲人均達姦淫之目的始能成立，其中如有人姦淫未遂，除姦淫既遂者有二人以上均構成輪姦罪外，其姦淫未遂之人，仍應論以同法第二百二十一條第三項之强姦未遂罪，觀於同法第二百二十二條無處罰未遂犯之規定，此爲當然之解釋。

行爲主體僅爲二人，行爲未遂之行爲人固不能構成本罪，而應依强姦罪或準强姦罪之未遂犯（第二二一條第三項）處斷，至於行爲既遂之行爲人，亦無法單獨構成本罪，而應依强姦罪（第二二一條第一項）或準强姦罪（第二二一條第二項）處斷。

（二）行爲主體爲三人以上

行爲主體爲三人以上，其中有二人以上之行爲既遂者，自可構成本罪，其餘行爲未遂之行爲人，則依强姦罪或準强姦罪之未遂犯（第二二一條第三項）處斷。

共同輪姦之行爲往往併生輕傷或毀損衣物之結果，除行爲人另有輕傷或毀損之故意，而另構成輕傷罪（第二七七條第一項）或一般毀損罪（第三五四條），並依數罪併罰之例處斷外，係强暴脅迫行爲之當然結果，不應另行論罪㊾。

四、主觀之不法要素

行爲人主觀上除具備强姦故意或姦淫故意外，各共同正犯間尙須有犯意之連絡，方能構成本罪。此外，若係共同姦淫未滿十四歲之女子，則行爲人主觀上尙須對於被害人係未滿十四歲之事實有所認識（參閱本節、貳之四）。

五、法律效果

犯本罪者，處無期徒刑或七年以上有期徒刑。本罪須告訴乃論（第二三六條）（參閱本節、壹之七）。

六、檢討與改進

本罪爲强姦罪或準强姦罪之加重犯，二人以上之行爲主體同具强姦或準强姦之意思共同輪姦被害婦女，其不法內涵與罪責程度顯較其個別

㊾參閱三〇上二三九六：上訴人等對於某婦强暴脅迫，共同輪姦，致該婦受有微傷，既非故意加以傷害，自係强暴脅迫當然之結果，不應另行論罪。

實施强姦行爲或準强姦行爲爲重，今因輪姦罪無未遂犯之規定，致其行爲主體中有行爲未遂者，即未能律以本罪，而祇能科以不法內涵較低之强姦罪或準强姦罪之未遂犯，爲謀救濟此等弊端，自宜增設本罪未遂犯之規定。

本罪之行爲亦有可能發生致被害人於死或致重傷之普通加重結果，或致被害人羞忿自殺身死或意圖自殺致重傷之特別加重結果，對於此兩種加重結果，刑法並未訂有處罰之專條，故無處斷之依據。判例之見解認爲共同輪姦致人於死爲本罪與第二二六條第一項之法規競合，因本罪與第二二六條第一項之法定刑相同，自應擇一適用，依本罪處斷(50)，同時，依司法院之解釋亦認爲輪姦致被害人羞忿自殺，應依本罪處斷，而不適用第二二六條第二項科處(51)，惟以基本構成要件作爲科處基本行爲併生加重結果之法條依據，實有未妥之處，故本罪似宜增訂結果加重犯之規定。

肆、強姦而故殺被害人罪

行爲人犯强姦罪而故意殺害被害人者，構成第二二三條之强姦而故殺被害人罪。本罪爲一般犯與結果犯，係强姦罪與殺人罪之結合犯。

一、行爲主體

本條條文規定所稱之「犯强姦罪」，通說上均採廣義之見解，認爲係兼指犯强姦罪（第二二一條第一項）、準强姦罪（第二二一條第二項）

---

(50)參閱二四上五〇三七：上訴人共同輪姦致人於死，雖有二種法規之競合，然在刑法第二百二十二條與第二百二十六條第一項前段之法定刑既屬相等，自應擇一適用，依第二百二十二條論處。

(51)見二七院一七三六。

及輪姦罪（第二二二條）[52]，故本罪之行爲主體必須爲强姦罪、準强姦罪與輪姦罪之行爲人。

二、行爲客體

本罪之行爲客體以强姦罪、準强姦罪與輪姦罪之被害人爲限，故若行爲人雖犯强姦罪，但故殺被姦婦女以外之人者，則非本罪，而應依强姦罪與殺人罪併合處罰。

三、行爲

本罪之行爲乃實施强姦、準强姦或輪姦行爲後，故意殺人。行爲人必須先犯强姦罪，而後當場故意殺害被害婦女，方能構成本罪[53]，故若雖先犯强姦罪，而非於强姦行爲地當場故殺被害婦女者，如强姦既遂後，因恐被害婦女報案，乃尾隨其後觀察，見其已近警察派出所，乃故殺之，則因非當場故殺，不構成本罪，而應依强姦罪（第二二一條第一項）與普通殺人罪（第二七一條第一項）併合處罰。

行爲人祇要犯强姦罪後，故殺被害婦女，即爲已足，至於係出於何種動機？如强姦既遂以圖滅口，或强姦未遂而殺以洩恨，均與本罪之成立無關。

本罪條文規定上僅稱「犯强姦罪」，而未明示强姦既遂，故解釋上自應認爲包括强姦既遂與未遂。因此，行爲人祇要有强姦之着手階段以上之行爲，而故殺被害人者，即可成立本罪，不以强姦既遂後方故殺者爲限，如行爲人意圖姦淫被害人，實施强暴，用手揑被害人鼻子，並用掌心堵塞其口，足以使被害人窒息死亡，衡之一般常識，當爲行爲人所顯見，然行爲人竟不顧而爲之，終使被害人窒息死亡，顯然並不違背

---

[52] 參照韓著(二)，二五九頁。趙著(上)，四〇二頁。陳著，五三〇頁。

[53] 故殺行爲地須爲强姦行爲地之當場係通說之見解，見韓著(二)，二六〇頁。趙著(上)，四〇二頁。陳著，五三〇頁。實例上亦採此見解，見五八臺上八五一。

其本意，而具有殺人之間接故意，且於被害人窒息死亡前陷於昏迷狀態不能抗拒時，加以姦淫，以達其姦淫之目的，自應成立犯強姦罪而故意殺被害人之罪[54]。又如行爲人圖姦被害人時，尙無何等强暴脅迫行爲，其所以砍殺被害人，實由於被害人拒絕姦淫雙方衝突而起，與圖姦被拒後，先以强暴脅迫行爲，壓抑被害人之抗拒，以達其姦淫之目的，迨其目的已達或未達，復將被害人殺害有別，自難構成本罪[55]。

本罪因無未遂犯之處罰規定，故若殺害行爲未遂者，則不能成立本罪，此自應依强姦之既遂或未遂，與殺人之未遂，分別論處。

四、主觀之不法要素

行爲人主觀上必須具備强姦與殺人之故意，方能構成本罪。强姦故意與殺人故意之間必有連絡關係，通常是先有强姦故意，而後始萌殺人故意。行爲人若欠缺此等主觀之不法要素，自不構成本罪，如行爲人並不具殺人故意，但因强行姦淫過失致被害婦女悶死，則構成强姦罪之普通結果加重犯（第二二六條第一項），而不成立本罪。

五、法律效果

犯本罪者，處死刑。本罪須告訴乃論（第二三六條），故若無告訴權人之告訴，則因欠缺追訴條件，自不得遽依本罪論科，雖强姦部分亦因欠缺追訴條件，而不能論罪，但殺人行爲並非親告罪，故解釋上認爲應專就殺人部分予以論處[56]。此固可以解決告訴乃論之問題，但就結合犯之法理而言，此等見解實不無可議之處，因爲强姦罪與殺人兩罪一旦結合而成强姦而故殺被害人罪，則强姦與殺人兩罪之間具有不可分之密切關係，而不能將兩罪强行分割，而以個別犯罪視之，單獨就殺人罪而

---

[54] 參照五九臺上三八一三。

[55] 參照二四上三五〇一。

[56] 參照十八院一七、十九非八五及二九院一九五四。

加追訴。因此，根本之道乃應自刑事立法着手，縮小告訴乃論罪之範圍，將本罪自第二三六條之規定中劃出，使本罪成爲非告訴乃論之罪。

伍、乘機姦淫罪

行爲人對於婦女乘其心神喪失或其他相類之情形，不能抗拒，而姦淫之者，構成第二二五條第一項之乘機姦淫罪。本罪爲一般犯與結果犯。

一、行爲主體與行爲客體

本罪之行爲主體與行爲客體均與强姦罪者同，在此不再贅述（參閱本節、壹之一與二）。

二、情狀

行爲人必須乘婦女心神喪失或其他相類之情形，而正處於不能抗拒之狀態下，實施本罪之行爲，方能構成本罪，故若被害婦女並不正處於此等特定情狀，或行爲人並非利用此等特定情狀之存在而姦淫婦女者，自無由構成本罪。

造成被害人之不能抗拒之原因，條文例示規定爲心神喪失或其他相類之情形，如因病、酒醉、意外事故受傷、熟睡等狀態下，而無抗拒能力。無論被害婦女之無抗拒能力係何種原因造成者，均與本罪之成立無關，惟造成被害婦女不能抗拒之原因皆須非行爲人之故意行爲所造成者，否則，若行爲人使用手段始造成婦女之不能抗拒之狀態，則已非本罪所規定之特定情狀，如行爲人在被害婦女之飲料中摻入痲醉藥或春藥，使被害婦女不能抗拒而加姦淫，則爲强姦，而非本罪之乘機姦淫㊲。

㊲參閱二八滬上二五：刑法第二百二十五條第一項之罪，以對於婦女，乘其心神喪失或其他相類之情形，不能抗拒而姦淫之爲構成要件，如果加害人使用某種

三、行爲

本罪之行爲爲乘機姦淫，稱「乘機姦淫」係指利用前二、所述之特定情狀而姦淫婦女而言，如乘被害婦女熟睡而施以姦淫㊽，惟如行爲人先係乘被害婦女熟睡而圖姦婦女，但被害人驚醒之後，拼命抗拒，乃竟實施强暴脅迫等强制行爲，則其不法內涵已超出乘機姦淫，而達强制姦淫之狀態，故應構成强姦罪（第二二一條第一項）㊾。同理，如被害人雖係一精神耗弱之女子（白痴），但行爲人乘機將其摔倒地上，實施强姦，顯係對於婦女以强暴之方法致使不能抗拒而姦淫之强姦行爲，與乘其心神喪失而姦淫之情形有別，自無適用本罪處斷之餘地㊿。

四、主觀之不法要素

行爲人主觀上必須對被害人正處於心神喪失或其他相類之情形而無

（續前）方法，至使婦女不能抗拒，以實施姦淫之行爲，當然成立同法第二百二十一條第一項之强姦罪。被告向某女實行姦淫之前，向稱菩薩已來，渾身都要看過，勿得聲張，致其有所畏懾，聽任指揮，卽係以他法至使不能抗拒，與乘其不能抗拒而爲姦淫之情形不同。

㊽參閱

①四三臺上四〇四：甲男乘酒興侵入乙女臥室，於其熟睡施以姦淫，是對於婦女心神喪失相類之情形，不能抗拒，而姦淫之，原判決依刑法第二百二十五條第一項論處，尙無不合。

②五二臺上五三二：上訴人乘被害人熟睡，類似心神喪失不能抗拒之情形下，實施姦淫，且已將陽具揷入結合於女陰爲既遂，應依刑法第二百二十五條第一項，論處上訴人對於婦女乘其心神喪失相類情形不能抗拒而姦淫之罪。

㊾參閱

①五八臺上三三四〇：上訴人姦淫被害人，究在其熟睡之中抑驚醒之後，事實不明，倘上訴人脫被害人褲子時，係在其熟睡中，但於實施姦淫時，已在驚醒之後，並於其亂翻亂打之情況下，仍予姦淫既遂，是已達於强姦程度，不能再以乘機姦淫罪論擬。

②六〇臺上三三三五（見前註㉔之②）。

㊿參照五六臺上七二。

抗拒能力之事實有所認識，而決意加以姦淫，方能構成本罪，否則，行爲人縱有姦淫行爲，亦不負本罪之刑責。

五、未遂犯

本罪之未遂行爲，第二二五條第三項設有處罰規定。行爲人祇要具有姦淫之意圖，而有姦淫行爲之着手階段以上之行爲者，即可構成本罪之未遂犯[61]。至於既遂與未遂之區別乃以姦淫行爲是否完成爲斷，姦淫行爲至何階段，始可認爲完成，而構成既遂已詳述於强姦罪（參閱本節、壹之五），在此不贅[62]。

六、結果加重犯

本罪亦可能發生一般加重結果與特別加重結果。對於前者第二二六條第一項，對於後者第二二六條第二項設有處罰之規定，已詳述於前，（參閱本節、壹之六），在此不贅。

七、法律效果

犯本罪者，處三年以上，十年以下有期徒刑。犯本罪因而致被害人於死者，處無期徒刑或七年以上有期徒刑，致重傷者，處七年以上有期徒刑（第二二六條第一項）。犯本罪因而致被害人羞忿自殺或意圖自殺而致重傷者，處七年以上有期徒刑（第二二六條第二項）。又本罪須告訴乃論（第二三六條）。

---

[61] 參閱四八臺上九一〇：（見172頁之註[73]）。

[62] 參閱六〇臺上三六四六：上訴人以生殖器在被害人陰戶邊亂插，尙未達於接合之程度，應屬姦淫未遂。

陸、姦淫十四歲以上未滿十六歲女子罪

行爲人姦淫十四歲以上未滿十六歲之女子者，構成第二二七條第一項之姦淫十四歲以上未滿十六歲女子罪。本罪爲一般犯與實害犯。

一、行爲主體

本罪之行爲主體以男性爲限，但女性亦有可能成立本罪之共犯或共同正犯或間接正犯（參閱本節、壹之一）。

二、行爲客體

本罪之行爲客體以十四歲以上未滿十六歲之未婚女子爲限⑹，若爲十四歲以上未滿十六歲之已婚女子，則構成通姦罪（第二三九條），而非本罪之行爲客體。至於十四歲以上未滿十六歲之女子是否爲良家婦女？則非所問⑷，故如未滿十六歲之被害人縱屬妓女，亦可成立本罪⑸。

三、行爲

本罪之行爲乃非出於强制之普通姦淫。由於十四歲以上未滿十六歲之女子，心智發育尙未臻健全，知慮淺薄，而欠缺判斷能力，行爲人對之雖非出於强制之姦淫行爲，亦爲應加犯罪化之可罰行爲。

由於本罪並無未遂犯之規定。因此，姦淫行爲必須旣遂者，方能構成本罪，若雖已着手姦淫，但尙未完成姦淫行爲者，則爲刑法所不加處罰之行爲。

⑹參閱二九院二〇三二（見前註㉟之②）。

⑷參閱二六渝上一四七八：刑法第二百二十七條第一項之犯罪客體，祇須被姦者係十四歲以上未滿十六歲之女子，非若第二百三十一條之被姦人必以良家婦女爲限，此觀於各該條之法文而自明，上訴意旨以原審未調查被姦之某女是否良家婦女，指爲不當，殊無理由。

⑸參閱五二臺上三七五：上訴人姦淫十四歲以上未滿十六歲之女子，被害人縱屬妓女，亦無解於其刑責。

本罪行爲可能與妨害家庭之行爲發生牽連關係，如意圖姦淫而和誘未滿十六歲之女子，使其脫離家庭，且於和誘後，已有姦淫行爲，此除構成本罪外，尙犯妨害家庭罪，兩罪具有牽連關係，故應依第五十五條後段之規定，從一重處斷㊻。又本罪亦可能與妨害家庭罪發生併合處罰之關係，如行爲人連續姦淫十四歲以上未滿十六歲之女子後，囑其於婚後逃出，與己結婚，及該女子於婚後逃出，又復誘往各處連續實施姦淫，除其意圖姦淫和誘有配偶之人脫離家庭一罪，與其連續與有配偶之人相姦一罪，有牽連關係，應從一重之意圖姦淫和誘罪處斷外，其連續姦淫十四歲以上未滿十六歲之女子一罪，應與意圖姦淫和誘一罪（即第二四〇條第三項之加重和誘罪），併合處斷㊼。

本罪祇以行爲客體之年齡爲其特殊要件，若被姦女子年在十四歲以上未滿十六歲，縱使行爲人係利用權勢，對於服從自己監督之人而爲之，亦應認爲被吸收於本罪之中，雖該當利用權勢姦淫罪（第二二八條）之構成要件，但應認爲被吸收本罪之中，不發生與利用權勢姦淫罪（第二二八條）之從一重處斷之問題㊽。此外，被害人之年齡乃構成本罪之犯罪事實之重要部分，故如有認定，必須於判決理由內說明其所憑

㊻參閱

①四三臺上三四八：意圖姦淫而和誘未滿十六歲之女子使其脫離家庭，且於和誘後，已有姦淫行爲，自於妨害家庭罪外，又犯姦淫未滿十六歲之女子之罪，其兩罪間顯有牽連關係，如姦淫部分已經告訴人合法告訴，應從妨害家庭罪之一重處斷。核閱第一審判決理由，載其姦淫部分，因有和誘被誘人脫離家庭之行爲，應僅成立刑法第二百四十一條第三項之略誘罪，依同條第二項之規定處罰，不另成立同法第二百二十七條第一項之罪，其見解殊難謂協。此外，四八臺上一二九、五二臺上七〇〇亦均同旨。

②六七臺上四七七：上訴人每次和誘未滿十六歲之某女外出、匿居，均與之姦淫，足證其和誘之意圖，依刑法第二百四十一條第三項之規定應負同條第二項之罪責，另又觸犯同法第二百二十七條第一項之罪，二者有方法結果之牽連關係，應從一重之意圖姦淫而和誘未滿十六歲之女子脫離家庭罪處斷，先後多次行爲，係基於概括之犯意，應依同法第五十六條以連續犯一罪論。

㊼見五一臺上三四七。

㊽參照五一臺上一二一四（見後註㊆）。

之證據及認定之理由，方爲適法[69]。

本罪係因十四歲以上未滿十六歲之年稚女子對於性行爲欠缺同意能力，而特設處罰規定，以資保護，故雖有被害人之父之同意，亦不足以阻却行爲之構成要件該當性[70]。

四、主觀之不法要素

行爲人主觀上必須對被害人爲十四歲以上未滿十六歲之事實有所認識，而決意加以姦淫，方能構成本罪，否則，若行爲人欠缺此等主觀之不法要素，自不負本罪之刑責[71]。又本罪之故意不以確定故意爲限，未必故意亦包括在內，故如不知被害人究爲幾歲，但竟甘冒可能該當本罪構成要件行爲之危險而姦淫被害人，則爲本罪之未必故意[72]。

本罪與對十四歲以上未滿十六歲者爲猥褻罪（第二二七條第二項）之區別，乃在於前者係出於姦淫故意，而後者則係出於猥褻故意，故如行爲人係出於姦淫故意，縱因其他因素未達目的，則爲刑法所不處罰之姦淫十四歲以上未滿十六歲女子罪之未遂行爲，而不能遽以對十四歲以上未滿十六歲者爲猥褻罪（第二二七條第二項）論處[73]。

五、法律效果

---

[69] 參照五六臺上二八二八。

[70] 參閱六三臺上三八二七：刑法第二百二十七條第一項姦淫十四歲以上未滿十六歲之女子罪，係因年稚之女子對於性行爲欠缺同意能力，故特設處罰明文以資保護，其父之同意不能阻却犯罪，亦無刑法第十六條但書後段所定免刑之適用。

[71] 實例係採反對說，認爲本罪原不以行爲人明知被害人未滿十六歲爲必要條件（見五六臺上二九一〇），並參閱五九臺上三三七二：刑法第二百二十七條之處罰意旨，重在保護少女健康，祇以被姦淫女子在事實上已滿十四尚未滿十六歲爲已足，未規定行爲人須明知其年齡爲要件。

[72] 參照 Schönke-Schröder, StGB, 1978, § 176, Rdn. 18.

[73] 參閱六三臺上一五七：刑法上所謂之猥褻行爲，係指姦淫以外有關風化之一切色慾行爲而言，若行爲人意在姦淫，縱因其他因素未達目的，亦祇姦淫未遂問題，尚難遽以猥褻罪責相繩。

犯本罪者，處一年以上，七年以下有期徒刑。本罪須告訴乃論（第二三六條）。

柒、利用權勢姦淫罪

行爲人對於因親屬、監督、敎養、救濟、公務或業務關係，服從自已監督之人，利用權勢而姦淫者，構成第二二八條之利用權勢姦淫罪。本罪爲特別犯、情況犯與實害犯。

一、行爲主體

本罪之行爲主體以對於行爲客體因親屬、監護、敎養、救濟、公務或業務等關係而具有監督權之人爲限。行爲主體與行爲客體間之服從監督關係以出於親屬、監護、敎養、救濟、公務或業務等原因所造成者爲限。又是否具有此等服從監督關係？則以行爲時爲準，行爲人必須在此等特定關係存續中，利用其監督權所生之權勢而實施本罪之行爲，方能構成本罪，否則，如行爲客體雖曾因親屬、監護、敎養、救濟、公務或業務而服從行爲主體之監督，但行爲時，此等特定關係已不復存在，則行爲主體縱有姦淫行爲，亦無由構成本罪⑭。

條文所稱之「親屬關係」係指尊親屬對卑親屬或家長對家屬之關係而言，其親等爲何？則非所問。稱「監護關係」則包括民法之監護關係（民法第一〇九一條以下）及刑法保安處分制度中之監護（第八七條）。

⑭參閱二五上七一一九：對於因敎養關係服從自已監督之人，利用權勢而姦淫之罪，係指因敎養關係立於監督地位之人，在敎養關係存續中，對於現正服從自已監督之人，利用其監督之權勢，而實施姦淫，始克成立，若被姦淫者從前曾因敎養關係服從實施姦淫者之監督，而於姦淫時已脫離此種關係者，即無所謂利用監督權勢而姦淫，自不能成立該罪。

稱「敎養關係」則如學校敎師對於學生、師父對於寄宿其家之學徒。稱「救濟關係」則如慈善救濟機構之負責人或管理人對於被收容人。稱「公務關係」則如長官對於部屬或監所長官對於在監受刑人或覊押在所之刑事被告等。稱「業務關係」如僱用人對於受僱人是。又所謂「監督」係指有權命其作爲或不作爲，或對其行止加以規律警告。總而言之，行爲主體不論係出於親屬、監護、敎養、救濟、公務或業務等關係，必須在法律上或事實上對於行爲客體具有支配、考核、審檢、任免、僱用等監督權，始足當之，否則，如行爲人與被害人之間並不具此等服從與監督關係，則因無可資利用之權勢，自不能成爲本罪之行爲主體[75]。

二、行爲客體

本罪之行爲客體限於因親屬、監督、敎養、救濟、公務或業務等原因而服從行爲主體監督之人。

被害人若爲未滿十四歲之女子，則因另有準强姦罪（第二二一條第二項）之規定，而應適用準强姦罪（第二二一條第二項）處斷[76]。被害人若爲十四歲以上未滿十六歲之未婚女子，則因有姦淫十四歲以上未滿十六歲女子罪（第二二七條第一項）之規定，而適用該罪處斷[77]。

---

[75]參閱四三臺上四八七：刑法第二百二十八條犯罪之成立，須以因業務關係服從自己監督之人，利用權勢而姦淫之爲要件。被告甲男，雖有敎舞之事實，但其對於來學之人，旣屬一任自由，並無法律上或規則上支配與考核勤惰之權，自不同於學校學生，廠店藝徒，有支配服從之關係，雖乙女慕於甲男之舞技，對其要求曲意順從，於日記上有「怕他生氣」之記載，仍屬於情感之範圍，不足以說明甲男有利用權勢加以威脅之事實。

[76]參閱二八上六五八：刑法第二百二十一條第二項之姦淫罪，祇以被害人之年齡爲其特殊要件，苟被姦女子年尙未滿十四歲，縱使被告係利用權勢對於服從自己監督之人而爲之，亦應認爲被吸收於上開條項犯罪之內，不發生與第二百二十八條從一重處斷之問題。

[77]參閱五一臺上一二一四：刑法第二百二十七條第一項之姦淫罪，祇以被害人之年齡爲其特殊要件，苟被姦女子年在十四歲以上尙未滿十六歲，縱使被告係利

三、行爲

本罪之行爲乃利用權勢而姦淫。所謂「利用權勢而姦淫」係指行爲人利用其與被害人之特定關係所擁有之權勢，而姦淫被害人。所謂「權勢」係指可使人之地位、職務、工作、事業、資格等有所威脅影響或與此相當之情形而言[78]。行爲人必須利用其權勢，而對被害人施加壓力，使其受迫而不得不容忍行爲人之姦淫行爲，方能構成本罪[79]，否則，如姦淫行爲係出於被害人之自願，行爲人並無利用權勢，或行爲人與被害人之間祇是普通僱佣契約關係，被害人得以自由去留，而與權勢根本無關，則均不構成本罪[80]。又本罪之被害人祇是受迫而達容忍屈從之程度，若行爲人另有强暴脅迫行爲，而被害人已至不能抗拒之程度，行爲人方加姦淫，則非本罪，而應成立强姦罪（第二二一條第一項）[81]。

（續前）用權勢，對於服從自己監督之人而爲之，亦應認爲被吸收於上開條項犯罪之內，不發生與刑法第二百二十八條從一重處斷之問題，原判決依刑法第二百二十七條第一項論處上訴人罪刑外，又認上訴人尙觸犯刑法第二百二十八條罪名，而依刑法第五十五條從一重處斷，用法殊難謂合。

[78]參照四二臺上二九〇。

[79]參閱五五臺上一〇七〇：刑法第二百二十八條之姦非罪，係以行爲人與被姦人有該條所定監督與服從之關係，行爲人對其服從其監督之人，利用其監督之權勢實施姦淫，而被姦之人處於權勢之下，有不得不服從之勢者，方可構成。

[80]參閱

①三三上二六二：刑法第二百二十八條之姦非罪，係以（中略）被姦淫之人處權勢之下，有不得不服從之勢者方可構成，如相姦者出於甘願，絲毫與權勢無關，即係一種單純之和姦行爲，彼此雖有上開關係，仍不在本條適用範圍之內。

②五七臺上二六一四：利用權勢姦淫罪，必須對於自己有服從監督關係之人確有利用權勢，使之不得不屈從而被姦淫，始足構成。如係出於自願或普通僱傭契約得以自由去留之關係，與權勢根本無關，則屬和姦行爲，自無成立該罪之餘地。

[81]參閱

行爲人必須利用其權勢，使被害人在其權勢下，有不得不服從之勢而予以姦淫，方能構成本罪，但並非有權從關係之男女，一有姦淫行爲，即當然成立本罪㉜，如行爲人與被害人之間，雖然具有監督服從關係，但行爲人並未利用監督關係之權勢而姦淫被害人，此自非本罪㉝，而應依行爲之實際情狀，加以科處：

（一）若行爲人係乘被害人心神喪失或其他相類之情形而不能抗拒之情狀下而姦淫者，則應成立乘機姦淫罪（第二二五條第一項）。

（二）若行爲人係以强暴、脅迫、藥劑、催眠術或他法，至使被害婦女不能抗拒而加姦淫者，則構成强姦罪（第二二一條第一項）。

（三）若行爲人之姦淫行爲係出於被害人之自願，則可能發生下述三種情形：

1. 被害人若爲未滿十四歲之未婚女子，則構成準强姦罪（第二二一條第二項）。

2. 被害人若爲十四歲以上未滿十六歲之未婚女子，則構成姦淫十四歲以上未滿十六歲女子罪（第二二七條第一項）。

3. 被害人若爲已婚婦女，則構成通姦罪（第二三九條）。

四、主觀之不法要素

行爲人主觀上除必須具備姦淫故意外，尙須 對 其對被害人有親

（續前）

①四三臺上三六九：上訴人係對服從自己監督未成年之養女，利用權勢，加以姦淫，雖與刑法第二百二十八條情形相當，然既經施用强暴手段，已觸犯同法第二百二十一條之罪，自應適用該條處斷。（下略）

②五五臺上二四四〇：刑法第二百二十八條之姦非罪，必係行爲人利用其權勢實施姦淫方可構成。如果行爲人以强暴脅迫等手段姦淫，則不在該條適用範圍之內。

㉜參照五五臺上二三八四。

㉝參閱四四臺上四八四：刑法第二百二十八條之罪，除監督服從之關係以外，尙須以利用監督關係之權勢而爲姦淫或猥褻之行爲爲構成要件。

屬、監護、教養、救濟、公務或業務關係之事實有所認識，而具有監督權，否則，如行爲人無此認識，縱有姦淫行爲，亦不能構成本罪。

五、法律效果

犯本罪者，處五年以下有期徒刑。本罪須告訴乃論（第二三六條）。

捌、詐術姦淫罪

行爲人以詐術使婦女誤信爲自己配偶，而聽從其姦淫者，構成第二二九條第一項之詐術姦淫罪。本罪爲情況犯與實害犯。

一、行爲主體

本罪之行爲主體以男性爲限。

二、行爲客體

本罪之行爲客體限於已婚婦女，因爲未婚婦女本無配偶，事實上不可能受騙而誤信行爲人爲其配偶，竟聽從其姦淫，故不可能成爲本罪之行爲客體[84]。

三、行爲

本罪之行爲爲詐姦，所謂「詐姦」係指實施詐術，使被害婦女陷於錯誤而相信行爲人爲其婚姻關係中之配偶，並聽從其姦淫而言[85]。被害婦女必須因行爲人之使用詐術而陷於錯誤，而且錯誤之內容必須是誤信行爲人爲其配偶，而後任其姦淫，方能構成本罪，故如男女雙方合意同居姘度，該婦女並非受騙陷於錯誤而誤信行爲人爲其配偶，此自不構成

---

[84] 但有反對說，認爲本罪之行爲客體爲婦女，而不以結婚爲必要，見陳著，五四一頁。

[85] 參閱五二臺上一八二〇：（前略）刑法第二百二十九條之詐術姦淫罪，乃指被害之婦女另有其夫，犯人本非其夫，而以欺罔之方法，使該婦女誤信爲其夫，而聽從其姦淫之謂。

本罪[86]。又如婦女雖係受騙而陷於錯誤，但其錯誤之內容並非誤信行為人為其配偶而聽從其姦淫，自不成立本罪，如行為人以花言巧語，使被害婦女信以為眞其有娶其為妻之意，遂與之通姦，自不構成本罪[87]。

四、主觀之不法要素

行為人主觀上必須具備詐姦故意，方能構成本罪，否則，縱有姦淫行為，亦不構成本罪。

五、未遂犯

本罪之未遂行為，第二二九條第二項設有處罰規定，行為人祇要着手施詐，而尙未達於使被害婦女聽從其姦淫，或已至開始姦淫，但尙未完成姦淫行為之階段者，均可成立本罪之未遂犯。至於姦淫行為完成與否之判斷，已詳述於前（見本節、壹之五），在此不贅。

六、法律效果

犯本罪者，處三年以上，十年以下有期徒刑。本罪須告訴乃論（第二三六條）。

七、檢討與改進

就法事實而論，婦女在通常狀態下，甚少可能受騙而將他人誤為自己配偶，任其姦淫之情事，故本條之規定，似乎少有刑法實務上之實益，至於在非常狀態下，雖易受騙，但在妨害風化罪章中，已設有乘機姦淫罪（第二二五條第一項）之規定，足以保護因心神喪失或其他相類

[86]參閱二三上五二七〇：刑法第二百四十四條第一項之罪，其成立要件有二：㊀須施用詐術㊁須使婦女誤信有夫妻關係而聽其姦淫。所謂誤信有夫妻關係者，指因受犯人欺罔，錯認其為自己已結婚之夫而言，若因雙方合意同居姘度，自無所謂誤信有夫妻關係，即與該罪成立要件不合。

[87]參閱二八上三八：所謂以詐術使婦女誤信為自己配偶而聽從其姦淫云者，係指他人施行詐術使婦女陷於錯誤，誤信該犯人為其已結婚之配偶，與之性交之謂，如該婦女僅信為將來可以結婚，先與通姦，不能構成本罪。此外，五二臺上一八二〇前段亦同旨。

似之情形而正處於不能抗拒狀態下之婦女，故本罪似可刪除。

玖、血親相姦罪

直系或三親等內旁系血親相和姦者，構成第二三〇條之血親相姦罪。本罪爲特別犯與親身犯。

一、行爲主體

祇要具有直系或三親等內旁系血親之親屬關係之男女，而有相和姦之行爲，兩者均成爲本罪之行爲主體，因兩者成立必要共犯之關係，故本罪不存有行爲客體。又相和姦之男女之間必須具備直系血親或三親等內旁系血親之親屬關係，方能構成本罪，故如僅具姻親關係，或雖爲旁系血親，但其親屬已在三親等外者，自無由構成本罪[88]。

由於相和姦之男女均成爲本罪之行爲主體，故男女雙方必須具備性行爲之同意能力，否則，如相姦者係未滿十四歲之女子或十四歲以上未滿十六歲之女子，則因欠缺此等同意能力，即不能成爲本罪之行爲主體，反而是準强姦罪（第二二一條第二項）與姦淫十四歲以上未滿十六歲女子罪（第二二七條第一項）之行爲客體，故與之相姦之他方，自非本罪之行爲主體，而應負準强姦罪（第二二一條第二項）或姦淫十四歲以上未滿十六歲女子罪之刑責。

本罪之行爲主體是否爲有配偶之人？與本罪之成立無關，惟若爲有

---

[88]參閱二九上一二三七：刑法第二百三十條所謂三親等內旁系血親，係指直系以外而與己身出於同源之血親，其親等在三親等內者而言，若血親之配偶爲姻親之一種，其與本身既非具有血統關係，即不容以其爲血親之配偶而認爲血親，被告甲與乙婦之夫丙爲共祖之嫡堂兄弟，依民法第九百六十八條後段規定，已屬四親等之旁系血親，如乙婦並非與甲另有血統關係，則僅屬甲之血親之配偶，依同法第九百七十條第一款，即爲四親等之姻親，其相和姦，自不能依刑法第二百三十條論罪。

配偶之人，則除成立本罪之外，並同時構成通姦罪（第二三九條），此係一行爲觸犯數罪名之想像競合，應依第五十五條前段之規定，從一重處斷。

二、行爲

本罪之行爲爲相和姦，此與通姦罪（第二三九條）之通姦行爲同，係指男女雙方合意，而相爲姦淫之行爲，故如係男方實施强暴脅迫而成之强姦、或如男方乘女方心神喪失或其他相類似之情形而爲之乘機姦淫、或如男方利用權勢而成之姦淫、或如男方以詐術而成之詐姦等，均無由構成本罪。就行爲之形式而言，本罪僅爲特定親屬間之和姦行爲，惟此等行爲在實質上將足以敗壞血統。因此，刑法乃將此等行爲加以犯罪化㊉。

三、主觀之不法要素

行爲人主觀上必須對於相和姦之他方與自己具有直系血親或三親等內旁系血親之親屬關係有所認識，而決意和姦，方能構成本罪，故如因戰亂流離，而不知具有此等親屬關係，縱有相和姦之行爲，亦不負本罪之刑責。

四、法律效果

犯本罪者，處五年以下有期徒刑。本罪須告訴乃論（第二三六條）。依刑事訴訟法之規定，本罪之告訴權人計有：㊀本人之直系血親尊親屬。㊁配偶或其直系血親尊親屬（刑訴法第二三四條第一項）。

第三節　猥褻罪

刑法規定處罰之猥褻罪計有：壹、强制猥褻罪。貳、準强制猥褻罪。

㊉本罪之行爲固屬妨害風化，但其不法核心乃在於敗壞血統，故如西德與瑞士刑法均將本罪規定於妨害家庭罪章中（德刑第一七三條之 Beischlaf zwischen Verwandten 及瑞刑第二一三條之 Blutschande）。

叁、乘機猥褻罪。肆、對十四歲以上未滿十六歲者猥褻罪。伍、利用權勢猥褻罪等。陸、公然猥褻罪等。今分別論述如下:

壹、强制猥褻罪

行爲人對於男女以强暴、脅迫、藥劑、催眠術或他法至使不能抗拒而爲猥褻之行爲者，構成第二二四條第一項之强制猥褻罪。本罪爲一般犯與行爲犯。

一、行爲主體與行爲客體

行爲人無分男女、老幼、已婚或未婚等，均可能成爲本罪之行爲主體或行爲客體。

二、行爲

本罪之行爲爲强制猥褻，即指以强暴、脅迫、藥劑、催眠術或他法爲手段，而强制被害人，使其不能抗拒，而得違背其意思，加以猥褻，如强抱被害人並加撫摸是[90]。條文上所稱之「至使不能抗拒」，祇須行爲人所用之强制手段，足使被害人發生恐怖而抑制其抗拒作用，即爲已足，並不以被害人完全喪失抗拒能力爲必要[91]。又所謂「猥褻」乃指姦淫行爲以外之一切滿足自己之性慾，或足以挑逗他人引起性慾之有傷風化之色慾行爲而言，故如其行爲在客觀上不能遽認爲係基於色慾之一種動作，而且又不致逗引他人之性慾，在行爲人主觀上亦不能滿足其本人

---

[90]參照五九台上三七〇八。

[91]參閱二六滬上五七：刑法第二百二十四條第一項所謂至使不能抗拒，祇須犯人所用之强制手段，足使被害人發生恐怖而抑制其抗拒作用爲已足，並非以被害人完全喪失抗拒能力爲要件，原判決以某氏等均屬婦女，因上訴人身着巡捕制服，聲言搜索，令其解除衣褲撫摸其下體及乳部，稍加拒絕即被責打，以致不敢抗拒，認爲已達强制猥褻之程度，尙非失當。

之性慾，卽非猥褻行爲㊷。又猥褻並非限於性交以外之性慾行爲，某些違反自然之變態性交之行爲，如獸姦（Sodomie）或雞姦，或同性間之性交行爲等，均可當之爲猥褻行爲；卽使爲男女異性間之性交行爲，若係女性强制男性而成者，如婦女誘惑少男成姦㊸等，均可認爲猥褻行爲。又如前（本章、第二節、壹之三）所述，夫對妻之强制性交行爲，通說上均認爲不能構成强姦罪，惟夫對於妻之雞姦行爲，如具備强制條件，解釋上認爲應構成本罪㊹。

行爲人必須首先實施强暴、脅迫、藥劑、催眠術或他法等强制行爲，迫使被害人不能抗拒之後，而爲猥褻行爲，方能構成本罪。因此，如行爲人僅拉住被害人之手，被害人也不因其手被行爲人拉住，致失其抗拒能力。易言之，卽被害人並非處於不能抗拒之狀態下，故無由構成本罪㊺。同理，行爲人若僅有猥褻行爲，而無實施强制行爲，自亦不能

㊷參閱

①二七上五五八：所謂猥褻，係指姦淫以外有關風化之一切色慾行爲而言，苟其行爲在客觀上尙不能遽認爲基於色慾之一種動作，卽不得謂係猥褻行爲。

②四三臺上一四四：所謂猥褻係指姦淫以外有關風化之色慾行動而言，祇須其行動係起於主觀心理上之色慾意念爲已足，至其有無性慾行爲能力，要與本罪之構成無關。

③四八臺上一三八二：刑法上侮辱罪之成立，以公然爲要件。所謂公然者，須不特定多數人得以共見共聞之狀況，始能認爲達於公然之程度。本件被害人係一未滿十六歲之女子，在山間小徑獨行，徑旁又係防風竹木遮住視線兼以天晚四野人少，被告竟趨前將其抱住，復拉其裙褲之行爲，根本與公然之條件不合，且手段已達足使人發生恐怖，而抑制其抗拒作用之强暴脅迫程度。而在被告客觀上不能謂無誘起他人性慾，而在主觀上亦不能謂無滿足自己性慾。縱令不能證明被告有强姦之犯意，其應否成立强制猥褻罪名，自非無硏討之餘地。

㊸參閱二一院七一八㈡：婦女誘令未滿十六歲之男子與其相姦，如該男子並無姦淫之故意，則該婦女應構成刑法（舊）第二百四十一條第二項之罪。

㊹見二一院六五〇。

㊺參閱三三上六三九：被告拉住某氏之手，志在姦淫，本不能謂爲猥褻，且刑法第二百二十四條第一項强制猥褻罪，須以强暴脅迫至使不能抗拒始可構成，某

構成本罪，如患有暴露狂（Exhibitionismus）者，公然在異性面前暴露其陰部之行爲，雖亦爲猥褻行爲，但不構成本罪，祇能成立公然猥褻罪（第二三四條）。此外，行爲人雖有實施强制行爲，但僅以言語或不接觸被害人之擧動，調戲被害人，則亦非本罪之强制猥褻行爲，祇係依據違警罰法第六十五條第二款「以猥褻之言語或擧動調戲異性」之規定可加處罰之違警行爲。

本罪因有行爲人之强暴脅迫等强制行爲，故不免侵害被害人之自由，但此等妨害自由之行爲，實已包括於本罪之罪質中，自不得謂其於本罪之外，又另犯以非法方法剝奪人行動自由之罪[96]。同理，强制猥褻之結果，往往使被害人身受微傷，此亦應包括於本罪之罪質中，不另論罪[97]。

行爲人雖已着手强暴脅迫等强制行爲，但被害人尙未至不能抗拒之程度，或如行爲人着手强暴脅迫等强制行爲，雖被害人已至不能抗拒之程度，但行爲人並未繼之猥褻行爲，此等情況在理論上雖爲本罪之未遂狀態，但因本罪無未遂犯之處罰規定，故應依行爲人之犯罪意圖及行爲之實際情狀，分別適用强制罪（第三〇四條）或傷害罪之相當條款，加以處斷。

三、主觀之不法要素

行爲人之主觀上必須具備强制猥褻之故意，而實施本罪之行爲，方能構成本罪，故行爲人若欠缺此等主觀之不法要素，縱有强制猥褻之行爲，亦不負本罪之刑責。本罪與强姦罪之差異，即在於行爲人主觀不法要素之不同，已述於前（見本章第二節、壹之四），在此不贅。

（續前）氏既不因被告拉住其手致失其抗拒作用，亦與該罪之成立要件不合。

[96] 參照四四臺上五〇三。

[97] 參照五九臺上三七〇八。

四、結果加重犯

本罪之行爲亦有可能發生一般加重結果與特別加重結果，對於前者第二二六條第一項，對於後者第二二六條第二項設有結果加重犯之規定，以作爲科處之依據，此兩類之結果加重犯已詳論於前（本章第二節、壹之六），在此不贅。

五、法律效果

犯本罪者，處七年以下有期徒刑。犯本罪因而致被害人於死者，處無期徒刑或七年以上有期徒刑，致重傷者 處七年以上有期徒刑（第二二六條第一項）。犯本罪因而致被害人羞忿自殺或意圖自殺而致重傷者，處七年以上有期徒刑（第二二六條第二項）。又本罪須告訴乃論（第二三六條）。關於結果加重犯因告訴乃論之規定而發生之問題，已詳述於前（本章第二節、壹之七），在此不贅。

貳、準強制猥褻罪

行爲人對於未滿十四歲之男女爲猥褻之行爲，構成第二二四條第二項之準強制猥褻罪。本罪爲一般犯與行爲犯。

一、行爲客體

本罪之行爲客體僅限於未滿十四歲之男女。

二、行爲

本罪之行爲與强制猥褻罪所不同者，乃是本罪僅有猥褻行爲，而無强制行爲，行爲人必須以强制行爲以外之方法，不在使被害人不能抗拒之狀態下，而爲猥褻行爲，方構成本罪，故行爲人如竟實施强制行爲，使被害人不能抗拒後，方行猥褻，雖被害人爲十四歲以下之男女，但仍應依據强制猥褻罪（第二二四條第一項）處斷[98]。

三、主觀之不法要素

行為人主觀上必須對被害人係未滿十四歲之事實有所認識，而決意加以猥褻，方能構成本罪。本罪之故意包括確定故意與未必故意，如行為人不知被害人究竟幾歲？但竟甘冒可能實現該當本罪構成要件行為之危險而與被害人為猥褻之行為，此即具本罪之未必故意。

四、結果加重犯

本罪之結果加重犯，第二二六條第一、二項設有處罰之規定，已詳述於前（本章第二節、壹之六），在此不贅。

五、法律效果

本罪之法律效果與强制猥褻罪（第二二四條第二項）同（見本節、壹之五）。又本罪須告訴乃論（第二三六條）。

叁、乘機猥褻罪

行為人對於男女乘其心神喪失或其他相類之情形，不能抗拒，而為猥褻之行為者，構成第二二五條第二項之乘機猥褻罪。本罪為一般犯與行為犯。

一、行為主體與行為客體

任何人無分男女、老幼、已婚或未婚等，均可能成為本罪之行為主體與行為客體。

---

[98]參閱三〇上三二三：刑法第二百二十四條第二項之罪，祇以被猥褻人未滿十四歲，定為雖和同强，如其猥褻行為係以强脅方法實施，應不問被猥褻人之年齡，逕依同條第一項處斷。

二、情狀

行爲人必須利用被害人心神喪失或其他相類之情形，不能抗拒而實施本罪之行爲，方能構成本罪。關於此等特定情狀，已詳述於前（本章第二節、伍之二），在此不贅。

本罪爲行爲犯，故若行爲人祇要意圖猥褻，而乘機着手爲猥褻行爲，即構成本罪之既遂，也即一旦着手，行爲即爲既遂。因此，本罪並無未遂犯之處罰規定。

三、行爲

本罪之行爲乃乘機猥褻。所謂「乘機」係指二、所述之特定情狀。至於猥褻之義，已詳述於前（本節、壹之二），在此不贅。

四、主觀之不法要素

行爲人主觀上必須具備猥褻故意，方能構成本罪。本罪與乘機姦淫罪（第二二五條第一項）之區別乃在於行爲人之主觀不法要素上：前者須具猥褻故意，而後者則具姦淫故意。因此，不可以乘機姦淫未成，即論以乘機猥褻[99]。

五、結果加重犯

本罪之加重結果，第二二六條第一、二項設有處罰規定。關於此兩類結果加重犯已詳述於前（見本章第二節、壹之六），在此不贅。

六、法律效果

犯本罪者，處五年以下有期徒刑。犯本罪因而致被害人於死者，處無期徒刑或七年以上有期徒刑，致重傷者，處七年以上有期徒刑（第二二六條第一項）。犯本罪因而致被害人羞忿自殺或意圖自殺而致重傷者，

---

[99] 參閱五七臺上二八五九：姦淫爲兩性間之性交行爲，猥褻則爲姦淫外之一切色情行爲，兩者非程度上之差異，乃性質上之不同，殊難以未成姦，即成立猥褻之罪。

處七年以上有期徒刑（第二二六條第二項）。又本罪須告訴乃論（第二三六條），關於結果加重犯因告訴乃論之規定而發生之問題，已詳述於前（本章第二節、壹之七），在此不贅。

肆、對十四歲以上未滿十六歲者爲猥褻罪

行爲人對於十四歲以上未滿十六歲之男女爲猥褻行爲者，構成第二二七條第二項之對十四歲以上未滿十六歲者爲猥褻罪。本罪爲一般犯與行爲犯。

一、行爲客體

本罪之行爲客體以十四歲以上未滿十六歲之男女爲限，是否已婚？與本罪之成立無關。

二、行爲

本罪之行爲爲强制猥褻罪（第二二四條第一項）之强制猥褻或乘機猥褻罪（第二二五條第二項）之乘機猥褻以外之猥褻行爲。換言之，即本罪之猥褻行爲以非出於行爲人之强制或乘機而爲之者爲限，如行爲人邀約未滿十六歲之女子至其服務之冰果室談情，將之抱住接吻摸乳[100]，但如行爲人係乘未滿十六歲之被害人心神喪失或其他相類之情形不能抗拒而犯之者，則構成乘機猥褻罪（第二二五條第二項），自無本罪之適用[101]。

---

[100] 參閱四六臺上四三六：對於女子接吻撫乳，自係基於色慾之一種動作，不能謂非猥褻行爲。

[101] 參閱五八臺上二六三五：刑法第二百二十七條第二項對於十四歲以上，未滿十六歲之男女爲猥褻之行爲之規定，係指犯人犯罪之方法，本非乘被害人心神喪失或其他相類之情形不能抗拒而犯之者而言。如被害人年齡雖未滿十六歲，而犯人係乘被害人心神喪失或其他相類之情形不能抗拒而爲猥褻之行爲，即已構成同法第二百二十五條第二項之罪，自無適用該條項之餘地。

三、主觀之不法要素

行爲人主觀上除必須具備猥褻故意外，尙須明知被害人爲未滿十六歲之男女，方能構成本罪。又本罪之故意包括確定故意與未必故意，且本罪與姦淫十四歲以上未滿十六歲女子罪（第二二七條第一項）之區別乃在於行爲人之主觀不法要素，已詳述於前（本章第二節、陸之四），在此不贅。

四、法律效果

犯本罪者，處五年以下有期徒刑。本罪須告訴乃論（第二三六條）。

伍、利用權勢猥褻罪

行爲人對於因親屬、監護、教養、救濟、公務或業務關係，服從自己監督之人，利用權勢而爲猥褻之行爲者，構成第二二八條之利用權勢猥褻罪。本罪爲特別犯與行爲犯。

一、行爲主體與行爲客體

本罪之行爲主體與行爲客體，與利用權勢姦淫罪者同（見本章第二節、柒之一、二）。在此不再贅述。

二、行爲

本罪之行爲爲利用權勢而爲猥褻行爲，即指行爲人利用因親屬、監護、教養、救濟、公務或業務等關係而對行爲客體所享有之監督權，使其受迫而忍受行爲人爲猥褻之行爲。行爲人僅止於利用權勢，而迫使被害人屈從忍受其爲猥褻行爲，若行爲人另有强暴脅迫行爲，而使被害人不能抗拒之狀態下，而爲猥褻之行爲，則非本罪，而應負强制猥褻罪（第二二四條第一項）之刑責。

行爲主體與行爲客體之間雖然具有本罪所規定之服從與監督關係，但是行爲主體並非利用此等特定關係之權勢而爲猥褻行爲，此自不構成本罪，而應依行爲之實際情狀分別加以論科：

（一）若行爲主體係乘行爲客體心神喪失或其他相類似之情形，不能抗拒之情況下而爲猥褻行爲者，則應成立乘機猥褻罪（第二二五條第二項）。

（二）若行爲主體係出於行爲客體之自願而爲猥褻行爲，則可能發生下述二種情形：

1. 行爲客體若爲未滿十四歲之女子，則構成準强制猥褻罪（第二二四條第二項）。

2. 行爲客體若爲十四歲以上未滿十六歲之女子，則構成對十四歲以上未滿十六歲者爲猥褻罪（第二二七條第二項）。

三、主觀之不法要素

行爲人主觀上必須對其被害人有親屬、監護、教養、救濟、公務或業務關係而具有監督權之事實有所認識，而決意加以猥褻，否則，如行爲人無此認識，縱有猥褻的行爲，亦不負本罪之刑責。

四、法律效果

犯本罪者，處五年以下有期徒刑。本罪須告訴乃論（第二三六條）。

五、檢討與改進

原則上爲猥褻行爲之不法內涵較姦淫行爲爲輕，故前行爲之法定刑自宜較後行爲之法定刑爲低，唯依現行法之規定利用權勢猥褻罪與利用權勢姦淫罪之法定刑均同爲五年以下有期徒刑，此似有不當之處，故宜作適當之調整。

陸、公然猥褻罪

行為人公然為猥褻之行為者，構成第二三四條之公然猥褻罪。本罪為一般犯與行為犯。

一、行為主體

任何人，無分男女，均可能成為本罪之行為主體，故本罪為一般犯。

二、行為

本罪之行為乃公然為猥褻之行為，稱「公然為猥褻之行為」係指在不特定人、多數人、特定之多數人得以共見共聞之情狀下為猥褻之行為而言⓱。本罪之立法意旨乃在於維護善良風俗，以本條之規定，作為個人性行為之隱密誡命，故本罪所稱之「為猥褻行為」應採廣義之見解，與其他猥褻罪，如强制猥褻罪（第二二四條第一項）、乘機猥褻罪（第二二五條第二項）或對十四歲以上未滿十六歲者為猥褻罪（第二二七條第二項）之為猥褻行為相較，顯有較廣之涵義，包括一切違反性行為之隱密原則及一切足以挑逗他人之性慾或滿足自己之性慾或使一般人產生羞恥感或厭惡感之有傷風化之行為，故如男女兩性間之性交行為（包括為倫理道德與法律所允許之夫婦間之敦倫）、或親暱之愛撫行為、同性間之色慾行為、個人暴露其性器官或赤身露體之行為等，祇要係公然為之者，均足以當之為本罪之行為。

條文之規定稱「為猥褻之行為」，故構成本罪自以有形諸於外之舉動為限，如僅有猥褻之言語，則與「為猥褻之行為」不符，故不能成立本罪。

三、法律效果

犯本罪者，處拘役或一百元以下罰金。

⓱參照二九院二〇三三及六五釋一四五（見176頁之註❸）。

第四節 媒誘姦淫或猥褻罪

刑法規定處罰之媒誘姦淫或猥褻罪計有：壹、引誘婦女與人姦淫罪。貳、使人爲猥褻行爲罪。叁、引誘與己有特定關係者與人姦淫罪。肆、引誘未滿十六歲男女與人姦淫猥褻罪。伍、散布猥褻物品罪。陸、製造或持有猥褻物品罪等。今分別論述如下：

壹、引誘婦女與人姦淫罪

行爲人意圖營利，引誘或容留良家婦女與他人姦淫者，構成第二三一條第一項之引誘婦女與人姦淫罪。本罪爲一般犯與結果犯。

一、行爲客體

本罪之行爲客體以良家婦女爲限，其年齡爲何？是否已婚？均非所問。稱「良家婦女」係泛指非從事賣淫行爲之普通婦女，不以該婦女之家世爲準，應以其本身現非習於淫行者爲限[103]。故如妓院老闆之妻女，祇要其本人並不從事賣淫，亦爲良家婦女，其他如曾爲娼妓，但已停業，亦不失爲良家婦女[104]。又如婦女雖前曾與人姦淫，但並非以賣淫爲業，故仍爲良家婦女[105]。惟如私娼仍在爲娼中，即非良家婦女[106]。

---

[103]參照二一院七一八(四)及四〇臺上五八，並參閱四五臺上一四一二：被害人縱曾服務於公共食堂（非特種酒家），及與人通姦成孕，但既據稱以前未接客賣淫，懷孕係與友人戀姦云云，又無其他證據足以證明其懷孕確因賣淫所致，亦難謂非良家婦女。

[104]參閱二八上三七四：某女前充妓女，已脫離妓館嫁人，自不得以其前曾習於淫業，而謂非良家婦女。

[105]參閱五〇臺上三三九：刑法第二百三十一條所謂引誘良家婦女與人姦淫，係指婦女初無與人姦淫之意，因犯人之勸導誘惑始決意爲之而言，自不得以該婦女前曾與人姦淫，而謂非良家婦女。

[106]參閱二五上五四〇六：如果甲女素爲娼妓，並未停業，其至上訴人家中賣

本罪之行為客體並無年齡限制，惟被引誘人如係未滿十六歲之女子，不問是否為良家婦女，則因刑法另設有引誘未滿十六歲男女與人姦淫猥褻罪（第二三三條）之特別規定，自應依該罪處斷，而無本罪之適用。

二、行為

本罪之行為為引誘或容留。所謂「引誘」係指勸導或誘惑本來無意與人姦淫之良家婦女，使其與他人姦淫，若婦女與他人姦淫，係出於婦女之自願，而非行為人之導引或誘惑所致者，自無引誘良家婦女與人姦淫可言，如婦女自願為娼者，行為人除有容留行為外，並不構成本罪[107]。至於行為人係以言語、舉動、文字、圖畫或其他方法引誘婦女，均與本罪之成立無關。又本罪之引誘行為僅止於勸導或誘惑，而使婦女承諾與人姦淫，如被引誘之婦女始終無承諾之意願，其與人姦淫係由於行為人之脅迫者，則其不法內涵已超越本罪引誘行為之範圍，而達於加重略誘婦女罪（第二九八條第二項）之程度，故應科以該罪，而不成立本罪[108]。

所謂「容留」係指提供姦淫之場所，容許良家婦女停留其間，使其得以與他人姦淫。此種容留行為係出於行為人之自動提供，抑或出於婦女或其相與姦淫者之請求，均在所不問，行為人祇要提供場所，收留婦女並容許其與他人姦淫，即足以構成本罪，惟若進而勾引或誘惑婦女與他人姦淫者，則為前述之引誘良家婦女與人姦淫，而非容留良家婦女與

（續前）淫，不過遷地營業，上訴人縱有容留行為，究非容留良家婦女與人姦淫。

[107] 參閱二八上四〇二〇：刑法第二百三十一條所謂引誘良家婦女與人姦淫，係指婦女初無與人姦淫之意，因犯人勸導誘惑，始決意為之者而言，倘婦女自願為娼，並非由其勸導誘惑，即與引誘之條件不合。此外，並參照四二臺上四五三。

[108] 參照四八臺上一四三八。

人姦淫[109]。又婦女素爲娼妓並未停業，不過遷地賣淫，縱有容留行爲，自非容留良家婦女與他人姦淫[110]。

三、行爲結果

行爲人之行爲必須造成被害人與他人姦淫之結果，方能構成本罪。被害人祇要與他人姦淫，即爲已足，至於姦淫行爲係既遂或未遂，則與本罪之成立無關。又被害人必須與行爲人以外之他人姦淫，方能成立本罪，故若被害人受引誘或被容留後，竟與行爲人姦淫者，自不構成本罪。

四、主觀之不法要素

行爲人主觀上必須具備營利之意圖，而故意實施本罪之行爲，方能構成本罪，故行爲人若欠缺此等主觀之不法要素，縱有引誘或容留良家婦女與人姦淫，亦不負本罪之刑責。行爲人祇要具有營利之意圖，即爲已足，至於圖利是否得逞？則非所問。

五、常業犯

以犯本罪爲常業之行爲，第二三一條第三項設有處罰規定。行爲人圖利引誘或容留良家婦女與他人姦淫，足以助長淫風，有傷社會善良風俗，今若以常業之意思而犯之者，則其不法內涵更形重大，故刑法特設常業犯之加重處罰規定。所謂以犯本罪爲常業係指以引誘或容留婦女與他人姦淫或爲猥褻行爲爲職業，賴媒介淫猥圖利維生。本罪之常業犯並

---

[109]參閱

①二九上三八五三：刑法第二百三十一條第一項所謂容留，係指供給姦淫者之場所而言，上訴人令其收買之良家女子賣淫，應成立意圖營利引誘與人姦淫罪，雖仍觸犯同一法條，而罪名究有區別。

②五五臺上四五：刑法第二百三十一條第一項所謂容留，係指供給姦淫者之場所而言，勾引寄住於自已開設之茶室侍應生賣淫，應成立意圖營利引誘與人姦淫罪，雖仍觸犯同一法條，而罪名究有區別。

[110]參照四二臺上四五三。

不以引誘或容留多數人爲必要，縱使所引誘或容留之良家婦女僅有一人，但如使該婦女繼續與他人姦淫，藉資謀生者，仍可成立本罪⑪。至於行爲人若同時引誘良家婦女多人與他人姦淫，亦祇構成本罪，而不發生從一重處斷之問題⑫。又常業行爲本含有繼續之本質，故如行爲人屢次引誘某女往旅社賣淫，應包含於其常業犯之範圍內，與連續犯之問題無涉⑬。

對於意圖營利引誘或容留良家婦女與他人姦淫爲常業者，第二三一條第三項既設有特別規定，則其所引誘或容留之女子，無論其已滿或未滿十六歲，均應包括在內，故如行爲人所引誘或容留之女子間有或全係未滿十六歲之良家女子，此與引誘未滿十六歲男女與人姦淫猥褻罪（第二三三條）形成法規競合現象，自應擇具有特別關係之本罪論科，不應將引誘未滿十六歲之女子與人姦淫之部分劃出，認爲又觸犯引誘未滿十六歲男女與人姦淫猥褻罪（第二三三條），而依第五十五條，從一重處斷⑭。

---

⑪參照三三上三三九，並參閱

①五八臺上二三四五：上訴人開私娼館爲業，其所引誘或容留之婦女，並不以多數人爲必要，卽一再引誘或容留同一婦女與他人姦淫者，亦不失爲常業。

②六一臺上四一三六：上訴人開設私娼館圖利維生，明知黃婦爲良家婦女，而容留其在其私娼館內與他人姦淫以達其營利之目的，一連多日，抽取利金，藉此維生計，具見係以此爲常業，堪以認定。

⑫參照六二臺上三六八三。

⑬參照三一上一一九。

⑭實例見解認爲應擇法定刑較重之本罪論科，參照二七上二二一四、三一上一一九與三一上七四五，並參閱

①四八臺上一一六三㈠：上訴人旣以開設妓館爲業，又誘使被害人在其妓館繼續與他人姦淫達年餘之久，顯與刑法第二百三十一條第三項所定之常業罪相當。雖與同法第二百三十三條之規定競合，仍應擇其法定刑較重之二百三十一條第三項論科。

②五二臺上一四九四：上訴人係經營私娼館爲業，卽與刑法第二百三十一條第三項所定之常業罪相當，雖其所引誘者爲未滿十六歲之女子，亦屬與同法第二百三十三條之規定競合，僅應擇其法定刑較重之第二百三十一條第三項處斷。

六、公務員包庇犯本罪者之加重處罰

公務員包庇他人犯本罪或犯本罪之常業犯（第二三一條第三項）者，第二三一條第四項特設加重處罰規定，應依其所包庇之犯罪之規定，加重其刑至二分之一。

行爲人必須具有公務員身分，且有包庇行爲，方可適用本項處斷。行爲人祇須具有公務員身分，且利用其公務員身分，而加包庇卽爲已足，不必以其職務與取締或管制風化有關之公務員爲限。又所謂「包庇」係指包攬庇護，而使引誘婦女與人姦淫罪之行爲人或其常業犯之犯罪行爲不受阻撓或不受刑事追訴。此外，包庇必須有積極之行爲，而使他人在其庇護下，得以遂行其犯罪意圖，並確保其犯罪成果，故若公務員僅有消極行爲，如放任不加取締或不加禁止，而使犯引誘婦女與人姦淫罪或其常業罪之人不受刑事追訴或不受刑事制裁，則卽非本罪之包庇，該公務員並不構成本罪，而應另成立其他瀆職罪。至於公務員係出於何種動機而加包庇？係出於公務員之自願，或係公務員受他人之託或請求始加包庇？均與本罪之成立無關。

七、法律效果

犯本罪者，處三年以下有期徒刑，並得併科五百元以下罰金。以犯本罪爲常業者，處五年以下有期徒刑，並得併科一千元以下罰金。

（續前）

③六一臺上二一六二：刑法第二百三十一條第三項對於意圖營利引誘或容留良家婦女與他人姦淫爲常業者旣設有特別規定，則其所引誘或容留之女子無論已滿或未滿十六歲，均應包括在內，其引誘未滿十六歲女子者僅係與同法第二百三十三條之規定競合，自應擇其法定刑較重之第二百三十一條第三項論科。

八、檢討與改進

本罪所處罰之行爲僅限於引誘或容留，而且所引誘或容留者亦僅以良家婦女爲限，方能構成本罪，故僅居間媒介[116]，既非引誘，亦無容留，且其媒介與人姦宿之婦女多半亦非良家婦女。因此，本罪之適用範圍在實際上相當有限，而不足以對於時下之色情氾濫現象，發生管制之功能。爲針對此弊，刑法除保留本條之規定，用以專門處罰引誘或容留良家婦女與人姦淫之行爲外，並應另訂新條文，用以處罰助長賣淫風氣，敗壞社會善良風氣之賣淫媒介行爲，今試擬條文如下:

「意圖營利，媒介婦女賣淫者，處二年以下有期徒刑，得併科一萬元以下罰金」[117]。

---

[116] 例如旅社、大飯店、賓館等之服務生爲住宿旅客媒介應召女郎，或如應召站主持人，以電話連絡應召女郎分赴各旅社、大飯店、賓館等場所應召等。

[117] 由於條文中媒介客體不再限於良家婦女，而且我國目前仍舊存在公娼制度，故表面上，媒介妓女營業之行爲可能該當本罪之構成要件，但實質上，由於公娼制度對於娼妓之管理不但須申請發照後始可執業，而且有照之妓女亦祇限定於妓女戶中接客（參閱六十二年修正公布之臺灣省各縣市管理娼妓辦法第十三條第一款及臺北市管理娼妓辦法第十四條第一款），故除媒介有照妓女至旅社、飯店、賓館等場所應召而可成立本罪外，大部分之有照妓女於妓女戶執業之情況，自不生該當本罪構成要件之問題。

此外，爲求風化之有效管制，刑法除處罰賣淫之媒介者外，亦應處罰無照或有照，但不依規定營業之賣淫者。如此，雙管齊下，方能奏效。今試擬處罰條文如下:

「無妓女執業許可證而於妓女營業區以外之場所，從事賣淫者，處一年以下有期徒刑，或科一千元以下罰金。」

「以犯前項之罪爲常業者，處三年以下有期徒刑，得併科一萬元以下罰金」。

貳、使人為猥褻行為罪

行爲人意圖營利，使人爲猥褻之行爲者，構成第二三一條第二項之使人爲猥褻行爲罪。本罪爲一般犯與結果犯。

一、行爲客體

任何人不分男女，均可能成爲本罪之行爲客體，若爲婦女，則是否爲良家婦女，亦在所不問。

二、行爲

本罪之行爲爲使人爲猥褻之行爲，包括指使、引誘、容留他人爲猥褻之行爲。又關於猥褻之涵義可參閱強制猥褻罪（本章第三節、壹之二）所述者。

三、行爲結果

行爲人之行爲必須造成被害人與行爲人以外之他人爲猥褻行爲之結果，方能構成本罪，否則，如被害人受指使、引誘或被容留後，竟與行爲人爲猥褻行爲者，自不能成立本罪。

四、主觀之不法要素

行爲人主觀上必須具備營利之意圖，而故意使人爲猥褻之行爲，方能構成本罪，故行爲人若欠缺此等主觀之不法要素，縱有本罪之行爲，亦不負本罪之刑責。又行爲人祇要出於營利之意圖即爲已足，是否獲得實利，則非所問。

五、常業犯與公務員包庇犯本罪者之加重處罰

行爲人以常業之意思而犯本罪者，第二三一條第三項設有處罰規定。又公務員包庇犯本罪或犯本罪之常業犯（第二三一條第三項）者，第二三一條第四項特設加重處罰規定。已詳述於前（本節、壹之五），在此不贅。

六、法律效果

犯本罪者，處三年以下有期徒刑，並得併科五百元以下罰金。以犯本罪爲常業者，處五年以下有期徒刑，並得併科一千元以下罰金。

叁、引誘與己有特定關係者與人姦淫罪

行爲人意圖營利，引誘或容留因親屬、監護、教養、救濟、公務或業務關係服從自己監督之人與他人姦淫者或意圖營利而引誘或容留妻與他人姦淫者，構成第二三二條之引誘與己有特定關係者與人姦淫罪。本罪爲特別犯與結果犯，係引誘婦女與人姦淫罪（第二三一條第一項）之加重犯。

一、行爲主體

本罪之行爲主體有二：一爲對於行爲客體因親屬、監護、教養、救濟、公務或業務等關係而具有監督權之人；另一則爲行爲客體之夫。

關於親屬、監護、教養、救濟、公務或業務等關係之涵義，已申論於前（見本章第二節、柒之一），在此不贅。又本罪係以行爲人與被害人之間具有此等特定關係爲加重要件所構成之引誘婦女與人姦淫罪（第二三一條第一項）之「加重構成要件」(Qualifikationstatbestände)。因此，構成此項加重要件之事實，應於判決事實欄詳爲記載，如此，則適用之法律條文始有所根據[118]。

---

[118] 參照五四臺上二七九九。

本罪係因身分或其他特定關係致刑有加重，並非因身分或其他特定關係成立之罪，其無特定關係之人與有特定關係之人共犯，依第三十一條第二項之規定，其無特定關係之人，應科以通常之刑⑪，如行為人與被害人之夫共同引誘被害人與他人姦淫，因行為人不具特定身分關係，故應科以引誘婦女與人姦淫罪（第二三一條第一項）之刑⑫。

二、行為客體

本罪之行為客體亦有二：一為因親屬、監護、教養、救濟、公務或業務等原因而與行為主體具有服從與監督關係之人；另一則為行為主體之妻。

行為人童養未成年之某女為兒媳，由其父立據載明聽憑過門教養字樣，按照民法第一〇九二條之規定，雖可認其父母已委託行為人行使監護之職務，但與因親屬關係而服其監督者，究屬有別，如行為人誘令賣淫圖利，自應以意圖營利引誘因監護關係服從自己監督之良家婦女與人姦淫之罪論科⑫。又本罪所稱之「業務關係」乃指行為人因業務上之關係對被害人處於監督地位，而被害人亦因業務上之關係有服從義務者，如係普通僱傭關係，尚難謂有監督及服從之必要⑫，故被害人與行為人

⑪參照五五臺上一三二五。

⑫參閱五八臺上二二七六：刑法第二百三十二條，夫對於妻意圖營利引誘與他人姦淫罪，以具有夫之身分之人始能成立，上訴人既非被害人之夫，自難為該條犯罪主體，如係與被害人之夫共同犯之，應依刑法第三十一條第二項規定，論以同法第二百三十一條第一項之罪。

⑫參照二八上一七八三。

⑫參閱五七臺上一八四六：刑法第二百三十二條之犯罪對象，雖包括同法第二百二十八條所謂業務關係，但以犯罪行為人因業務上之關係，對被害人處於監督地位，而被害人亦因業務上之關係，有服從之義務者而言，如係普通僱傭關係，尚難謂有監督及服從之必要。

若僅具普通僱傭關係，即不能成爲本罪之行爲客體。

本罪之行爲客體雖無年齡之限制，但如被誘時年齡未滿十六歲，則因刑法另設有引誘未滿十六歲男女與人姦淫猥褻罪（第二三三條），故除觸犯本罪外，尚觸犯引誘未滿十六歲男女與人姦淫猥褻罪（第二三三條），兩罪係法規競合現象，自應適用具有特別關係之本罪，加以科處，如行爲人引誘其未滿十六歲之養女或親生女賣淫，均適用本罪處斷[123]。

---

[123]實例見解係認爲應適用法定刑較重之本罪處斷。參閱

①二八上二六六二：原判決對於上訴人引誘其未滿十六歲之養女賣淫圖利，既援用刑法第二百三十二條爲科刑之根據，自無再引同法第二百三十三條之必要。

②三一上一一九：某甲被引誘時之年齡雖未滿十六歲，但某甲既係上訴人某乙之女，卽屬因親屬關係服從某乙監督之人，某乙意圖營利將其送往某丙家賣淫，係觸犯刑法第二百三十二條及第二百三十三條之兩個法條，應適用刑罰較重之第二百三十二條處斷。

③四八臺上六九一㈠：利用其親屬關係而引誘服從其監督之養女與他人姦淫圖利，觸犯刑法第二百三十二條之妨害風化罪。雖其養女當時未滿十六歲，上訴人另又觸犯刑法第二百三十三條之罪，但此係法條競合，應從較重之刑法第二百三十二條論處。（下略）

④四八臺上一〇一七：上訴人爲被害人之養母，乃爲其依刑法第二百二十八條所定因親屬關係服從自己監督之人。其對之犯有刑法第二百三十一條第一項之罪，應依第二百三十二條規定處斷，又應先於第二百三十三條而適用。

⑤五五臺上二四三二：對於刑法第二百二十八條所定服從自己監督之人，引誘其與人姦淫，觸犯刑法第二百三十二條及第二百三十三條之兩個法條，因係法規競合，應適用刑罰較重之第二百三十二條處斷。

⑥五六臺上八三六：上訴人將其次女價賣與私娼寮賣淫。被害人被引誘時之年齡雖尚未滿十六歲，但其既爲上訴人之次女，卽係意圖營利引誘因親屬關係服從自己監督之人與他人姦淫，係犯刑法第二百三十二條及第二百三十三條之兩個法條，因係法條競合，自應適用較重之第二百三十二條處斷。

⑦五六臺上三〇一五㈡：上訴人某甲意圖營利，將其女交上訴人某乙任由其帶往他處賣淫，當時該女尚未滿十六歲，又係因親屬關係服從上訴人某甲監督之人，上訴人某甲自係觸犯刑法第二百三十二條及第二百三十三條兩個法條之罪名，因係法規競合，雖應適用刑罰較重之第二百三十二條引誘服從自己監督之

三、行爲

本罪之行爲爲引誘或容留，其義已申論於前（見本節、壹之二），在此不再贅述。又本罪之行爲人僅限於引誘或容留，若曾施用强暴脅迫或詐術者，則構成加重略誘婦女罪（第二九八條第二項）⑫④。

四、行爲結果

行爲人之行爲必須造成被害人與行爲人以外之他人姦淫之結果，方能構成本罪，否則，如被害人係與行爲人姦淫者，自無由成立本罪。

五、主觀之不法要素

行爲人必須具有營利意圖，對於被害人係因親屬、監護、教養、救濟、公務或業務等關係而服從自己監督之人有所認識，而決意加以引誘或容留，方能構成本罪，故若行爲人不具此等主觀之不法要素，縱有本罪之行爲，亦不構成本罪。

六、法律效果

犯本罪者，處五年以下有期徒刑，並得併科一千元以下罰金。

肆、引誘未滿十六歲男女與人姦淫猥褻罪

行爲人引誘未滿十六歲之男女與他人爲猥褻行爲或姦淫者，構成第二三三條之引誘未滿十六歲男女與人姦淫猥褻罪。本罪爲一般犯與結果犯。

（續前）人與他人姦淫罪處斷。惟上訴人某乙既無特定關係，自應依同法第二百三十三條引誘未滿十六歲之女子與他人姦淫罪論科，又其先後所爲，係基於一個概括的犯意，應依連續犯論以一罪。

⑫④參閱二一上三九四：夫以營利之目的，將其妻押入娼寮，並曾施用强暴脅迫或詐術者，固可成立刑法（舊）第三百十五條第二項之略誘罪，若並無施用强暴脅迫或詐術之情形，其押入娼寮不過促起其妻賣淫之決意，而其妻亦明示或默示承諾者，祇能成立刑法（舊）第二百四十七條引誘其妻與他人姦淫之罪，未可遽執同法（舊）第三百十五條第二項以相繩。

一、行爲客體

本罪之行爲客體以未滿十六歲之男女爲限。至於未滿十六歲之男女是否爲良家男女？則非所問⑫⑤。實例上認爲本罪之行爲客體不以未婚者爲限，即已結婚者，亦包括在內⑫⑥。

二、行爲

本罪之行爲爲引誘。所謂「引誘」係指勾引誘惑本來無意與他人爲猥褻行爲或姦淫之未滿十六歲男女與他人爲猥褻行爲或姦淫⑫⑦，故如未滿十六歲之女子出於自願，並非由於他人勸導誘惑而與他人姦淫，即與引誘之條件不合⑫⑧。

本罪行爲人之行爲僅止於對於未滿十六歲男女之引誘，行爲人與爲猥褻行爲或姦淫之他人並無何犯意之連絡，否則，若有犯意之連絡，而幫助他人爲猥褻行爲或姦淫，則不構成本罪，而應依實際之行爲情狀，分別成立準强姦罪（第二二一條第二項）、準强制猥褻罪（第二二四條第二

---

⑫⑤參閱六四臺上一一一八：上訴人既因被誘人說沒有錢花用，而始提出介紹接客姦宿賺錢之語，足見仍係上訴人主動引誘無疑。縱被誘人曾在臺中某旅社賣淫，非良家婦女，但被誘人爲年尚未滿十六歲之女子，上訴人引誘其與他人姦淫，自應構成刑法第二百三十三條之罪，其多次引誘，犯意概括，應依連續犯一罪論。

⑫⑥參閱五八臺上一〇七二：刑法第二百三十三條之立法意旨，係以未滿十六歲之人意志薄弱，易被誘惑，爲保護其利益計，不得不對引誘行爲加以處罰，不以結婚者爲限，即已結婚者亦包括之，與刑法第二百二十一條第二項、第二百二十七條第一項限於未婚之女子者不同。

⑫⑦參閱五一臺上一七一八：刑法上所謂引誘未滿十六歲之男女與他人爲猥褻之行爲或姦淫者，必其未滿十六歲之男女，本無與他人爲猥褻之行爲或姦淫之意思，因被其勾引誘惑，始決意與他人爲猥褻之行爲或姦淫，方足當之。

⑫⑧參照五二臺上二三五六，並參閱五六臺上一二一二：刑法第二百三十三條所謂引誘未滿十六歲之男女與他人姦淫，係指被誘人初無與人姦淫之意思，因引誘人勸導誘惑，始決意爲姦淫之行爲者而言，倘該被誘人自願爲娼，非由於勸導誘惑，即與引誘之條件不合。此外，五六臺上一五八六、五七臺上三二六五亦均同旨。

項)、姦淫十四歲以上未滿十六歲女子罪(第二二七條第一項)或對十四歲以上未滿十六歲者爲猥褻罪(第二二七條第二項)之從犯或共同正犯。

行爲人必須以自己犯罪之意思而參與引誘未滿十六歲之女子與人姦淫之行爲,方屬本罪之共同正犯[129],如無此項行爲,僅以被害人之母欲賣女爲娼,而受託介紹娼館,祇不過就他人之犯罪加以助力,應成立幫助犯,尚難論以本罪之共同正犯[130]。

三、行爲結果

行爲人之行爲必須造成被害人與行爲人以外之他人姦淫或猥褻行爲之結果,方能構成本罪,故如未滿十六歲之男女受行爲人引誘後,竟與行爲人姦淫或爲猥褻行爲,則非本罪,而應依行爲之實際情狀,分別成立準强姦罪(第二二一條第二項)、準强制猥褻罪(第二二四條第二項)、姦淫十四歲以上未滿十六歲女子罪(第二二七條第一項)或對十四歲以上未滿十六歲者爲猥褻罪(第二二七條第二項)。

四、主觀之不法要素

行爲人必須對於行爲客體爲未滿十六歲之人有所認識,而決意加以引誘,方能構成本罪。至於行爲人係出於何種動機?是否具有營利意圖?均在所不問。

五、法律效果

犯本罪者,處五年以下有期徒刑。

本罪係以被引誘人未滿十六歲爲要件,爲引誘婦女與人姦淫罪(第二三一條第一項)與使人爲猥褻行爲罪(第二三一條第二項)之特別規定,故該當本罪之行爲,自應逕依本罪論科,不應併引第二三一條第

[129]參閱五二臺上五八六:上訴人價買未滿十六歲之被害人爲娼,約定期間三年,賣淫所得由上訴人收取償還價款,與同意價賣之被害人之生母等顯有犯意聯絡,行爲分擔,爲共同正犯,應依共同引誘未滿十六歲之女子與他人姦淫罪論處。其後多次收取被害人賣淫價款,不生連續犯問題。

[130]參照四八臺上一一六三(一)、五六臺上二六二九。

一、二兩項之法條[131]。

伍、散布猥褻物品罪

行爲人散布或販賣猥褻之文字、圖畫或其他物品，或公然陳列或以他法供人觀覽者，構成第二三五條第一項之散布猥褻物品罪。本罪爲一般犯與行爲犯。

一、行爲客體

本罪之行爲客體爲猥褻物品。所謂「猥褻物品」係指一切足以挑逗刺激或滿足性慾以及足令一般人產生羞恥心與厭惡感之物而言，包括淫書、春宮畫或照片或幻燈片、春藥或淫具、猥褻影片或唱片或錄音帶或錄影帶等。至於裸體畫或裸體照片可否當作本罪之猥褻物品？則常有爭執，由於個人主觀見解之不同，色情猥褻或藝術之間，往往無一定之界限，故不能一概而論，實務上自應參酌時代之文化背景及一般社會觀念而作決定。

二、行爲

本罪之行爲計有散布、販賣、公然陳列及以他法供人觀覽等，行爲人祇要有四種行爲中之任何一種，即可構成本罪。所謂「散布」即指擴散傳布於衆，包括一次擴散傳布於不特定人、多數人或特定之多數人以及一次傳布於一人，但反覆多次爲之，使其擴散於衆。稱「販賣」係指有償之轉讓，包括出售或交換，通常均係反覆多次爲之。所謂「公然陳列」則指將猥褻物品置於不特定人、多數人或特定之多數人共見共聞或得以共見共聞之狀態[132]。又稱「以他法供人觀覽」則指以散布或公然陳

[131] 參照三〇滬上七三及四六臺上三七八(二)。

[132] 參照二九院二〇三三及六五釋一四五（見176頁之註[3]）。

列以外之其他方法，使他人得以觀賞或瀏覽猥褻物品，如放映色情電影或猥褻之閉路電視等。

三、法律效果

犯本罪者，處一年以下有期徒刑，拘役或科或併科三千元以下罰金。

四、沒收特例

對於猥褻之文字、圖畫或其他猥褻物品，第二三五條第三項設有沒收特例，依此規定，則此等物品不問屬於犯人與否，均沒收之，以防此等猥褻物品之流傳擴散。

陸、製造或持有猥褻物品罪

行爲人意圖散布或販賣而製造或持有猥褻之文字、圖畫或其他物品者，構成第二三五條第二項之製造或持有猥褻物品罪。本罪爲一般犯。

一、行爲客體

本罪之行爲客體爲猥褻物品，其涵義已詳述於前（見本節、伍之一），在此不贅。

二、行爲

本罪之行爲有二，一爲製造，另一爲持有，行爲人祇要製造或持有，即可構成本罪，至於係以何種方法而製造或持有？則非所問。

三、主觀之不法要素

行爲人必須出於散布或販賣之意圖而故意製造或持有者，方能構成本罪，故行爲人若不具此等主觀之不法要素，如爲個人之喜好而製造或持有者，則非刑法所加處罰之行爲。

四、法律效果

犯本罪者，處一年以下有期徒刑，拘役或科或科併三千元以下罰金。

五、沒收特例

與散布猥褻物品罪（見前述伍之四）同，在此不再贅述。

第十章　妨害婚姻及家庭之犯罪

第一節　概　　說

家庭乃人類社會生活中最基本而且是最重要之組織，個人之成長與社會化、種族之蕃衍、社會秩序之建立等，莫不以家庭爲依據。同時，家庭可謂以婚姻爲基礎之社會單位，合法而健全之婚姻，乃幸福而健全家庭之根本。因此，婚姻制度與家庭組織之安全，也就成爲刑法所應加保護之重要社會生活利益。由於婚姻與家庭兩者關係密切，本書乃將妨害婚姻及妨害家庭之犯罪行爲，合併於一章，加以討論。

妨害婚姻罪之刑法條款乃以保護一夫一妻之婚姻制度爲其立法目的，故其所保護之法益，即係婚姻制度之安全。妨害家庭罪之刑法條款則以保護家庭之組織與功能爲其立法目的，故其所保護之法益，乃是家庭結構之安全以及家庭對其子女之監督權等。

爲確保家庭制度之安全，並促進家庭組織發揮其應有之家庭與社會功能，現行刑法在妨害家庭罪章除現有規定處罰之罪名外，尙宜於新刑法中增訂下述兩種罪名：

（一）違反扶養義務罪

直系血親相互間以及配偶相互間扶養義務之履行，乃是家庭制度之安全保障，在現行法制上，負扶養義務者惡意遺棄受扶養權利者，除該當有義務者之遺棄罪（第二九四條第一項）之構成要件而可處以該罪外，則爲刑法所不處罰之民事不法行爲。今爲確保家庭制度之安全，宜於新刑法中增訂違反扶養義務罪，而能將對於直系血親及配偶負扶養義務者之惡意遺棄行爲科以刑罰❶。

（二）違反對未成年子女之敎養義務罪

家庭最大之功能乃是對於未成年子女之敎養，今爲强化此等家庭功能，用以遏阻日趨嚴重之少年犯罪，若父母嚴重違反此等敎養義務，致未成年子女在社會化過程中身心之成長發育受阻而犯罪者，則父母之嚴重違反敎養義務之行爲，亦應加以犯罪化，而受到刑法之制裁❷。

第二節 妨害婚姻罪

刑法規定處罰之妨害婚姻罪計有：壹、重婚罪。貳、詐術締婚罪。叄、通姦罪等。今分別論述如下：

壹、重婚罪

行爲人已有配偶而重爲婚姻或同時與二人以上結婚者，構成第二三七條之重婚罪。其相婚者亦同構成重婚罪。本罪爲親身犯、行爲犯與情況犯。

一、行爲形態

---

❶德國刑法第一七〇條 b 之扶養義務違反罪(Verletzung der Unterhaltspflicht) 及瑞士刑法第二一七條之疏忽扶養義務罪 (Vernachlässigung von Unterstützungspflichten)，可作爲本罪之立法參考。

❷德國刑法第一七〇條 d 之違反監護或教育義務罪 (Verletzung der Fürsorge. od. Erziehungspflicht) 及瑞士刑法第二一九條之違反教育義務罪 (Verletzung der Erziehungspflicht)，可作本罪之立法參考。

本罪之行爲形態有三，即：

(一) 有配偶者重爲婚姻。

(二) 無配偶者同時與二人以上結婚。

(三) 與重婚者（即(一)、(二)之行爲人）相婚。

二、行爲主體

(一)類之行爲主體以有配偶之人爲限，但(二)、(三)類之行爲主體則無任何限制，任何人均可能成爲此兩類重婚罪之行爲主體。

所謂「有配偶之人」乃指已經正式結婚，且其婚姻關係尙在存續中之人而言，僅訂有婚約，但尙未結婚❸，或雖曾正式結婚，但其婚姻關係業已消滅者，如離婚或配偶業已死亡之人，即非有配偶之人，自不能成爲本罪之行爲主體。又所謂「正式結婚」即指具有公開儀式及二人以上之證人而締結之婚姻（民法第九八二條）。又稱「公開之儀式」係指結婚人雙方當衆舉行正式結婚典禮而言，無論此項典禮之儀式如何，要必舉行結婚禮節，其婚姻始行成立❹。易言之，所謂公開儀式，法律並無明文規定，解釋上認爲凡有足使一般不特定之人，可知悉其爲結婚之表證，得以共見者，即不失爲公開儀式❺，故如花轎迎娶，乃結婚前之

---

❸參閱三〇院二二六二：刑法第二百三十七條之重婚罪，及第二百三十九條之通姦罪，均以有配偶關係者爲構成要件，未婚妻既未婚，即非有配偶關係之人，其違約另嫁，或與人通姦同居，自不得比照已婚妻室之妨害婚姻及家庭罪辦理。

❹參照二八上四一二四、四九臺上一二四八及五〇臺上五三三。

❺參照五六臺上二二七三，並參閱

①五一臺上九〇四：結婚之法定要件僅爲應有公開之儀式及二人以上之證人爲已足，至該項儀式如何，並無明文限制。內政部所規定之結婚禮儀，亦不過爲一種訓示規定，良以地方習俗亦非無採納之餘地，臺省結婚禮俗既仍新舊兼行，則在此蛻變時期，絕無一概摒棄之理，亦即民法第一條所謂法律未規定者依習慣。上訴人等既已循臺省舊俗迎娶、宴客等公開儀式，且爲多人所共見共聞，即不得謂非結婚，而與重婚罪之構成要件相當。

②六四臺上三五一三：按我國民法第九百八十二條並未具體規定結婚之儀式，國

儀式，若未公開舉行必要之結婚禮節，即使迎娶時曾用花轎鼓樂，尚難謂係正式結婚❻。又如僅於戶籍登記簿謄本上登記為配偶，並非當然可認為已具備民法上之結婚形式要件❼。或如事實上有同居關係，但未舉行公開儀式，即未正式結婚，自不能成為本罪之行為主體❽。

祇要舉行公開儀式並有二人以上之證人而正式結婚者，即可成為本罪之行為主體，縱然所締結之婚姻為得撤銷之婚姻，但在未撤銷之前，仍不失為有配偶之人，故可成為本罪之行為主體，惟如締結無效之婚姻者❾，即非有配偶之人，自不能成為本罪之行為主體❿。至如男女雙方正式結婚後，縱未同居一處，亦為有配偶之人⓫。又如失蹤人未受死亡之宣告，該失蹤人之配偶仍為有配偶之人⓬，均可成為本罪之行為主體。

（續前）民禮儀範例，不過為一般國民生活行為之示範，無法律上之拘束力，上訴人與告訴人男女雙方穿結婚禮服，持香拜祖，為結婚儀式之一種，至有無結婚證書及已否為戶籍登記，均與結婚之效力並無影響。

③六四臺上一五四八：結婚應有公開之儀式及二人以上之證人，民法第九百八十二條定有明文。所謂結婚公開之儀式，無論依舊新式，均應為一般不特定之人所得共見，至於證人雖不必載明於婚書，但須以在場親見，並願負證明責任之人為限。

❻參照二八上四一二四。 ❼參照五八臺上八二八。

❽參照二四上一二二九。

❾例如民法第九八八條第二款所規定之違反民法第九八三條所定親屬結婚之限制者，或違反民法第九八五條而重婚者，或如戡亂時期軍人婚姻條例第十二條第一項與第三項之規定。

❿參閱六〇臺上四二四二：在役軍人，未經呈請所屬長官核准，及尚未滿二十五歲，或在營服役未逾三年者，均不得結婚，為戡亂時期軍人婚姻條例（舊）第六條及第三條第三、四兩款所明定。被告年尚未滿二十五歲，在營服役亦未滿三年，自屬不得結婚，其與甲女所締造之婚姻，依同條例（舊）第十三條第一項之規定，即屬自始無效，則其後之與乙女結婚，自無重婚之可言。

⓫參閱三一院二三七二：男女滿七歲後有結婚之意思，經其法定代理人主持，舉行婚禮，並具備民法第九百八十二條之方式者，自應發生效力，縱未合巹同居，但該配偶之一方，如於婚姻關係存續中，復與他人結婚，仍應成立重婚罪，惟須注意刑法第十八條第一項、第二項之規定。

⓬參照二二非一二一並參閱三一院二三七五：夫妻之一方外出已逾三年，生死不明，如其未經受死亡之宣告，或他之一方亦未依法訴經准予離婚者，其配偶關係仍在存續中，若與他人結婚，自應成立重婚之罪。

三、行爲

本罪之行爲計有重爲婚姻、同時與二人以上結婚或與重婚者相婚等三種，行爲人祇要有其中之任何一種行爲，即可構成本罪。所謂「重爲婚姻」係指行爲人在正式之婚姻關係存續中，重行與配偶以外之第三人結婚而言。換言之，卽在婚姻關係存續中，另與配偶以外之第三人締結形式上有效之婚姻關係。行爲人祇要係有配偶之人，而重複結婚者，卽可成立本罪，至於其相婚者是否明知行爲人係重行結婚？或其相婚者是否受妾之待遇，均與本罪之成立無關⑬。此外，行爲人在婚姻關係存續中之重爲婚姻亦必須具備結婚之形式要件，也卽行爲人重複擧行公開之結婚儀式及二人以上之證人，方構成本罪⑭，故若不具此等形式條件，而僅有實質之同居行爲，則非本罪之重爲婚姻，自不負本罪之刑責⑮。又行爲人重爲婚姻後，犯罪卽已成立，縱其前存之婚姻關係歸於消滅或相婚者死亡而重婚之婚姻關係歸於消滅⑯，或事後已將後之婚姻撤銷⑰，均不能阻却本罪之成立。此外，在舊時宗祧制度下，有所謂兼祧

⑬參閱

①二二上三七八五：已有正式配偶而又與人結婚，無論後娶者實際上是否受妾之待遇，均應成立重婚罪。

②二三上一二五七：刑法第二百五十四條之重婚罪，祇須有配偶而重爲婚姻，卽能成立，與相婚者是否知情無關，如知情而相與爲婚，依該條後段規定，固應處相婚者以相當之刑，要於他方之重婚罪名並不生何影響。

⑭參閱五五臺上一三三三：刑法第二百三十七條之重婚罪，以先後兩個婚姻均具有民法第九百八十二條之公開儀式，及二人以上之證人爲前提，如不具備該項方式，卽無從發生婚姻之效力，自亦不能成立重婚罪。此外，五五臺上三〇五四亦同旨。

⑮參照二四上一二二九。

⑯參照二八上一九二九。

⑰參閱五〇臺上一九七：重婚罪爲卽成犯，以擧行婚儀而完成，事後雖已將後之婚姻撤銷，亦仍無解刑責。

再娶，現並不爲法律所允許，故無解於重婚之罪責⑱。

稱「同時與二人以上結婚」係指行爲人雖非有配偶之人，但却在同一時間與二人以上之人締結雙重之婚姻關係，而破壞一夫一妻之婚姻制度。又稱「與重婚者相婚」則指明知他方已有配偶而竟與之相婚而言，此等行爲人必須爲原無配偶之人，否則，其本身即可適用本罪第一類之有配偶者重爲婚姻，加以處斷。

行爲人重爲婚姻或同時與二人以上結婚之行爲等係屬即成犯，祇須行爲人舉行正式結婚儀式，犯罪行爲即屬完成，結婚後婚姻關係之存續，不過爲犯罪狀態之繼續，而非犯罪行爲之繼續⑲，故本罪之追訴權時效（第八〇條）應自重婚行爲成立之日起算。此外，有配偶者重爲婚姻之行爲成立後又有姦淫行爲，則復構成通姦罪（第二三九條），兩罪成立牽連關係，而可成立吸收犯，依本罪處斷，即爲已足。

四、主觀之不法要素

行爲人必須具備重婚之故意，而實施本罪之行爲，方能構成本罪，故如誤信其前存之婚姻關係業已消滅，而重行結婚者，即欠缺此等主觀之不法要素，而不構成本罪⑳。又本罪之故意不以確定故意爲限，即使爲未必故意，亦可構成本罪。

本罪第三類之行爲人必須明知與其結婚之他方爲有配偶之人，而竟

---

⑱參照二九上二二八六。

⑲參閱

①二一非一九二：重婚罪之犯罪行爲，於其重爲婚姻之結婚時，即已完成，其以後之婚姻關係，僅係犯罪狀態之繼續。

②二四上四六九：重婚之犯罪行爲，以舉行婚儀而完成，其性質爲即成犯。

③二五上一六七九：重婚罪爲即成犯，在結婚時犯罪行爲已經終了，其結婚存續狀態，不能認爲犯罪行爲之繼續。

⑳參閱二九院二〇二九：甲得其妻乙同意，立契將乙價賣與丙，雖乙與甲尙未正式離婚，但乙、丙如因誤認甲、乙間之婚姻關係已經消滅，而再行結婚，即屬欠缺重婚故意，自不構成刑法第二百三十七條之罪。

與之相婚者，方能構成本罪，故若行為人欠缺此等認識，則不得遽以本罪論處，但以重婚之故意而與之重為婚姻者，仍舊成立本罪，而不受影響。

五、法律效果

犯本罪者，處五年以下有期徒刑。又依戡亂時期軍人婚姻條例第十三條第一項之規定，敵前或執行作戰命令或服務最艱苦地區之軍人或其配偶犯本罪者，加重其刑至二分之一，其相婚者亦同。

貳、詐術締婚罪

行為人以詐術締結無效或得撤銷之婚姻，因而致婚姻無效之裁判或撤銷婚姻之裁判確定者，構成第二三八條之詐術締婚罪。本罪為一般犯與結果犯。

一、行為主體

任何人均可能成為本罪之行為主體，既無性別之限制，亦不以無配偶之人為限，即使為有配偶之人，亦可成為本罪之行為主體。

二、行為

本罪之行為乃以詐術締結無效或得撤銷之婚姻。此等詐術締婚行為係以詐欺之手段，使他人陷於錯誤，而不知婚姻有無效（民法第九八八條）或得撤銷（民法第九八九條至九九一條，第九九三條至九九七條）之原因，而與之締結無效或得撤銷之婚姻。

重婚亦為無效之婚姻（民法第九八八條），重婚者若係實施詐術，使其相婚者不知其重婚之事實而與其締結無效之婚姻，而此婚姻又經法院裁判確定無效者，則又該當本罪之構成要件，此乃形成重婚罪（第二三七條）與本罪之牽連關係，應依據第五十五條後段之規定，從較重之重婚罪（第二三七條）處斷㉑。

三、行爲結果

行爲人必須業與被害人締結無效或得撤銷之婚姻，而且其婚姻無效之裁判或撤銷婚姻之裁判業已確定者，方能構成本罪。換言之，即行爲必須產生婚姻無效或撤銷婚姻之裁判確定之行爲結果，方負本罪之刑責，故本罪爲結果犯。

四、主觀之不法要素

行爲人主觀上必須具備詐術締婚之故意。此等故意係指對其所締結之婚姻具有無效或得撤銷之原因有所認識，而決意締結婚姻，故如欠缺此等主觀之不法要素，縱有締婚之行爲，亦不構成本罪。

五、法律效果

犯本罪者，處三年以下有期徒刑。本罪須告訴乃論（第二四五條第一項）。

叄、通 姦 罪

有配偶之人與人通姦者，構成第二三九條之通姦罪，其相姦者亦同。本罪爲親身犯。

一、行爲主體

本罪唯有行爲主體直接親自實施本罪之行爲，方能成立，行爲主體無法與其他第三人共同違犯，故本罪爲親身犯（eigenhändige Delikte）。依據條文之規定，本罪之行爲主體有二，即：

（一）有配偶之人：何謂有配偶之人？已詳述於重婚罪（見本節、壹

㉑惟有學者認爲此乃構成想像競合，應依第五十五條前段之規定，從輕重之重婚罪處斷。參照韓著㈡，二八一頁。趙著（下），四五五頁。

之二），在此不贅。

（二）相姦者：即明知他人爲有配偶之人而與之發生非婚姻之性關係者。其本身是否亦爲有配偶之人？與本罪之成立無關，惟其若爲有配偶之人，且經其配偶提出合法告訴者，則又成爲前（一）類之行爲主體。又相姦之人若爲未滿十四歲之未婚女子或爲十四歲以上未滿十六歲之未婚女子，因其係準强姦罪（第二二一條第二項）或姦淫十四歲以上未滿十六歲女子罪（第二二七條第一項）之行爲客體，故無成爲本罪之相姦者之餘地。

二、行爲

本罪之行爲爲通姦，所謂「通姦」係指行爲人與相姦者彼此合意而爲之婚姻關係外之性行爲。行爲人祇要與有配偶之人通姦，或者有配偶之人與配偶以外之人通姦，均構成本罪，故如有婦之夫姦宿娼妓，理論上亦可成立本罪㉒，祇是實際上配偶並未或者甚少爲此提出告訴。

本罪之行爲可能與加重和誘罪（第二四〇條第三項）發生併合處罰或牽連關係，如行爲人先與有夫之婦相姦，其後又意圖續姦而加和誘，此應依通姦罪與加重和誘罪（二四〇條第三項）兩罪併罰，但如行爲人以姦淫爲目的而和誘有夫之婦，迨行至中途，始與姦淫，則其加重和誘行爲與通姦行爲具有牽連關係，應依第五十五條後段，從一重處斷㉓。

㉒參照趙著(下)，四六〇頁。

㉓參閱

①二七院一七六八：甲與有夫之婦乙相姦，嗣因戀姦起意將乙誘逃，應依相姦及意圖姦淫而和誘二罪併罰，若甲以姦淫目的誘乙出逃，行至中途始與姦淫，應就相姦及意圖姦淫而和誘二罪，從一重處斷。

②二八院一八六二(二)：先已與有配偶之婦相姦，嗣又意圖續姦而和誘，顯係先後各別觸犯刑法第二百三十九條及第二百四十條第三項之罪，應依同法第五十條併合處斷。

③二八上二六一五：上訴人先與有夫之某婦通姦，又因戀姦起意將該婦誘至其家以圖姦淫，關於相姦部分，已據本夫合法告訴，自應依刑法第二百三十九條及第二百四十條第三項，併合處罰。

三、主觀之不法要素

行爲人主觀上必須出於通姦之故意，而與配偶以外之人，發生婚姻關係外之性行爲，始構成本罪；否則，如係出於强姦故意，而與配偶以外之人發生性關係，其後雙方和解，由被害人撤回告訴，雖其妻告其通姦，但因不具通姦之故意，故不構成通姦罪。

四、法律效果

犯本罪者，處一年以下有期徒刑。本罪須告訴乃論（第二四五條第一項）。依據刑事訴訟法第二三四條第二項之規定，唯配偶有此告訴權，故如配偶死亡，而無告訴權人，自無法開始刑事追訴㉔。又依司法院之解釋，在無得爲告訴乃論之配偶時，該管檢察官不得依刑事訴訟法第二三六條之規定，指定代行告訴人㉕。

依第二四五條第二項之規定，配偶縱容或宥恕者，即不得告訴，此爲配偶告訴權之限制。對於配偶之通姦行爲，若事先縱容，或事後有恕，自即喪失其告訴權，惟配偶告訴權並非一有縱容或宥恕，即永久喪失㉖，而僅喪失對其縱容或宥恕之通姦行爲之告訴權，故如宥恕後，行

（續前）

④五一臺上二五三：與有夫之婦相姦後，起意和誘，應依相姦及意圖姦淫而和誘二罪併罰。若以姦淫目的誘之出逃，行至中途始與姦淫 始應從一重處斷。

⑤五六臺上二八三八：與有夫之婦相姦，嗣因戀姦起意將其誘逃，應依相姦及意圖姦淫而和誘二罪併罰。

⑥六四臺上二一七五：上訴人既先與某婦多次相姦，其後又因戀姦情熱，而和誘某婦脫離家庭同居姦淫，其後之和誘同居姦淫行爲，顯係另行起意，除其和誘後之相姦行爲與和誘行爲有牽連關係，應從一重之和誘罪處斷外，其和誘前之相姦行爲，卽應與和誘罪併合處罰。原判決竟認其先後相姦（包括和誘前後）係基於概括犯意，應依連續犯論以一罪，與和誘行爲具有牽連關係，應從一重之後者處斷，自難謂無違誤。

㉔參閱三二院二五九一：刑法第二百三十九條之罪，其告訴權專屬於配偶之一方，非他人所得代行告訴，甲偵知其妻某乙與丙姦宿，持刀前往捉姦，適乙丙姦畢在姦所門外相遇，被乙奪刀殺斃，其殺人係因姦釀成，但暫行新刑律補充條例第七條之規定，已爲現行刑法所不採，其通姦罪既無得爲告訴之配偶，自在不論之列。

㉕參閱二五院一五二四：刑事訴訟法（舊）第二百十五條之規定，於刑法第二百三十九條之妨害婚姻及家庭罪，無得爲告訴之配偶時，不適用之。

㉖參照陳著，五八七頁。

爲人竟復萌故態，與人續行通姦，則其配偶仍可行使其告訴權，不因曾有縱容或宥恕行爲而喪失其告訴權。惟若配偶對此續行之通姦行爲後有縱容或宥恕之表示，則其告訴權應卽喪失，自不待言。此外，對於配偶通姦行爲之縱容或宥恕，其告訴權卽已喪失，不能因嗣後翻悔而回復。又所謂縱容祇要容許其配偶與人通姦之行爲，卽爲已足，至相姦之人，原不必經其容許㉗。又配偶之縱容或宥恕，兩者所生之效果完全相同，不因縱容或宥恕而有所差異，如有告訴權人對於共犯中一人宥恕，按照告訴不可分之原則，對於其他共犯，自亦不得告訴㉘。

第三節　妨害家庭罪

刑法規定處罰之妨害家庭罪計有：壹、和誘未成年人罪。貳、和誘有配偶之人罪。叁、加重和誘罪。肆、略誘未成年人罪。伍、加重略誘罪。陸、準略誘罪。柒、移送被誘人出國罪。捌、收受藏匿被誘人或使之隱避罪等。今分別論述如下：

壹、和誘未成年人罪

行爲人和誘未滿二十歲之男女脫離家庭或其他有監督權之人者，構成第二四〇條第一項之和誘未成年人罪。本罪爲一般犯、結果犯與繼續犯。

㉗參照二五院一六〇五。

㉘參閱三〇院二二六一：刑法第二百四十五條第二項之縱容與宥恕，其不得告訴之範圍相同，如有告訴權人對於共犯中一人宥恕，按照告訴不可分之原則，對於其他共犯，自亦不得告訴。

一、行爲主體

任何人均可能成爲本罪之行爲主體，即使對行爲客體享有監督權之人，亦可能成爲本罪之行爲主體，如監督權人未得其他監督權人之同意，而實施本罪之行爲，或如父或母一方之不法行爲，使未成年子女脫離他方親權㉙。

二、行爲客體

本罪之行爲客體自本條規定以觀，係未滿二十歲之男女，惟未滿十六歲之男女則爲準略誘罪（第二四一條第三項）之行爲客體，又雖爲未滿二十歲之男女，但已爲有配偶之人者，則又爲和誘有配偶之人罪（第二四〇條第二項）之行爲客體，而且本罪所保護之法益乃爲家庭或其他監督權人對於未成年人之監督權，本無家庭或無監督權人存在之未成年人，自不能成爲本罪之行爲客體。因此，本罪之行爲客體乃以有家庭或有監督權人存在之十六歲以上未滿二十歲之未婚男女爲限㉚。

本罪之行爲客體不以與其家庭或監督權人同居一地者爲必要㉛，故如未成年人縱因一時在外求學，未能與其家庭之監督權人同居一地，仍可成爲本罪之行爲客體㉜，又如未成年人一時外出就業，即令未告知其

㉙參閱二一上一五〇四：未成年之子女，其父母在法律上均享有親權，不得由任何一方之意思而有所侵害，以父或母一方之不法行爲，使脫離他方親權時，仍應負刑事上相當罪責。

㉚參閱

①二一院六九四：未滿二十歲之女尼，被人和誘，其師尼或住持尼，如曾受該女尼父母委託，行使監護之職務，即應認爲法律上之監護人。

②二四上五一一四：刑法上所謂和誘未滿二十歲之女子，須被誘人出生之年月日按週年法計算，至被誘之日尚未滿二十歲者，始屬相當。

㉛參閱四三臺上一〇二：被害人雖因在某飲食店充服務生，未能與其家庭之監督權人同居一地，但上訴人意圖姦淫而和誘之使其脫離家庭，仍應認係直接侵害其家長之監督權，原判決以和誘脫離其他有監督權之人論處，自有未洽。

㉜參照二八上三九八四。

父，亦可成為本罪之行為客體㉝。此外，如被誘人雖未滿二十歲，但曾經結婚，已有行為能力，縱其婚姻關係已不存在，因其已曾結婚即已自立，脫離監督，不能成為妨害家庭罪之行為客體㉞。

三、行為

本罪之行為為和誘。所謂「和誘」係指得被誘人之同意，而加誘拐㉟，使其置於自己實力支配之下，並脫離家庭或其他監督權人之監督而言。行為人若係使用强暴或脅迫等不法之强制手段，而違背被害人之意思，將其移置於自己實力支配之下，則為略誘而非和誘㊱。行為係和誘抑或略誘？應以行為人對於被誘人所施之手段如何而定，而非以行為人對於被誘人之家長或監督權人之手段為標準，若行為人之拐取方法係得被誘人之同意，縱令對其家長或監督權人更有强暴脅迫或詐欺等情事，除其强暴或脅迫等强制行為，已具别罪之構成要件而論以他項罪名外，並不影響其行為之和誘本質㊲。

四、行為結果

行為人之和誘行為必須將被誘人移置於自己實力支配之下，造成被

㉝參閱五一臺上六七五：告訴人尚未成年，其一時出外就業，即令未告知其父，尚難遽認其已無家庭或其他監督權之人。

㉞參照四五臺上一四八九。

㉟參閱三三上一四八七：刑法第二百四十條之和誘罪，除被誘人之脫離家庭或其他有監督權人，係得被誘人之同意外，並以行為人有引誘之行為為成立要件。

㊱參閱

①二〇上一三〇九：（見156頁之註㊻）。

②五一臺上二二七二：刑法上之和誘，係指被誘人知拐誘之目的而予同意者而言，如施行詐術等不正當手段，反乎被誘人之意思，而將其置於自己實力支配之下則為略誘，而非和誘。

此外，六四臺上三七七亦同旨。

㊲參照二九上三五九二。

誘人脫離其家庭或其他監督權人之結果，方能構成本罪㊳。所謂脫離係指行爲人在事實上將被誘人移置於自己實力支配範圍內，使其與家庭或其他監督權人完全脫離監督關係，其家庭或其他監督權人對於被誘人之監督權因之陷於不能行使之狀態㊴。

爲保護未成年人，民法設有種種保護監督權之規定（民法第一〇八四條至一一〇九條），本罪卽以家庭或其他監督權人對於未成年人之監督權爲保護客體，故行爲人之行爲必須破壞此等保護客體，方能成立本罪。因此，如被誘人並無家庭或其他監督權人之存在，或如被誘人之父母或養父母合意價賣被誘人㊵，或被誘人雖被和誘，但並未完全脫離其

㊳參閱五一臺上三一七：被誘人年尙未滿二十歲，其結婚應得法定代理人之同意，上訴人未得被誘人父母之同意，擅卽將之帶在身邊，不令回家，難謂無誘使脫離家庭之行爲。

㊴參閱

①五三臺上四八六：刑法第二百四十條之罪，以脫離家庭，或其他有監督權之人，爲其構成要件之一，故事實上，須將被誘人移置自力支配範圍之內，而與親權人等完全脫離關係，易言之，卽使親權人等，對於被誘人已陷於不能行使親權等之狀況，方與該條罪責相符。

②五六臺上三三三一：刑法第二百四十條各項和誘脫離家庭或其他有監督權人之罪，係以行爲人將被誘人移置於自己實力支配下，使其與家庭或其他有監督權之人完全脫離關係，爲構成要件。所謂脫離關係，係指被誘人之父母或其他有監督權之人對於被誘人有陷於不能行使親權或監督權之情形而言。

③五七臺上三八七四：（前略）上訴人和誘被誘人偕往高雄姦宿時，已將去處告知其兄母，囑代轉告被誘人之父母，並據以將被誘人覓回，被誘人是否完全脫離親權之監督，尙非無審酌之餘地。

㊵

①二二院八八六：刑法（舊）第二百五十七條之罪，乃直接侵害管理未成年人之權利，父母合意價賣其未成年之親生子女與人爲養子女等情事，除有妨害自由或妨害風化應依各本條處斷外，不成立妨害家庭之罪。

②二二上五一九：養子女與養父母之關係，除法律另有規定外，與婚生子女同，爲民法第一千零七十七條所明定。養親對於未成年之養子女，在收養關係存續中，當然爲享有親權人，除惡意收養，以收養爲引誘脫離生父母親權之手段，

家庭或其他監督權人之監督關係㊶等，均無由構成本罪。

五、主觀之不法要素

行爲人必須具備和誘行爲客體脫離家庭或其他監督權人之故意，亦卽行爲人必須具備破壞被誘人之家庭監督權之故意，方能構成本罪㊷，故行爲人若欠缺此等主觀之不法要素，縱有和誘行爲與脫離家庭或其他監督權人之行爲結果，亦不構成本罪，如童養媳不堪虐待，其表兄以保護爲目的，本其善意，置於安全之地，不負本罪之刑責㊸。

本罪旣以被誘人之年齡爲構成要件之一，故行爲人之主觀之不法要素尙應包括被誘人係未滿二十歲者之認識，否則，如對行爲客體欠缺認識，卽足以排除本罪之故意而不構成本罪㊹。至於行爲人係出於何種動機而和誘十六歲以上未滿二十歲之男女脫離家庭或其他監督權人？則在所不問。

六、未遂犯

（續前）應構成刑法（舊）第二百五十七條之誘拐罪不能享有親權外，如屬善意收養，其親權人旣非生父母而爲養父母，則養父母因貧合意賣其子女時，自不能具備脫離享有親權人之要件，而構成誘拐罪。

㊶實例如下：

①二〇上一五〇九：（前略）本案甲被誘人，雖被上訴人引誘私行租房同居，而與其母並未斷絕往來，不過詐稱住在學校以資掩飾，尙難謂爲完全脫離親權人之監督。

②二五上四三九：意圖姦淫而和誘未滿二十歲女子脫離家庭之罪，必須具有使被誘人脫離家庭之意思，而移置於自已實力支配之下，方與法意相符，如僅爲一時便利行姦，同赴旅館幽會，事後仍各自回家，卽與前述情形有別。

㊷參閱五一臺上一一三一：上訴人和誘被誘人至沙鹿鎭，事前旣未得被誘人之父之同意，事後亦未告知被誘人之父，致被誘人與其父母失去聯絡，是其有使被誘人脫離家庭之意思，已堪認定。

㊸參照二六、三、二議。

㊹但有反對說，認爲本罪重在保護監督權之行使，故以被誘人在事實上未滿二十歲爲已足，本法並未規定以明知其年齡爲要件，縱被誘人外表上已超過其年齡，亦不得以此阻却犯罪之故意，見陳著，五六九頁。

本罪之未遂行爲，第二四〇條第四項設有處罰規定。既遂與未遂之區分乃以被誘人是否已處於行爲人實力支配之範圍內而完全脫離其家庭或其他監督權人之監督關係爲標準，故如行爲人雖已將被誘人誘出，但尙未將其置於自己實力支配之下，則其和誘行爲卽屬未遂㊺。至如已將被誘人置於自己盡力支配之下，雖尙未到達目的地，但仍爲本罪之既遂。

七、法律效果

犯本罪者，處三年以下有期徒刑。

八、減輕刑罰事由

本罪之行爲人若於裁判宣告前送回被誘人或指明所在地因而尋獲者，得減輕其刑（第二四四條）。依此減輕刑罰事由之規定，行爲人祇須在裁判宣告前送回或指明者，卽得減輕其刑，其係繫屬於偵查程序或審判程序，抑係辯論終結？均非所問。稱「送回」並不以將被誘人送回原所在地爲限，卽使將被誘人送交有關機關或相當之關係人，亦可當之。又稱「尋獲」祇須因行爲人之指明所在地而尋獲者卽爲已足，至於係由何人尋獲？則非所問。又送回或指明，並不以行爲人親自爲之爲限，卽使委託他人代爲之者亦可。此外，得適用本條之規定而減輕刑罰者，僅限於送回人或指明人，但不及於其他共同被告。至於行爲人係出於何種動機而送回或指明？亦在所不問。

㊺參閱五七臺上二七五一：刑法上之和誘，係指行爲人實施引誘，並得被害人之同意，將其誘出，置於自己實力支配之下而言。如行爲人雖已將被害人誘出，但尙未將其置於自己實力支配之下，其和誘行爲自屬未遂。

貳、和誘有配偶之人罪

行為人和誘有配偶之人脫離家庭者，構成第二四〇條第二項之和誘有配偶之人罪。本罪為一般犯、結果犯與繼續犯。

一、行為客體

本罪之行為客體為有配偶之人，即指現存有正式婚姻關係之男女，包括有夫之婦與有婦之夫㊻，其年齡並無限制，無論已滿或未滿二十歲之男女，均可成為本罪之行為客體㊼。又締結無效婚姻之人，固非有配偶之人，但締結得撤銷之婚姻之人，在該婚姻未撤銷前，仍為有配偶之人　，故仍可成為本罪之行為客體（並參閱本章第二節、壹之二）。

依據戡亂時期軍人婚姻條例第十三條第三項之規定，敵前或執行作戰命令或服務最艱苦地區軍人之配偶若成為本罪之行為客體，則犯本罪之行為人加重其刑至二分之一。

二、行為

本罪之行為與和誘未成年人罪（第二四〇條第一項）同為和誘㊾，已詳述於前（見本節、壹之三），在此不贅。又行為人之行為若係略誘而非和誘，則應依其實際情狀，分別成立略誘婦女罪（第二九八條第

㊻見二六院一六五二㈠。

㊼參閱二六院一六〇九：刑法第二百四十條第二項所定有配偶之人，並無年齡限制，無論已否滿二十歲之男女，如經和誘脫離家庭，即成立本項之罪。

㊾參閱

①二八上五六三：上訴人既明知某氏為有配偶之人，而誘其背夫偕逃姘度，則不問某氏同意偕逃之原因為何，均無解於和誘有配偶人之罪責。

②二九上二四四二：刑法上之和誘，原係指得被誘人同意將其誘出置於自己支配力之下者而言，某婦雖自願背夫與被告偕逃，而既係出自被告之引誘，要難謂與和誘之要件不符。

一、二項）或私行拘禁罪（第三〇二條第一項）[50]。

三、行爲結果

行爲人之和誘行爲必須造成被誘人脫離家庭之結果，方能構成本罪。所謂「脫離家庭」係指行爲人誘拐有配偶之人，將其置於自己實力支配之範圍內，使其長時間地離開其與配偶合組而成之家庭而言，故如和誘有配偶之人，短時間地離開家庭而至旅社行姦，事畢即令其返家，則無造成被誘人脫離家庭之結果，自無由構成本罪，如經配偶合法告訴，亦祇能構成通姦罪（第二三九條）。又本罪原在保護配偶家庭之安全，倘配偶之一方對於他方之脫離家庭已經同意，法律自無再加保護之必要，故他方脫離家庭之原因雖係由於被誘，但如行爲人於事前已得該配偶之同意時，即不構成本罪[51]。

四、主觀之不法要素

行爲人必須出於誘令有配偶之人脫離其家庭之故意而和誘者，方能構成本罪。此種主觀之不法要素包括和誘之故意及明知被誘人爲有配偶之人[52]。行爲人若欠缺此等主觀之不法要素，自不能構成本罪。至於行爲人係出於何種動機而誘令有配偶之人脫離家庭？則非所問，惟若係出於營利意圖或使被誘人爲猥褻之行爲或姦淫之意圖，則該當加重和誘罪（第二四〇條第三項）之構成要件，自依該罪處斷，而不另成立本罪。

五、未遂犯

本罪之未遂行爲，第二四〇條第四項設有處罰規定。既遂或未遂之

---

[50] 參閱二六院一六五二㈠：單純（卽無何種不法之意圖）略誘有配偶之人，依刑法第三百零二條第一項處斷。

[51] 參照二八上五八五。

[52] 參閱五八臺上三六〇一：刑法第二百四十條第三項、第二項意圖姦淫而和誘有配偶之人脫離家庭罪，以明知被誘人係有配偶者爲構成要件。此項要件，應於判決事實欄加以記載，然後其所適用之法令始有事實之根據。

區分乃以被誘人是否已處於行爲人實力支配之範圍內而已否完全脫離其家庭爲標準。

六、法律效果

犯本罪者，處三年以下有期徒刑。本罪須告訴乃論（第二四五條），且唯配偶有此告訴權（刑訴法第二三四條第三項）。

七、減輕刑罰事由

行爲人於裁判宣告前送回被誘人或指明所在地因而尋獲者，得減輕其刑（第二四四條）（詳參閱本節、壹之八）。

叁、加重和誘罪

行爲人意圖營利或意圖使被誘人爲猥褻之行爲或姦淫而犯和誘未成年人罪（第二四〇條第一項）或和誘有配偶之人罪（第二四〇條第二項）者，構成第二四〇條第三項之加重和誘罪。本罪爲一般犯、結果犯、繼續犯與獨立犯[53]，係和誘罪之加重犯。

一、行爲客體

本罪之行爲客體有二，一爲有家庭或有監督權人存在之十六歲以上未滿二十歲之未婚男女，另一爲有配偶之人（參閱本章第二節、壹之二）。

[53]參閱三〇上一一〇八：刑法第二百四十條第三項，乃和誘罪之加重規定，其罪刑均屬獨立，凡成立該條項之罪者，無庸贅引同條第一項或第二項。

二、行　爲

本罪之行爲亦爲和誘，其涵義已詳述於前（見本節、壹之三），在此不贅。行爲人必須有引誘之行爲，方能構成本罪，故如在家庭或其他監督權下之人，以姦淫目的，出於自己之意思發動，私自外出與人同居，則不構成本罪㊺。又意圖姦淫僅爲本罪之一種意思要件（見下述四），且本罪之行爲爲和誘而非姦淫，故無連續和誘之情形，即難論以本罪之連續犯㊻。此外，本罪之行爲可能與通姦罪（第二三九條）發生併合處罰或牽連犯之關係㊼。又本罪之行爲可能與姦淫十四歲以上未滿十六歲女子罪（第二二七條第一項）發生牽連關係或併合處斷㊽。

㊺參閱二七滬上二九：刑法第二百四十條第三項之和誘罪，除被誘人脫離家庭或其他監督權人係得被誘人之同意外，並以行爲人有引誘之行爲爲成立要件，如果在家庭或其他監督權下之人，以姦淫目的出於自由之意思發動，私行出外與人同居，即與被誘之條件不合。

㊻參照二八上二三六二與五六臺上三九六，並參閱四五臺上七一三：意圖姦淫，爲構成刑法第二百四十條第三項所規定和誘罪之意思要件，其犯罪行爲，則爲和誘而非姦淫，原判決理由不以和誘行爲之個數論斷是否連續犯，竟以上訴人先後與被誘人姦淫之行爲，係基於概括犯意。遽斷定應以連續意圖姦淫而和誘未滿二十歲之女子脫離家庭罪，顯屬違誤。

㊼參閱前註㉓。此外，並參閱二九上八一八：刑法第二百四十條第三項所謂意圖姦淫，爲關於和誘罪之意思要件，本不包括姦淫行爲在內，上訴人因欲達其姦淫目的，於和誘有夫之某氏後，實施姦淫行爲，其姦淫部分又經合法告訴，自無解於刑法第二百四十條第三項及第二百三十九條之罪責，惟其中具有牽連犯關係，仍應從較重之和誘罪處斷。此外，五四臺非一四四亦同旨。

㊽實例如下：

①四三臺上三四八（見670頁之註㊻）。

②五一臺上三四七：上訴人連續姦淫十四歲以上未滿十六之女子後，囑其於婚後逃出，與己結婚，及該女子於婚後逃出，又復誘往各處連續實施姦淫，除其意圖姦淫和誘有配偶之人脫離家庭一罪，與其連續與有配偶之人相姦一罪，有牽連關係，應從一重之意圖姦淫和誘罪處斷外，其連續姦淫十四歲以上未滿十六歲之女子罪，即應與意圖姦淫和誘一罪，併合處斷。

本罪爲繼續犯，被誘人在尚未脫離行爲人實力支配之前，行爲人之和誘行爲仍在繼續狀態中㊾，此時若另有他人與行爲人有犯意之連絡而參與和誘，則即構成本罪之共同正犯㊿。

三、行爲結果

行爲人之加重和誘行爲必須將行爲客體移置於自己實力支配之下，造成行爲客體完全脫離其家庭或其他監督權人之結果，方能構成本罪(61)，否則，自不成立本罪(62)。至於被誘人脫離家庭日期之多寡？則與

㊾參閱五五臺上二五四〇㈡：刑法第二百四十條、第二百四十一條及第二百九十八條之和略誘罪，在被誘人未脫離犯罪者實力支配前，仍應認爲在犯罪行爲繼續中。

㊿參閱五二臺上二五一二：和誘罪係繼續犯。上訴人甲在被誘人未脫離上訴人乙實力支配前，即其和誘行爲繼續中參與，仍不失爲共同正犯。

(61)參閱

①三〇上五五三：被誘人某乙，如果確係某甲之使女，而其親屬中別有監督權人，且在被誘時已滿十六歲，則上訴人以營利之意圖而爲和誘，固係成立刑法第二百四十條第三項之罪，假令其並非使女，而爲養女，且年未滿十六歲，則依民法第一千零七十七條及第一千零八十四條之規定，其養父某甲對於某乙即爲有監督權之人，上訴人得甲乙之同意而價買圖利，尚與前述妨害家庭罪之要件不符，惟某乙對於上訴人之和誘行爲，按照刑法第二百四十一條第三項之立法精神，不能謂有同意能力，某甲之同意賣買，本屬妨害自由之共犯，該上訴人即應成立刑法第二百九十八條第二項之罪。

②四〇臺上一三：刑法第二百四十條第三項之意圖姦淫，而和誘未滿二十歲之男女脫離家庭或其他監督權人之罪，必使被誘人脫離家庭或其他監督權人，而誘置於自己實力支配之下者，方屬相當。

③四五臺上三〇六：刑法第二百四十條第三項之罪除意圖姦淫和誘未滿二十歲之女子外，並以使被誘人脫離家庭或其他有監督權之人爲其構成要件。

(62)參閱六五臺上一二六四：意圖姦淫而和誘有配偶之人脫離家庭之罪，必須具有使被誘人脫離家庭之意思而實施引誘並將被誘人移置於自己實力支配之下方與法意相符，如僅爲雙方自願行姦，相偕外出幽會，事後仍各自回家即與上述情形有別。

犯罪之成立無關[63]。

四、主觀之不法要素

行爲人主觀上必須具備營利意圖或使被誘人爲猥褻行爲或姦淫之不法意圖，認識行爲客體爲未成年人或有配偶之人罪而決意和誘行爲客體，方能構成本罪[64]，故若行爲人欠缺此等主觀之不法要素，縱係出於姦淫之意圖而有和誘行爲，亦不構成本罪，如行爲人並不具有使被誘人脫離家庭之意圖，僅爲一時便利行姦，同赴旅館幽會，事後仍各自回家，則不構成本罪[65]。

行爲人祇係出於營利、爲猥褻行爲或姦淫等三種不法意圖中之任何一種意圖，而實施本罪之行爲，卽爲已足，至於行爲人之不法意圖是否得逞？則非所問。又意圖營利，究係爲自己，抑或爲他人圖利？則在所不同[66]。又意圖使被誘人爲姦淫，並不限於意圖使被誘人與自己姦淫，

---

[63]參閱五五臺上三一一七：刑法第二百四十條第三項意圖姦淫和誘未滿二十歲女子脫離家庭罪，以具有使被誘人脫離家庭之意思，而移置於自己實力支配之下爲要件。至於脫離家庭日期之多寡，與犯罪之成立無關。

[64]參閱

①四三臺上四八五：意圖姦淫而和誘有配偶之人脫離家庭之罪，必須其有使被誘人脫離家庭之意思，而移置於自己實力支配之下，方克相當。

②五〇臺上八八一：刑法上意圖使被誘人爲姦淫而和誘有配偶之人脫離家庭罪，以明知其有配偶爲犯罪成立要件之一，上訴人於和誘被害人至潮州鎮姦宿時，是否知其爲有配偶之人，旣未經原判決於事實欄內明予認定，又未於理由欄內記載其所憑之證據，顯屬理由不備，於法有違。

[65]參照二五上四三九，並參閱四三臺上二五：刑法第二百四十條第三項之和誘罪，必須具有使被誘人脫離家庭之意思，而移置於自己實力支配之下，方與法意相符。如果僅爲一時便利行姦，同赴旅館或其他處所幽會，事後仍各自回家，或在家庭或其他監督權下之人，以姦淫目的，出於自己之意思發動，私行出外與人同居，卽與前述情形不合。

[66]參閱三六院解三六九〇：某甲和誘有配偶之人寄藏知情之某乙處以待價賣，因被誘人家屬懸賞尋人，某甲卽向其家屬報告，並需索多額賞金，被誘人識破鳴

始能成立，縱係意圖使被誘人與他人姦淫，而參與和誘之行爲，亦足以構成本罪⑰。此外，意圖姦淫僅爲本罪之一種主觀之不法要素，行爲人祇要意圖姦淫而實施和誘行爲即爲已足，至其有無姦淫行爲，則非所問⑱。惟意圖姦淫而和誘有配偶之人脫離家庭後，如已發生姦淫，則除構成本罪外，並另成立通姦罪（第二三九條），兩罪因有牽連關係，故應依第五十五條之規定，從一重處斷⑲。

五、未遂犯

本罪之未遂行爲，第二四〇條第四項設有處罰規定。既遂與未遂之區分乃以被誘人是否已處於行爲人實力支配之範圍內而已完全脫離其家庭或其他監督權人之監督爲標準⑳。至於行爲人之圖利、爲猥褻行爲或姦淫等不法意圖是否獲得實現？則與本罪之既遂無關，惟若此三種不法意圖若有業已實現者，則尚有可能牽連犯他罪。

六、法律效果

犯本罪者，處六月以上，五年以下有期徒刑，並得併科一千元以下

（續前）警拘獲，應以意圖營利和誘有配偶之人脫離家庭既遂與詐術未遂罪併合處罰。某乙如有得財之企圖，應成立意圖營利藏匿被誘人之罪，否則僅予某甲以實施犯罪之便利，應以幫助犯罪論處。

⑰參照二八上七〇五、四二臺上三八七。

⑱參照二八上二四〇二。

⑲參閱五八臺上三一七六：刑法第二百四十條第三項之罪，僅指有姦淫之意圖，實際上尚未發生姦淫者而言。如已發生姦淫，應視其姦淫行爲究發生於和誘以前，抑在和誘之後，依司法院院字第一七六八號解釋，適用法律各有不同[illegible]姦淫在和誘以前，檢察官對姦淫事實，又未經起訴，則姦淫部分固當置而不論。若姦淫在和誘以後，應依刑法第五十五條後段處斷。縱使姦淫部分未經起訴，祇須已合法告訴，即不能置而不論。

⑳參閱五一臺上八九一：上訴人甲因所營茶室行將停業，乃誘使原在該茶室充侍應生尚未成年之被誘人，轉往上訴人乙所營之妓女戶充當妓女，被誘人於同意並收取乙借與之款項後，忽又翻悔自行離去，則被誘人顯尚未完全入於上訴人等實力支配之下，其和誘即屬未遂，原判決遽予依既遂罪論科，自難謂無違誤。

罰金。此等併科罰金之規定，並不以意圖營利而犯之和誘罪爲其適用之範圍，故如行爲人雖非出於營利意圖而犯本罪，但仍可於科處徒刑之外，併科罰金❼❶。又本罪（第二四〇條第三項）爲和誘未成年人罪（第二四〇條第一項）與和誘有配偶之人罪（第二四〇條第二項）之加重規定，故如對於意圖姦淫和誘未滿二十歲女子或有配偶之人脫離家庭之行爲，以僅依本罪（即第三項）論擬，即爲已足，毋庸贅引第一項或第二項❼❷。

七、減輕刑罰事由

行爲人於裁判宣告前送回被誘人或指明所在地因而尋獲者，得減輕其刑（第二四四條）（詳參閱本節、壹之八）。

肆、略誘未成年人罪

行爲人略誘未滿二十歲之男女，脫離家庭或其他有監督權之人者，構成第二四一條第一項之略誘未成年人罪。本罪爲一般犯、結果犯與繼續犯。

一、行爲主體

---

❼❶參閱

①二八上三五〇五：刑法第二百四十條第三項併科罰金之規定，並不以意圖營利而犯之和誘罪爲其運用之範圍，上訴意旨以其無圖利行爲攻擊併科罰金爲違法，自屬誤會。

②二八上二五六〇：原判決以上訴人和誘某氏既在使其姦淫並非營利，審酌案情於判處徒刑外，不再併科罰金，按之刑法第二百四十條第三項規定，以併科罰金與否，委諸審判官自由裁量之法意，尚難指爲違法。

❼❷參照四二臺上三八七。

本罪之行爲主體與和誘未成年人罪（第二四〇條第一項）者同，前（本節、壹之一）已詳述，在此不贅。

二、行爲客體

本罪之行爲客體依條文之規定爲未滿二十歲之男女，惟如被誘人雖未滿二十歲，但已結婚，已有行爲能力，脫離監督，故不能成爲本罪之行爲客體㊱，同時，如未滿二十歲之男女，現無家庭且無其他監督權人，亦不能成爲本罪之行爲客體㊲。因此，本罪之行爲客體應爲有家庭

㊱參閱

①二六院一六五二㈠（見前註㊿）。

②三〇上三：上訴人前將某女擄至伊家成婚，如未舉行相當儀式，卽違反民法第九百八十二條之規定，依同法第九百八十八條第一款係屬無效，上訴人於某女回歸母家後，復將其擄至伊家，固係略誘未滿二十歲之女子脫離家庭，倘該項結婚僅有法律上之撤銷原因，則在未經撤銷以前，夫妻關係依然存在，縱某女有不與上訴人同居之正當理由，而上訴人將其由母家架回，亦僅成立刑法第三百零二條第一項之妨害自由罪，不能論以妨害家庭罪名。

③四五臺上一一〇五㈠：民法第十三條第二項規定未成年人已結婚者爲有行爲能力，縱令其婚姻關係已不存在，因其已曾結婚卽已自立脫離監督，仍不能認爲妨害家庭罪之客體，如對之略誘亦祇能依刑法第二百九十八條論處，殊無適用同法第二百四十一條之餘地。

④四五臺上一四八九：被誘人年雖未滿二十歲，但曾經結婚已有行爲能力，就令其婚姻關係現已不存在，因其曾經結婚卽已自立脫離監督，不能爲妨害家庭之客體。

⑤六二臺上三六五八（見156頁註㊺之⑤）。

㊲參閱

①二七上三〇二：刑法第二百四十一條之罪，以略誘未滿二十歲之男女脫離家庭或其他監督權之人爲構成要件，如未成年人原無家庭或其他監督權之人，或其監督權人已對犯人之行爲予以同意者，除其行爲具備妨害自由罪之條件，應依各該規定處斷外，要難以本條之罪相繩。

②五七臺上一五八九：刑法第二百四十一條之略誘罪，既以使被誘人脫離家庭爲其構成要件之一，自以被誘人有家庭存在始有誘使脫離之可言。倘被誘人原無家庭或其他監督權之人，則略誘之者，除可成立妨害自由罪名外，尚難以本罪相繩。

或其他監督權人存在㊄之未滿二十歲之未婚男女。

三、行爲

本罪之行爲爲略誘，所謂「略誘」係指以强暴、脅迫、恐嚇、詐術㊅、或其他不正之方法，實施誘拐，違反被誘人之意思，使其離開原來之生活處所，而將其移置於自己實力支配之下而言㊆。實施略誘之强暴、脅迫、詐術或其他不正方法等行爲手段，並不限於對被誘人實施，即使係對於有監督權之人實施，而違反被誘人之意思，將其移置於自己實力支配下，亦能成立本罪。又如被誘人現僅七歲，並無同意能力，行爲人以食物將其誘出，即屬略誘㊇。此外，行爲人祇要以强暴、脅迫等不正方法，使被誘人脫離家庭而置於自己實力支配之下，即足以構成本罪，縱然被誘人於事後告知其監護人，亦不影響本罪之成立㊈。

㊄參閱二四上一四二六：刑法（舊）第二百五十七條之被誘人，除係未滿二十歲之男女外，且須其在享有親權人或監護權人之下爲要件，蓄婢爲法令所禁，蓄婢之人對於所蓄婢女並無監護權，和誘未滿二十歲之婢女，除該婢女另有親權或監護人外，自不能論以前項罪名。

㊅參閱五九臺上三二五九：上訴人以代覓高薪工作爲詞，誘使被害人離家出走，既使用詐術不法手段，即屬略誘而非和誘。

㊆參閱

①二〇上一三〇九（見156頁之註㊻）。

②五六臺上一〇一〇：略誘罪之成立，以有强暴、脅迫、詐術等不正之手段而拐誘之者爲其要件，此項要件，應於科刑判決書之事實欄予以明確之記載，方足爲適用法律之根據。略誘罪係採繼續犯說，被誘人未脫離略誘人實力支配之前，爲略誘行爲之繼續中。

㊇參照二六上一一六六，並參閱五五臺上二〇四七㈠：上訴人佯稱帶被害人等至鳳山遊玩，當日下午四時帶返，而實際並未帶至鳳山遊玩，亦未於當日下午四時帶返，反而誘拐至屏東縣琉球鄉價賣，不使回家，是其誘拐之手段，完全出於詐騙，自屬略誘行爲，不能因被誘人爲年僅七歲五歲之幼童，懵懂盲從，即可論爲和誘。

㊈參閱五六臺上二七一二：刑法上之略誘罪，以行爲人有惡意私圖，以不正之

本罪之略誘行爲往往亦生妨害他人自由之結果，此應包括於略誘行爲之罪質中，不應另論妨害自由罪⑳。又本罪之行爲與妨害自由罪章中之略誘婦女罪（第二九八條第一、二項）同爲略誘，所不同者祇是兩罪之保護法益各異，本罪所保護者爲家庭或其他監督權人之監督權，而略誘婦女罪則爲被誘人之行動自由。因此，如被誘者爲有家庭或其他監督權人存在之未滿二十歲之未婚男女，固應成立本罪，惟如被誘人若無家庭或其他監督權人存在，則自無由構成本罪而應視行爲人之意圖，分別成立普通略誘婦女罪（第二九八條第一項）或加重略誘婦女罪（第二九八條第二項）㉛。

四、行爲結果

行爲人之略誘行爲必須使行爲客體離開其原來之生活處所，而移置於行爲人實力支配之下，造成行爲客體完全脫離其家庭或其他監督權人

（續前）手段使被誘人脫離家庭，置於自己實力支配之下，即已成立，不以被誘人事後告知其監護人而解免罪責。

⑳參閱

①二八上三五一四：將他人十齡幼女誘至己家鎖禁室內，其關鎖幼女，即係略誘行爲，不能更成立非法剝奪人行動自由之罪。

②六三臺上一二九一：上訴人中略誘未滿十二歲之女子脫離其父母之監督權，係犯刑法第二百四十一條第二項之罪。至其將被誘人置於自己實力支配之下，行動自由雖被剝奪，惟在其實力支配尚未解除以前，略誘行爲在繼續之中，其妨害行動自由部分已構成略誘之內容，自不得於略誘罪之外更論以妨害行動自由罪，僅應依刑法第二百四十一條第二項之罪處斷。

㉛參閱

①二六渝上六三六：刑法第二百四十一條之略誘罪，除侵害被誘人之自由法益外，並侵害家庭或其他監督權人之法益，與同法第二百九十八條第一項之略誘罪，專係侵害個人法益者不同，被略誘某女之年齡，既未滿二十歲，則被告使之脫離家庭，即已侵害其監督權人之監督權，縱係意圖與自己或他人結婚，仍應依刑法第二百四十一條第一項處斷。

②二七上三〇二（見前註㉔之①）。

③三四院解二九四一（見163頁之註㊲）。

之結果，而使其家庭或其他監督權人無法行使其監督權或行使其監督權顯有困難，方能構成本罪㉜，故如被誘人現無家庭或其他監督權人之存在或如父母價賣其子女㉝或被誘人雖被行爲人略誘，但並未完全脫離其家庭或其他監督權人之監督關係㉞等，則因無家庭監督之存在，或因行爲並未發生構成要件上之行爲結果，故均不構成本罪。

五、主觀之不法要素

行爲人主觀上必須具備略誘行爲客體脫離家庭或其他監督權人之故意，方能構成本罪，故如欠缺此等主觀之不法要素，則不成立本罪㉟。

㉜參閱

①二四上五二四七：刑法第二百四十一條之略誘罪，以使被誘人脫離家庭或其他有監督權之人爲其構成要件之一，故事實上須將被誘人移置於自己實力支配範圍之內，而與其監督之人完全脫離關係，換言之，即使有監督權之人對於被誘人陷於不能行使監督權之狀況，方與該項罪質相符。

②二五上三五五七：被誘人某甲，年僅十四歲，尙有生母存在，雖因被師毆責，由其習業之商店內自行逃出，而其家庭之監督關係並未消滅，上訴人乘其在路上徘徊，以代覓宿所爲詞，誘置於自己實力支配之下，即係使其脫離家庭，自應仍負刑法第二百四十一條第一項之略誘罪責。

㉝參閱二〇非一八一：某甲因貧不能養活其六歲幼子，商由乙丙等介紹出賣，取得身價，以現行之刑法論，即不得指爲誘拐，且以父母而自賣其子女，亦不生妨害家庭監督權之問題，核與刑法（舊）第二百五十七條規定之要件不合，當然不能成立本罪，而乙丙雖曾爲之介紹找主，然未能證明其別有何種不法行爲，亦難以幫助略誘論。

㉞參閱二〇上一五〇九（見前註㊶之①）。

㉟參閱

①十九上一三〇二：某甲先將乙女搶走後，上訴人受乙母丙之囑託，將乙女奪回，該乙女與甲婚姻關係既未合法成立，而上訴人之奪回乙女，又係受其母之囑託，自不成立略誘之罪。

②二七非一六：刑法上之誘拐罪，須有惡意之私圖，以不正之手段，將他人置於自己實力支配之下，方能構成。被告因未成年人某甲，被其家屬逐出，飢餓難堪，在路哭泣，邀其到家給食，幫同生理，係出於慈善救護之意思，並無惡意之私圖與不正之手段，自不負略誘罪責。

又如全部監督權人均已同意行爲人之行爲，則足以排除故意，而不構成本罪㊱。

本罪既以被誘人之年齡爲構成要件之一，故行爲人必須對於行爲客體係未滿二十歲之人有所認識，方能構成本罪，若欠缺此等認識，即足以排除故意，而不成立本罪。至於行爲人係出於何種動機而略誘行爲客體？則非所問㊲，如以使未滿二十歲之女子與自己或他人結婚爲目的而略誘之，應構成本罪㊳，惟如意圖營利或使被誘人爲猥褻之行爲或姦淫

（續前）

③五七臺上三二八一：刑法第二百四十一條第一項之略誘罪，以使被誘人脫離其監督權之人爲其構成要件之一。故事實上須使被誘人與其監督權人完全脫離關係，方與該項罪質相符。原判決認定上訴人之將某甲之四歲子抱回家中，係在督促某甲償還其積欠之貨款。如果屬實，則當某甲還淸其欠款時，上訴人即可將小孩送還，殊難認其有使被誘人與其母完全脫離關係之意思，核與該條項之罪質並不相當。

④六一臺上二八〇二(一)：刑法上之略誘罪，須有惡意之私圖，以不正當之手段將他人置於自己實力支配之下方能構成，如係出於慈善救護之意思，即不負略誘罪責。

㊱參閱四一臺上三三五：刑法第二百四十一條第一項、第二項之罪，以略誘未滿二十歲之男女脫離家庭或其他有監督權之人爲構成要件，如事前已得其有監督權人之同意，除其行爲具備刑法第二百九十八條第二項等罪之條件，應依各該規定處斷外，要難以同法第二百四十一條之罪相繩。

㊲參閱五一臺上八七三：刑法第二百四十一條第一項之規定，必其略誘動機無營利或使被誘人爲猥褻之行爲或姦淫之意圖，始有其適用，否則有一於此，即應依同條第二項論處。

㊳參閱：

①二六渝上六三六（見前註㉛之①）。

②二八上二二九七：上訴人幫同某甲搶親，將某乙迎娶未滿二十歲之妻某丙攔路截住，擡至某處勒令與某甲成親，爲原判決認定之事實，是上訴人已參與略誘之實施行爲，即應以共同正犯論擬，而其犯罪目的既係使與某甲結婚，亦與意圖姦淫之情形不侔。且被誘人某丙年未滿二十歲，雖經某乙迎娶尚未成婚，並有其母存在，則上訴人所犯自與刑法第二百四十一條第一項之罪名相當。

③三一院二二七七(一)：略誘未滿二十歲之女子脫離家庭，如其目的僅在使與他人結婚，祇能論以刑法第二百四十一條第一項之罪。

而加略誘，則應構成加重略誘罪（第二四一條第二項），而非本罪。

六、未遂犯

本罪之未遂行爲，第二四一條第四項設有處罰規定。既遂與未遂之區分乃以行爲客體是否已處於行爲人實力支配之下而完全脫離其家庭或其他監督權人之監督關係爲標準，故如被誘人已移置於行爲人實力支配之下，即爲本罪之既遂 ⑧⑨。

七、罪數問題

本罪除侵害家庭或其他監督權人對於被誘人之監督權外，同時並侵害被誘人之人身自由，故決定本罪之罪數時，應同時兼顧此兩類法益之個數，如以一個略誘行爲同時略誘兄弟或姊妹兩人，雖其侵害之家庭監督權有一，但其侵害之人身自由法益則有二，故應構成兩個略誘罪，惟祇係因一個略誘行爲所造成之行爲結果，故爲想像競合，應依第五十五條，從一重處斷 ⑨⓪。

八、法律效果

犯本罪者，處一年以上，七年以下有期徒刑。

九、減輕刑罰事由

行爲人於裁判宣告前送回被誘人或指明所在地因而尋獲者，得減輕其刑（第二四四條），（參閱本節、壹之八）。

---

⑧⑨參照二二非七六。

⑨⓪參閱五五臺上二〇四七㈠：刑法第二百四十一條之略誘罪，除侵害親權外，並侵害被誘人之自由，上訴人同時略誘幼童共二人，係侵害二個法益，構成兩個略誘罪，雖因基於一個行爲所發生之結果，應從一重處斷。

伍、加重略誘罪

行爲人意圖營利，或意圖使被誘人爲猥褻之行爲或姦淫，而略誘未滿二十歲之男女，脫離家庭或其他有監督權之人者，構成第二四一條第二項之加重略誘罪。本罪爲一般犯、結果犯與繼續犯，係略誘罪之加重犯。

一、行爲主體與行爲客體

本罪之行爲主體與行爲客體均與略誘未成年人罪（第二四一條第一項）者同，在此不再贅述（參閱本節、壹之一與肆之二）。

二、行爲

本罪之行爲亦與略誘未成年人罪（第二四一條第一項）同爲略誘，其義已詳述於前（參閱本節、肆之三），在此不贅。本罪之行爲可能與姦淫十四歲以上未滿十六歲女子罪（第二二七條第一項）發生牽連關係，此自應依第五十五條之規定，從一重處斷[91]。又本罪可能與引誘婦女與人姦淫罪（第二三一條第一項）發生法規競合現象，此自應依具有

---

[91]參閱

①五二臺上七〇〇：上訴人意圖姦淫，略誘未滿十六歲之女子脫離家庭，且於略誘後已有連續姦淫行爲，自於略誘罪外又犯連續姦淫未滿十六歲之女子之罪。兩者有牽連關係，而姦淫罪又經告訴，即應從一重處斷，原判決僅處以略誘罪刑，顯有違誤。

②五七臺上一三二七：刑法第二百四十一條第二項，所謂意圖姦淫爲關於略誘罪之意思要件，本不包括姦淫行爲在內。上訴人因欲達姦淫目的，於略誘被誘人脫離家庭後復有姦淫行爲，其姦淫部分又經合法告訴，自無解於刑法第二百四十一條第二項及第二百二十七條第一項之罪責，而其中具有牽連關係，應從重之略誘罪處斷。

特別關係之本罪科處㉒。

三、行爲結果

行爲人之略誘行爲必須造成行爲客體完全脫離其家庭或其他監督權人之結果，方能構成本罪㉓，故如行爲若未侵害監督權者，自不構成本罪㉔。

㉒參閱

①五六臺上一一二六：刑法第二百四十一條第二項之罪名，縱有與同法第二百三十一條第一項之規定相競合之處，然第二百四十一條第二項乃該罪之專條規定，自無其他條文之適用。

②五六臺上三一三〇：以圖利之意思，略誘未成年之女子脫離家庭，賣淫爲娼，使其與人姦淫之行爲，仍不失爲圖利之內容，僅應依刑法第二百四十一條第二項規定論罪，原審併認與同法第二百三十一條第一項有牽連關係，應從一重處斷，亦有可議。

㉓參閱

①三三上四九一：刑法第二百九十八條之略誘罪，其被害法益爲個人之自由，與同法第二百四十一條之略誘罪，除侵害被誘人之自由法益外，並侵害家庭或其他監督權人之法益者不同，某乙年甫十七，父母均亡，由其胞叔撫養，上訴人將其略誘，除侵害本人法益外，並已侵害其監督權人之監督權，縱係意圖與自己或他人結婚，仍應依刑法第二百四十一條第一項處斷。

②五五臺上八八七：刑法第二百四十一條之略誘罪，除侵害被誘人之自由法益外，並侵害有監督權人之法益，與同法第二百九十八條第二項之略誘罪，專係侵害個人法益者不同。本件被誘人雖由上訴人自幼養育長大，上訴人對被誘人有監督權，但被誘人之父係外出謀生，不能教養，其固有之親權，並不因而喪失，故上訴人略誘被誘人之行爲，既足侵害其父之監督權，則仍應成立刑法第二百四十一條第二項之罪。

㉔參閱

①三一上二一九五：被告對於未滿二十歲之某女，以收養爲名，實則轉賣圖利，不能謂非詐騙行爲，如其有監督權人僅知作爲養女，而對於被告之轉賣圖利非其所知，該被告固無解於意圖營利略誘未滿二十歲女子脫離其監督權人罪之成立，倘該有監督權人對被告轉賣圖利確已同意，除其行爲具備妨害自由罪之條件，應依各該條規定處斷外，殊難以刑法第二百四十一條之罪相繩。

②五一臺上四八五：被誘人甲被誘時，雖未滿二十歲但已結婚，自有行爲能力。被誘人乙其時已二十二歲，縱使上訴人意圖營利略誘屬實，亦僅應成立妨害自由罪，不成立妨害家庭罪。

四、主觀之不法要素

行爲人主觀上除具備略誘行爲客體脫離家庭或其他監督權人之故意外，尙須具備營利或使被誘人爲猥褻行爲或姦淫等意圖，方能構成本罪。行爲人祇要係出於三種不法意圖中之任何一種而略誘行爲客體，卽足以成罪，至於不法意圖是否得逞？則在所不問。

行爲人意圖營利而略誘行爲客體，究爲其自己抑或爲他人圖利？是否已得實利？等均非所問⓯。又行爲人意圖使被誘人爲猥褻行爲而略誘，固應構成本罪，惟若果使被誘人爲猥褻之行爲，則應依據實際之行爲情狀，另外分別成立强制猥褻罪（第二二四條第一項）、準强制猥褻罪（第二二四條第二項）、對十四歲以上未滿十六歲者爲猥褻罪（第二二七條第二項）、使人爲猥褻行爲罪（第二三一條第二項）或引誘未滿十六歲男女與人姦淫猥褻罪（第二三三條）等罪，並適用第五十五條之規定，從一重處斷。此外，行爲人意圖使被誘人姦淫而略誘，卽足以成罪，至於已否實施姦淫？則在所不問⓰。又意圖姦淫究爲意圖使被誘人

⓯實例如下：

①一八上五〇一：以同往看戲爲詞，將未滿二十歲之女子誘之出外，價賣於妓院爲娼，係成立刑法第二百五十七條第二項營利略誘之罪。

②二六上二一八四：甲將乙年甫十四歲之幼女誘出，轉交丙送至某地價賣，得款分用，是丙原係於甲之營利略誘行爲繼續中分擔實施，自應負共同營利略誘罪責。

③二七上二九九五：上訴人對於某甲未成年之閨女某乙，以其未婚夫醜陋及另爲擇配等誑詞，慫恿該女潛逃，賣與他人爲妾，卽係以詐術實行誘賣，自應成立刑法第二百四十一條第二項之罪。

④三二上一二六五：上訴人意圖營利施用詐術，詭稱代姪訂婚，將年十九歲之某氏誘送其家暫住，縱令係預備引誘爲娼，仍包括於其意圖營利略誘未滿二十歲女子脫離家庭罪之範圍內，應依刑法第二百四十一條第二項處斷，不能論以同法第二百三十一條第三項之罪。

⓰參閱五五臺上二四〇一：刑法第二百四十一條之意圖姦淫和誘未滿十六歲之女子罪，但以有姦淫之意圖，使被誘人脫離有監督權人之範圍，移於自己實力

與自己抑或與他人姦淫？亦在所不問，惟若係意圖使被誘人與自己或他人結婚，而略誘未滿二十歲之未婚男女脫離家庭，則應構成略誘未成年人罪（第二四一條第一項）⑰。又行爲人意圖使被誘人姦淫而略誘，固應構成本罪，但若略誘後果姦淫之，則應分別依據實際之行爲情狀，另外成立强姦罪（第二二一條第一項）、準强姦罪（第二二一條第二項）、姦淫十四歲以上未滿十六歲女子罪（第二二七條第一項）、引誘婦女與人姦淫罪（第二三一條第一項）、或引誘未滿十六歲男女與人姦淫猥褻罪（第二三三條）等罪，並適用第五十五條之規定，從一重處斷⑱。

五、未遂犯

本罪之未遂行爲，第二四一條第四項設有處罰規定。既遂與未遂之區分標準與略誘未成年人罪（第二四一條第一項）者同。如行爲人以營利目的而略誘行爲客體，並已將其移置於自己實力支配下，使其已完全脫離其家庭或其他監督權人之監督，即爲本罪之既遂，縱未達到營利之目的，不能因略誘完成以後，未得價賣之實利，而認爲略誘未遂⑲。

六、法律效果

犯本罪者，處三年以上，十年以下有期徒刑，並得併科一千元以下罰金。

七、減輕刑罰事由

（續前）支配之下，即爲既遂，至於已否實施姦淫，在所不問。

⑰參照三一院二二七七㈠（見前註⑱之③）。

⑱實例如下：

①二七上二六六四：上訴人意圖姦淫而和誘未滿十六歲之女子使其脫離家庭，且於誘拐後已有姦淫行爲，自於妨害家庭罪外，又犯姦淫未滿十六歲女子之罪，其兩罪間顯有牽連關係，被害人對於姦淫罪又已告訴，應從一重處斷。（雖爲和誘，但依第二百四十一條第三項之規定，以略誘論）。

②四三臺上三四八（見670頁之註⑯）。

⑲參照二二非七六。

行爲人於裁判宣告前送回被誘人或指明所在地因而尋獲者，得減輕其刑（第二四四條），（參閱本節、壹之八）。

陸、準略誘罪

行爲人和誘未滿十六歲之男女者，構成第二四一條第三項之準略誘罪。本罪爲一般犯。

一、行爲主體

任何人均可能成爲本罪之行爲主體，卽使係對於被誘人具有監督權之人，亦可能成爲本罪之行爲主體，如行爲人意圖營利，引誘自己親生女，押與妓女戶，因其女被誘時尙未滿十六歲，並無同意能力，且尙有其母爲之監督，行爲人未得有監督權人之同意，而和誘未滿十六歲之女，自可構成本罪[100]。同理，如被誘人之生母雖已死亡，其父又爲本案之共同被告，但被誘人尙有監督權之祖母存在，故被誘人之父仍可成爲本罪之行爲主體[101]。

二、行爲客體

本罪之行爲客體爲未滿十六歲之男女，不包括已結婚者在內[102]，故

---

[100]參照五八臺上一七七九。

[101]參閱六一臺上一七九八：被誘人之生母雖已死亡，其父某甲又爲本案共同被告，自毀其家喪失監督權。但被誘人尙有監督權之祖母某乙存在，且爲本案之合法告訴人。揆諸上開情節，上訴人等所犯，應成立刑法第二百四十一條共同意圖使被誘人爲姦淫而和誘未滿十六歲之女子脫離有監督人之罪，原審誤認有監督權人僅爲某甲，而依刑法第二百九十八條第二項，論處上訴人等以妨害自由罪刑，顯屬適用法則不當。

[102]參閱二五院一五四九：刑法第二百四十一條第三項所稱未滿十六歲之男女，不包括已結婚者在內。

如和誘未滿十六歲之有配偶之男女，即不能以略誘論罪，仍應依和誘有配偶之人罪（第二四〇條第二項）處斷。又本罪之規定旨在保護幼年男女，故其年齡之計算自應以其實際之確實年齡爲準，如戶籍所記載出生年月日顯係誤報者，則應依正確之出生年月日計算，而不可依誤報之戶籍資料，而計算年齡[103]。此外，本罪之行爲客體不以與其家庭同居一地爲必要，故如未滿十四歲之女子雖因外出就業，未能與家庭之監督權人同居一處，但仍可成爲本罪之行爲客體[104]。

三、行爲

本罪之行爲爲和誘而非略誘，惟因行爲客體未滿十六歲，心智發育尙未臻健全，知慮淺薄，易被引誘，故爲加强保護，刑法乃作此擬制規定，將和誘行爲論以略誘之刑責，惟若引誘之手段，出諸强暴脅迫或詐術，卽應成立略誘未成年人罪（第二四一條第一項），而無本罪之適用，故引誘之方法是和是略，必須於科刑判決書之事實欄明確認定，方足爲用法之根據[105]。又本罪規定和誘以略誘論，係因未滿十六歲之男女，年幼識淺而無行使同意之能力，故雖得其同意，仍應以略誘論[106]。

本罪行爲人誘拐之手段本係和誘而非略誘，若意圖營利施用略誘之手段而犯之者，卽屬略誘行爲，雖被害人年齡未滿十六歲，仍應適用加重略誘罪（第二四一條第二項）處斷，而無適用本罪科處之餘地[107]。

---

[103]參照五八臺上八七三㈠。

[104]參閱六一臺上二二六〇：上訴人將被誘人帶在臺北縣三重市賃屋同居，置於其實力支配之下，以達於姦淫之目的，其屬於意圖姦淫而和誘未滿十六歲之女子脫離家庭，要無疑義。被誘人雖因在爆竹工廠作工，未能與家庭之監督權人同居一處，但上訴人意圖姦淫而和誘之，使其脫離家庭，仍應認係直接侵害其家長之監督權，自應依刑法第二百四十一條第三項、第二項之罪論科。

[105]參照五六臺上一二二六。

[106]參照五八臺上八七三㈠。

[107]參照五一臺上二一二八及六一臺上二八〇二㈠。

本罪行爲可能與準强姦罪（第二二一條第二項）或與姦淫十四歲以上未滿十六歲女子罪（第二二七條第一項）發生牽連關係：如行爲人意圖姦淫而和誘未滿十四歲女子脫離家庭，且於和誘後已有姦淫行爲者，則於本罪之外，尙犯準强姦罪（第二二一條第二項），因兩罪之間具有牽連關係，自應依第五十五條之規定從一重處斷[108]。又如行爲人意圖姦淫而和誘十四歲以上未滿十六歲之女子脫離家庭，且於和誘後已有姦淫行爲者，則除犯本罪外，尙犯姦淫十四歲以上未滿十六歲女子罪（第二二七條第一項），兩罪之間因具有牽連關係，故應依第五十五條之規定，從一重處斷[109]。

四、行爲結果

行爲人之和誘行爲必須造成行爲客體完全脫離其家庭或其他監督權人之結果，方能構成本罪[110]（詳參閱本節、壹之四及肆之四所述者）。

五、主觀之不法要素

行爲人主觀上必須具備和誘行爲客體脫離家庭或其他監督權人之故意，方能構成本罪。至於行爲人係出於何種意圖而和誘？雖與本罪之成立無關，但仍應加以判斷，以作爲究應論以略誘未成年人罪（第二四一條第一項）或應論以加重略誘罪（第二四一條第二項）之依據：行爲人

---

[108]參閱

①四三臺上三四八（見670頁[66]之①）。

②五六臺上三〇一九：上訴人將未滿十四歲之被害人誘姦二晚，又送至其友家中寄居達四日之久，顯已使被害人父母無法對之行使監督權，核其所爲，應係意圖姦淫而和誘未滿十六歲之女子使其脫離家庭，且於誘拐後已有姦淫行爲，自於妨害家庭罪外，又犯姦淫未滿十四歲女子罪，其兩罪顯有牽連關係，應依刑法第五十五條後段從一重處斷。

③六七臺上四七七（見670頁[66]之②）。

[109]參照四八上一二九。

[110]參閱四七臺上一六四：和誘未滿十六歲男女罪，必須具有使被誘人脫離家庭或其他有監督權人之意思，而移置於自己實力支配之下，方與法意相符。

若係出於營利，使被誘人爲猥褻之行爲或姦淫等不法意圖而和誘，則應論以加重略誘罪（第二四一條第二項），其餘則均論以略誘未成年人罪（第二四一條第一項）。

六、未遂犯

本罪之未遂行爲，第二四一條第四項設有處罰規定，既遂與未遂之區分應依和誘行爲之程度定之，即被誘人已處於行爲人實力支配之下而脫離其家庭或其他監督權人者爲既遂，否則，則爲未遂㉛。

七、法律效果

犯本罪者，依行爲人之不法意圖而分別適用略誘未成年人罪（第二四一條第一項）或加重略誘罪（第二四一條第二項）所定之刑加以處斷。

八、減輕刑罰事由

行爲人於裁判宣告前送回被誘人或指明所在地因而尋獲者，得減輕其刑（第二四四條）（參閱本節、壹之八）。

柒、移送被誘人出國罪

行爲人移送和誘罪（第二四〇條第一、二、三項）或略誘罪（第二四一條第一、二、三項）之被誘人出民國領域外者，構成第二四二條第一項之移送被誘人出國罪。本罪爲一般犯與獨立犯。

一、行爲主體

任何人均可能成爲本罪之行爲主體，惟如行爲人犯和誘罪或略誘罪既遂後，又從事移送被誘人出國之行爲，若和誘罪或略誘罪與本罪之間

㉛參閱二九上九〇〇：未滿十六歲之乙女，因上訴人約逃由家出走，至甲家等候上訴人，尙未由上訴人前往與之同行以前，即被查獲，顯尙未入於上訴人實力支配之下，其誘拐自屬未遂。

存有牽連關係，則應依第五十五條之規定，從一重處斷，否則，若係另行起意而犯本罪者，自當併合處罰。

二、行爲客體

本罪之行爲客體以和誘罪與略誘罪之被誘人爲限，也即唯有和誘未成年人罪（第二四〇條第一項）、和誘有配偶之人罪（第二四〇條第二項）、加重和誘罪（第二四〇條第三項）、略誘未成年人罪（第二四一條第一項）、加重略誘罪（第二四一條第二項）、準略誘罪（第二四一條第三項）等罪之被誘人，方能成爲本罪之行爲客體。故如移送本罪行爲客體以外之人出民國領域外之行爲，若該當移送被略誘婦女出國罪（第二九九條第一項）與詐騙出國罪（第二九七條第一項）之構成要件，則應依該兩罪處斷。

三、行爲

本罪之行爲爲移送被誘人出國，也即移送行爲客體出民國領域之外。行爲人係以何種方法將被誘人移送出國？係以合法方法辦理出境？抑或非法偷渡出境？均在所不問。行爲人祇要以移送被誘人出國之意思而實施移送，而使被誘人離開民國之轄境，即爲已足，故如已將被誘人置於船舶、航空機或其他交通工具，並業已駛離或航離民國之領海、領空或領土，即可構成本罪，即使該被誘人尚未離開其所乘離民國領域之船舶、航空機或其他交通工具，亦不影響本罪之成立。

四、未遂犯

本罪之未遂行爲，第二四二條第二項設有處罰規定。行爲人祇要使被誘人離開民國之領域，即爲本罪之既遂，不必使被誘人已抵達外國，方爲既遂，故如被誘人業已離境，雖尚未離開其所乘坐離境之船舶、航空機或其他交通工具者，亦爲本罪之既遂。此外，如被誘人既經行爲人移送出國，即爲本罪之既遂，雖被誘人設法再行逃回本國，亦不影響行爲之既遂，行爲人仍應負本罪既遂之刑責。

五、法律效果

犯本罪者，處無期徒刑或七年以上有期徒刑。

六、減輕刑罰事由

行爲人於裁判宣告前送回被誘人或指明所在地因而尋獲者，得減輕其刑（第二四四條），（參閱本節、壹之八）。

捌、收藏被誘人或使之隱避罪

行爲人意圖營利或意圖使和誘罪（第二四〇條第一、二、三項）或略誘罪（第二四一條第一、二、三項）之被誘人爲猥褻之行爲或姦淫而收受、藏匿被誘人或使之隱避者，構成第二四三條第一項之收藏被誘人或使之隱避罪。本罪爲一般犯。

一、行爲主體

任何人均可能成爲本罪之行爲主體，惟如和誘罪（第二四〇條第一、二、三項）或略誘罪（第二四一條第一、二、三項）之行爲人和誘或略誘既遂後，自行收受或藏匿被誘人，則爲和誘行爲或略誘行爲之繼續，除負和誘罪或略誘罪之刑責外，不另構成本罪[112]。因此，本罪之行爲主體必須爲和誘罪（第二四〇條第一、二、三項）或略誘罪（第二四一條第一、二、三項）之行爲人以外之任何第三人。

二、行爲客體

本罪之行爲客體以和誘罪（第二四〇條第一、二、三項）或略誘罪

---

[112]參閱二四上二二九二：上訴人既係意圖姦淫而誘拐，則其使被誘人隱避，原爲誘拐行爲繼續中應有之手段，自不另成意圖姦淫而使被誘人隱匿之罪。

（第二四一條第一、二、三項）之被誘人爲限，故收受或藏匿此兩類犯罪外之被誘人或收受或藏匿非被誘人，如收受因家庭不睦，背夫潛逃之婦⑬，或收受自動離家出走之人⑭，均不成立本罪。

三、行爲

本罪之行爲有三，即：收受、藏匿、使之隱避。行爲人祇須實施三種行爲中之任何一種，即可構成本罪。行爲人無論爲收受、藏匿或使之隱避，均係將他人和誘或略誘之被誘人移置於自己實力支配之下，以遂行其不法意圖。收受並不以自和誘罪或略誘罪之行爲人手中直接收受爲限，即使間接收受，亦可構成本罪。又藏匿或使之隱避，均係使被誘人不易爲人發現之行爲，惟使之隱避尙須被誘人之合作而自行隱避。

行爲人之收受、藏匿或使之隱避等行爲必須發生於和誘行爲或略誘行爲既遂之後，方能構成本罪，否則，如於和誘行爲或略誘行爲既遂前，即如被誘人尙未完全脫離其家庭之前，加以收受、藏匿或使之隱避等，除與和誘罪或略誘罪之行爲人有犯意之連絡，而可構成和誘罪或略誘罪之共犯外，即無由成立本罪。此外，行爲人之行爲以收受、藏匿或使之隱避爲限，若進而有其他參與和誘或略誘之行爲，即應就其參加之行爲論以共犯，不容僅以本罪科處⑮。

收受或藏匿被誘人或使之隱避之行爲，若係行爲人與和誘罪或略誘

---

⑬參閱二八上二八一二：刑法第二百四十三條第一項之藏匿罪，以所藏匿者係被誘人爲要件，倘某氏因家庭不睦背夫潛逃，則非被誘脫離家庭之人，上訴人收留在家，無論其意圖如何，均難成立藏匿被誘人之罪。

⑭參閱五六臺上五九〇：刑法第二百四十三條第一項收受被略誘人罪，以收受同法第二百四十條或二百四十一條之被誘人爲犯罪構成要件，又和誘、略誘罪，係以被誘人因被誘騙而決意離家，在誘騙人實力支配下脫離監督權爲要件，如被害人自己意思發動，私行離家出走，即與被誘之條件不合。是以收受自動離家出走之人，即與刑法第二百四十三條第一項所謂收受「被誘人」不相當。

⑮參照二四上三二六五、五五臺上二五四〇㈠。

罪之行爲人具有犯意連絡之分工行爲，則應成立和誘罪或略誘罪之共同正犯，惟如行爲人係獨自起意而爲該當本罪構成要件之行爲，始構成本罪。

行爲人意圖營利而收受或藏匿被誘人之後，竟引誘未滿十六歲之被誘人與人姦淫，此等該當引誘未滿十六歲男女與人姦淫猥褻罪（第二三三條）之行爲爲本罪所吸收，故應僅論以本罪[116]。同理，行爲人意圖營利而收受或藏匿被誘之良家婦女後，並引誘或容留其與他人姦淫或爲猥褻行爲，則此等該當引誘婦女與人姦淫罪（第二三一條第一項）或使人爲猥褻行爲罪（第二三一條第二項）之行爲，亦均爲本罪所吸收，故亦僅論以本罪。

四、主觀之不法要素

行爲人必須出於營利或使被誘人爲猥褻之行爲或姦淫等不法意圖，而故意實施本罪之行爲，方能構成本罪，行爲人祇須出於三種不法意圖中之任何一種，卽足以成罪，否則，若非出於此三種不法意圖，如意圖使被誘人與自己或他人結婚而加收受、藏匿或使之隱避，卽非本罪[117]。至於此等不法意圖是否實現？則與本罪之成立無關。又意圖營利係爲自己，抑或爲第三人圖利？意圖使被誘人爲猥褻行爲或姦淫係與他人爲之，抑或與自己爲之？等均非所問。此外，本罪之行爲客體乃以和誘罪（第二四〇條第一、二、三項）或略誘罪（第二四一條第一、二、三項）之被誘人爲限，故本罪行爲人主觀上尙須對其所收受、藏匿或使之隱避之人爲和誘或略誘罪之被誘人有所認識，而決意加以收受、藏匿或使之隱避者，始構成本

[116] 參照四八臺上一八一㈠。

[117] 參閱三一院二二七七㈠：刑法第二百四十三條及第三百條所定罪名，均以營利或使被誘人爲猥褻之行爲或姦淫爲意思條件．來文所述意圖使被誘人與自己或他人結婚而收受藏匿被誘人，或使之隱避，自不成立上開各條之罪。

罪[119]，否則，自不負本罪之刑責。

五、未遂犯

本罪之未遂行為，第二四三條第二項設有處罰規定。既遂與未遂之區分係以收受、藏匿或使之隱避行為是否完成為標準，行為人收受、藏匿或使之隱避完成，而被誘人已處於行為人實力支配之範圍內，行為卽屬既遂，否則，卽為未遂。

六、法律效果

犯本罪者，處六月以上，五年以下有期徒刑，並得併科五百元以下罰金。

七、減輕刑罰事由

行為人於裁判宣告前送回被誘人或指明所在地因而尋獲者，得減輕其刑（第二四四條），（參閱本節、壹之八）。

---

[119] 參閱五〇臺上四九：刑法第二百四十三條第一項之收受罪，以知係被誘之人而收受之為構成要件。

第十一章　褻瀆祀典及侵害墳墓屍體之犯罪

第一節　褻瀆祀典罪

宗敎信仰之自由乃憲法所保障之基本權利（憲法第十三條），各種宗敎之建築物與祀典不容非法加以褻瀆，否則，憲法所保障之宗敎信仰，即橫遭破壞。褻瀆祀典罪即是針對足以破壞宗敎信仰自由之犯罪行爲而設之刑法條款。計有：壹、侮辱宗敎建築物或公衆紀念處所罪。貳、妨害祭禮罪等。今分別論述如下：

壹、侮辱宗教建築物或公衆紀念處所罪

行爲人對於壇廟、寺觀、敎堂、墳墓或公衆紀念處所，公然侮辱者，構成第二四六條第一項之侮辱宗敎建築物或公衆紀念處所罪。本罪爲一般犯與行爲犯。

一、行爲客體

本罪之行爲客體除各種宗敎奉祀神明或禮拜聚會之場所，如壇、廟、寺、觀、敎堂等之外，尙包括墳墓及公衆紀念處所。各種宗敎建築物以無背於公序良俗而爲法所不禁者爲限，如邪敎所設之淫祠，爲法令所禁者，自不能成爲本罪之行爲客體。稱「墳墓」係指埋葬屍體或骨灰之處所。又所謂公衆紀念處所並不以與宗敎有關者爲限，舉凡供公衆紀念之建築物均屬之。

二、行爲

本罪之行爲爲公然侮辱，凡任何褻瀆行爲而足以表示侮辱之意，如係公然爲之者，均可該當本罪之公然侮辱，至於行爲人係以何種方法實施公然侮辱？則在所不問。

又本罪之行爲僅止於公然侮辱，若於侮辱行爲之外，尙加搗毀者，則除構成本罪之外，尙另成立毀損罪，並應依第五十五條之規定，從一重處斷。

三、法律效果

犯本罪者，處六月以下有期徒刑、拘役或三百元以下罰金。

貳、妨害祭禮罪

行爲人妨害喪、葬、祭禮、說敎、禮拜者，構成第二四六條第二項之妨害祭禮罪。本罪爲一般犯。

一、行爲客體

本罪之行爲客體爲喪、葬、祭禮、說敎、禮拜等。喪葬指死喪殯葬之儀式。祭禮指祭祀典禮。說敎則指宗敎團體宣揚敎義之聚會。禮拜係指宗敎團體對其奉祀或崇拜對象所爲之禮儀。

二、行爲

本罪之行爲爲妨害，卽指以各種行爲妨礙干擾喪葬儀式、祭禮、說敎或禮拜之進行❶。至於以何種方法加妨害？則與本罪之成立無關。

三、法律效果

犯本罪者，處六月以下有期徒刑、拘役或三百元以下罰金。

❶參閱二四院一三二七：死亡者之旁系卑親屬，因遺產爭執，妨害喪葬，應成立刑法第二百四十六條第二項之罪，至其有無繼承遺產權，與犯罪之成立無關。

第二節　侵害墳墓屍體罪

我國風俗習慣上對於祖先均極具孝思，不但永加懷念，而且尙以宗教方式加以祭拜，同時，又在愼終追遠之觀念下，對於墳墓與屍體之保護乃是社會共同生活中之重要生活利益，而成爲侵害墳墓屍體罪之刑法條款所加保護之社會法益。

刑法規定處罰之侵害墳墓屍體罪計有：壹、侵害屍體罪。貳、侵害遺骨或殮物罪。叁、發掘墳墓罪。肆、發掘墳墓結合罪等。今分別論述如下：

壹、侵害屍體罪

行爲人損壞、遺棄、汚辱或盜取屍體者，構成第二四七條第一項之侵害屍體罪。本罪爲一般犯與結果犯。

一、行爲客體

本罪之行爲客體爲屍體。所謂屍體係指自然人死亡後所遺留之軀體，故自然人之軀體必待死亡後，始能成爲本罪之行爲客體，否則，如被害人尙未身死，行爲人縱加遺棄，自不構成本罪❷。又此等無生命之

---

❷實例如下：

①十八非九：遺棄屍體罪之成立，㈠須對於屍體，㈡須有遺棄之行爲。原判認定被害人被被告推入水中之前，氣既未絕，則生命尙存，旣非屍體，而被告推入水中，不過與用繩勒頸同爲殺人之方法，亦無所謂遺棄之行爲，則遺棄屍體罪，自不成立。

②二九上八七三：遺棄屍體罪，以所遺棄者係屬屍體爲要件。上訴人猛擊某甲倒地後，疑其已死，將其移置他處，次晨復甦，經醫治無效身死，是某甲當時實未身死，尙未成爲屍體，上訴人之行爲，自不另行成立遺棄屍體罪。

軀體必須尚未完全蛻化分離，始可稱爲屍體，否則，如已蛻化分離，則爲遺骨或遺髮等。又屍體並不限於軀體完整無缺之遺體，即使係部分殘缺者，亦爲屍體。

二、行爲

本罪之行爲有四：即損壞、遺棄、汚辱或盜取。行爲人祇要有四種行爲中之任何一種，即足以構成本罪。至於行爲人係以何種方法而加損壞、遺棄、汚辱或盜取？則非所問。稱「損壞」包括一部或全部損壞，如將焚燬成灰或加支解分割等，行爲人必於被害人死亡後而對其屍體加以損壞，方能構成本罪，否則，如被害人尙未死亡，則爲殺人行爲之一部分，自無構成本罪之餘地❸。行爲人殺人後爲湮滅犯罪證據而分屍，則除構成殺人罪外，亦成立本罪。此係殺人後，另行起意而損壞被害人之屍體者，則應就殺人罪與本罪併合處罰❹。

（續前）

③五三臺上一四四四：上訴人因過失致被害人受傷昏迷，實未死亡，上訴人等目的雖爲掩屍滅跡，然其所掩埋者，既非屍體，不發生遺棄屍體之問題，惟未加注意，誤活人爲屍體，予以掩埋，致被害人窒息而死，應負過失致人於死罪責。

④五九臺上三一二㈠：遺棄屍體罪，以所遺棄者係屬屍體爲要件，如被害人當時尙未死亡，卽難以屍體視之，縱有遺棄行爲，亦不能以遺棄屍體罪論。

❸參閱二八上一〇二六：上訴人先將被害人口項用繩帕勒住，旋又拖往他處將被害人頭顱砍落，棄屍水中，其砍落頭顱時，在上訴人雖以之爲殺人後之殘毀屍體藉以洩忿，而實際上被害人因被砍而死，其砍落頭顱，仍係殺人行爲之一部，原審認其不另構成損壞屍體罪，固屬無誤。（下略）

❹參閱

①二〇院六二六㈣：本夫於姦夫姦婦同床吸煙時，將其殺死，割頭攜案自首，應構成刑法（舊）第二百八十二條第一項之殺人及第二百六十二條第一項之毀壞屍體罪，因其無手段結果之關係，不能適用刑法（舊）第七十四條。

②二七上二八二六：（前略）本案被害人鼻梁上死後刀傷一處，假定確係出於上訴人之所砍，既與湮滅罪證無涉，亦未經原審認定係出於包括的殺人犯意之內，依法自應併合處罰。

③四四臺上七五六：殺人後之遺棄屍體，除爲湮沒犯罪證據外，不能謂當然與殺人罪有方法結果之關係。若其犯意各別，動機互殊，彼此並無因果關係，自係各別犯罪，卽應予以併合論處。

稱「遺棄」係指不依當地之風俗習慣埋葬或火化屍體，而積極地將屍體移置他地，加以遺棄，或消極地離去，使屍體棄置於原地。對於屍體無殮葬義務者，僅以積極之遺棄行爲爲限成立本罪，故若僅有消極之棄置行爲，自不負本罪之刑責❺，惟對屍體具有殮葬義務之人，則不論係積極之遺棄或消極之棄置，均足以成罪，如棄置屍體，而擅自離去，亦爲本罪之遺棄屍體行爲。行爲人殺害被害人後，置其屍體於不顧而離去，除構成殺人罪外，亦不負本罪之刑責❻。惟如殺人後爲圖湮滅犯罪之證據而遺棄屍體，依實例見解認爲應成立本罪與殺人罪之牽連犯❼；惟學理上，對於此等積極之遺棄屍體行爲所構成之本罪，應認爲屬於「不罰之後行爲」(Straflose Nachtat)❽，僅依殺人罪處斷，即爲已足。至於殺人後，爲圖嫁禍他人，而將被害人之屍體移置他人門前，則因後行爲另行破壞一新法益，而不再屬於不罰之後行爲，故應成立本罪，而

❺參閱二四上一五一一：消極的犯罪，必以行爲人在法律上具有積極的作爲義務爲前提，此種作爲義務，雖不限於明文規定，要必就法律之精神觀察有此義務時，始能令負犯罪責任。被告充當學校庶務，據校役報告，舊有水井內浮有人屍，並不報警打撈，卽飭將井塡塞，嗣以檢察官發覺，前往驗明該屍確係負傷勒斃後投入井中。被告對於發見之屍體，任其置放井內，用土塡塞，按諸社會慣行之殮葬方式，固屬不符，但當時既未將屍體移置他處，卽尙無積極的遺棄行爲，而被告與死者間並無親屬及其他特殊關係，在法律明文及精神上，原非負有殮葬義務，自亦不構成消極的遺棄罪名。縱如上訴意旨所云，被告充任庶務，所有校內之安寧、秩序、清潔衞生，均有維持、整頓之責，因而對於井內死屍，仍應爲適當之措置，然此項職責，究與法律上之殮葬義務，係屬兩事。該被告之塡塞水井，其措置卽有未當，亦不過違背職務問題，要難認爲違反殮葬義務，科以遺棄屍體之刑事制裁。

❻參閱二四上一五一九：殺人後之遺棄屍體，除有殮葬義務者外，須有將屍體遺棄他處之行爲，方可論罪。若殺人以後去而不顧，並未將屍體有所移動，尙難遽論該罪。

❼參閱

①一八上三五六：殺人後遺棄屍體，以圖滅跡，係殺人之結果，應依刑法（舊）第七十四條從一重處斷。

②四八臺上一一四四㈢：上訴人共同殺人後，因恐被發覺，又共同將屍體投棄溪中。其殺人與遺棄屍體行爲有方法結果之牽連關係，應從一重之殺人罪處斷。

❽參閱拙著㈢，三四七頁。

與殺人罪併合處罰❾。此外，如嗾使他人將浮在河邊之屍體推出河面，使其隨水流去，則成立本罪之教唆犯❿。

所謂「汚辱」乃指對於屍體加以汚穢侮辱，如姦屍或剝去衣物，使其暴露於衆。又「盜取」則指不法取得，而將屍體置於自己實力支配之下。

三、主觀之不法要素

行爲人在客觀上之損壞、遺棄、汚辱或盜取等行爲，必須在主觀上具備損壞、遺棄、汚辱或盜取等故意，方能構成本罪，故若欠缺此等故意，如醫生爲器官移植之需而依法摘取屍體中之臟器或組織，即不致構成本罪。又行爲人必須知悉其加害之對象係屬屍體，而決意爲本罪之行爲，始能構成本罪；否則，行爲人如無屍體之認識，即無構成本罪之餘地⓫。

四、未遂犯

本罪之未遂行爲，第二四七條第三項設有處罰規定。既遂與未遂之區別應依損壞、遺棄、汚辱或盜取行爲之實際情狀而加判斷。

五、法律效果

犯本罪者，處六月以上，五年以下有期徒刑。對於直系血親尊親屬犯本罪者，加重其刑至二分之一（第二五〇條）。

六、特別法

民國四十六年修正公布施行之懲治盜匪條例第四條第一項第一款設有意圖勒贖而盜取屍體行爲及其未遂犯與預備犯之處罰規定，此爲本罪

---

❾參閱一八非五（見39頁之註⑳）。

❿參閱二九上三二八六：上訴人嗾使某甲等將浮在河邊之某乙屍體推出河面，使其隨水流去，無論其是否恐於食水有礙，要難謂非教唆遺棄屍體。

⓫見六二臺上四三一三。

之特別法，自應優先適用，故在懲治盜匪條例施行期間，意圖勒贖而盜取屍體者，即應依該條例處斷，可處死刑、無期徒刑或十年以上有期徒刑，其預備犯則可處二年以下有期徒刑（懲盜條例第四條第三項）。

貳、侵害遺骨或殮物罪

行爲人損壞、遺棄或盜取遺骨、遺髮、殮物或火葬之遺灰者，構成第二四七條第二項之侵害遺骨殮物罪。本罪爲一般犯與結果犯。

一、行爲客體

本罪之行爲客體爲遺骨、遺髮、殮物或火葬之遺灰等。稱「遺骨」與「遺髮」係指屍體蛻化而殘留之骸骨與毛髮而言。稱「殮物」則指屍體殮葬之物，不問爲棺槨衣衾或其他葬殮物品均屬之。又「遺灰」係指屍體舉行火葬後殘存之灰燼。

二、行爲

本罪之行爲有三，即損壞、遺棄或盜取，行爲人祇要有三種行爲中之任何一種，即足以構成本罪。關於損壞、遺棄與盜取之義與前罪同，在此不贅（參閱本節、壹之二）。

三、主觀之不法要素

行爲人主觀上必須具備損壞、遺棄或盜取之故意，方能構成本罪。

四、未遂犯

本罪之未遂行爲，第二四七條第三項設有處罰規定。既遂與未遂之區別應依損壞、遺棄或盜取行爲之實際情狀而加判斷。

五、法律效果

犯本罪者，處五年以下有期徒刑。對於直系血親尊親屬犯本罪者，加重其刑至二分之一（第二五〇條）。

叁、發掘墳墓罪

行爲人發掘墳墓者，構成第二四八條第一項之發掘墳墓罪。本罪爲一般犯與結果犯。

一、行爲客體

本罪之行爲客體爲墳墓。所謂「墳墓」係指埋葬人類屍體、遺骨、遺髮或火葬之遺灰之處所，故如壽塋、衣冠塚或埋葬點血木主之墳等，即不能成爲本罪之行爲客體⑫。

又本罪之設，除確保墳墓不被非法侵害之外，尙在保護社會之善良風俗，故本罪所保護之墳墓在原則上並不以有遺族存在或有專人管理者爲限，即使爲無主孤墳或古墓，亦可成爲本罪之行爲客體。

二、行爲

本罪之行爲爲發掘，稱「發掘」係指除去墓上之覆土，掘開墳墓，或掘穿墓石，或損壞墳墓之建築，使葬於墓中之屍體、遺骨、遺髮或遺灰暴露於外而言。發掘行爲本具有毀損之本質，故除構成本罪外，不另成立毀損罪⑬。又本罪可能與侵害屍體罪（第二四七條第一項）構成牽連關

---

⑫二三院一〇二一：刻木主點血埋葬之墳，所有人雖歷代認爲祖墳祭掃，惟旣未藏有屍體、遺骨、遺髮、殮物或火葬之遺灰，即非刑法第二百六十三條所謂墳墓，某乙發掘，除按其情節得援照同法第三百八十二條之毀損罪及第二百六十一條第一項之侮辱禮拜所罪從第七十四條處斷外，不能成立發掘墳墓罪。

⑬參閱

①二六渝上七一九：墓碑墓門爲組成墳墓之一部，上訴人因發掘墳墓而有毀損墓碑墓門之行爲，自應吸收於發掘墳墓罪之內，與一行爲而觸犯數罪名之情形不同。

②三二上二二四八：發掘墳墓，當然於墳墓有所毀損，自不另行成立毀損罪。

係，但因有第二四九條第一、二項結合罪之規定，故均依第二四條處斷。

三、主觀之不法要素

行爲人主觀上必須對其所開掘者爲墳墓有所認識，而決意開掘，方能構成本罪⑭，故行爲人若欠缺此等主觀之不法要素，縱有發掘之行爲，亦不負本罪之刑責，如爲遷葬而發掘⑮，或有其他正當理由而發掘墳墓⑯是。至如行爲人並無開發起掘之故意，祇是因建新墳而致損壞他人之墳墓，除構成毀損罪之外，並無成立本罪之餘地⑰。

四、罪數問題

決定本罪之罪數應以開掘行爲數爲準，而不能以開掘墳墓之棺數定其罪數，如以一發掘行爲開掘三棺合葬之墳墓，祇應論以一罪⑱。

五、未遂犯

本罪之未遂行爲，第二四八條第二項設有處罰規定。行爲人若已着手發掘行爲，而尙未見棺者，卽爲本罪之未遂犯⑲，至如棺槨、屍體、遺骨、遺髮或遺灰已暴露於外，則爲本罪之旣遂。

---

⑭參閱二八上二八〇七：上訴人所發掘之土窟，如僅有礟蓋碎片，原無遺骨、遺灰等物，則根本上尙難認爲墳墓，並不成立刑法上之發掘墳墓罪。

⑮參閱二三上二〇三八：刑法處罰發掘墳墓之本旨，在保護社會重視墳墓之習慣，故其犯罪之成立與否，應以是否違背法律上保護之本旨爲斷。苟發掘墳墓之目的，在於遷葬，並無其他作用，而發掘以後隨卽依照習慣改葬他處者，旣與法律上保護之本旨不相違背，自無犯罪之可言。此外，五三臺上一八五四、六一臺上二四五一亦均同旨。

⑯如爲考古研究而發掘古墓，或爲開闢公路而發掘墳墓遷葬等。

⑰參閱三一上二四二一：發掘墳墓罪之成立，以對於墳墓有開發起掘之故意爲必要。若無此故意，而僅因建築新墳，致損害他人墳墓之外形，除應構成毀損罪者，須另行依法論處外，尙不能繩以發掘墳墓之罪。

⑱參閱十八上八九一：發掘墳墓，不能以棺數定其罪數。該墳雖合葬三棺，而其發掘行爲僅有一個，原判認爲應論一罪，自無不合。

⑲參照三一上七六七。

六、法律效果

犯本罪者，處六月以上，五年以下有期徒刑。對於直系血親尊親屬犯本罪者，加重其刑至二分之一（第二五〇第）。

肆、發掘墳墓結合罪

行爲人發掘墳墓而損壞、遺棄、汚辱或盜取屍體者，構成第二四九條第一項之發掘墳墓結合罪。行爲人發掘墳墓而損壞、遺棄或盜取遺骨、遺髮、殮物或火葬之遺灰者，構成同條第二項之發掘墳墓結合罪。本罪爲一般犯與結果犯，係發掘墳墓罪（第二四八條第一項）與侵害屍體罪（第二四七條第一項）或發掘墳墓罪（第四八條第一項）與侵害遺骨殮物罪（第二四七條第二項）之結合犯。

一、結合形態

本罪之結合形態有二：

（一）發掘墳墓而損壞、遺棄、汚辱或盜取屍體。

（二）發掘墳墓而損壞、遺棄或盜取遺骨、遺髮、殮物或火葬之遺灰[20]。

---

[20] 實例如下：

①十八上八九一：護身護棺之物皆屬殯殮之具，故棺槨衣衾均應認爲殮物。原縣既已勘明外槨揭開，並盜去棺上銅鎖等件，而僅判處單純掘墓之罪，已嫌未當。

②二四上一二九五：刑法（舊）第二百六十四條第二項之罪，其處罰較同法第二百六十二條第二項之單純損壞、遺棄或盜取遺骨、遺髮、殮物或火葬遺灰罪及第二百六十三條第一項之單純發掘墳墓罪特別加重，並已將發掘墳墓而有盜取殮物或遺棄遺骨之情狀，歸納於一項之內，因其惡性較深，予以嚴厲之制裁故發掘墳墓而有遺棄遺骨與盜取殮物兩種情形者，亦不過一個行爲所包含之多種態様，祇應構成一罪，無適用（舊）第七十四條之餘地。

二、主觀之不法要素

行爲人主觀上除具備不法發掘墳墓之故意外，尙須具備損壞、遺棄、汚辱或盜取屍體之故意。而且此兩種故意必須具備連絡關係，方能構成本罪，故如欠缺此等主觀之不法要素，縱有本罪之行爲，亦不負本罪之刑責，如公務員依據刑事訴訟法之規定，發掘墳墓，開棺驗屍是（參閱刑訴法第二一七條）。

三、旣遂或未遂

本罪並無未遂犯之處罰規定，故行爲必須爲旣遂狀態，方能構成本罪。今若發掘行爲旣遂，但損壞、遺棄、汚辱或盜取行爲則爲未遂，自無本罪之適用，而應成立發掘墳墓罪（第二四八條第一項）及侵害屍體罪或侵害遺骨或殮物罪之未遂犯（第二四七條第三項），並就行爲人之主觀犯意，而併合處罰或依牽連犯從一重處斷。

四、法律效果

犯本罪第一項之結合犯者，處三年以上，十年以下有期徒刑。犯本罪第二項之結合犯者，處一年以上，七年以下有期徒刑。對於直系血親尊親屬犯本罪者，加重其刑至二分之一（第二五〇條）。

五、特別法

懲治盜匪條例第四條第一項第二款設有聚衆持械，毀壞棺墓而盜取殮物之處罰規定，又同條例第五條第一項第二款亦設有發掘墳墓而盜取

（續前）

③三一上二三三四：上訴人於發掘墳墓時，並挖損棺木，該棺木旣殮有屍體，即屬殮物之一種，自應構成刑法第二百四十九條第二項之罪。至挖損之棺木，雖係他人之物，但其損壞之罪責，已包含於損壞殮物之內，不應再依同法第三百五十四條從一重處斷。

④五七臺上三五〇一：原判決旣認上訴人等三人發掘墳墓時，並盜取殮物，自應構成共犯刑法第二百四十九條第二項之罪。其竊取財物之罪責，已包含於盜取殮物之內，不應再依同法第三百二十一條第一項第四款從一重處斷。

殮物之處罰規定，此兩者均爲本罪之特別法，自應優先適用，故在懲治盜匪條例施行期間聚衆持械，毀壞棺墓而盜取殮物者，可處死刑，無期徒刑或十年以上有期徒刑（懲盜條例第四條第一項第二款），其預備犯處三年以下有期徒刑（懲盜條例第四條第三項）。又發掘墳墓而盜取殮物者，處無期徒刑或七年以上有期徒刑（懲盜條例第五條第一項第二款）。

第十二章　妨害農工商業之犯罪

第一節　概　　說

農工商業在表面上雖爲個人參與之經濟活動，但在實質上係國家經濟之基礎，故確保農工商業之經濟活動不受非法之妨害，對於個人之經濟生活與社會整體之經濟結構，自然極具重要性。因此，刑法乃特設妨害農工商罪章，用以處罰妨害農工商業之犯罪行爲。依據現行刑法之規定，妨害農工商業之犯罪，計可分爲妨害販運及農事水利罪與妨害商標商號罪等兩類，本章卽依此兩類而分兩節，加以論述。

就當前農工商業之經濟現狀以觀，現行刑法中對於妨害農工商罪章之規定顯然過於簡陋，爲數不少之重大妨害農工商之行爲，現行刑法均漏無規定，致使甚多農工商之妨害行爲，均未能依據刑法加以制裁，此不特危害國家整體經濟，影響經濟成長，而且亦使消費大衆蒙受其害，尤其更由於我國尙欠缺一些規範經濟秩序之經濟法❶，更使此等經濟犯罪行爲日趨嚴重。因此，刑法修改時，本罪章應全面修正，增訂新條款，使本罪章成爲經濟刑法之基本規範，而能有效抗制抽象而複雜之妨害農工商業之經濟犯罪行爲，同時，並能有效制止經濟上之强者濫用其

---

❶如日本之「禁止私人獨占及確保公正交易法」，西德之「不當競業法」(Gesetz gegen den unlauteren Wettbewerb) 及「競業限制法」(Gesetz gegen Wettbewerbsbeschränkungen)，美國之「謝爾曼反托辣斯法」(Sherman Antitrust Act) 及「反托辣斯訴訟程序與處罰法」(Antitrust Procedures & Penalties Act) 等。

經濟力而操縱市場，剝削或宰割消費大衆之不法圖利行爲❷。此等應行增訂之新條款計有:

（一）不法競業罪

競業（Wettbewerb）❸乃是自由經濟結構之基礎，不法競業罪即是針對工商企業者以違法手段併吞其他競業者而造成壟斷，或如以「工業間諜」（Industriespionage）或經濟性之工廠破壞（Wirtschaftssabotage）等不法手段❹，參與競業等之「競業犯罪」（Wettbewerbsdelikte）之經濟刑法條款。

（二）圍標罪

圍標犯罪對於工商企業活動中之公開招標競業制度極具破壞性，使公開招標者在工程發包或貨物標售或標購時，蒙受損失，而增加經由公開招標競爭之價格。圍標罪即針對圍標犯罪而設之經濟刑法條款。

（三）經濟貪汚罪

經濟貪汚（Wirtschaftskorruption）係指工商企業者在經濟交易活動中對於其他工商企業者之受賄或行賄之不法行爲。由於自由競業之劇

❷參與農工商之經濟活動中，除農工商之經營者外尙有消費大衆，此等無組織之大衆係經濟上之弱者，而易爲經濟上之强者所魚肉，故未來刑法所規定之本章條款，除規定保護農工商之經營者外，亦應同時規定制裁濫用經濟力而剝削消費大衆之不法行爲。

❸所謂「競業」係指在特定市場中對於同一種需求有多數彼此獨立之供應者，而此等多數之供應者係以低價格與高品質，來從事公平之競爭，而使需求者有多種自由選擇之餘地。國家對於此等自由與公平之競爭，負有監督之任務，故對於所有足以妨害此等自由公平競業機會之行爲，自應加以排除，任何以違法手段而造成「競業限制」（Wettbewerbsbeschränkungen）之行爲，自應爲刑法所應加制裁之行爲。參照 Emmerich: *Wettbewerbsrecht*, 1975, S. 11.

❹工業間諜係指以間諜之手段，刺探並蒐集競業者之工商秘密，包括製造技術或工商營運資料，並利用此等秘密，以從事競業之經濟犯罪行爲。經濟性之工廠破壞則指毀損競業者之生產工具，以癱瘓其生產能力，而使其無法繼續參與競業。

烈，而使「佣金」(commission)之運用超出合法之界限，而成爲含有索賄、受賄或行賄等本質之經濟犯罪行爲，它造成經濟倫理之低落並足以危害經濟之正常活動。經濟貪汚罪即是針對此等行爲之經濟刑法條款。

（四）不實廣告罪

工商企業者假大衆傳播工具之手，從事不實之廣告，而使多數人受騙，購買其價高而品質低之貨物。不實廣告罪乃針對此等行爲之經濟刑法條款。

（五）非法定價罪

工商企業者爲壟斷市場，剝削消費者，而彼此約定其售價、產量、銷售地區而致生產及市場關係發生重大變化，使消費者蒙受損失，此即「非法之價格約定」(illegale Preisabsprache, illegal pricefixing) ❺之經濟犯罪行爲。非法定價罪即針對此等行爲之經濟刑法條款。

第二節　妨害販運及農事水利罪

妨害販運及農事水利罪所處罰之行爲計有：對於公共所需之飲食物品及農工所需物品之販賣與運輸之妨害行爲以及對於農事水利之妨害行爲，玆分：壹、妨害販運飲食及農工物品罪。貳、妨害農事水利罪，論述如下：

壹、妨害販運飲食及農工物品罪

行爲人以强暴、脅迫或詐術，（一）妨害販運穀類及其他公共所需

---

❺參閱拙著㈡，二八頁。

之飲食物品、(二)妨害販運種子、肥料、原料及其他農業、工業所需之物品，致市上生缺乏者，構成第二五一條第一項之妨害販運飲食及農工物品罪。本罪爲一般犯與結果犯。

一、行爲客體

本罪之行爲客體爲公共所需之飲食物品及農業或工業所需之物品。稱「公共所需之飲食物品」係指一切供人飲用或食用之物品而言，包括食品與飲料，如條文例示所稱之穀類，其他如食用肉類、蔬菜與水果等。又稱「農業或工業所需之物品」係指農業或工業生產上所不可或缺之必需物品，如條文所例示之種子、肥料、原料等。

二、行爲

本罪之行爲卽以强暴、脅迫或詐術爲手段而對行爲客體之販賣或運輸加以妨害。因之，行爲人非以强暴、脅迫或詐術爲手段而加以妨害，或行爲人雖使用强暴脅迫或詐術之手段加以妨害，但並非對於行爲客體之販賣或運輸，而係對於生產之妨害等，則均非本罪之妨害行爲，此等情形除該當非常時期農礦工商管理條例及違反糧食管理治罪條例所處罰之行爲，而應依該二條例之適當條款處罰外⑥，則爲刑法所不加處罰之行爲。何謂强暴與脅迫？已詳論於强制罪（第三〇四條第一項）（參閱第四章、第二節、貳之二）。又何謂詐術？亦已詳論於詐欺取財罪（第三三九條第一項）（參閱第六章、第七節、壹之二），在此均不再贅述。

三、行爲結果

行爲人之妨害行爲必須有致市場上生缺乏之行爲結果，方能構成本

⑥此等行爲計有對於非常時期經濟部指定管理之企業及物品之投機、壟斷或其他操縱行爲（非常時期農礦工商管理條例第三十一條、第十二條），以及對於糧食之囤積居奇行爲（違反糧食管理治罪條例第三、四條）。

罪，否則，縱有妨害行爲亦不致生市場上供不應求之行爲結果者，自不構成本罪，而應依行爲人之主觀犯意與客觀之行爲情狀，分別成立強制罪（第三〇四條第一項）或詐欺取財或得利罪（第三三九條第一、二項）。

四、主觀之不法要素

行爲人主觀上必須出於故意而爲妨害行爲，方構成本罪，否則，如出於過失而致市上生缺乏者，亦不負本罪之刑責。至於行爲人係出於何種意圖而故意妨害？則在所不問。

五、未遂犯

本罪之未遂行爲，第二五一條第二項設有處罰規定。行爲人已着手本罪之妨害行爲，但尙未致市上生缺乏之行爲結果者，即爲本罪之未遂。

六、法律效果

犯本罪者，處五年以下有期徒刑、拘役或三千元以下罰金。

貳、妨害農事水利罪

行爲人意圖加損害於他人，而妨害其農事上之水利者，構成第二五二條之妨害農事水利罪。本罪爲一般犯與行爲犯。

一、行爲客體

本罪之行爲客體爲農事上之水利，即指農業灌溉上之水利，故農事以外之水利，自不能成爲本罪之行爲客體。

二、行爲

本罪之行爲爲妨害，行爲人可能以積極之作爲，亦可能以消極之不作爲而妨害農田水利。至於行爲人係以何種方法而妨害？則非所問，惟若以決潰堤防或破壞水閘或水池等蓄水設備爲手段，而妨害他人農事上之水利，設若行爲有足生公共危險之虞者，則構成破壞防水或蓄水設備罪（第一八一條第一項）與本罪之牽連犯，此應依第五十五條後段之規定，從一重處斷。

三、主觀之不法要素

行爲人主觀上必須具備損害他人之不法意圖而故意加以妨害，方能構成本罪，故如行爲人不具損害他人之意圖，或另具其他意圖，如爲圖灌救自己之農田等，縱有妨害他人農田水利之行爲，亦不負本罪之刑責❼。

四、法律效果

犯本罪者，處二年以下有期徒刑、拘役或三百元以下罰金。

第三節　妨害商標商號罪

妨害商標商號罪乃僞造或仿造商標或商號、虛僞標記商品、販賣或陳列虛僞商標商號及虛僞標記之貨物等之犯罪行爲，就此等犯罪行爲之本質觀之，實具有僞造文書罪與詐欺罪之雙重性質。

依據刑法之規定，妨害商標商號罪計有：壹、僞造仿造商標商號罪。貳、販賣虛僞商標商號之貨物罪。叁、虛僞標記商品罪。肆、販賣虛僞標記商品罪等。今分別論述如下：

---

❼參閱二八上四二一六：妨害農事上水利罪之成立，一方需對於他人農事上之水利有妨害行爲，而他方尤重在有加損害於他人之企圖，其僅在灌救自己田畝，而非圖損他人者，自難以該條論擬。

壹、偽造仿造商標商號罪

行爲人意圖欺騙他人而僞造或仿造已登記之商標或商號者，構成第二五三條之僞造仿造商標商號罪。本罪爲一般犯與結果犯，係妨害農工商罪之一種基本犯。

一、行爲客體

本罪之行爲客體爲已登記之商標或商號。所謂「商標」乃指工商企業者爲表彰自己所生產、製造、加工、揀選、批售或經紀之商品所專用之圖樣（包括文字、圖形、記號或其聯合式）（參閱商標法第二、四條）。可能成爲本罪之行爲客體則以已登記之商標爲限，故未經登記或已撤銷登記者，自不能成爲本罪之行爲客體❽。稱「已登記」係指已依商標法向商標主管機關註册，而取得商標等專用權者而言❾。又本罪之立法意旨乃在於商標專用權之保護，故商標縱已註册而取得商標專用權，但已經商標專用權人申請撤銷或經商標主管機關依職權或據利害關係人之申請撤銷者（參閱商標法第三一條第一、二項），即非本罪所稱之「已登記之商標」

---

❽參閱二七院一七三八：仿造第三人商標，出售同一商品，其仿造行爲，既在他人將該商標依法註册（登記）以前，自不發生仿造已登記商標之問題，即使在他人註册後，知情而仍繼續出售，亦不負刑法上之責任。

❾參閱

①三〇院二一三四：（前略）刑法第二百五十三條所謂已登記之商標，在現行法上既無所謂商標之登記，自係指已註册之商標而言。（下略）

②四九臺非三〇：刑法第二百五十三條所謂仿造已登記商標，固指已註册之商標而言。但註册與審定合格有別，依商標法（舊）第二十四條(§41)規定，商標主管機關於申請專用之商標，經審查員審查後認爲合法者，除以審定書通知申請人外，應先登載於商標公報，俟六個月別無利害關係人之異議或經辯明其異議時，始行註册。因之，商標雖經審定合格，如未經公告期滿，尚不能認爲已經註册。

而不能成爲本罪之行爲客體。此外，專賣憑證係一種特許證，與一般商標不同，故亦非本罪之行爲客體⑩。

所謂「商號」係指經營商業登記法第二條所列各種營利事業之人，用以表彰其所經營之營利事業之名稱。可能成爲本罪行爲客體之商號亦以已登記者爲限，故如尚在籌備階段，而未依商業登記法之規定向營業所在地之主管機關辦理商業登記之商號，自不能成爲本罪之行爲客體。

本罪之行爲客體僅以商標與商號爲限，故商品仿單或商品說明書並不包括在內，如有僞造行爲，自應依僞造文書罪處斷。因此，僞造或仿造商標或商號外，並僞造商品說明書者，除構成本罪外，並另成立僞造文書罪，兩罪應依第五十條之規定，併合處罰⑪。至如單純僞造商號仿單，則於僞造商號外，另有僞造文書之行爲，構成本罪與僞造文書罪之想像競合犯，應依第五十五條前段之規定，從一重處斷⑫。

---

⑩參閱

①四一臺上一四一(二)（見625頁註⑳之⑤）。

②四一臺非二一（見607頁之註⑱）。

③四一臺非三七（見606頁註⑯之②）。

④四一臺非四〇：查臺灣省菸酒公賣局係菸酒專賣機關；該局出售各種酒類所用標紙，應視爲具有特許性質之專賣憑證，與普通商標不同。本件原判認定被告等連續以僞造臺灣省公賣局之米酒、五加皮酒、糯米酒及福壽酒等之標紙加貼於私酒上出售圖利，如果不虛，自係意圖不法之所有，以詐術行使僞造之特許證，以取得不法之利益。

⑪參閱四九臺上一三一七：刑法第二百五十三條所謂意圖詐騙他人而僞造或仿造，係指已登記之商標商號而言，倘於商標商號外，又載有文字以說明其商品之性質、用法、特徵，則於觸犯本條之罪外，兼應負僞造文書之責。惟實例之見解亦有認爲應成立本罪與僞造文書罪之牽連犯，參閱五六臺上二一三四：上訴人同時僞造鮮大王A字醬油商標紙及說明書，係一行爲而觸犯刑法第二百五十三條之僞造商標及第二百十條之僞造文書二罪名，應依同法第五十五條前段從一重處斷。（下略）

⑫參閱五一臺上四四〇：「維雄百補丸」說明書及紙盒上均印有藥名及已登記之商號名稱，說明書卽商號之仿單，係用以說明其藥品之性質，爲私文書之一種

二、行爲

本罪之行爲有二，即：僞造或仿造。稱「僞造」乃指全部模仿眞正商標或商號之假冒行爲，其在外形上與眞正之商標或商號完全一致。稱「仿造」則指部分模仿眞正商標或商號之假冒行爲，其在外形上或讀音上與眞正之商標或商號，極爲相似，客觀上甚易混淆不淸而足以使人誤以爲眞正之商標或商號⑬。

商標或商號亦爲一種文書，故僞造商標或商號在本質上亦爲一種僞造文書之行爲，但因刑法設有本罪之處罰規定，故一旦成立本罪，即無另構成僞造文書罪之餘地。又本罪之行爲可能與行使僞造私文書罪（第二一六、二一〇條）發生牽連關係，此自應依第五十五條後段之規定，從一重處斷⑭。

本罪之行爲人必須出於欺騙他人之意圖而實施本罪之行爲，方能成罪（見下述三），故本罪實具有詐欺之本質。因此，如僞造或仿造商標或商號，並持此虛僞商標或商號之貨物出售圖利，當然包括於本罪之行爲之中，故除構成本罪與販賣虛僞商標商號之貨物罪（第二五四條）之

（續前），上訴人等並無制作權，而共同敎唆他人僞造，自足生損害於他人，係一行爲觸犯敎唆意圖欺騙他人而僞造已登記之商號及僞造私文書之二罪名，應從一重處斷。

⑬參閱

①二五上七二四九：仿造商標，祇以製造類似之商標可使一般人誤認爲眞正商標爲已足。上訴人等鈐用之三金錢商標，雖無圈帶，然其金錢之個數平排之形狀等，均與某號之三金錢嘜商標相類似，實足以使一般人誤認爲卽係該號之出品，自不得謂非仿造。

②四一臺非一五：刑法上之仿造僅求其類似，與僞造之須形式上與眞正相同者迴然有別。被告所私製之新樂園香煙旣與臺灣省菸酒公賣局出售之新樂園香煙相同，卽非仿造而爲僞造。

⑭參閱

①十九上一七七三（628頁之註⑫⑥）。

②四四臺非三九（見後註⑮反對說實例之②前段）。

牽連犯外，並不另外成立詐欺罪⑮，惟如行爲人以僞造或仿造商標商號爲手段，以貼用僞造或仿造商標於僞貨出售以外之方法，而行詐欺取財或得利，則因本罪之行爲與詐欺罪具有方法與結果之關係，故構成本罪與詐欺取財或得利罪（第三三九條第一、二項）之牽連犯，而依第五十五條後段之規定，從一重處斷。此外，本罪所處罰之行爲僅限於商標或商號之僞造或仿造行爲，故如非僞造而係利用他人之註册商標或商號，對商品之品質或原產國爲虛僞之標記，而構成虛僞標記商品罪（第二五五條第一項）外，自無構成本罪之餘地⑯。

三、主觀之不法要素

⑮參閱五四臺上二〇〇一：刑法第二百五十三條及第二百五十五條第一項之妨害農工商罪，原已含有詐欺之性質，如構成各該法條之罪，無再行適用同法第三百三十九條第一項詐欺罪之餘地。

惟實例上亦有採反對說之見解者，而認爲應構成本罪與詐欺罪之牽連犯，參閱

①四三臺上四〇七：上訴人與某甲共同僞造施德之濟衆水包裝用紙、仿單、說明書、瓶貼等，除僞造已登記之商標商號外，尙有其他文字以表示該號出品防人假冒，殊難解免僞造私文書之罪責。其以他人之商標商號朦蔽世人高價出售，獲取不當之利益，亦不能不負詐欺罪責。其僞造之私文書已達於行使階段，應依僞造私文書論科。其僞造商標商號及行使僞造私文書乃其詐欺取財之手段，具有牽連關係，應從一重處斷，其前後犯行，係基於概括犯意，應以連續犯論。

②四四臺非三九：商號仿單係用以說明商品之特質，故就其性質言，除商號關係外，並爲商人所製文書之一種。如將僞造之仿單給與買主，以外貨冒充某商號出品，顯於僞造商號外更有行使僞造私文書足以生損害於他人之行爲，應以僞造商號及行使僞造私文書罪從一重處斷。又被告旣將僞造之藥水冒充原廠出品高價出售牟利，顯非單純僞造商標、商號之情形可比，自難謂非更有詐欺行爲。被告僞造商標、商號及行使僞造私文書乃其詐欺取財之手段，其間具有牽連關係，應從一重處斷，併應以連續犯論。

③五六臺上二五七六（見326頁之註㉓）。

⑯參閱五六臺非一七八：刑法第二百五十五條第一項，原係基於同法第二百五十三條所設之一般規定，前者以對於商品之品質或原產國爲虛僞之標記爲已足，後者則必須以僞造他人已登記之商標、商號爲其成立之特別要件，故如非僞造而係利用他人已登記之商標、商號對商品品質或原產國爲虛僞之標記，自應成立第二百五十五條第一項之犯罪。

行爲人主觀上必須具有欺騙他人之不法意圖，而故意僞造或仿造，方能構成本罪，否則，如欠缺此等主觀之不法要素，縱有僞造或仿造行爲，亦不負本罪之刑責。

四、法律效果

犯本罪者，處二年以下有期徒刑、拘役或科或併科三千元以下罰金。

五、特別法

商標法第六十二條對於同一商品或同類商品，使用相同或相近似於他人註册商標之圖樣；或於有關同一商品或同樣商品之廣告、標貼、說明書、價目表或其他文書，附加相同或近似於他人註册商標圖樣而陳列或散布之行爲，均設有處罰規定。同法第六十二條之一對於意圖欺騙他人，於同一商品或同類商品使用相同或近似於未經註册之外國著名商標者，亦設有處罰規定。凡此規定，均屬本罪之特別法，自應優先適用，本罪即無適用之餘地。

六、檢討與改進

本罪之行爲客體現行條文規定爲「已登記之商標或商號」，而與商標法之現行規定有所出入，爲求能夠符合構成要件之明確原則，並能配合商標法之規定，現行條文之行爲客體似宜修改爲：「已取得商標專用權之商標或已登記之商號」。

貳、販賣虛僞商標商號之貨物罪

行爲人明知爲僞造或仿造之商標或商號之貨物而販賣，或意圖販賣而陳列，或自外國輸入者，構成第二五四條之販賣虛僞商標商號之貨物罪。本罪爲一般犯與行爲犯。

一、行爲客體

本罪之行爲客體乃前罪之僞造或仿造之商標商號之貨物。可以充當本罪行爲客體之貨物種類爲何？則非所問，祇要係使用僞造或仿造之虛僞商標，或以僞造或仿造之虛僞商號爲名義之貨物，即可成爲本罪之行爲客體。

二、行爲

本罪之行爲有三，即：販賣、陳列或自外國輸入。行爲人祇要有三種行爲中之任何一種，即足以構成本罪。僞造或仿造商標或商號之行爲本足以侵害商標專用權與商號專有權，並且妨害商業之交易信用，侵害消費者之利益，今若明知貨物爲僞造或仿造商標或商號之貨物而加販賣、陳列或自外國輸入本國等，無異擴張僞造仿造商標商號罪（第二五三條）之不法後果，因而，亦助長僞造仿造商標商號罪之繁增，故刑法乃將此等販賣、陳列或輸入之行爲，加以犯罪化，而成爲本罪所處罰之行爲。又本罪之行爲人旣係明知爲僞造之商品而販賣或陳列，故本罪之行爲實含有詐欺之本質。因此，行爲一旦構成本罪，即無另成立詐欺罪之餘地⑰。

三、主觀之不法要素

行爲人主觀上必須明知行爲客體爲僞造或仿造商標或商號之貨物，而故意販賣、陳列或自外國輸入，方能構成本罪，否則，行爲人如對於僞造或仿造商標或商號之事實，毫無所知，縱有本罪之行爲，亦不負本罪之刑責。又本罪之陳列行爲必須出於販賣之意圖而將貨物陳列展示於他人可得選購之處，始構成本罪。

四、法律效果

犯本罪者，處二千元以下罰金。

五、特別法

---

⑰參閱五七臺非一五〇：明知爲僞造或仿造之商標、商號之貨物而販賣，或意圖販賣而陳列者，刑法第二百五十四條旣設有特別規定，則明知爲僞造之商品而販賣或陳列，本含有詐欺性質，其詐欺行爲，即不應另論罪。

藥物藥商管理法第七十二條第一項設有輸入僞藥，第七十三條第一項設有明知爲僞藥而販賣或意圖販賣而陳列，第七十六條第二項設有明知爲擅用或冒用他人藥品名稱、商標之藥品而輸入、販賣或意圖販賣而陳列等等之處罰規定。凡此規定，均屬本罪之特別法，自應優先適用，本罪卽無適用之餘地。

叁、虛僞標記商品罪

行爲人意圖欺騙他人，而就商品之原產國或品質，爲虛僞之標記或其他表示者，構成第二五五條第一項之虛僞標記商品罪。本罪爲一般犯與行爲犯。

一、行爲客體

本罪之行爲客體爲一切之商品，其種類、品質、出產地等，均非所問。

二、行爲

本罪之行爲有二，卽：爲虛僞之標記或其他之表示。又本罪所處罰之虛僞標記或表示行爲僅以商品之原產國或品質爲限，故行爲人就商品之原產國或品質以外之事項而爲之虛僞標記或爲其他表示，自不構成本罪。稱「原產國」係指商品原來生產或製造之國家，如本爲甲國製造，但標記乙國，或本爲國貨，但標記洋貨等，卽爲虛僞之標記。稱「品質」則指商品之質料或成份而言，故如對商品之成份爲虛僞之標記，卽爲該當本罪之行爲。

行爲人必須就商品之原產國或品質爲虛僞之標記，方能成立本罪，故如僅利用他人之商標紙冒製商品銷售，除有時構成詐欺罪外，自無由構成本罪[18]。又本罪之行爲可能與僞造文書罪或行使僞造文書罪發生想像競合關係，此自應依第五十五條前段之規定，從一重處斷[19]。此外，本罪之行爲亦具有詐欺之本質，故行爲一旦該當本罪而應依本罪處斷者，即不另成立詐欺罪[20]。

三、主觀之不法要素

行爲人主觀上必須具備欺騙他人之不法意圖而故意實施本罪之行爲者，方構成本罪。

四、法律效果

犯本罪者，處一年以下有期徒刑、拘役或一千元以下罰金。

肆、販賣虛僞標記之商品罪

行爲人明知爲前罪之商品而販賣，或意圖販賣而陳列，或自外國輸入者，構成第二五五條第二項之販賣虛僞標記之商品罪。本罪爲一般犯與行爲犯。

---

[18] 參閱四一臺非一二(一)：刑法第二百五十五條第一項之犯罪，以意圖欺騙他人而就商品之原產國或品質爲虛僞之標記或其他表示爲成立要件。被告係利用向他人取得之陸軍裝甲司令部福利社三三牌香煙商標紙冒製三三牌香煙在市面上銷售，顯與上開犯罪構成要件不合。原審不按詐欺取財罪審究，率依該條項論處，自非適法。

[19] 參閱四七臺上五二〇：藥品說明書係以文字說明其性質、用法、特徵等，爲私文書之一，將其僞造，自足生損害於原廠商，其餘印製物係意圖欺騙他人，而就商品之原產國爲虛僞之表示，二者屬於想像競合犯。

[20] 參閱

①五四臺上二〇〇一（見772頁之註[15]）。

②五八臺非三〇：（前略）意圖欺騙他人而就商品之品質爲虛僞之標記或進而販賣，本含有詐欺性質，其詐欺行爲，即不應另行論罪。

一、行為客體

本罪之行為客體為前罪行為所生之虛僞標記或表示之商品。

二、行為

本罪之行為有三，即：販賣、陳列或自外國輸入。行為人祇要有三種行為中之任何一種，即足以構成本罪。

三、主觀之不法要素

行為人主觀上必須對其行為客體為原產國或品質係虛僞標記或表示之商品有所認識，而決意販賣、陳列或輸入者，方構成本罪。又本罪所處罰之陳列行為僅以出於意圖販賣者為限，故非出於販賣意圖而陳列者，自無本罪之適用。

四、法律效果

犯本罪者，處一年以下有期徒刑、拘役或一千元以下罰金。

第十三章　危害公共健康之犯罪

第一節　概　說

吸用鴉片或其他毒品，足以損害健康，並且中毒成癮而不能自拔，終至併生其他犯罪問題，而危及整個社會之安寧秩序與國家民族之前途，針對此等危害公共健康之烟毒，刑法特設鴉片罪，用以禁止鴉片或其他毒品之製造、販賣、運輸與吸用等行爲。

賭博財物雖爲個人處分財產之行爲，可是却對社會有極其不良之後果，因爲賭勝者，足生僥倖之心，且揮霍無度，成日醉心賭博而不務正業，至於賭輸者則傾家蕩產，每至挺而走險，衍生爲數甚多之財產犯罪，造成社會之不安。因此，刑法特設賭博罪，用以禁止賭博行爲。由於賭博對於社會風氣與社會安寧秩序之損害性，無異係社會公共健康之一種重大危害，故本書乃將賭博罪與鴉片罪同列，作爲危害公共健康之犯罪，加以論述。

第二節　鴉片罪

鴉片罪乃栽種罌粟或製造、販賣、運輸或吸用鴉片、嗎啡、高根、海洛因或其化合質料之犯罪行爲。鴉片通稱爲「烟」❶，嗎啡、高根、海洛因或其化合質料通稱爲「毒」，故鴉片罪亦可稱爲「烟毒罪」。

---

❶戡亂時期肅清烟毒條例則稱之爲「煙」，惟其內涵除鴉片外，尙包括罌粟、罌粟種子及痲煙或抵癮品，見該條例第二條前段。

烟毒罪所破壞之法益雖爲社會法益，但絕大多數之烟毒罪之行爲人之犯罪目的，乃在於謀求不法之暴利，故除吸用烟毒罪（第二六二條）外，其餘之烟毒罪實亦具圖利罪之本質，祇是此等圖利行爲所引致之犯罪後果却涉及整個社會與國家之安全。

刑法規定處罰之鴉片罪計有：壹、製造烟毒罪。貳、販運烟毒罪。叁、輸入烟毒罪。肆、製造販運吸食鴉片器具罪。伍、幫助吸用烟毒罪。陸、栽種罌粟罪。柒、販運罌粟種子罪。捌、吸用烟毒罪。玖、持有烟毒或吸食鴉片器具罪。拾、公務員强迫栽種罌粟或販運罌粟種子罪。拾壹、公務員包庇烟毒罪等。今分別論述如下：

壹、製造烟毒罪

行爲人製造鴉片者，構成第二五六條第一項之製造鴉片罪。行爲人製造嗎啡、高根、海洛因或其化合質料者，構成同條第二項之製造嗎啡高根海洛因罪。兩罪合稱爲製造烟毒罪，爲一般犯與結果犯。

一、行爲形態

本罪之行爲形態有二，即：

（一）製造鴉片

鴉片（Opium）乃產自罌粟植物，係自罌粟果實中提取乳漿，風乾凝結而成之褐色樹膠塊狀物，味苦，含多量之植物鹹（Alkaloids），主要的有百分之二十之嗎啡及百分之十之那可汀（Narkotin），在醫藥上可作爲鎭靜劑或痲醉劑，並可作醫治腹瀉之藥。由於加工程度之不同而有不同之名稱：由罌粟果實提取乳漿凝結而成樹膠塊狀物稱之爲「生鴉片」，亦稱「煙土」或「生土」，將生鴉片加工而成之產品稱之爲「熟鴉片」，或稱「鴉片烟」或「熟膏」。本罪所稱之鴉片即指生鴉片及熟鴉片以及含有鴉片成份之烟灰或丸藥等。

（二）製造嗎啡、高根、海洛因或其化合質料等

嗎啡(Morphine, Morphium)係一八〇四年所發現之一種植物鹼，味苦，爲無色無臭之細柱狀結晶，可作止痛劑或鎭靜劑，性毒，長期施打可使中樞神經系統麻痺。高根 (Cocaine, Kokain)又稱爲古柯鹼，係自秘魯與玻利維亞之高加樹之樹葉提煉而出，無色，味苦，不溶於水，但溶於酒精，性毒，可作止痛劑或手術時之麻醉劑❸。海洛因(Heroin)爲嗎啡之化學製劑，呈白色粉末狀，亦可製成溶液，爲鎭痛劑、呼吸抑制劑及平滑肌之刺激劑，具有較嗎啡爲强之成癮作用。又所謂化合質料係指含有嗎啡、高根、海洛因等成分之化合製劑❹。

二、行爲

本罪之行爲爲製造烟毒， 係指加工於原料而製成鴉片、 嗎啡 、 高根、海洛因或其化合質料之行爲。行爲人係以何種方法而製造？係出於何種動機意圖而製造？均非所問。行爲人不但製造鴉片，而且又製造嗎啡，則同時該當本罪第一項與第二項之構成要件，此應就行爲人之主觀犯意，而分別就牽連犯處斷或倂合處罰。

三、未遂犯

本罪之未遂行爲，第二五六條第三項設有處罰規定。旣遂與未遂之區別乃以鴉片、嗎啡、高根、海洛因是否業已製造成品爲斷。

---

❸依據麻醉品管理條例施行細則第七條之規定，麻醉藥品管理條例所稱高根（古柯）類係指古柯葉、古柯鹼及其衍生化物與二者之鹽類，如該細則附表三所列各項藥品。

❹但製劑中嗎啡含量在千分之二以下，高根含量在千分之一以下者，則非嗎啡或高根之化合質料。參照麻醉品管理條例施行細則第九條第一項。

四、法律效果

犯製造鴉片罪者，處七年以下有期徒刑，並得併科三千元以下罰金。犯製造嗎啡高根海洛因罪者，處無期徒刑或五年以上有期徒刑，並得併科五千元以下罰金。惟在肅清烟毒條例施行期間，不問係製造鴉片，抑或製造嗎啡、高根、海洛因或其化合質料，均應依該條例第五條第一項處斷，其法定刑爲死刑或無期徒刑。又犯本罪者，其所製造之烟毒，不問屬於行爲人與否，均沒收之（第二六五條）。

五、檢討與改進

本條第二項之製造嗎啡高根海洛因罪僅以嗎啡、高根、海洛因或其化合質料。至於以化學原料合成而具有成癮性或可改製爲成癮性之藥品之化學合成痲醉藥品類，則未包括於其中，此等化學合成之痲醉品亦與嗎啡、高根、海洛因同具毒性，雖已爲痲醉藥品管理條例之管制品❺，但對其非法製造之行爲，尚無刑法之處罰明文，故宜修正本條第二項之規定，而於條文中之「或其化合質料」字句下增訂「或化學合成痲醉藥品」。同理，販賣、運輸、自外國輸入、幫助吸用、吸用或意圖供犯烟毒罪之用而持有此等化學合成痲醉藥品之行爲，亦應加處罰，故第二五七條第二項、第二五九條第一項、第二六二條、第二六三條、第二六五條等條文中之「或其化合質料」字句下，宜增列「化學合成痲醉藥品」。

貳、販運烟毒罪

行爲人販賣或運輸鴉片者，構成第二五七條第一項之販運鴉片罪。行爲人販賣或運輸嗎啡、高根、海洛因或其他化合質料者，構成同條第

❺見民國六十九年修正公布之痲醉藥品管理條例第二條第四款。

二項之販運嗎啡高根海洛因罪。兩罪合稱爲販運烟毒罪。本罪爲一般犯與結果犯。

一、行爲形態

本罪之行爲形態有二，即:

（一）販賣或運輸鴉片。

（二）販賣或運輸嗎啡、高根、海洛因或其化合質料。

二、行爲

本罪之行爲有二，即販賣或運輸烟毒，行爲人祇要有二種行爲中之一種，即可構成本罪。稱「販賣」係指有償之讓與，包括買賣與交換，不以先買後賣爲必要，祇要以營利爲目的，而將烟毒購入，或將烟毒賣出，即可成罪[6]，而且販賣亦不以反覆爲之與得利爲條件[7]。又稱「運輸」係指轉運輸送，包括在國內各地運輸及自國內輸出國外，但若自國外輸入國內者，則非本罪而係屬於輸入烟毒罪（第二五七條第三項）之範圍。

三、主觀之不法要素

行爲人主觀上必須具備販賣或運輸之故意而販賣或運輸烟毒，始構成本罪，若欠缺此等主觀之不法要素，自不負本罪之刑責，如爲供自己吸食之用，自毒販處購得並攜回住處，則不構成本罪，而成立持有烟毒或吸食鴉片器具罪（第二六三條）。

四、未遂犯

本罪之未遂行爲，第二五七條第四項設有處罰規定。行爲人販賣烟

---

[6] 參閱二五非一二三：禁烟法（已失效）上之販賣鴉片罪，並不以販入之後復行賣出爲構成要件，但使以營利爲目的將鴉片購入或將鴉片賣出，有一於此，其犯罪即經完成，均不得視爲未遂。

[7] 參閱十八上七六七：販賣鴉片不以得利爲條件，縱未得利，亦無妨於犯罪之成立。

毒，業已售賣成交者爲既遂；否則，卽爲未遂。行爲人運輸烟毒，業已起運者爲既遂，不以運達目的地，始爲既遂。

五、法律效果

犯販運鴉片罪者，處七年以下有期徒刑，並得併科三千元以下罰金。又犯販運嗎啡高根海洛因罪者，處三年以上，十年以下有期徒刑，並得併科五千元以下罰金。惟在肅清烟毒條例施行期間，無論販運鴉片，抑或販運嗎啡、高根、海洛因或其化合質料均應依該條例第五條第一項處斷，其法定刑爲死刑或無期徒刑。又犯本罪者，其販賣或運輸之烟毒，不問屬於行爲人與否，均沒收之（第二六五條）。

叁、輸入烟毒罪

行爲人自外國輸入鴉片、嗎啡、高根、海洛因或其化合質料者，構成第二五七條第三項之輸入烟毒罪。本罪係一般犯與結果犯，係販運烟毒罪之加重犯。

一、行爲

本罪之行爲爲輸入烟毒，亦卽將鴉片、嗎啡、高根、海洛因或其化合質料等烟毒自外國輸入本國。此種行爲雖爲販運烟毒罪(第二五七條第一、二項)中之運輸行爲，但將本國全面查禁之烟毒自外國輸入國內，不但戕害民族健康，而且損失國家外滙，其不法內涵顯較販運烟毒罪(第二五七條第一、二項）爲高，故刑法特訂本項，以作爲加重處罰之依據。

本罪之行爲可能與販運烟毒罪（第二五七條第一、二項）發生牽連關係，如行爲人自國外輸入海洛因而販賣，則其輸入行爲與販賣行爲兩者並不發生高度行爲吸收低度行爲之關係，而且海洛因自外國輸入，按其性質或結果，又非當然含有販賣之成分，故應成立本罪與販運嗎啡高根海洛因罪（第二五七條第二項）之牽連犯，依第五十五條後段之規定，從一重處斷❽。此外，本罪之行爲亦可能與持有烟毒或吸食鴉片器具罪（第二六三條）發生想像競合關係，如船長某甲意圖販賣圖利，在國外購得毒品隨船載回，甫抵本國港口，即被警查獲，則某甲除構成本罪外，尚應論以持用烟毒或吸食鴉片器具罪（第二六三條），而適用第五十五條前段之規定，從一重處斷❾。

二、主觀之不法要素

行爲人主觀上必須具備自國外輸入烟毒之故意，始能構成本罪，故行爲人若欠缺此等主觀之不法要素，即不構成本罪，如爲供自己食用而自國外携回少量烟毒是，此祇成立持有烟毒或吸食鴉片器具罪（第二六三條）。

三、未遂犯

本罪之未遂行爲，第二五七條第四項設有處罰規定。既遂與未遂之區別，乃以烟毒已否入境爲準。

四、法律效果

犯本罪者，處無期徒刑或五年以上有期徒刑，並得併科一萬元以下

---

❽參閱四二臺上四一〇：刑法上所謂犯罪行爲之吸收關係，係指其低度行爲爲高度行爲所吸收（例如由收受僞造紙幣、器械原料而僞造紙幣，其收受僞造紙幣器械原料之低度行爲，爲僞造紙幣之高度行爲所吸收），或某種犯罪行爲之性質或結果，當然含有他罪之成分，自亦當然吸收者而言（例如行使僞造之紙幣，購買物品，既曰行使，當然冒充眞幣，則性質上含有詐欺之成分，已爲行使僞造紙幣所吸收）。被告等共同自外國輸入海洛因而販賣之，其輸入與販賣之各犯罪行爲，彼此程度不相關連，本難謂有低度行爲與高度行爲之關係，而海洛因自外國輸入，按其性質或結果，又非當然含有販賣之成分，故兩者之間，祇能謂有刑法第五十五條之牽連犯關係。乃第一審判決誤解其販賣行爲爲輸入行爲所吸收，僅適用刑法第二百五十七條第三項處斷，原判決乃予維持，於法殊難謂合。

❾參照五二、一二、二四議。

罰金。惟在肅清烟毒條例施行期間，犯本罪者自應依該條例第五條第一項處斷，其法定刑爲死刑或無期徒刑。又犯本罪者，其輸入之烟毒不問屬於行爲人與否，均沒收之（第二六五條）。

肆、製造販運吸食鴉片器具罪

行爲人製造、販賣或運輸專供吸食鴉片之器具者，構成第二五八條第一項之製造販運吸食鴉片器具罪。本罪爲一般犯與結果犯。

一、行爲客體

本罪之行爲客體爲專供吸食鴉片之器具，稱「專供吸食鴉片之器具」係指專爲吸食鴉片之用而製造之器具而言，故可作他用之器具，雖可權充吸食鴉片之用者，即非專供吸食鴉片之器具，而不能成爲本罪之行爲客體。

二、行爲

本罪之行爲有三，即：製造、販賣、運輸等三種，行爲人祇要有三種行爲中之任何一種，即可構成本罪。製造包括製作與改造。販賣包括出售與交換。運輸包括在國內各地運輸或自國內輸出或自國外輸入。

三、未遂犯

本罪之未遂行爲，第二五八條第二項設有處罰規定。製造行爲以專供吸食鴉片之器具已製造成品者爲既遂，尙未製造成品者，即爲未遂。販賣行爲以售賣成交或交換完成者爲既遂，否則爲未遂。運輸行爲之既未遂，則以是否起運爲區分標準，是否已運抵目的地？則與本罪之既遂無關。

四、法律效果

犯本罪者，處三年以下有期徒刑，並得併科五百元以下罰金。惟在肅清烟毒條例施行期間，本罪之行爲應依該條例第五條第三項處斷，可處一年以上，七年以下有期徒刑，並得併科新臺幣二十萬元以下罰金。又專供吸食鴉片之器具不問屬於行爲人與否，均可沒收(第二六五條)。

伍、幫助吸用烟毒罪

行爲人意圖營利，爲人施打嗎啡，或以館舍供人吸食鴉片或其化合質料者，構成第二五九條第一項之幫助吸用烟毒罪，本罪爲一般犯。

一、行爲

本罪之行爲有二，即：爲人施打嗎啡或以館舍供人吸食鴉片或其化合質料。此兩種行爲實爲吸用烟毒罪（第二六二條）之幫助行爲，但因其係出於營利之意圖，足以助長吸用烟毒之風氣，頗具社會危險性，故刑法乃特加以犯罪化，使此等行爲成爲獨立之犯罪行爲。

所謂爲人施打嗎啡乃指以注射器爲他人將嗎啡注入其體內而言，故如爲自己施打，則非本罪，祇能構成吸用烟毒罪（第二六二條）。行爲人必須有爲人施打嗎啡之行爲，方負本罪之刑責，如僅以館舍供人自行施打嗎啡，則非本罪之行爲，祇成立吸用烟毒罪（第二六二條）之幫助犯⑩。行爲人之行爲僅以爲他人施打嗎啡或以館舍供人吸食鴉片或其化合質料爲限，不必兼供他人施打所需之嗎啡或吸食之鴉片或其化合質料，故如售予他人嗎啡，並爲其施打，或售予鴉片或其化合質料，並以館舍供其吸食者，則除構成本罪外，應另成立販運烟毒罪（第二五七條第一、二項），並應依行爲人之主觀犯意，分別併合處罰或依牽連犯之規定，從一重處斷⑪。

⑩參照四四臺上七五八。

⑪參閱四四臺上四三二：上訴人既販賣嗎啡，同時又將之爲人施打，其間實具有方法結果之關係，要難謂非牽連犯罪。

依據條文之規定，行爲人爲他人施打者僅以嗎啡爲限，設若行爲人爲人施打嗎啡以外之其他毒品，即不能律以本罪，故如戡亂時期肅清烟毒條例第八條「意圖營利，設所供人吸用毒品或鴉片或爲人施打毒品」之規定，顯較刑法上之規定爲周全。

二、主觀之不法要素

行爲人主觀上必須具備營利意圖而故意實施本罪之行爲，方能構成本罪。行爲人若欠缺此等不法意圖，縱有本罪之行爲，亦不負本罪之刑責，而成立吸用烟毒罪（第二六二條）之幫助犯⑫。

三、未遂犯

本罪之未遂行爲，第二五九條第二項設有處罰規定。行爲人已將嗎啡注入他人體內爲既遂，否則，即爲未遂。行爲人提供他人館舍，他人並已吸食鴉片或其化合質料者，即爲既遂，否則，如他人尙未吸食者，即爲未遂。

四、法律效果

犯本罪者，處一年以上，七年以下有期徒刑，並得併科一千元以下罰金。惟在肅清烟毒條例施行期間，本罪之行爲應依條例第八條處斷，可處死刑或無期徒刑。又施打或吸食之烟毒，不問屬於行爲人與否，均沒收之（第二六五條）。

陸、栽種罌粟罪

行爲人意圖供製造鴉片、嗎啡之用，而栽種罌粟者，構成第二六〇

---

⑫參閱二二上二八八四：禁烟法（已廢）第十條，以館舍供人吸用鴉片或其代用品之規定，係以意圖營利爲構成要件，若僅因自己吸食鴉片之故，偶爾容留素識之友人，在宅內吸食鴉片或其代用品，並無營利之目的者，則屬於幫助他人吸食鴉片或其代用品之行爲，不成立該條之罪。

條第一項之栽種罌粟罪。本罪爲一般犯與結果犯。

一、行爲

本罪之行爲爲栽種罌粟。稱「栽種」係指以收穫爲目的之栽培種植而言，不以自己散播罌粟種子爲限，即自然生長或由他人播種，而由自己繼續培植者，亦包括在內。又罌粟爲二年生之雙子葉草本植物，其果實尚未全熟時，其中所含之乳漿，係製造鴉片之原料，而嗎啡又由鴉片提煉而成，故罌粟實爲烟毒之主要原料，爲正本清源，刑法乃將栽種罌粟之行爲加以犯罪化，而成本罪。

本罪之栽種行爲多半爲製造鴉片或嗎啡之預備行爲，故如栽種罌粟，並進而製造鴉片或嗎啡，則栽種之低度行爲，即爲製造之高度行爲所吸收，故可逕論以製造烟毒罪（第二五六條第一、二項），而不再論以本罪。

二、主觀之不法要素

行爲人主觀上必須具備提供製造鴉片或嗎啡之用之不法意圖，故意栽種罌粟，方構成本罪，否則，若行爲人並不具有此等主觀之不法要素而栽種罌粟，自不負本罪之刑責，如純供植物學術研究或祇供觀賞之用而栽種罌粟是。

三、未遂犯

本罪之未遂行爲，第二六〇條第三項設有處罰規定。行爲人祇要一有播種栽植，原則上行爲即屬既遂，惟若雖有播種行爲，但未長出罌粟，或在長出罌粟前，即被查獲，此等情況，則爲未遂。

四、法律效果

犯本罪者，處五年以下有期徒刑，並得併科三千元以下罰金。惟在肅清烟毒條例施行期間，本罪之行爲應依該條例第五條第四項處斷，其法定刑爲死刑或無期徒刑。

柒、販運罌粟種子罪

行爲人意圖供製造鴉片或嗎啡之用，而販賣或運輸罌粟種子者，構成第二六〇條第二項之販運罌粟種子罪。本罪爲一般犯與結果犯。

一、行爲

本罪之行爲爲販賣或運輸罌粟種子。關於販賣或運輸之義，已詳述於前（見本節、貳之二），在此之贅。行爲人所販賣或運輸之標的物祇以罌粟種子爲限⓭。

二、主觀之不法要素

行爲人主觀上必須具備供製造鴉片或嗎啡之用之不法意圖而故意販賣或運輸罌粟種子，方構成本罪，故行爲人若非出於此等主觀之不法要素而販賣或運輸，自不負本罪之刑責。

三、未遂犯

本罪之未遂行爲，第二六〇條第三項設有處罰規定。販賣行爲以售賣成交或交換完成者爲既遂，否則，爲未遂。運輸行爲之既未遂，則以已否起運爲區別標準，是否已運抵目的地？則與本罪之既遂無關；行爲人祇要已將罌粟種子起運，即爲既遂。

四、法律效果

犯本罪者，處三年以下有期徒刑，並得併科三千元以下罰金。惟於肅清烟毒條例施行期間，本罪之行爲應依該條例第五條第二項處斷，可處無期徒刑或七年以上有期徒刑，並得併科新臺幣二十萬元以下罰金。又犯本罪者，其販賣或運輸之罌粟種子，不問屬於行爲人與否，均沒收之（第二六五條）。

⓭但有學者認爲應包括罌粟及其種子，見韓著(二)，三〇六頁。陳著，六一八頁。

捌、吸用烟毒罪

行爲人吸食鴉片或施打嗎啡或使用高根、海洛因或其化合質料者，構成第二六二條之吸用烟毒罪。本罪爲一般犯、行爲犯。

一、行爲

本罪之行爲有三，即：吸食鴉片、施打嗎啡、使用高根、海洛因或其化合質料。行爲人祇要有三種行爲中之任何一種，即足以構成本罪，至於以何種方法吸食、施打或使用？均非所問。吸食必須行爲人自己吸食，始能成罪，惟施打則不以行爲人自己施打爲限，即使由他人爲己施打，亦可構成罪。又所謂使用則兼指吸食、施打或服用等。

由於吸用烟毒，極易成癮，故本罪之行爲往往係連續行爲，少有單獨行爲者，理論上自應成立連續犯，並依第五十六條之規定處斷，司法院之解釋從此見解⓮，惟因本罪之特殊性，行爲人在烟毒依存性之作用下，鮮有可能存在單獨之吸用行爲。換言之，即本罪之行爲係以連續行爲爲原則，而祇存有極少數例外之單獨行爲，在此等情況下，似無再論以連續犯之必要。此外，如施打嗎啡，同時又吸食鴉片，或施打嗎啡，數年後，又改吸食鴉片，依司法院解釋認爲應依第五十條併合處罰⓯。此等見解亦不無可議之處，因爲此等行爲係基於一個概括之吸用烟毒之故意，祇是吸用烟毒種類之不同，自不足以構成數罪併罰。

二、主觀之不法要素

⓮三三院二六四六：每日吸食鴉片賡續不斷者，係連續犯，依刑法第五十六條但書，得加重其刑。施打嗎啡同時吸食鴉片，及施打嗎啡數年改吸食鴉片者，均應同法第五十條併合處罰。

⓯同前註。

行為人主觀上必須具備吸用烟毒之故意，而吸用烟毒，方能構成本罪，故行為人若欠缺此等故意，縱有吸用之行為，亦不負本罪之刑責，如素無烟癮，但因病而以止痛或治療為目的而吸食者是⑯。

三、法律效果

犯本罪者，處六月以下有期徒刑、拘役或五百元以下罰金，並得令入相當處所，施以禁戒（第八八條第一項），此種禁戒處分於刑之執行前為之，其期間為六個月以下（第八八條第二項），又禁戒處分之執行，法院認為無執行之必要者，得免其刑之執行（第八八條第三項）。此外，犯本罪者，其烟毒或專供吸食之鴉片之器具，不問屬於犯人與否，均沒收之（第二六五條）。

於肅清烟毒條例施行期間，犯本罪者自應依該條例第九條第一項處斷，可處三年以上，七年以下有期徒刑。又依該條例第九條第三項之規定，犯本罪而有癮者，應由審判機關先行指定相當處所勒戒，且不適用刑法第八十八條第三項之規定。行為人勒戒斷癮後再犯者，加重本刑至三分之二，三犯者，處死刑或無期徒刑（肅毒條例第九條第七項）。

玖、持有烟毒或吸食鴉片器具罪

行為人意圖供犯鴉片罪章各罪之用，而持有鴉片、嗎啡、高根、海洛因或其化合質料，或專供吸食鴉片之器具者，構成第二六三條之持有

---

⑯實例如下：

①十八院一八八：素無鴉片烟癮，因病以烟灰和佛手為治病之藥劑，其行為無違法性，不應論罪。

②三一院二三五七：某甲請由某看護附員施打藥針後，反應過烈，疼痛不堪，該看護附員因無止痛藥針，囑令吸食鴉片，以減少苦痛，某甲卽吸食鴉片一次，均係以治療為目的，其行為並無違法性，自不構成犯罪。

烟毒或吸食鴉片器具罪。本罪爲一般犯與行爲犯。

一、行爲

本罪之行爲爲持有。行爲人持有之標的物以鴉片、嗎啡、高根、海洛因或其化合質料，或專供吸食鴉片之器具爲限，故如持有罌粟或罌粟種子，則不能構成本罪。

二、主觀之不法要素

行爲人主觀上必須出於供犯鴉片罪章各罪之用之不法意圖而故意持有者，方能構成本罪，否則，行爲人若非出於此等主觀之不法要素而單純持有，則不負本罪之刑責⑰，如曾犯吸用烟毒罪（第二六二條）者經禁戒毒癮後，雖無再度吸用之意，但仍持有其前剩存之烟毒或供吸食鴉片之器具，或如爲供醫藥之用而持有是。

三、法律效果

犯本罪者，處拘役或五百元以下罰金。又犯本罪者，其烟毒或專供吸食鴉片之器具，不問屬於行爲人與否，均沒收之（第二六五條）。

四、特別法

肅清烟毒條例之規定與本罪之規定有下述之不同：

（一）依肅清烟毒條例之規定，不問係單純持有，抑或意圖販賣而持有，均在處罰之列（參閱肅毒條例第七、十條），而本罪之規定，單純持有，則爲刑法所不加處罰之行爲。此外，如行爲人爲自己吸食而持有，依據本罪之規定，固爲該當本罪構成要件之持有，但依肅清烟毒條例，則爲單純持有。

（二）本罪之持有標的物僅以鴉片、嗎啡、高根、海洛因或其化合質

---

⑰參閱四二臺非一六：刑法第二百六十三條之持有鴉片或專供吸食鴉片之器具罪，係以意圖供犯鴉片罪章各罪之用爲要件，故單純持有，而無供犯該章各罪之用之目的者，則與該條之要件並不相當。

料，或專供吸食鴉片之器具，但肅清烟毒條例之持有標的物除本罪者外，尙有痲烟、抵癮物品、罌粟種子、專供製造或吸用烟毒之器具等。

總之，在肅清烟毒條例施行期間，犯本罪之行爲則有下述四種不同之處斷可能性：

（一）意圖販賣而持有毒品或鴉片者，處無期徒刑或十年以上有期徒刑，並得併科新臺幣三十萬元以下罰金（肅毒條例第七條第一項）。

（二）意圖販賣而持有專供吸食鴉片器具者，處五年以下有期徒刑，並得併科新臺幣六萬元以下罰金（肅毒條例第七條第四項）。

（三）單純持有毒品或鴉片者，處二年以上，五年以下有期徒刑（肅毒條例第十條第一項）。

（四）單純持有專供吸食鴉片之器具者，處三年以下有期徒刑（肅毒條例第十條第三項）。

拾、公務員強迫栽種罌粟或販運罌粟種子罪

公務員利用權力，强迫他人栽種罌粟或販運罌粟種子者，構成第二六一條之公務員强迫栽種罌粟或販運罌粟種子罪。本罪爲特別犯與結果犯。

一、行爲主體

本罪之行爲主體以具有公務員身分者爲限。行爲人祇須具有公務員身分，即爲已足，不以具有執行查禁烟毒職務者爲必要。

二、行爲

本罪之行爲爲强迫他人栽種罌粟或販運罌粟種子。栽種標的僅以罌粟，販運標的則僅以罌粟種子爲限，否則，即不成立本罪。行爲人必須

利用其公務員身分所擁有之權力而强迫他人栽種或販運，他人必須被迫，出於不得已而栽種或販運，方能構成本罪，否則，行爲人雖具有公務員身分，但並未利用其權力而强迫他人栽種或販運，他人縱有栽種或販運行爲，則因與本罪之構成要件不符，行爲人自不負本罪之刑責，而應依行爲之實際情狀及行爲人之主觀犯意，分別成立栽種罌粟罪（第二六〇條第一項）或販運罌粟種子罪（第二六〇條第二項）之共同正犯、教唆犯（第二九條）或幫助犯（第三〇條）。又行爲人具有公務員身分，且又利用其權力强迫他人栽種或販運，雖他人並未達於喪失意思自由之程度，但因貪圖厚利而仍栽種或販運者，行爲人仍可構成本罪。

本罪並無未遂犯之處罰規定，故行爲人若利用其權力而着手强迫他人栽種或販運，但他人並未着手栽種或販運者，行爲人自不負本罪之刑責，應依其行爲實際情狀而加判斷，或可構成强制罪之未遂犯（第三〇四條第二項）。由於栽種罌粟罪與販運罌粟種子罪均設有未遂犯（第二六〇條第三項）之規定，故行爲人利用其權力而强迫他人栽種或販運，他人一旦着手實施栽種或販運行爲，當即構成本罪，他人之栽種或販運行爲，究爲既遂或未遂，則與本罪之成立無關。此外，本罪一旦成立，則祇有行爲人依據本罪處斷，被迫而栽種或販運之他人，並非出於故意之栽種或販運行爲，故不負栽種罌粟罪（第二六〇條第一項）或販運罌粟種子罪（第二六〇條第二項）之刑責。

三、法律效果

犯本罪者，處死刑或無期徒刑。其强迫栽種之罌粟或强迫販運之罌粟種子，不問屬於行爲人與否，均沒收之（第二六五條）。

拾壹、公務員包庇烟毒罪

公務員包庇他人犯鴉片罪章各罪者，構成第二六四條之公務員包庇烟毒罪。本罪爲特別犯。

一、行爲主體

本罪之行爲主體以公務員爲限，行爲人祇要具有公務員之身分，且有權足資包庇者即爲已足。至於其職務是否與烟毒之查禁工作有關？則非所問。

二、行爲

本罪之行爲爲包庇。所謂「包庇」乃指包容庇護他人之犯罪行爲而言。換言之，即以積極之作爲，加以相當之保護，使他人得以順利完成違犯鴉片罪章所定之犯罪行爲，或不易爲外人所發覺，或縱使爲人所發覺而不受刑事追訴，故如僅爲消極之不作爲，單純對於他人違犯鴉片罪章之犯罪，不加干涉擧發，則非本罪之包庇。

行爲人之行爲僅限於包庇，若進而自己參與實施烟毒罪之行爲，或敎唆他人實施烟毒罪之行爲，則自構成各該烟毒罪之共同正犯或敎唆犯（第二十九條），如其參與實施或敎唆實施行爲係假借職務上之權力權會者，則應依其所犯各該烟毒罪之規定，加重其刑至二分之一（第一三四條），而無成立本罪之餘地。

本罪所處罰者乃公務員對於他人犯罪之包庇行爲，公務員一旦對於他人所犯之烟毒罪加以包庇，則犯罪即屬完成，至於他人所犯之烟毒罪究爲既遂抑爲未遂？則與本罪之成立無關。

三、法律效果

犯本罪者，依其所包庇之烟毒罪之各該法條之規定，加以處斷，並加重其刑至二分之一。惟於肅清烟毒條例施行期間，則本罪之行爲應依該條例第十四條第二項處斷，其法定刑爲死刑或無期徒刑。又犯本罪者，其烟毒、種子或專供吸食鴉片之器具，不問屬於行爲人與否，均沒收之（第二六五條）。

第三節　賭博罪

賭博在表面上雖然祇是造成參與賭博者個人之財產損失，但是實質上，其所造成之損害，則爲社會安全與善良風俗之危害，故賭博罪顯非財產罪（Vermögensdelikte），而爲破壞社會法益之犯罪。

刑法規定處罰之賭博罪計有：壹、普通賭博罪。貳、常業賭博罪。叁、供給賭場或聚衆賭博罪。肆、辦理有獎儲蓄或發行彩票罪。伍、經營有獎儲蓄或媒介彩票買賣罪。陸、公務員包庇賭博罪等。今分別論述如下：

壹、普通賭博罪

行爲人在公共場所或公衆得出入之場所賭博財物者，構成第二六六條第一項之普通賭博罪。本罪爲一般犯與行爲犯。

一、行爲地

本罪之行爲地以公共場所或公衆得出入之場所爲限，故行爲人於此等場所以外之地方賭博者，如在住宅或公衆不得出入之店舖內賭博，縱令賭博之人及賭具爲戶外所易見，或其賭聲爲戶外所易聞，亦均不構成本罪⑱，而爲違警罰法第六十四條第一項第八款規定之「於非公共場所或非公衆得出入之場所，賭博財物者」所加處罰之行政不法行爲。

稱「公共場所」係指多數人公共使用或聚集之場所，如道路、公園、廣場、軍營與公署⑲，惟如公署已劃出一部，爲職員眷屬居住，若另闢有出入門戶，不與該公署同一門禁者，自不能謂爲公共場所，故在此眷屬寢室內單純賭博財物者，即不構成本罪⑳。又稱「公衆得出入之場所」則指不特定人隨時得以出入之場所，如餐廳、飯店、酒樓、百貨公司、山野僻靜處㉑、公共防空壕洞或防空室㉒、旅館等。惟如旅館之某一特定房間，若由某人承租住入，即視同私人住宅，而非公衆得出入之場所，故如在旅館租一房間而由特定人聚賭，自亦不構成本罪㉓。又若僅邀約特定之人在家賭博，尚不能謂係當然爲公衆得出入之場所。因之，被邀入賭之人自亦不構成本罪㉔。此外，公共場所或公衆得出入之場所，不以法令所容許者爲限，如供賭博用之花會場、輪盤賭場等，亦屬於公衆得出入之場所㉕。

二、行爲

---

⑱參照二五院一四〇三，並參閱

①二五院一四五八㈠：在自已住宅或家室內賭博財物，非公共場所或公衆得出入之場所，不成立刑法第二百六十六條之罪。

②二六院一六三七：私人家宅，自非公共場所，亦非當然公衆得出入之場所，其集人賭博，如并無意圖營利或以爲常業者，自不構成犯罪。

⑲參閱二九院二〇二五：軍營與公署均爲公共場所，則軍人在營房，公務員在公署內，賭博財物，應依刑法第二百六十六條第一項論科。

⑳參照三一院二三一七。

㉑參閱二五院一四五五㈠：在山野僻靜之處賭博，如該處所爲公衆所得出入者，仍應成立刑法第二百六十六條之罪。

㉒參照三〇院二一一一。

㉓但有反對說，見陳著，六〇八頁。

㉔參照二八院一九二一。

㉕參照二四院一三七一。

本罪之行爲爲賭博財物。所謂「賭博財物」係指以偶然之事實決定輸贏，而博取財物。換言之，卽行爲人互爭勝負以決定財物之輸贏係取決於偶然之事實，此等偶然之事實有由於共賭者本身參與者，亦有取決於他人或他物之勝負或變化等事實者，前者如以各種賭具，自已參與賭戰，各施賭技，以決勝負，後者如事先就競技運動或跑馬、賽狗、鬪鷄、賽鴿等下注，而以其勝負結果決定賭注之輸贏。行爲人係以何種方法賭博？參與賭博人數或彼此輸贏數額多寡等，均與本罪之成立無關，惟本罪爲必要共犯之一種，行爲人必須兩人以上，方能成罪。又決定財物輸贏之偶然事實必須爲共賭者所不預知者，始有可能構成本罪，如爲共賭者一方所預知，而與賭之他方毫不知情，此則非賭博，預知勝負事實之一方實無異以賭博而行詐欺，故應構成詐欺取財或得利罪（第三三九條第一、二項）。

行爲人之賭博標的僅限於財物。稱「財物」包括金錢、有經濟價值之物以及財產上之利益。行爲人若以賭博暫時取樂，而無財物之輸贏者，換言之，卽賭博之目的，並非在於博取財物，而祇是暫時以達娛樂目的者，卽非賭博，而不構成本罪。爲明示此等意思，刑法特設：「但以供人暫時娛樂之物爲賭者，不在此限」之但書規定㉖。此乃基於刑事政策上之考量，而把刑法所加處罰之賭博行爲侷限於以博取財物爲主要目的之賭博行爲。依據此等刑事政策上之考量，若行爲人雖以財物爲賭博標的，但其輸贏之數目却極爲微小，客觀上可認定此等微不足道之輸贏係具娛樂性質而非以博取財物爲主要目的之賭博行爲，則應爲刑法所不加處罰之行爲㉗，惟如此等賭戲持續太久，致輸贏總額已累積而成相

㉖參閱二五院一四九一：在公共場所賭博財物，應構成刑法第二百六十六條之罪，至同條但書規定，係指以供人暫時娛樂之物爲賭博目的而言，與賭具之爲何物無關。

㉗德國判例係持此見解，參閱 RGSt 6, 74.

當數目，而超出一般娛樂費用者，如看一場電影或球賽之費用，則又可成立賭博罪㉘。

三、法律效果

犯本罪者，處一千元以下罰金。

四、沒收特例

第二六六條第二項設有沒收特例，即當場賭博之器具與在賭檯或兌換籌碼處之財物，不問屬於犯人與否，均沒收之。所謂「當場賭博之器具」係指在賭博現場直接用以賭賽輸贏之器具，如各類之紙牌、麻將牌、象棋、骰子、輪盤等。所謂在賭檯或兌換籌碼處之財物係指賭博當場陳置於賭檯上或存放於兌換籌碼處之現鈔、有價證券或其他財物。易言之，即指賭博現場之賭檯以及兌換籌碼處用以作爲賭博輸贏之標的物。至於行爲人賭輸但尚未交出之款項或行爲人携帶於身上之金錢或財物，因非陳置於賭檯上之財物，故自不在沒收之列㉙。惟如係因賭贏得之現金，或賭贏後由輸者立給之票據，雖非陳置於賭檯上，但仍可依據第三十八條第一項第三款之規定，作爲因犯罪所得之物，加以沒收㉚。

本項之沒收特例唯有在本罪成立時，方有其適用，否則，如賭博罪並不成立，或行爲尚在刑法所不加處罰之預備階段，自不得適用本項予以沒收。又賭具與賭洋並非違禁物，雖加扣押，但既經不起訴處分，則應即發還（參閱刑訴法第二五九條第二項）㉛。

五、檢討與改進

本罪所處罰之行爲乃限於以財物爲賭賽輸贏之標的，故如以賭賽爲暫時娛樂之用，而無財物之輸贏者，自非刑法所應加處罰之犯罪行爲。

㉘參照 Blei, BT. 1976, S. 303.

㉙參照四九臺非五〇。

㉚參照三〇院二二五九。

㉛參照二四院一三一八。

因此，第二六六條第一項特作「但以供人暫時娛樂之物爲賭者，不在此限」之規定，惟何物爲「以供人暫時娛樂之物」？則欠明確，故此但書規定似宜改爲「但以賭賽爲暫時娛樂而無財物之輸贏者，不在此限」。

貳、常業賭博罪

行爲人以賭博爲常業者，構成第二六七條之常業賭博罪。本罪爲一般犯，係賭博罪之加重犯。

一、行爲

本罪之行爲爲常業賭博，即指以賭博爲職業，恃賭博以維生而言。行爲人不祇須有連續之賭博行爲，而且尙須有以賭爲業或賴賭維生之事實，方能構成本罪。至於賭博行爲之次數，賭場設在何處？均非所問❷。此外，每次之賭博行爲亦不以構成普通賭博罪（第二六六條第一項）爲必要，縱使並非在公共場所或公衆得出入之場所賭博，亦可成立本罪❸。

二、法律效果

犯本罪者，處二年以下有期徒刑，並得併科一千元以下罰金。

叁、供給賭場或聚衆賭博罪

行爲人意圖營利，供給賭博場所或聚衆賭博者，構成第二六八條之供給賭場或聚衆賭博罪。本罪爲一般犯與行爲犯。

---

❷參照三七院解三九六二㈢。

❸參閱二五院一四七九：在公共或公衆得出入之場所賭博，僅係刑法第二六六條之犯罪成立要件，若同法第二六七條及第二六八條之罪，並不以在公共或公衆得出入之場所爲限。

一、行爲

本罪之行爲有二，即供給賭博場所或聚衆賭博，行爲人祇要有二種行爲中之任何一種，即可構成本罪。今分述如下：

（一）供給賭博場所

所謂「供給賭博場所」係指以一定場所，提供他人賭博，該場所並不以具有專供賭博之用之設備爲必要，且不以構成普通賭博罪（第二六六條第一項）之公共場所或公衆得出入之場所爲限㉞，即使提供自己之住宅㉟或他人之私宅，或提供自己商號或房園等㊱，以作他人賭博之用，亦可構成本罪。易言之，行爲人所提供之場所是否爲公共場所或公衆得出入之場所，與本罪之成立無關，惟就參與賭博者而言，則有不同之法律效果：即行爲人所提供之場所若爲公共場所或公衆得出入之場所，則參與賭博者，構成普通賭博罪（第二六六條第一項）；若行爲人所提供者爲非公共場所或非公衆得出入之場所，則參與賭博者，不構成犯罪㊲。又行爲人所提供之場所如爲公共場所或公衆得出入之場所，且除提供場所外，並參與賭博，則除構成本罪外，應另成立普通賭博罪（第

㉞參閱二五院一四七九（見前註）。

㉟參閱

①二五院一四五八㈡：以營利爲目的，將自己居住家宅抽頭供賭者，其家主、戶主如有犯意聯絡，自應共負刑責，至其他在場與賭之人，旣非在公共或公衆得出入之場所，卽不成立犯罪。

②三七院解三九六二㈠：意圖營利供給賭博場所或聚衆賭博，其賭場縱設在私人住宅內，仍應成立刑法第二百六十八條之罪。

㊱參閱二五院一四五五㈡：意圖營利，使人在自己商號或房園內賭博，自應成立刑法第二百六十八條之罪。

㊲參閱

①二五院一四五八㈡（見前註之①）。

②三七院解三九六二㈡：意圖營利供給賭博場所或聚衆賭博主犯在逃，其餘賭徒應分別情形適用刑法第一百六十六條第一項或違警罰法第六十四條第一項第八款處斷。

二六六條第一項)，並應依實際情狀，分別從一重處斷，或兩罪併罰之。

㈡聚衆賭博

所謂「聚衆賭博」係指聚集不特定之多數人參與賭博而言，故聚集特定之多數，如邀約特定之多數在家賭博，即不構成本罪。聚衆賭博因聚集不特定之多數人共同賭博，故使其賭博所在之處所成爲公衆得出入之場所。因此，參與賭博者，均可構成普通賭博罪（第二六六條第一項）㊳。又依司法院之解釋，即使係聚衆之財物而爲賭博，亦認爲係聚衆賭博，而可構成本罪㊴。本罪之行爲人僅係聚集衆人共同賭博，或誘惑他人入賭，其本身並未參與賭博，否則，如其本身亦入賭，則除構成本罪外，應另成立普通賭博罪（第二六六條第一項）或常業賭博罪（第二六七條），並依實際情狀，分別從一重處斷，或兩罪併罰之。

二、主觀之不法要素

行爲人主觀上必須具備營利之不法意圖而故意供給賭場或聚衆賭博，方構成本罪，故如欠缺此等主觀之不法要素，即無由構成本罪。行爲人雖無營利之意圖，但將其住宅供給具有營利意圖之他人聚賭抽頭者，則可成立本罪之幫助犯㊵。行爲人祇須具備營利意圖即爲已足，至於是否已獲實利？則與本罪之成立無關。又本罪之不法意圖即是俗稱開設賭場聚賭抽頭之意圖，行爲人若無此等「抽頭」意圖，而希冀以自己參與賭博而贏取財物，則即非本罪之不法意圖，自不構成本罪，而應就其實際情狀，分別成立普通賭博罪（第二六六條第一項）或依違警罰法第六十四條第一項第八款處罰之。

三、法律效果

犯本罪者，處三年以下有期徒刑，並得併科三千元以下罰金。

㊳參照趙著（下），五七八頁。韓著㈡，三一六頁。

㊴參閱二五院一五三六：設有花會總機關，發表號碼或花樣以定輸贏，即係意圖營利聚衆人之財物而爲賭博，自應依刑法第二百六十八條論科，則分送號單或花樣單之人，自亦構成幫助聚衆賭博之罪。

㊵參閱三七院解四〇〇三：某甲將其住宅供給某乙聚賭抽頭，如非意圖營利，祇成立刑法第二百六十八條之從犯。某乙既係聚衆賭博，其參與賭博之人，如對於聚衆之行爲有聯絡之意思者，應成立該罪之共犯。（下略）

肆、辦理有獎儲蓄或發行彩票罪

行爲人意圖營利，辦理有獎儲蓄或未經政府允准而發行彩票者，構成第二六九條第一項之辦理有獎儲蓄或發行彩票罪。本罪爲一般犯與行爲犯。

一、行爲

本罪之行爲有二，即：辦理有獎儲蓄或發行彩票。行爲人祇要有兩種行爲中之一種者，即可構成本罪。稱「辦理有獎儲蓄」係指開辦經理附有中獎機會之儲蓄而言，乃吸收他人儲款，定期開獎，給予中獎者一定之獎金，而從中漁利。又稱「發行彩票」即指發售行銷一定金額之彩票，而定期開獎，給予中獎者一定之獎金而言，解釋上亦將賽馬附售彩票之行爲當作該當本罪之行爲[41]。

二、主觀之不法要素

行爲人主觀上必須具備營利之不法意圖而故意辦理有獎儲蓄式發行彩票，方能構成本罪。至於行爲人是否實已獲利？則與本罪之成立無關。又彩票若經政府允准者，則可發行，故唯有未經政府允准而發行者，方具違法性，而爲本罪所處罰。

三、法律效果

犯本罪者，處一年以下有期徒刑或拘役，並得併科三千元以下罰金。

四、檢討與改進

自本罪之現行規定以觀，意圖營利而發行彩票之行爲，須未經政府

---

[41] 參閱三六院解三三二六：賽馬本屬技術競賽，惟其附售彩票，如未經政府允准者，應成立刑法第二百六十九條第一項之罪。

允准而發行者，方構成本罪，但意圖營利而辦理有獎儲蓄之行爲，則無此限制條件。設若今後政府特許金融機構辦理有獎儲蓄，則現行條文之規定，卽生問題，故本罪宜加修正，將條文中「未經政府允准而」一句提前移置於「意圖營利」一句之後，如此，則可使辦理有獎儲蓄之處罰，亦與發行彩票同以未經政府允准爲處罰限制條件。

伍、經營有獎儲蓄或媒介彩票買賣罪

行爲人經營前罪之有獎儲蓄，或對前罪之彩票爲買賣之媒介者，構成第二六九條第二項之經營有獎儲蓄或媒介彩票買賣罪。本罪爲一般犯與行爲犯。

一、行爲

本罪之行爲有二，卽：經營前罪之有獎儲蓄或媒介前罪之彩票之買賣。行爲人祇要有兩種行爲中之任何一種，卽可構成本罪。稱經營前罪之有獎儲蓄卽指於他人開辦有獎儲蓄之後，爲其經理營運有獎儲蓄之業務而言。稱媒介前罪彩票之買賣係指對於他人未經政府允准而發行之彩票爲買賣之媒介行爲，如代售或推銷是。

二、主觀之不法要素

行爲人主觀上除具營利意圖外，尚須對其所經營者爲前罪之有獎儲蓄，或對其所媒介買賣者爲前罪之彩票有所認識，而決意辦理，方能構成本罪，否則，行爲人若欠缺此等主觀之不法要素，縱有經營與媒介買賣之行爲，亦不負本罪之刑責。

三、法律效果

犯本罪者，處六月以下有期徒刑、拘役或科或併科一千元以下罰金。

陸、公務員包庇賭博罪

公務員包庇他人犯賭博罪章各罪者，構成第二七〇條之公務員包庇賭博罪。本罪爲特別犯與行爲犯。

一、行爲主體

本罪之行爲主體爲公務員，祇須具有公務員身分即爲已足，不以負有查禁賭博職權之公務員爲限。

二、行爲

本罪之行爲爲包庇，即公務員以其權力包容庇護他人違犯賭博罪章所定之各種犯罪行爲。原則上，僅限於積極之包庇行爲始能，構成本罪，至於消極之不作爲，如對於他人所違犯賭博罪不加舉發，則不成立本罪。

本罪所處罰者，僅限於公務員之包庇行爲，若公務員進而自犯賭博罪章之罪者，則應審酌其有無借假其職務上之權力或機會而犯之者，若有，則應依第一三四條之規定，加重其刑。

三、法律效果

犯本罪者，依其所包庇之賭博罪之各該法條之規定，加以處斷，並加重其刑至二分之一。

下篇　侵害國家法益之犯罪

第十四章　危害國家或政府安全之犯罪

第一節　概　說

危害國家或政府安全之犯罪包括內亂罪、外患罪與妨害國交罪，此三類犯罪行爲所破壞之法益乃是國家內部與外部存立之安全。所謂「內亂罪」乃以暴動或強暴、脅迫手段，推翻政府或改變憲政之政治犯罪。其所侵害之法益乃是國家之內部安全與其憲法秩序（Verfassungsmässige Ordnung）以及領土之完整性❶。所謂「外患罪」乃破壞國家外部存立條件而危及國家在國際政治社會之獨立自主地位之犯罪行爲，其與內亂罪雖同爲危害國家存立之安全，但因與外力勾結，甚至於賣國通敵，以戰爭手段入侵本國，而有可能導致國家之滅亡，故外患罪可謂亡國罪，其不法內涵或危害性顯較內亂罪爲高。所謂「妨害國交罪」乃妨害本國與外國交往關係之犯罪，此等行爲足以影響國家之國際地位，間或亦足以導致危及國家之外部存立。

---

❶因此，內亂罪實可分成「憲法之內亂」(Verfassungshochverrat)與「領土之內亂」(Gebietshochverrat od. Bestandshochverrat)，參照 Schönke Schröder, StGB, 1978, § 81, Rdn. 1. 前者卽如第一〇〇條第一項中所稱之破壞國體，以非法方法變更國憲及顚覆政府，後者則如同項中之竊據國土。

第二節 內亂罪

刑法規定處罰之內亂罪計有: 壹、普通內亂罪。貳、暴動內亂罪等。今分別論述如下:

壹、普通內亂罪

行爲人意圖破壞國體、竊據國土，或以非法之方法變更國憲、顚覆政府，而以強暴或脅迫着手實行者，構成第一〇〇條第一項之普通內亂罪。本罪爲一般犯與行爲犯。

一、行爲主體

任何人均可能成爲本罪之行爲主體，且不以本國人爲限，卽使爲外國人或無國籍人於民國領域外，亦可能成爲本罪之行爲主體，而可適用我國刑法處斷（第五條第一款）。

本罪之行爲主體必須爲多數人同謀共犯，故本罪在處斷上分首謀者與非首謀者兩類行爲主體，稱「首謀者」係指行爲之主謀者，而且領導內亂團體實施本罪之行爲，其與敎唆犯有別，且不以一人爲限，亦可能爲數人合組而成之領導核心。稱「非首謀者」則指在首謀者領導下，共同參與本罪行爲之實施者。

二、行爲

凡足以達成本罪不法意圖之強暴或脅迫行爲，如係出於內亂故意者，原則上均爲本罪之行爲；惟因暴動內亂罪（第一〇一條第一項）規定以暴動爲行爲方法，故凡暴動以外之用以達成本罪不法意圖之強暴或脅迫行爲，均可爲本罪之行爲。

三、主觀之不法要素

行爲人主觀上必須具備破壞國體、竊據國土，或以非法之方法變更國憲、顚覆政府等不法意圖，而故意實施內亂行爲，方構成本罪。行爲人出於四種意圖中之任何一種，而故意以強暴或脅迫之方法着手實行足以實現不法意圖之內亂行爲，即可成立本罪❷。易言之，行爲人祇要具備本罪之不法意圖，故意以強暴或脅迫之方法着手實行破壞國體、竊據國土或非法變更國憲或顚覆政府之內亂行爲，則行爲卽屬完成，故本罪爲行爲犯或卽成犯。至於行爲人之不法意圖是呈得逞？則非所問。

所謂「國體」係指國家主權之體制及其政治結構形態，亦卽憲法所明示之基於三民主義，爲民有、民治、民享而且主權屬於國民全體之民主共和國（憲法第一、二條）。因此，違反民主共和之國體，如獨裁集權於寡頭，卽爲破壞國體。稱「國土」係指國家主權所及之領土，「國憲」乃謂民國之憲法，包括基本國策、政府之組織、人民之權利與義務等。原則上憲法可依法定程序修改而加更張；惟若希冀以非法手段而達更張之目的，卽爲本罪所稱之以非法之方法變更國憲之不法意圖。所謂「顚覆政府」則指不依憲法所定之方法，採取非法手段而推翻國家行使治權之中樞權力組織。

四、預備犯

本罪之預備行爲，第一〇〇條第二項設有處罰規定。行爲人主觀上已具本罪之不法意圖而從事預備工作，尚未着手之前，卽爲本罪之預備犯。預備之行爲階段在刑法上本以不罰爲原則，但因內亂行爲危及國家安全，具有高度危險性，故雖爲預備階段，亦加以犯罪化，而爲刑法所

---

❷參閱四三臺上四四五：刑法第一百條第一項以有意圖破壞國體、竊據國土，以非法方法變更國憲、顚覆政府，爲犯罪構成要件，又此四種犯罪態樣原可個別獨立，各自成爲內亂罪之一，並非上述四個犯罪態樣俱全，始成立一個內亂罪名。

加處罰之行爲。由於行爲人一旦着手實行，卽已構成本罪之既遂，故本罪既遂犯與預備犯之間並不存在未遂犯。

五、法律效果

犯本罪者，處七年以上有期徒刑，首謀者處無期徒刑❸。預備犯處六月以上，五年以下有期徒刑。預備犯本罪而自首者，減輕或免除其刑（第一〇二條）❹。

六、檢討與改進

本罪原規定爲「意圖破壞國體、竊據國土，或以非法之方法變更國憲、顚覆政府，而着手實行者，……。」，因違背構成要件明確原則，故使本罪極易被濫用充當政治工具，成爲制壓政治異議之利器，舉凡與政府當局所認許之言論不符之政治言論或主張，均可依本條，繩之以刑，包括共產黨人與臺獨份子，縱無暴力行爲，亦均能依據本條處刑，使本罪成爲和平內亂罪或言論內亂罪。特別是因爲懲治叛亂條例（已廢）之配合規定，更是如虎添翼，而成爲制壓民主憲政之刑法枷鎖❺。因此，各界乃有廢除本罪之議，經一〇〇行動聯盟之抗爭，終於民國八十一年五月十五日經立法院三讀修正，而在「着手實行」之前，加上「強暴或脅迫」五字，並於翌日經總統公布施行。

---

❸古代刑法乃統治者維護其統治權之主要工具，故對於內亂行爲之處罰均極爲嚴厲，除犯人處以重刑外，尙有族誅連坐，如唐律中之謀反，居十惡之首，處斬刑，其直系血親如父及十六歲以上之子，亦處絞刑，至如十五歲以下之子、母女、妻妾（含子之妻妾）、祖孫、兄弟姊妹、部曲、資財、田宅等則沒官。伯叔父、兄弟之子皆流三千里（見唐律之賊盜第一條，謀反大逆）。然近世以來，刑法之主要功能已轉變爲「法益保護」（Rechtsgüterschutz），而且認爲政治犯係出於政治信念之「確信犯」（Überzeugungstäter）或「國事犯」，顯與一般刑事犯不同，故除以暴動手段從事內亂者有科處死刑之規定外，各國刑法之處刑規定，均趨溫和，我國刑法亦順應此一潮流。

❹此爲第六十二條自首之特別規定，故可以減輕其刑，而且亦可以免除其刑。

❺參閱拙著：抗爭一〇〇，～廢除刑法第一百條抗爭札記，民80年11月，三十五頁以下，四十四頁以下，六十頁以下。

修正後之現行規定，固已將久爲各界所詬病之言論內亂罪或和平內亂罪之部分廢止，然仍有下述三點可議之處：

1. 政治刑法條款宜避免使用意圖犯之規定，因爲意圖是個人內心之心意趨向，特別是涉及政治信念之內心趨向，法官很難從外在之客觀行爲，作正確之判斷；況且，法官個人之政治觀，也足以影響其判斷結果。本罪仍保留舊法採意圖犯之規定，而難有客觀之司法判斷標準。

2. 現行法中使用「強暴、脅迫」字眼之條文，在強暴、脅迫之後，都有下文，以利法官之客觀判斷。例如強姦罪或強盜罪之「致使不能抗拒而……」，強制罪之「使人行無義務之事或妨害人行使權利」。本罪修正後亦僅規定「以強暴或脅迫着手實行」，至於實行什麼行爲，仍舊沒有下文，故只能委由法官自由判斷。因此，修正後之條文仍然存在法官主觀擅斷之可能性與被濫用充當政治工具之危險性。

3. 暴動亦爲一種強暴，故使本罪與暴動內亂罪(第一〇一條第一項)，難以界定清楚。

爲去除此等弊端，最理想之方法仍是廢除本罪，恢復民初暫行新刑律僅設一條之規定，而將第一〇一條第一項修正爲：「以武力或暴動，危及或變更憲法所規定之憲政秩序，或佔據領土者，爲內亂罪，處……。」此外，並刪除第一〇一條第二項中陰謀犯之規定。

若本罪不能刪除而與第一〇一條合併規定，則本罪至少也宜修正爲：「以強暴或脅迫而着手實行破壞國體、竊據國土、變更國憲或顛覆政府之行爲者，處……。」

貳、暴動內亂罪

行爲人以暴動犯普通內亂罪（第一〇〇條第一項）者，構成第一〇一條第一項之暴動內亂罪。本罪爲一般犯與行爲犯。

一、行爲主體

本罪之行爲主體與前罪者同。因暴動必須爲多數人共犯，而成立必要共犯關係。

二、行爲

本罪乃以暴動而實施內亂行爲。易言之，即以暴動爲手段而達犯內亂罪之目的，故如雖有聚衆實施強暴脅迫之暴動行爲，但無犯內亂罪之意圖與內亂故意者，自不構成本罪，祇能成立妨害秩序罪或其他罪名。所謂「暴動」係指多數人協力實施強暴脅迫，使地方人心陷於不安之行爲而言❻，如攻佔政府機關或攻擊軍隊等。

三、主觀之不法要素

行爲人必須具備之主觀不法要素與前罪同（本節、壹之三），在此不贅。

四、預備犯或陰謀犯

本罪之預備行爲或陰謀階段，第一〇一條第二項設有處罰規定，前者必須有暴動之準備行爲❼，如具備內亂之不法意圖，而購置武器彈藥，後者如密謀策劃攻佔政府機關之計劃。

五、法律效果

犯本罪者，處無期徒刑或七年以上有期徒刑，首謀者處死刑或無期徒刑。預備犯或陰謀犯，處一年以上，七年以下有期徒刑。預備或陰謀犯本罪而自首者，減輕或免除其刑（第一〇二條）。

---

❻參閱二二上二二九二：刑法（舊）第一百零四條第一項之加重內亂罪，以有暴動行爲爲成立要件，暴動云者，即指多數人結合不法加以腕力，或脅迫使地方人心陷於不安之行爲而言，至同條第二項之預備罪，亦必須有暴動之準備行爲，若僅以文字煽惑他人犯罪，自己並無暴動之準備者，不能成立本罪。

❼參閱前註。

第三節　外患罪

刑法規定處罰之外患罪，種類繁多可作各種不同之分類，有將其分爲戰時外患罪與平時外患罪❽，亦有將其分爲軍事之外患罪、國防秘密之外患罪與外交之外患罪等三類❾。不論爲二分法或三分法，刑法外患罪章所規定之十三種犯罪行爲實難作完善之分類，故本書之論述乃依刑法所規定之條文次序加以論述，而不作任何分類。

由於外患罪對於民國外部存立構成極爲嚴重之威脅，故刑法對於外患罪之行爲主體不作任何限制，本國人固可成爲行爲主體，即使外國人或無國籍者，同樣亦可成爲外患罪之行爲主體，惟敵對民國罪（第一〇五條第一項）係民國人民參加敵軍對抗民國之行爲，其行爲主體自以本國人爲限。此外，刑法效力上係採「保護原則」(Schutzprinzip) 之刑事立法，故本國人或外國人在民國領域外犯外患罪者，亦可適用刑法加以處斷（第五條第二款）。

刑法規定處罰之外患罪計有：壹、通謀開戰罪。貳、通謀喪失領域罪。叁、直接敵對民國罪。肆、單純助敵罪。伍、加重助敵罪。陸、戰時不履行軍需契約罪。柒、戰時過失不履行軍需契約罪。捌、洩漏或交付國防秘密罪。玖、公務員過失洩漏或交付國防秘密罪。拾、刺探或收集國防秘密罪。拾壹、侵入軍用處所建築物罪。拾貳、私與外國訂約罪。拾叁、處理對外事務違背委任罪。拾肆、僞造變造或毀匿國權書證罪等。今分別論述如下：

壹、通謀開戰罪

行爲人通謀外國或其派遣之人，意圖使該國或他國對於民國開戰端者，構成第一〇三條第一項之通謀開戰罪。又可稱爲誘致外患罪或間接反抗民國罪。本罪爲一般犯與結果犯。

---

❽參閱韓著(二)，三一頁。
❾參閱蔡著(一)，五一二頁。

一、行爲

本罪之行爲爲通謀外國或其派遣之人。所謂「通謀」係指未受政府之委派或任命，而與外國或其派遣之人私自交往謀議而言。稱「外國」應包括外國政府及設置於外國之國際政治團體。稱「派遣之人」則指外國政府或國際政治團體派遣負有任務之人。行爲人所交往謀議之對象必須爲外國或其派遣之人，否則，行爲人所通謀之對象僅爲外國之私人，自不構成本罪。

行爲人係以何種方法而通謀？則在所不問，行爲人直接與外國或其派遣之人接觸，面對面的通謀，固爲本罪之通謀行爲，即使間接經由第三者而交往謀議，亦可構成本罪之通謀行爲。又行爲人係主動與外國或其派遣之人通謀？抑係出於外國或其派遣人之主動，行爲人因受其利誘或威脅而在被動下與其通謀？均不影響本罪之成立⓫。此外，行爲人與外國或其派遣人所通謀之內容必須以實現本罪之不法意圖（見下述二）者爲限，故如通謀內容與本罪不法意圖之實現無關者，如對本國金融或經濟不利之工商交易，自不構成本罪之通謀行爲。至於行爲人之通謀行爲是否業已擬定具體計劃？亦與通謀行爲之成立無關，而僅影響本罪之既未遂。

二、主觀之不法要素

行爲人主觀上必須具備使外國對於民國開戰端之不法意圖，而故意通謀外國或其派遣之人，方構成本罪，否則，行爲人如欠缺此等主觀之不法要素，則縱有通謀行爲，亦不負本罪之刑責。自條文「意圖使該國或他國對於中華民國開戰端」之明確規定可知，行爲人意圖使其通謀之外國對民國開戰端，固該當本罪之不法意圖，即使行爲人意圖使與其通謀之外國以外之他國對民國開戰端者，亦與本罪之不法意圖相當。

⓫此僅可作爲刑罰裁量時之量刑參考。

行爲人祇要具有誘發外國對民國開戰之不法意圖，而與外國或其派遣之人通謀，即可成立本罪，至於其不法意圖是否得逞？與其通謀之外國或其通謀國以外之他國是否果已對民國開戰端？均不影響本罪之既遂。

三、未遂犯

本罪之未遂行爲，第一〇三條第二項設有處罰規定。既遂或未遂乃以通謀行爲進行之程度爲區分標準，行爲人具備本罪之不法意圖，開始與外國或其派遣之人通謀，若雙方謀議已成，與行爲人通謀之外國或通謀國以外之他國已同意對民國開戰端者，即爲本罪之既遂。反之，雖已開始通謀，但謀議尚未完成，或謀議中斷或謀議破裂，均爲本罪之未遂犯。

四、預備犯或陰謀犯

本罪之預備行爲與陰謀階段，第一〇三條第三項設有處罰規定。行爲人具備本罪之不法意圖，並已有通謀之計劃者，爲本罪之陰謀犯，若就此通謀計劃從事準備工作，但尚未着手通謀者，即爲本罪之預備犯，至於已開始通謀時，則已爲前項之未遂犯，而非本項之預備犯。

五、法律效果

犯本罪者，處死刑或無期徒刑。預備犯或陰謀犯，處三年以上，十年以下有期徒刑。

貳、通謀喪失領域罪

行爲人通謀外國或其派遣之人，意圖使民國領域屬於該國或他國者，構成第一〇四條第一項之通謀喪失領域罪。又可稱爲意圖喪失民國領域罪。本罪爲一般犯與結果犯。

一、行爲

本罪之行爲亦與前罪同爲通謀外國或其派遣之人，所不同者，僅爲通謀內容，卽本罪之通謀內容必須爲使民國喪失其領域，亦卽使民國領域屬於與行爲人通謀之外國或另一他國。稱「領域」係指領土、領空與領海而言。又行爲人若以通謀開戰爲手段，而使通謀之外國或該通謀外國以外之他國竊據民國領域者，則應構成通謀開戰罪（第一〇三條第一項）。此外，參閱前罪所述者（本節、壹之一）。

二、主觀之不法要素

行爲人主觀上必須具備使民國喪失領域之不法意圖，而故意通謀外國或其派遣之人，方構成本罪。行爲人祇要意圖使民國之全部或一部領域歸屬於民國以外之他國，而實施本罪之行爲，卽足以成罪，至於此等不法意圖是否得逞？民國之領域已否喪失？均非所問，且與本罪之既遂無關。

三、未遂犯

本罪之未遂行爲，第一〇四條第二項設有處罰規定。既遂與未遂之區分乃以通謀行爲進行之程度爲標準（參閱本節、壹之三）。

四、預備犯與陰謀犯

本罪之預備行爲與陰謀階段，第一〇四條第三項設有處罰規定，詳參閱前罪所述（本節、壹之四）。

五、法律效果

本罪之法律效果與前罪者同（見本節、壹之五）。

叁、直接敵對民國罪

本國人民在敵軍執役，或與敵國械抗中華民國或其同盟國者，構成第一〇五條第一項之直接敵對民國罪。本罪爲一般犯。

一、行爲主體

本罪之行爲主體以本國人民爲限，卽具有民國國籍之人，方能成爲本罪之行爲主體。人民本負有效忠其國家之義務，今竟於民國與他國敵對時，投效敵軍而對抗其本應效忠之民國，顯然嚴重違背其對民國之效忠義務，故應受嚴厲制裁。

二、行爲

本罪之行爲爲在敵軍執役或與敵國械抗民國或其同盟國。所謂「敵國」係指與民國敵對之交戰國，敵軍卽敵國之軍隊，並不以正規軍爲限。稱「執役」卽指在敵軍軍中服役，不以從事戰鬬員爲限，卽使擔任非戰鬬性之雜役或僅從事後方補給工作，亦可謂在敵軍執役。稱「械抗」係指在敵軍執役外之携械抗拒行爲，「同盟國」則指與民國締結軍事同盟之國家而言。

三、未遂犯

本罪之未遂行爲，第一〇五條第二項設有處罰規定。行爲人已加入敵軍，但尚未執役，或已持械，但尚未抗拒民國，則爲本罪之未遂犯。

四、預備犯與陰謀犯

本罪之預備行爲或陰謀階段，第一〇五條第三項設有處罰規定。

五、法律效果

犯本罪者，處死刑或無期徒刑。預備或陰謀犯本罪者，則處三年以上，十年以下有期徒刑。

肆、單純助敵罪

行爲人在與外國開戰或將開戰期內，以軍事上之利益供敵國，或以軍事上之不利益害民國或其同盟國者，構成第一〇六條第一項之單純助敵罪。本罪爲一般犯，係助敵罪之基本犯。

一、情狀

行爲人唯有於民國與外國開戰或將開戰期內，實施本罪之行爲，方構成本罪，否則，如非本罪所定之情狀下，縱有本罪之行爲，則可能構成他罪，但不成立本罪。稱「與外國開戰」係指民國與外國已進入實際交戰之狀態，是否有正式之宣戰？則非所問。稱「將開戰」係指民國與外國即將進入交戰狀態之時而言。

二、行爲

本罪之行爲卽一般助敵行爲，卽條文上所規定之以軍事上利益供敵國，或以軍事上之不利益危害民國或其同盟國，前者爲積極性或直接性之助敵行爲，後者則爲消極性或間接性之助敵行爲。行爲人祇要有兩種行爲中之任何一種，卽足以成罪。又軍事上之利益或軍事上之不利益，範圍相當廣泛，應就具體事實而作客觀判斷。行爲人祇要完成助敵行爲，卽可構成本罪，至於民國或其同盟國是否果眞蒙受不利？或敵國是否得利？均在所不問。

三、主觀之不法要素

行爲人主觀上必須對於軍事上之利益或不利益有所認識，且出於助敵之故意而實施本罪之行爲，方構成本罪。

四、未遂犯

本罪之未遂行爲，第一〇六條第二項設有處罰規定，旣遂與未遂之區分乃以助敵行爲是否實施完成，而非以助敵行爲是否有生助敵結果爲斷，故如行爲人着手實施助敵行爲，但尙未實施完成時，卽被查獲，此卽構成本罪之未遂犯。

五、預備犯或陰謀犯

本罪之預備行爲與陰謀階段，第一〇六條第三項設有處罰規定，行爲人僅有助敵之準備，而尙未着手實施助敵行爲，卽爲本罪之預備犯。行爲人祇有助敵之謀議，則爲本罪之陰謀犯。

六、法律效果

犯本罪者，處無期徒刑或七年以上有期徒刑。預備或陰謀犯本罪者，處五年以下有期徒刑。

伍、加重助敵罪

行爲人犯單純助敵罪（第一〇六條第一項），而有下列情形之一者，構成第一〇七條第一項之加重助敵罪：

（一）將軍隊交付敵國，或將要塞、軍港、軍營、軍用船艦、航空機及其他軍用處所建築物，與供民國軍用之軍械、彈藥、錢糧及其他軍需品，或橋樑、鐵路、車輛、電線、電機、電局及其他供轉運之器物，交付敵國或毀壞或致令不堪用者。

（二）代敵國招募軍隊，或煽惑軍人使其降敵者。

（三）煽惑軍人不執行職務，或不守紀律，或逃叛者。

（四）以關於要塞、軍港、軍營、軍用船艦、航空機及其他軍用處所建築物，或軍略之秘密文書、圖畫、消息或物品，洩漏或交付於敵國者。

（五）爲敵國之間諜，或幫助敵國之間諜者。

本罪爲一般犯，係助敵罪之加重犯。

一、行爲

本罪所列舉處罰之行爲種類衆多，計有下述五類：

（一）交付、毀壞或致令不堪用

此即將本罪第一款列舉之行爲客體移交敵國，使其取得管領或持有，或將行爲客體毀損破壞，或以他法使其喪失其本來之效用等之加重助敵行爲。此等行爲客體計有軍隊、軍用處所建築物、軍需品及供軍隊轉運之器物。行爲人祇要將本罪第一款所列之任何一種行爲客體交付敵國，或加毀損，或致令不堪用等任何一種行爲，即足以成立本罪。

（二）代敵募軍或煽惑軍人降敵

此即本罪第二款規定處罰之代敵國招募軍隊或煽惑軍人使其降敵之行爲。行爲人祇要有二種行爲中之任何一種行爲，即足以構成本罪。又行爲人之招募軍隊行爲必須爲敵國而招募，其所煽惑之軍人必須使其降敵，方能成立本罪，否則，如行爲人並非爲敵國或代敵國而招募軍隊，或雖煽惑軍人，但並非誘其降敵，自非本罪。至於行爲人係以何種手段，採用何種方式而招募或煽惑？則均非所問。

（三）煽惑軍人背職、違紀或逃叛

此即本罪第三款規定處罰之煽惑軍人不執行職務、不守紀律或逃叛之行爲。行爲人祇要實行煽惑行爲，即足以成罪，不以受煽惑之軍人果已不執行職務、不守紀律或逃叛爲必要。本款之行爲與煽惑軍人背職違紀逃叛罪（第一五五條）之行爲相同，所不同者乃本罪之成立係以在與外國開戰或將開戰期間內，出於助敵之故意而實施者爲限。

（四）洩漏或交付軍事秘密於敵國

此即本罪第四款規定之洩漏關於軍用處所建築物或軍略之秘密行爲或以關於軍用處所建築物或軍略之秘密文書、圖畫、消息或物品⑫交付於敵國之行爲。行爲人祇要有兩種行爲中之任何一種，即足以構成本罪。本款之洩漏或交付行爲亦與洩漏或交付國防秘密罪（第一〇九條第一、二項）之行爲相同，所不同者乃本罪必須在與外國開戰或將開戰期內爲助敵而實施。

（五）爲敵國之間諜或幫助敵國間諜

此即本罪第五款規定處罰之間諜或幫助間諜行爲。間諜行爲係指刺探並蒐集軍事秘密之行爲，本罪所處罰之間諜或幫助間諜行爲僅限於將軍事秘密交付於敵國而從事間諜行爲以及幫助敵國間諜之行爲，故如雖刺探或蒐集軍事秘密，但並非爲敵國而刺探或蒐集，或如雖有幫助間諜行爲，但其所幫助之間諜並非敵國之間諜等，自不構成本罪。又爲敵國從事間諜行爲，即足以成罪，並不以已將軍事秘密交付敵國爲必要。同理，行爲人祇要對於敵國間諜有幫助行爲，即爲已足，亦不以敵國間諜果因行爲人之幫助而刺得軍事秘密爲必要。

二、主觀之不法要素

行爲人主觀上必須出於助敵之故意而實施本罪之行爲方構成本罪，否則，如欠缺此等主觀之不法要素，自不能成立本罪。

---

⑫參閱二八院一九〇六：刑法上之物品二字，其涵義不一，如該法條係將物品與文書或圖畫爲列舉之規定者，則該物品當然不能包括文書或圖畫在內，倘該法條僅以物品、其他物品、其他重要物品、其他軍用物品，爲概括之規定者，則文書或圖畫，自屬於該物品之種。又所謂軍用物品，係指該物品於軍事上有直接之效用者而言，非若一般觀念，凡軍中一切物品，皆得稱爲軍用，師部各種表册、文件，原屬於文書或圖畫之性質，究爲文書或圖畫，抑爲物品甚或爲軍用物品，自應就其所適用之法條係屬如何規定，及其表册、文件之效用如何以爲斷。

三、未遂犯

本罪之各種未遂行爲，第一〇七條第二項設有處罰規定。既遂與未遂之區別乃以前一、所述各種行爲是否完成爲斷，至於行爲是否果已發生行爲結果？則與本罪之既未遂之問題無關，故行爲人雖着手行爲之實施，但未完成者，卽爲本罪之未遂犯，如行爲已完成，但尙未發生行爲結果，亦成立本罪之既遂。

四、預備犯或陰謀犯

本罪之預備行爲或陰謀階段，第一〇七條第三項設有處罰規定。

五、法律效果

犯本罪者，處死刑或無期徒刑。預備或陰謀犯本罪者，處三年以上，十年以下有期徒刑。

陸、戰時不履行軍需契約罪

行爲人在與外國開戰或將開戰期內，不履行供給軍需之契約或不照契約履行者，構成第一〇八條第一項之戰時不履行軍需契約罪。本罪爲特別犯與行爲犯。

一、行爲主體

本罪之行爲主體爲有履行供給軍需契約義務之人，卽因契約關係而負有履行義務之人，故若非因契約關係，而係因軍事上之需要而爲之徵收，自不能構成本罪。又如未訂有供給軍需契約之間接託運商人，自不能成爲本罪之行爲主體⑬。又行爲人祇要負有履行供給軍需契約之義務卽爲已足，此等契約不以與國家機關直接訂定者爲必要，卽使係間接訂定，祇要其係以供軍需爲內容者，一有本罪之不履行或不完全履行，卽

⑬參照三四特覆二四八。

可成立本罪，至於係因何種原因，致不能履行或不完全履行？則與本罪之成立無關⑭。

二、情狀

行爲人必須在與外國開戰或將開戰期間之情狀下，而有本罪之行爲，方能構成本罪。

三、行爲

本罪之行爲有二，即：不履行供給軍需之契約或不照契約履行。稱「不履行」係指完全不履行，「不照契約履行」則指不依契約內容而作完全之履行而言。行爲人所不履行或不完全履行之契約僅限於以供給軍需爲內容者，方構成本罪。軍需之範圍相當廣泛，擧凡軍事上需用之物品或勞務，均包括在內。

四、主觀之不法要素

行爲人主觀上必須出於故意而不履行或不完全履行供軍需之契約，方能構成本罪，否則，行爲人若係因天災或其他不可歸責於行爲人之事由，而致不履行或不完全履行者，自不負本罪之刑責。

五、法律效果

犯本罪者，處一年以上，七年以下有期徒刑，並得併科五千元以下罰金。

---

⑭參閱二九上三七三一(二)：刑法第一百零八條之外患罪，祇須在與外國開戰或將開戰期內，對於訂立供給軍需之契約不履行或不照約履行，而有故意或過失之情形，即已具備其構成要件，初非以其契約係與國家機關直接所訂者爲限，徵諸該法條規定之文義至爲瞭然。上訴人當本國與外國戰爭期內，與某甲經理之某公司訂立供給鍋斧等物品之契約，曾經載明照兵工署分發圖樣說明書辦理等字樣，自屬於供給軍需之一種契約，上訴人等旣係因不注意而未能依照原約履行其供給之義務，即與上開法條所載之情形相當，自不得以該項契約非與國家機關直接訂立，爲解免罪責之理由，至所稱訂約後因材料及工資陸續高漲以致不能履行，縱令屬實，亦係訂約當時應予注意且並非不能注意之事項，不足影響於犯罪之成立。

柒、戰時過失不履行軍需契約罪

行爲人在與外國開戰或將開戰期內，因過失而不履行供給軍需之契約或不照契約履行者，構成第一〇八條第二項之戰時過失不履行軍需契約罪。本罪爲特別犯與行爲犯。

一、行爲主體

本罪之行爲主體與前罪同（本節、陸之一）。

二、情狀

與前罪者同（本節、陸之二）。

三、行爲

本罪之行爲乃因過失而不履行供給軍需之契約或不照契約履行。何謂不履行供給軍需之契約或不照契約履行？其義已詳述於前（本節、陸之三），在此不贅⑮。

四、法律效果

犯本罪者，處二年以下有期徒刑、拘役或一千元以下罰金。

捌、洩漏或交付國防秘密罪

行爲人洩漏或交付關於民國國防應秘密之文書、圖畫、消息或物品

---

⑮實例參閱二九上三七三一(一)：上訴人與兵工署之工廠訂立供給軍用大小鍋及大斧等物品之契約，既在與外國戰爭期內，關係至巨，對於契約之履行，自應負特別注意義務，乃於訂立契約後，並不即時招僱工人及爲材料之蒐集，竟轉包於無充分資力之小工廠，以致不能照約履行，縱如上訴意旨所稱不能供給之原因係由於嗣後之鐵價高漲工人難僱，要於其應負因過失而不照約履行之罪責，無可解免。

者，構成第一〇九條第一項之普通洩漏或交付國防秘密罪。行爲人洩漏或交付前項之文書、圖畫、消息或物品於外國或其派遣之人者，構成同條第二項之加重洩漏或交付國防秘密罪。兩罪合稱爲洩漏或交付國防秘密罪，均爲一般犯與行爲犯，唯前者爲基本犯，而後者爲加重犯。

一、行爲主體

任何人均可能成爲本罪之行爲主體，可能爲一般人，亦可能爲公務員。若行爲主體爲公務員，且係假借職務上權力、機會或方法而犯本罪者，自應依第一三四條之規定，加重其刑至二分之一。

二、行爲客體

本罪之行爲客體爲國防應秘密之文書、圖畫、消息或物品。稱「國防應秘密」即指就國防觀點而應保守之秘密而言。此等國防秘密較民國六十一年修正公布之妨害軍機治罪條例所規定之軍機範圍爲廣，因爲後者僅以軍事上應保守秘密，且經國防部以命令規定之消息、文書、圖畫或物品爲限⑯，故後者實已含於前者之中。因後者爲特別法，故應優先適用。

三、行爲

本罪之行爲有二，即：洩漏或交付。稱「洩漏」乃謂使不應知悉秘密之他人得知秘密之內容而言，行爲人可能以積極之作爲，亦可能以消極之不作爲而洩漏。稱「交付」則指將秘密移交他人，而使其持有該秘密而言。行爲人一有洩漏或交付行爲，即可構成本罪，至於他人已否知

⑯依據國防部六十一年頒布之「軍機種類範圍準則」之規定，軍機計有下述十一大類，即：㈠國防、動員與作戰。㈡軍備。㈢軍事設備。㈣反情報。㈤通信電子。㈥交通運輸。㈦國防科學及軍用器材。㈧重要地誌、軍用地圖及空中照相。㈨教育、訓練、演習。㈩人事。⑪其他。此外，又依該部三十七年所頒之「軍機保密辦法」規定，凡文書、圖書、物品上加以機密等級標示者，一律視爲軍事上應保守秘密之消息、文書、圖畫、物品。

悉或持有該國防機密？則非所問，故本罪爲行爲犯。又行爲人所洩漏或交付之國防機密係來自何處？亦與犯罪之成立無關。惟行爲人若先刺探或蒐集國防機密，而後才洩漏或交付者，則前行爲當然包括於後行爲之中，故僅構成本罪，而不另成立刺探或收集國防秘密罪（第一一一條第一項）。

行爲人所洩漏或交付之他人究爲普通一般人，抑或爲外國或其派遣之人？則有各不相同之行爲結果，故本罪乃以第一、二項異其規定，而有輕重不同之處罰。

四、主觀之不法要素

行爲人主觀上必須出於故意而洩漏或交付，方能構成本罪，故如因過失而洩漏或交付者，除行爲人具有公務員身分，而可構成公務員過失洩漏或交付國防秘密罪（第一一〇條）外，則爲刑法所不處罰之行爲。

五、未遂犯

本罪之未遂行爲，第一〇九條第三項設有處罰規定，行爲人雖已着手洩漏或交付行爲，但國防機密尚未洩漏於外，或尚未交付於他人者，即爲本罪之未遂犯。

六、預備犯或陰謀犯

本罪之預備行爲或陰謀階段，第一〇九條第四項設有處罰規定。

七、法律效果

犯普通洩漏或交付國防秘密罪者，處一年以上，七年以下有期徒刑。犯加重洩漏或交付國防秘密罪者，則處三年以上，十年以下有期徒刑。預備或陰謀犯本罪者，處二年以下有期徒刑。

本罪行爲人所洩漏或交付之國防秘密若屬於妨害軍機治罪條例所稱之軍機，且此等秘密又爲行爲人因職務上知悉或持有者，則本罪之普通洩漏或交付行爲，在該條例施行期間，自應依該條例第二條第一項處斷，可處死刑或無期徒刑；至加重洩漏或交付行爲，則應依同條第二項處斷，爲唯一死刑。又行爲若係因業務或受軍事機關委託之人，而犯前二項之行爲者，則依該條例第二條第三項處斷，可處死刑、無期徒刑或十年以上有期徒刑，又因過失而犯之者，則可依該條例第二條第四項處斷，可處一年以上，七年以下有期徒刑。至於預備或陰謀犯第一、二項之行爲者，則依同條第五項處斷，可處十年以上有期徒刑，但預備或陰謀犯第三項之行爲者，則處七年以上有期徒刑。

玖、公務員過失洩漏或交付國防秘密罪

公務員對於職務上知悉或持有關於國防應秘密之文書、圖畫、消息或物品，因過失而洩漏或交付者，構成第一一〇條之公務員過失洩漏或交付國防秘密罪。本罪爲特別犯與行爲犯。

一、行爲主體

本罪之行爲主體僅以具有公務員身分之人爲限。

二、行爲客體

本罪之行爲客體爲公務員因職務上知悉或持有之關於國防應秘密之文書、圖畫、消息或物品。此等就國防觀點應保守之秘密以行爲主體因職務上知悉或持有者爲限，方能成爲本罪之行爲客體。

三、行爲

本罪之行爲爲因過失而洩漏或交付。「洩漏」或「交付」之義已詳述於前罪，在此不贅（參閱本節、捌之三）。

四、法律效果

犯本罪者，處二年以下有期徒刑、拘役或一千元以下罰金。惟於妨

害軍機治罪條例施行期間，且行爲客體若相當於該條例所稱之軍機者，則本罪之行爲應依該條例第二條第四項處斷，而可科處一年以上，七年以下有期徒刑。

拾、刺探或收集國防秘密罪

行爲人刺探或收集關於國防應秘密之文書、圖畫、消息或物品者，構成第一一一條第一項之刺探或收集國防秘密罪。本罪爲一般犯與結果犯。

一、行爲客體

本罪之行爲客體爲關於國防應秘密之文書、圖畫、消息或物品，已詳述於前（本節、捌之二），在此不再贅述。

二、行爲

本罪之行爲有二，即：刺探或收集。稱「刺探」係指以各種手段，偵探獲知或取得秘密。稱「收集」則指以各種方法而得持有秘密。本罪所處罰者，僅止於刺探或收集，故行爲人若刺探或收集後，另有交付於他人之行爲，則前行爲應爲後行爲所吸收，故應成立洩漏或交付國防秘密罪（第一〇九條第一、二項），而不另構成本罪。此等行爲若於妨害軍機治罪條例施行期間，且行爲人所刺探或收集者又相當於該條例所稱之軍機者，則本罪之行爲應依該條例第三條第一、二項處斷，而無刑法洩漏或交付國防秘密罪（第一〇九條第一、二項）之適用[17]。

三、未遂犯

本罪之未遂行爲，第一一一條第二項設有處罰規定。行爲人已着手

---

[17] 交付於他人者，則依第一項處斷，可處死刑、無期徒刑或十年以上有期徒刑。交付於外國或其派遣之人者，則應依第二項處斷，可處死刑或無期徒刑。

刺探或收集行爲，但仍未獲得或蒐得國防秘密者，即爲本罪之未遂犯。

四、預備犯或陰謀犯

本罪之預備行爲或陰謀階段，第一一一條第三項設有處罰規定。

五、法律效果

犯本罪者，處五年以下有期徒刑。預備或陰謀犯本罪者，處一年以下有期徒刑。在妨害軍機治罪條例施行期間，且所刺探或收集者又相當於該條例之軍機者，則本罪之行爲應依該條例第五條處斷，可處五年以下有期徒刑。

拾壹、侵入軍用處所建築物罪

行爲人意圖刺探或收集關於國防應秘密之文書、圖畫、消息或物品，未受允准而入要塞、軍港、軍艦或其他軍用處所建築物，或留滯其內者，構成第一一二條之侵入軍用處所建築物罪。本罪爲一般犯與行爲犯。

一、行爲

本罪之行爲有二，即：無故侵入或留滯其內，前者即指條文所稱之未受允准而進入要塞、軍港、軍艦或其他軍用處所建築物，係一種積極之侵入行爲（參閱第四章、第五節、貳、三之(一)）。後者則爲消極之侵入，係指雖受允准而進入，但應退出而不退出，竟繼續留滯其內。行爲人不論爲積極侵入，抑爲消極侵入，均可構成本罪，惟行爲人所侵入之行爲地則僅以軍事處所建築物爲限，方能成罪。稱「軍事處所建築物」係指供軍事之用之處所或建築物，如條文例示之要塞、軍港、軍艦等，其他如國防部之辦公處所建築物、軍用機場、兵工廠、軍機庫等。

行爲人祇要未受允准而進入本罪之行爲地，或雖受允准而進入，而留滯其內，即爲本罪之既遂，不以行爲發生任何結果，方構成本罪，故本罪爲行爲犯。

二、主觀之不法要素

行爲人主觀上必須具備刺探或收集關於國防應秘密之文書、圖畫、消息或物品等之不法意圖，而故意實施本罪之行爲者，方能構成本罪，否則，行爲人若欠缺此等主觀之不法要素，則縱有無故侵入或留滯其內之行爲，亦不負本罪之刑責。

三、法律效果

犯本罪者，處一年以下有期徒刑。在妨害軍機治罪條例施行期間，本罪之行爲應依該條例第七條第一項處斷，可處五年以下有期徒刑。

拾貳、私與外國訂約罪

行爲人對於應經政府允許之事項，未受允許，私與外國政府或其他派遣之人爲約定者，構成第一一三條之私與外國訂約罪。本罪爲一般犯與行爲犯。

一、行爲

本罪之行爲乃私與外國政府或其他派遣之人爲約定。行爲人之私擅締約對象必須爲外國政府與其他派遣之人，方能構成本罪，否則，行爲人如僅與外國之私人訂約，自不成立本罪。稱「外國政府」係指本國以外之政府而言，是否已爲國際社會所承認？與民國是否有外交關係？均在所不問。

行爲人祇要有私擅訂約之行爲，即足以成罪，至於其訂約內容爲何？是否有損民國之利益？均非所問，即使其締約內容係對民國有利者，亦可構成本罪。行爲人之私自訂約行爲一旦完成，本罪即爲既遂，不待訂約行爲發生任何結果，始能成罪，故本罪爲行爲犯。

本罪爲處罰私與外國政府通謀約定行爲之一般規定，故爲一般條款，但如前述之通謀開戰罪（第一〇三條第一項）或通謀喪失領域罪（第一〇四條第一項），則爲處罰通謀外國行爲之特別規定，故爲特別條款。因此，行爲人私擅約定之內容若爲使外國對民國開戰端，或使民國領域改屬外國，則依特別條款排除一般條款之原則，自應分別依通謀開戰罪（第一〇三條第一項）或通謀喪失領域罪（第一〇四條第一項）處斷，而排斥本罪之適用。

二、違法性

行爲人必須對於應經政府允許之事項，未受允許而實施本罪之行爲，方構成本罪，否則，行爲人如對於不必經政府允許之事項，或雖爲應經政府允許之事項，但已得政府之允許，縱有本罪之私擅締約行爲，亦因欠缺本罪之違法性，而不負本罪之刑責。

三、法律效果

犯本罪者，處無期徒刑或七年以上有期徒刑。

拾叁、處理對外事務違背委任罪

行爲人受政府之委任，處理對於外國政府之事務，而違背其委任，致生損害於民國者，構成第一一四條之處理對外事務違背任務罪。本罪爲特別犯與結果犯。

一、行爲主體

本罪之行爲主體僅以受政府之委任，處理對於外國政府之事務之人爲限，是否具有公務員身分？是否爲本國人？均非所問。

二、行爲

本罪之行爲爲違背委任，即行爲人故意違背政府之委任內容，而處理對於外國政府之事務，包括積極之作爲與消極之不作爲。

三、行爲結果

行爲人之違背委任而處理對於外國政府之事務必須發生致生損害於民國之行爲結果，方能構成本罪，否則，如行爲人之違背委任而處理事務，並未生損害於民國者，自不負本罪之刑責。又行爲必須致生損害，方足以成罪，故若僅有生損害之虞，自不成立本罪。此外，有無生損害於民國？則應就具體事實，而作客觀之判斷。至於可以該當本罪之損害亦不以民國之主權受損爲限，舉凡民國在國際政治社會之信用或名譽，亦包括在內。

四、法律效果

犯本罪者，處無期徒刑或七年以上有期徒刑。

拾肆、偽造變造或毀匿國權書證罪

行爲人僞造、變造、毀棄或隱匿可以證明民國對於外國所享權利之文書、圖畫或其他證據者，構成第一一五條之僞造變造或毀匿國權書證罪。本罪爲一般犯與結果犯。

一、行爲客體

本罪之行爲客體爲國權書證，即條文上所稱之可以證明民國對於外國所享權利之文書、圖畫或其他證據，如條約、議定書、輿圖、國界之界碑等。

二、行爲

本罪之行爲有四，即：僞造、變造、毀棄或隱匿。行爲人祇要有四種行爲中之任何一種，即足以構成本罪。所謂「僞造」係指無權制作而擅自制作，包括仿照眞實之國權書證而摹造及憑空揑造。所謂「變造」係指就眞實之國權書證加以改造而變更其內容。稱「毀棄」乃指毀損拋棄，使其全部毀滅或一部受損而失效。稱「隱匿」則指隱密藏匿而使國權書證不能或難於爲人所見。

三、法律效果

犯本罪者，處五年以上，十二年以下有期徒刑。

第四節 妨害國交罪

刑法規定處罰之妨害國交罪計有：壹、侵害友邦元首或外國代表罪。貳、違背局外中立命令罪。叁、侮辱外國國旗國章罪等。今分別論述如下：

壹、侵害友邦元首或外國代表罪

行爲人對於友邦元首或派至民國之外國代表，犯故意傷害罪、妨害自由罪或妨害名譽罪者，構成第一一六條之侵害友邦元首或外國代表罪。本罪爲一般犯，亦可謂故意傷害罪、妨害自由罪或妨害名譽罪之加重犯。

一、行爲客體

本罪之行爲客體有二，即：友邦元首或外國代表。所謂「友邦之元首」係指與民國具有外交關係之國家現任政治領袖，因各該國政體之不同而異其稱謂。可以充當本罪行爲客體之外國元首以現任者爲限，故已卸任之外國元首，自非本罪之行爲客體，又此現任之友邦元首，並不以滯留於民國境內者爲限⑱。所謂「外國代表」係指外國政府派遣至民國之代表，並不以外交使節爲限，凡負有任務，而由外國政府派遣至民國之代表均屬之。又條文僅稱外國代表，故該外國與民國有無邦交，自非所問，即使爲民國之交戰國或敵對國之代表，亦可能成爲本罪之行爲客體。又外國代表僅以受外國政府派遣至民國者爲限，故如派遣至民國以外之他國而路經民國者，即不能成爲本罪之行爲客體。

二、行爲

就本罪之罪質而言，本罪之行爲應爲妨害國交之行爲，但實質上，本罪之行爲計有三類：即故意傷害、妨害自由、妨害名譽等，行爲是否具有本罪之構成要件該當性？則應以傷害罪、妨害自由罪或妨害名譽罪等各項犯罪之構成要件爲斷。

三、主觀之不法要素

行爲人主觀上必須出於故意而實施本罪之行爲，方構成本罪，否則，如係因過失而犯之者，自無由構成本罪。

四、法律效果

犯本罪者，依其所犯之故意傷害罪、妨害自由罪與妨害名譽罪之各該條款所定之罪，加重其刑至三分之一。

行爲人對於友邦元首或派至民國之外國代表犯妨害名譽罪者，須外國政府之請求乃論（第一一九條）。此種請求乃論與告訴乃論同屬追訴條件或「訴訟要件」(Prozessvoraussetzung)，故在刑事訴訟程序上可準用告訴乃論之規定（刑訴法第二四三條第二項），惟告訴乃論之期間限制（刑訴法第二三七條第一項），則不在準用之列。又外國政府之請

⑱參閱二一院七五三：刑法（舊）第一二二條之友邦元首不以滯留於我國者爲限，（注意同法（舊）第三條第二項、第四條及第七條第一項之規定）。至同法（舊）第一二七條之請求，須外國政府或足以代表外國政府者爲之，領事自動請求，不能認爲代表外國政府。

求得經外交部長函請司法行政最高長官令知該管檢察官（刑訴法第二四三條第一項）。此外，請求須外國政府或足以代表外國政府者爲之，故如領事自動請求，不能認爲代表外國政府⑲。

貳、違背局外中立命令罪

行爲人於外國交戰之際，違背政府局外中立之命令者，構成第一一七條之違背局外中立命令罪。本罪爲一般犯與行爲犯。

一、情狀

行爲人之行爲必須發生於外國交戰之際，方能構成本罪。稱「外國交戰之際」係指民國以外之他國與他國之間正式宣戰或事實開戰，而正處於戰爭狀態中而言。

二、行爲

本罪之行爲乃對於政府局外中立命令之違背行爲，故何種行爲該當本罪之違背行爲？自應依政府所頒佈之中立命令而定。因此，本罪爲「空白構成要件」(Blankettatbestand)。又本罪所處罰之行爲僅以違背政府所頒局外中立命令之具體內容爲限，故如雖違背國際法上之中立原則或慣例，但並不違背政府所頒之中立命令者，自不構成本罪。

三、法律效果

犯本罪者，處一年以下有期徒刑、拘役或三千元以下罰金。

叁、侮辱外國國旗國章罪

行爲人意圖侮辱外國，而公然損壞、除去或汚辱外國之國旗、國章

---

⑲見前註。

者，構成第一一八條之侮辱外國國旗國章罪。本罪爲一般犯與行爲犯。

一、行爲客體

本罪之行爲客體爲外國之國旗或國章。稱「國旗」乃指用以代表一國之旗幟，「國章」則指用以表彰一國之徽章而言。此等外國之國旗或國章究爲私人或機關所有？抑爲外國公務機關所使用？均非所問⑳。

二、行爲

本罪之行爲有三，即：公然損壞、除去或汚辱。行爲人祇要有三種行爲中之任何一種，即足以構成本罪。稱「損壞」指毀損破壞，如燒燬、撕破等。稱「除去」即指將外國國旗或國章自其使用位置上加以去除，如將懸掛於旗竿上之國旗降下，或將懸掛於牆上之國章除下等。稱「汚辱」則指使國旗或國章之外觀受汚，而失其尊嚴，如以穢物或其他顏色塗汚國旗或國章等。

損壞、除去、汚辱等三種行爲必須公然爲之，方構成本罪，否則，如非公然爲之者，自不負本罪之刑責。所謂「公然」係指不特定人、多數人或特定之多數人共見共聞或得以共見共聞之狀態而言㉑。又本罪並無未遂犯之處罰規定，故本罪之未遂行爲，若另有毀損國旗或國章以外之他物之結果，則當依毀損罪處斷㉒。

三、主觀之不法要素

⑳參照韓著㈠，五一頁。

㉑參照二九院二〇三三及六五釋一四五（見176頁之註❸）。

㉒參閱二五上八二五：被告某甲係屬白俄，與蘇俄政府在政治上立於反對地位，某日行經蘇聯大使館門前，觸及舊恨，順手在附近地上拾取石頭，向使館門上裝置斧頭鎌刀之國徽猛烈擲擊，結果並未擊中國徽，僅門上之鐵框花邊損壞少許，原審以被告雖有損害蘇聯國徽之意思及行爲，而犯罪結果不獨國徽絲毫無損，且環繞國徽之圓圈亦未損毫末，所損壞者僅門上花邊之一小部，認其損壞國徽之犯罪行爲尙屬未遂，而現行刑法第一百一十八條並無處罰該罪未遂之明文，祇應成立普通毀損罪，於法尙屬無違。

行爲人主觀上必須具備侮辱外國之不法意圖而故意實施本罪之行爲，方構成本罪，否則，行爲人如非出於此等不法意圖，則縱有本罪之行爲，亦不負本罪之刑責。

四、法律效果

犯本罪者，處一年以下有期徒刑、拘役或三百元以下罰金。本罪須外國政府之請求乃論（第一一九條）（參閱本節、壹之四）。

本罪除規定請求乃論之訴訟要件外，尚應增設與外國政府之外交關係之規定，以作爲「客觀之可罰性條件」(Objektive Bedingungen der Strafbarkeit)㉓。

㉓如德國刑法第一〇四條 a 之規定。參閱拙著㈢，一八六頁。

第十五章　公務員瀆職之犯罪

第一節　概　說

公務員執行公務必須依據法律與命令之規定，忠誠、廉潔而公正地從事其職務工作，若有違反法律或命令之規定而執行職務，或違背其職務上所應盡之義務，或濫用其職權等情事，不但有損國家之利益，影響政府之威信，而且同時亦侵害人民之合法權益，而衍生極爲不良之後果，故此等違法失職或濫權之公務員除負行政責任而受懲戒外，尚有因情節重大而應同時負刑事責任者，本章所述之公務員瀆職犯罪即係就公務員之違法失職或濫權行爲中具有較高不法內涵者，加以犯罪化之刑事不法行爲，就其本質而言，可謂係「在公務上之犯罪」(Verbrechen im Amt) ❶，故本章之罪又可稱爲「公務犯罪」(Amtsverbrechen)。

一、瀆職罪之不法內涵與其破壞之法益

瀆職罪係公務員對於國家忠誠關係 (Treueverhältnisse) 之破壞而危及人民對於政府行政官署之信賴，其不法內涵乃在於破壞依法執行職務之服務原則，以及損害「國家利益」(Staatsinteresse) ❷。

---

❶因此，德國刑法之規定稱瀆職罪章爲「在公務上之犯罪行爲」(Straftaten im Amt)。

❷參照 Schönke-Schröder, StGB, 1978, Vor § 331, Rdn. 1. 所稱破壞依法執行職務之服務原則係指破壞公務員服務法第一條所規定之「公務員應遵守誓言，忠心努力，依法律命令所定執行其職務」之服務原則。德國刑法學說稱之爲 Verstoss gegen die Ordnungsgemässheit der Amtsführung.

刑法瀆職罪章之刑法條款所保護之法益，就各種不同之觀點以及各種不同之瀆職行爲之特性而論，計有：國家利益、政府之威信與政府之統治機能、國家之內部秩序、公務員執行職務之廉潔與公正、人民之合法權益等❸。

二、瀆職罪之類型

瀆職犯罪在刑法學說上區分爲「純正瀆職罪」（或稱純粹瀆職罪）與「不純正瀆職罪」（或稱非純粹瀆職罪）兩類：

(一) 純正瀆職罪

純正瀆職罪 (Echte od. Eigentliche Amtsdelikte) 係指祇能由具有公務員之身分者方能實現構成要件之瀆職犯罪，如瀆職罪章規定處罰之大多數瀆職罪。公務員之身分在此類犯罪中係「構成刑罰之個人要素」(Strafbegründende persönliche Merkmale)❹，欠缺此等個人要素之人雖不能單獨成爲本類犯罪之直接正犯或間接正犯，但却可能與其他具有此等個人要素之人共同實施本類之瀆職罪或教唆或幫助具有此等個人要素之人實施本類之行爲，遇此等情狀，可依第三十一條第一項之規定，仍以本類犯罪之共犯論罪。

(二) 不純正瀆職罪

不純正瀆職罪 (Unechte od. Uneigentliche Amtsdelikte)包括公務員犯瀆職罪章以外之罪與非公務員犯瀆職罪章之罪。前者如第一三四條所規定之瀆職罪。後者如第一二二條第三項之罪。公務員之身分在此類犯罪中係「加重刑罰之個人要素」(Strafschärfende persönliche Merkmale)❺，由於公務員自公法上之服務關係 (Dienstverhältnis) 與忠誠關係而具有高於非公務員之義務，竟濫用其職權，而以國家主權

---

❸參照 Blei, BT. 1976, S. 371.

❹參照 Jescheck, AT. 1978, S. 537; Schönke-Schröder, StGB, 1978, Vor§331, Rdn. 11.

❺參照 Jescheck, AT. 1978, S. 536.

所賦予之職權當作犯罪手段或工具，自應加重其刑。至於不具此等個人要素之人與具有此等個人要素之人共犯此類之瀆職罪或教唆或幫助具有此等個人要素之人實施本類之瀆職罪者，則依第三十一條第二項之規定，科以通常之刑。

瀆職罪章規定處罰之犯罪，除絕大多數係具有公務員身分者在職務上之犯罪行為外，尚有兩種例外之非公務員之犯罪行為，即違背職務之行賄罪（第一二二條第三項）與非公務員洩漏或交付國防以外秘密罪（第一三二條第三項）。前者係人民對於公務員違背職務之行賄行為因與受賄罪息息相關，雖非公務員之違法失職或濫權行為，但足以誘引公務員受賄瀆職，破壞公務行為之純潔與眞實，而與瀆職罪具有密切之關係，故亦一併規定於瀆職罪章中。後者則因刑法並無規定普通人洩密行為之處罰專章，故亦例外地一併將其規定於瀆職罪章之中。

由於刑法瀆職罪章規定處罰之犯罪行為衆多，故本書乃將其分成：賄賂罪與瀆職圖利罪、違背職務或濫用職權罪、洩漏秘密罪與妨害郵電秘密罪等三節，加以論述，在此三節之瀆職犯罪行為中，以賄賂罪最具刑法實務上之價值。

三、賄賂罪之不法核心與其破壞之法益

賄賂罪（Bestechungsdelikte, Bribery）之「不法核心」(Unrechtskern）乃在於公職人員以其職務行為為圖謀不法利益之工具，而與其相對人間之「不法協議」（Unrechtsvereinbarung）❻。換言之，即公務人員實施或允諾實施特定之公務行為，而其相對人則以交付或允諾交付物質或非物質利益作為相對代價而形成之不法約定。因此，賄賂罪之本質即在於此等不法協議之締結。

---

❻參照 Wessels, BT-1, 1977, S. 142; Blei, BT. 1976, S. 375.

賄賂罪所破壞者究爲何種法益？在學說上頗多爭論，歸納迄今學說上曾經提出之見解❼，計有：

（一）國家意志之阻撓與竄改

有學者認爲賄賂罪所破壞之法益乃是「國家意志」(Staatswill) 受到無端之阻撓與違法之竄改，由於受賄之公職人員與行賄者之間彼此之不法約定，公職人員在收受或期待收受賄賂之情狀下，自然不能依法公平而正確地執行其公務行爲，此無異是對國家意志之阻撓與竄改。此說之見解有其例外之處，如公職人員並無期約賄賂，但於實施公務行爲之後，方收受賄賂者，則無阻撓或竄改國家意志之情狀。

（二）執行公務之純潔與眞實

另有學者認爲賄賂罪所破壞者乃是「執行公務之純眞」(Reinheit der Amtsausübung)。公務本應依法廉潔而公正地執行，但由於賄賂行爲，而使公務執行之純潔與眞實受到損害。對於此一見解之批判乃認爲若持此見解，則將使賄賂罪之不法內涵無法與其他瀆職罪淸楚地加以區別。

（三）公務行爲之無酬性

另有學者認爲賄賂罪所破壞者乃是「公務行爲之無酬性」(Unentgeltlichkeit von Amtshandlungen)，公職人員除其固有之薪俸外，對其所執行之公務行爲，不得收受任何酬勞，故賄賂行爲卽對此無酬性之破壞。對於此等見解有學者提出批判而認爲一大部分之公務行爲須繳納行政規費或其他費用，故公務行爲並非全具無酬性❽，惟此等部分現象應不足以全盤否定本說，因爲賄賂係公務員及其相對人以其公務行爲爲

❼參照 Geerds: *Über den Unrechtsgehalt der Bestechungsdelikte und seine Konsequenzen für Rechtsprechung und Gesetzgebung*, 1961, S. 43 ff; Blei, BT. 1976, S. 374 ff.

❽參照 Schönke-Schöder, StGB, 1978, § 331, Rdn. 3.

客體而私行約定提交之不法利益，此爲法律所禁止的私人支付公職人員之酬勞，而與法律所規定應行繳納國庫之規費，應不可混爲一談。原則上，公務行爲之無酬性，應爲不爭之論。

(四) 社會大衆對於公職人員及公務行爲之信賴

有學者認爲賄賂罪破壞社會大衆對於公職人員之公正性及其公務行爲之正確性等之信賴。公職人員執行公務，本應就事論事，公正無私，而能獲得社會大衆之信賴，但因有賄賂行爲之存在，此等信賴將爲之消失，並進而導致國家威信之損傷。此等信賴或威信不必等到公職人員已實際收受不當利益，而是在公職人員對外表示其有收受不當利益之意願，足以使他人感到公務行爲之「可收買性」(Käuflichkeit) 時，即已受到損傷❾。

以上各說雖均言之有理，但因皆就單面之觀點，故各有所偏而未能完整地陳述賄賂罪所破壞之法益，由於賄賂罪之損害性與危險性是多面性的，任何一種賄賂罪行至少可將國家主權所由生而由法律所規定之關係，經由行爲人與其相對人在彼此有利之條件下成立之不法約定而加以改變。換言之，即公務行爲之合法性由於公職人員與其相對人之私自不法約定而受到破壞。因此，賄賂行爲之不法內涵，亦應是多面性的，對其破壞法益的定論，亦應是面面俱到而就多面觀點所提出的見解，方爲正確，故上述四說之內容，均可爲賄賂罪所破壞之法益。因此，賄賂罪之刑法條款之保護法益可歸納爲：確保公務行爲之純潔與眞實，阻止公務行爲之可賄賂性，確保社會大衆對公職人員及其公務行爲之「不受賄性」(Unbestechlichkeit) 或「不可收買性」(Unkäuflichkeit) 之信賴，並使「國家意志」不因公職人員之圖利瀆職行爲而受阻撓或竄改❿。

---

❾參閱 Wessels, BT-1, 1977, S. 142.

❿參照 Amtliche Begründung des Entwurfs (BT-Drucksache VI/3250, S. 258 f.)

四、賄賂罪之犯罪黑數

賄賂罪與其他犯罪相較，顯然具有較高之「犯罪黑數」⓫，造成此等高犯罪黑數之最主要原因乃是賄賂罪之行爲人與其相對人之間具有共同一致之利害關係，彼此可以滿足對方之需要而互有相對配合之目的：在行賄或交付賄賂之人民因正陷於困境⓬，或想與公家機關建立商業交易或工程承攬關係⓭，而以交付賄賂或允諾交付賄賂以解決其困境或促使公務員作對其有利之決定而得售貨或承包工程；相對地，在索賄或收受賄賂之公職人員祇要利用職務行爲之機會或權力，即可輕易獲得不正當收入，以滿足自己之貪慾。在此等各得其所之情狀下，可能發生下述之現象：

（一）賄賂罪通常均在極端隱密之情狀下進行，故案外之第三人少有獲知之可能，自無從舉發犯罪。

（二）行爲人與相對人在絕大多數之情狀下均不願或不敢提出告訴，因爲提出告訴將使自己本可獲得之利益爲之喪失，或進而遭受甚多之不利益，而且還可能受到刑法之制裁。

（三）通常祇有在行爲人與其相對人雙方發生利害衝突，或是行爲人貪索無饜而引致相對人之反感，或行爲人强行索賄，但已不能爲其相對

⓫犯罪黑數（Dunkelziffer der Kriminalität, dark figure of crime）又稱「犯罪未知數」，係指一切未受司法機關所追訴或處罰之犯罪數。易言之，即實際發生，但不在犯罪統計上出現之隱藏之犯罪數，參閱拙著：犯罪問題與刑事司法，四一頁。Göppinger：*Kriminologie*, 3. Aufl. 1976, S. 86 ff；Kaiser：*Kriminologie*,3. Aufl. 1976, S. 172 ff；Mannheim：*Comparative Criminology*, 1965, p. 109.

⓬例如因受司法或行政機關之檢查而發現有不法之行爲，而遭逮捕並將受到刑事或行政之制裁等。

⓭例如在公家機關採購公物時或工程發包時，得以中標出售或承攬等。或得以不經公開招標程序，即可出售貨物或承攬工程。

人提供對等之實益，或行為人業已收受賄賂，但其職務行為並不能滿足相對人之需求等情狀下，才會不顧一切而擧發犯罪。

(四) 即使醜事因告發而公諸於世，開始刑事追訴，常因貪污犯罪係行爲人與其相對人周密之不法約定而成者，行爲人與相對人雙方在犯罪交易中，均存有戒心，而彼此不留下任何犯罪證據，以防東窗事發時得以查無實據，故刑事追訴工作上常常遭遇採證上之困難，再加上行爲人所屬機關因家醜不可外揚之錯誤心理而故加隱瞞，或機關首長爲避免因屬下之貪污行爲而負行政或刑事責任，或相對人尙有所顧忌，而不敢或不願與刑事追訴機關充分合作提供犯罪證據，凡此種種更使賄賂罪之刑事追訴工作顯得困難重重。

由上述四種現象可知，賄賂罪由於行爲人及其相對人或案外第三人擧發犯罪之意願極低，故有極低之告訴率，同時，更因對於賄賂罪進行刑事追訴工作，往往遭遇很多困難，致使賄賂案件獲不起訴處分或受無罪判決之比率亦相對提高⑭。因此，造成賄賂罪之高犯罪黑數，而使賄

⑭依據臺灣司法統計專輯之資料加以計算而得出下述兩表：

表一：各地方法院檢察處第一審對於戡亂時期貪污治罪條例案件偵查收結情形（以人數計算百分比）

年　度	起 訴（%）	不起訴（%）	其 他（%）
五十九年	56.5	38.2	5.3
六十一年	57.5	38.1	4.4
六十三年	55.4	35.2	9.4
六十五年	56.0	36.0	8.0

表二：各地方法院檢察處第一審之戡亂時期貪污治罪條例案件起訴後確定裁判結果（以人數計算百分比）

賂罪成爲極具損害性與危險性之犯罪❸。

第二節 賄賂罪與瀆職圖利罪

刑法規定處罰之賄賂行爲包括公職人員就其職務行爲索求、期約或收受賄賂之受賄行爲以及人民對於公職人員之請託、期約與交付賄賂之行賄行爲。學說上有稱前者爲「消極賄賂」(Passive Bestechung),後者爲「積極賄賂」(Aktive Bestechung), 惟因受賄行爲並非全是公職人員處於消極被動之地位而收受賄賂, 事實上有不少受賄行爲係公職人員出於積極主動而索取者, 若將此等賄賂行爲稱之爲「消極賄賂」則將導致錯解, 故學說上稱受賄爲消極賄賂, 稱行賄爲積極賄賂, 似有不妥

(續前)

年度	科刑(%)	無罪(%)	免訴(%)	其他(%)
五十七年	61.9	35.5	0.7	1.9
五十九年	61.6	35.1	1.8	1.5
六十一年	61.9	27.1	10.3	0.7
六十三年	46.0	32.4	19.8	1.8
六十五年	40.7	48.6	8.9	1.8

由上述兩表可知:

㈠自民國五十九年至民國六十五年各地方法院檢察處第一審所偵查之戡亂時期貪污治罪條例涉嫌人犯總數中平均有36.9%之多係受不起訴處分者。

㈡自民國五十七年至民國六十五年各地方法院檢察處第一審之戡亂時期貪污治罪條例起訴之被告總人數中平均有35.7%之多係受無罪之判決者。

❸一方面係因賄賂罪與文官制度、政治風氣、行政效率、國家經濟狀況等而形成之惡性循環, 另方面則由於賄賂罪之傳染與漣漪作用, 而使賄賂罪成爲極具損害性與危險性之犯罪。此兩種現象詳參閱拙著: 貪污犯罪學與刑法賄賂罪之研究, 刊: 輔仁學誌, 法商學院之部, 第十一號。

之處。

公職人員之受賄行爲通常又可分爲普通受賄行爲與加重受賄行爲，前者係指公職人員不違背其職責之受賄行爲，後者則指公職人員違背其職責而具有較高不法內涵之受賄行爲而言。在大陸法系之刑事立法例中，如我國、西德、日本等國之刑法卽依此分類，而將受賄罪分成不背職務之受賄罪（卽普通受賄罪）與違背職務之受賄罪（卽加重受賄罪）等兩種⑯。前者爲受賄罪之基本犯，後者係因公職人員違背職責而受賄，故具有較高之不法內涵而爲受賄罪之加重犯。對於行爲人之受賄行爲有無違背其職責尙難認定，或行爲人在其公務行爲中欠缺違背職責之意識，而收賄時，自應適用「罪疑惟輕原則」(Grundsatz in dubio pro reo)⑰，而適用普通受賄罪處斷。因此，普通受賄罪之條款乃成爲受賄罪之「截堵構成要件」(Auffangtatbestand)⑱。同理，行賄罪亦可比照前述受賄罪之情況，而分爲普通行賄罪與加重行賄罪，前者係指不違背職務之行賄行爲，後者則指違背職務之行賄行爲，各國對行賄罪之刑事立法例，則各有出入，如西德刑法卽依上述之分類而作規定⑲，我國刑法則僅規定處罰違背職務之行賄罪，對於不背職務之行賄行爲，則不作

---

⑯如我國刑法第一二一條第一項及第一二二條第一項之規定，西德刑法第三三一條之 Vorteilsannahme 及第三三二條之 Bestechlichkeit。日本刑法第一九七條第一項及第一九七條之三第二項之規定以及日本改正刑法草案第一三七條第一項及第一三九條第二項之規定亦同。

⑰詳參閱拙著：刑事訴訟程序之基本原則，刊：輔仁學誌，法商學院之部，第十號，八二頁。

⑱參照 Wessels, BT-1, 1977, S. 141; Schönke-Schröder, StGB, 1978, § 331, Rdn. 7. 截堵構成要件指具有攔截防堵行爲人逃漏法網之作用之構成要件，參閱 Tiedemann: *Wirtschaftsstrafrecht und Wirtschaftskriminalität*, 1976, Bd. I, S. 110 。

⑲卽第三三三條之 Vorteilsgewährung 及第三三四條之 Bestechung 之規定，前者爲不背職務之行賄罪，後者爲違背職務之行賄罪。

處罰規定[20]，至如日本刑法則將兩者合併規定，而無不背職務或違背職務之分[21]。

刑法瀆職罪章對於公務員圖利瀆職行爲除設賄賂罪之規定外，並另訂公務員對其主管或監督事務直接或間接之圖利罪，此爲對於公務員瀆職圖利之一般條款，而與公務員瀆職圖利之特別條款之賄賂罪具有密切之關係，故本書乃併與賄賂罪加以論述。

刑法規定處罰之賄賂罪與瀆職圖利罪計有：壹、不背職務之受賄罪。貳、違背職務之受賄罪。叁、受賄而違背職務罪。肆、違背職務之行賄罪。伍、準受賄罪。陸、公務員圖利罪等。今分別論述如下：

壹、不背職務之受賄罪

公務員或仲裁人對於職務上之行爲，要求、期約或收受賄賂或其他不正利益者，構成第一二一條第一項之不背職務之受賄罪，又可稱爲普通受賄罪。本罪爲特別犯與行爲犯，係受賄罪之基本犯。

一、行爲主體

本罪之行爲主體以公務員或仲裁人爲限[22]。稱「公務員」係指依法令從事於公務之人員（第十條第二項），「仲裁人」則指雖不具公務員身分，但於他人爭議中，依法令仲裁雙方當事人爭議之人，如勞資爭議處

---

[20]對於不背職務之行賄行爲，舊刑法第一二八條第二項本設有處罰之規定，但因出於刑事政策上之考量而認爲若不處罰此等行賄行爲，將使行賄者勇於挺身擧發公職人員之受賄行爲，此將使受賄者有所畏懼，貪汚之風可爲之稍戢，故乃將此等條款删除。

[21]參閱日本刑法第一九八條第一項之規定，及其改正刑法草案第一四三條第一項。

[22]但依戡亂時期貪汚治罪條例第二條之規定，除依法令從事公務之人員外，尚有受公務機關委託承辦公務之人，亦可成爲貪汚罪之行爲主體。

理法之勞資爭議仲裁委員（該法第十五條）、或商務仲裁條例之仲裁人以及鄉鎮調解條例之調解委員會委員等。

二、情狀

本罪之行爲人必須對於職務上之行爲，實施本罪之行爲，方構成本罪㉓，否則，行爲人之行爲若與其職務無關者，縱有利益之收受，亦無由構成本罪，如因婚喪而接受賀禮或奠儀。惟若以詐欺或恐嚇手段而取得人民之財物，則應依詐欺取財罪（第三三九條第一項）或恐嚇取財罪（第三四六條第一項）處斷，並可依據第一三四條之規定，加重其刑至二分之一㉔。稱「職務上」云者必須屬於該公務員或仲裁人權限範圍內之事項，始足當之㉕。所謂「職務上之行爲」即「職務行爲」(Diensthandlung)，係指依據法律、行政規章或服務規則 (Dienstvorschriften) 所規定之屬於行爲主體職權範圍內所應爲或得爲之行爲㉖。易言之，即

㉓實例如下：

①五五臺上二〇六：收受賄賂罪，係指公務員或仲裁人關於職務上之行爲，所收受之不法報酬而言。關於洋菇產銷輔導及對於超額製罐之處理不在被告職務範圍內，然既經主任委員指定由其草擬辦法，似難謂非職務上之行爲。

②五七臺上二四四五：上訴人既在外銷洋菇罐頭輔導小組，負撰擬提案、整理紀錄、擬辦文稿職務，並得列席該小組會議陳述意見，凡申請洋菇外銷，均須經過其手，則某甲爲使其公司所製菇罐均能順利外銷起見，請託上訴人予以幫助，即不能謂爲與上訴人在該輔導小組所擔任之職務無關。上訴人竟向之索得十萬元之賄款，自應構成公務員對於職務上之行爲收受賄賂之罪名。

㉔參閱

①二九上三四二六：刑法第一百二十一條之收受賄賂罪，以公務員或仲裁人對於職務上之行爲非法收受報酬爲必要，若公務員就非職務之行爲取得人民財物而出於恐嚇或詐欺之行爲者，則應成立恐嚇或詐欺之罪。

②五〇臺上一一一〇（見326頁之註㉑）。

㉕參照二四上三六〇三。

㉖參照 Blei, BT. 1976, S. 379. 並參閱五八臺上八八四：刑法上之賄賂罪所謂職務上之行爲，係指公務員在其職務範圍內所應爲或得爲之行爲。所謂違背職務之行爲，係指在其職務範圍內不應爲而爲，或應爲而不爲者而言。

行爲主體在其職務範圍內之作爲或不作爲，故與行爲主體之職務無關之私人行爲（Private Tätigkeiten）即非本罪，即使係行爲主體利用其在職務上所獲得之知識而從事者，若爲職務外之私人行爲，如推事或檢察官至大學法律系兼課，自非本罪之職務行爲。至於職務行爲之種類或重要性，則非所問，縱係準備或支援工作等具次要性者，亦可爲職務行爲。

本罪之職務行爲僅以不違背職務上所應盡之義務（Dienstpflicht）者爲限，故本罪所稱之「職務上之行爲」即指行爲主體不具「義務違背性」（Pflichtwidrigkeit）之職務行爲而言。因此，若職務行爲已具備義務違背性者，自已非本罪之職務行爲，而爲加重受賄罪（第一二二條第一項）中之違背職務之行爲。職務行爲之義務違背性即是本罪與加重受賄罪（第一二二條第一項）之區別所在。

行爲人祇要對於職務上之行爲而有本罪之行爲者，即足以構成本罪，此等職務上之行爲並不限於現時之職務行爲，即使對於過去之職務行爲或對於將來之職務，而實施本罪之行爲，亦均能構成本罪，如已調離本職或已解職之公務員，或如已發佈人事命令，但尚未到職之公務員等之要求、期約或收受賄賂或不正利益之行爲是。行爲人對於過去或未來之職務行爲而索賄或受賄，顯與對於現時之職務行爲而索賄或受賄同樣足以破壞公務行爲之不可賄賂性而損及公務機關與政府之威信，故就過去或未來之職務行爲而實施本罪之行爲，自亦可構成本罪。

三、行爲客體

本罪之行爲客體爲賄賂或其他不正利益。此兩者可謂對於適格行爲主體之職務行爲所給付之不法報酬或補償（Entgelt）[27]，其數額或經濟價

---

[27]參閱四八臺上三七六：刑法瀆職罪之賄賂，係指公務員或仲裁人關於職務上之行爲所給付之不法報酬而言。所謂職務云者，必須屬於該公務員或仲裁人權限範圍內之事項始足當之。此外，五二臺上二一七六、五六臺上五一四㈠、五六臺上一四九八、六一臺上一四九八亦均同旨。

値之高低均在所不問㉘。稱「賄賂」係指金錢或其他可以金錢折算之財物，「其他不正利益」則指賄賂以外之一切足以供人需要或滿足慾望之有形或無形的不正當利益而言㉙，包括物質上之利益與非物質利益，前者如設定債權、免除債務、給予無息或低利貸款，後者如給予地位、允與性交或其他性行爲等。

賄賂或其他不正利益均須與其職務行爲具有對價之密切關聯，方能構成受賄罪。易言之，由於行爲主體與其相對人之不法約定而造成一個不法利益與職務行爲之對價關係，方有成立受賄罪之餘地，此種對價關係乃指行爲主體要求、期約或收受之賄賂或其他不法利益與其職務行爲之間存在之一種「對等關係」(do-ut-des-Verhältnis) 或是「等價關係」(Äquivalenzverhältnis) 之必要關聯。換言之，所謂賄賂或其他不法利益必須爲對於公務員之特定職務行爲之「相對給付」(Gegenleistung)㉚。又此之特定職務行爲可能係一種作爲，亦可能係一種不作爲。職務行爲之相對人支付此等相對給付祇須就某一特定職務行爲概括地確定，且在大體上可認定其間具有對價關係，即爲已足，而不以對職務行爲之種類與內容具體而詳細地加以確定爲必要㉛。反之，若利益與職務行爲之間

㉘唐律所規定之賄賂罪則採「計贓論罪」之原則，即以行爲人收受財物之數額，就行爲地與行爲時之物價折算爲上絹之長度，如受財數額折算達上絹一尺者，若係枉法收受，則杖一百，若係不枉法收受，則杖九十；受財數額折算達上絹十五疋，且係枉法而收受者，則可處絞刑（職制律第四八條），其他受財數額折算達上絹十五疋，而可處絞刑者，共有七種之多！因此，賄賂數額或經濟價值在唐律所規定之賄賂罪則成爲量刑之絕對依據，參閱拙著：貪污犯罪學與刑法賄賂罪之研究，前揭文。

㉙參照二一上三六九。

㉚即德國刑法學說所稱之 Gegenleistung "für" eine bestimmte Diensthandlung. 參閱 Wessels, BT-1, 1977, S. 143; Blei, BT. 1976, S. 381; Schönke-Schröder, StGB, 1978, § 331, Rdn. 28; Tiedemann, BT. 1977, S. 199.

㉛參照 Blei,BT. 1976, S. 380.

並不存在任何密切之關係，而欠缺上述之必要關聯，則此利益卽非受賄罪之賄賂或其他不正利益，在此情狀下，亦無構成本罪之餘地。

職務行爲之相對人所交付之金錢、財物或其他物質或非物質利益是否卽爲受賄罪之賄賂或其他不法利益，自應就不法利益與職務行爲之間是否具有對價給付之必要關聯，加以判斷。自商場交易習慣上之「佣金」(commission)演變而來之在公家機關採購公物或發包工程時之「回扣」，是否卽爲受賄罪之賄賂？頗值在此加以討論：

公務員於從事採購公物或發包工程時，向商人或包商索取或收受回扣，或商人或包商期約或交付回扣而請託公務員向其購買或使其得以承包工事等情事時有所聞。在此等情狀下，公務員因要求、期約或收受回扣而向交付或允諾交付回扣之商人採購，商人亦因交付或允諾交付回扣而得將其貨物售予公家機關；同樣地，公務員因要求、期約或收受回扣而使交付或允諾交付回扣之包商得以承包工事，包商亦因交付或允諾交付回扣而得承包工事，並且可以偸工減料而於竣工時順利獲得驗收等等。在此等公務員圖利瀆職行爲中，回扣於本質上顯爲對於公務員之特定職務行爲之相對給付，而與公務員之職務行爲構成對價之必要關聯。因此，流行於機關之採購公物或發包工程之回扣，自屬受賄罪之賄賂，應爲不爭之論。惟實例之見解却認爲「公務員利用採購職權向商人索取回扣，其因回扣所得之款項，並非商人交付之賄賂，而係公務員對於主管或監督之事務直接或間接圖利而來」㉜，並且認爲「賄賂與回扣之性質迥異，收受賄賂與收取回扣所成立之罪名亦不相同，如屬前者，應成立收受賄賂罪，後者則構成圖利罪」㉝，此等見解，其理安在？頗令人費解，判決要旨亦僅稱「賄賂與回扣之性質迥異」，兩者究因何而迥異或

㉜參閱五一臺上二三七九（見304頁之註㊿）。

㉝見五六臺上五六〇(一)及五七臺上一五四〇(二)。

究竟有何相異？判決理由亦無述及。苟如判決要旨所言，回扣係公務員對於主管或監督之事務直接或間接圖利而來，則賄賂所得款項同樣可謂公務員對於主管或監督之事務直接或間接圖利而來者，故以此公務員圖利罪（第一三一條第一項）構成要件之用字，顯不足以說明回扣與賄賂兩者究竟有否相異及其區別之所在。戡亂時期貪污治罪條例由於除設有違背職務之受賄罪（該條例第四條第六款）、不背職務之受賄罪（同條例第五條第三款）、圖利罪（同條例第六條第三、四款）之處罰規定外，尙另設有建築或經辦公用工程或購辦公用器材物品收取回扣行爲之處罰規定（同條例第四條第四款），故可區分回扣與賄賂，而適用不同條款處斷，惟此僅因條文規定而形成之形式區分，並非兩者之實質區分。

四、行爲

本罪之行爲有三，即：要求、期約或收受賄賂或其他不正利益。行爲人祇要有三種行爲之任何一種，即足以構成本罪。稱「要求」係指行爲人索求相對人交付賄賂或其他不正利益而言，行爲人必須就其職務行爲而索求賄賂或其他不正利益，方成立本罪，否則，如藉勢勒索，使人心生畏懼而取財，則爲恐嚇取財而非本罪之要求賄賂㉞。行爲人祇要有要求交付之意思表示，無論係直接或間接向相對人表示，亦不問係明示或暗示，均可構成本罪之要求賄賂行爲。行爲人祇要有要求之意思表示，即爲已足，而不以相對人對之允諾爲必要，惟如相對人已爲允諾，則爲期約行爲，而非要求行爲。又稱「期約」係指行爲人與相對人雙方就其所期待之事項而爲約定收受賄賂或其他不正利益而言，此等不法約定係由行爲人主動？或係由其相對人主動而成者？均非所問。無論爲要

㉞參閱二三上三九八一：要求賄賂，係指公務員以關於其職務之行爲向他人要索不法利益之交付而言，如藉勢勒索，使他人心理上發生恐佈爲其取得財物之手段，即屬假借職務上之權力恐嚇取財，與要求賄賂罪質不同。

求行爲，抑爲期約行爲，祇要行爲人對外表示其「可賄賂性」(Bestechlichkeit)，而足以使相對人瞭解其意時，行爲卽爲既遂㉟，故本罪無未遂犯之處罰規定。

稱「收受」則指收取或接受賄賂或其他不正利益而言，行爲人係出於主動，抑出於被動而收受？則與本罪之成立無關㊱，且行爲人之收受亦不以直接收受爲限，卽使爲間接收受，亦可構成本罪之收受行爲。又行爲人所收受之物必須爲他人本於行賄之意思而交付者，方能構成本罪之收受賄賂，否則，若他人所交付之物，並非本於行賄之意思，行爲人自無收受賄賂可言㊲，故如公務員索賄，他人不甘受損，乃事先向有關機關檢擧，其後爲便於破案，並取得確實之犯罪證據而携款前往交付，則此等交付並非出於行賄之意思，故非本罪之賄賂，公務員縱已收受，亦不構成本罪之收受行爲，惟因有索賄行爲，故仍可就要求賄賂行爲而成立本罪㊳。

㉟參照 Schönke-Schröder, StGB, 1978, § 331, Rdn. 33.

㊱參閱二七上四四八：收受賄賂罪，不論其受賄出於收受人之自動或被動均應成立。（下略）

㊲參閱二七上七四三：收受賄賂罪以他人有行使賄賂之事實爲前提，若他人所交付之物並非本於行賄之意思，則其物卽非賄賂，自無收受賄賂可言。

㊳參閱

①四六臺上一四三四㈠：（前略）上訴人等以免究爲由，要求某甲交付賄賂，如果屬實，固無解於要求或期約賄賂罪之成立，但某甲事後携款前往交付，乃係出於便利警察之破案，並非本於行賄之意思，其交付者卽非賄賂，則上訴人等縱應構成犯罪，亦非收受賄賂。

②五五臺上一七五：收受賄賂罪，以他人有行使賄賂之事實爲前提，若他人所交付之物，非本於行賄之意思，則其物卽非賄賂，自無收受賄賂可言。某甲所交付與上訴人之七百元，旣係事先向調查站檢擧，而後爲交付，顯非本於行賄之意思，而在取得罪證，卽難以收受罪論，其款亦自難予以沒收。

③五九臺上二七八：所謂瀆職之期約行爲，係屬雙方合意，相對人旣無允予送賄之誠意，卽不能認已達期約之階段，據其所供係爲社會除害而出此，則其送款之行爲，自不能認爲係交付賄賂，但上訴人旣有求賄之行爲，是其要求賄賂罪已經成立，尚未至期約之階段，雖已將款收受，仍不能以收受賄賂視之。

要求、期約或收受等三行爲具有先後順序之階段性：要求係期約或收受行爲之先行爲，期約則係收受行爲之先行爲。雖然並非所有之收賄行爲均有此三個階段行爲，但是收賄行爲若存有階段現象，即先要求，次期約，後再收受，則低度之先行爲應爲高度之後行爲所吸收，故可逕論以收受賄賂之罪㊴。

要求或期約行爲雖然尚未達收受階段，行爲人猶未獲得不法利益，但行爲人之要求或期約行爲已足以破壞公務行爲之純眞，明示公務行爲之可賄賂性，破壞人民對於公職人員之廉潔與公正及公務行爲之不可賄賂性等之信賴，並足以阻擾或竄改國家意志，故刑法乃加以犯罪化，而於收受行爲之外，可以單獨成立犯罪。因此，若有要求或期約之先行爲，雖收受之後行爲尚爲未遂，但仍可逕依既遂之前行爲論以本罪，不因後行爲之未遂而影響本罪之成立，如公務員對於職務上之行爲要求或期約賄賂，但於收受賄賂前因被調離本職，致未收受賄賂，則仍構成本罪。同理，行爲人對於職務上之行爲要求或期約賄賂，但於調職或解職後，方收受者，亦構成本罪，不因行爲人於收受行爲時，已無職務而受影響㊵。

受賄罪雖亦爲公務員之圖利行爲，但與公務員之犯詐欺罪（第三三九條第一、二項）或恐嚇取財或得利罪（第三四六條第一、二項）之罪

（續前）

④五九臺上二一六五：被害人之交付賄款，乃出於調査人員便利破案之授意，並非本於行賄而交付，上訴人陷於圈套而收受，不能以收受賄賂論，但其要求賄賂罪責要已成立。

㊴參閱二七上四四八：（前略）期約賄賂，則爲收受之先行行爲，如果先期約而後收受，則其期約行爲當然爲收受行爲所吸收，原判決以上訴人之收受賄賂爲期約當然之結果，與因他人自動交付賄賂能收受者不同，認收受行爲應爲期約所吸收，因而諭知上訴人期約賄賂罪名，自欠允洽。

㊵參照趙著(上)，四一頁。

質顯不相同，原則上，並非公務員關於財產上之犯罪，皆可指爲受賄而論以本罪或違背職務之受賄罪（第一二二條第一項）或準受賄罪（第一二三條），如公務員使用詐術或實施恐嚇，他人受騙致陷於錯誤或受恐嚇致心生畏懼而交付財物，並非對於職務上之行爲，要求、期約或收受賄賂，故應成立詐欺取財或得利罪（第三三九條第一、二項）或恐嚇取財或得利罪（第三四六條第一、二項），而無構成本罪之餘地㊶。

五、主觀之不法要素

行爲人主觀上必須對其行爲係屬於職務之範圍，且對其要求、期約或收受之賄賂或其他不法利益係其職務行爲之對等給付有所認識，而決意實施本罪之行爲，方構成本罪㊷，否則，如欠缺此等主觀之不法要素，自不負本罪之刑責㊸。

六、罪數問題

如前所述，本罪所破壞之法益並非個人之財產法益，而爲國家之公法益，故如公務員因某種職務同時向數人索賄或收賄，則其所侵害之法益仍屬一個，故僅成立一罪㊹。

七、法律效果

犯本罪者，處七年以下有期徒刑，並得併科五千元以下罰金。

八、沒收特例

㊶參閱四五臺上九〇九（見385頁之註⑳）。

㊷參照 Schönke-Schröder, StGB, 1978, § 331, Rdn. 32.

㊸參閱五五臺上七八五：本省民意代表機構以公帑購贈紀念物品，固有未合，惟此種陋習行之已久，且各地皆然，當事者往往有積非成是之錯誤觀念。被告於第七屆（鎭民）代表（大會主席）任期屆滿時，以節餘經費購贈西裝料作爲紀念品，雖屬失當，然所辯主觀上並無不法所有之意，尙非不可採信，卽屬欠缺犯罪之意思要件，除應負行政上之責任外，要難論以貪汚罪責。

㊹參閱二八上三一三六：收受賄賂罪所保護之法益爲國家公務執行之公正，故公務員因某種職務同時向數人受賄，其所侵害之法益仍屬一個，僅應成立一罪。

依據第一二一條第二項之規定，犯本罪者所收受之賄賂沒收之，如全部或一部不能沒收時，追徵其價額，此爲本罪之沒收特例。按行爲人所收受之賄賂原爲犯罪所得之物，依總則沒收之規定，本在不得沒收之列（第三八條第二、三項），但因賄賂係行爲人與行賄人間之不法收受與交付行爲，行賄者不能請求返還，若不加沒收，而使行爲人得以享受其犯罪成果，無異鼓勵犯罪，故乃特設此一沒收特例，而採義務沒收原則㊺，並且爲貫徹沒收意旨，而採必要追徵原則，追徵其價額㊻。

依本項之規定，可依此沒收特例加以沒收者僅限於行爲人所收受之賄賂，故如行爲人所收受之其他不正利益，自不得依本項而爲沒收㊼。又行爲人雖收受賄賂，但其後又將賄賂退還行賄人者，是否可依本項之規定而爲沒收或追徵？依據判例之見解認爲賄賂旣已返還行賄人，即不能再向行爲人追徵㊽。此外，數人犯收受賄賂，應如何追徵之問題？亦各有不同之見解，有按人數而均分數額之平均追徵說，亦有按各行爲人所收受賄賂之比例而追徵之比例追徵說，原則上以採後說爲宜，惟若各

㊺參閱四六臺上一〇〇〇：公務員犯刑法第一百二十二條第二項之瀆職罪者，依同條第四項規定，其所收受之賄賂係在必須沒收之列，如全部或一部不能沒收時，且應予以追徵，審判上殊無自由審酌之餘地。原判決依上述條項論處上訴人罪刑，而於其所受之賄賂漏未予以沒收，自難謂無違誤。

㊻本項之規定在理論上並非沒收，而爲對於犯罪所得之物屬於與有責任之相對人所有之一種非難方式，故宜稱之爲「追徵」(Verfall)，若賄賂之一部或全部不能「追徵」時，才「追繳」其賄賂相當之價額。詳參閱拙著㈠，三二一頁以下。並參照 Jescheck, AT. 1978, S. 639 ff.

㊼參閱六一臺上三八一〇：犯刑法第一百二十一條第一項之瀆職罪應予沒收者以所收受之賄賂爲限，同條第二項定有明文，原判決將上訴人所收受之不正利益諭知沒收，顯有違誤。

㊽參閱二五上二二六〇：上訴人所收受之賄賂，依刑法第一百二十二條第四項，固應沒收或追徵其價額，但旣退還行賄人，即不能更向受賄人追徵。
對於此一問題尙有各種不同之見解，參閱韓著㈡，六六頁。

行爲人分攤賄賂比例不明時，則可採前說而依行爲人之人數均分之㊾。

九、特別法

貪污治罪條例第五條第三款對於本罪之行爲亦設有處罰之規定，此爲本罪之特別法，依特別法優於普通法之原則，在該條例施行期間，本罪之行爲自應依該條例第五條第三款處斷，可處無期徒刑或七年以上有期徒刑，並得併科新臺幣二百萬元以下罰金。又依該條例第九條第一、二項之規定，行爲人所得財物應予追繳，並依其情節分別沒收或發還被害人，遇財物之全部或一部無法追繳時，應追徵其價額。

依貪污治罪條例第十一條第一項之規定，犯本罪情節輕微，而其所得或所圖得財物在新臺幣五萬元以下者，減輕其刑。

㊾參照韓著㈡，六六頁。

十、檢討與改進

本罪之現行條文將行爲人不違背其職務上所應盡義務之行爲規定爲「職務上之行爲」，此不但有賴解釋方能明確，有違構成要件明確原則，而且與準受賄罪（第一二三條）中之「職務上之行爲」同詞而不同義（見本節、伍之二)。爲謀解決此等弊端，本罪現行條文之規定，實宜作適度之修正，而將「職務上之行爲」改爲「不違背職責之行爲」。

賄賂與不正利益同爲本罪之行爲客體，對於賄賂本條第二項設有沒收特例，對於不正利益，則漏未規定，此顯屬法律漏洞，故宜透過修法，以塡補漏洞。

本罪爲公務員圖利瀆職行爲之「特別條款」，係優先於「一般條款」之公務員圖利罪（第一三一條第一項）而適用（參閱本節、陸、二之㈣），且本罪之不法內涵在通常狀態下，均較公務員圖利罪爲高，但本罪之法定刑却輕於公務員圖利罪。因此，本罪之現行法定刑應比照公務員圖利罪，作適當之調整。

貳、違背職務之受賄罪

公務員或仲裁人對於違背職務之行爲，要求、期約或收受賄賂或其他不正利益者，構成第一二二條第一項之違背職務之受賄罪，又稱爲加重受賄罪。本罪爲特別犯與行爲犯，係受賄罪之加重犯。

一、行爲主體

本罪之行爲主體與前罪者同（本節、壹之一)。

二、情狀

本罪之行爲人必須對於違背職務之行爲，而實施本罪之行爲，方構成本罪[52]。所謂「違背職務之行爲」係指行爲主體違背法律、行政規章

---

[52]實例如下

①四九臺上一六八八：上訴人承辦某甲公共危險一案，於某乙受託往向上訴人關說求爲某甲幫忙並請示酬勞範圍時，上訴人卽伸出左手食指表示要求賄款一萬元等情加以審酌，是行賄人請託幫忙之含意當然求其故爲某甲有利之庇護，而

與服務規則之規定以及違反上級公務員之命令之職務行爲。易言之，即職務上不應爲而爲或應爲而不爲以及超越其職權範圍而爲之具有「義務違反性」之職務行爲。

就行爲之性質而言，職務行爲可區分爲「限定行爲」(Gebundene Handlung) 與「裁量行爲」(Ermessenshandlung) 兩種，前者係指法律、規章與服務規則所明定之職務行爲而言，包括一切爲法律規章所規定之作爲與不作爲。後者則指公務員本其職權就具體事項權宜裁量之職務行爲。職務行爲是否具有「義務違反性」而爲本罪之違背職務之行爲？則應分別就職務行爲係屬「限定行爲」，抑或「裁量行爲」而爲判斷，在「限定行爲」中若與法律或行政規章所規定之內容相違背者，即爲違背職務之行爲，行爲人祇要表示其將違背職務而收受賄賂即爲已足，而不以明確地表示違背某一法律或規章之條款規定爲必要。至於「裁量行爲」中，若係出於「裁量濫用」(Ermessensmissbrauch) 或「裁量超越」(Ermessensüberschreitung) 而作成裁量之職務行爲即爲本罪之違背職務之行爲[53]。換言之，即行爲主體在具有裁量性之職務行爲上於其權宜裁量作成決定之過程中，濫用或超越其裁量權，不就事務本身之因素作爲考量之唯一因素，而竟同時顧及相對人之利益，將案外之因素作

(續前) 上訴人趁此要求賄賂，顯與職務有所違背，核其所爲自係對於違背職務之行爲要求賄賂。

②五一臺上一一一四：上訴人身爲交通警員，在值勤時藉詞超載及有漏稅嫌疑，將卡車扣留，繼又認無該項情形將車放行，雖與本身職務無違背，但扣留後乘機需索，顯見行爲時含有違背職務之觀念，其要求賄賂爲收受之階段行爲，應從其違背職務收受賄賂罪論處。

③五五臺上二四一二：上訴人在某檢查站爲兼主管，負責辦理該站轄內林木驗印放行事務，竟對於違背職務之行爲要求期約並收受賄賂，雖事實上未能證明有違背職務之行爲，但其主觀上有違背職務受賄之意思，自應成立公務員對於違背職務之行爲收受賄賂罪名。

[53]參照 Schönke-Schröder, StGB, 1978, § 332, Rdn. 8 ff.

爲裁量之依據，致影響其裁量決定之公平性與正確性，此等情狀，即爲本罪所稱之「違背職務之行爲」。行爲人祇要對外表示其裁量職務將可由賄賂而影響其決定，即足以構成本罪。至於行爲人在其後是否果眞在其裁量行爲中爲違背職務之決定？則非所問，蓋職務行爲之義務違背性於要求、期約或收受時，即已形諸於外，在此瞬間即足以成立本罪，而不必等至果眞爲違背職務之裁量決定，方足以成罪[54]。

行爲主體僅以其未來具有義務違反性之職務行爲爲藉口，而對外顯示其可賄賂性，即足以構成本罪，不必其後果眞有履行違背職責之職務行爲爲必要，否則，如行爲主體果眞實施違背職務之行爲，則已該當受賄而違背職務罪（第一二二條第二項）之構成要件，應依該罪處斷，而無成立本罪之餘地。

行爲人若不具有公務員或仲裁人之身分，但竟使用詐術，使人誤信其爲公務員或仲裁人，則此行爲人並不構成本罪，而可成立詐欺罪。同理，若行爲人雖具有公務員或仲裁人之身分，却無其職務，然竟使用詐術，使人誤信其有此職務，並許以違背其職務而要求、期約或收受賄賂者，則因行爲人並非對於違背職務之行爲而受賄，故理論上亦不構成本罪，而祇構成詐欺罪[55]，惟就刑法實務之觀點，行爲人利用其公務員或仲裁人之身分，並輔以詐術，極易使其相對人誤信其爲本罪適格之行爲主體而交付賄賂，此等行爲情狀，實已破壞賄賂罪之刑法條款所保護之法益，但在理論上却如上所述，並不該當本罪之構成要件，不能科以本罪之刑，而反應科以較輕刑之詐欺罪，此就法益破壞與刑事政策上之觀點似不無可議之處，故實例上乃持不同之見解，認爲縱令行爲人無其職

---

[54] 參照 Schönke-Schröder, StGB, 1978, § 332, Rdn. 18。

[55] 參照韓著(一)，六九頁。

權，但仍可構成本罪或受賄而違背職務罪（第一二二條第二項）㊱。

三、行爲客體

本罪之行爲客體亦與前罪同爲賄賂或其他不正利益，其義已詳述於前（本節、壹之三），在此不贅。相對人所交付之金錢、財物或其他利益必須爲行賄人對於行爲主體之違背職務行爲所提供之相對給付，始可認爲本罪之賄賂或其他不正利益。

四、行爲

本罪之行爲與前罪同爲要求、期約或收受賄賂或其他不正利益。簡言之，即行爲人就其違背職務之行爲要求、期約或收受賄賂或其他不正利益之索賄、期約受賄，收賄等瀆職行爲。關於要求、期約或收受，其義已詳述於前（本節、壹之四），在此不再贅述。行爲人祇要就其具有義務違反性之職務行爲，對外顯示其可賄賂性，本罪卽已既遂，不以行爲人果眞已有違背職責之職務行爲爲必要。至於行爲人是否果眞有違背職務之意思？亦與本罪之成立無關。又行爲人除有本罪之行爲外，並已進而實施違背職務之行爲，則已非本罪所處罰之範圍，而應構成受賄而違背職務罪（第一二二條第二項）。

要求、期約或收受等行爲係屬階段行爲，行爲人經過要求而期約，或於要求當時卽行期約者，應依期約行爲處斷，不得將要求、期約兩行

㊱參閱二四上四八六七：上訴人充看守所主任看守，對於所內患病人犯本有據實報告之職務，乃因收受押犯某甲賄賂之故，遂揑報其患病甚危，冀達朦准保釋之目的，卽屬收受賄賂因而違背職務之行爲，縱令上訴人無直接准其保釋之職權，亦不能解免瀆職罪責。

但有持不同見解之判例，參閱二八上二四三五：抽選壯丁及訓練，屬於保甲長職務，非保聯處聯丁所得主持，上訴人充任保聯處聯丁，代壯丁某甲雇人頂替兵役，縱使得有報酬，僅能成立共同使人頂替兵役之罪，無收受賄賂及違背職務之可言。原審認爲犯收受賄賂及使人頂替兵役二罪，從一重處斷，適用法則，殊難謂合。

爲並列處罰57。又要求與期約爲低度之先行爲，應爲收受之高度後行爲所吸收，故要求或期約後，果有收受行爲，自應依收受賄賂論處，方爲適法，不可反科以低度行爲之要求或期約賄賂58。

行爲人所要求、期約或收受之標的必須與其違背職責之職務行爲具有對價關係之賄賂或其他不正利益，方能構成本罪，否則，如他人並非本於行賄之意思，而有所交付，除行爲人事先有所要求或期約，仍可就要求或期約行爲成立本罪外，自無成立本罪之餘地，如公務員先有要求或期約行爲，他人不甘受損，且圖報復，乃事先抄錄鈔票號碼，並連絡有關機關，而後交付該筆款項，則他人既非出於行賄意思而交付，故其所交付之款項，自非賄賂，該公務員就收受賄賂而言雖不構成本罪，但仍可就要求或期約賄賂行爲而成立本罪59。

五、主觀之不法要素

行爲人主觀上必須對於職務行爲之義務違反性有所認識，而決意實

57參照五一臺上一四九八。

58參閱

①四六臺上八一二：收受賄賂行爲，爲賄賂罪之最高階段，依高度行爲吸收低度行爲之原則，其要求賄賂之低度行爲，已爲收受賄賂之高度行爲所吸收，應依收受賄賂罪論處，方爲適法，原判決竟依刑法第一百二十二條第一項科以低度行爲之要求賄賂罪，顯有未合。

②四九臺上一七〇七：刑法第一百二十二條所稱之要求、期約，或收受賄賂，係屬賄賂罪之階段行爲，如先要求、期約而後收受，則其要求、期約行爲當然爲收受行爲所吸收。

③五七臺上一五四三：期約賄賂爲收受之先行行爲，上訴人先期約而後收受，則期約行爲當然爲收受行爲所吸收。原判決既認上訴人進而收受賄賂而仍論以期約賄賂罪，自有未合。（下畧）

59參閱

①四九臺上一六八八（見前註52之①）之判決理由。

②五三臺上七四二：收受賄賂罪，以他人有行使賄賂之意思爲前提，若他人所交付之款，並非本於行賄之意思，則其款卽非賄賂，縱使收受亦不能成立收受賄賂罪。此外，並參閱其判決理由。

施本罪之行爲，方構成本罪。換言之，行爲人必須對其未來或現在從事或已完成之職務行爲係違背其職務上所應盡之義務有所認識，而決意要求、期約或收受賄賂或其他不正利益，方負本罪之刑責。行爲人對其未來之職務行爲祇要知悉其已顯示義務違反性，此即對其職務行爲之義務違反性具有認識。在從事裁量職務之公務員若明知其已對外顯示其裁量可由賄賂或其他不正利益而左右其決定者，即可認定其有受賄之故意[60]。

六、法律效果

犯本罪者，處三年以上，十年以下有期徒刑，並得併科七千元以下罰金。

七、沒收特例

依第一二二條第四項之規定，本罪行爲人所收受之賄賂應沒收之，如全部或一部不能沒收時，則追徵其價額，此爲本罪之沒收特例。此等沒收或追徵應以實施犯罪之各行爲人實際所得之數額爲限，如共同正犯之間所得數額無法分辨，始應負連帶責任，故對所得數額已明確之共同正犯，祇能就其所得部份諭知沒收或追徵，不能因其他共犯之間所得不能分辨，而一併令負連帶責任[61]。此外，並參閱前罪所述者（本節、壹之八）。

八、特別法

貪汚治罪條例第四條第五款對於本罪之行爲亦設有處罰規定，此爲本罪之特別法，故在該條例施行期間犯本罪者，自應優先適用該條例處斷，可處無期徒刑或十年以上有期徒刑，並得併科新臺幣三百萬元以下

---

[60] 參照 Schönke-Schröder, StGB, 1978, § 332, Rdn. 24; Wessels, BT-1, 1977, S. 143.

[61] 參照五六臺上三〇六二。

罰金。此外，並應注意該條例第九條、第十一條第一項，之規定（參閱本節、壹之九）。

叁、受賄而違背職務罪

公務員或仲裁人對於違背職務之行爲，要求、期約或收受賄賂或其他不正利益，因而違背職務之行爲者，構成第一二二條第二項之受賄而違背職務罪。本罪爲特別犯與結果犯，係違背職務之受賄罪之加重犯。

一、行爲主體

本罪之行爲主體僅以違背職務之受賄罪（第一二二條第一項）之行爲人爲限。行爲人必須先有違背職務之受賄罪（第一二二條第一項）之行爲，並因而有本罪之行爲者，方構成本罪。

二、行爲

本罪之行爲爲實施違背職務之行爲，包括一切違背行爲人職務上所應盡之職責之作爲[62]與不作爲[63]。簡言之，即實施具有義務違反性之職

---

[62] 實例如下：

①四七臺上八八九：上訴人果因收受賄款而將職務上掌管之文件交付與人，即已進而爲違背職務之行爲，應依刑法第一百二十二條第二項處斷，原判決遽予維持第一審依同條第一項論科之判決，自屬於法有違。

②五六臺上一八六八：上訴人在海關出口臺服務，負責整理分送出口報單工作，則其對於業經查驗蓋印之申報單攜出變造或代爲變造，而後分送有關部門，俾商人獲得退稅或沖帳利益，事後又按次收受賄賂，自屬對於違背職務之行爲收受賄賂，因而違背職務之行爲。（下略）

[63] 實例如下：

①二五上二九六二：警務人員對於私娼本有查禁之責，乃收其規費，縱令秘密賣淫，係公務員對於違背職務之行爲收受賄賂，因而爲違背職務之行爲，應成立刑法第一百二十二條第二項之罪。

②二八上三三八二：上訴人身爲保聯主任，遇有命盜案件，本有報告管轄機關之

務行爲。又行爲人之行爲必須與其違背職務之受賄罪（第一二二條第一項）之前行爲，具有因果關聯，否則，行爲人並非因對於違背職務之行爲，要求、期約或收受賄賂或其他不正利益，而係另有其他原因，則縱有違背職務之行爲，亦無由構成本罪。本罪與違背職務之受賄罪（第一二二條第一項）既以公務員是否已因受賄而發生違背職務之結果行爲以爲區別之標準，則法院對於該違背職務事項之具體內容以及公務員作爲或不作爲之結果，已否達於違背職務之程度？均須明確予以認定判斷，方足資爲適用法律之依據㊹。此外，行爲人之違背職務行爲祇要係其受賄行爲所造成者，即足以成罪。至於收受賄賂之行爲，並不一定先於違背職務之行爲，方能構成本罪，行爲人若先有要求或期約，縱使實施違背職務之行爲，而後方收受賄賂者，仍可成立本罪㊺。惟如先有違背職

（續前）責，乃經保長報告某甲殺死某乙之事實後，竟以收受某甲賄洋不予轉報，其消極之不作爲，實犯刑法第一百二十二條第二項之罪，不能依該條第一項處斷。

③四八臺上七三八：上訴人係警員，具有公務員身份，對於管區居民翻修違章房屋應加取締並報請拆除，爲其職務上所應爲之事，乃於收受賄款後聽其修建不報請拆除，自係對於違背職務之行爲收受賄賂因而違背職務之行爲。

④五〇臺上二〇一二：上訴人身爲警員，對於盜林而携贓之準現行犯，自有依法究辦之責，乃索賄得賄，不予究辦，自應依對於違背職務之行爲收受賄賂，因而爲違背職務之行爲論處。

⑤五一臺上一九五九：上訴人爲九如分駐所所長，奉檢察官批令會同當地法醫代爲檢驗已埋葬之屍體，該上訴人於收受賄賂後，竟不代爲開棺檢驗，僅命法醫開一檢驗證明書了事，此項消極之不作爲，似對於違背職務之行爲收受賄賂後，已達到因而違背職務行爲之階段，不無刑法第一百二十二條第二項之適用。

㊹參照六五臺上一六八八。

㊺參閱二九上一八一二：上訴人執行壯丁抽籤之前，如未與某甲約定賄賂，而雙方默契故意使某甲及齡之子某乙漏列未抽，至事後因此收受報酬，固係觸犯刑法第一百二十二條第一項之罪，倘事前已約定賄賂故意漏列，事後始實踐原約收受賄賂，則受賄雖屬在後，而約定在先，仍無解於該法同條第二項公務員對於違背職務之行爲期約賄賂因而違背職務行爲之責。

務之行爲，而於事後方索取賄賂，則並非因受賄而爲違背職務之行爲，故不構成本罪，而應成立違背職務之受賄罪（第一二二條第一項）㊅。

本罪係違背職務之受賄罪（第一二二條第一項）之加重規定，故公務員對於違背職務之行爲收受賄賂，並因而爲違背職務之行爲者，依高度行爲吸收低度行爲之原則，當然應從本罪處斷，而不必併引違背職務之受賄罪與本罪之條款，以爲論罪科刑之依據㊆。

行爲人之違背職務之行爲並不以構成犯罪行爲者爲限，即使並不該當其他犯罪行爲之構成要件，但確已違背其職務上所應盡之義務者，即爲已足。惟如違背職務之行爲另又該當其他犯罪行爲之構成要件，則應就行爲情狀，分別成立本罪與他罪之想像競合犯㊇或牽連犯㊈，而依第

㊅參閱二八上三九一二：上訴人充任保長，於奉令辦理兵役之際，爲中籤之壯丁某甲僱人頂替兵役，即係違背職務之行爲，雖索取賄賂已在執行職務完畢以後，並非因收受賄賂而爲違背職務之行爲，與刑法第一百二十二條第二項之構成要件不符，而其對於此種違背職務之行爲收受賄賂，仍屬一行爲而觸犯該條第一項及違反兵役法治罪條例（已廢）第六條之罪。

㊆參照二〇上一七〇二，並參閱二八上一一四九：刑法第一百二十二條第二項爲第一項之加重規定，收受賄賂因而爲違背職務之行爲，依該條第二項處斷，即已將第一項行爲吸收於其中，無再引用第一項之必要。此外，五七臺上一五四三之後段亦同旨。

㊇參閱二六上一五一三：上訴人身充法警，如因收受賄賂，任令傳喚執行之煙犯逃避，是其使犯人隱避，即係違背職務行爲之內容，自屬一行爲而觸犯受賄與使犯人隱避之二罪，依法應從一重處斷。

㊈實例如下：

①四七臺上二七〇：上訴人係在郵務機關執行職務之公務員，對於經辦之郵件，竟與人共同違背職務收受賄賂，而將職務上掌管之郵包開拆代人掉換私貨，應成立刑法第一百三十三條第一百二十二條第二項之罪，其相互間有方法結果之關係，應從一重處斷。

②四八臺上二六六：依法令負責檢查走私之人員，明知爲走私應稅物品而放行，應成立懲治走私條例第七條之罪。其對於違背職務之行爲收受賄賂因而違背職務之行爲，又觸犯刑法第一百二十二條第二項之罪。兩罪有方法結果之關係，應從一重處斷。

五十五條之規定從一重處斷。

三、法律效果

犯本罪者，處無期徒刑或五年以上有期徒刑，並得併科一萬元以下罰金。

四、沒收特例

犯本罪者所收受之賄賂應沒收之，如全部或一部不能沒收時，則追徵其價額（第一二二條第四項）（參閱本節、壹之八）。

肆、違背職務之行賄罪

行爲人對於公務員或仲裁人關於違背職務之行爲，行求、期約或交付賄賂或其他不正利益者，構成第一二二條第三項之違背職務之行賄罪。本罪爲一般犯與行爲犯。

一、情狀

本罪之行爲人必須對於公務員或仲裁人關於違背職務之行爲而行賄方構成本罪，換言之，卽行爲人必須就公務員或仲裁人違背職責之公務行爲有所請託而行賄，方足以成罪，否則，行爲人若係對於公務員或仲裁人職務上之行爲而行賄[70]或送禮[71]，則因刑法未作處罰之規定，而不

---

[70]參閱

①二七院一七六〇：甲爲要求第二審維持勝訴，向無其職務之第一審檢察官行賄，不成立刑法第一百二十二條第三項之罪。

②五六臺上三三六七：刑法上之行賄罪，以對于公務員仲裁人關於違背職務之行爲，行求、期約或交付賄賂或其他不正利益爲構成要件，至對于公務員不違背職務之行賄人，法律並無處罰之規定，自不成立犯罪。

此外，五七臺上一七八五、五九臺上三三一三亦均同旨。

[71]參閱五九臺上三二〇九：行賄罪以對於公務員違背職務之行爲爲之，始能成立，僅祇對於公務員關於職務上行爲送禮，法無處罰明文。

成立犯罪。易言之，即行爲人若就公務員或仲裁人不違背其職務上所應盡義務之公務行爲而請託行賄，即爲刑法所不加處罰之行爲。此外，行爲人實施本罪行爲之對象必須具有公務員或仲裁人之身分，且行爲人請託行賄之事項又屬此等公務員或仲裁人之職務者，方能構成本罪，否則，行爲人之行求、期約或交付之對象並無公務員或仲裁人之身分，或雖有此身分，却無職務關係，則行爲人之行爲自不負本罪之刑責[72]。

二、行爲

本罪之行爲有三，即：行求、期約或交付賄賂或其他不正利益。換言之，即以期約或交付賄賂或其他不正利益作爲請求公務員或仲裁人爲違背職務行爲之行賄行爲。行爲人祇要有行求、期約或交付三種行爲中之任何一種，即足以成立本罪。

稱「行求」係指行爲人表示願意交付賄賂或其他不正利益，用以請求公務員或仲裁人作有利於己之違背職務之行爲而言，行爲人祇要就具體請託事項爲賄賂之意思表示，無論爲明示或暗示，亦不論直接或間接向公務員或仲裁人表示，均足以構成本罪之行求行爲。又行爲人祇要有行求之表示，即爲已足，不以相對之公務員或仲裁人已允其所請爲必要，惟行求若已得公務員或仲裁人之承諾，則已爲期約。稱「期約」係指行爲人與公務員或仲裁人雙方就其所期待之事項互爲約定交付賄賂或其他不正利益而言，此等不法約定係由行爲人，抑或由公務員或仲裁人主動而成者？均不影響本罪之成立。又稱「交付」則指使公務員或仲裁人取得賄賂或其他不正利益而言，行爲人直接交付，抑或間接交付？亦與本罪之成立無關。又行爲人已有交付行爲，但爲公務員所拒，則可就

---

[72] 參閱五七臺上五〇九：非軍人而違反臺灣省內汽油管制辦法者，應送法院審判，原不受部隊之軍法機關管轄。上訴人交付賄款請求查案憲兵免送部隊追究，而並無請求免送法院之意思，則上訴人僅屬對於依據法令從事公務之人員關於職務上行爲交付賄賂，尙難以關於違背職務之行爲行賄罪論擬。

行求行爲論罪[73]。

本罪與違背職務之受賄罪(第一二二條第一項)可能成立「必要之共犯」(Notwendige Teilnahme)中之「對立犯」(Begegnungsdelikte)[74],惟並非行求、期約或交付等三個階段行爲,均會成立對立犯之關係,祇有期約行爲,必定會成立對立犯外,本罪行爲人之行求或交付與其相對公務員或仲裁人之要求或收受之間,則不一定會構成對立犯,因爲本罪行爲人之行求行爲並無待於相對公務員或仲裁人之要求或同意即可成罪。同理,本罪行爲人之交付行爲,亦無待於相對公務員或仲裁人以受賄之意思而收受,方能成罪,惟如行爲人以行賄之意思而交付,其相對之公務員或仲裁人則以受賄之意思而收受,自能構成對立犯。

本罪之行求、期約、交付等三行爲亦與受賄罪之要求、期約、收受等三行爲同樣具有先後階段性,故行賄行爲若具有此三階段之現象,則低度之先行爲應爲高度之後行爲吸收,故可逕論以交付之行賄罪[75]。又由於行求、期約與交付均可獨立成罪,故行爲人行求或期約之後,雖尚未交付,即可逕依行求或期約之既遂而成罪,而不因交付之未遂而受影響,如行爲人行求或期約後,因相對公務員調離本職,而不交付其已約定之賄賂,雖無交付行爲,但仍可構成本罪。

本罪之行爲實具有敎唆違背職務之受賄罪(第一二二條第一項)之本質,但刑法既已專就此種受賄罪之敎唆犯設定獨立之罪名,自應依此

---

[73]參閱六二臺上八七九:原判決既認上訴人將一百元劵四張,塞入交通警察某甲之左側褲袋內而被拒收,該警員顯無收受之意思,則上訴人之行爲應僅止於行求階段,乃仍依交付賄賂罪論科,自有違誤。

[74]參照韓著(一),二七一頁及 Baumann, AT. 1977, S. 614 f.

[75]參閱三二非二八:刑法第一百二十二條第三項之賄賂罪,其行求、期約、交付各行爲,係屬階段行爲,經過行求、期約而最後交付賄賂,或於行求、期約當時卽行交付者,均應依交付行爲處斷。

罪名處斷，而無成立受賄罪之教唆犯之餘地。

三、主觀之不法要素

行爲人主觀上必須對其請託事項係屬公務員或仲裁人違背其職務之行爲有所認識，而決意實施本罪之行爲，方構成本罪，故行爲人若欠缺此等主觀之不法要素，自不負本罪之刑責，如公務員濫用職權，强索賄賂，被害人因懾其權勢而竟交付賄賂，則此交付行爲，應不構成本罪[76]。又如上訴人交款係因公務員之恐嚇，而非出於上訴人之求情，即爲恐嚇之被害人，自難律以行賄罪[77]。

四、法律效果

犯本罪者，處三年以下有期徒刑，並得併科三千元以下罰金。但自首者，減輕或免除其刑。在偵查中或審判中自白者，得減輕其刑[78]。此等減輕其刑之規定僅適用於本罪之行爲人，其相對之受賄人自不可適用此一但書規定而減輕其刑[79]。

五、特別法

本罪之行爲貪污治罪條例第十條第一、二項設有處罰之規定，故在該條例施行期間犯本罪者，自應適用該條例第十條第一、二項處斷，可處一年以上，七年以下有期徒刑，得併科新臺幣三十萬元以下罰金。依同條例第十條第三項之規定，行爲人於犯罪後六個月內自首者，免除其

---

[76]基於刑事政策上之考量，亦以不構成本罪爲宜，否則，被害人爲避免刑法之處罰，而不提出犯罪證據，對於濫用職務而强索賄賂之公務員自未能繩之以法，此無異助長受賄罪之猖獗。

[77]參照二〇上一九四〇。

[78]此等自首或自白之規定亦係基於刑事政策上之考量，以本罪行爲人之減輕或免除其刑或得減輕其刑之規定，鼓勵本罪行爲人之自首或自白，而便利本罪及違背職務之受賄罪（第一二二條第一項）之刑事追訴工作。

[79]參閱二八上三〇七五：刑法第一百二十二條第三項但書自白減刑之規定，限於行求、期約或交付賄賂或其他不正利益之人，始得適用，並非收受賄賂之人，亦得邀此寬典。

刑，在偵查或審判中自白者，減輕其刑。又依同條例第十一條第一項之規定，犯本罪，情節輕微，而其行求期約或交付財物在新臺幣五萬元以下者，減輕其刑。

伍、準受賄罪

行爲人於未爲公務員或仲裁人時，預以職務上之行爲，要求、期約或收受賄賂或其他不正利益，而於爲公務員或仲裁人後履行者，構成第一二三條之準受賄罪。本罪爲特別犯。

一、行爲主體

本罪之行爲主體於要求、期約或收受賄賂或其他不正利益時，雖尙不具公務員或仲裁人之身分，但本罪係以行爲主體成爲公務員或仲裁人之後，履行其預先許諾之公務行爲爲成立要件，故本罪之行爲主體自仍以具有公務員或仲裁人之身分者爲限。

二、行爲

本罪之行爲可分成前後兩個不同階段之行爲，前階段卽預以職務上之行爲要求、期約或收受賄賂或其他不正利益。後階段則爲履行前階段所預許之公務行爲。行爲人必須兼有前階行爲與後階行爲，方能構成本罪。否則，如祇有前階行爲，而無後階行爲，自非本罪[80]，而祇能構成詐欺取財或得利罪（第三三九條第一、二項）。

---

[80] 日本刑法第一九七條第二項雖亦設有事前受賄罪之規定：「將爲公務員之人，就其就任後應擔當之職務，受請託而收受、要求或期約賄賂者，於公務員時，處三年以下懲役」，此一規定雖與我國刑法之準受賄罪相近似，但行爲人祇要一旦成爲公務員時，犯罪卽成立，不必如我國刑法之準受賄罪須待行爲人成爲公務員或仲裁人並已履行其所預許之公務行爲之後，方能成立，此爲兩者不同之處。

本罪所稱之「職務上之行爲」與普通受賄罪（第一二一條第一項）所稱之「職務上之行爲」，雖然同詞，但却不同義，前者係指廣義之見解，包括不違背職責及違背職責之職務行爲，但後者係採狹義之見解，而僅指不違背職責之職務行爲，故行爲人就其未來所擔當職務上違背其職責之公務行爲要求、期約或收受賄賂或其他不正利益，固可能成立本罪，即使行爲人就其未來所擔當職務上並不違背其職責之公務行爲，要求、期約或收受賄賂或其他不正利益，自亦可構成本罪。

三、法律效果

犯本罪者，以公務員或仲裁人要求、期約或收受賄賂或其他不正利益論，此即以受賄罪論，而應依據行爲人所履行之公務行爲究爲不違背其職責，抑或違背職責？分別論以不背職務之受賄罪（第一二一條第一項）或違背職務之受賄罪（第一二二條第一項）。在戡亂時期貪汚治罪條例施行期間自應依該條例各相關之規定處斷（參閱本節、壹之九與貳之八）。

四、檢討與改進

本罪之現行規定所處罰者，僅限於受賄者，至於其相對之行賄者，則不在處罰之列。因現行法對於違背職務之行賄行爲已設有第一二二條第三項之處罰規定，故對於違背職務之準行賄行爲，自亦應作處罰之規定，而能論以違背職務之行賄罪（第一二二條第三項）。

陸、公務員圖利罪

公務員對於主管或監督之事務，直接或間接圖利者，構成第一三一條第一項之公務員圖利罪。本罪爲特別犯與行爲犯，係針對公務員之圖利瀆職行爲所作概括性之一般條款。

一、行爲主體

祇要具有公務員身分者，即可成爲本罪之行爲主體，其職務爲何？則非所問。

二、行爲

本罪所處罰之行爲乃公務員職務上之圖利行爲，今申論如下:

（一）行爲人必須對於其所主管或監督之事務而實施圖利行爲，方能構成本罪❽❶，否則，行爲人若非就其所主管或監督之事務而圖利，自不成立本罪，不得以行爲人具有公務員身分，即判負本罪之刑責❽❷，公務員必須有具體事務歸其主管，從而乘機圖利，始能構成本罪，非謂公務員在職期間，一切財物請託，概可以本罪相繩❽❸。稱「主管之事務」係指公務員依據法令之規定而在其職務範圍內有主持或執行權限之事務❽❹，「監督之事務」則指公務員依據法令之規定，對於該事務雖無主管之權限，但本其職權，對之應負監管與督導職責之事務而言。公務員持之以從事圖利行爲之事務是否爲其主管或監督之事務？自應就具體事務，依據法令之規定而爲判斷。

（二）行爲人之圖利方法有二，即：直接圖利或間接圖利。稱「圖利」乃指圖得不法利益而言。至於公務員所圖得之不法利益究爲直接利

---

❽❶實例如下:

①四六臺上一一二（見491頁之註❼⓪）。

②四七臺上一九四：被告之採購材料工作，如係由於長官派辦，即縱令其原充傳達，仍不失爲職務上之行爲。如於採購材料時有圖利情形，仍須負刑責。

❽❷參閱四五臺上九二二：刑法第一百三十一條之圖利罪，係以對於主管或監督之事務而圖利爲構成要件，故其縱屬公務員，而又圖得利益，苟非基於主管或監督之事務而爲之，仍難構成本罪。

惟戡亂時期貪汚治罪條例第六條第四款設有對於非主管或監督之事務，利用職權機會或身分圖利行爲之處罰規定，故此等情形自可依該條款處斷。

❽❸參照五七臺上三六一五。

❽❹參照三一上三〇四。

益，抑或間接利益？則非所問。所謂「直接圖利」係指以直接方法圖得不法利益，如採購公物，浮報貨價而圖利、或公務司機以公務車載運客貨圖利[85]、公務員將公款以私人名義存入銀行，冀得不法利息[86]。稱「間接圖利」則指以迂廻之間接方法而圖得不法利益[87]。易言之，即行爲人之圖利行爲與其圖得之不法利益之間並不存在直接關係之圖利方法，如公務員由其親朋戚友出面經營與其職務有關之商業而間接取得不法利益。

（三）行爲人祇要就其主管或監督之事務，直接或間接圖利，而無待行爲結果之發生，即足以構成本罪。易言之，即行爲人祇要將其圖謀不法利益之不法意思，以具體之行爲表徵於外時，即構成本罪之既遂，而不以其他私人或國庫果已受損，或行爲人果已得利爲必要，方構成本罪[88]，故本罪爲行爲犯。又行爲人就其主管之事務圖利他人，雖他人週

---

[85]參閱

①二九院二一〇一：軍人或有特定關係或身分之公務員，以軍用舟車裝運客貨圖利，或供人使用圖利者，應依修正中華民國戰時軍律（已廢）第十六條治罪，若是項舟車屬於其主管或監督之事務，而有上開行爲者，應適用懲治貪污暫行條例（已廢）第三條第一項第二款處斷。

②三〇上二九五〇：上訴人既服務於郵局，專司運輸業務，即應視爲刑法上之公務員，其私攬乘客得財俵分，顯係對於主管事務直接圖利，自應成立懲治貪污暫行條例第三條第一項第二款之罪。

③三七院解三九一七：軍事司機爲某商人包運小麥，約明運費，既於中途被獲，雖未收到運費，仍應成立懲治貪污條例（已廢）第三條第六款之罪。

[86]參閱四〇臺特非六（見637頁之註[153]）。

[87]參照五九臺上六三四㈡。

[88]參閱

①四四臺上一三七：刑法第一百三十一條對於主管之事務直接圖利罪，並無處罰未遂犯之規定，然該罪係以圖利之意思卽屬既遂，與已否得利不生影響。

②四六臺上一七五：刑法第一百三十一條之罪，旨在懲罰瀆職，只須公務員對於主管或監督之事務，有直接或間接圖利之意思，而表現於行爲，卽已構成，並不以實際得利爲限。

轉所得利益究竟若干無法計算，自亦無礙於本罪之成立[89]。

（四）本罪乃針對公務員在其主管或監督事務之圖利行為所為概括性之「一般條款」(Lex generalis)。然因公務員之瀆職圖利行為，形態衆多，不法內涵亦各不相同，而無法全部以本罪作適當之科處，故刑法除本罪之一般性條款規定外，並另訂定多種特殊形態之公務員圖利罪，此等條款即為處罰公務員瀆職圖利行為之「特別條款」(Lex specialis)，計有：不背職務之受賄罪（第一二一條第一項）、違背職務之受賄罪（第一二二條第一項）、違法徵收稅款罪（第一二九條第一項）、抑留或尅扣款物罪（第一二九條第二項）、公務員侵占罪（第三三六條第一項）等。行為人之行為若能該當此等特別條款，則構成本罪與各該特別條款之罪之法規競合，此自應適用具有特別關係之各該特別條款處斷，而不再論以本罪[91]。

（五）本罪之行為常有所謂「官商勾結」之情事，此等無公務員身分

（續前）此外，五五臺上二二六〇亦同旨。

③五八臺上三六八六：公務員圖利罪之構成，以有圖利之舉動為已足，其是否確已得利，與犯罪之是否成立無關。

[89]參閱四六臺上四七七：上訴人為倉庫主管人員，就其主管之事務使某甲得利，雖其週轉所得利益究竟若干無法計算，然此僅為不能宣告沒收之原因，要無礙於圖利罪之成立。

[91]參閱

①十九上一一四八（見301頁之註[44]）。

②二八非四七：（前略）刑法第一百三十一條第一項，雖有公務員對於主管或監督之事務直接或間接圖利之處罰規定，但此係公務員圖利之一般規定，應以其他法條並無特別規定時，始能適用，如公務員對於入款，明知不應徵收而徵收，藉以圖利，按照特別規定優於普通規定之原則，自應逕依第一百二十九條第一項論處，無適用第一百三十一條第一項之餘地。（下略）

③四四臺上一一六二、四四臺上一二〇〇（見304頁之註[54]、[55]）。

④四五臺上一五九：上訴人等果係以合同之意思，藉包商所出虛偽之統一發票，而將持有之公款支付入己，則殊難謂非侵占公務上持有物，而該項公款且須歸

之商人與公務員共同實施本罪之行為，或教唆或幫助公務員實施本罪之行為，依第三十一條第一項之規定，仍以共犯論之[92]，故應就其實際之行為情狀，分別論以本罪之共同正犯、教唆犯或幫助犯。惟如公務員並不具本罪之主觀不法要素（見下述三），且承包商因承包工程虧損而申請發包機關略資彌補，此等要求是否正當？能否核准？尚待該管公務員審酌決定，不能以該項申請彌補係出於商人之要求，即判令該商人犯本罪之教唆犯[93]。

三、主觀之不法要素

行為人主觀上必須具有圖利之不法意思而故意實施本罪之行為，方構成本罪，否則，行為人若欠缺此等主觀之不法要素，自不負本罪之刑責，故如行為人僅係處理事務不當，而未表現有不法圖利之意思，自不

（續前）還於被害之公庫，並非得以沒收，原判決未就法律上如何足認其為圖利之理由有所說明，遽依刑法第一百三十一條以圖利罪論科，並誤以侵占之公款為犯罪所得之利益，予以沒收，不能謂無違誤。

⑤四八臺上五六九：刑法第一百三十一條第一項之公務員圖利罪，係關於公務員職務上圖利之概括的規定。然公務員在職務上因圖利而犯罪，散見於刑法各條者不少，若其圖利行為合於某條特別規定，仍應從該條處斷，不得依本條處罰。

此外，五四臺上一八九七、五五臺上三九三、六一臺上三二三六亦均同旨。

⑥五一臺上七五〇：刑法第一百三十一條之罪，係關於公務員職務上圖利之概括規定，必其圖利行為不合刑法各條特別規定者，始受本條之支配，若其圖利行為合於其他條文之特別規定，即應依該特定條文論擬，不得適用本條。

此外，五五臺上二一〇一亦同旨。

[92]參閱四八臺上六五一（見302頁註[46]之②）。

[93]參閱四七臺上八三八：被告某甲與某乙為鄉公所職員，依上級公務員之命令行事，動機均屬為公，原無為自己或承包商圖謀不法利益之意思可言。被告某丙爲一承包商，初因未能預收工程費五成，繼因工料漲價及工程費零星給付甚至拖欠數月顯有虧損，其要求木材改為申請配售略資彌補，尚非無正當理由，不能認有勾結公務員圖利或係詐取財產上不法之利益，而其要求是否正當合理，准否尚待該管公務員審酌決定，不能以該項木材之申請配售係出於商人要求，即謂商人為教唆公務員犯罪。

構成本罪⑭。又如公務員欠缺追加預算之手續，未經呈准即行代領保管公費，繼又擅權移作添購機關必要設備之用，此雖不免應受行政上之處分，但不構成本罪⑮。或如機關首長或主計主任擅准員工預借薪津，超過該機關之限制範圍，則此機關首長或主計主任因欠缺本罪之主觀不法要素，故僅屬行政責任問題，而不構成本罪⑯。

行爲人是否具有本罪之主觀不法要素必須依證據認定之，不得僅以公務員所爲失當行爲之結果，使人獲得不法之利益，據以推定該公務員自始即有圖利他人之犯意⑰。至於行爲人係出於何種動機而故意圖利？行爲人係爲自己或其他私人，抑或爲公庫或爲公衆而圖利？均在所不問。因此，行爲人謀圖自己之私利，固可構成本罪，即使圖利國庫或圖利公衆或其他私人，仍可成立本罪⑱。

---

⑭參閱五七臺上二九一九：刑法第一百三十一條之公務員對於主管事務圖利罪，必須對主管之事務有圖利之意思，而表現於行爲，始與犯罪構成要件相符，若僅處理事務不當，尙未表現有圖利之意思，卽難以該罪相繩。

⑮參閱四七臺上八六五：被告未經呈准，擅自在保管款項下添置紗窗、門帘及鋼琴。查該項保管款原係國庫所支出，不爲學生所領取，卽應繳回國庫，其以之移用於護校置產之用，旣不得指爲圖利，而國庫更無利得之可言。若謂其添置紗窗、門帘、鋼琴使護校及在校學生等蒙受其益，不無圖利第三人，惟此項設備旣經查明係屬切要，卽應由國庫負擔，不過欠缺追加預算之手續而已，究難指爲不法，是被告未經呈准卽行代領保管，繼又擅權移用，雖不免應受行政上之處分，究難令負刑事責任。

⑯參照五五臺上五八。

⑰參照五七臺上二五二六。

⑱參閱

①三一上八三一：刑法第一百三十一條第一項之圖利罪，係注重處罰瀆職，故無論圖利國庫或圖利私人均應成立該條項罪名，至懲治貪汚暫行條例（已廢）第三條第一項第二款之圖利罪，則係注重懲治貪汚，應以圖利私人爲限，其圖利國庫者，則不包括在內，是兩法條之罪，其範圍不盡相同，因之懲治貪汚暫行條例（已廢）施行後，刑法第一百三十一條第一項之規定，並非完全停止其效力。

四、法律效果

犯本罪者，處一年以上，七年以下有期徒刑，並得併科七千元以下罰金。

五、沒收特例

依第一三一條第二項之規定，犯本罪者所得之利益沒收之，如全部或一部不能沒收時，追徵其價額。此等應沒收或追徵者，以行為人實施犯罪行為所得之利益為限，如實施犯罪之行為人未得利益，即無沒收或追徵之可言⑲。

六、特別法

貪污治罪條例第六條第四款設有公務員對於主管或監督之事務，直接或間接圖利行為之處罰規定，此為本罪之特別法，自應優先適用，故在該條例施行期間，犯本罪者，自應依該條例第六條第三款處斷，可處五年以上有期徒刑，並得併科新臺幣一百萬元以下罰金。此外，在適用上並應注意該條例第九條、第十一條第一項之規定。

（續前）

②三四院二八〇四：（前略）刑法第一百三十一條第一項之圖利行為，應包括圖利第三人在內。

⑲參閱

①四五臺上三五〇：刑法第一百三十一條第二項所謂所得利益沒收之，當以被告犯該條第一項之罪實際所已得之利益為限。

②四九臺上一五七〇：刑法第一百三十一條第二項犯前項之罪者，所得之利益沒收之，如全部或一部不能沒收時，追徵其價額等規定，其應沒收或追徵者，以實施犯罪行為者所得之利益為限，如實施犯罪行為者未得利益，即無沒收或追徵之可言，本件上訴人等有無得利，每人所得利益若干，原判事實欄內全未記載，率行諭知所得利益六十八萬元沒收，適用法律尚欠允洽。

此外，五六臺上三五八亦同旨。

第三節 違背職務或濫用職權罪

刑法規定處罰之違背職務或濫用職權罪計有：壹、委棄守地罪。貳、枉法裁判或仲裁罪。叁、濫用追訴處罰職權罪。肆、凌虐人犯罪。伍、違法執行刑罰罪。陸、過失執行不應執行之刑罰罪。柒、越權受理訴訟罪。捌、違法徵收稅款罪。玖、抑留或尅扣款物罪。拾、廢弛職務釀成災害罪。拾壹、不純正瀆職罪等。今分別論述如下：

壹、委棄守地罪

公務員不盡其應盡之責，而委棄守地者，構成第一二〇條之委棄守地罪。本罪爲特別犯與行爲犯。

一、行爲主體

本罪之行爲主體僅以負有守地職責之公務員爲限，故如不負守地職責之文職公務員，自不能成爲本罪之行爲主體[100]。何種公務員負有守地之責？應依其職務之性質定之，如省主席、縣長[101]、市長等，惟如軍人

[100] 參閱三二院二六一三：修正中華民國戰時軍律（已廢）第十條第一項之犯罪主體，係以軍人或地方團隊人員爲限，鄉鎮長及負有地方治安責任之人員，雖爲刑法上之公務員，其在抗戰期間如有擅離職守或畏難逃避情事，除同時具有軍人或地方團隊人員身份，應適用該軍律第十條第一項處斷，或不盡厥職擅棄守地，應論以刑法上之瀆職罪，以及戰區警務人員等擅離職守，應援陸海空軍刑法規定，以敵前逃亡論罪外，其餘文職公務員或鄉鎮長擅離職守，或畏難逃避，尙無治罪明文。

[101] 參閱三四院二八六七：縣長甲，於盜匪攻城時，不盡其應盡責任，棄城逃亡者，應成立刑法第一百二十條之罪。

有本罪之行爲，則應依陸海空軍刑法處斷（軍刑法第三十三條）。

二、行爲

本罪之行爲乃不盡其應盡之職責而委棄守地。稱「委棄守地」係指擅自棄守其職責上應加防守之地而言。行爲人必須不盡其應盡之職責而委棄守地，方能構成本罪，否則，如雖已盡責防守，但因不敵而不得不棄守者，自不負本罪之刑責。又行爲人一有委棄行爲，即構成本罪，故本罪爲行爲犯。至於其所委棄之守地，是否爲敵所佔？則與本罪之成立無關。

三、法律效果

犯本罪者，處死刑、無期徒刑或十年以上有期徒刑。

貳、枉法裁判或仲裁罪

有審判職務之公務員或仲裁人，爲枉法之裁判或仲裁者，構成第一二四條之枉法裁判或仲裁罪。本罪爲特別犯。

一、行爲主體

本罪之行爲主體僅以有審判職務之公務員或仲裁人爲限，故不具公務員身分，或雖具公務員身分，但無審判職務者，自不能成爲本罪之行爲主體，而構成本罪[102]。何謂「有審判職務之公務員」？在通說上均採廣義之見解，並非僅指各級普通法院之推事，而應包括軍法機關之軍法

[102] 參閱四〇臺上四七：被告雖爲某市政府科長，既非有審判職務之公務員或仲裁人，其奉命召集雙方調解，係本於調解成案，亦未根據何項法律故爲出入，與刑法第一百二十四條所定之要件，顯不相合，自不應適用該條處罰。

官、檢察官與軍事檢察官[103]、依據公務員懲戒法就公務員懲戒事件從事審議之公務員懲戒委員會之委員、依據訴願法就行政訴願事件從事決定之訴願審議委員、依據行政訴訟法就行政訴訟事件從事裁判之行政法院評事等。至於何謂「仲裁人」? 已述於前（本章、第二節、壹之一），在此不贅。

二、行爲

本罪之行爲有二，即：爲枉法之裁判或爲枉法之仲裁。所謂「枉法」係指違法或曲法[104]。易言之，即指裁判在客觀上係與法令之規定相違背而言[105]。由於行爲主體中之「有審判職務之公務員」係採廣義之見解，故此所稱之「裁判」除民事、刑事，與行政等裁判外，尙包括違警之裁決、公務員懲戒之審議、行政訴願之決定等。

本罪爲枉法裁判行爲之一般規定，故爲一般條款，然刑法對於明知爲無罪之人而使其受追訴或處罰，或明知爲有罪之人，而無故不使其受追訴或處罰等特別之枉法裁判行爲，尙另有濫用追訴處罰職權罪（第一二五條第一項）之規定，此等特別枉法裁判行爲之規定，係屬特別條款，依據特別條款排除一般條款之法理[106]，該當濫用追訴處罰職權罪（第一二五條第一項）之行爲，即無成立本罪之餘地[107]。

---

[103] 檢察官依據刑事訴訟法之便宜起訴原則 (Opportunitätsprinzip) 得就刑法第六十一條所列各罪之案件，參酌刑法第五十七條所列事項，而爲不起訴處分(刑訴法第二五三條第一項)，此實亦具有審判之本質，故檢察官應可成爲本罪之行爲主體。

[104] 故如與本罪相當之西德刑法第三三六條即稱之爲「曲法罪」 (Rechtsbeugung)。

[105] 參照 Schönke-Schröder, StGB, 1978, § 336, Rdn. 5 a. 並參閱二九上一四七四：刑法第一百二十四條所謂枉法之裁判，係指故意不依法律之規定而爲裁判，質言之，即指明知法律而故爲出入者而言。

[106] 參照 Jescheck, AT. 1978, S. 600; Baumann, AT. 1977, S. 691.

[107] 參閱二六院一六八七(一)：明知爲無罪之人而使受處罰，或明知爲有罪之人而

三、主觀之不法要素

行爲人主觀上必須出於故意而枉法裁判或仲裁，始構成本罪，否則，如因過失而有不當之裁判或仲裁，或因法律見解不當，或未依刑事訴訟法所規定之程序而爲審判⑩等，自不成立本罪。刑事訴訟法第三七八、三七九條之違法判決或是違反民、刑事一事不再理之法則而爲之裁判，若非出於枉法之故意而爲之者，不得以其係刑事訴訟法上之違法判決即爲本罪之枉法裁判⑩。至於行爲人係出於何種不法意圖，或因何故而故意枉法裁判或仲裁？則因本條未作規定，故在所不問。惟行爲人係因要求、期約，或收受賄賂或其他不正利益，而後始爲枉法之裁判或仲裁者，則構成受賄而違背職務罪（第一二二條第二項）與本罪之法規競合現象，而適用重行爲之條款吸收輕行爲之條款之「吸收關係」（Konsumtion）（參閱第四章、第二節、貳、九之㈡），適用受賄而違背職務罪（第一二二條第二項）處斷。

四、法律效果

犯本罪者，處一年以上，七年以下有期徒刑。

五、檢討與改進

本罪之行爲往往亦生致人於死或致重傷之加重結果，但因本罪無結

（續前）使不受處罰，刑法第一百二十五條第一項第三款既有特別規定，應不包括於同法前條所謂枉法裁判之內，亦非一行爲而觸犯兩罪名。又刑事訴訟法（舊）第三百七十條、第三百七十一條之違法判決，或民事一事再理之裁判，如非出於枉法故意，即不屬於枉法裁判。

⑩參閱四〇臺上六五：刑法第一百二十四條所謂有審判職務之公務員或仲裁人爲枉法之裁判或仲裁者，係指有審判職務之公務員或仲裁人在主觀上明知其爲法定範圍以外情形而仍故意出入人罪者而言，至公訴案件除有特別規定外，未經檢察官到庭陳述而爲審判者，雖爲違背法令，如無確切證據足資證明其係故意不遵守審判程序，以爲出入人罪之手段，尙難繩以該條之罪。

⑩參照二六院一六八七㈠（見前註⑩）。

果加重犯之處罰規定，而未能作適當之處斷，故宜增訂結果加重犯之規定，以作爲處斷上之依據。

叄、濫用追訴處罰職權罪

有追訴或處罰犯罪職務之公務員，㈠濫用職權爲逮捕或覊押、㈡意圖取供而施强暴脅迫或㈢明知爲無罪之人，而使其受追訴或處罰，或明知爲有罪之人，而無故不使其受追訴或處罰者，構成第一二五條第一項之濫用追訴處罰職權罪。本罪爲特別犯與行爲犯。

一、行爲主體

本罪之行爲主體僅以有追訴犯罪或處罰犯罪職務之公務員爲限，否則，如無公務員身分者或雖有公務員身分，但無追訴犯罪或處罰犯罪之職務者，如區長⑩或單純行政官⑪，自不能成爲本罪之行爲主體，若實

---

⑩參閱

①二二上三九七二：刑法第一百三十三條第一項第一款之罪，其犯罪主體限於有追訴犯罪職務之公務員，區長依區自治施行法第三十九條第二項，對於區內犯罪人雖於必要時有先行拘禁之權，但與有追訴犯罪職務之公務員究屬有別，自不得爲該條款之犯罪主體。

②三〇上五一一：刑法第一百二十五條第一項第二款之犯罪主體，以有追訴或處罰犯罪職務之公務員爲限，所謂有追訴或處罰犯罪職務之公務員，係指檢察官或兼檢察職務之縣長、及推事審判官、或其他依法律有追訴或審判犯罪職務之公務員而言，區長區員，既非有追訴或審判犯罪之職權，則其捕獲盜匪嫌疑犯意圖取供刑訊致人於死，自應構成刑法第二百七十七條第二項傷害致人於死之罪，依同法第一百三十四條加重其刑，不應適用第一百二十五條第二項處斷。

⑪參閱三四院解二九六六：刑法上所稱有追訴或處罰犯罪職務之公務員，係指對於犯罪案件有檢察或審判職權之人員而言，單純行政官不能包括在內，如行政主管長官明知所屬人員有貪污行爲，或其他基於職務上之犯罪而放任逃逸，除法令別有規定外，（例如懲治貪污條例第八條）（已廢）尚不成立刑法第一百二十五條第一項第三款後段之罪。

施本罪之行爲，卽應就其行爲情狀，分別適用傷害罪或妨害自由罪之相當條款，加以處斷，若具有公務員身分，且其犯罪係假借其職務上之權力、機會或方法而故意犯之者，應依第一三四條之規定，加重其刑至二分之一⑫。

所謂「有追訴或處罰犯罪職務之公務員」係指具有偵查犯罪或提起公訴或審判罪犯等職權之公務員而言⑬。指揮偵查程序、提起公訴並實現公訴程序之檢察官與軍事檢察官，審理與裁判罪犯之刑事法院之推事與軍事法庭之審判官，固爲有追訴或處罰犯罪職務之公務員，至於協助檢察官偵查犯罪職權之司法警察官⑭及聽從檢察官指揮而偵查犯罪⑮以及受檢察官或司法警察官之命令而偵查犯罪之司法警察⑯是否可以認爲有追訴或處罰犯罪職務之公務員，而可成爲本罪適格之行爲主體？則有不同之兩種見解：實例上係採否定說，而認爲司法警察官或司法警察並

---

⑫參閱
①二一院六五九：警察對於刑事案件不解送司法衙署審判，擅行訊斷處罰者，不成立刑法（舊）第一百三十二條第一項第二款之罪，但如有詐欺、恐嚇或妨害自由等行爲，應依各該本條及刑法（舊）第一百四十條處斷。
②二一院七三三：警官無追訴犯罪權，如刑訊傷人，應依刑法（舊）第一百四十條及傷害罪各本條處斷。
③三五院解三一〇七：區長及鄉鎭長均無拘押人犯之權，其將刑事嫌疑犯擅行拘押，自係成立刑法第三百零二條第一項之罪，如係假藉職務上之機會或方法犯罪，卽應依第一百三十四條加重處斷。

⑬參閱二二上四七二：刑法（舊）第一百三十三條第一項所謂有追訴犯罪職務，指對於犯罪嫌疑人，就其受有嫌疑之行爲，有向審判機關訴求科刑之職務者而言。

⑭此類之司法警察官有縣（市）長、警察廳長、警務處長或警察局長、憲兵隊長官等（刑訴法第二二九條第一項）。

⑮此類之司法警察官有警察官長、憲兵官長、士官及依法令關於特定事項，得行司法警察官之職權者（刑訴法第二三〇條第一項）。

⑯如警察、憲兵及依法令關於特定事項得行司法警察之職權者（刑訴法第二三一條第一項）。

非有追訴或處罰犯罪職務之公務員，故不能成爲本罪之行爲主體⑰，惟司法警察官與司法警察因實際參與偵查工作，而於執行拘提、逮捕、訊問、羈押、搜索、扣押等職務之際，最易發生濫權之情事，故就人權保障之必要，應可適用本條加以處罰，以防司法警察官或司法警察之濫權，而使本條更能發揮其立法上之功能。因此，就學理而論，似以採肯

---

⑰參閱

①二〇上一九二九：公安局長爲司法警察官之一，僅有輔助檢察官偵查犯罪之責，對於犯人並無直接追訴之權。

②二一院六五九與二一院七三三（見前註⑫之①與②）。

③二一院八一四：公安局長雖有偵查犯罪之權，但非刑法（舊）第一百三十三條第一項之公務員，其無追訴犯罪之權，與院字第七三三號解釋所稱之警官同。

④二二上一九三〇：公安局長爲司法警察官，雖有偵查犯罪之責，但無追訴之權，對於刑事事件未予送案，除有其他罪證應構成他項罪名，要難論以刑法（舊）第一百三十三條第一項第二款罪名。

⑤二二上四〇八八：鹽警之地位，與警察相同，並無追訴犯罪之權，自不生對於有罪之人無故不使其受追訴處罰問題。

⑥二八非六一：刑法第一百二十五條之罪，以犯人具有追訴或處罰犯罪職務之公務員身分爲其成立條件，被告爲縣公安局之警察，依刑事訴訟法（舊）第二百十條，雖得受長官之命令偵查犯罪，究無追訴或處罰之權，其對於竊盜嫌疑犯，意圖取供施用非刑，致令腿部受傷，自不能依刑法第一百二十五條第一項第二款論科。

⑦三五院解三二〇二：憲兵官長是否爲刑法上有追訴犯罪職務之公務員，應就下列案件決定之：㈠「普通刑事案件」憲兵官長雖依刑事訴訟法（舊）第二百零九條第一項第二款爲司法警察官，但僅有受檢察官指揮偵查犯罪之職責，並無追訴犯罪之職權，自非刑法第一百二十五條所稱之有追訴犯罪職務之公務員。㈡「軍人犯刑法或其他法律罪嫌之案件」憲兵官長依陸海空軍審判法（已廢）第十九條第一項第二款及同法第四條之規定既爲軍事檢察官，且有起訴權關於此類案件，自應認爲刑法上有追訴犯罪職務之公務員。㈢「特種刑事案件」如該憲兵官長相當於特種刑事案件訴訟條例（已廢）第三條所稱司法警察官署長官之資格其所移送之案件依同條第二項之規定既以提起公訴論，亦應認爲刑法上有追訴犯罪職務之公務員。

⑧四九臺上一三五五：（前略）所謂有追訴或處罰犯罪職務之公務員係指檢察官或兼檢察職務之縣長及推事、審判長或其他依法律有追訴或審判犯罪職務之公務員而言。派出所警員並無追訴或處罰犯罪職務公務員之身分。

定說爲宜，而使司法警察官及司法警察亦有可能成爲本罪適格之行爲主體[118]。

二、行爲

本罪之行爲有三，即：

(一) 濫用職權爲逮捕或羈押

稱「逮捕」係指刑事訴訟法或軍事審判法上拘束犯罪嫌疑犯自由之一種「强制處分」，包括對被告之拘提、通緝犯或現行犯之逮捕及非現行犯的緊急逮捕等。稱「羈押」則指刑事訴訟法或軍事審判法上爲確保被告受裁判或受刑之執行，而暫時剝奪被告自由之强制處分[119]。此兩種刑事程序法上之强制手段，因涉及人身自由之剝奪，故執行此等强制處分應有法律上之依據，並應依法律所規定之程序執行之。若本罪之適格行爲主體無法律之依據，如被告未經合法傳喚，且無刑事訴訟法第七十六條所定之情形而逕行拘提(參照刑訴法第七六條)，或非通緝犯或非現行犯而擅行逮捕（參照刑訴法第八七、八八條)，或無刑事訴訟法第八十八條之一之情形而爲緊急逮捕，或無刑事訴訟法第一〇一條之情形而羈押被告等，即可構成本款所稱之濫用職權爲逮捕或羈押。至於雖有法律依據而得逮捕、拘提或羈押被告，但未依法律所規定之程序而執行能否構成本款所稱之濫用職權爲逮捕或羈押？則應依實際情狀而爲判定，原則上，若以不法之意思而不依法定程序而逮捕或羈押具有逮捕或羈押法定原因之被告者，通常均可認爲構成本款之濫用職權爲逮捕或羈押。反之，如因疏誤而致未依法定程序而逮捕或羈押被告，則不構成本罪之行爲[120]。

---

[118] 此亦爲通說之見解，見韓著(一)，七八頁。趙著(上)，六三頁。
[119] 參閱刑事訴訟法第七十六及一〇一條以及軍事審判法第一一五條之規定。
[120] 參閱三六院解三三二五(甲)(七)：法院訊問被逮捕拘禁人後認爲有犯罪嫌疑，移付檢察官偵查已逾二十四小時者，除有故意濫用職權之情形外，不能成立刑法第一百二十五條第一項第一款之罪。

總而言之，所謂「濫用職權爲逮捕或羈押」係指有追訴或處罰犯罪職務之公務員對於法律賦與之逮捕或羈押職權，故意爲不正當之行使者而言，故如此等公務員於法定職權範圍內酌量爲逮捕或羈押，而無故意爲不當行使情形，即不得謂爲濫用職權，自不構成本款之行爲⑫¹。又本款所稱之濫權羈押不限於羈押之始，即具有濫用職權之違法情形，即使先有合法原因而羈押被告，但於原因消滅後，復以不法意思而繼續羈押被告者，仍屬濫權羈押⑫²。反之，如推事或檢察官羈押被告逾期，却因疏誤未經法院裁定延長者，則該推事或檢察官，因非出於濫用職權而違法羈押被告，故不構成本罪⑫³。又本罪並無未遂犯之處罰規定，故如行爲人濫用職權實施逮捕或羈押，但其逮捕或羈押未遂者，祇能依私行拘禁罪之未遂犯（第三〇二條第三項）處斷，並可依第一三四條之規定，加重其刑至二分之一⑫⁴。

本罪雖爲侵害國家法益之犯罪，但對於被羈押人之私法益，亦同在保護之列，故行爲人濫用職權，同時羈押甲乙兩人，此係一行爲觸犯兩罪，構成「同種想像競合」（gleichartige Idealkonkurrenz），應依第五十五條前段之規定，從一重處斷⑫⁵。此外，本罪亦可能與貪污罪發生牽連

---

(121) 參照三〇上二〇八四。

(122) 參照二五上三六五二。

(123) 參閱三六院解三三二五(乙)(八)：法院或檢察官羈押被告逾期而未經法院裁定延長者，該承辦之推事或檢察官除濫用職權羈押者外，僅由有監督權之長官，依法院組織法第八十八條第八十九條辦理。

(124) 參閱二八院一九二二(一)：（前略）該公務員濫用職權而爲逮捕或羈押，即係成立刑法第一百二十五條第一項第一款之罪，其逮捕或羈押未遂者，應依刑法第三百零二條第一項、第三項、第一百三十四條處斷。

(125) 參閱二八上三六五二：刑法第一百二十五條第一項第一款之濫權羈押罪，固係就公務員對於國家所賦與之羈押權力不爲正當行使所設之處罰規定，但該條款對於被羈押人之私人法益，亦同在保護之列，觀於該條第二項就其致人死傷時特設加重處罰之明文，自無疑義。上訴人濫用職權，於同時同地將某甲某乙一併看

關係，如以濫押人民爲手段，而達强募財物之目的，此構成戡亂時期貪污治罪條例第四條第三款之罪與本罪之牽連犯，自應依第五十五條後段之規定，從一重處斷[126]。

（二）意圖取供而施强暴脅迫

爲使刑事訴訟法之偵查與審理程序能够符合法治國家原則（Rechtsstaatsprinzip），並確保人權，刑求逼供自爲法律所禁止，有追訴或處罰犯罪職務之公務員訊問被告或其他證人時，應出於懇切之態度，使被告有辯明犯罪嫌疑之機會，使證人能有客觀公正之自由陳述機會，不得使用强暴、脅迫、利誘、詐欺及其他不正之方法（參閱刑訴法第九六、九八、一九二等條）。倘有追訴或處罰犯罪職務之公務員竟違背此等規定，意圖取供而施强暴或脅迫，即構成本款之行爲。

稱「取供」係指取得被告、證人或鑑定人之供詞。至於何謂强暴脅迫？已詳述於强制罪（第四章、第二節、貳之二），在此不贅。又行爲人之强暴脅迫行爲必須出於取供之不法意圖，方構成本罪，否則，若非出於取供之不法意圖，而係因被告態度惡劣，出言頂撞，乃施强暴脅迫，則非本罪，但可構成傷害罪，且得依第一三四條之規定，加重其刑至二分之一。

（三）明知爲無罪之人而使其受追訴或處罰，或明知爲有罪之人而無故不使其受追訴或處罰。

行爲人必須明知他人爲無罪之人而使其受刑事追訴或處罰，或必須

（續前）管，已侵害兩個私人之自由法益，自係一行爲而犯兩項同一罪名，應依刑法第五十五條，從一重處斷。

[126]參閱三五京非一〇：被告身爲審判官，以修葺公用房屋爲名，濫押賭犯强募財物，應構成懲治貪污條例（已廢）第二條第四款及刑法第一百二十五條第一項第一款之罪，其中有牽連關係，依刑法第五十五條應從一重處斷。（下略）

明知他人爲有罪之人而無故使其不受刑事追訴或處罰，方構成本罪[127]。稱「無故」係指無法定之正當理由而言，如無刑事訴訟法第二五二條至第二五四條所定之情形，檢察官竟爲不起訴處分，或如已能證明被告犯罪，但推事竟諭知無罪（參閱刑訴法第三〇一條第一項）等。又行爲人無故使無罪之他人遭受刑事追訴或處罰，即他人所遭受者必須爲刑事追訴或處罰，方能構成本罪，否則，如他人僅係無端遭受行政上之懲戒處分，自不構成本罪[128]。

三、主觀之不法要素

本罪之主觀不法要素，因行爲類型之不同而異：行爲人在(一)型之行爲，主觀上必須故意濫用職權而爲逮捕或羈押，始足以構成本罪，故如因過失而爲逮捕或羈押，即無成立本罪之餘地。行爲人在(二)型之行爲，主觀上必須意圖取供而故意施强暴脅迫，始能構成本罪；否則，如非意圖取供，縱係故意施强暴脅迫，亦不致構成本罪。至於行爲人在(三)型之行爲，主觀上必須明知爲無罪之人，而故意使其受追訴或處罰，或明知爲有罪之人，而故意使其不受追訴或處罰，始足以構成本罪，故如因過失而追訴或處罰，或因過失而不追訴或處罰，例如因法律見解之錯誤，或調查證據之錯誤，而追訴或處罰，或不追訴或處罰，即無構成本罪之餘地[129]。又(三)罪之故意僅以確定故意爲限。

---

[127] 實例如下：

①二六院一六六三：憲兵官長，明知所屬士兵爲有罪之人，而無故不使其受追訴，自係犯刑法第一百二十五條第一項第三款之罪。

②二九院二一〇八(一)：子託丑同機關之軍人寅，以軍用舟車裝運漏稅貨物帶交與丑，（中略）丑既具有軍事檢察官之身分，其對於寅之犯行故意不予檢擧，並犯刑法第一百二十五條第一項第三款後段之罪。

[128] 參閱四〇臺上三三二：刑法第一百六十九條第一項所謂懲戒處分，係指公務員懲戒法規所定之各項處分而言。如僅由下級官吏之主管長官或上級官署所爲記過、調職等之處分，除向之呈訴不服，並非法律所禁止外，究難率指該主管長官等爲應負前開條文及同法第一百二十五條第一項第三款之罰責。

[129] 參閱三二上二〇五一：刑法第一百二十五條第一項第三款所謂明知爲無罪之人而使其受追訴，係指有追訴犯罪職務之公務員，明知刑事被告並無犯罪行爲，而仍向審判機關訴求科刑者而言，如其主觀上誤認刑事被告有犯罪嫌疑，據以提起公訴，即不能執上開條款以相繩。

四、結果加重犯

第一二五條第二項對於犯本罪因而致人於死或致重傷之加重結果，設有處罰規定，故致人於死或致重傷之加重結果若爲行爲人之行爲所引致者，且爲行爲人所能預見者，卽應依本項之結果加重犯處斷。又行爲人之行爲所造成之加重結果僅以致人於死或致重傷爲限，方有本項之適用，若僅致輕傷，則除行爲人另具有輕傷之故意，而另構成輕傷罪（第二七七條第一項）外，係本罪强暴脅迫行爲之當然結果，故僅構成本罪，不另成立輕傷罪。

五、法律效果

犯本罪者，處一年以上，七年以下有期徒刑。犯本罪因而致人於死者，處無期徒刑或七年以上有期徒刑。因而致重傷者，處三年以上，十年以下有期徒刑。

肆、凌虐人犯罪

有管收、解送或拘禁人犯職務之公務員，對於人犯施以凌虐者，構成第一二六條第一項之凌虐人犯罪。本罪爲特別犯與行爲犯。

一、行爲主體

本罪之行爲主體僅以有管收、解送或拘禁人犯職務之公務員爲限，故無公務員身分者，或雖有公務員身分，但並無管收、解送或拘禁人犯之職權者，自不能成爲本罪之行爲主體，此等人若有本罪之行爲，亦僅能構成私行拘禁罪（第三〇二條第一項），若具有公務員身分，且犯罪係其假借職務上之權力、機會或方法而故意犯之者，尙應依第一三四條之規定，加重其刑至二分之一。

所謂「管收」係指依管收條例而對民事被告之管收以及依據行政執行法對人之管束之直接强制處分（參閱該法第六條第一款及第七條）。稱「解送」係指依法逮捕或拘提而將其送交法定機關以及將判決確定之被告押解送交刑事執行機構等而言。又稱「拘禁」則指判決確定前對刑事被告之羈押、判決確定後對受刑人之監禁及對裁決拘留之違警犯之執行等。因此，可能成爲本罪適格之行爲主體之有管收、解送或拘禁人犯職務之公務員計有：民事管收所之職員、司法警察官、司法警察、法院之法警、監獄之官員（含典獄長、科長、科員、教誨師、調查員、管理員）、看守所之官員（含所長、課長、課員及管理員）或警局拘留所之管理員警等。

二、行爲客體

本罪之行爲客體爲人犯。稱「人犯」係指被管收、解送或拘禁之人而言，包括被管收之民事被告、被解送或拘禁之刑事被告、受徒刑判決確定之受刑人及送拘留所執行拘留之違警人等，故雖爲被拘束自由之人，但並非行爲主體執行管收、解送或拘禁職務之人犯，如行爲主體所緝捕之通緝犯或逮捕之現行犯，並非處於行爲主體解送或拘禁職務之中，若行爲主體對之施以凌虐，亦不構成本罪[130]。

三、行爲

本罪之行爲乃對於人犯施以凌虐，易言之，即凌虐人犯之行爲。所謂「凌虐」係指以强暴、脅迫或其他方法，而使人犯在肉體上或精神上遭受非人道之虐待而言，如鞭打或毆打成傷[131]、不給飲食、令服超出其

---

[130] 參閱三一上二二〇四：刑法第一百二十六條之凌虐人犯罪，以有管收、解送、拘禁人犯職務之公務員，於行使管收、解送、拘禁職務之際，對於被管收、解送、拘禁之人犯，施以凌虐爲構成要件，上訴人充當警佐，雖有解送人犯之職務，而因某甲追毆某乙闖入警所，對之訊問時並非行使解送職務之際，某甲之受訊問，亦非在被解送中之人犯，上訴人於訊問後加以棍責保釋，除其他法令對該行爲設有處罰規定，應依各該規定辦理外，殊與凌虐人犯罪構成之要件不合。

[131] 參閱三七上八〇七：被告職司一鄉警衞，依法固有管收、解送、拘禁人犯之責，然對於人犯施以綁毆成傷致死，顯已超過其職權之範圍，自應論以刑法第一百二十六條第二項之罪。

體力或無休止之勞役、不令睡眠、剝奪光線（即拘禁於暗室中）、無故而施用戒具（如監獄行刑法第二二條第二項規定之脚鐐、手梏或聯鎖等）或體罰⑬、或將人犯鎖繫於舍外之鐵閘⑬等。惟若爲敎化之必要，而將受刑人獨居監禁（監獄行刑法第十六條）或受刑人有脫逃、自殺、暴行或其他擾亂秩序行爲之虞時，而施用戒具或將受刑人收容於鎭靜室（同法第二二條第一項）等，則均非本罪凌虐人犯之行爲。此外，行爲人若以强姦或强制猥褻等手段而凌虐人犯，構成本罪與强姦罪（第二二一條第一項）或强制猥褻罪（第二二四條第一項）之想像競合犯，應依第五十五條前段之規定，從一重處斷。

四、主觀之不法要素

行爲人主觀上必須出於故意而凌虐人犯。換言之，即行爲人必須具備凌虐故意，方構成本罪，否則，行爲人如因過失，而致人犯遭受不人道之待遇，自不構成本罪。

五、結果加重犯

第一二六條第二項對於凌虐行爲因而致人於死或致重傷之加重結果設有處罰規定，故如人犯之死亡或重傷之加重結果確與行爲人之凌虐行爲具有因果關聯，且又爲行爲人所能預見者，應即構成本項之結果加重犯⑭。又加重結果僅以致死或致重傷爲限，而可依本項之結果加重犯處

---

⑬參閱二九上三一：管束羈押之被告應以維持羈押之目的及押所之秩序所必要者爲限，非有暴行或逃亡自殺之虞者不得束縛其身體，刑事訴訟法（舊）第一百零五條第一項第三項定有明文。上訴人充任管獄員，以押犯某甲脫逃未遂，竟將其掌頰，旣不能認爲必要之管束行爲，且超越法定懲罰之範圍，而於被害人之身體及人格顯有損害，何能解免凌虐罪責。

⑬參閱三二上二四〇三：上訴人身充看守，有拘禁人犯之責，對於所內病犯高聲喊叫，不予適當處置，竟將其鎖繫於舍外之鐵閘，顯係超越管束之必要限度，且於病犯之身體及人格毫未顧及，其凌虐人犯之罪責，自屬無可解免。

⑭實例見三七上八〇七（見前註⑬）。

斷，故如凌虐行爲僅致人犯輕傷，自無本項之適用，如行爲人另有輕傷之故意，而應另成立輕傷罪（第二七七條第一項），而與本罪併合處罰外，似可視爲本罪凌虐行爲之當然結果，除成立本罪外，不另負輕傷罪之刑責。

六、法律效果

犯本罪者，處一年以上，七年以下有期徒刑。犯本罪因而致人於死者，處無期徒刑，或七年以上有期徒刑。致重傷者，處三年以上，十年以下有期徒刑。

七、檢討與改進

由於現行法將本罪之行爲主體限於有管收、解送或拘禁人犯職務之公務員，故本罪之行爲客體亦僅限於被管收、解送或拘禁之人犯，至如通緝犯被警察緝獲帶返警所，或如現行犯爲人民所逮捕送交警所，設若警察在所中對該通緝犯或現行犯施以凌虐，則因該通緝犯或現行犯並非警察解送中或拘禁中之人犯，而不能成爲本罪適格之行爲客體，因此，該實施凌虐行爲之警察自不構成本罪（參閱前述之二）。此誠爲法規漏洞，爲謀救濟，本罪之現行規定宜作適度之修正，今試擬條文如下：

「公務員對其職務上管收、逮捕、解送或拘禁之人犯施以凌虐者，處一年以上七年以下有期徒刑。」

伍、違法執行刑罰罪

有執行刑罰職務之公務員，違法執行或不執行刑罰者，構成第一二七條第一項之違法執行刑罰罪。本罪爲特別犯與行爲犯。

一、行爲主體

本罪之行爲主體以有執行刑罰職務之公務員爲限，故如無公務員身分或雖有公務員身分，但不具執行刑罰之職權者，自不能成爲本罪之行爲主體。稱「刑罰」係指犯罪行爲之法律效果而言，包括刑事刑罰（含主刑與從刑）與保安處分[135]，故行政法上之秩序罰（如違警罰法上之拘留）及懲戒罰、刑事訴訟法之强制處分（如被告之羈押）、行政執行法之直接强制處分（如對人之管束）、管收條例之管收等，均不包括在內。因此，本條所稱「有執行刑罰職務之公務員」計有：監獄之官員（含典獄長、科長、科員、敎誨師、調查員及管理員）、檢察官與推事（參閱刑訴法第四五七條、四七〇條第一項）。

二、行爲

本罪之行爲有二，即：違法執行刑罰或不執行刑罰。稱「違法執行」係指違背法令之規定而執行刑罰，包括執行不應執行之刑罰或執行刑罰不依法令之規定，前者如受刑人之刑期已滿，不加釋放，仍舊繼續執行；後者如諭知死刑之判決確定後，未經司法最高機關令准，即逕予執行（刑訴法第四六一條）、或如監獄官員擅自准許受刑人自由出外住宿[136]或使受刑人出監結婚[137]等。稱「不執行刑罰」則指違法不執行依法應執行之刑罰而言，包括無法律上之原因，擅加免除而不爲執行，或雖加執行，但無停止執行之原因，而擅自停止執行等。又自由刑之執行固應依監獄行刑法之規定，然監獄官員僅未執行監獄戒護或紀律規則者，如對於有脫逃或自殺之虞之受刑人未爲加帶脚鐐等（參閱監獄行刑法第二二

---

[135] 參照陳著，三四六頁，但有反對說，認爲保安處分以解爲不包括於本罪所規定之刑罰爲宜，見韓著(二)，八三頁。

[136] 參照二一上一一九九。

[137] 參閱二五上二二三六：上訴人充任管獄員，擅將執行徒刑之某甲，縱令出監至某乙家與丙女結婚，自係對於應受執行之人犯違法執行刑罰，原審認爲不執行刑罰，依刑法第一百二十七條第一項後段之規定處斷，實屬未當。

條第一項），則非本罪之不執行刑罰⑬⑧。此外，行爲人一有違法執行或不執行刑罰之行爲，本罪即已成立，不待發生任何結果，故本罪爲行爲犯。

三、主觀之不法要素

行爲人主觀上必須出於故意而實施本罪之行爲，方構成本罪，否則，行爲人若欠缺此等主觀之不法要素，自不負本罪之刑責。

四、法律效果

犯本罪者，處五年以下有期徒刑。

陸、過失執行不應執行之刑罰罪

有執行刑罰職務之公務員，因過失而執行不應執行之刑罰者，構成第一二七條第二項之過失執行不應執行之刑罰罪，本罪爲特別犯與行爲犯。

一、行爲主體

本罪之行爲主體與前罪同（參閱本節、肆之一）。

二、行爲

本罪之行爲乃因過失而執行不應執行之刑罰⑬⑨。至若因過失而致執

---

⑬⑧參閱三一上七六：刑法第一百二十七條第一項之罪，係以執行刑罰之公務員對於應執行之刑罰故意爲違背法令之執行，或故意違背法令不爲執行爲要件，至對於受刑人應否加以脚鐐，係屬於監獄法規之戒護問題，與受刑人刑罰之執行無關，原判決以舊監獄對於犯人例須加帶脚鐐，上訴人未將某甲等加鐐而將帶鐐之某乙等開去脚鐐，認爲成立刑法第一百二十七條第一項犯罪，顯有未合。

⑬⑨實例參閱三六院解三三二五㈠㈠：檢察官誤算刑期指揮執行刑罰，致受刑人在監多拘禁若干日，如具備過失條件，除應受行政法之制裁外，並應成立刑法第一百二十七條第二項之罪。

行刑罰未依法令之規定，或因過失而不執行刑罰，則因刑法無處罰之規定，故爲刑法所不加處罰之行爲。

三、法律效果

犯本罪者，處一年以下有期徒刑、拘役或三百元以下罰金。

柒、越權受理訴訟罪

公務員對於訴訟事件，明知不應受理而受理者，構成第一二八條之越權受理訴訟罪。本罪爲特別犯與行爲犯。

一、行爲主體

本罪之行爲主體爲公務員，並不以無受理訴訟事件之行政（即非司法）人員爲限，即使通常有受理訴訟事件之司法人員，對於其無權受理之訴訟事件而爲受理，亦可成爲本罪之行爲主體。

二、行爲

本罪之行爲爲受理不應受理之訴訟事件。稱「訴訟事件」兼指民事、刑事與行政訴訟事件。公務員對於某一訴訟事件有無權限受理？應不應受理？應就該訴訟事件之具體情狀及法令之規定而爲判斷⑭。又本罪所處罰之行爲僅及於不應受理而受理，至於應受理而不受理，自不構成本罪，故行爲人雖明知爲有罪之人但爲使其不受刑事追訴或處罰而不受理，則可依濫用追訴處罰職權罪（第一二五條第一項第三款）處斷。

三、主觀之不法要素

行爲人主觀上必須明知依其職權及法律之規定，該訴訟事件係不應

⑭實例參閱三六院解三三四三(二)：檢察官偵查中對於有軍人身份之被告，未依刑事訴訟法（舊）第二百三十一條第七款爲不起訴處分者，並非不應受理而受理，自不成立刑法第一百二十八條之罪。

受理者，而決意受理之，方構成本罪，故如行爲人對於不應受理之事實毫無認識，且非出於故意而加受理，自不負本罪之刑責。又本罪之故意僅限於確定故意，未必故意則不構成本罪之故意。

四、法律效果

犯本罪者，處三年以下有期徒刑。

捌、違法徵收稅款罪

公務員對於租稅或其他入款，明知不應徵收而徵收者，構成第一二九條第一項之違法徵收稅款罪。本罪爲特別犯與結果犯。

一、行爲主體

本罪之行爲主體爲公務員，祇要具有公務員身分者，即有可能成爲本罪之行爲主體，不以有徵收租稅職務之公務員爲限[141]。

二、行爲

本罪之行爲係徵收不應徵收之租稅或其他入款。稱「租稅」係指中央政府與地方政府依法稽徵人民之各種稅捐（參閱稅捐稽徵法第二條），如所得稅、遺產及贈與稅、印花稅、貨物稅、營業稅、關稅、房屋稅、土地稅、契稅、使用牌照稅、筵席及娛樂稅、工程受益費、教育捐、防衛捐等。稱「其他入款」則指稅捐以外之一切合法上之收入，如行政規費、行政手續費、訴訟費用，或如實例上屯墾區向往來客商收取之保護費[142]等。至如罰鍰或罰金，則爲行政不法行爲或犯罪行爲之法律效果，

[141] 學者中亦有主張本罪之行爲主體以有徵收款項職務之公務員爲限，見韓著(一)，七三頁。

[142] 參閱三五院解三二九七：屯墾處長對於屯墾地區內來往客商派兵保護並非其主管或監督之事務，其向客商收取保護費，如係利用其職務上之機會以圖利者，自係構成懲治貪污條例（已廢）第三條第七款之罪，若因開墾經費不敷藉此彌補，縱其目的爲圖利公庫而對此不應徵收之入款故意徵收者，亦應負刑法第一百二十九條第一項之罪。

而非本罪所規定之其他入款⑭³，故如違法收取罰金，自非本罪，而可成立違法執行刑罰罪（第一二七條第一項）。

租稅或其他入款之徵收均須有法令之依據，且須依據法令之規定而爲徵收，公務員無法令之依據而稽徵稅捐或收取其他入款，或雖於法有據，但不依法徵收，如明知爲不應徵收而竟徵收，或越出法定稅率違法浮收等，卽可構成本罪之行爲。就本條文義之嚴格解釋，則無法令之依據而收取款項，應非本條所稱之租稅或其他入款，故如公務員巧立名目，無法令之依據而徵收款項，自未能依據本罪處斷，而祇能成立詐欺罪⑭⁴。按公務員巧立名目，橫行徵收於法無據之款項，正係違法徵收稅款罪所應處罰之行爲，若依文義嚴格解釋之見解，則本罪所處罰之行爲自僅限於未依法令之規定而徵收於法有據之租稅及其他入款。如此，不但使本罪之適用範圍受到無必要之限制，且使不法內涵較高之巧立名目，橫行徵收於法無據之款項之違法徵收行爲，未能適用本罪科處，反依較輕之詐欺罪處斷，此顯與本罪之立法原意有違。因此，前述之見解，實不足採，而應認爲公務員無法令依據，而擅自收取款項者，不問其所收取之款項是否爲於法有據之租稅或其他入款？均可構成本罪。

本罪之違法徵收行爲當然含有詐欺之本質，故行爲一旦構成本罪，卽不能再論以詐欺罪⑭⁵。又本罪雖屬侵害國家法益之犯罪，但被違法徵收租稅或其他入款之個人，亦同時直接受害，故該受害之個人，自得提起自訴⑭⁶。

---

⑭³參照三〇上一二一四。

⑭⁴參閱二八上四二四七：刑法第一百二十九條第一項之違法徵收罪，以原有徵收該項租稅或入款根據之存在爲前提，如巧立名目徵收商民捐款，本無租稅及公家入款之根據者，祇應構成詐欺罪名。

⑭⁵參閱二八非四七後段（見後註⑭⁸）。

⑭⁶參照五四臺上一八八四。

三、主觀之不法要素

行爲人主觀上必須明知係不應徵收之租稅或其他入款，而決意加以徵收，方構成本罪，否則，行爲人如對於不應徵收之事實毫無認識，或因過失而徵收，即不負本罪之刑責⑭⑦。本罪之故意僅以確定故意爲限，未必故意則不構成本罪之故意。至於行爲人係出於何種不法意圖而違法徵收？則在所不問，故行爲人圖謀自己之不法利益，固可成立本罪⑭⑧，即使係圖利公益或國庫，亦可成立本罪⑭⑨。

⑭⑦參閱

①二〇上八六九：刑法（舊）第一百三十五條第一項之瀆職罪，係以公務員對於所收之租稅及各項入款，明知不應徵收而徵收，爲構成要件，故公務員對於該項入款，縱屬不應徵收，而誤認爲應徵收時，即屬缺乏故意之條件，自不構成該條之罪。

②二八上三二二〇：刑法第一百二十九條第一項之違法徵收罪，以公務員對於租稅或其他入款，明知不應徵收而徵收爲構成要件，如誤認該項入款爲應行徵收，致有浮收行爲者，即缺乏該罪之意思要件，不能論以上述罪名，上訴人雖明知該保所攤派之小學補助款祇有三十元，但因保內經費不敷要求，區署教育員將原令徵收學捐數額改爲七十元，藉以移補該保辦公之用，則其向保內各戶多收十餘元，自非毫無所據，雖此項訓令非區署教育員所得擅改，該保之不敷經費，亦不應在籌補小學經費時並予徵收，而其誤認已得區署許可致有浮收行爲，要難謂有違法徵收之故意，自不得遽行處罰。

③三〇上三三：刑法第一百二十九條第一項之違法徵收罪，既以明知不應徵收而徵收爲要件，則公務員對於不應徵收之入款，如因先有成例或經公衆議決誤認爲應行徵收而徵收者，因其缺乏明知不應徵收之要件，縱未呈經上級機關核准，仍難以該條項之罪相繩。

⑭⑧參閱二八非四七：公務員對於租稅或其他入款，明知不應徵收而徵收者，刑法第一百二十九條第一項設有處罰明文，此項規定，就公務員之浮收目的是否圖利自己或第三人並無何種限制，是該公務員縱係圖爲自己之不法所有而爲浮收之行爲，仍應論以該條項之罪，（中略）。又此種浮收行爲，當然含有詐欺作用，即令公務員施用詐術，使被徵收人交付財物，亦已吸收於第一百二十九條第一項之內，不能再論以第三百三十九條之詐欺罪名。

⑭⑨參閱三六院解三六一八：（前略）圖充地方積穀或縣級公糧而違背法令，額外徵收，如無其他不法所有之企圖，均僅成立刑法第一百二十九條明知不應徵收而徵收之罪。

四、未遂犯

本罪之未遂行爲，第一二九條第三項設有處罰規定。行爲人已通知人民繳款，但尙未收取款項，或人民尙未交付時，即爲本罪之未遂。

五、法律效果

犯本罪者，處一年以上，七年以下有期徒刑，並得併科七千元以下罰金。

六、特別法

貪汚治罪條例第五條第一款設有意圖得利，違背法令收募稅捐或公債之處罰規定，此爲本罪之特別法，自應優先適用，故在該條例施行期間，行爲人若意圖得利而犯本罪之行爲者，自應依貪汚條例第五條第一款處斷，可處七年以上有期徒刑，並得併科新臺幣二百萬元以下罰金。此外，在處斷時，並應注意該條例第九條、第十一條第一項之規定。又可適用特別法處斷之本罪行爲僅限於意圖得利之違法徵收行爲，若係圖利國庫或圖利公衆，而違法徵收租稅或其他入款者，自不能適用該條例第五條第一款之規定科處，而仍應適用刑法之本罪以爲處斷。

玖、抑留或尅扣款物罪

公務員對於職務上發給之款項物品，明知應發給而抑留不發或尅扣者，構成第一二九條第二項之抑留或尅扣款物罪。本罪爲特別犯與行爲犯。

一、行爲主體

本罪之行爲主體以有發給款項或物品職務之公務員爲限[150]，故如非

[150]參閱五九臺上一〇七六(二)：刑法上之尅扣應發給款物罪及公務上侵占罪，前者係以犯罪主體須爲有發給款項物品職務之公務員，後者係以公務員對於公務上所持有之物變更爲所有之意思爲前提要件。

公務員，或雖為公務員，但無發放款項或物品之職務者，自不能成為本罪之行為主體。

二、行為客體

本罪之行為客體為職務上應發給之款項物品，如機關應發放之薪餉、機關採購公物或發包工程所應給付之款項、法院應發還所有人之扣押物或發還被害人之贓物等。本罪之成立必須以有職務上應發給之款項物品存在為前提，若根本無職務上應發給之款項物品存在，即無由構成本罪[151]。

三、行為

本罪之行為有二，即：應發給而抑留不發或尅扣，行為人祇要有兩種行為中之任何一種，即可構成本罪。稱「抑留不發」係指將職務上應發給之款項或物品抑留而全數遲延不發給而言，如機關之發餉日已過，而仍延不發餉，或如應發給人民獎金，但延不發給[152]。行為人對於職務上應即時發給之財物無故抑留，遲不發給，即足以成罪，至如揑稱已發，實際上已變更持有之意思，而為所有之意思，將應發給之財物轉入私囊者，即應成立公務侵占罪（第三三六條第一項）[153]。稱「尅扣」則指對於職務上應發給之款項或物品僅作部分之發給。易言之，即僅發給不足數額之款項或物品而言。又行為人對於職務上應發給之款項或物品一旦抑留不發或尅扣，不待有結果之發生，犯罪即形成立，故本罪為行為犯。

行為人所抑留不發或尅扣之標的物必須為職務上應發給之款項或物

---

[151] 參照五九臺上二九三九。

[152] 參閱二八上三四三一：上訴人充當警察所長，明知應發給報告人某氏之獎金抑留不發，自係合於刑法第一百二十九條第二項之特別構成要件，雖其後復將該獎金轉給不應受領之某乙等，要屬犯罪後之處分行為，與上開瀆職罪之構成並無影響。

[153] 參照五六臺上三一九三。

品，否則，行爲人若對並非屬於職務上應發給之款項或物品加以抑留或尅扣，而係對於尙無發給原因，且在其持有中之公款或公物侵占入己，此自不構成本罪，而應成立公務侵占罪（第三三六條第一項）[154]。

四、主觀之不法要素

行爲人主觀上必須明知係職務上應給之款項或物品，而決意抑留不發或尅扣，方能構成本罪，否則，行爲人如對於應發給之事實毫無認識，或係因過失而抑留不發或尅扣，自不負本罪之刑責。又本罪之故意僅限於確定故意，僅具未必故意，則不構成本罪之故意。至於行爲人係出於何種不法意圖而抑留不發或尅扣？則因條文未作規定，故在所不問，行爲人圖私利而抑留不發或尅扣，固然該當本罪，縱爲圖利公益或國庫，亦可成立本罪。

五、未遂犯

本罪之未遂行爲，第一二九條第三項設有處罰規定。就理論上言之，本罪應爲行爲犯，行爲人祇要明知爲職務上應發給之款項或物品，有抑留不發或尅扣之行爲，卽已既遂本罪，故實難想像存有未遂犯之情形。因此，本罪未遂犯之規定，似可刪除。

六、法律效果

犯本罪者，處一年以上，七年以下有期徒刑，並得併科七千元以下罰金。

七、特別法

貪汚治罪條例第六條第一款設有意圖得利，抑留不發職務上應發財物之處罰規定，此爲本罪之特別法，自應優先適用，故在該條例施行期間，行爲人意圖得利而犯本罪者，自應依貪汚治罪條例第六條第一款處斷，可處五年以上有期徒刑，並得併科新臺幣一百萬元以下罰金。又在適用上，

[154] 參閱三〇上二五六二：刑法第一百二十九條第二項之抑留或尅扣罪，係就公務員對於職務上應發給之款項、物品，故意抑留不發或尅扣時所設之處罰規定，至辦公費之開支不實，侵蝕入己，則屬侵占問題，與上列款項無涉。

並應注意貪汚治罪條例第九條、第十一條第一項之規定。又可適用貪汚治罪條例第六條第一款處斷者，僅限於意圖得利之抑留不發行爲，故行爲人若非意圖得利，而係圖利國庫或圖利公衆而抑留不發或尅扣者，自不得適用該條款科處，而仍應適用刑法之本罪以爲處斷。此外，陸海空軍刑法第三十八條亦設有尅扣軍餉之處罰規定，此亦爲優先本罪適用之特別法。

拾、廢弛職務釀成災害罪

公務員廢弛職務，釀成災害者，構成第一三〇條之廢弛職務釀成災害罪。本罪爲特別犯與結果犯。

一、行爲主體

本罪之行爲主體爲公務員，而不以對於災害負有防止義務之公務員爲限。

二、行爲

本罪之行爲爲廢弛職務，即指未盡其職務上所應盡之職責而言，如對於某種災害負有預防或遏止職責之公務員，廢弛其他職務，不爲預防或遏止，以致釀成災害[155]。至於行爲人是否爲廢弛職務？則應就行爲人之職責內容而爲判斷。

三、行爲結果

行爲人之行爲必須釀成災害，方能構成本罪。易言之，即廢弛職務之行爲與釀成災害之結果，必須具有因果關聯，方能成罪[156]，故如廢弛

[155] 參照三〇上二八九八。

[156] 參閱二九院二〇九五：某縣舊監任聽犯人在監獄炊爨，中有死刑人犯，乘無人時用吸煙紙媒點燃編織草鞋稻草，焚燒監房，因門窄小未及盡行趨避，致燒斃

職務，但並未釀成災害，或如雖已成災，但非行爲人廢弛職務所招致者，或如未廢弛職務，但仍成災等，均無由構成本罪。稱「災害」包括人爲災害或自然災害。至於災害所造成損害之輕重以及受災人數之多寡，均在所不問。

四、法律效果

犯本罪者，處三年以上，十年以下有期徒刑。

拾壹、不純正瀆職罪

公務員假借職務上之權力、機會或方法，以故意犯本章以外各罪者，構成第一三四條之不純正瀆職罪。本罪爲特別犯。

一、行爲主體

本罪之行爲主體爲依法令從事公務之公務員⑮⑦。無公務員身分者與有公務員身分者共犯本罪，應依第三十一條第二項之規定，仍科以通常之刑，即不適用本罪之規定，加重其刑至二分之一⑮⑧。

（續前）監犯多人，不得謂非災害，該監管獄員看守廢弛職務，與其災害之發生如具有相當因果關係，即應成立刑法第一百三十條之罪。

⑮⑦參閱五三臺上一四四九：華南銀行資本總額爲新臺幣三百萬元，分爲六十萬股，政府認定二萬三千一百四十八股，臺灣銀行認定二十九萬四千七百二十股，而臺灣銀行係政府經營，是華南商業銀行政府資本已超過百分之五十，該分行服務人員，依法應有公務員之身分，上訴人吳某係該行臺中分行經理，其假借經理權力連續行使僞造有價證券，自應依刑法第一百三十四條規定加重其刑。

⑮⑧參閱

①六一臺上四八一九㈡：僞造文書罪，並非因身分或其他特定關係成立之罪，無刑法第三十一條第一項之適用，雖甲假借公務員職務上機會而犯之，依刑法第一百三十四條上段規定，應加重其刑，但乙並無此種公務員身分，加重之情形，依刑法第三十一條第二項規定，自不得亦加重其刑，原判決對乙亦加重其刑亦屬違誤。

二、情狀

行爲人必須假借職務上之權力、機會或方法而實施本罪之行爲，方構成本罪⑮⑨，否則，行爲人並無假借其職務上之權力、機會或方法，或客觀上根本無權力、機會或方法可資假借之情狀下，而實施本罪之行爲，自無本罪之適用，不得以行爲人具有公務員身分，而遽以本罪相繩⑯⓪。所謂「假借」係指利用而言，行爲人祇要利用職務上之權力、機

（續前）

②六二臺上四一八一：按刑法第一百三十四條係爲因特定身分加重其刑之規定，如無公務員身分之人與公務員爲共犯時，對於無公務員身分者，並無本條加重其刑之適用。

⑮⑨實例如下：

①二二上一七九四：縣區警衞隊長於檢查行人時，用槍頭將行人毆傷致死，應屬於刑法（舊）第一百四十條加重處罰之範圍。

②二八上三七九：上訴人爲稅警隊長，對於某甲等所犯妨害公務等普通刑事嫌疑案件，並無緝捕之權，乃不報請該管司法機關傳究，竟矇作私鹽案件報告主任帶警往捕，不能謂非假借職務上之權力而犯私拘之罪。

③三一院二四四三：依選擧法令選出之鄉鎮村街民代表，係刑法上之公務員，其向該鄉鎮村街民衆僞稱歸併鄉鎮村街，應收費而詐取錢財與公務員就監督事務圖利之情形，尙有不同，應認爲假借職務上機會而詐財。（下略）

④三二桂上三：公務員犯罪應依刑法第一百三十四條規定，加重處罰之事由不以報復私怨爲限，上訴人充膺鄉長兼中心學校校長及基金籌集委員會主任，因甲乙二人未允提捐學租，遂派遣鄉丁將其拘禁於鄉公所內，不得謂非假借鄉長職務上之權力而故意犯私行拘禁之罪，縱非別有私怨以圖報復，仍應依前開法條加重論科。

⑤三四院解二九七六：特種刑事案件訴訟條例（已廢）施行後，兼理司法處檢察職務之縣長，對於盜匪嫌疑犯不送審判，擅行槍決，應依刑法第二百七十一條第一項及第一百三十四條處斷。

⑥三九臺上三五、四〇臺上三二五、四五臺上三一（見133頁之註❺）。

⑦五〇臺上七九一：被告犯罪時具有公務員之身分，且藉其爲圖書館職員而得以利用圖書館名義而犯之，自係假借職務上之機會犯罪，應加重其刑。

⑯⓪參閱

①二四上一三四五：刑法第一百四十條關於公務員犯罪之加重規定，係以公務員

會或方法而實施本罪之行爲，即爲已足，而不以合法執行職務爲必要，故公務員之執行職務，縱非合法，若係利用其職務上之權力、機會或方法而實施本罪之行爲者，即可適用本罪處斷⑯。此外，行爲人若於職務

（續前）故意犯瀆職罪章以外之罪，由於假借職務上之權力、機會或方法者爲限，並非具有公務員身分之人，一經犯罪，即在當然加重之列，上訴人雖經縣政府委充督徵員，但其所犯傷害罪，並無假借督徵員之權力或機會方法情事，自無適用該條加重其刑之餘地。

②二七上三〇五：上訴人等身充團丁，並非稅務警察，對於匿稅事件與其職權無關，其隨同副班長查問匿稅之某甲，發生口角，將某甲毆傷致死，自無假借職務上權力之可言。

③二八上七四：被告受改良監所協進會聘爲獎券辦事處總務主任，雖由於其充任某官之聲望而來，然該會既係民衆團體，則其處理會務並不能認爲公務員執行公務，縱因此有所犯罪，亦與刑法第一百三十四條之加重情事無關。

④三〇上七七一：上訴人因被某甲磚擊頭部，憤而開槍，自係因普通鬪毆而殺人，與假借其保長職務上之權力、機會或方法而爲之者，截然不同，原判決因其充當保長，即刑法第一百三十四條規定，加重其刑，其援用法令，自屬失當。

⑤三一上二六七三：刑法第一百三十四條規定，公務員故意犯瀆職罪章以外之罪，除有該條但書所載情形外，以有假借職務上之權力、機會或方法，爲加重其刑之條件，上訴人充任某省郵務管理局郵務佐，固爲依法令從事於公務之人員，但據原審認定，其所負職務僅限於清理已付款之滙票，則未經兌付之前，關於滙票之一切手續，即不屬其職務之範圍，上訴人之竊取僞造行使各行爲，究與其職務無關，原審仍依前務加重其刑，自屬有所誤會。

⑥三三上六六六：刑法第一百三十四條對於公務員故意犯刑法瀆職罪章以外之罪加重其刑之規定，須以其故意犯罪係利用其職務上所享有之權力機會或方法爲要件，如犯人雖爲公務員，但其犯罪並非利用其職務上之權力、機會或方法而爲之者，即無適用該條規定之餘地。

此外，五五臺上九八二㈠亦同旨。

⑦四四臺上五一七：上訴人雖係某某地方法院檢察處書記官，但未承辦某甲過失致人於死案件之職務，其因利用書記官身分而犯罪，要無假借職務上機會之可言，自無刑法第一百三十四條之適用。

⑯參閱

①二四上一三四四：刑法第一百三十四條關於公務員犯罪之加重規定，祇以假借職務上之權力、機會或方法而故意犯瀆職罪章以外各罪爲已足，初不以其合法

上之權力、機會或方法，一有假借，即有本罪之適用，並非須就其權力、機會或方法同時假借，方適用本罪處斷⑯²。

三、行爲

本罪之行爲爲犯刑法瀆職罪章所規定以外之罪⑯³，但刑法在瀆職罪章之外專就公務員身分而規定之罪，如公務侵占罪（第三三六條第一

（續前）執行職務爲條件，故公務員之執行職務縱非合法，苟係利用其職務上之權力、機會或方法而故意犯罪，即不能解免加重之責。

此外，四〇臺上四〇三、四八臺上一三五一、五六臺上一四三四亦均同旨。

②三二上永上三二：（前略）上訴人充任保長，帶同竊犯某乙前往其家起贓，因某乙要求少憩，遂以竹扁挑將其毆傷身死，顯係假借職務上之權力犯刑法第二百七十七條第二項之罪，即不得因保長無偵查犯罪逮捕犯人之職權，謂其起贓毆人致死非利用職務上之權力，而不予加重其刑。

⑯²參照二七上一五五四。

⑯³參閱

①三七上二二〇三：上訴人身充某鄉公所隊士，藉催徵茶油，傷害致人於死，自係公務員假借職務上之權力而犯罪，原判未適用刑法第一百三十四條加重論科，自非合法。

②四四臺上二八〇：犯罪雖在懲治貪污條例有效期內，因該條例業已廢止，其所定罪刑又較刑法詐欺罪之刑爲重，應適用刑法論處，並核其所爲係公務員假借職務上之權力而犯詐欺罪名，應予加重其刑。其按月爲他人浮報領取眷屬實物代金之連續行爲，係基於概括之犯意，應以連續犯論。而其行使不實之公文書與爲第三人詐財之行爲，更具有方法結果之關係，應從一重處斷。復因詐欺罪應予加重其刑之結果，其最重本刑爲七年六月以下有期徒刑，自較行使公務員明知爲不實之事項而登載於職務上所掌之公文書罪，最重本刑爲七年以下有期徒刑爲重，應論以連續假借職務上之權力，意圖爲第三人不法之所有，以詐術使人將本人之財物交付罪。

③四七臺上二三三：上訴人當日旣係利用公營自來水廠工務課長之身分爲人設計安裝水道，並以代爲上下應酬包裝完成爲詞，使人陷於錯誤，交付款項，顯係公務員假借職務上之機會意圖爲自己不法所有以詐術使人將本人之物交付，與圖利罪之情形不合，且其詐得之財物，卽所收新臺幣三千七百元，除去工料費一千九百零六元四角外之一千七百九十三元六角，亦應歸還被害人，不得予以沒收，原審遽予維持第一審科處圖利罪刑，並沒收其詐得財物之判決，實難謂非違誤。

項）⑯，或公務員登載不實罪（第二一三條）⑯，則不在此限。可能該當本罪而適用本罪處斷者，僅以犯刑法之罪爲限，故如犯其他特別刑法之罪，應無本罪之適用⑯。此外，條文規定「犯本章以外各罪」，應包括各該罪之既遂罪與未遂罪。

四、主觀之不法要素

行爲人主觀上必須出於故意而實施本罪之行爲，方構成本罪，倘因

---

⑯參閱
①二八院一九一一：公務員犯刑法第三百三十六條第一項侵占公務上持有物之罪，毋庸依同法第一百三十四條前段加重其刑。
此外，二八院一九三六亦同。
②二九上三三〇七（見302頁之註㊺）。

⑯參閱五二臺上二四三七：刑法第二百十三條之罪，係因身分而成立，與同法第一百三十四條但書所謂因公務有關之身分已特別規定其刑之情形相當，故犯公務員登載不實之罪時，因有上開但書規定，不得再依同條前段加重其刑。

⑯參閱
①二九非六八：刑法適用於其他定有刑罰之法令者，依其第十一條規定，祇應以總則爲範圍，至分則第一百三十四條對於公務員因利用職務故意犯罪特別加重其刑，則僅以同法分則第四章以外之罪爲限，而於其他特別刑罰法令之犯罪，不能予以援用。被告前充鄉長，出具虛僞之證明書，證明壯丁某甲爲獨子聲請緩役等情，既經原判決論以當時有效之違反兵役法治罪條例第三條前段之罪名，自不得以被告有公務員之身分，而加重其刑。
②三〇非一九：刑法第一百三十四條所稱本章以外各罪，原指瀆職罪以外刑法上之各種罪名而言，其他特別刑事法令之罪，並不包括在內，觀於該法第十一條其義自明，故公務員假借職務上之權力、機會或方法，故意犯特別刑事法令之罪時，雖得依刑法第十一條適用其總則之規定，而其第一百三十四條，則不在適用之列。
此外，四七臺上四〇七、五五臺上一一九六亦均同旨。
③四四臺上三四四：刑法第一百三十四條加重其刑之規定，係指公務員犯瀆職罪以外刑法上之各種罪名而言，其犯特別刑事法令之罪名，並不包括在內，上訴人既係犯特別法之森林法罪名，自無該條之適用，原判決竟因其以林警假借職務上之機會犯森林法罪名，依該條加重處斷，殊難謂無違誤。
此外，五六臺上一四四四㈠亦同旨。

過失而犯之者，自無適用本罪之餘地。

五、法律效果

犯本罪者，依其所犯之罪之法定刑處斷之，並加重其刑至二分之一。

輕傷罪（第二七七條第一項）雖爲告訴乃論之罪，但公務員執行職務時犯輕傷罪者，並非告訴乃論（第二八七條）（參閱第三章、第二節、壹之五）。此外，本罪之基礎行爲，如輕傷罪（第二七七條第一項）、毀損文書罪（第三五二條）等之最重本刑雖均爲三年以下有期徒刑，依本罪之規定，加重其刑至二分之一，實與伸長法定本刑無異，而不屬於第六十一條第一款前段所列之案件。因此，不受刑事訴訟法第三七六條不得上訴於第三審法院之限制[167]。

六、特別法

貪汚治罪條例第六條第四款設有公務員對於非主管或監督之事務，利用職務機會或身分圖利之處罰規定，故如公務員假借職務上之機會恐嚇取財或詐欺取財者，因係圖利行爲，而符合貪汚治罪條例之處罰規定，故在貪汚治罪條例施行期間，依特別法優於普通法之原則，自應依該條例第六條第四款處斷[168]，可處五年以上有期徒刑，並得併科新臺幣

[167] 參照四〇臺上一四九、四一臺上一七〇、四四臺上六五七。此外，並參閱四一臺上三〇六：按刑法第一百三十四條規定公務員假借職務上之權力、機會或方法，以故意犯同法第二編第四章以外各罪者，加重其刑至二分之一，係明示必應加重，實具有法定刑之性質。本件上訴人自訴被告假借職務上之權力，犯刑法第二百七十七條第一項傷害其身體之罪，該條項之最重本刑雖爲三年有期徒刑，但加重結果既已超過三年，即非同法第六十一條第一款前段所列之案件，自亦不再受刑事訴訟法（舊）第三百六十八條所定，不得上訴於第三審法院之限制。

[168] 參閱五九臺上二八一〇：上訴人係假借職務上機會恐嚇取財，以圖爲自己不法之所有，而公務員恐嚇取財即爲公務員圖利之一種，公務員對於非主管事務，利用職權機會圖利罪，戡亂時期貪汚治罪條例第六條第四款既有特別規定，則依照特別法優於普通法之規則，自應依戡亂時期貪汚治罪條例論罪，該條例固無對

一百萬元以下罰金。此外，在適用特別法時並應注意同條例第九條、第十一條第一項之規定。

第四節　洩漏秘密罪與妨害郵電秘密罪

刑法規定處罰之洩漏秘密罪與妨害郵電秘密罪計有：壹、公務員洩漏或交付國防以外秘密罪。貳、公務員過失洩漏或交付國防以外秘密罪。叄、非公務員洩漏或交付國防以外秘密罪。肆、郵電人員妨害郵電秘密等。今分別論述如下：

壹、公務員洩漏或交付國防以外秘密罪

公務員洩漏或交付關於國防以外應秘密之文書、圖畫、消息或物品者，構成第一三二條第一項之公務員洩漏或交付國防以外秘密罪。本罪爲特別犯與行爲犯。

一、行爲主體

本罪之行爲主體以具有公務員身分之人爲限，其職務爲何？則非所問。

（續前）於公務員取財罪之特別規定，但旣屬公務員圖利之一種，即不能謂無戡亂時期貪汚治罪條例第六條第四款之適用，雖因上訴人所得財物僅祇新臺幣三千元，情節輕微，依該條第九條規定，仍可依有較輕處罰規定之刑法第一百三十四條上段、第三百四十六條第一項處斷。但原判決未就關係法條詳加論列，而逕依刑法論擬，究有未合。

二、行爲客體

本罪之行爲客體爲國防以外應秘密之文書、圖畫、消息或物品，稱「國防以外應秘密」係指洩漏或交付國防秘密罪（第一〇九條第一、二項）所保護之國防應秘密（參閱第十四章、第三節、捌之二）以外之就國家政務或事務上之觀點應保守之秘密而言，舉凡內政、外交、司法、財政、經濟、監察、考試等國家政務與事務上應行保密之一切文書、圖畫、消息或物品，均可能成爲本罪之行爲客體，故範圍相當廣泛[169]。

文書、圖畫、消息或物品是否爲本罪所保護之應保守之秘密？原則上應就具體事實，依據法令之規定，而爲判斷[170]。惟並非以有明文規定爲唯一審認之標準[171]。某文書原則上雖可認定爲本罪所保護之應保守之

---

[169]實例如下：

①二五上六八五八：上訴人充郵務管理局郵務員，奉令飭查存戶儲款，得悉支局局長某有挪用儲洋未經登入帳簿情事，乃不即時報告總局，反將查帳不符情形，洩漏應守秘密之消息於該支局長，致其畏罪潛逃無蹤，原審認爲構成刑法第一百三十二條第一項之罪，並無不合。

②二八上二九一二：傷單原爲訴訟關係人得以請求閱覽或抄錄之件，並非應絕對保守秘密之文書。上訴人充當檢驗吏，將傷單擅交告訴人閱看，雖應受行政上之制裁，究與刑法第一百三十二條第一項之規定，顯不相當。

③三一、二、三議：偵查中之紀錄書記官將被嫌疑人以外之筆錄抄給被嫌疑人，應成立刑法第一百三十二條第一項之罪。

[170]例如依法院組織法第八十三條：「評議時，各推事之意見應記載於評議簿，但應嚴守秘密」之規定，故法官裁判之評議內容亦可成爲本罪之行爲客體。惟事實有甚多之文書、圖畫、消息或物品是否屬於應保守之秘密？並無法令之規定以作爲判斷之依據。西德刑法第二五三條 b 之「洩漏職務秘密罪」（Verletzung des Dienstgeheimnisses）則以若將其公開將足以危害「重要之公共利益」（wichtige öffentliche Interessen）之秘密爲限，故如將其公開並不會危及重要之公共利益者，即非洩密罪所應加保護之秘密。因此，可就具體事件而作客觀之判斷，而無須有具體之法令規定，方有判斷之依據，此頗值我國刑法修改時之參考。

[171]參閱五七臺上九四六：刑法第一百三十二條第一項所謂應秘密之者，係指文書、圖書、消息或物品，與國家政務或事務上具有利害影響者而言，自非以有明文規定爲唯一審認之標準。

秘密，但因某特定人依據法律規定對之有請求公務員朗讀或交其閱讀之權，故單純就此項文書對該特定人而言，即非公務員所應保守之秘密[172]。此外，如本應保守秘密之文書、圖畫、消息或物品，但已經公務員洩漏於外者，即不再爲秘密，故亦不能成爲本罪之行爲客體[173]。

三、行爲

本罪之行爲有二，卽：洩漏或交付。何謂「洩漏」或「交付」已詳述於前（第十四章、第三節、捌之三），在此不贅。

行爲人一有洩漏或交付行爲，卽構成本罪之既遂，至於他人是否果已知悉該秘密內容？或果已持有該秘密？均在所不問[174]，故本罪爲行爲犯。又行爲人所洩漏或交付之應保守秘密之文書、圖畫、消息或物品是否僅限於行爲人因職務而知悉或職務上所持有者？對於此一問題向有不同之見解，有採否定說而認爲行爲人所洩漏或交付者是否其職務上所知悉或持有者，並非所計[175]；另有持肯定說而認爲行爲人所洩漏或交付之秘密應以行爲人職務上知悉或持有者爲限[176]。本條條文對於此一問題雖無明文規定，但就本罪之立法本旨以觀，則以後說較爲允當，蓋本罪在本質上應是對於公務員因違背其職務上之保密義務所作之刑事制裁，其對於非因職務關係而知悉或職務上所持有之秘密，並不因具有公務員身

[172] 參閱三一上二八八：刑法第一百三十二條第一項之罪，係以應秘密之文書、圖畫、消息或物品爲其客體，故如某特定人對於該項文書有請求公務員朗讀或令其閱覽之權利，則此項文書對於某特定人卽無秘密之可言，因而公務員縱使有將此項文書洩漏或交付於該特定人情事，亦難以該條項之罪責相繩。

[173] 參照十七、九、一九議。

[174] 參閱五九臺上一九五二：上訴人爲公務員，洩漏關於中華民國國防以外應秘密之文書、圖畫，其有關資料一經發出，卽係洩漏行爲之完成，雖未達他人之手，亦屬既遂。

[175] 見陳著，三三九頁。

[176] 見韓著(一)，八六頁。

分而有特別之保密義務，故公務員所洩漏或交付之秘密若非其因職務關係而知悉或職務上所持有者，自非違背其職務上保密義務之行為，故應不構成本罪。

四、主觀之不法要素

行為人主觀上必須對於行為客體係國防以外之秘密有所認識，而決意洩漏或交付，方構成本罪。至於行為人係出於何種不法意圖而故意洩漏或交付？則因條文未規定，故在所不問。

五、法律效果

犯本罪者，處三年以下有期徒刑。

六、檢討與改進

就本罪之罪質而觀，本罪之不法核心應是公務員對其守密義務之違背以及此等違背守密義務行為所造成之對於公共利益之損害，但本罪之現行規定，則未能把握此兩個不法內涵，故刑法修改時，應以此兩個不法內涵為重點，構架本罪之構成要件[177]。

貳、公務員過失洩漏或交付國防以外秘密罪

公務員因過失致洩漏或交付國防以外應秘密之文書、圖畫、消息或物品者，構成第一三二條第二項之公務員過失洩漏或交付國防以外秘密罪。本罪為特別犯與行為犯。

一、行為客體

本罪之行為客體與前罪者同（本節、壹之二）。

---

[177] 西德刑法第三五三條 b 規定之洩漏職務秘密罪，即以此兩不法內涵為構成要件之重心，可作為我國修改刑法之參考。

二、行爲

本罪之行爲爲因過失而洩漏或交付。洩漏或交付之義已詳述於前（第十四章、第三節、捌之三及本節、壹之三），在此不贅。

三、法律效果

犯本罪者，處一年以下有期徒刑、拘役或三百元以下罰金。

叁、非公務員洩漏或交付國防以外秘密罪

非公務員因職務或業務知悉或持有國防以外應秘密之文書、圖畫、消息或物品，而洩漏或交付之者，構成第一三二條第三項之非公務員洩漏或交付國防以外秘密罪。本罪爲一般犯與行爲犯。

一、行爲主體

本罪之行爲主體爲非公務員，即指不具公務員身分之人，包括曾爲公務員而現已非公務員及本即不具公務員身分之人。

二、行爲客體

本罪之行爲客體爲行爲主體因職務或業務知悉或持有國防以外應秘密之文書、圖畫、消息或物品。何謂國防以外應秘密？已詳述於前（本節、壹之二），在此不贅。此等秘密必須係曾爲公務員而現已無公務員身分之行爲主體，在其任職時因職務所知悉或持有者，或係非公務員之行爲主體從事業務而知悉或持有者，否則，如非因職務或業務，而係因偶然而知悉或持有者，自不能成爲本罪之行爲客體，故縱將其洩漏或交付，亦不構成本罪。

三、行爲

本罪之行爲亦爲洩漏或交付，已詳述於前（第十四章、第三節、捌之三及本節、壹之三），在此不贅。

四、主觀之不法要素

行爲人主觀上必須明知爲國防以外之秘密，而故意洩漏或交付，方構成本罪，否則，如因過失而洩漏或交付，自不成立本罪。

五、法律效果

犯本罪者，處一年以下有期徒刑、拘役或三百元以下罰金。

肆、郵電人員妨害郵電秘密罪

在郵務或電報機關執行職務之公務員，開拆或隱匿投寄之郵件或電報者，構成第一三三條之郵電人員妨害郵電秘密罪。本罪爲特別犯與行爲犯。

一、行爲主體

本罪之行爲主體以在郵務或電報機關執行職務之公務員爲限，故普通人如有本罪之行爲，自不構成本罪，而應成立妨害書信秘密罪（第三一五條）[178]。郵政與電報均爲國營事業（參閱郵政法第一條），故在此機關執行職務之人對於投寄之郵件或電報應負有保守秘密之義務。本罪所謂在郵政機關執行職務之公務員除郵局編制內之郵政人員外，尚應包括負有代運郵件之責者（參閱郵政法第十八條）及郵政代辦人[179]。

二、行爲客體

本罪之行爲客體爲投寄之郵件或電報。稱「郵件」包括信函、明信

---

[178] 參閱二七上一二九四：刑法第三百十五條之罪，係指普通人無故開拆或隱匿他人之封緘信函等文書而言，若在郵務或電報機關執行職務之公務員，開拆或隱匿投寄之郵件或電報，則同法第一百三十三條定有處罰專條，依特別規定優於普通規定之原則，自應適用第一百三十三條處斷。

[179] 參照韓著㈠，八七頁。並參閱五一臺上一九〇四（見301頁註[43]之②）。但司法院之解釋則採反對說而認爲郵政代辦人並非本罪適格之行爲主體，參閱三六院解三四六一（見632頁之註[illegible]）。

片、新聞紙類、印刷品、瞽者文件、小包等（參閱郵政法第四條）。稱「電報」指經由電信網路傳遞符號、文字或形象者（見電信法第二條第六款）。

三、行爲

本罪之行爲有二，即：開拆或隱匿，其義已詳述於前（第五章、第二節、壹之二），在此不再贅述。此外，本罪之行爲可能與受賄而違背職務罪（第一二二條第二項）發生牽連關係，此應依第五十五條後段之規定從一重處斷[180]。

四、主觀之不法要素

行爲人主觀上必須出於故意而開拆或隱匿，方構成本罪。又行爲人雖有故意之開拆或隱匿行爲，但有法令之依據者[181]，自可排除故意，而不構成本罪。

五、法律效果

犯本罪者，處三年以下有期徒刑、拘役或五百元以下罰金。

---

[180]參閱四七臺上二七〇（見前註[69]之①）。

[181]如民國三十七年公布施行之戡亂時期郵電抽查條例。

第十六章　妨害國權及公民權行使之犯罪

第一節　概　說

國家基於其主權，經由政府機關之公職人員，而實現其意志，此等程序之運作，不容遭到非法之妨害與阻撓，否則，國家意志即無法圓滿地執行與實現，政府之威信亦將受到破壞。因此，刑法乃特設專章，處罰此等妨害公務員執行公務之行爲。自形式而言，此等妨害行爲之妨害標的係公務員所執行之公務，然自實質而論，此等妨害公務行爲實係阻撓國家意志之執行與實現，無異是對於國家主權之一種反抗行爲，故妨害公務行爲之本質乃在於「反抗國家主權」(Auflehnung od. Widerstand gegen die Staatsgewalt)❶，其所破壞之法益自爲國家法益，惟因行爲人係對執行公務之公務員實施强暴或脅迫而達妨害公務之目的，故公務員之身體自亦可成爲行爲人妨害公務行爲之犯罪標的。因此，妨害公務行爲除侵害國家法益外，尚另侵害公務員之個人法益。

社會之公共秩序與安全乃社會共同生活所不可或缺之條件，對於國家社會公安與公共秩序之維持，乃國家責無旁貸之使命，故妨害公共秩序與社會公安之行爲，在實質上即無異對於國家主權行使之妨害，故本

---

❶故如德國刑法與我國刑法妨害公務罪章相當之罪章即稱之爲「反抗國家主權」(Widerstand gegen die Staatsgewalt)，奧地利刑法亦稱爲「對國家主權之犯罪」(Strafbare Handlungen gegen die Staatsgewalt)。

書乃將妨害秩序罪與妨害公務罪併列一章，而就其共通之處，稱之爲妨害國權行使之犯罪。

公民權之健全行使乃是民主憲政之基礎，故不容對其有任何非法之妨害，在公民權中最重要者當推依據法定之政治投票權，刑法乃特設妨害投票罪章加以保護，一方面使有投票權之人可以自由行使其投票權，另方面則使投票事務不受非法之妨害，以確保投票之公平與正確，而能推擧符合多數民意者，擔任代表或其他公職，或使人民或其代表能够圓滿地行使創制、罷免、複決等其他政權。對公民權之行使而言，妨害投票罪章之犯罪行爲係屬妨害公民權行使之犯罪，表面上係妨害人民行使政權之犯罪，惟實質上却與國家之治權息息相關。因此，本書乃將其與妨害國權行使之犯罪合併一章，加以論述。

妨害投票罪章中規定處罰之犯罪行爲主要者計有對於有投票權者個人行使投票權之妨害行爲以及對於投票事務整體之妨害行爲，故妨害投票罪所破壞之法益乃包括個人法定政治投票權之行使以及法定之政治投票程序之圓滿進行與公正之投票結果。

第二節　妨害公務罪

刑法規定處罰之妨害公務罪計有：壹、妨害公務員執行職務罪。貳、强制公務員執行職務或辭職罪。叁、公然聚衆妨害公務罪。肆、妨害考試罪。伍、侵害公務上掌管之文書物品罪。陸、妨害封印或查封之標示罪。柒、侮辱公務員罪。捌、公然侮辱公署罪。玖、侵害文告罪。今分別論述如下：

壹、妨害公務員執行職務罪

行爲人對於公務員依法執行職務時，施强暴脅迫者，構成第一三五條第一項之妨害公務員執行職務罪。本罪爲一般犯與行爲犯。

一、行爲客體

本罪之行爲客體爲公務員，故對於非公務員，則行爲人縱有本罪之行爲，亦不負本罪之刑責❷，由於刑法係國內法，故本罪之刑法條款所保護之公務員自以本國之公務員爲限。公務員必須依法執行職務者，方能成爲本罪之行爲客體，否則，公務員若非依法執行職務，則行爲人縱有本罪之行爲，亦不負本罪之刑責。條文上僅稱公務員，故凡具公務員身分者，即可成爲本罪之行爲客體，至於係從事何種職務之公務員？則非所問。

二、情狀

行爲人必須於公務員依法執行職務時，實施本罪之行爲，方能構成本罪❸，故如於公務員並非執行職務時，或雖於公務員執行職務，但並非依法執行時或超越其職務範圍之外時等情狀下，實施本罪之行爲，均不構成本罪，此應依實際之行爲情狀，分別成立强制罪（第三〇四條第

❷參閱二一院八一三：縣鹽務局如係私人承包性質，其僱用之丁役，不能視爲公務員，人民因其搜查私鹽啓衅，入店毆打，自不能成立妨害公務之罪。

❸參閱

①二八上二三：執達員某甲，奉令查封上訴人動產之際，上訴人夥同某乙等横加阻攔，妨害其查封之職務，並將某甲所持封條令文撕毀，自係對於公務員依法執行職務時，施强暴脅迫，並損壞其職務上掌管之文書，與意圖妨害公務員依法執行一定之職務，而非在其執行職務時施强暴脅迫者有別。

②五九臺上三三一：刑法第一百三十五條之妨害公務罪，必以公務員於執行屬於其權限內之職務時，且具備法定形式，使凡認識其人爲正在依法執行職務之公務員，而對之施以强暴脅迫，方能成立。

一項）或傷害罪❹。又公務員必須本於公法上之地位，行使其職權，始與本罪之依法執行職務相當；否則，公務員如係本於私法上之關係，行使其權利，則無本罪之適用。

就國家意志之貫徹以及國家法益保護之觀點，本罪所保護者應僅限於公務員之合法職務行為，對於非法之職務行為，自無加以保護之必要，因人民如對於公務員之非法職務行為加以反抗，則對於國家主權意志之貫徹並無任何損傷可言，故自不具可罰性，而無本罪之適用。因此，本罪規定之「依法執行職務時」應解為執行具有合法性之職務時，或從事合法之職務行為時。

此等「職務行為之合法性」(Rechtsmässigkeit der Diensthandlung) 之法律性質究竟為何？在刑法學說上聚訟紛紜，迄今尚無定論❺，有學者認為係構成要件要素，有認為係「法義務要素」(Rechts-

❹實例如下：

①二三上四二一七：刑法（舊）第一百四十二條之妨害公務罪，以對於依法執行職務之公務員或其佐理人有該條一二兩項所定之妨害行為為成立要件，若其執行職務軼出法律範圍之外，甚且憑藉所持之公用物品，以便利其犯罪，此種行為，既非基於其職務上之合法行動，則排除或制止之者，除視其情形如何得論以他罪外，要難認為妨害公務。

②二四上三四八八：刑法第一百三十五條第一項之罪，以對於公務員依法執行職務時施强暴脅迫為要件，所謂依法，指依據法令而言，故公務員所執行者，若非法令內所應為之職務，縱對之施以强暴脅迫，除其程度足以構成他項罪名者，得論以他罪外，要難以妨害公務論，若所施之强暴脅迫，係出於防衛公務員不法執行之職務，而其行為並未過當者，亦即無犯罪之可言。
此外，五四臺上二五一二亦同旨。

③三〇上九五五：刑法第一百三十五條第一項之妨害公務罪，以公務員依法執行職務時加以妨害為要件，若超越職務範圍以外之行為，即不得謂為依法執行職務，縱令對之有所妨阻，要無妨害公務之可言。本件告訴人以硝磺分局長身分，率領緝私員赴上訴人家查緝私硝，固難謂非依法執行職務，但於查獲私硝後，因上訴人向其有所爭執，竟令毆打，實已軼出執行職務範圍之外，因此引起上訴人之反擊，自難據妨害公務之律以相繩。

❺參照 Wessels, BT-1, 1977, S. 81; Schönke-Schröder, StGB, 1978, 113 Rdn. 1; Systematischer Kommentar zum StGB, 1977, § 113, Rdn. 22.

pflichtmerkmal)，有認爲係可罰性之客觀條件，亦有認爲係修正之可罰性之客觀條件（modifizierte objektive Bedingung der Strafbarkeit)，甚有認爲若欠缺此等職務行爲之合法性，卽爲違法阻却事由，惟就現行條款之規定以觀，則職務行爲之合法性實爲構成本罪不可或缺之行爲情狀，故以視之爲構成要件要素爲宜❻。

職務行爲是否具有合法性之問題，依據通說之見解應依刑法之合法性概念（strafrechtlicher Rechtsmässigkeitsbegriff）而爲判斷，卽依刑法之範疇，而不受行政法之規則所限制，係着重於職務行爲的「形式之合法性」(formale Rechtsmässigkeit)，而少就職務行爲的「實質之正確性」(materielle Richtigkeit)，從事判斷❼。依據此等原則，所謂職務行爲之合法性必須具備下述條件:

(一) 職務行爲必須爲公務員職權範圍內之公務行爲，方具合法性，故超越職權範圍之職務行爲卽具非法性，如警察以不干涉民事爲原則，故警察代他人執行民法上之請求權，則顯已非其職權範圍內之行爲，此等職務行爲卽具非法性。

(二) 公務員必須於其有權執行職務之轄區內方可執行其職務，故職務行爲必須爲公務員在其轄區內之職務行爲，方具合法性，否則，如無法律依據，而逕至其轄區外所執行之職務行爲，卽具非法性❽。

(三) 職務行爲祇須在形式上有合法之依據，卽足以定爲合法之職務行爲，而不以實質上亦爲正確合法者，方爲合法之職務行爲，如有法院

---

❻參照韓著(二)，九八頁。

❼參照 Schönke-Schröder, StGB, 1978, § 113, Rdn. 21; Blei, BT. 1976, S. 329.

❽例如鐵路警察之管轄範圍以鐵路沿線、鐵路橋樑鐵路車站及鐵路各單位之辦公工作處所及倉庫建築物等爲限（見臺灣省鐵路警察局與縣市警察局及港務警察所權責劃分暨工作聯繫辦法第二條之規定），故如鐵路警察於法無據而於火車站前之廣場執行其職務，則此職務行爲卽具非法性。

之判決書或警局之違警裁決書之依據所爲之職務行爲，即爲合法之職務行爲。至於該判決書或裁決書之內容是否正確，則非所問❾。當然，人民對於此等錯誤之判決或裁決祇有提出法律手段之救濟，而不能以自力排除公務員之執行。

（四）職務行爲有「限定行爲」與「裁量行爲」之分，前者祇要與法令或公務員服務規則相符者，即具合法性，後者祇要職務行爲不具「義務違背性」(Pflichtwidrigkeit) 者，即具合法性（參閱第十五章、第二節、貳之二)。

依據上述之判斷標準，若可認定公務員所執行者爲具有合法性之職務行爲，在此情狀下，如有本罪之行爲，當即構成本罪，惟如可認定爲非法之職務行爲，對於該職務行爲之相對人而言，則無異構成正當防衛所稱之「現在不法之侵害」(第二三條)，在此情狀下，若對於公務員實施强暴脅迫者，即可依據正當防衛而阻却違法❿。

三、行爲

本罪之行爲爲施强暴脅迫而妨害公務員執行職務。行爲人必須對於

---

❾此亦即前述之依據刑法之合法性概念，着重形式之合法性而爲之判斷，我國司法院之解釋，亦採此見解，參閱三二院二四九六：甲乙因終止租約事件，第一審判令兩造間之租約准於秋收後終止，被告應拆清租領約搬還交業，被告不服上訴於第二審，因未遵限繳納裁判費，致被裁定駁回，旋又提起抗告，第三審尙未裁定終結，乃第一審法院竟根據原告之聲請，誤以第一審未確定之判決具有執行名義，命令强制執行，於法固有未合，被告對此違法之執行命令，自可依强制執行法第十二條於强制執行程序終結前聲明異議，以資救濟，惟該奉派執行人員持有法院命令，前往强制執行，究不得謂非法執行職務，斯時被告對於上開執行人員，果施强暴脅迫，仍應成立刑法第一百三十五條第一項之罪。

❿參照 Schönke-Schröder, StGB, 1978, § 113, Rdn. 36. 爲求符合構成要件之明確原則，西德刑法所規定之反抗執行官員罪 (Widerstand gegen Vollstreckungsbeamte) 特設違法性之判斷規則，而規定若職務行爲係非法者，則行爲人卽不具可罰性，若行爲人錯誤而誤以職務行爲係合法者，亦同（見德刑第一一三條第三項），故卽可依此規定而不繩以本罪，不必再以正當防衛之違法阻却事由而阻却違法。

公務員實施强暴脅迫，始構成本罪，否則，若對公務員並無强暴脅迫之情事，縱對公務員之職務行爲有所妨害，亦不負本罪之刑責⓫。何謂「强暴」「脅迫」？已詳述於强制罪（第四章、第二節、貳、二之㈠與㈡），在此不贅。

四、主觀之不法要素

行爲人主觀上必須認識行爲客體爲依法執行職務之公務員，而決意實施本罪之行爲者，方構成本罪⓬，否則，行爲人如欠缺此等主觀之不法要素，則不負本罪之刑責。

五、結果加重犯

犯本罪因而致公務員於死或致重傷者，第一三五條第三項設有結果加重犯之處罰規定，行爲人必須祇具本罪之故意，且公務員之死亡或受重傷之加重結果確係因行爲人之强暴脅迫行爲所引致而爲行爲人所能預見者，方可適用本項之結果加重犯處斷，否則，如以殺害公務員爲手段，而達妨害公務之目的，則應成立本罪與殺人罪之牽連犯，並依第五十五條後段之規定從一重處斷⓭。此外，適用本項處斷之加重結果僅以致死或致重傷爲限，若僅致輕傷，自無本項之適用，除另有輕傷之故意，另成立輕傷罪（第二七七條第一項）外，乃强暴脅迫之當然結果，

⓫參閱十八上一二一〇：上訴人僞造及行使僞造文書欲以詐術使公務員判令代爲賠償，然其對於公務員並無强暴脅迫情形，與刑法（舊）第一百四十二條第一項之要件不符。

瑞士刑法對於不施强暴脅迫之妨害公務行爲亦設有處罰規定（瑞刑第二八六條）而與施强暴脅迫之妨害公務行爲並列（瑞刑第二八五條）。

⓬西德刑法學界由於認爲職務之合法性並非構成要件要素，故本罪行爲人主觀上對於職務行爲之合法性自無認識之必要，參照 Schönke-Schröder, StGB, 1978, § 113, Rdn. 50; Blei, BT. 1976, S. 330.

⓭參閱三九臺上四九：上訴人明知員警檢查煙土竟敢開槍抗拒，同時斃傷四人，是於殺人及殺人未遂罪之外，併犯刑法第一百三十五條第一項第三項之妨害公務罪，應依同法第五十五條從一重處斷。

而吸收於本罪之內。

六、法律效果

犯本罪者，處三年以下有期徒刑、拘役或三百元以下罰金。犯本罪因而致公務員於死者，處無期徒刑或七年以上有期徒刑。因而致重傷者，處三年以上，十年以下有期徒刑。

貳、强制公務員執行職務或辭職罪

行爲人意圖使公務員執行一定之職務或妨害其依法執行一定之職務或使公務員辭職，而施强暴脅迫者，構成第一三五條第二項之强制公務員執行職務或辭職罪。本罪爲一般犯與行爲犯。

一、行爲客體

本罪之行爲客體亦與前罪同爲公務員（參閱本節、壹之一），在此不贅。

二、情狀

行爲人必須於公務員執行職務之前，實施本罪之行爲，方構成本罪，否則，行爲人如於公務員執行職務之時，施强暴脅迫者，則構成前罪而非本罪。因此，本罪亦可稱爲「事前妨害公務罪」，而與前罪之「事中妨害公務罪」有別。

三、行爲

本罪之行爲亦與前罪同爲施强暴脅迫（參閱本節、壹之三），在此不贅。

四、主觀之不法要素

行爲人主觀上必須出於下述三種不法意圖之任何一種，而故意實施本罪之行爲者，方構成本罪:

(一) 意圖使公務員執行一定之職務

公務員執行職務時，依據法令之規定，在其職權範圍內自由審酌裁量，除受上級公務員之指令外，不受他人之命令所左右。意圖使公務員執行一定之職務，即指强制公務員執行某特定職務之不法意圖，此等不法意圖並不以强制公務員執行違法之職務爲限，即使强制公務員執行合法之職務，亦包括在內。

(二) 意圖妨害公務員執行一定之職務

意圖妨害公務員執行一定之職務係指妨礙或阻撓公務員執行某特定職務行爲之不法意圖，此等不法意圖中之特定職務自僅以公務員職權範圍內之合法職務爲限，公務員職權外之非法職務並不包括在內。

(三) 意圖使公務員辭職

意圖使公務員辭職係指强制促使公務員辭職之不法意圖。

行爲人主觀上祇要具有上述三種不法意圖中之任何一種，而故意施强暴脅迫，即足以成罪。至於其不法意圖是否得逞？公務員已否執行一定之職務？執行職務已否受到妨害？或公務員已否辭職？均與本罪之成立無關。

五、結果加重犯

犯本罪因而致公務員於死或致重傷者，第一三五條第三項設有結果加重犯之處罰規定，已詳述於前(參閱本節、壹之五)，在此不贅。

六、法律效果

本罪之法律效果與前罪同(見本節、壹之六)。

叁、公然聚衆妨害公務罪

行爲人公然聚衆而犯妨害公務員執行職務罪(第一三五條第一項)

或犯强制公務員執行職務或辭職罪（第一三五條第二項）者，構成第一三六條第一項之公然聚衆妨害公務罪。本罪爲一般犯與行爲犯。

一、行爲主體

任何人均可成爲本罪之行爲主體。依據本條之規定，本罪之行爲主體可分爲首謀、下手實施强暴脅迫者與在場助勢者三類。稱「首謀」係指爲首計謀而指揮統率聚集之群衆實施强暴脅迫之妨害公務行爲者，其自己是否亦下手實施强暴脅迫？則在所不問，即使其自己亦下手實施强暴脅迫，並不影響其爲首謀者之地位。本罪之成立以有首謀者爲前提，否則，如多數人事先並無首謀者之策劃，而同時聚集一處，共同實施强暴脅迫之妨害公務行爲，則不構成本罪，而成立妨害公務員執行職務罪（第一三五條第一項）之共犯⓮。又稱「在場助勢」係指旣非首謀，亦非下手實施强暴脅迫之人，唯於犯罪之際在場吶喊助長聲勢之人，但尙未達幫助犯之程度者而言，若除在場吶喊助勢外，尙有幫助行爲者，如擔任封鎖現場或提供兇械者，則非在場助勢，而應依下手實施之共犯論處⓯。

二、情狀

行爲人必須在公然聚衆之情狀下而犯前二罪之行爲，方有本罪之適用。所謂「公然聚衆」(Öffentliche Zusammenrottung) 係指出於首謀者之發動誘引而公開地聚集特定或不特定之多數人於一定地點，而成爲

⓮參閱五一臺上二二二〇：刑法上所謂聚衆，係指多衆集合而有隨時可以增加之狀況者而言，而刑法第一百三十六條第一項之所謂下手實施强暴脅迫者，尤須以有首謀者爲前提，原判決對於當時究由何人集合不特定多數人之首謀者，旣未有所認定，則上訴人等以同里居民聞其里長之大聲疾呼而參加，是否卽與前開聚衆之要件相符，抑或僅係共犯同法第一百三十五條第一項及第二百七十七條第一項之罪，應依第五十五條從一重處斷，自不能謂無審究之餘地。

⓯參照韓著㈠，一〇三頁。趙著㈤，一二〇頁。

可以從事共同行爲之一群人⑯。易言之，即首謀者公開聚衆成群使特定或不特定之多數人彼此直接地聚集一地，而可共同一致地實施妨害公務行爲。否則，如非出於首謀者之發動而係多數人自動聚合，則非本罪之公然聚衆⑰。多數人經首謀者之倡議而有共同行動之意思聯絡，但其身體尙未聚集在一定地點時，則尙不能稱之爲聚衆成群，如首謀者與多數人共同僅在電話中約定妨害某一公務行爲之執行，自非本罪之聚衆，必須俟多數人相約而已聚集於一定地點而足以共同從事妨害公務行爲時，方爲本罪之聚衆。至於集合多少人才算爲聚衆之問題，則須從個案加以判斷，其決定之關鍵點乃在於聚集之人數是否足以妨害公務之執行？如執行職務之公務員祇有一人，而行爲人聚集三人，當然足以該當聚衆，但如執行公務之公務員有數百人之衆，而行爲人祇聚集三人，則非聚衆⑱。又聚衆成群爲集體犯 (Massendelikte) 之典型要素，故本罪爲一種集體犯。

聚衆成群必須爲公然者，方與本罪所必備之情狀相當，就公然本身之涵義而言，則公然所聚之人數係不特定而隨時有可能增加者⑲，但若人數確定而無增加之可能者，或聚集之人係屬同一團體之組成份子，如爲工會之會員等，亦可稱之爲公然聚衆⑳，故公然聚衆並不以人數有隨時增加之可能爲必要。

三、行爲

本罪之行爲亦爲施强暴脅迫而妨害公務，即以多數人聚合之力，共

---

⑯參照 Schönke-Schröder, StGB, 1970, § 115, Rdn. 3.

⑰參閱五五臺上二三二四：查刑法第一百三十六條第一項所謂「聚衆」，係指首謀者集合不特定之多數人而言，與群衆自動聚合之情形不同。

⑱參照 Schönke-Schröder, StGB, 1970, § 115, Rdn. 4.

⑲此爲國內刑法學界之通說，見韓著(二)，一〇一頁。趙著(上)，一一九頁。西德學者亦有採此說者，參照 Maurach, BT. 1969, S. 647.

⑳參照 Schönke-Schröder, StGB, 1970, § 115, Rdn. 5.

同對公務員施强暴脅迫，而得妨害公務之執行。以妨害公務執行之意思而參與公然聚集而在場助勢者，雖無下手實施强暴脅迫之行爲，但亦可構成本罪，惟與首謀者或下手實施强暴脅迫之人，異其處罰而已（見下述六）。

四、主觀之不法要素

行爲人主觀上必須認識其係聚衆成羣而決意施强暴脅迫或僅在場助勢，以妨害公務，方構成本罪，否則，如欠缺此等主觀之不法要素，即不負本罪之刑責。行爲人若係公然聚衆而犯强制公務員執行職務或辭職罪（第一三五條第二項）者，則尚須具備該罪之不法意圖（見本節、貳之四）。

五、結果加重犯

本罪之首謀及下手實施强暴脅迫之人因而致公務員於死或致重傷者，第一三六條第二項設有結果加重犯之處罰規定（參閱本節、壹之五）。首謀及下手實施强暴脅迫之人必須僅具本罪之故意而實施强暴脅迫致生加重結果者，始有本項之適用，否則，如另有重傷之故意，而追毆公務員致其重傷者，即應另構成重傷罪（第二七八條第一項），而非本罪之結果加重犯㉑。又本項之結果加重犯僅限於首謀及下手實施强暴脅迫者，至於在場助勢者，即無本項結果加重犯之適用。

六、法律效果

犯本罪在場助勢者，處一年以下有期徒刑、拘役或三百元以下罰金。首謀及下手實施强暴脅迫者，處一年以上，七年以下有期徒刑。

㉑參閱二四上一七二一：刑法（舊）第一百四十三條第二項之致重傷罪，必須犯人並無傷害之故意者，始能構成，上訴人等於聚衆妨害公務時，故意追毆公安局長，致其右眼失明，不能依該條項論擬。

首謀及下手實施强暴脅迫之人，因犯本罪致公務員於死者，處無期徒刑或七年以上有期徒刑。因而致重傷者，處三年以上，十年以下有期徒刑。

肆、妨害考試罪

行爲人對於依考試法擧行之考試，以詐術或其他非法之方法，使其發生不正確之結果者，構成第一三七條第一項之妨害考試罪。本罪爲一般犯與結果犯。

一、行爲主體

任何人均可能成爲本罪之行爲主體，而不以應試之人爲限，卽使應試人以外之第三人或辦理試務之公務員，亦可能成爲本罪之行爲主體。行爲主體若爲公務員，且係假借公務員職務上之權力、機會或方法而故意犯之者，則應依第一三四條之規定，加重其刑至二分之一。

二、行爲客體

本罪之行爲客體爲依考試法擧行之考試，包括公務人員與專門職業及技術人員之高等考試、普通考試與特種考試（考試法第二條第一項）以及高等考試或普通考試前定期擧行之高等或普通檢定考試（考試法第九條）。此等考試均爲國家基於考試權之行使而擧行之國家考試，對之如有妨害行爲，卽無異對於國家治權行使之一種妨害，故刑法乃特設本罪之處罰規定㉒。至如機關招考員工或升等考試，或學校擧辦之大規模之考試，如大專入學聯考、高中入學聯考等，因非依據考試法所擧行之國家考試，故自非本罪之行爲客體，雖對之施以本罪之行爲，使其發生不正確之結果，亦不負本罪之刑責。

㉒本罪在舊律卽已設有詳細之處罰規定，詳參閱趙著(上)，一二一頁。

三、行爲

本罪之行爲乃實施詐術或其他非法之方法，而妨害依考試法舉行之考試，凡一切作弊而足使考試發生不正確結果之非法行爲，均該當本罪之行爲，詐術祇是一種例示，其他如冒名頂替（即以槍手頂替入場應試）、以袖珍型無線電與場外連絡而獲知答案、或試前竊得試題、或故意洩漏試題等等。

四、行爲結果

行爲人之行爲必須使考試發生不正確之結果，方能構成本罪，故本罪爲結果犯。

五、主觀之不法要素

行爲人主觀上必須認識考試係依考試法舉行之考試而決意實施本罪之行爲，方構成本罪，否則，若行爲人係出於過失，致使考試發生不正確之結果，如負責試務之公務員因過失而洩題或計分錯誤等，則祇是行政責任之問題，而不構成本罪。

六、未遂犯

本罪之未遂行爲，第一三七條第二項設有處罰規定，行爲人已着手本罪之行爲，但尚未使考試發生不正確之結果者，即爲本罪之未遂犯。

七、法律效果

犯本罪者，處一年以下有期徒刑、拘役或三百元以下罰金。

伍、侵害公務上掌管之文書物品罪

行爲人毀棄、損壞或隱匿公務員職務上掌管或委託第三人掌管之文書、圖畫、物品，或致令不堪用者，構成第一三八條之侵害公務上掌管之文書物品罪。本罪爲一般犯與行爲犯。

一、行爲客體

本罪之行爲客體爲公務員職務上掌管或委託第三人掌管之文書、圖畫或物品。可能成爲本罪行爲客體之文書、圖畫或物品雖不必爲公文書或公物，亦不問其所有權屬誰？但必須爲公務員職務上掌管或委託第三人掌管者㉓，故如非公務員職務上所掌管或委託第三人掌管之文書、圖畫或物品，即不能成爲本罪之行爲客體，若對之加以毀棄、損壞或隱匿，自不構成本罪，而應依毀損文書罪（第三五二條）或一般毀損罪（第三五四條）處斷㉔。稱「公務員職務上掌管」係指公務員基於職務關係而掌管，「委託第三人掌管」則指公務員基於職務關係而委託第三人代爲掌管而言，故公文書或物品已發交私人持有者，即非委託第三人掌管㉕，或如因私人關係而委託保管者，自亦不能成爲本罪之行爲客體。又所謂「第三人」，當係包括自然人與法人㉖。

㉓參閱五四臺上四七七：刑法第一百三十八條所謂公務員職務上掌管之物品以該物品由公務員本於職務上之關係所掌管者爲已足，與物品之所有權無涉。

㉔參閱四二臺上二二三：農會職員係辦理社會公益事務之人員，不能認爲刑法上所稱之公務員。原判決以上訴人擊毀農會職員職務上掌管之玻璃板，依刑法第一百三十八條所定損壞公務員職務上掌理之物品罪處斷，自有未洽。

㉕參閱

①二七上二三五三：刑法第一百三十八條所謂公務員職務上掌管之文書，以該文書由公務員本於職務上之關係所掌管者爲限，又所謂損壞，亦係指該文書之全部或一部因其損壞致喪失效用者而言，法院之傳票，本係送達於被傳人之文件，如在已經送達之後，即不能認爲公務員職務上掌管之文書，若在未經送達之前，加以損壞，而損壞部分於傳票內容之記載無關者，亦不成立該條之損壞罪名。

②三一上一四四四：刑法第一百三十八條所謂公務員委託第三人掌管之文書，係指該文書由公務員基於職務上之關係委託第三人代爲掌管者而言，本件運輸證係經某縣糧食管理處發給某甲，於發給後，即屬某甲所有，並非委託某甲代爲掌管，若加以毀棄並足生損害於他人，自應依同法第三百五十二條，論以毀棄他人文書之罪，不能適用同法第一百三十八條處斷。

③三四院二八五二（見416頁之註❸）。

㉖參照三四院解二九七七。

二、行爲

本罪之行爲有四，卽：毀棄、損壞、隱匿，致令不堪用。何謂「毀棄」，「損壞」或「致令不堪用」已詳述於毀損文書罪與一般毀損罪（參閱第六章、第十一節、壹之二、叁之二），在此不再贅述㉗。稱「隱匿」係指隱匿行爲客體，而使人不能或難於發現㉘。

㉗實例如下：

①三一院二三三七：甲奉公署命令檢獲某商店應受行政處分之簿據，携存寓所箱內，該店東夥乙丙丁，因該簿被檢獲，於其商店不利，乃乘甲未回寓之際，向該寓所主人將該簿騙取到手，如有毀損隱匿等行爲卽應成立刑法第一百三十八條之罪。

②四四臺上一一一一（見225頁註㊸之②）。

③六四臺上四二二：警員依規定制作之談話筆錄，卽屬公務員職務上掌管之文書，上訴人於氣忿中故予撕壞，致不能辨認其全部內容，顯不堪用，對其所爲，自應按刑法第一百三十八條論罪。

㉘實例如下：

①四二臺上六八一：上訴人旣爲配置檢察官辦理刑事被告執行事務之書記官，對於檢察官批示交辦之案件，除照批示辦理外，要不能以任何理由延擱不辦。而上訴人竟將應執行案件故不執行，任意擱置，聽任行刑權消滅。迨奉命調辦紀錄，辦理移交時，恐被發覺，又利用承辦書記官有權將案卷歸檔之職務上機會，矇蔽長官，不依規定手續，私自歸檔以資掩飾，自應負隱匿公務員職務上掌管文書之罪責；且係假借職務上之機會爲之，並應加重其刑；且係基於一個概括之犯意，反覆爲之，係屬連續犯。

②四三臺上二五五：上訴人將其任某公司收帳員時之帳簿，交由稅捐稽征處查核後，復向該處立據借回暫時應用，嗣卽故意隱匿不還，藉詞搪塞，原審以該帳簿旣經稅捐稽征處扣押查核，而由上訴人暫時借用，自仍在公務員職務上掌管之中，乃竟隱匿，卽難解免罪責，因將第一審諭知上訴人無罪之判決撤銷，改依刑法第一百三十八條論處罪刑，於法尙無不合。

③五五臺上九二〇：上訴人等於菲律賓附近海上所撈獲之廢鐵等，顯屬無主物，旣經檢查哨人員認爲可疑，予以扣押處理，卽係檢查哨公務員掌管之物，上訴人等竊去隱匿，核與竊盜罪之構成要件不合，惟其隱匿行爲構成隱匿公務員職務上掌管之物品罪。

④五八臺上二七七五：執行職務之警員，旣將上訴人之違規車輛扣留作爲證據，在未發還之前，當不失爲職務上掌管之物品，乃竟私自駕往他處藏匿，自難解

行爲人祇要有四種行爲中之任何一種，而不待任何結果之發生，即足以構成本罪，故本罪爲行爲犯。此與毀損文書罪（第三五二條）及一般毀損罪（第三五四條）尙須具足以生損害於公衆或他人之行爲結果方能成罪之情形不同。此外，本罪爲毀損罪之特別條款，故行爲一旦該當本罪，即無另構成毀損罪之餘地。

三、主觀之不法要素

行爲人主觀上必須出於故意而實施本罪之行爲，方能構成本罪。至於行爲人係出於何種不法意圖而實施本罪之行爲？則如條文未作規定，故在所不問。

四、法律效果

犯本罪者，處五年以下有期徒刑。

陸、妨害封印或查封之標示罪

行爲人損壞、除去或汚穢公務員所施之封印或查封之標示，或爲違背其效力之行爲者，構成第一三九條之妨害封印或查封之標示罪。本罪爲一般犯與行爲犯。

一、行爲客體

本罪之行爲客體爲公務員所施之封印或查封之標示。稱「封印」係指公務員以禁止物之漏逸、使用或其他之任意處置爲目的，所施封禁之封條㉙，如法院查封之封條，或投票櫃上之封條，惟封條在尙未實施封

（續前）免刑責。

㉙見二五非一八八。

禁之前，僅爲公文書，而非本罪之封印㉚。稱「查封之標示」則指公務員因查封特定物而爲之標記或告示而言，如公務員就動產之强制執行所爲之標封、或就不動產之强制執行所爲之揭示等（參閱强制執行法第四七條第一項、第七六條第一項）。封印或查封之標示必須爲公務員依據法令，本其職務而爲之者，方爲本罪之行爲客體。又雖爲公務員依法所施之封印或查封之標示，但因查封原因之消滅，查封效力已不存在時，則此等封印或查封之標示，即非本罪之行爲客體，對之施以本罪之行爲，自亦不構成本罪㉛。

二、行爲

本罪之行爲有四，即：損壞、除去、汚穢或違背查封效力之行爲。行爲人祇要有四種行爲中之任何一種，即足以構成本罪。前三種行爲係就行爲客體之外觀上加以妨害，故不以使封印或查封之標示喪失效用爲必要。反之，第四種之違背查封效力之行爲則係就封印或標示之實際效力之妨害，雖不侵害封印或標示之外觀，但却使封印或標示喪失其查封之效力，如不損壞或除去選票櫃上之封條，而於票櫃底面開洞，或如經假處分之土地，於未判決確定前，在該土地上擅行耕耘㉜等。

公務員就特定物所施之封印或查封之標示，係屬公務員依法執行職務之行爲，若損壞、除去或汚穢此等封印或標示，或以其他方法使其喪失查封之效力等情狀，即無異爲妨害公務之行爲，故刑法特設本罪用以

㉚參閱二五上三一二：法院依法飭吏執行查封之封條，本屬文書之一種，當其已實施封禁之後，固屬於刑法第一百三十九條之封印，而在尙未實施封禁之執持中，要不得謂非公務員職務上所掌管之文書，上訴意旨以封條僅得謂爲刑法第一百三十九條之封印，而非同法第一百三十八條之文書，係屬誤會。

㉛參閱二六渝非二：被告之房地經法院拍賣移轉於第三人管業後，其執行行爲已經完畢，從前所施查封之效力，已不復存在，被告又復遷入該房盤據不去，要與違背公務員所施查封效力之行爲無涉。

㉜參閱三七院解三九三六（見232頁之註㊽）。

處罰此種特別形態之妨害公務行爲。因此，人民對於公務員查封保管之物品，不依合法手續請求發還，而擅自毀封運回，此即構成本罪㉝。又本罪之保護客體雖爲確保國家主權之行使，但客觀上之行爲客體則爲公務員所施之封印或查封之標示爲限，故行爲人若於侵害封印或標示外，並另竊取或毀損被查封之他人所有物者，則除成立本罪外，並另犯竊盜罪或毀損罪，此應依實際之行爲情狀及行爲人之主觀犯意，而分別適用第五十條或第五十五條之規定，併合處罰或從一重處斷。又刑法對於已受查封之自己所有物，並無以他人所有物論之特別規定，故如行爲人侵害封印後，並以强暴手段奪去已查封之自己物品，則祇構成本罪，而不另構成强盜罪名㉞。此外，債務人於將受强制執行之際，意圖損害債權人之債權，而毀壞、處分或隱匿其財產者，固應成立損害債權罪（第三五六條），但若於强制執行實施後，僅將公務員所施之封印或查封之標示予以損壞除去或汚穢，並無毀壞處分或隱匿其自己財產之可能者，自僅構成本罪，而無成立損害債權罪（第三五六條）之餘地㉟。又如行爲人將查封之封條除去，並將執行人員委其保管之物隱匿，致使拍賣無從進行，違背查封之效力，此等行爲應構成本罪與侵害公務上掌管之文書物品罪（第一三八條）之牽連犯，依第五十五條後段之規定，從一重處斷㊱。

㉝參閱四九臺抗一九：行政法院判決係指摘其沒收不當，並非謂其命保管之行爲不合法。抗告人等對於查封保管之物品不依合法手續請求發還而擅自毀封運回，自不能免於判責。

㉞參閱二四上二七三六：刑法上對於已受查封之自己所有物並無以他人所有物論之特別規定，其以强暴手段奪去已查封之自己物品，自不構成强盜罪名，倘對於公務員所施之封印或查封之標示加損壞、除去或爲違背其效力之行爲，即應適用刑法第一百三十九條處斷。

㉟參照四三臺非二八。

㊱參閱六一臺上二五九：上訴人將查封封條除去，並將執行人員委其保管之冷

三、主觀之不法要素

行爲人主觀上必須認識行爲客體係公務員依法所施之封印或查封之標示，而決意實施本罪之行爲，方構成本罪，否則，行爲人如欠缺此等主觀之不法要素，則縱有本罪之行爲，亦不負本罪之刑責。至於行爲人係出於何種不法意圖而故意實施本罪之行爲？則因條文未作規定，故在所不問。

四、法律效果

犯本罪者，處一年以下有期徒刑、拘役或三百元以下罰金。

柒、侮辱公務員罪

行爲人於公務員依法執行職務時，當場侮辱，或對於其依法執行之職務公然侮辱者，構成第一四〇條第一項之侮辱公務員罪。本罪爲一般犯與行爲犯，爲普通侮辱罪（第三〇九條第一項）之加重犯。

一、情狀

行爲人必須於公務員依法執行職務時，實施本罪之行爲，方構成本罪（參閱本節、壹之二）。

二、行爲

本罪之行爲有二，即：當場侮辱公務員，或公然侮辱公務員依法執行之職務。前者爲對於公務員之當場侮辱行爲，後者則爲對於職務之公然侮辱行爲，行爲人祇要有其中一種行爲，即可構成本罪。稱「當場侮辱」係指於公務員執行職務之場所侮弄折辱使人難堪而言。行爲人係以語

（續前）氣機隱匿，致使拍賣無從進行，違背查封之效力，核其所爲，顯係觸犯刑法第一百三十八條隱匿公務員職務上委任第三人掌管之物品罪，及刑法第一百三十九條除去公務員所施之封印罪，惟二罪之間有方法結果之牽連關係，應從一重處斷。

言，或以舉動侮弄折辱，均無不可，惟須尚未達於誹謗之程度㊲，且須於公務員執行職務當時視聽所能及之處所爲之，故如行爲人之侮辱行爲已非公務員執行職務之當場，則因此等侮辱行爲與公務之執行並無妨害，故不構成本罪㊳，惟如此等侮辱行爲若係公然爲之者，則可適用公然侮辱罪（第三〇九條）處斷。又行爲人侮辱公務員之行爲祇須當場侮辱，即爲已足，是否已達公然之程度？則非所問，故如公務員執行職務時，雖別無他人在場，而行爲人當場對公務員加以侮辱者，自可構成本罪。又所謂「公然侮辱」係指在不特定人、多數人或特定多數人共見共聞下或得以共見共聞下侮弄折辱而言（參閱第五章、第一節、壹之二）。行爲人對於公務員依法所執行之職務加以侮辱之行爲，必須在公然之情狀下實施者，方能構成本罪㊴，故如於公務執行之當場侮辱公務員所執行之職務，但尚未有公然之情狀者，自無由構成本罪。

行爲人無論係對公務員當場侮辱，抑對職務公然侮辱，均足以損及公務與公務員之尊嚴與信譽，故刑法乃將此兩種妨害名譽之行爲加以犯罪化，而當作一種特殊形態之妨害公務犯罪，行爲人祇要有兩種行爲中之任何一種，固即構成本罪，即使同時兼具兩種行爲，則亦僅侵害同一法益，而仍祇構成本罪㊵。

三、主觀之不法要素

行爲人主觀上必須認識公務員係依法執行職務之公務員，而決意實

㊲關於侮辱與誹謗之區別，參閱第五章、第一節、貳之一。

㊳參閱二八院一九二二㈣：於公務員依法執行職務時，在其辦公室緊隔一交通門檔之所屬職員連席辦公室內，加以侮辱者，旣非公務員執行職務之場所，即不成立刑法第一百四十條第一項前段當場侮辱之罪。（下略）

㊴參閱三三院二六八五：同造之甲乙於退庭後，印發傳單，記載不實之偵查庭訊，並涉及訊問及記錄者之禮貌態度，且有諷刺之詞，如已達於侮辱程度，即應成立刑法第一百四十條第一項後段規定之罪。（下略）

㊵參照韓著㈡，一〇七頁。

施本罪之行爲，方構成本罪，否則，行爲人若欠缺此等主觀之不法要素，則不成立本罪。

四、法律效果

犯本罪者，處六月以下有期徒刑、拘役或一百元以下罰金。

捌、公然侮辱公署罪

行爲人對於公署公然侮辱者，構成第一四〇條第二項之公然侮辱公署罪。本罪爲一般犯與行爲犯。

一、行爲客體

本罪之行爲客體爲公署。稱「公署」係指執行公務之官署而言。易言之，即指公務員代表國家執行公務之機關，而非指機關之建築物。

二、行爲

本罪之行爲爲公然侮辱，其義見前罪（參閱本節、柒之二），在此不再贅述。

三、主觀之不法要素

行爲人主觀上必須對行爲客體爲公署有所認識，而決意加以公然侮辱，始構成本罪，否則，行爲人若無認識，或非出於故意，自不負本罪之刑責。

四、法律效果

犯本罪者，處六月以下有期徒刑、拘役或一百元以下罰金。

玖、侵害文告罪

行爲人意圖侮辱公務員或公署，而損壞、除去或汚穢實貼公共場所之文告者，構成第一四一條之侵害文告罪。本罪爲一般犯與行爲犯。

一、行爲客體

本罪之行爲客體爲實貼公共場所之文告，故雖爲文告，但尚未實貼於公共場所者，自不能成爲本罪之行爲客體㊶。稱「實貼公共場所」係指張貼於公共可得觀覽之場所㊷，「文告」則指公務員本其職權所制作，用以公布週知之文字告示而言。

二、行爲

本罪之行爲有三，即：損壞、除去或汚穢。行爲人祇要有三種行爲中之任何一種，即可構成本罪。

三、主觀之不法要素

行爲人主觀上必須對行爲客體爲公務員或公署張貼於公共場所之文告有所認識，而出於侮辱公務員或公署之不法意圖，決意實施本罪之行爲，方構成本罪。否則，行爲人若不具侮辱公務員或公署之不法意圖，縱有本罪之行爲，亦不成立本罪，而祇構成違警罰法第七十二條第三款之行政不法行爲。又行爲人之不法意圖是否得逞？固不影響本罪之成立，惟如行爲人之不法意圖得逞，其行爲已達侮辱公務員或公署之程度，則成立本罪與侮辱公務員罪（第一四〇條第一項）或公然侮辱公署罪（第一四〇條第二項）之想像競合犯，此應依第五十五條前段之規定，從一重處斷。

四、法律效果

犯本罪者，處拘役或一百元以下罰金。

㊶參閱二一上一三五二：刑法第一百四十七條之損壞文告罪，係指意圖侮辱公務員或公署而損壞其張貼於公共場所之文告而言，若所損壞者並非張貼於公共場所之文告，縱意圖侮辱，亦不成立該條之罪。

㊷有學者認爲實貼公共場所在實際上並不限於黏貼，凡張掛懸揭於不特定多數人得往來之場所者均屬之，見韓著㈡，一〇九頁。

第三節 妨害秩序罪

刑法規定處罰之妨害秩序罪計有：壹、聚衆不解散罪。貳、聚衆施强暴脅迫罪。叁、恐嚇公衆罪。肆、妨害集會罪。伍、煽惑他人犯罪或違法抗命罪。陸、參與犯罪結社罪。柒、煽惑軍人背職違紀或逃叛罪。捌、私招軍隊罪。玖、挑唆或包攬訴訟罪。拾、僭行公務員職權罪。拾壹、冒用公務員服章官銜罪。拾貳、侮辱國徽國旗罪。拾叁、侮辱國父遺像罪等。今分別論述如下：

壹、聚衆不解散罪

行爲人公然聚衆，意圖爲强暴脅迫，已受該管公務員解散命令三次以上，而不解散者，構成第一四九條之聚衆不解散罪。本罪爲一般犯、行爲犯與危險犯。

一、行爲主體

任何人均可成爲本罪之行爲主體，依據本罪之規定，本罪之行爲主體分爲首謀及在場助勢者兩類，其義已詳述於前（本章、第二節、叁之一），在此不贅。

二、行爲

本罪之行爲爲公然聚衆而已受該管公務員解散命令三次以上仍不解散之妨害秩序行爲。何謂「公然聚衆」？已詳述於公然聚衆妨害公務罪（第一三六條第一項），在此不再贅述（參閱本章、第二節、叁之三）。行爲人之公然聚衆行爲並非一有聚集之現象，即構成本罪，而須經該管公務員下達解散命令三次以上仍置之不理而不解散者，方足以成罪。稱

「該管公務員」係指負有維持公安秩序之職責而有權發布解散命令之公務員而言，其發布解散命令之方法或方式爲何？均非所問，祇要能爲聚集之群衆瞭解其爲解散命令者，即爲已足，惟公務員下達解散命令時，每次之間必須有相當之時間間隔，而非接續不斷地發布。又該管公務員發布之解散命令若已達三次，而聚集之群衆仍不解散者，固即構成本罪，惟因本罪係妨害秩序之危險犯，群衆祇是具有本罪之不法意圖而聚集一起，尚未有何不法行爲，故如該管公務員雖已下達三次之解散命令，但並未立即從事本罪之刑事追訴，而仍舊繼續下達解散命令，其後，聚集之群衆果眞遵命解散者，則就本罪之立法意旨而論，自宜不再論以本罪㊸。

三、主觀之不法要素

行爲人主觀上必須出於爲强暴脅迫之不法意圖，故意公然聚衆而不解散者，方構成本罪，否則，行爲人若欠缺此等主觀之不法要素，自不負本罪之刑責。

四、法律效果

犯本罪而在場助勢者，處六月以下有期徒刑、拘役或三百元以下罰金。首謀者，則處三年以下有期徒刑。

貳、聚衆施強暴脅迫罪

行爲人公然聚衆，施强暴脅迫者，構成第一五〇條之聚衆施强暴脅迫罪，又稱騷擾罪。本罪爲一般犯與行爲犯。

一、行爲主體

本罪之行爲主體分首謀者，下手實施强暴脅迫者與在場助勢者三

㊸此爲通說之見解，見韓著㈡，一一〇頁。趙著㈤一四八、一四九頁。

類，其義已詳於前（本章、第二節、叁之一），在此不贅。

二、行爲

本罪之行爲爲公然聚衆而施强暴脅迫之妨害秩序行爲。以妨害秩序之意思參與公然聚集而在場助勢者，雖無參與實施强暴脅迫之行爲，但亦可構成本罪，惟與首謀者或下手實施强暴脅迫者，異其處罰而已。何謂「公然聚衆」？已詳述於前（本章、第二節、叁之二）。何謂「强暴」「脅迫」？亦已詳述於强制罪（第四章、第二節、貳、二之㈠與㈡），在此均不再贅述。又本罪之聚衆施暴行爲，往往會超出强暴脅迫之程度，而有殺人或傷害行爲，此除構成本罪外，並另成立殺人罪或傷害罪，應就行爲之客觀情狀及行爲人之主觀犯意，而分別適用第五十五條之規定，從一重處斷，或適用第五十條之規定，併合處罰。

三、主觀之不法要素

行爲人主觀上必須出於妨害秩序之故意，而實施本罪之行爲，方構成本罪，否則，行爲人如欠缺此等主觀之不法要素，自不負本罪之刑責㊹，如公然聚衆實施强暴脅迫，其目的在另犯他罪，並非意圖妨害秩序，縱令此種行爲足以影響地方上之公共秩序，仍係缺乏主觀之犯意，除應成立其他相當罪名外，不能論以妨害秩序罪㊺。

四、法律效果

犯本罪在場助勢者，處一年以下有期徒刑、拘役或三百元以下罰金。首謀及下手實施强暴脅迫者，處六月以上，五年以下有期徒刑。

㊹參閱二八上三四二八：刑法第一百五十條既屬妨害秩序之一種犯罪，則在實施强暴脅迫之人，自須具有妨害秩序之故意，始與該條之罪質相符，如實施强暴脅迫，僅係對於特定之某人或其家族爲之，縱令此種行爲足以影響於地方上之公共秩序，仍以缺乏主觀的犯意，不能論以上述罪名。

㊺參照三一上一五一三、五二臺上九六〇、五六臺上九〇九、五七臺上九九九。

叁、恐嚇公衆罪

行爲人以加害生命、身體、財產之事恐嚇公衆，致生危害於公安者，構成第一五一條之恐嚇公衆罪。本罪爲一般犯、行爲犯與危險犯。

一、行爲客體

本罪之行爲客體爲公衆，稱「公衆」係指特定或不特定之多數人而言。行爲人必須以公衆爲恐嚇對象，方構成本罪，否則，如以單獨之個人爲恐嚇對象，則構成恐嚇個人罪（第三〇五條），而非本罪㊻。

二、行爲

本罪之行爲乃以加害生命、身體、財產之事恐嚇公衆之恐嚇行爲，其義已詳於恐嚇罪（第四章、第五節、壹之三），在此不再贅述。

三、行爲結果

本罪之恐嚇行爲必須有致生危害於公安之結果，方能構成本罪。行爲人之恐嚇行爲完成後，公衆心生畏懼，公安秩序因之而受騷擾者，即與「致生危害於公安」相當，而不以果生公安上之實害爲必要。

㊻參閱二七滬上六五：刑法第三百零五條所謂恐嚇他人，係指恐嚇特定之一人或數人而言，若其所恐嚇者係不特定人或多數人，則爲刑法第一百五十一條所謂恐嚇公衆。

四、主觀之不法要素

行為人主觀上必須具備妨害公安秩序之故意而實施本罪之恐嚇行為，方構成本罪。

五、法律效果

犯本罪者，處二年以下有期徒刑。

肆、妨害集會罪

行為人以强暴脅迫或詐術，阻止或擾亂合法之集會者，構成第一五二條之妨害集會罪。本罪為一般犯與行為犯。

一、行為客體

本罪之行為客體為合法之集會。人民之集會自由乃憲法所保障之基本權利（憲法第十四條），故不容非法加以妨害，此等妨害集會之自由雖係侵害個人之基本權利，但因集會通常均為多數人參與，故此等妨害行為往往亦足以妨害公安秩序，故刑法乃將本罪規定於妨害秩序罪章中。本罪所保護者僅以合法之集會為限，故如對於非法之集會縱有本罪之妨害行為，亦不負本罪之刑責。集會祇要係合法者，即可成為本罪之行為客體。至於其名稱、種類、性質為何？均在所不問。

二、行為

本罪之行為乃以强暴脅迫或詐術而阻止或擾亂集會之行為，即以强暴、脅迫或詐術等方法而實施阻止集會或擾亂集會之行為㊼。稱「阻止集會」係指致使集會不能開始或使已開始之集會未能繼續，「擾亂集會」

㊼參閱五一臺上一〇〇五：被告率領事前邀約之特定人，往漁會會員資格複審會議尋釁，與陸海空軍刑法第七十二條多衆集合為暴行罪之構成要件並不符合。惟於合法集會尋釁、鬭毆，足以擾亂會議之進行，自係一行為而犯傷害及擾亂合法集會二罪，應從一重之傷害罪處斷。

則指騷擾或紊亂集會場所之秩序而妨害集會而言。

三、主觀之不法要素

行爲人主觀上必須具備妨害集會之故意，而實施本罪，方構成本罪，否則，若欠缺本罪之故意，而係出於妨害投票之故意，阻止或擾亂投票集會者，則構成妨害投票事務罪（第一四七條），而無由構成本罪。

四、法律效果

犯本罪者，處二年以下有期徒刑。

伍、煽惑他人犯罪或違法抗命罪

行爲人以文字、圖畫、演說或他法，公然煽惑他人犯罪、違背法令或抗拒合法之命令者，構成第一五三條之煽惑他人犯罪或違法抗命罪。木罪爲一般犯與行爲犯。

一、行爲

本罪之行爲乃煽惑他人犯罪或違法抗命之妨害秩序行爲，即以文字、圖畫、演說或他法，公然煽惑他人犯罪、違背法令或抗拒合法之命令，今申論如下：

（一）煽惑

所謂煽惑乃指煽動誘惑之意，一般大衆本無犯罪或違法抗命之意思，或雖有犯罪或違法抗命之意思，但仍未着手實行之時，將因行爲人之煽動或誘惑行爲，而使其生犯罪或違法抗命之意思或更堅定其本有之犯罪或違法抗命之意思。純就行爲本質而言，煽惑實與教唆有相同之處。

（二）煽惑方式

行爲人必須公然煽惑，方能構成本罪，否則，如非公然煽惑者，自無本罪之適用㊽，祇能就其煽惑內容科以教唆犯。稱「公然煽惑」係指在不特定人、多數人、特定之多數人共見共聞或可得共見共聞之情狀下從事煽動誘惑工作而言㊾。本罪既須公然煽惑，始能成罪，故可知煽惑對象必須爲不特定人、多數人或特定之多數人等一般民衆，如煽惑對象爲軍人，則因煽惑軍人背職違紀或逃叛罪（第一五五條）設有處罰規定，故不屬本罪之範圍。

（三）煽惑方法

行爲人必須以文字、圖畫、演說或他法實施煽惑，方構成本罪。行爲人用以煽惑之文字、圖畫或演說不以自己創作者爲限，即使利用他人之文章、圖畫或他人之演說辭而實施煽惑，亦可構成本罪。

（四）煽惑目的

行爲人之煽惑行爲計有下述三種目的：

1. 煽惑他人犯罪

行爲人祇要煽惑他人犯罪，即爲已足，而不以煽惑他人犯特定之罪爲必要。至於行爲人煽惑他人所犯之罪究爲刑法抑或特別刑法之罪？則在所不問。

2. 煽惑他人違背法令

3. 煽惑他人抗拒合法之命令

稱「合法之命令」係指行政官署就具體事件而依法發布之行政命令而言，行爲人煽惑應遵守該命令之大衆加以抗拒而不遵守，即可構成本罪。行爲人之煽惑內容僅限於合法之命令，否則，如煽惑他人抗拒非法

㊽參照十八上三三八。

㊾參照二九院二〇三三、六五釋一四五（見176頁之註❸）。

之命令者，自無本罪之適用。

此三種煽惑目的係屬擇一關係，行爲人祇要有三種中之任何一種煽惑行爲，即足以構成本罪。又本罪所處罰者僅及行爲人之公然煽惑行爲，故行爲人一有公然煽惑行爲，祇要其煽惑內容與本罪之煽惑目的相當者，本罪卽告成立，故本罪爲行爲犯。至於被煽惑之他人是否果眞犯罪、違背法令或抗拒命令？則與本罪之成立無關。

二、主觀之不法要素

行爲人主觀上必須出於煽動誘惑他人犯罪、違背法令或抗拒合法命令之故意，而爲公然煽惑行爲，方構成本罪，否則，行爲人如欠缺此等主觀之不法要素，自不負本罪之刑責。

三、法律效果

犯本罪者，處二年以下有期徒刑、拘役或一千元以下罰金。

陸、參與犯罪結社罪

行爲人參與以犯罪爲宗旨之結社者，構成第一五四條第一項之參與犯罪結社罪。本罪爲一般犯、行爲犯與抽象危險犯。

一、保護法益

本罪之保護法益乃社會平和（Gemeinschaftsfrieden），包括公共秩序及社會公安。社會因有犯罪結社之存在，而危及社會平和，本罪之設乃在於以刑罰威嚇而防止犯罪結社之成立或制止已成立之犯罪結社之活動與其存在，故本罪具有預防性之任務[50]。本罪係以犯罪結社存在而對社會大衆之「法律安全感」（Rechtssicherheitsgefühle）構成威脅之抽

[50] 參照 Maurach, BT, 1969, S. 670; Systematischer Kommentar zum StGB, 1977, § 129, Rdn. 2.

象危險構架而成之犯罪，故本罪爲「抽象危險犯」(abstrakte Gefährdungsdelikte) (51)。

二、行爲

本罪之行爲乃參與以犯罪爲宗旨之結社。

(一) 結社

所謂「結社」(Vereinigung) 係指由多數人出於共同之目的，結合組織而成之具有一定持續性之幫會或社團而言。今申論如下：

1. 結社必須係由多數人出於共同之特定目的結合組織而成，一旦結合組織而成後，多數人彼此即互負義務而共同努力實現其結合之目的。通常祇要三人以上，即可稱爲多數人(52)。

2. 結社之多數人彼此結合之期間必須有相當時間之持續性，祇是專爲實現一次之目的而作之短暫結合，即非本罪之結社，故如多數人專爲犯某特定一罪而聚合共犯，自非本罪之結社，而無適用本罪之餘地(53)。

3. 組成份子必須服從結社之組織意志，而相互協力實現結社目的，不可有個體之個別行動。易言之，即結社組織之意思及其所作成之決定，對其組成份子具有相當高之拘束力，通常對於違背組織意志或決定之組成份子均施以極爲嚴厲之制裁。

(二) 結社目的

---

(51)參照 Schönke-Schröder, StGB, 1978, § 129, Rdn. 1.

(52)此爲西德刑法學界之通說，參閱 Systematischer Kommentar zum StGB, 1977, § 129, Rdn. 6.

(53)我國判例似亦採此等見解，參閱二七上二一一八：刑法第一百五十四條第一項所稱以犯罪爲宗旨之結社，係指其結社以妨害公共安寧秩序及其他某種類之犯罪爲目的者而言，若因對於某人挾嫌，希圖加害，而與多數共犯結合商議，相約爲特定之一個犯罪之實行，不能依該項論罪。

有學者認爲此等情形亦爲本罪之結社，但亦應依其所犯之陰謀犯處斷，而不適用本條論罪，見趙著(上)，一五七頁。惟有反對說而認爲亦爲本罪之結社，而應成立本罪，見韓著(一)，一一五頁。

本罪所處罰之結社僅限於以犯罪爲宗旨之結社。今申論如下:

1.本罪所稱之「犯罪」係指刑法與特別刑法所定之犯罪，但特別刑法已就組織或參與行爲設有處罰規定者，自不在此限，如叛亂之組織亦可稱爲一種以犯罪爲宗旨之結社，惟因參加叛亂組織之行爲，懲治叛亂條例第五條設有處罰規定，此爲本罪之特別法，依據特別法優於普通法之法理，自應依懲治叛亂條例第五條處斷，而無成立本罪之餘地。

2.結社之犯罪宗旨並不限於在本國境內之犯罪，即使以在國外犯罪爲宗旨，亦與本罪之犯罪結社相當，惟該等犯罪必須亦爲本國刑法所明定處罰之行爲。

3.犯罪之實施乃組成份子對之負有實現義務之結社目的，對於此等結社目的，各組成份子必須在結社組織意志下，共同協力促其實現。易言之，即各組成份子個體之間彼此互負共同實施犯罪之義務，故如組成份子個體之意思獨自行動而爲之犯罪，即非結社之犯罪行爲。結社組織在意志之形成以及決定之實現必須以共同實施之方式而實現結社目的作爲設計依據，唯有在此情狀下之結社方爲以犯罪爲宗旨之結社，如此之結社方足以對於社會公安與公共秩序構成嚴重之威脅，而有必要加以犯罪化。

4.結社祇要以犯罪爲宗旨者，即與本罪之構成要件相當，至於該結社之名稱爲何？是否爲秘密之結社？均在所不問。

(三) 參與行爲與主謀行爲

稱「參與」係指加入以犯罪爲宗旨之結社並參加其活動而言，行爲人祇要一有參與行爲，即可構成本罪，不以果有犯罪行爲爲必要，故本罪爲行爲犯。

本罪所處罰之行爲除參與行爲外，尙有首謀者之主謀行爲，此包括在犯罪結社中居於領導統率地位之主謀行爲，與居於幕後操縱結社活動之主謀行爲。

三、主觀之不法要素

行爲人主觀上必須認識其爲以犯罪爲宗旨之結社，而決意參與，方構成本罪，否則，如欠缺此等認識而參與者，或參與者並非犯罪結社者[54]，自不負本罪之刑責，或如參與結社之時，該結社並非以犯罪爲宗旨，其後該結社偶有犯罪行爲，則該參與者亦不構成本罪。

四、法律效果

犯本罪者，處三年以下有期徒刑、拘役或五百元以下罰金。首謀者，則處一年以上，七年以下有期徒刑。

五、減免特例

依第一五四條第二項之規定，犯本罪而自首者，減輕或免除其刑，此爲總則自首減輕（第六二條）之特別規定。此等減免規定係就刑事政策上之考量，一方面用以鼓勵行爲人之自新，另方面則可因組成份子之自首而可瓦解犯罪結社，並可免却誤入歧途而參與結社者因自己亦將受刑罰制裁而不願擧發犯罪結社之內幕，而繼續爲虎作倀，或爲犯罪結社組織所迫害。

六、檢討與改進

就刑事立法政策之觀點，本罪之刑事立法應區分組織以犯罪爲宗旨之結社及參與以犯罪爲宗旨之結社兩種行爲。現行法在構成要件上係以參與以犯罪爲宗旨之結社行爲爲主幹，而在法律效果之規定上，再另行規定首謀者之處罰，此顯非良善之立法體例，針對此弊，宜將現行條文第一項分成兩項而分別規定組織行爲及參與行爲，並修正現行第二項成

---

[54]參閱三六院解三三四七：某甲於乙地開山立堂，正集合數十人夜間擧行儀式時被警偵捕，如係參與以犯罪爲宗旨之結社，應構成刑法第一百五十四條第一項之罪，倘別無犯罪之意圖而合於違警罰法第五十五條第一項第六款之情形者自可依該款處罰。

爲第三項，今試擬條文：

「組織以犯罪爲宗旨之結社者，處一年以上，七年以下有期徒刑。」

「參與以犯罪爲宗旨之結社者，處三年以下有期徒刑或科一千元以下罰金。」

「犯前二項之罪而自首者，減輕或免除其刑」。

柒、煽惑軍人背職違紀或逃叛罪

行爲人煽惑軍人不執行職務，或不守紀律，或逃叛者，構成第一五五條之煽惑軍人背職違紀或逃叛罪。本罪爲一般犯與行爲犯。

一、行爲主體

任何人均可能成爲本罪之行爲主體，惟如被煽惑者之行爲業已構成陸海空軍刑法規定處罰之逃亡罪（軍刑法第九三條以下各罪）者，若行爲人亦具軍人身分，則應成立陸海空軍刑法逃亡罪之教唆犯，至若行爲人爲非軍人者，則應成立本罪(55)。

二、行爲

本罪之行爲乃煽惑軍人不執行職務、不守紀律或逃叛。行爲人之煽惑行爲必須以軍人爲對象，且其煽惑內容必須以不執行職務、不守紀律或逃叛爲內容，方能構成本罪。又依據條文之規定本罪之煽惑行爲並不以公然爲之爲必要(56)，行爲人祇要一有煽惑之行爲，犯罪卽告成立，故本罪爲行爲犯。至於被煽惑之軍人是否果眞不執行職務、不守紀律或逃

(55)參閱二九院二〇六七：非軍人煽惑現役軍人逃亡，應由普通法院受理，適用刑法第一百五十五條處斷。

(56)此爲通說之見解，見韓著(一)，一一六頁。趙著(上)，一五九頁。惟判例之見解則反是，參閱四六臺上一五三二：刑法第一百五十五條所謂煽惑，必以對於不特定人或多數人爲之而有公然性質者爲限。

叛？則與本罪之成立無關。又本罪之煽惑行爲僅限於平時，方有本罪之適用，否則，如在與外國開戰或將開戰期內，以犯外患罪之犯意而煽惑軍人不執行職務、不守紀律或逃叛者，自非本罪，而應適用加重助敵罪（第一〇七條第一項第三款）處斷。

三、主觀之不法要素

行爲人主觀上必須出於煽惑軍人不執行職務、不守紀律與逃叛之故意而爲煽惑，方構成本罪，否則，行爲人若不具此等主觀之不法要素，自不成立本罪。

四、法律效果

犯本罪者，處六月以上，五年以下有期徒刑。

捌、私招軍隊罪

行爲人未受允准，招集軍隊，發給軍需或率帶軍隊者，構成第一五六條之私招軍隊罪。本罪爲一般犯。

一、行爲

本罪之行爲有三，卽：招集軍隊、發給軍需或率帶軍隊。行爲人祇要有三種行爲中之任何一種，卽可構成本罪。本罪之行爲以未受允准爲限，始構成本罪，故如已受有關機關之允准，縱有本罪之行爲者，亦無成立本罪之餘地。行爲人若具軍人身分而私自募兵者，則因陸海空軍刑法設有處罰規定(軍刑法第二六條)，故應依該罪處斷，而不構成本罪。

二、法律效果

犯本罪者，處五年以下有期徒刑。

玖、挑唆或包攬訴訟罪

行爲人意圖漁利、挑唆或包攬他人訴訟者，構成第一五七條第一項之挑唆或包攬訴訟罪。本罪爲一般犯與行爲犯。

一、行爲主體

任何人均可能成爲本罪之行爲主體，律師雖以受任代理訴訟行爲或以辯護爲業，但若有挑唆訴訟或以不正當之方法招攬訴訟者（參閱律師法第三四條），則亦有可能成爲本罪之行爲主體[57]。

二、行爲

本罪之行爲有二，卽：挑唆訴訟或包攬訴訟。稱「挑唆」係指挑撥唆使，卽他人本無興訟之意，行爲人從中挑撥或唆使，而使其提起訴訟，行爲人雖挑唆他人興訟，但他人並未提出訴訟，則本罪僅屬未遂階段，因本罪無未遂之處罰規定，故爲刑法所不處罰之行爲[58]。稱「包攬」則指承包招攬訴訟而言[59]，此之訴訟當然包括民事、刑事與行政等訴訟[60]。

三、主觀之不法要素

行爲人主觀上必須出於漁利之不法意圖而故意實施本罪之行爲，方構成本罪，否則，行爲人若非出於從中取利之不法意圖，或欠缺本罪之

---

[57]參閱二五院一四三一：刑法第一百五十七條之規定，於律師亦適用之。（下略）

[58]參照四六臺上一三七八。

[59]參閱三一院二三八三(七)：收受送達人，爲當事人撰狀繕狀作保，並蓋用舖戳代當事人收遞送達，收取撰狀繕狀作保蓋戳送達等費，除有詐欺等行爲應成立他罪外，尚難律以刑法第一百五十七條包攬訴訟之罪。

[60]見三五院解三一〇四。

故意，自不成立本罪。行爲人祇要主觀上出於漁利之意圖而有本罪之行爲，犯罪卽告成立，至於是否果眞得利？則非所問[61]。

四、常業犯

以犯罪爲常業之行爲，第一五七條第二項設有處罰之規定。行爲人挑唆他人興訟或包攬他人訴訟，不但造成興訟者之損失[62]，而且亦增加各種訴訟機關之負擔，並足以妨害公共秩序，故刑法乃特設本罪之處罰規定，今行爲人若常業犯之者，則其不法內涵更形重大，故刑法乃特設本罪之常業犯，用以加重處罰。稱以犯本罪爲常業係指以挑唆或包攬他人訴訟爲職業，持挑唆或包攬他人訴訟之所得以維生之常業犯罪。

五、法律效果

犯本罪者，處一年以下有期徒刑、拘役或五百元以下罰金。

以犯本罪爲常業者，處三年以下有期徒刑，並得併科二千元以下罰金。

拾、僭行公務員職權罪

行爲人冒充本國公務員而行使其職權者，構成第一五八條第一項之僭行本國公務員職權罪。行爲人冒充外國公務員而行使其職權者，構成同條第二項之僭行外國公務員職權罪，兩罪合稱爲僭行公務員職權罪。本罪爲一般犯與行爲犯。

一、行爲主體

---

[61] 參閱二九上二七〇：刑法第一百五十七條第二項之罪，祇以意圖漁利挑唆或包攬他人訴訟爲常業爲構成要件，其是否因此得有財物，原非所問。

[62] 惟司法院之解釋認爲本罪非同時侵害個人法益，故不得提起自訴，見三〇院二二五〇。

任何人均可能成爲本罪之行爲主體，並不以無公務員身分者爲限，卽使雖具有公務員身分，但冒充其職權以外之他種公務員而行使其所冒充之他種公務員之職權者，亦可構成本罪，如區公所職員冒充刑警執行刑警之職權，或刑警冒充檢察官而行使檢察官之職權是，故無論有無公務員身分，均可能成爲本罪之行爲主體。

二、行爲

本罪之行爲乃冒充公務員而行使其職權。行爲人所冒充之公務員應區分爲本國之公務員，抑爲外國之公務員，而分別適用第一項或第二項處斷。行爲人冒充公務員，並進而行使其所冒充公務員之職權，方與本罪之行爲相當，故如僅冒充公務員，但並未進而行使其所冒充公務員之職權，或僅行使公務員職權，但並無冒充之情事，均無由構成本罪。又行爲人之行使公務員職權如係出諸有權者之授與，卽非本罪之冒充公務員僭行職權，而不構成本罪[63]。此外，行爲人若以本罪爲行爲方法而達遂犯他罪之目的，如冒充刑警而達詐欺取財、恐嚇取財或妨害自由等犯罪之目的，此乃構成本罪與詐欺取財罪、恐嚇取財罪或妨害自由罪之牽連犯，自應依第五十五條後段之規定，從一重處斷[64]。

三、主觀之不法要素

行爲人主觀上必須出於故意而實施本罪之行爲，方構成本罪。行爲人行使公務員之職權係出諸有權者之授權，固不成立本罪，卽使授權人在行政上原無權授與，而行爲人誤認其有權授與，因而行使該項職權，卽無本罪之故意，故不構成本罪[65]。

---

[63] 參照二三上二一前段。

[64] 實例如下:

①四〇臺非一八（見326頁之註[18]）。

②四七臺上七九五（見385頁之註[21]）。

[65] 參照二三上二一後段。

四、法律效果

犯本罪者，處三年以下有期徒刑、拘役或五百元以下罰金。

拾壹、冒用公務員服章官銜罪

行爲人公然冒用公務員服飾、徽章或官銜者，構成第一五九條之冒用公務員服章官銜罪。本罪爲一般犯與行爲犯。

一、行爲主體

凡無權穿着特定公務員之服飾、佩帶特定公務員之徽章或使用特定公務員之官銜者，均可能成爲本罪之行爲主體，無公務員身分者固可能成爲本罪之行爲主體，即使有公務員身分者，亦可爲本罪之適格行爲主體。

二、行爲

本罪之行爲爲公然冒用公務員之服飾、徽章或官銜。稱「冒用」係指無權穿着服飾、佩帶徽章或使用官銜而言。此等冒用行爲必須公然爲之者，方構成本罪，如穿着警官制服，佩帶警階，招搖過市。否則，如非公然爲之者，縱有冒用行爲，亦不負本罪之刑責。又公然冒用者僅限於本國公務員之服飾、徽章或官銜，故如公然冒用外國公務員之服飾、徽章或官銜者，自無由構成本罪。稱「服飾」係指法令規定之制服，如陸海空軍制服或警察制服，但如普通公務員穿着之中山裝或青年裝，則非本罪之服飾，故縱有公然冒用行爲，亦不構成本罪。稱「徽章」則指用以表示公務員身分之法定標記而言，如憲兵勤務臂章[66]、軍人之證章[67]、

---

[66]參閱五七臺上二六六二（見後註[69]）。

[67]參閱三五院解三一五二：無軍人身分之人冒用軍人證章，如在戰地或戒嚴區域，應依陸海空軍刑法第九十二條處斷，否則祇能適用刑法第一百五十九條論處。（下略）

軍事機關業已作廢之證章㊽等。又本罪所處罰之行為僅及於公然冒用行為，故如行為人除公然冒用公務員之服飾、徽章或官銜外，並進而有僭行該公務員職權之行為，則應構成僭行公務員職權罪（第一五八條），而無成立本罪之餘地。此外，本罪行為可能與陸海空軍刑法第九十二條之詐偽罪成立想像競合關係，此自應依第五十五條前段之規定，從一重處斷㊾。

三、法律效果

犯本罪者，處五百元以下罰金。

拾貳、侮辱國徽國旗罪

行為人意圖侮辱民國，而公然損壞、除去或污辱國徽或國旗者，構

㊽參閱三四院解二九九一：冒用軍事機關業已作廢之證章，如該證章係屬陸海空軍徽章，雖已作廢，猶足使人誤信為有效，軍人冒用，應依陸海空軍刑法第九十二條處罰，其非軍人而在戰地或戒嚴區域犯之者亦同，否則均祇成立刑法第一百五十九條之罪。

㊾參閱五七臺上二六六二：憲兵勤務臂章上綴有陸海空軍軍徽，自係陸海空軍徽章。上訴人在公衆得以共見共聞之通衢，冒稱屏東憲兵隊刑事調查人員，在客觀上足以使普通人信其為所稱之官員，顯係公然冒用公務員官銜，並出示憲兵勤務臂章，核係一行為觸犯陸海空軍刑法第九十二條冒用陸海空軍徽章，及刑法第一百五十九條公然冒用公務員官銜二罪名，依刑法第五十五條前段規定，從一重之冒用陸海空軍徽章罪處斷。

成第一六〇條第一項之侮辱國徽國旗罪。本罪爲一般犯與行爲犯。

一、行爲客體

本罪之行爲客體乃國徽國旗法所定之國徽或國旗，兩者均爲國權之表徵，不容侮辱，故刑法特定本罪，加以保護。祇要爲國徽或國旗即可成爲本罪之行爲客體，至於究爲私人所有，抑爲機關公有？均非所問。

二、行爲

本罪之行爲有三，即：公然損壞、除去或汚辱，其義已詳述於侮辱外國國旗國章罪（第十四章、第四節、叁之二），在此不贅。

三、主觀之不法要素

行爲人主觀上必須具備侮辱民國之不法意圖而故意實施本罪之行爲，方構成本罪，否則，行爲人如欠缺此等主觀之不法要素，則縱有本罪之行爲，亦不負本罪之刑責。

四、法律效果

犯本罪者，處一年以下有期徒刑、拘役或三百元以下罰金。

拾叁、侮辱國父遺像罪

行爲人意圖侮辱創立民國之孫先生，而公然損壞、除去或汚辱其遺像者，構成第一六〇條第二項之侮辱國父遺像罪。本罪爲一般犯與行爲犯。

一、行爲客體

本罪之行爲客體爲　國父孫中山先生之遺像，遺像係印刷品、照片或畫像，均在所不問。

二、行爲

本罪之行爲與前罪同（本節、拾貳之二），在此不贅。

三、主觀之不法要素

行爲人主觀上必須出於侮辱創立民國之孫中山先生之不法意圖而故意實施本罪之行爲，方構成本罪，否則，行爲人如不具侮辱之不法意圖，或非出於故意者，自不成立本罪。

四、法律效果

犯本罪者，處一年以下有期徒刑、拘役或三百元以下罰金。

第四節　妨害投票罪

刑法規定處罰之妨害投票罪計有：壹，妨害自由投票罪。貳、受賄投票罪。叁、行賄投票罪。肆、誘惑投票罪。伍、妨害投票結果正確罪。陸、妨害投票事務罪。柒、妨害投票秘密罪等。今分別論述如下：

壹、妨害自由投票罪

行爲人以强暴脅迫或其他非法之方法，妨害他人自由行使法定之政治上選舉或其他投票權者，構成第一四二條第一項之妨害自由投票罪。本罪爲一般犯與結果犯。

一、行爲

本罪之行爲乃以强暴脅迫或其他非法之方法妨害他人自由行使其投票權。凡以非法之方法而足以妨害他人自由投票之行爲，均爲該當本罪之行爲，如條文例示之實施强暴脅迫，其他則如實施詐術等。此等妨害他人自由行使投票權之行爲僅限於法定之政治上選舉或其他投票權，否則，如公私團體所擧行之選擧或投票，而非法定之政治上選舉或投票，縱然加以妨害，亦不構成本罪⑳。稱「法定之政治上選擧」係指憲法及法律所定之中央及地方有關政治之選擧而言，「法定之政治上其他投票權」則指憲法及法律所定之政治選擧以外之其他法定投票權，包括行使罷免、創制、複決時之投票權以及各級民意代表依其議事規則之投票權等。

二、主觀之不法要素

行爲人主觀上必須出於妨害投票之故意而實施本罪之行爲，方構成本罪，否則，行爲人若欠缺此等故意，自不成立本罪，如行爲人適於投票日出於妨害自由之故意，以非法方法，剝奪他人之行動自由，致他人未能赴投票所投票，除成立私行拘禁罪（第三〇二條第一項）外，自無構成本罪之餘地。

三、未遂犯

本罪之未遂行爲，第一四二條第二項設有處罰規定，既遂與未遂之區別乃以行爲人是否已達妨害他人自由行使投票權之目的爲標準。行爲人出於本罪之故意，而已着手施強暴脅迫，但他人自由行使投票權並未受到妨害者，即爲本罪之未遂㉑。

⑳參閱二五上二二五七：刑法第一百四十二條至第一百四十八條所謂投票權，於第一百四十二條第一項定其範圍，選擧權固爲投票權之一種，但以法定之政治上選擧權爲限，商會職員之選擧，並非政治上之選擧，自不包含在內，至同條項所謂其他投票權，係指選擧以外之政治上投票權（例如鄉鎮坊自治職員選擧及罷免法所定罷免之投票），非指政治以外之選擧權而言。

㉑參閱

①五九臺上六五五：上訴人多次對於有選擧權之人，施以强暴脅迫之行爲，命其投票選擧何人或不選擧，雖結果尚未達成其目的，仍應負刑法第一百四十二條第二項妨害投票自由未遂之刑責，其多次所爲，應依連續犯論以一罪。

四、法律效果

犯本罪者，處五年以下有期徒刑。

貳、受賄投票罪

有投票權之人，要求、期約或收受賄賂或其他不正利益，而許以不行使其投票權或爲一定之行使者，構成第一四三條第一項之受賄投票罪。本罪爲特別犯與行爲犯。

一、行爲主體

本罪之行爲主體以有投票權之人爲限，故無投票權者，如受褫奪公權（第三六條）之宣告者，卽無成爲本罪行爲主體之可能。

二、行爲

本罪之行爲乃受賄而妨害法定之政治上投票之行爲，卽要求、期約或收受賄賂或其他不正利益，而許以不行使投票權或爲一定之行使。行爲人先有要求、期約或收受賄賂或其他不正利益之受賄行爲而繼有不行使投票權或爲一定之行使等之許諾，卽足以構成本罪。至於行爲人是否已因受賄而果不行使投票權或爲一定之行使？則非所問。易言之，行爲人祇要受賄行爲而作足以影響正確投票結果之許諾，不待有任何結果之發生，卽已成罪，故本罪爲行爲犯。關於要求、期約或收受賄賂或其他不正利益已詳述於不背職務之受賄罪（第十五章、第二節、壹之三與

（續前）

②五九臺上一九〇六：刑法第一百四十二條之妨害投票罪，其特別構成要件有三：㈠須有强暴脅迫或其他非法之方法，㈡，須妨害他人自由行使其投票權，㈢被妨害者須爲他人自由行使法定之政治上選擧或其他投票權。凡具備第一項之特別構成要件者，卽爲本罪旣遂。雖有强暴脅迫或其他非法方法，妨害他人自由行使投票權之行爲，而他人之投票權並不受其阻礙，仍能自由行使者，則爲未遂之狀態。

四），在此不贅。

三、法律效果

犯本罪者，處三年以下有期徒刑，並得併科五千元以下罰金。

四、沒收特例

依據第一四三條第二項之規定，犯本罪者，所收受之賄賂沒收之，如全部或一部不能沒收時，追徵其價額，此爲本罪之沒收特例，與受賄罪之沒收特例同，已詳述於前（第十五章、第二節、壹之八），在此不贅。

叁、行賄投票罪

行爲人對於有投票權之人，行求、期約或交付賄賂或其他不正利益，而約其不行使投票權或爲一定之行使者，構成第一四四條之行賄投票罪。本罪爲一般犯與行爲犯。

一、行爲

本罪之行爲乃行賄而妨害法定之政治上投票之行爲，即對於有投票權之人，行求、期約或交付賄賂或其他不正利益，而約其不行使投票權或爲一定之行使。行爲人先有行求、期約或交付賄賂或其他不正利益之行賄行爲，用以約請有投票權之人不行使投票權或爲一定之行使，即足以構成本罪。至於有投票權之人是否果因行爲人之行賄而果不行使投票權或爲一定之行使？則非所問。易言之，行爲人祇要有行賄行爲而請求有投票權者不行使投票權或爲一定之行使，不待有投票權者之承諾或有任何結果之發生，即已成罪[72]，故本罪亦爲行爲犯。又行爲人賄買選票

[72] 參閱五一臺上三：刑法第一百四十四條妨害投票罪之成立，係對有投票權之人，行求期約或交付賄賂，或其他不正利益，而約其不行使投票權或爲一定之行使者爲條件。所謂行求，即對有投票權人提出某種希望，促使對方應允之謂，一

已約定爲一定之行使，於款項一經交付，即已構成本罪，不因其後之解約而解除刑責⑬。關於行求、期約或交付賄賂或其他不正利益，已詳述於不背職務之受賄罪與違背職務之行賄罪（第十五章、第二節、壹之三與肆之二），在此不再贅述。

二、法律效果

犯本罪者，處五年以下有期徒刑，並得併科七千元以下罰金。

肆、誘惑投票罪

行爲人以生計上之利害，誘惑投票人不行使其投票權或爲一定之行使者，構成第一四五條之誘惑投票罪。本罪爲一般犯與行爲犯。

一、行爲

本罪之行爲乃以生計上之利害，誘惑投票人不行使其投票權或爲一定行使之妨害法定之政治上投票行爲。稱「生計上之利害」係指經濟上或職業上之利害關係而言，行爲人祇要以此與生計有關之利害關係誘惑投票人，即足以成罪，依通說之見解認爲行爲人一有誘惑行爲，本罪即屬成立，至於投票人是否已受行爲人之誘惑，或果已不行使其投票權或爲一定之行使？則非所問⑭，故本罪爲行爲犯。

二、法律效果

犯本罪者，處三年以下有期徒刑。

（續前）有行求，即應成立本罪，不以他方承諾爲必要。所謂期約，係指雙方就其期望而爲約定而言，亦不以賄款業經交付，使有投票權人已得現實利益爲條件。

⑬參照五九臺上三六一九(一)。

⑭參照韓著(二)，一二八頁。趙著(上)，一四二頁。

伍、妨害投票結果正確罪

行爲人以詐術或其他非法方法，使投票發生不正確之結果或變造投票之結果者，構成第一四六條之妨害投票結果正確罪。本罪爲一般犯與結果犯。

一、行爲

本罪之行爲乃以非法方法而使法定政治上之投票發生不正確結果之妨害投票行爲，如條文所例示之使用詐術或變造投票結果而使投票發生不正確之結果。前者如詐領選票而重複投票，後者如變造開票計算數字、重複計票、或變造有效之選票爲廢票等。又本罪以舉行投票爲前提，倘依法應用投票選擧而改用口頭推擧者，縱以詐術或其他非法方法使此項選擧發生不正確之結果，除其行爲觸犯其他罪名而另當別論外，並不構成本罪⑮。

二、行爲結果

本罪之行爲必須使投票發生不正確之結果，方構成本罪之既遂，稱「使投票發生不正確之結果」係指因行爲人之妨害投票行爲而導致投票結果爲不正確之票數而言，並不以使落選者當選或使當選者落選爲必要，即使由於行爲人之妨害投票行爲並不影響本應當選者之當選或本應落選者之落選，但却因其妨害投票行爲而使當選者或落選者所得票數不正確者，即爲本罪之使投票發生不正確之結果，而成立本罪之既遂，惟實例之見解則認爲妨害投票行爲若未發生改變當選或落選之結果者，即非本罪之使投票發生不正確之結果⑯，此等見解實有違本罪確保公正選

⑮參照三二上二八三。

⑯參閱五五臺上一〇三二：開票結果，上訴人多三票，縱使張某一票改爲另一

擧之立法目的，故不無可議之處。

三、未遂犯

本罪之未遂行爲第一四六條第二項設有處罰規定。旣遂與未遂之區別，則以行爲有無發生投票結果之不正確爲斷，行爲人雖已着手實施本罪之行爲，但並未使投票發生不正確之結果者，卽爲本罪之未遂犯。

四、法律效果

犯本罪者，處五年以下有期徒刑。

陸、妨害投票事務罪

行爲人妨害或擾亂投票者，構成第一四七條之妨害投票事務罪。本罪爲一般犯與行爲犯。

一、行爲

本罪之行爲爲妨害或擾亂投票事務，如奪取選擧票、毁損票櫃、擾亂投票所之秩序等。妨害或擾亂行爲僅限於對依法擧行之中央或地方之選擧，方能構成本罪，故對於法無據之選擧，縱有妨害或擾亂之行爲，亦不負本罪之刑責[77]。凡對於整個投票事務之妨害或擾亂投票秩序之行爲，均足以構成本罪，並不以投票當時爲限，故如投票時間已過，而於開櫃計票時，若有妨害或擾亂行爲，仍可構成本罪。本罪係針對投票事務整體之妨害或擾亂行爲所訂定之處罰規定，故如針對某特定投票權人行使投票權而爲之妨害行爲，自非本罪，而應依妨害自由投票罪（第一四二條第一項）處斷。

（續前）候選人，仍係上訴人當選，並未因上訴人等之行爲發生不正確之結果，此種情形，是否刑法第一百四十六條第二項之未遂問題，頗堪推求。

[77]參照十八上八七二。

二、法律效果

犯本罪者，處二年以下有期徒刑、拘役或五百元以下罰金。

柒、妨害投票秘密罪

行爲人於無記名之投票，刺探票載之內容者，構成第一四八條之妨害投票秘密罪。本罪爲一般犯與行爲犯。

一、行爲

本罪之行爲乃於無記名之法定政治之投票，刺探票載內容之妨害投票秘密之行爲，故如僅於選票背面記載數字或其他符號，並無刺探他人無記名投票所載內容之情形，即無由構成本罪[78]。本罪刺探票載內容之行爲僅以對於無記名之法定政治之投票爲限，故如對於記名之法定政治之投票，縱有本罪之妨害投票秘密之行爲，亦不負本罪之刑責。又行爲人祇要一有刺探行爲，本罪卽可成立，故本罪爲行爲犯。至於行爲人係出於何種意圖而加刺探？刺探行爲是否業已獲悉票載之內容？均非所問。

二、法律效果

犯本罪者，處三百元以下罰金。

---

[78] 參照三五院解三三一九。

第十七章 妨害國家司法權之犯罪

第一節 概 說

國家基於主權而由其司法機關行使司法權，伸張正義並維持法秩序。此等司法權之行使不容受到非法之妨害，否則，正義未能實現，國家威信亦受損傷，法秩序即無以維持。本章所論述之妨害國家司法權之犯罪即是妨害國家司法權之行使之犯罪行爲，又可稱「司法犯罪」(Rechts-pflegedelikte)，包括脫逃罪、藏匿人犯及湮滅證據罪、僞證及誣告罪等三個罪章規定處罰之犯罪❶。此三類犯罪行爲所破壞之法益即國家司法權❷之行使，詳言之，即破壞國家基於司法權而依法對於人民之逮捕或拘束、阻礙國家之刑事追訴工作、妨害刑事證據之眞實、引致刑事司法之錯誤等。除此三類犯罪外，在瀆職罪章中尚有枉法裁判或仲裁罪（第一二四條）、濫用追訴處罰職權罪（第一二五條第一項）、凌虐人犯罪

---

❶大陸法系各國刑法中除瑞士與奧地利刑法設有專章稱之爲「對於司法之重罪與輕罪」(Verbrechen und Vergehen gegen die Rechtspflege)（瑞刑第十七章）或「對於司法之犯罪」(Strafbare Handlungen gegen die Rechtspflege)（奧刑第二一章）外，其餘各國刑法大多分散規定，如德國刑法除設有僞證罪與誣告罪（德刑第九、十章）外，其餘之妨害國家司法權之犯罪行爲則分散規定於妨害公共秩序罪（德刑第七章）、瀆職罪（德刑第二八章）、犯罪庇護及贓物罪（德刑第二一章）等罪章之中。日本刑法亦分設脫逃罪（日刑第六章）、藏匿犯人及湮滅證據罪（日刑第七章）、僞證罪（日刑第二十章）、誣告罪（日刑第二一章）等罪章，我國刑法則大體仿照日本刑法之體例。

❷嚴格言之，應該是祇有刑事司法權，而不包括民事司法權。

(第一二六條第一項)、違法執行刑罰罪（第一二七條第一項)、過失執行不應執行之刑罰罪（第一二七條第二項)、越權受理訴訟罪（第一二八條）等六種犯罪行爲，就其犯罪本質而言，實亦爲妨害國家司法權之犯罪❸。

一、脫逃罪

脫逃罪乃妨害國家依法行使逮捕權與拘禁權之司法犯罪，此等犯罪行爲可能由遭受合法逮捕或拘禁之本人違犯者，但亦可能由遭受合法逮捕或拘禁者以外之第三人，或由執行合法逮捕或拘禁職務之公務員違犯者，現行刑法乃就此三類不同之行爲主體而分別規定處罰，故脫逃罪計有下述三類:

(一) 自行脫逃罪

自行脫逃罪乃遭受合法逮捕或拘禁之人擅自脫離公力拘束或監督或以非法方法自力排除公力拘束或監督而逃逸之脫逃罪，刑法以行爲方法之不同，而分爲普通自行脫逃罪（第一六一條第一項）與加重自行脫逃罪(第一六一條第二、三項)。個人一旦遭受國家機關之逮捕或拘禁而喪失人身自由之後，往往出於諸多不同之原因而擅自脫離公拘束力或以自力排除公拘束力而逃逸，以求重獲自由，此乃人情之常，故大陸法系之多數刑法，如西德、瑞士、奧地利等國之刑法，基於法律不强人之所難能之法理，均不設自行脫逃罪之處罰規定，祇有日本刑法對於自行脫逃行爲亦設處罰規定，我國刑法仿之❹。

---

❸此等犯罪亦爲一種在公務上之犯罪行爲，故在學說上稱爲「在公務上之司法犯罪」(Rechtspflegedelikte im Amt)。

❹除出於法律不強人所難能之理由外，尙基於下述刑事政策上之考量，而認爲自行脫逃行爲，至少對於並無實施強暴脅迫或聚衆施強暴脅迫之普通自行脫逃行爲（即第一六一條第一項之行爲)，似無加以犯罪化之必要:
㈠防止依法被逮捕或拘禁之人發生自行脫逃行爲應自強化執行逮捕拘禁工作之公

(二) 縱放或便利脫逃罪

縱放或便利脫逃罪係指依法逮捕或拘禁者以外之第三人縱放依法逮捕或拘禁之人或便利其脫逃之犯罪行爲。本類之脫逃罪亦與自行脫逃罪同，皆以行爲方法之不同而分爲普通縱放或便利脫逃罪（第一六二條第一項）與加重縱放或便利脫逃罪（第一六二條第二、三項)。

(三) 公務員縱放或便利脫逃罪

公務員縱放或便利脫逃罪包括公務員故意縱放其職務上依法逮捕拘禁之人或便利其脫逃（第一六三條第一項)，以及公務員因過失致其職務依法逮捕拘禁之人脫逃等兩種犯罪行爲（第一六三條第二項)。

二、藏匿人犯及湮滅證據罪

藏匿人犯及湮滅證據罪乃庇護違犯刑法之人與妨害刑事證據之眞實性，而足以阻止國家之刑事追訴或刑罰執行之司法犯罪。由於刑事訴訟程序係採直接審理與採證原則、實質眞實原則與言詞辯論原則❺，故藏匿人犯與湮滅刑事證據之行爲，雖然在形式上僅是對於「人之犯罪庇護」(persönliche Begünstigung) 行爲，但在實質上則足以阻止國家刑罰

（續前）務員職責及改進防止脫逃之安全設備着手，而應非以自行脫逃者之刑罰威嚇爲有效手段。

㈡自行脫逃行爲大多發生於執行刑罰之監獄、羈押被告之看守所，或保安處分執行處所，如職訓總隊。此等場所應能給予受拘禁者合理之基本待遇，否則，受拘禁者極易萌生脫逃意念。

㈢脫逃者如有毀物行爲，則有毀損罪，如對公務員施強暴脅迫，則有妨害公務罪，如有傷害或殺人則有傷害罪與殺人罪之適當條款可作爲科處之依據。

㈣自行脫逃行爲中最爲嚴重者卽爲監獄中受刑人集體暴動而脫獄或保安處分場所中受處分人集體暴動而脫逃，此等行爲之不法內涵顯已超出自行脫逃罪，故應設立專條以爲處斷依據。此等立法例可參考德國刑法第一二一條之「受刑人暴動逃獄罪」(Gefangenemeuterei) 與瑞士刑法第三一一條之「受刑人暴動罪」(Meuterei von Gefangenen)。

❺參閱拙著：刑事訴訟程法，增訂三版，第二十二頁以下。

權之行使，一方面阻止刑事追訴，另方面則阻止刑罰（含保安處分）執行❻。因此，其所破壞之法益亦爲國家司法權之行使。

三、僞證及誣告罪

僞證罪乃於國家行使其司法權之訴訟程序中爲虛僞陳述之司法犯罪行爲，其不法核心乃在於訴訟程序中之不實陳述，故僞證罪又可稱「陳述罪」(Aussagedelikte)。僞證罪之刑法條款所保護之法益亦爲國家司法權之行使，它確保國家司法機關在訴訟中確認事實而作決定之司法功能不因虛僞之陳述而受到危害。易言之，即確保國家之司法機關在訴訟程序中獲得正確之判定資料，而能正確無誤地行使國家之司法權❼。

誣告罪乃以不實或根本不存在之事實而虛僞申告他人犯罪之司法犯罪，其所破壞之法益究竟爲何？在學說上亦爲聚訟紛紜之問題，有些學者認爲本罪之刑法條款所保護之法益主要的乃在於國家司法權之行使。易言之，即確保國家司法權圓滿運作之功能，使其不致由於誣告行爲而行使無益或未符合公平正義之司法權❽，惟通說之見解莫不認爲本罪之行爲除妨害國家司法權之外，尙侵害個人法益。換言之，即本罪之刑法條款所保護之法益具有所謂之「雙重性格」(Doppelnatur)，它一方面保護國家司法權之行使，使其不爲虛僞之申告行爲所妨害，而開啓毫無實

---

❻德國新刑法擴充舊刑法第二五七條「犯罪庇護罪」(Begünstigung) 中關於「人之犯罪庇護」(Persönliche Begünstigung)，而訂定「刑罰阻止罪」(Strafvereitelung) 之新罪名，此罪所處罰之行爲即明定爲「追訴阻止」(Verfolgungsvereitelung) 與「執行阻止」(Vollstreckungsvereitelung)。參閱 Wessels, BT-1, 1977, S. 93 ff; Blei, BT, 1976, S. 353 ff.

❼參照 Schönke-Schröder, StGB, 1978, Vor § 153, Rdn. 2; Wessels, BT-1, 1977, S. 96; Systematischer Kommentar zum StGB, 1977, Vor § 153, Rdn. 2 ff.

❽參照 Maurach, BT. 1969, S. 706; Systematischer Kommentar zum StGB, 1977, § 164, Rdn. 1.

益之訴訟程序，或造成不正確之訴訟結果；另方面則保護個人不因他人之虛僞申告行爲而成爲司法決定之被害人❾。又誣告罪所具有之兩個保護目的之間具有擇一關係，行爲祇要違反一種保護目的，即爲已足，而不必同時違反兩個保護目的，方構成本罪❿。此外，刑法就行爲人實施誣告行爲時是否指明誣告對象而將誣告罪分爲指定犯人之誣告（第一六九條第一項）與未指定犯人之誣告（第一七一條第一項）。又意圖使他人受刑事或懲戒處分而僞造、變造證據或使用僞造變造之證據之行爲亦一併列入誣告罪之處罰規定。

第二節　脫逃罪

刑法規定處罰之脫逃罪計有：壹、普通自行脫逃罪。貳、加重自行脫逃罪。叁、普通縱放或便利脫逃罪。肆、加重縱放或便利脫逃罪。伍、公務員縱放或便利脫逃罪。陸、公務員過失致人犯脫逃罪等。今分別論述如下：

壹、普通自行脫逃罪

依法逮捕、拘禁之人脫逃者，構成第一六一條第一項之普通自行脫逃罪，又稱單純脫逃罪。本罪爲特別犯與結果犯，係脫逃罪之基本犯。

❾參照韓著(二)，一五二頁；Schönke-Schröder, StGB 1978, § 164, Rdn. 1; Wessels, BT-1, 1977, S. 89.

❿參照 Schönke-Schröder, StGB, 1978, § 164, Rdn. 2; Wessels, BT-1, 1977, S. 89.

一、行爲主體

本罪之行爲主體僅限於依法逮捕或拘禁之人，故如非依法逮捕或拘禁之人⑪，或非依法定程序逮捕拘禁之人或遭受非法逮捕或拘禁之人⑫，即不能成爲本罪之行爲主體，縱有自力脫逃行爲，亦不負本罪之刑責。

稱「依法逮捕之人」係指身體自由遭受合法之拘束，但尚未收禁於一定處所之人而言，如依刑事訴訟法之規定而受拘提之刑事被告、被逮捕之犯罪嫌疑人或通緝犯、解送看守所之被告(參閱刑訴法第七八、八七、八八、八八之一、一〇三條)等。至如現行違警人雖被警員帶至派出所查問,但並非逮捕而僅具傳喚訊問性質,故該違警人卽非本罪所稱之依法逮捕之人，縱其乘隙脫逃，亦不構成本罪⑬。稱「依法拘禁之人」則指身體自由遭受合法之拘束而收禁於一定處所之人，包括受徒刑或拘役之宣告而於監獄中服刑之受刑人、受剝奪自由之保安處分之宣告而於保安處分

⑪參閱二五院一五一七：刑法第一百六十一條之脫逃罪，以具有依法逮捕拘禁人之身分爲構成要件，若刑事被告遵傳應訊後，經承辦推檢諭令法警帶同取保時乘機潛逃，旣非依法逮捕拘禁之人，自不應依上開法條論罪。

⑫參閱

①二一非四〇：法警於實施拘提之際並未依法出示拘票，縱被拘人明知其爲實行拘提而乘間脫逃，亦不成立脫逃罪。

②二三非七七：刑法（舊）第一百七十條之脫逃罪，其犯罪主體須爲依法逮補拘禁之四人，若被違法逮捕拘禁之人，縱有脫逃行爲，仍不能構成該條罪名。

③三〇院二一五三：刑法上之脫逃罪以依法逮捕或拘禁之人，用不法行爲回復其自由，而脫離公力監督爲成立要件，司法警察官對於所逮捕之犯罪嫌疑人，認有羈押之必要，卽應依刑事訴訟法（舊）第二百零八條第二項之規定，於二十四小時內移送該管檢察官處置，若別無正當理由，逾時並不移送，竟自行拘禁，則該犯罪嫌疑人，卽非依法拘禁之人，縱有乘間脫離公力監督情事，亦不構成脫逃罪責。

⑬參閱四九臺上九：警員將上訴人帶至派出所查問違章情事，如最初非基於逮捕之意思僅祇傳喚訊問性質，則上訴人事後畏罪心虛，乘隙奔逃，要難以脫逃罪論。卽認其成立脫逃罪，旣在警員追踪扭打，終被捕獲，始終未脫離公力監督範圍之外，犯行亦屬未遂。

場所執行保安處分之受處分人⓮、職訓總隊執行感訓處分之流氓、拘禁於戰俘管理處之戰俘⓯、受羈押之刑事被告、於拘留所中執行拘留之違警人、受行政官署管束之直接强制處分者（行政執行法第六、七條）、被管收之民事被告等。

行為人必須遭受合法之逮捕或拘禁，其身體業已在公力拘束或監督下，方有可能成為本罪之行為主體，否則，如其身體尚未遭受公力之拘束⓰，或雖受公力之拘束，但拘束力業已解除⓱，或逮捕機關已無權繼

⓮參閱

①二五院一五六九：煙民在勒戒期間內脫逃，如在依法捕禁中，自成立刑法第一百六十一條之罪。

②四一臺非一九：保安處分之性質雖與刑法不同，但依刑法第九十條宣示之强制工作，旣與刑法之執行完畢後令入勞動場所强制工作，其自由卽仍在公力監督之下，要不失為依法拘禁之人，如在此期間內以非法方法乘隙脫離，自仍應成立刑法第一百六十一條第一項之罪。

⓯參閱三五院解三二五二：日俘於收容後在戰俘管理處逃亡，不問逃至何處，應成立刑法上脫逃罪，至日軍官兵於未被俘前由其原部隊逃亡者，我國軍法機關毋庸予以審究。

⓰參閱

①十七上一三〇：脫逃罪之成立，係指被逮捕監禁後，其身體已入於該管公務員實力支配下，乃竟脫逃者而言。本案據某甲所述，上訴人僅於搜獲煙土時，乘間逃逸，其身體尚未入路警實力支配之下，於本罪上構成要件尚未具備。

②五六臺上二九七二（見39頁註㉑之③）。

⓱參閱

①三三非一七：刑法第一百六十一條之脫逃罪，以不法脫離公之拘禁力為構成要件，若公之拘禁力已不存在，縱使自由行動而脫離拘禁處所，亦不應成立本罪。

②三六院解三三二五(乙)(九)：視為撤銷羈押之被告與依法拘禁之人不同，縱未經釋放或交保而逃走，亦不能成立刑法上之脫逃罪。

③四四臺上四〇〇：（前略）被告於民國四十三年一月十八日被捕拘禁後，雖經警察局於二十四小時聲請延長羈押期間十日，但檢察官旣僅批准延長羈押七日，自一月十九日起至二十五日止，此後並未再延長羈押期間之聲請，亦不移送檢察官處置，而仍繼續非法拘禁，則該被告縱於一月二十八日毀壞拘禁處所木柵脫逃，亦難成立脫逃罪。

續羈押等情狀下，自非本罪之適格行爲主體，故此等人縱使自力行動而脫離拘禁處所，亦不構成本罪。私人依據刑事訴訟法第八十八條第一項之規定所逮捕之現行犯，於尚未送交檢察官、司法警察官或司法警察（參閱刑訴法第九二條第一項）之時，因尚未置於公力拘束或監督之下，故亦不能成爲本罪之適格行爲主體⑱。

二、行爲

本罪之行爲爲自行脫逃。所謂「脫逃」係指行爲人未受允許而擅自脫離合法逮捕或拘禁之公力拘束或監督，或以非法方法自力排除公拘束力而逃逸。今申論如下:

（一）行爲人在現受公力拘束或監督之先決條件下，方有構成脫逃之可能，故如根本無公力拘束或監督之存在⑲，或如存在之公力拘束或監督業已解除等，自無脫逃之可言。

行爲人現受公力拘束或監督之先決條件，並不以在事實上正受公力拘束或監督爲限，即使客觀事實上，雖無公拘束力之存在，但在法律上，行爲人仍舊處於公力拘束或監督下者，自仍有構成脫逃之可能。例如依據監獄行刑法或羈押法之規定，因天災事變在監內無法防避時，得將受刑人或羈押之刑事被告護送於相當處所者，若不及護送時，得暫行釋放(監獄行刑法第二六條第一項及羈押法第三八條)，此等暫時釋放並非公拘束力之永久解除，故在法律上仍存在構成脫逃行爲之先決條件。因此，

---

⑱參照韓著㈠，一四一頁。趙著㈤，一六九頁。但有反對說，而認爲現行犯已在公力監督下，亦得爲本罪之行爲主體，見陳著，三七九頁。按現行犯爲私人逮捕後，爲免受刑罰制裁，且思執行逮捕者並非該管公務員，故每易有脫逃行爲，此乃人情之常。因此，尚未送交檢察官或司法警察（官）之私人逮捕之現行犯實以解爲不適格之本罪行爲主體爲宜。

⑲參閱三二上二二七一：脫逃罪係破壞公之拘禁力之犯罪，上訴人雖因竊案羈押於看守所，且於政府機關因戰事撤退已無該管公務員管理該看守所時，所謂公之拘禁力顯不存在，則上訴人自由行動脫離看守所，即無破壞公之拘禁力可言，自不構成脫離。

受釋放之受刑人或刑事被告若不依規定時間地點自行報到者，在理論上自可構成本罪之脫逃行爲，爲免解釋上見解之爭議，監獄行刑法乃特設規定此等暫行釋放之受刑人由離監起限四十八小時內至該監或警察機關報到，逾期不報到者，則以脫逃論罪（監獄行刑法第二六條第二項）。

（二）行爲人必須未受允許而擅自脫離公力拘束或監督，方能構成脫逃行爲，故行爲人已因合法允許而脫離公力拘束或監督，即無由構成脫逃，如由法院取保，令其在外候訊，即爲合法允許而脫離公拘束力，縱令事後藉故不肯到案，仍與本罪之要件不符⑳。

（三）行爲人係以何種方法擅自脫離公力拘束或監督？雖在所不問，但因刑法以損壞拘禁處所械具或施强暴脅迫、或以聚衆施强暴脅迫等三方法作爲加重原因而另構架加重自行脫逃罪（第一六一條第二、三項），故本罪之行爲方法自以上述三種加重方法以外之其他不法方法爲限。

三、主觀之不法要素

行爲人主觀上必須出於脫逃之故意而實施本罪之行爲，方構成本罪，否則，行爲人如欠缺此等主觀之不法要素，自不負本罪之刑責。

四、未遂犯

本罪之未遂行爲第一六一條第四項設有處罰規定，既遂與未遂之區分乃以行爲人之脫逃行爲已否完成而使其完全脫離公力拘束或監督爲標準：

（一）行爲人着手脫逃，並已完全脫離公力拘束或監督而可自由逃逸者，即爲本罪之既遂。反之，雖着手脫逃，但尚未完全脫離公力拘束或監督者，則爲本罪之未遂。

（二）行爲人雖已擺脫該管公務員之實力支配，但即被該管公務員發

---

⑳參照二七非二二。

覺，而尙處於其追踪緝捕之中者，則行爲人之脫逃行爲，卽爲未遂㉑。反之，行爲人擺脫該管公務員之實力支配，雖該管公務員業已察覺，但對於行爲人之逃逸方向毫無所知，而已無法從事有效之追踪緝捕工作者，則行爲人之脫逃行爲卽爲既遂。

（三）行爲人雖已逃出監禁處所，但已爲該管公務員察覺而仍在該管公務員有效之追踪緝捕中，尙未達於可以自由逃逸之程度者，卽爲本罪之未遂㉒。反之，行爲人逃出監禁處所，該管公務員毫無所知，行爲人已可自由逃逸而無公務員在其後追躡者，卽爲本罪之既遂，縱其事後再被捕獲，亦不影響其既遂㉓。

五、法律效果

犯本罪者，處一年以下有期徒刑。

六、檢討與改進

自行脫逃罪在本質上乃對國家行使刑事司法權之妨害，故其行爲主體應侷限於國家基於刑罰權而依法逮捕或拘禁之人，惟因現行條文將自行脫逃罪之行爲主體僅簡略規定爲「依法逮捕拘禁之人」，故在通說解釋上均採廣義之見解，認爲自行脫逃罪之適格行爲主體並不以國家出於刑

㉑實例參閱四五臺上三五八：上訴人當時係於法警追呼中，經軍人及民衆協力捕獲，顯未脫離公力監督範圍，應認爲脫逃未遂。

㉒參閱十八上五五九：脫逃罪須以不法脫離公力監督範圍之外始爲既遂，若雖逸出監禁場所而尙在公務員追踪中者，因未達於回復自由之程度，仍應以未遂論。

㉓參閱

①二〇非三一：脫逃罪係侵害國家之拘禁力，以脫離公力監督範圍爲構成要件，故囚犯已逸出於拘禁處所而又非尙在官吏追躡之中，則其犯罪行爲，自屬既遂，縱令事後捕獲，仍應以脫逃既遂論罪。

②二四上二五四：被告因携帶鴉片被獲，將解送之隊兵推跌崖下後，乘間脫逃，行走數里，爲其他隊兵瞥見，始復被拘獲，是其脫逃行爲，已達於回復自由脫離公力拘束之程度，顯屬既遂。

事司法權之行使而依法逮捕或拘禁之人爲限，凡受合法之公力拘束或監督之人如接受國家刑事追訴或處罰而依法逮捕拘禁之人，固爲適格之行爲主體，至如執行行政罰之違警人，受管束之直接强制處分之人與被管收之民事被告等，亦均可成爲自行脫逃罪之適格行爲主體（參閱前述一），此無異使自行脫逃罪之適用可能性大爲擴張而超出其罪質所及之範圍。因此，現行條文在行爲主體之規定，自宜作修正，期能明確地將行爲主體限定於國家基於刑罰權之發動而依法逮捕或拘禁之人㉔，今試擬條文如下㉕：

「國家基於刑事司法權而依法逮捕或拘禁之人脫逃者，處一年以下有期徒刑。」

貳、加重自行脫逃罪

依法逮捕或拘禁之人，損壞拘禁處所械具或以强暴脅迫而脫逃者，構成第一六一條第二項之加重自行脫逃罪，又稱爲暴行脫逃罪。依法逮捕或拘禁之人，聚衆以强暴脅迫而脫逃者，構成同條第三項之加重自行脫逃罪，又稱爲聚衆脫逃罪。本罪爲特別犯與結果犯，係脫逃罪之加重犯。

一、行爲主體

㉔日本刑法亦將普通（單純）脫逃罪之行爲主體規定爲「已受確定判決或未受判決之在押人犯」（日刑第九七條），加重脫逃罪則規定爲「已受確定判決或未受判決之在押人犯，或受拘票之執行之人」（日刑第九八條）。其一九七五年之改正刑法草案更將自行脫逃罪之行爲主體明確規定爲「因刑之執行而拘禁或收容於刑事設施之人，或依關於刑事訴訟之法律，收容於留置設施之嫌疑人或被告」（日刑草第一五一、一五二條）。

㉕僅修正第一六一條第一項之條文卽爲已足，第二、三、四項不必作文字上之修正。

本罪之行爲主體與前罪者同，在此不贅（參閱本節、壹之一）。

二、行爲

本罪之行爲有三：

（一）損壞拘禁處所或械具而脫逃

行爲人必須以損壞拘禁處所或械具之方法而脫逃，方構成第一六一條第二項之加重脫逃罪。行爲人若無損壞拘禁處所或械具之行爲，且與他人又無犯意之聯絡，僅於他人損壞拘禁處所或械具時，亦隨同脫逃或乘機脫逃，自不負本罪之刑責，而僅成立普通自行脫逃罪（第一六一條第一項）。稱「拘禁處所」係指拘束依法逮捕或拘禁者之處所，如監獄、易服勞役場所、執行保安處分處所、看守所、拘留所、民事管收所等。「損壞拘禁處所」則指損壞上述處所之安全設備，而得以脫逃。又稱「械具」係指用以拘束依法逮捕或拘禁人，防其脫逃、行暴或自殺之一切器械，如監獄行刑法所規定之脚鐐、手梏、聯鎖、捕繩等戒具（監獄行刑法第二二條第二項）。此外，本罪之損壞行爲本具有毀損之性質，故行爲一旦構成本罪，即當然包括毀損行爲在內，不另成立毀損罪。

（二）施强暴脅迫而脫逃

行爲人實施强暴脅迫而脫逃，即構成第一六一條第二項之加重脫逃罪。何謂强暴脅迫？已詳述於强制罪（第四章、第二節、貳、二之㈠與㈡），在此不贅。行爲人之行爲若已超出强暴脅迫之程度，如以殺害公務員之行爲而脫逃者，除成立本罪外，並應另負殺人罪之刑責，兩罪因具方法結果之牽連關係，故應依第五十五條之規定，從一重處斷㉖。

㉖參閱

①五六臺上二九七二（見39頁註㉑之③）

②五九臺上二四七一：（前略）上訴人乙之殺警員，一、二審判決既均認係企圖脫逃之方法、則其除殺人未遂罪外，尙應成立强暴脫逃未遂，而從一重之殺人未遂罪處斷。

行爲人實施强暴脅迫之對象並不以執行逮捕拘禁之公務員爲限，即使對於該管公務員以外之第三人實施强暴脅迫而脫逃者，亦可構成本罪，惟行爲人若以執行逮捕拘禁之公務員爲施强暴脅迫之對象而脫逃者，則應構成本罪與妨害公務罪之法規競合，而應適用具有特別關係之本罪處斷㉗；惟實例見解認爲本罪爲妨害公務罪之特別規定，行爲人之加重脫逃行爲當然包括妨害公務行爲，自應逕依本罪論科，而無另行成立妨害公務員執行職務罪（第一三五條第一項）之餘地㉘。又本罪之强暴脅迫亦不以行爲人自己實施爲限，即使係由與行爲人有脫逃意思聯絡之第三人所實施者，仍可成立本罪，惟行爲人若與他人無脫逃之意思聯絡，而於他人施强暴脅迫時，乘機脫逃，並未參與强暴脅迫者，自不負本罪之刑責，而僅構成普通自行脫逃罪（第一六一條第一項）。此外，實施强暴脅迫與前（一）之損壞拘禁處所或械具等兩種加重原因係併列規定於同一項之中，具有選擇關係，故行爲人如實施强暴脅迫且損壞拘禁處所或械具之情形，自祇成立一罪，而無第五十五條之適用。

㉗參照拙著（三），三四四頁。

㉘實例亦採此見解，參閱

①四一臺上一二四：上訴人對於公務員依法執行職務時，施以强暴脅迫，便利依法逮捕人脫逃，雖同時有妨害公務，而其妨害公務之行爲已包括於便利脫逃中，不得謂其方法上又犯妨害公務之罪。原判決以其妨害公務與便利脫逃有牽連關係，除適用刑法第一百六十二條第二項外，並援引同法第一百三十五條第一項、第五十五條從一重處斷，殊有未合。

②四九臺上五一七㈠：上訴人所犯刑法第一百六十一條第二項以强暴脅迫脫逃之罪，爲同法第一百三十五條妨害公務罪之特別規定，自應逕依第一百六十一條第二項論科，無再比較適用第一百三十五條之餘地。
此外，五九臺上二四七一前段亦同旨。

③五一臺上一〇七〇：上訴人以强暴脅迫便利其夫脫逃，使法警無法依法逮捕，觸犯刑法第一百六十二條第二項之罪，雖同時有妨害公務，但其妨害公務之行爲已包括於便利脫逃罪之要件中，不得謂其方法上又犯妨害公務之罪，而適用刑法第五十五條處斷。

（三）聚衆以强暴脅迫而脫逃

行爲人聚衆以强暴脅迫而脫逃者，構成第一六一條第三項之加重脫逃罪。稱「聚衆」係指聚集多數人於一處而成群（參閱第十六章、第二節、叁之二），行爲人祇要聚衆而施强暴脅迫，即爲已足。至於是否爲公然？則非所問。行爲人必須聚衆施强暴脅迫而脫逃，方構成本罪，否則，如僅約同一二人，共同施强暴脅迫而脫逃，則非本項之罪，而僅能構成前項之加重脫逃罪㉙。又行爲人必須參與聚衆施强暴脅迫而脫逃，或者至少參與聚衆而僅在場助勢，否則，如爲聚衆之外之第三人，而乘機脫逃者，自不構成本罪，僅成立普通自行脫逃罪（第一六一條第一項）。此外，行爲人聚衆以强暴脅迫而脫逃時，如同時有損壞拘禁處所或械具之情形，則因後者爲前者之當然結果，其性質已當然包括於前者之中，故僅成立本罪，而無另行構成前項加重自行脫逃罪（第一六一條第二項）之餘地㉚。

依據本罪之規定，本罪之行爲主體可分爲首謀者、下手實施强暴脅迫者與在場助勢者三種，其義已詳於公然聚衆妨害公務罪（第十六章、

㉙參閱十九上一九〇五：上訴人脫逃情形僅有數人謀議實行，不得謂爲聚衆，自係構成刑法（舊）第一百七十條第一項之罪，第一審援引該條第三項後半段處斷，原審未予糾正，均有未合。

㉚參閱

①十七上四五二：刑法（舊）第一百七十條共分四項，其第三項爲第二項之加重規定，苟有聚衆以强暴脅迫脫逃之行爲，卽應成立該條第三項之罪，縱使損壞拘禁處所或械具，乃聚衆以强暴脅迫脫逃當然發生之結果，不能於該條第三項之罪外，併論以同條第二項之罪。原審謂一行爲觸犯兩項罪名，應依同法第七十四條前段從一重處斷，實有未當。

②二二上二一〇八：刑法（舊）第一百七十條第二項及第三項之脫逃罪，均爲同條第一項之加重條文，而第三項之犯罪情節較第二項爲尤重，已予以更重之制裁，故脫逃行爲苟已觸犯第三項罪名者，縱令具有第二項所載情形，按照低度行爲吸收於高度行爲之原則，並無再依第二項論罪之餘地。

第二節、叁之一），在此不再贅述。

三、主觀之不法要素

行爲人主觀上必須出於脫逃之故意，而實施本罪之行爲，方構成本罪，否則，行爲人若欠缺主觀之不法要素，自不負本罪之刑責，如行爲人並非出於脫逃之故意而施强暴脅迫，但竟於施暴之後，乘機脫逃者，則不構成本罪，此除成立普通自行脫逃罪（第一六一條第一項）外，並另構成妨害公務罪、强制罪或傷害罪。若行爲人係施暴後始起意脫逃者，則應適用第五十條之規定而併合處罰。

四、未遂犯

本罪之未遂行爲第一六一條第四項設有處罰規定，旣遂與未遂之區分亦與前罪同以行爲人之脫逃行爲已否完成而使其完全脫離公力拘束或監督爲標準（參閱本節、壹之四）。行爲人已着手損壞拘禁處所之安全設備或械具，或已着手實施强暴脅迫，或已着手聚衆施强暴脅迫，但仍未完全脫離公力拘束或監督者，即爲本罪之未遂犯。

五、法律效果

犯第一六一條第二項之加重脫逃罪者，處五年以下有期徒刑。

犯同條第三項之加重脫逃罪，在場助勢者，處三年以上，十年以下有期徒刑。首謀及下手實施强暴脅迫者，處五年以上有期徒刑。

六、檢討與改進

本罪之施强暴脅迫或聚衆施强暴脅迫行爲往往極易衍生致人於死或致重傷之加重結果，現行刑法對之並無結果加重犯之處罰規定，而未能作適當之處斷，故本罪宜增訂結果加重犯之規定。

叁、普通縱放或便利脫逃罪

行爲人縱放依法逮捕拘禁之人或便利其脫逃者，構成第一六二條第一項之普通縱放或便利脫逃罪，又稱單純縱放或便利脫逃罪。本罪爲一般犯與結果犯，係縱放或便利脫逃罪之基本犯。

一、行爲主體

任何人均有可能成爲本罪之行爲主體，而不以具備公務員之身分爲必要，惟行爲主體若具公務員身分者，則其所縱放或便利脫逃之人必須非其職務上依法逮捕拘禁之人，方有可能成爲本罪之行爲主體，否則，如爲其職務上依法逮捕拘禁之人，則祇能成爲公務員縱放或便利脫逃罪（第一六三條第一項）之行爲主體。

二、行爲客體

本罪之行爲客體爲依法逮捕或拘禁之人，其義已詳述於前（本節、壹之一），在此不贅。依法逮捕拘禁之人必須原在公力拘束之中，始爲本罪之適格行爲客體，否則，如尚未在公力拘束下或公力拘束業已解除，即不能成爲本罪之行爲客體㉛。

三、行爲

本罪之行爲有二，即：縱放依法逮捕拘禁之人脫逃與便利依法逮捕拘禁之人脫逃。二種行爲具有擇一關係，行爲人祇要有二種行爲中之任何一種，即可構成本罪。

（一）縱放行爲

㉛參閱二二上二七三〇：刑法（舊）第一百七十一條之便利脫逃罪，其被害法益係侵害公之拘禁力，必須脫逃之囚人原在依法逮捕拘禁之中，始能成立，假使便利脫逃之行爲，已在此項拘禁力解除之後，即應分別情形，論以（舊）第一百七十四條之藏匿犯人，或使其隱避之罪，不得以該條之便利脫逃論科。

所謂「縱放」係指縱逸釋放而言，即代依法逮捕或拘禁之人排除公力拘束或監督，使其得以脫逃之行爲。行爲人係以何種方法縱放依法遭受逮捕拘禁之人，雖在所不問，但因刑法以損壞拘禁處所械具、或施强暴脅迫、或聚衆以强暴脅迫等行爲方法作爲加重原因而構架加重縱放或便利脫逃罪（第一六二條第二、三項），故本罪之行爲方法自以上述三種方法以外之其他不法方法爲限。行爲人祇要一有縱放行爲，即足以構成本罪，至其所縱放之受合法逮捕或拘禁之人是否具有脫逃之故意？則與本罪之成立無關，惟若行爲人所縱放之人本具脫逃之故意者，則應構成普通自行脫逃罪（第一六一條第一項）。

（二）便利脫逃行爲

稱「便利脫逃」係指對於遭受合法逮捕或拘禁者之脫逃行爲給予方便與助力，使其得以脫離公力拘束或監督而逃逸，如提示其脫逃之方法與路綫、提供脫逃所必需之工具或妨害公務員對脫逃人之追踪緝捕工作等。與前述之縱放行爲同，便利脫逃行爲之行爲方法亦以損壞拘禁處所或械具、或施强暴脅迫或聚衆以强暴脅迫等三種方法以外之其他不法方法爲限。

本罪之便利脫逃行爲在本質上雖爲脫逃罪之幫助行爲，本可依普通自行脫逃罪（第一六一條第一項）之從犯（第三〇條第一、二項）加以處斷，但因此種幫助行爲足以妨害國家司法權之行使而具有較高之不法內涵，故特加犯罪化，而成本罪，惟經本罪犯罪化之部份僅爲便利脫逃行爲，敎唆脫逃行爲自不屬於本罪之範圍㉜，故如敎唆本無脫逃故意之依法逮捕拘禁者脫逃，自應構成脫逃罪之敎唆犯，而無由成立本罪。

四、主觀之不法要素

行爲人主觀上必須對其所縱放或便利脫逃之人爲依法逮捕拘禁之人

㉜但有反對說而認爲對於原無脫逃意思之人唆使脫逃，應包括於本罪之內，見韓著㈡，一三七頁。

有所認識，而決意實施本罪之行爲，方構成本罪，否則，行爲人如欠缺此等主觀之不法要素，自不負本罪之刑責。

五、罪數問題

本罪所侵害之法益乃國家之公力拘束或監督，故行爲人所縱放或便利脫逃者無論爲一人或數人，其被害法益祇有一個，不能以其所縱放或便利脫逃人數之多寡，爲計算犯罪個數之標準㉝。

六、未遂犯

本罪之未遂行爲第一六二條第四項設有處罰規定，既遂與未遂之區分乃以行爲人縱放或便利脫逃之依法逮捕或拘禁之人已否脫離公力拘束或監督爲標準。關於依法逮捕或拘禁之人已否脫離公力拘束或監督之判斷問題，已詳述於普通自行脫逃罪（參閱本節、壹之四），在此不贅。

七、法律效果

犯本罪者，處三年以下有期徒刑。

八、減輕特例

依據第一六二條第五項之規定，配偶、五親等內之血親或三親等內之姻親犯本罪中之便利脫逃者，得減輕其刑。易言之，若行爲人與其所便利脫逃之依法逮捕或拘禁之人具有上述之特定親屬關係者，即得減輕其刑。可以適用本項減輕其刑之規定者，僅限於行爲人犯本罪之便利脫逃行爲，故如行爲人犯本罪之縱放行爲，或犯加重縱放或便利脫逃罪（第一六二條第二、三項）者，自無本項之適用。

九、檢討與改進

本罪處罰之行爲計有縱放行爲與便利脫逃行爲，縱放行爲係行爲人爲脫逃者排除公力拘束或監督，脫逃者無須自力脫逃即得以脫離公力拘束或監督而從容逃逸，但在便利脫逃行爲中行爲人祇是提供脫逃者之方

㉝參照二八上一〇九三。

便與助力，脫逃者尙須自力脫逃才能脫離公力拘束或監督，以兩行爲相較，則前行爲顯比後行爲具有較高之不法內涵，將此不法內涵高低不同之兩種行爲，同列一罪加以規定而賦予相同之法律效果，顯爲刑事立法之缺失，爲除此弊，自應將縱放行爲與便利脫逃行爲分開規定，使其成爲不同之兩罪，而賦予高低不同之法律效果，例如日本刑法及其改正刑法草案在其脫逃罪章中，雖無縱放行爲之處罰規定，但却將「奪取被拘禁者」（日刑第九九條、日刑草第一五五條）與「幫助脫逃」（日刑第一〇〇條、日刑草第一五六條），分別加以規定，而賦予高低不同之法律效果㉞。

肆、加重縱放或便利脫逃罪

行爲人損壞拘禁處所械具或以强暴脅迫而縱放依法逮捕拘禁之人或便利其脫逃者，構成第一六二條第二項之加重縱放或便利脫逃罪，又稱爲暴行縱放或便利脫逃罪。行爲人聚衆以强暴脅迫而縱放依法逮捕拘禁之人或便利其脫逃者，構成同條第三項之加重縱放或便利脫逃罪，又稱爲聚衆縱放或便利脫逃罪。本罪爲一般犯與結果犯，係縱放或便利脫逃罪之加重犯。

一、行爲主體與行爲客體

本罪之行爲主體及行爲客體與前罪同，在此不贅（參閱本節、叁之一、二）。依法逮捕拘禁之人祇要在公力拘束下，即足爲本罪之適格行

㉞民國元年公布施行之暫行新刑律亦曾仿日本刑法之立法例而分設「盜取既決未決之囚及其他按律逮捕拘禁人」與「爲便利脫逃之行爲」（暫行新刑律第一七〇、一七一條）之處罰規定，惟民國十七年之舊刑法乃將兩罪合併成一罪（見舊刑第一七一條），現行刑法沿用之。

爲客體，不以其身體已受械具之束縛爲必要㉟。又本罪之行爲客體必須爲遭受合法之逮捕拘禁之人，否則，如係遭受非法逮捕或拘禁之人，即不能成爲本罪之行爲客體㊱。

二、行爲

本罪之行爲有三：

（一）損壞拘禁處所或械具而縱放或便利脫逃

行爲人必須以損壞拘禁處所或械具之方法而縱放依法逮捕或拘禁之人或便利其脫逃者，方構成第一六二條第二項之加重縱放或便利脫逃罪。何謂「拘禁處所」與「械具」？已詳述於加重脫逃罪（本節、貳、二之㈠），何謂「縱放」與「便利脫逃」？亦已詳述於前罪（本節、叁、三之㈠與㈡），在此均不再贅述。又本項之加重行爲與後（二）之施强暴脅迫係併列規定於第一六二條第二項之中，兩者具有選擇關係，故如行爲人除有本項之加重行爲外，同時並施强暴脅迫者，自祇成立一罪，而無第五十五條之適用。

（二）施强暴脅迫而縱放或便利脫逃

行爲人以强暴脅迫爲手段而縱放依法逮捕或拘禁之人或便利其脫逃者，亦構成第一六二條第二項之加重縱放或便利脫逃罪。行爲人施强暴脅迫之對象並不以具有公務員身分者爲必要，惟行爲人若以執行逮捕拘禁之公務員爲施强暴脅迫之對象者，則除構成本罪外，尙另有妨害公務

㉟參閱三〇上一六一〇：刑法第一百六十二條之罪，以不法回復自由而侵害公之拘禁力爲已足，並不以被逮捕拘禁人之身體，已受械具之束縛爲要件，其實施强暴脅迫便利脫逃者，亦與是否發生傷害之結果無關。

㊱參閱三二上八二六：保長無羈押犯罪嫌疑人之權，被保長拘禁者，不得謂係依法拘禁之人，上訴人縱有率人前往强迫釋放是項被禁者，使之逃匿情事，除使之逃匿部分，應審查其是否成立使犯人隱避之罪名外，其强迫釋放之行爲，不構成刑法第一百六十二條第二項之罪。

之行爲，然此妨害公務行爲當然包括於本罪之罪質中，故行爲人除負本罪之刑責外，不另成立妨害公務員執行職務罪（第一三五條第一項）㊲。

行爲人所縱放或便利脫逃之依法逮捕或拘禁之人如無參與行爲人之本項或前（一）項之加重行爲者，自僅負普通自行脫逃罪（第一六一條第一項）之刑責，惟如有參與此等加重行爲者，卽應構成加重自行脫逃罪（第一六一條第二項），而不生本罪之共犯問題。此外，行爲人所縱放之人是否具有脫逃之故意？則與本罪之成立無關，惟若行爲人所縱放之人本具脫逃之故意者，則應構成自行脫逃罪，否則，行爲人所縱放之人本無脫逃之故意，但行爲人竟强行架走，而將其置放自己實力支配之下，則此等行爲人所縱放之人雖已脫離公力之拘束或監督，亦不負自行脫逃罪之刑責。

（三）聚衆以强暴脅迫而縱放或便利脫逃

行爲人必須以聚衆施强暴脅迫爲手段而縱放依法逮捕或拘禁之人或便利其脫逃者，方構成第一六二條第三項之加重縱放或便利脫逃罪。本罪之聚衆施强暴脅迫與加重自行脫逃罪（第一六一條第三項）中之聚衆施强暴脅迫同（參閱本節、貳、二之㈢），所不同者卽加重自行脫逃罪係聚集依法逮捕或拘禁者而成衆，但本罪在原則上係聚集依法逮捕或拘禁者以外之人而成衆。

㊲參閱

①二四上六三一：以强暴脅迫縱放依法逮捕人，雖同時有妨害公務，而其妨害公務之行爲，已包括於縱放罪之要件中，不得謂其方法上又犯妨害公務之罪。

②四二臺上一二四：上訴人對於公務員依法執行職務時，施以强暴脅迫，便利依法逮捕人脫逃，雖同時有妨害公務，而其妨害公務之行爲，已包括於便利脫逃中，不得謂其方法上又犯妨害公務之罪。原判決以其妨害公務與便利脫逃有牽連關係，除適用刑法第一百六十二條第二項外，並援引同法第一百三十五條第一項第五十五條，從一重處斷，殊有未合。

此外，六一臺上四七一五亦同旨。

三、主觀之不法要素

本罪行爲人所應具之主觀不法要素與前罪同，在此不再贅述（參閱本節、叁之四）。

四、未遂犯

本罪之未遂犯第一六二條第四項設有處罰規定。既遂與未遂之區分與前罪者同，在此不再贅述（參閱本節、叁之六）。

五、法律效果

犯第一六二條第二項之加重縱放或便利脫逃罪者，處六月以上，五年以下有期徒刑。

犯同條第三項之加重縱放或便利脫逃罪在場助勢者，處五年以上，十二年以下有期徒刑。首謀及下手實施强暴脅迫者，處無期徒刑或七年以上有期徒刑。

伍、公務員縱放或便利脫逃罪

公務員縱放職務上依法逮捕拘禁之人或便利其脫逃者，構成第一六三條第一項之公務員縱放或便利脫逃罪。本罪爲特別犯與結果犯，係縱放或便利脫逃罪之加重犯。

一、行爲主體

本罪之行爲主體僅以具有公務員身分者爲限，但並非具有公務員身分者，均可能成爲本罪之行爲主體，而是祇有公務員所縱放或便利脫逃之人係其職務上依法定程序所逮捕或拘禁之人，方能成爲本罪之行爲主體[38]。至如雖具公務員身分，但其所縱放或便利脫逃之人並非其在職務

---

[38] 參閱二九上一八〇七：刑法第一百六十三條第一項所定之便利脫逃罪，係指

上依法逮捕或拘禁之人，則此公務員自非本罪之適格行爲主體，如其縱放或便利脫逃之人爲依法逮捕或拘禁之人，則該公務員之縱放與便利脫逃行爲祇能就其行爲情狀，分別成立普通縱放或便利脫逃罪（第一六二條第一項）或加重縱放或便利脫逃罪（第一六二條第二、三項）㊴，若其縱放或便利脫逃行爲係該公務員假借職務上之權力、機會或方法而故意犯之者，自應依第一三四條之規定，加重其刑至二分之一。至如公務員縱放其奉命看管之人，則該公務員能否成爲本罪之行爲主體應以其縱放之人是否係依法逮捕或拘禁之人爲斷㊵。

本罪僅規定「公務員…」，而非如第一二四條規定「有審判職務之公務員」、第一二五條規定「有追訴或處罰犯罪職務之公務員」、第一二六條規定「有管收、解送或拘禁人犯職務之公務員」或第一二七條規定「有執行刑罰職務之公務員」等，故顯然可見本罪之立法意旨並非就行爲主體之職務範圍加以規定，而係就行爲主體所縱放或便利脫逃之人係行爲主體職務上依法逮捕拘禁之人而作規定。因此，本罪適格之行爲主體應不僅以依法令有逮捕或拘禁職務之公務員爲限，卽使依法令本無逮捕或拘禁職務之公務員，但事實上執行逮捕或拘禁工作時，亦應可成爲

（續前）公務員對於其職務上依法逮捕拘禁之人，於其逮捕拘禁中，予以脫逃之便利者而言，倘非對於其職務上依法定程序所逮捕拘禁之人，而爲便利脫逃之行爲，或其便利脫逃已在拘禁力解除之後者，均與該條之構成要件不合。

㊴參閱三一上二五五〇：刑法第一百六十三條第一項所定公務員縱放職務上依法逮捕拘禁人之罪，係指公務員對於職務上依法逮捕拘禁之人，於其逮捕拘禁中，故意縱放者而言，若其所縱放者非在其職務上逮捕拘禁之中，則其人縱係依法逮捕拘禁之人，仍與該罪之構成要件不符。

㊵參閱三〇院二二五七：縱放奉命看管行政上被監視行動之人脫逃，是否成立刑法第一百六十三條第一項之罪，應以其是否依法令而爲逮捕拘禁爲斷，如果被監視人並非依法逮捕拘禁之人，則奉命看管者縱放脫逃，除有其他犯罪行爲應論以相當罪名外，自不構成該條項之罪。

本罪之適格行爲主體㊶。

二、行爲

本罪之行爲亦爲縱放或便利脫逃，已詳述於前（本節、叁之二），在此不贅。普通縱放或便利脫逃罪（第一六二條第一項）之便利脫逃行爲在原則上僅限於積極之作爲，惟本罪之便利脫逃行爲並不限於積極之作爲，卽使消極之不作爲，亦足以構成本罪，如故意不爲防止脫逃之安全措施，而予其職務上依法逮捕或拘禁之人有機可乘而得脫逃。

三、未遂犯

本罪之未遂行爲第一六三條第三項設有處罰規定，旣遂與未遂之區分標準與普通縱放或便利脫逃罪（第一六二條第一項）同，在此不贅（參閱本節、叁之六）。

四、法律效果

犯本罪者，處一年以上，七年以下有期徒刑。

陸、公務員過失致人犯脫逃罪

公務員因過失致其職務上依法逮捕拘禁之人脫逃者，構成第一六三條第二項之公務員過失致人犯脫逃罪。本罪爲特別犯與結果犯。

一、行爲主體

本罪之行爲主體與前罪者同，在此不再贅述（參閱本節、伍之一）。

二、行爲

本罪之行爲乃公務員因過失致其職務上依法逮捕拘禁之人脫逃之職

㊶司法院之解釋似亦採此見解，參閱三七院解三八四一㈤：從事看守或押解勤務之士兵因過失致依法逮捕拘禁之人脫逃，雖現役士兵不得視爲刑法上之公務員，然如果奉令看守或押解人犯，卽係依法令從事於公務，其因疏忽致人犯脫逃，仍應成立刑法上之過失脫逃罪。（下略）

務過失行爲㊷。依法遭受逮捕或拘禁者之脫逃結果必須爲公務員之職務過失行爲所造成，方能構成本罪。又由於公務員之過失行爲而得脫逃之人必須爲依法逮捕拘禁之人而正處於公力拘束下者，該公務員之過失行爲，方構成本罪，否則，如該脫逃之人僅爲通緝犯，尙未處於公力拘束之下，公務員如因過失致未能將其緝獲，則此過失行爲，自無由構成本罪㊸。

三、法律效果

犯本罪者，處六月以下有期徒刑、拘役或三百元以下罰金。

第三節　藏匿人犯及湮滅證據罪

刑法規定處罰之藏匿人犯及湮滅證據罪計有：壹、藏匿人犯或使之隱避罪。貳、頂替人犯罪。叁、妨害刑事證據罪等。今分別論述如下：

㊷實例如下

①二七院一七六一㈣：村警被派解送依法逮捕拘禁之人，因過失致令脫逃，應依刑法第一百六十三條第二項處斷。

②三六院解三六九一：看守所所長以在押人犯疾病僅憑醫師證明卽派看守戒護病犯出所診治，因看守允許犯人便道回家，致被乘機脫逃，該看守所所長應負刑法第一百六十三條第二項之罪責。

㊸參閱四四臺非七六：刑法第一百六十三條第二項所謂公務員因過失致職務上依法逮捕拘禁之人脫逃，係指因過失致已經逮捕置於拘禁力支配下之人脫逃者而言，如其人僅經通緝尙未逮捕使在拘禁力支配中，自無脫逃之可言，從而公務員縱有過失致未能將通緝人犯弋獲，亦與該罪之構成要件不合，卽難令負該條項之罪責。

壹、藏匿人犯或使之隱避罪

行爲人藏匿犯人或依法逮捕拘禁之脫逃人或使之隱避者，構成第一六四條第一項之藏匿人犯或使之隱避罪。本罪爲一般犯與行爲犯。

一、行爲主體

本罪之行爲主體爲犯人或依法逮捕拘禁之脫逃人以外之任何人，犯人或依法逮捕拘禁之脫逃人自不能成爲本罪之行爲主體，其自行藏匿或隱避固不負本罪之刑責，即使教唆他人藏匿自己或唆使他人頂替，而使自己得以隱避，亦不構成本罪或頂替人犯罪（第一六四條第二項）之教唆犯㊹。

二、行爲客體

本罪之行爲客體有二，即：犯人或依法逮捕拘禁之脫逃人。

(一) 犯人

所謂「犯人」係指違犯刑法㊺之人而言。祇要事實上違犯刑法，即爲犯人，至於國家司法機關對之已否開始刑事追訴？是否業已判決確定？均在所不問，故偵查中之犯罪嫌疑人，起訴後之刑事被告、判決確定後之受刑人等固然均爲犯人，縱係尚未爲人所逮捕之現行犯或準現行犯（參閱刑訴法第八八條第二、三項），亦爲本罪之犯人，其他如犯告訴乃論之

㊹參閱

①二四上四九七四：犯人自行隱避在刑法上既非處罰之行爲，則教唆他人頂替自己以便隱避，當然亦在不罰之列。

②二五、四、二一議：犯罪人教唆他人藏匿自己或使他人頂替，不成立刑法第一百六十四條之教唆罪。

③四七臺非五〇：（前略）被告意圖自己隱避而僱使他人頂替，固不應以教唆犯論。即受託幫助被告覓人頂替入獄，亦不能以從犯論處。

㊺此之刑法係指廣義刑法，包括形式刑法以及以刑事刑罰作爲法律效果之實質刑法。

罪者，雖無告訴權人之告訴，亦可成爲本罪之行爲客體，惟如已逾告訴期間，或告訴權人提出告訴後已經撤回告訴者，即非本罪之犯人。

唯有業已違犯刑法之人，方爲犯人，故如於犯罪之前，除所犯之罪設有陰謀犯或預備犯之處罰規定者外，自非犯人㊻。祇有違犯刑法之人，方爲犯人，故非違犯刑法者，如違警人，即非本罪之犯人㊼。

（二）依法逮捕拘禁之脫逃人

所謂「依法逮捕拘禁之脫逃人」係指遭受合法之逮捕或拘禁之人而在事實上脫逃者而言。至於其脫逃行爲是否已構成脫逃罪或已受脫逃罪之判決確定？係既遂或未遂？均非所問。唯有依法逮捕或拘禁之人脫逃者，方爲本罪之行爲客體，否則，如遭受非法之逮捕或拘禁而脫逃者，除因係前（一）之「犯人」外，並不能成爲本罪之行爲客體。

三、行爲

本罪之行爲有二，即：藏匿與使之隱避。行爲人祇要有二種行爲中之任何一種，即足以成罪。稱「藏匿」係指行爲人以積極之作爲將行爲客體收容於隱密處所，而使他人難以發現行爲客體而言㊽。稱「使之隱避」則指以藏匿以外之方法，使行爲客體得以隱匿或逃避而不爲人所發覺，可能爲積極之作爲，亦可能爲消極之不作爲。

㊻參閱三三上一六七九：刑法上所謂藏匿犯人，係指藏匿已經犯罪之人而言，若於實施犯罪之前，將其窩藏，以直接或間接予以犯罪之便利，則除有特別規定外，應爲該犯罪之幫助犯，不成立藏匿犯人罪名。

㊼參閱二七上一五一七：上訴人之妻以符咒邪術醫療疾病，不過構成違警罰法第四十六條第一項第五款之違警行爲，與刑法第一百六十四條第一項所稱犯人，係指犯刑罰法令之人者不同，且違警罰法第二十七條既規定因違警之嫌疑，經公署傳訊者，自傳票到達之日起須於三日以內到案，若逾期不到得逕行判定依法處罰，則違警嫌疑人經派警往傳後原無即時隨警到案之義務，其不隨警到案，亦非依法逮捕拘禁之脫逃人，上訴人因其妻違警被傳囑令暫時出避，自不能以刑法第一百六十四條第一項之罪責相繩。

㊽實例參閱三一院二四〇〇（見629頁之註⑬²）。

四、主觀之不法要素

行爲人主觀上必須知悉他人爲犯人或依法逮捕拘禁之脫逃人，而決意實施本罪之行爲，方構成本罪，否則，行爲人如欠缺此等認識，或非出於故意，自不負本罪之刑責。

五、法律效果

犯本罪者，處二年以下有期徒刑、拘役或五百元以下罰金。

六、減免特例

依據第一六七條規定，配偶、五親等內之血親或三親等內之姻親圖利犯人或依法逮捕拘禁之脫逃人而犯本罪者，減輕或免除其刑。行爲人因與犯人或脫逃人具有特定親屬關係，而犯本罪乃人情之常，故刑法特設此等減輕或免除其刑之特例，惟行爲人必須出於圖謀犯人或脫逃人之利益而犯本罪者，始有本條之適用，否則，如爲犯人或脫逃人之不利益而犯本罪者，自不可適用本條而減輕或免除其刑。又所謂犯人或脫逃人之利益係指使犯人或脫逃人不受刑事追訴或刑罰之執行或不受公力之拘束而言㊾。

貳、頂替人犯罪

行爲人意圖藏匿犯人或依法逮捕拘禁之脫逃人或使之隱避而頂替者，構成第一六四條第二項之頂替人犯罪。本罪爲一般犯與行爲犯。

一、行爲主體與行爲客體

本罪之行爲主體與行爲客體與前罪者同，在此不再贅述（參閱本節、壹之一與二）。

㊾實例參閱二六渝上一二八八：原審所認上訴人因其子和誘某氏，恐被查獲，寄款使逃，果屬非虛，亦僅係血親圖利犯人使之隱避，尙難以幫助和誘論。

二、行爲

本罪之行爲爲頂替。稱「頂替」係指冒充犯人或依法逮捕拘禁之脫逃人，代其接受刑事追訴或刑罰之執行，或接受公力之拘束等，而使事實上之眞正犯人或依法逮捕拘禁之脫逃人得以逍遙法外。客觀上必須確有犯人或依法逮捕拘禁之脫逃人存在，方有頂替之可能，否則，如虛構犯罪，而實際上並不存有犯人或脫逃人者，自無由構成本罪。本罪之頂替行爲因亦足以發生藏匿犯人或依法逮捕拘禁之脫逃人或使之隱避之實效，而妨害國家公權力之行使，故刑法特加以犯罪化，而與藏匿人犯或使隱避罪（第一六四條第一項）同罰。

三、主觀之不法要素

行爲人主觀上必須出於違犯藏匿人犯或使之隱避罪（第一六四條第一項）之不法意圖，而故意頂替者，方構成本罪，否則，行爲人若欠缺此等主觀之不法要素，自不負本罪之刑責，如係出於被迫而不得不出面頂替，自無構成本罪之餘地。行爲人之不法意圖僅以犯藏匿人犯或使之隱匿罪（第一六四條第一項），即爲已足，至於行爲人之不法意圖是否得逞？或行爲人是否係出於獲利意圖而出面頂替等，均在所不問。

四、法律效果

本罪之法律效果與前罪同，在此不贅（參閱本節、壹之五）。

五、減免特例

與前罪同，在此不贅（參閱本節、壹之六）。

叁、妨害刑事證據罪

行爲人僞造、變造、湮滅或隱匿關係他人刑事被告案件之證據，或使用僞造、變造之證據者，構成第一六五條之妨害刑事證據罪㊿。本罪爲一般犯。

一、行爲形態

本罪之行爲形態有三:

（一）僞造或變造證據罪

（二）湮滅或隱匿證據罪

（三）使用僞造或變造之證據罪

二、行爲客體

就僞造或變造證據罪以及湮滅或隱匿證據罪而言，本罪之行爲客體爲關係他人刑事被告案件之證據，至於使用僞造或變造證據罪，則以經人僞造或變造之關係他人刑事被告案件之證據爲其行爲客體。今就所謂「關係他人刑事被告案件之證據」申論如下:

（一）本罪所稱之「證據」僅限於刑事案件之證據，故如民事訴訟或行政訴訟案件及公務員懲戒事件之證據，即非本罪之證據[51]。又可能成爲本罪行爲客體之刑事證據就本罪確保刑事證據眞實之立法意旨而言，

㊿迄今刑法文獻上有稱本罪爲湮滅證據罪（韓著㈡，一四六頁。陳著，三九〇頁。蔡著㈡，六五七頁），亦有稱爲湮滅刑事證據罪（趙著㈤，一九八頁）。惟事實上本罪實含僞造或變造證據、湮滅或隱匿證據、使用僞造或變造之證據等三類行爲，今僅取其中之湮滅行爲以代表此三類行爲而稱本罪爲湮滅證據或湮滅刑事證據罪，似有未妥之處，故本罪實有正名之必要。按本罪之三類行爲，均足以妨害刑事證據之眞實，而使國家之刑事追訴發生不實之結果，法律正義因之未能伸張，其行爲本質係對刑事證據之妨害，故拙見認爲本罪宜正名爲妨害刑事證據罪。

[51]參閱

①五〇臺上二八八：質據並非關係他人刑事案件之證據，被告縱有延未繳出情事，亦與湮滅證據罪之成立要件不合。

②五七臺上三二〇八㈠：刑法第一百六十五條所謂僞造證據或使用僞造證據罪，以僞造或使用關係他人刑事被告案件之證據爲限。若僞造或使用民事案件之證據，則根本法無處罰明文。

宜採廣義之見解，而應包括物證與人證52，故如隱匿證人，使其未能出庭作證，或如殺害證人而能一勞永逸地湮滅證據，均可構成本罪。此外，祇要在刑事訴訟中可以作爲認定犯罪事實之基礎以及裁量刑罰之資料者，卽爲刑事證據，至於證據係有利或不利於刑事被告？則非所問。

（二）本罪之證據以關於他人刑事案件之證據爲限，故如關係自己刑事案件之證據，自非本罪之證據。因此，如湮滅自己之犯罪證據，自不構成本罪。至如教唆他人湮滅自己之犯罪證據，則就教唆人而言，被教唆者所湮滅之證據仍不失爲關係自己刑事案件之證據，故非本罪之證據，該教唆者自不負本罪教唆犯之刑責53。

刑事案件中共犯之證據究爲關係他人刑事案件之證據，抑爲關係自己刑事案件之證據？對於此一問題學者向有不同之見解54，有認爲共犯之證據實含有他人刑事案件之證據，故亦可認爲關係他人刑事案件之證據；亦有認爲共犯之證據究爲關係他人抑或關係自己案件之證據，應參酌行爲人主觀上之認識而爲判斷，如行爲人僅就自己之利益，且對共犯

52此爲通說之見解，參照韓著(二)，一四六頁。趙著(上)，一九八，一九九頁。陳著，三九〇頁。但有主張僅指物證而不包括人證者，見蔡著(一)，六五八頁。若採此狹義之見解，無異對於本罪作不必要之限制，而使本罪未能圓滿地達成其刑事立法目的，故自以採廣義之通說爲宜。

53實例亦採此等見解，參閱二四上四九七四（見前註44之①）、四四臺上一一一一（見225頁註53之②）。但有反對說而認爲教唆他人湮滅關係自己刑事被告案件之證據，從湮滅者言，旣不失爲湮滅關係他人刑事案件之證據，教唆他人湮滅，仍成教唆犯，見陳著，三九〇頁。有此不同之見解實因教唆犯理論中持主觀說或持客觀說而形成之不同結論：主觀說認爲教唆犯之成立應就教唆行爲本身決定之，而不能以被教唆者之行爲爲準。反之，客觀說則認爲如本例之被教唆者旣可成立本罪（因其湮滅者係關係他人刑事案件之證據），教唆者因從屬性質，無論如何均應成立教唆犯。惟如本例行爲人自己爲之者，卽不構成本罪，而教唆他人代爲之者，其不法內涵雖較輕微，但反而應負本罪之刑責，殊與法律精神不符，故以採主觀說爲宜，參照韓著(一)，二八一頁。

54參閱韓著(二)，一四六、一四七頁。

之證據亦係關係他人刑事案件之證據毫無認識，而實施本罪者，則因欠缺刑法期待可能性，故宜認定爲關係自己刑事案件之證據55；惟事實上，行爲人究爲自己利益或爲共犯之利益等主觀心態往往存有區分上之困難，故原則上，共犯證據中有關行爲人之利害關係，即應可認爲關於自己刑事案件之證據，但僅關係其他共犯之刑事案件證據，而與自己被告之刑事案件無關者，則應仍可認爲係本罪之關於他人刑事案件之證據56。

（三）本條明定之「刑事被告案件」若就嚴謹之文理解釋，應指業已成立之刑事案件，即因告訴、告發、自首等情形，而刑事追訴機關業已開始偵查或起訴之案件而言57，若採此等見解，則偵查前存在之刑事證據自不能認爲係本條所規定之「刑事被告案件之證據」，對之施以本罪之行爲，自亦不構成本罪，此顯與本罪確保刑事證據眞實性之立法意旨不符，而足以妨害本罪之刑事立法功能。因此，本罪所稱「刑事被告案件」不應解釋爲專指業已繫屬於司法機關之刑事案件，而應解釋爲實質上業

55判例採此見解，參閱二五上四四三五：刑法第一百六十五條所謂湮滅關係他人刑事被告案件之證據，必以所湮滅者非其本人犯罪之證據爲要件，否則縱與其他共犯有關，亦難律以該項罪名，此觀於同法第一百六十七條就配偶及其他血親姻親等圖利犯人而犯該條之罪特設減免其刑之規定，則共犯爲其本人之利益而犯時，並不包含在內，自可得當然之解釋。

56參照韓著(二)，一四七頁。陳著，三九一頁。

57參照趙著(上)，一九八頁。實例係採此等見解，參閱

①四五臺上四五一：刑法第一百六十五條僞造關係他人刑事被告案件之證據犯罪，其所侵害者爲國家之搜索權及審判權，自必以該他人之刑事被告案件已經存在爲前提。

②五一臺上一六二二：被告甲乙共同將撞傷之被害人遺棄於公車候車亭內，雖係意圖隱匿某乙過失致人於死之犯罪證據，但行爲當時尚未因告訴、告發、自首等情形開始偵查，則在偵查前所爲之隱匿，除構成其他之犯罪外，能否認爲屬於刑事被告案件之範圍，不無疑義。

③五五臺上三一四七(一)：刑法第一百六十五條所謂刑事被告案件，係指因告訴、告發、自首等情形開始偵查後之案件而言。上訴人將查扣之職業執照交與他人以資湮滅罪證之時，既在本案開始偵查之前，即與該條規定之構成要件不符。

已發生之刑事案件，至於已否開始刑事追訴程序或已否繫屬於法院？均非所問。如此，則偵查前之刑事證據自亦可成爲本罪之行爲客體58。

三、行爲

本罪之行爲計有：僞造、變造、湮滅、隱匿、使用等。此五種行爲具有擇一關係，行爲人祇要有五種行爲中之任何一種，即足以構成本罪。

（一）僞造或變造證據

稱「僞造」係指製造虛僞之刑事證據，行爲人可能係模仿眞實之證據而製造，亦可能係憑空揑造。稱「變造」則指就眞實之證據加以變更改造，使其失却或減弱原證據力，或改變眞實證據之證據方向等。僞造或變造之標的若爲文書或有價證券，則除構成本罪外，並另成立僞造文書罪或僞造有價證券罪，兩罪具有方法結果之牽連關係，故應依第五十五條後段之規定，從一重處斷。

（二）湮滅或隱匿證據

稱「湮滅」係指湮沒毀滅刑事證據，而根本毀滅證據之存在或使證據完全喪失其證據力而言，如燒燬足以證明犯罪之書證，或殺害證人以滅口等，後者除構成本罪外，並另成立普通殺人罪（第二七一條第一項），兩罪具有方法與結果之牽連關係，故應依第五十五條後段之規定，從一重處斷。

稱「隱匿」則指隱蔽藏匿刑事證據，使其不易爲人發現，致未能發生證據力，如警察盜換查獲刑事被告之煙具而易以他槍解案59，或如於審判期日以非法方法剝奪證人之行動自由而私行將其拘禁，使其未能出庭作證，此構成本罪與私行拘禁罪（第三〇二條第一項）之牽連犯，應

58此亦爲通說之見解，參照韓著(二)，一四七頁。陳著，三九〇、三九一頁。

59三四院解三〇〇三：警察盜換查獲刑事被告之煙具，或應其要求，准將查獲之煙槍，易以他槍解案，均係隱匿關係他人刑事報告之證據，成立刑法第一百六十五條之罪。

依第五十五條後段之規定，從一重處斷。又隱匿行爲僅使證據難以發現，若證據在客觀上根本不能再發現者，則非隱匿而爲湮滅，如將殺人之兇器丟置於水井，固爲隱匿，但如將殺人之兇器丟棄於大海之中，則應爲湮滅而非隱匿。

（三）使用僞造或變造之證據

使用僞造或變造之證據即指在偵查、起訴、審判等刑事訴訟程序中行使僞造或變造之刑事證據，以從事刑事訴訟。行爲人祇要提出僞造或變造之虛僞證據，即足以構成本罪，至於司法機關是否加以採證而作爲判決依據？則非所問。

四、主觀之不法要素

行爲人主觀上必須出於妨害刑事證據正確性之故意，而實施本罪之行爲，方構成本罪。至於行爲人係出於何種不法意圖而故意實施本罪之行爲，則因條文未加規定，故在所不問，惟行爲人如係出於使他人受刑事或懲戒處分而有本罪之僞造或變造證據行爲或使用僞造或變造之證據行爲者，則因刑法就此等行爲情狀另設有準誣告罪（第一六九條第二項）之處罰規定，故應逕依該罪處斷，而無成立本罪之餘地。

五、法律效果

犯本罪者，處二年以下有期徒刑、拘役或五百元以下罰金。

六、減免特例

依據第一六六條之規定，犯本罪者於他人刑事被告案件裁判確定前自白者，減輕或免除其刑，此乃鼓勵行爲人自新之刑事政策所設之減免特例。行爲人除於他人刑事被告案件裁判確定前自白外，並另有符合自首之情狀者，則因自白之條件遠較自首爲寬，規定自白者應可包括自首在內[60]，故對於此等情狀，自不得再依自首之規定論減[61]。

[60]參照陳著，二五五頁。

[61]參照韓著(二)，一四八、一四九頁。

依據第一六七條之規定，配偶、五親等內之血親或三親等內之姻親圖利犯人或依法逮捕拘禁之脫逃人而犯本罪者，減輕或免除其刑。已詳述於藏匿人犯或使之隱避罪（第一六四條第一項），在此不贅（見本節、壹之六）。

七、檢討與改進

現行條文將本罪之行為客體規定為「關係他人刑事被告案件之證據」，極易使人誤解為僅指業已開始偵查或起訴之刑事案件之證據，故如偵查開始前存在之刑事證據即不能成為本罪之適格行為客體（見前述二之㈢）。因此，使本罪未能達其確保刑事證據之眞實之刑事立法功能。為避免此等誤解而去除由於此誤解而生之弊，現行條文中之「關係他人刑事被告案件之證據」似宜改為「關係他人刑事違法行為之證據」。

第四節　偽證及誣告罪

刑法規定處罰之偽證及誣告罪計有：壹、偽證罪。貳、普通誣告罪。叁、準誣告罪。肆、未指定犯人之誣告罪。伍、未指定犯人之準誣告罪等。今分別論述如下：

壹、偽證罪

證人、鑑定人、通譯於執行審判職務之公署審判時，或於檢察官偵查時，對於案情有重要關係之事項，供前或供後具結，而為虛偽陳述者，構成第一六八條之僞證罪。本罪爲親身犯、行爲犯與抽象危險犯。

一、行爲主體

本罪之行爲主體以負有「訴訟眞實義務」(Prozessuale Wahrheitspflicht) 之人爲限，故學說認爲本罪係一種「個人義務罪」(Höchstpersönliche Pflichtsdelikte)[62]。行爲主體因爲與眞實不符之虛僞陳述而違背其訴訟眞實義務，而且行爲主體必須直接地親自違背此等義務，方能構成本罪，故通說上均認爲本罪爲親身犯 (Eigenhändige Delikte)[63]。

(一) 證人、鑑定人或通譯

依據條文之規定，可能成爲本罪行爲主體之人計有：證人、鑑定人或通譯等。稱「證人」係指就他人之訴訟案件，到案作證而據實陳述其所曾目擊或經歷之事實之人。稱「鑑定人」係指受有機關之委任或選任，以其專業知識或特別技術，對於特定事務從事鑑定，而後提出鑑定結果報告之人。稱「通譯」則指於訴訟程序中擔任外語或方言傳譯工作之人。

(二) 具結

無論爲證人或鑑定人抑通譯，均必須經具結程序，方能成爲本罪之適格行爲主體。否則，若未經具結，或無具結能力，雖經具結，亦不生具結之效力者，即非本罪之適格行爲主體。稱「具結」係指依據法定程序，以文字保證據實陳述或公正誠實之鑑定或通譯之手續[64]。依據刑事

[62]參照 Roxin: *Täterschaft und Tatherrschaft*, 3. Aufl. 1975, S. 394 f; Systematischer Kommentar zum StGB, 1977, Vor § 153, Rdn. 9.

[63]參照 Maurach, BT. 1969, S. 678; Lackner, StGB, 1977, Vor § 153, Anm. 4; Systematischer Kommentar zum StGB, 1977, Vor § 153, Rdn. 9.

[64]即如刑事訴訟法第一八七條第一項、第一八九、二〇二條或民事訴訟法第三一二條第一項、第三一三、三三四條所定之程序：

㈠具結者具結之前，應告以具結之義務及僞證之處罰。

㈡證人之結文內應記載：「當據實陳述，決無匿、飾、增、減」等語。於訊問後具結者，結文內應記載：「係據實陳述，並無匿、飾、增、減」等語。結文應命

訴訟法或民事訴訟法之規定對於某些特定證人不得令其具結㊅，此等不得令其具結之特定證人，即無具結能力，由於證人須經具結程序之後，始可成爲本罪之適格行爲主體，故此等無具結能力之證人，自不能成爲本罪之行爲主體。對於此等人檢察官雖於偵查中曾令其具結，但亦不能使其成爲本罪之適格行爲主體㊆。至如民事訴訟程序上有所謂得不令其具

(續前) 具結者簽名、蓋章或按指印。

㊂結文應命具結者朗讀，其不能朗讀者，應命書記官朗讀，於必要時並說明其意義。

㊃鑑定人或通譯應於鑑定前或通譯前具結，其結文內應記載：「必爲公正、誠實之鑑定或通譯」等語。

㊅(甲)刑事訴訟程序上之不得令其具結之證人計有（刑訴法第一八六條）：

㊀未滿十六歲者。

㊁因精神障礙，不解具結意義及效果者。

㊂與本案有共犯或有藏匿犯人及湮滅證據、僞證、贓物各罪之關係或嫌疑者。

㊃現爲或曾爲被告或自訴人之配偶、五親等內之血親、三親等內之姻親或家長家屬，得拒絕證言（刑訴法第一八〇條第一項）而不拒絕證言者。或恐因陳述致自己或前述之人受刑事追訴或處罰，得拒絕證言（刑訴法第一八一條）而不拒證言者。

㊄爲被告或自訴人之受僱人或同居人。

(乙)民事訴訟程序上不得令其具結之證人則祇有未滿十六歲或因精神障礙不解具結意義及其效果者（民訴法第三一四條第一項）。

㊆參閱

①二八上三一一二：某甲係上訴人五親等內之血親，依刑事訴訟法（舊）第一百七十三條第一項第四款，爲不得令其具結之證人，雖檢察官於偵查中曾令其具結，然對於不應具結之證人而令具結，不發生具結之效力，縱於具結後爲虛僞陳述，仍不具備刑法第一百六十八條僞證罪之要件。（下略）

②三〇非二四：僞證罪之成立，以虛僞陳述之證人已於供前或供後具結爲其成立要件之一，刑法第一百六十八條規定極明，所謂具結，係指依法有具結義務之人，履行其具結義務而言，若在法律上不得令其具結之人，而誤命其具結者，即不發生具結之效力，被告某甲爲某乙之胞姪女，屬於五親等內之血親，其因某乙之竊盜案件被傳作證，依刑事訴訟法（舊）第一百六十七條第一項第一款及第一百七十三條第一項第四款之規定，係在不得令其具結之列，檢察官偵查時，雖誤命其具結，依照前開說明，不能謂有具結之效力，亦即欠缺刑法第一

結之證人㊻，此等證人可令其具結，亦可不令其具結，惟如一旦令其具結，自仍爲本罪之適格行爲主體。

依據法定之具結程序，具結者具結前應告以具結之義務及僞證之處罰（刑訴法第一八七條第一項、民訴法第三一二條第二項），具結若未履行此等程序，則具結者縱有違背具結義務之行爲，自不應令其負本罪之刑責。因此，民刑訴訟程序中，該管公務員未履行上述之具結程序，縱係供前或供後具結，則該證人、鑑定人或通譯自亦不能成爲本罪之適格行爲主體㊼。

（三）具結時間

證人、鑑定人或通譯祇要有具結能力，且業已具結，卽爲本罪之適格行爲主體，至其係於供前抑於供後具結，均無不可。稱「供前」係指經訊問而於陳述之前，「供後」則指經訊問而已陳述之後而言。此等供後具結僅指陳述之後當卽之具結，其具結效力應僅及具結前當卽陳述之內容，其具結義務自不擴張而及於不同日期之陳述內容。因此，供後具結僅就其具結前當卽陳述部份可能成爲本罪之行爲主體，至於對具結前

（續前）百六十八條之構成要件。

③四四臺上七一四：上訴人於某甲告訴某乙毀損案內作證，旣經原判決認定上訴人爲某甲之僱工，則依刑事訴訟法（舊）第一百七十三條第五款之規定，爲不得令其具結之人雖檢察官於偵查中曾令其具結，亦不發生具結之效力，上訴人縱於具結後爲虛僞之陳述，仍不具備刑法第一百六十八條之要件，自難遽令上訴人負僞證責任。

㊻此等證人計有（民訴法第三一四條第二項）：

㈠有民訴法第三〇七條第一項第一至三款之得拒絕證言而不拒絕證言者。

㈡當事人之受僱人或同居人。

㈢就訴訟結果有直接利害關係者。

㊼參閱二七院一七四九：民刑訴訟法旣於證人具結前，應告以具結之義務及僞證之處罰等程序，規定甚詳，若未履行此等程序而命其具結，縱其陳述虛僞，不能依刑法第一百六十八條僞證罪論科。

另一日期之陳述部份，自無成爲本罪行爲主體之餘地㊴。

二、情狀

行爲人必須於執行審判職務之公署審判時或於檢察官偵查時，實施本罪之行爲，方構成本罪，否則，行爲人如非處於上述情狀下，縱有本罪之行爲，亦不負本罪之刑責。

(一) 於執行審判職務之公署審判時

所謂「審判」係指審理與裁判，包括民、刑事審判以及行政訴訟之審判。稱「執行審判職務之公署」則指掌理審判之司法機關，包括普通審判機關與特別審判機關。至於審判機關之審級爲何？則在所不問。行爲人唯有在審判機關開始民、刑事審判或行政訴訟之審判程序，以迄於審判終結前之期間內，方有可能構成本罪，否則，如非審判機關，或雖爲審判機關，但已終結審判，如於强制執行程序中㊵，自無成立本罪之可能。又本罪之審判時既指開始審判以迄審判終結前之期間，自不以審判期日爲限，即使在審判期日前由受命推事所爲之蒐集或調查證據之準備程序（參閱刑訴法第二七九條第一項），亦爲本罪之審判時。

(二) 於檢察官偵查時

稱「於檢察官偵查時」係指於檢察官（含軍事檢察官）開始偵查程

㊴參閱二八上二二二八：證人之供後具結，對其具結前之虛僞陳述，固亦足爲構成僞證罪之條件，但此項僞證責任，自以因具結而表示其爲據實陳述之證言爲限，苟其陳述之日期，先後曾有數次，僅後一日期之陳述，已經具結，而其後之具結，並非對以前之證言表示其爲據實陳述者，自不能謂其具結之效力，當追溯既往，令負具結前另一日期之僞證責任。

㊵參閱三〇院二一一六：依民事訴訟法（舊）第三百二十四條、第三百十二條第二項之規定，審判長於鑑定人具結前，應告以僞證之處罰，是同法之使鑑定人具結，係以其具結而爲虛僞陳述時，應成立僞證罪爲前提，强制執行程序中之鑑定人，並非刑法第一百六十八條所稱於審判時或偵查時爲陳述之鑑定人，即使爲虛僞之陳述，亦不成立僞證罪。

序以迄偵查終結前之期間，並不包括司法警察或司法警察官協助或受命偵查之時。

三、行爲

本罪之行爲乃對於案件有重要關係之事項爲虛僞之陳述。玆分虛僞之陳述與虛僞陳述之內容兩項，申論如下：

(一) 虛僞之陳述

所謂「虛僞之陳述」係指爲錯誤內容之陳述，陳述者之「陳述內容」(Aussageinhalt) 與事實存在之「陳述客體」(Aussagegenstand) 不相符合，則此陳述即爲錯誤，陳述係錯誤者，即爲本罪所稱「虛僞之陳述」，惟何種陳述內容方爲錯誤？在學說上則有客觀理論與主觀理論之對立：

1. 客觀陳述理論

客觀陳述理論 (Objektive Aussagetheorie) 認爲本罪之目的乃在於確保司法審判機關從事訴訟程序之事實認定工作時，不爲僞證行爲所危害，陳述者之陳述內容若與事實上所發生或存在者互有出入時，則其審判之正確性，即會受到危害。就此而得出結論認爲本罪之陳述內容若與「客觀眞實」(Objektive Wahrheit) 不相符合時，則該陳述即爲錯誤，所有與客觀存在之事實不相符合之陳述，即爲虛僞之陳述。易言之，即陳述者所陳述之事實經過內容與客觀事實上所發生者，互有出入時，則該陳述內容即爲錯誤[71]。

2. 主觀陳述理論

---

[71] 主此說之學者及其著作計有：Badura: *Erkenntniskritik und Positivismus in der Auslegung des Meineidstatbestandes*, in: GA 1957, S. 404; Maurach, BT. 1969, S. 675; Schönke-Schröder, StGB, 1978, Vor § 153, Rdn. 6 ff

主觀陳述理論 (Subjektive Aussagetheorie) 則相對地認爲「錯誤概念」(Falschheitsbegriff) 不應祇限於本罪所保護之法益，而應同時顧及陳述者在訴訟程序上之「陳述義務」與「眞實義務」(Aussage- u. Wahrheitspflicht)，況且陳述者之任務並不在於使司法審判機關僅自其陳述即得以認定事實，陳述者之任務祇是以其事實經歷與其所知事實，據實陳述而能對於司法審判機關認定事實之工作，提供相當助力。主觀理論即就此錯誤概念爲着眼點而認爲判斷陳述內容是否錯誤，並不決定於陳述內容與客觀之事實是否相符，而是決定於陳述者主觀上是否將其所經歷或所知之事實正確地陳述。準此以觀，陳述者若係就其所經歷或所知之事實正確無誤地陳述，則此陳述即爲眞實，縱使其陳述內容與客觀存在之事實不相符合，亦爲眞實之陳述。反之，若陳述者所陳述之內容與其所經歷或所知悉之事實有所出入，則雖其陳述內容與客觀上存在之事實相符，亦爲錯誤之陳述內容，而爲虛僞之陳述[72]。

以上兩種對立理論，均言之成理，若就本罪係一種「個人義務罪」之本質而論，則本罪之構成要件所處罰者，應爲違反陳述者在訴訟程序上之陳述義務與眞實義務，陳述者祇要就其所經驗之事實或所知之事項主觀上據實陳述，即爲符合其訴訟義務之陳述，陳述者之陳述若能符合其訴訟義務，雖其陳述內容偶而與客觀上存在之事實不符，亦非本罪所應處罰之行爲，況且，如客觀陳述理論所主張者，陳述內容必須與客觀眞實相符，陳述內容方非錯誤，此就陳述者之訴訟義務而言，顯係過份之要求，就此種種以觀，則主觀陳述理論似有其可值採行之處。惟客觀陳述

---

[72] 主此說之學者及其著作計有：Gallas: *Zum Begriff der "Falschheit" der eidlichen und uneidlichen Aussage*, in: GA 1957, S. 315; Leipziger Kommentar zum StGB, 1974, Vor § 153, Rdn. 12 ff; Systematischer Kommentar zum StGB, 1977, Vor § 153, Rdn. 38 ff.

理論係就本罪之保護法益爲理論構架之基礎，着重本罪在刑事立法上之保護目的，陳述者之陳述內容若與客觀上存在事實不相符合，自足以影響司法審判機關之偵查或審判結果，對於此等足以造成不正確之偵查或審判結果之陳述，就本罪之立法目的而言，正是本罪所應處罰之虛僞陳述行爲，故就本罪之保護法益以及立法目的而言，自以採客觀陳述理論爲宜，況且，就刑法實務之觀點，若採主觀陳述理論，則在認定陳述內容是否錯誤時必須確認陳述者主觀上所認識或所知之事實，對於此等確認工作顯然是困難重重，故就刑法實務上之實用性而言，亦以採客觀陳述理論爲宜，在刑法文獻上，亦均採客觀陳述理論爲通說[73]。

（二）虛僞陳述之內容

行爲人所虛僞陳述之內容必須對於案情有重要關係之事項，始能構成本罪，否則，行爲人之陳述縱屬虛僞，但其陳述內容對於案件並無重要關係者，自不成立本罪[74]。行爲人之虛僞陳述內容對於案件是否具有重要關係？自應就陳述內容與具體案件之關係而爲判斷。原則上，若虛僞陳述內容足以影響司法審判機關對於該案件之偵查或審判結果者，則此虛僞陳述之內容即可謂對於案情有重要關係之事項[75]。

---

[73] 參照韓著(一)，一五五頁。Lackner, StGB, 1977, Vor § 153, Anm. 2; Blei, BT. 1976, S. 340; Wessels, BT-1, 1977, S. 97.

[74] 參閱五二臺上一三二九：刑法第一百六十八條之僞證罪，以於案情有重要關係之事項，故意爲虛僞之陳述爲構成要件。苟其事項之有無於案情無關，雖所陳述虛僞，亦無影響於裁判之結果，卽難以僞證罪論。此外，五六臺上二一二六(一)亦同旨。

[75] 參閱

①二九上二三四一：依刑法第一百六十八條規定證人依法作證時，必須對於案情有重要關係之事項，爲虛僞之陳述，始負僞證罪之責，所謂於案情有重要關係之事項，係指該事項之有無，足以影響於裁判之結果者而言，蓋證人就此種事項爲虛僞之陳述，則有使裁判陷於錯誤之危險，故以之爲僞證罪，而科以刑罰，苟其事項之有無，與裁判之結果無關，僅因其陳述之虛僞，而卽對之科刑，未

行爲人祇要對於案情具有重要關係之事項而虛僞陳述，犯罪卽屬旣遂，故本罪爲行爲犯。本罪之虛僞陳述行爲是否對於訴訟程序中之「事實確認」(Tatsachenfeststellung)業已造成妨礙，或對司法審判機關之偵查或審判工作業已發生不正確結果之不良影響？均在所不問。易言之，卽本罪之構成並不以行爲人之虛僞陳述行爲之具體危險爲要件，故本罪爲一種抽象危險犯⑯。此外，本罪係使公務員登載不實罪(第二一四條)之特別規定，故如行爲人爲虛僞之陳述，使執行偵查審判職務之公務員於其職務掌管之公文書爲不實之登載，則依據特別條款排除一般條款之法理，亦祇能構成本罪，而無成立使公務員爲不實登載罪（第二一四條）之餘地。

四、主觀之不法要素

行爲人主觀上必須出於僞證故意，而實施本罪之行爲，方構成本罪⑰，否則，行爲人若欠缺僞證故意⑱，縱其陳述內容係錯誤者，如證人因錯

（續前）免失之過酷，是以上開法條加此特別構成要件，以限定虛僞陳述之範圍，與其他立法例對於證人虛僞陳述之結果不設何等區別者，其立法精神自有不同。此外，四六臺上五四四、五一臺上八一三、五二臺上一六七〇亦均同旨。

②五六臺上一七〇一：稱買賣者，依民法第三百四十五條第一項規定謂當事人約定，一方移轉財產權於他方，他方支付價金之契約。上訴人旣曾僞證某甲交價款時，伊在現場幫忙數錢，卽足僞證契約已經成立，自於案情有重要關係，至於裁判上曾否引爲依據，並非僞證罪成立之要件。

⑯參照 Systematischer Kommentar zum StGB, 1977, Vor § 153, Rdn, 10; Leipziger Kommentar zum StGB, 1974, Vor § 153, Rdn. 7.

⑰參閱四八臺上三五二：證人在民事訴訟中所爲之證言，縱因未能得有可信之心證不予採取，而在刑事上仍須有確切證據，足以證明其故爲虛僞之陳述者，始得論處僞證罪刑。

⑱參閱三〇上二〇三二：刑法第一百六十八條之僞證罪，以於案情有重要關係之事項，故意爲虛僞之陳述爲構成要件，如非於案情有重要關係之事項，故意爲虛僞之陳述，固與該條規定不合，卽對於案情有重要之關係之事項所述不實，而非出於故意者，仍難以僞證罪論。此外，五二臺上九一一、五三臺上二七二、五六臺上五五〇㈡、五六臺上一五八九、五八臺上三六七三亦均同旨。

覺或記憶不清，致其陳述內容與客觀事實互有出入⑲，或如鑑定人因專業知識有限，致鑑定結果之錯誤，或如通譯因外語能力不足，致傳譯錯誤等，均不負本罪之刑責。此外，行爲人係出於何種意圖而故意實施本罪之行爲？則因條文未加規定，故在非所問，惟如意圖犯他罪，而以本罪爲手段者，則除構成本罪外，並另成立他罪，兩罪因有方法結果之牽連關係，故應依第五十五條後段之規定，從一重處斷⑳。

五、罪數問題

本罪所破壞之法益乃國家法益，故如僅有一僞證行爲，雖其僞證對象有數人，但其所破壞之法益，仍祇一個國家法益，故僅構成一個僞證罪㉑。至如於自己被訴之刑事案件審判中，同時敎唆二人僞證，則係一行爲而觸犯數罪名，構成同種想像競合犯，應依第五十五條前段，從一重處斷㉒。又實例上認爲本罪僞證對象之個人並非本罪之直接被害人，故無提起自訴之權㉓。

---

⑲參閱五七臺上二八二一：刑法第一百六十八條之僞證罪，以與案情有重要關係事項故意爲虛僞之陳述爲構成要件。若僅因誤會或記憶不清而有所錯誤，因欠缺犯罪故意，不能遽以本罪相繩。

⑳參閱五五臺上九八〇：上訴人等於執行審判職務之公署審判時，於案情有重要關係之事項，供前具結，陳述虛僞之證言，自應構成僞證罪責，惟其目的在幫助某甲詐取勝訴判決，雖未如願，仍難解免幫助詐欺未遂之罪名，所犯有方法結果之牽連關係，應從一重之僞證罪處斷。

㉑參閱三一上一八〇七：上訴人僞證對象，雖有甲乙二人，而其侵害國家審判權之法益，則仍屬一個，自僅構成一個僞證罪，不能因其同時僞證甲乙二人放火，卽認爲係一行爲而觸犯數罪名。

㉒參照五九臺上六三九。

㉓參閱

①四八臺上三四七：被告所具之驗斷書，當屬鑑定性質，其書面與言詞陳述性質相同，如有虛僞陳述，在他人是否因此被害，尙繫於執行審判或偵查職務之公務員採信其陳述與否而定，該他人並非因其僞證行爲而直接或同時受有損害，卽與刑事訴訟法（舊）第三百十一條所稱之被害人不相當，無提起自訴之權。

六、法律效果

犯本罪者，處七年以下有期徒刑。

七、減免特例

依第一七二條之規定，犯本罪而於所虛僞陳述之案件裁判確定前自白者，減輕或免除其刑。行爲人於所虛僞陳述之案件裁判確定前，對於案情有重要關係之事項，自白其陳述係虛僞者，即可適用本條之減免特例[84]，此乃就刑事政策上之考量，以減輕或免除其刑而激勵行爲人及時自白眞相，使司法追訴或審判機關不必從事無益之訴訟程序，或得到錯誤之偵查結果或作不正確之判決。

行爲人祇須於所虛僞陳述之案件裁判確定前自白眞相，即可減輕或免除其刑，至於其自白之動機爲何？則因本條並未作規定，故在所不問，卽使係出於不良之動機，如未能收取其僞證之代價而自白，亦可適用本條之減免特例[85]。

（續前）

②五七臺上二九三：犯罪之被害人得提起自訴者，以直接被害之人爲限，證人在審判中依法具結，而爲虛僞之陳述，固足使採證錯誤，判斷失平，影響司法之威信，而於他人此種僞證行爲，尚非直接使之受有損害，自不得提起自訴。

③五七臺上三四五九：刑事訴訟法第三百十九條第一項所定得提起自訴之人，除該條項但書之情形外，應以犯罪之直接被害人始得爲之。刑法上之僞證罪固足使採證錯誤判斷失平，致司法喪失威信，然此種虛僞陳述，在他人是否因此被害，尚繫於執行審判或偵查職務之公務員採取其陳述與否而定，並非因僞證行爲直接或同時受有損害，即與上開條文所稱之被害人並不相當，自無提起自訴之權。

[84]參閱二一上一三六八：刑法（舊）第一百八十四條所謂於所虛僞陳述之案件裁判確定前自白者，係指於案情有重要關係之事項，爲虛僞陳述後，而自白其陳述係屬虛僞者而言，若僅於案情無重要關係之事項自白虛僞，而於案情有重要關係之事項，仍前後一致並無變更者，不能適用該條規定，減免其刑。

[85]參閱二六上一八八六：僞證之自白，祇須於所虛僞陳述之案件裁判確定前爲

貳、普通誣告罪

行爲人意圖他人受刑事或懲戒處分，向該管公務員誣告者，構成第一六九條第一項之普通誣告罪[86]。本罪爲一般犯與行爲犯。

一、行爲主體

任何人，包括公務員或非公務員，均可能成爲本罪之行爲主體，故本罪爲一般犯。惟如有追訴職務之公務員明知爲無罪之人而使其受追訴，則應構成濫用追訴處罪職權罪（第一二五條第一項），而無成立本罪之餘地。

二、行爲

本罪之行爲爲誣告，即虛構事實而向該管公務員申告。今申論如下：

(一) 誣告必須向該管公務員提出

行爲人之誣告行爲必須向該管公務員提出，方能構成本罪，故非向該管公務員提出申告者[87]，或向無追訴或處罰犯罪職權之機關誣告

（續前）之，即得依刑法第一百七十二條規定，減輕或免除其刑，至其自白之動機如何，法律上並無若何限制，上訴人於某甲殺人案件之偵查中到案僞證，旣在檢察官對於某甲之不起訴處分書未送達前，已具狀自白其前此陳述係受某乙之串唆，即得依上開規定，享受減免其刑之利益，原審以上訴人因某乙未將賄款給付，始行具狀陳明，謂其居心狡詐，不合於自白之規定，不予減免，殊難謂合。

[86]學者有簡稱本罪爲誣告罪（韓著㈡，一五七頁），亦有稱之爲指定犯人誣告罪（陳著，三九八頁）。

[87]參閱

①十九上一五五九：刑法（舊）第一百八十條之該管公務員，係指有偵查犯罪或有受理審判之職權而言，而各縣縣長於其管轄區域內，爲司法警察官，其偵查犯罪之職權，與檢察官同. 乃上訴人等竟虛構某等共同搶刼擄勒殺人等情，具狀向縣公署告訴，原審依據刑法（舊）第四十二條第一百八十條第一項處斷，固無不合。但陸軍中之騎兵團團長及步兵獨立營營長所負任務，與憲兵隊長官不同，依法不能認有偵查犯罪之職權，縱該團營長因上訴人等之請求，越權受理，致被

犯罪⑱，自不成立本罪。稱「該管公務員」係指有權接受申告而開始刑事訴訟程序或行政懲戒程序之公務員而言⑲，如刑事訴訟程序中之

（續前）誣告人受害，自係另一問題，依照上開釋明，該團營長自不能認爲刑法（舊）第一百八十條之該管公務員，則上訴人等雖以同一虛構之事件，連續向該駐軍報告，究不能依刑法（舊）第七十五條第一百八十條第一項論科。

②二九上一五一六：被告向民政廳長指控上訴人爲著名土劣，把持邑政，包攬訴訟，欺壓平民，請求飭縣究辦等情，旣非上訴人在服公職時之行爲，而民政廳長又無偵查犯罪或審判之權限，自不具備向該管公務員申告之要件，卽不能成立誣告罪。

③三九臺上二九四：刑法第一百六十九條第一項之誣告罪，以向該管公務員申告爲成立要件，故欲使人受刑事處分，申告於無偵查犯罪之公務員，根本不能成立本罪。

④四六臺上一三八七：民事調庭之推事並非有追訴或處罰犯罪職權之公務員。被告向該庭推事指陳僞造情事，目的在求免除債之給付，雖經法院將僞造文書部分移送檢察官偵查，要不能視同被告之直接申告，無論是否虛構事實，均無成立誣告罪之餘地。

⑱參閱

①十九上三八一㈠：誣告罪以申告一定犯罪事實於相當官署爲要件，現行刑法且明定爲向該管公務員誣告始能成立，糾衆搶親固涉及略誘罪名，而私藏槍械又係軍用槍砲取締條例（已失效）上之罪，上訴人僅向營部報告，旣不得謂爲相當之官署，無論所申告之事實是否虛僞，均不成立誣告罪名。

②二一上二〇五一：刑法（舊）第一百八十條第一項之誣告罪，以向該管公務員申告爲成立要件，故欲使人受刑事處分而申告於無偵查犯罪職務之省政府，根本上不能成立本罪。

③四四臺上五六㈡：議會僅係民意機關，無偵審犯罪之權，其向議會陳情，尙與誣告罪之構成要件不合。

④四五臺上一〇六〇：刑法第一百六十九條第一項所定意圖他人受刑事處分而爲誣告者，其所謂該管公務員應以有權偵查犯罪或直接受理自訴者爲限。司法行政部與行政院并無偵查犯罪及審判之權限，原判決認定上訴人向各該機關控告推事某甲意在使其受刑事處分，并依此以爲科處之論據，自有未合。

⑲參閱

①十八上一二二八：誣告罪之成立，固以向該管公務員誣告爲要件，惟所謂該管公務員者，實包括有偵查犯罪權之一切公務員在內。

②二一上二二一七：以他人藏匿槍械等詞，向衛戍或警備地方之軍事機關誣告，

推事⑨⓪，或負有偵查職責之檢察官（含軍事檢察官）及其輔助機關之司法警察或司法警察官⑨①；如在行政懲戒程序中之行政主管長官、機關中專負督察職責之公務員⑨②或監察院之監察委員等。又本罪所稱之該管公務員自以本國公務員爲限，外國公務員自不包括在內⑨③。

（二）誣告內容

行爲人所誣告之內容必須爲虛僞者，方有可能成立本罪。易言之，即行爲人向該管公務員申告之內容必須爲虛構之犯罪事實或虛揑之應行懲戒事實，方爲本罪之誣告⑨④，否則，如就客觀存在之犯罪事實或應行懲戒事實，向該管公務員提出申告者，自無構成本罪之餘地。或如所申告之罪名與他人事實上所犯之罪名不符者，因非虛構，自亦不成立

（續前）該軍事機關既有維持地方治安之責任，在其職權範圍內，即爲刑法（舊）第一百八十條第一項之該管公務員，向其誣告之人，自應成立誣告罪。

③二四院一二〇〇㈠：意圖他人受刑事處分而爲誣告者，該管公務員應以有權偵查犯罪或直接受理自訴者爲限，省府非司法機關，某甲等以戊、己通匪等情電請省府飭縣鎗決，自不成立誣告罪。

④二九上二九六一：不兼理司法之縣長，仍有協助檢察官偵查犯罪之職權，不得謂非刑法第一百六十九條之該管公務員。

⑨⓪如向法院提起自訴而誣告。

⑨①參閱五五臺上一九一三：刑法上誣告罪所稱該管公務員，係指有偵查犯罪或受理審判之職權者而言。而各縣縣長於其管轄區域內爲司法警察官，其偵察犯罪之職權，與檢察官同，如被告等以上訴人等包攬訴訟等事實呈報花蓮縣政府，該縣縣長非無偵查犯罪之職權，與誣告罪中所稱之該管公務員，尙非不相當。

⑨②如警察局或警務處督察室之督察員。

⑨③見二三上五四一〇。

⑨④參閱

①四〇臺上八八：誣告罪之成立，以意圖他人受刑事處分，或懲戒處分，而爲虛僞之告訴、告發、報告者爲要件。所謂虛僞，係指明知無此事實故意揑造而言，若告訴人誤認有此事實，或以爲有此嫌疑，自不得指爲虛僞，即難科以本罪。此外，四一臺上一〇亦同旨。

②四〇臺上四五八：上訴人明知佃農割稻，不用正當方法制止，竟謊報暴徒盜割，固屬過當，難辭誣告之咎。

本罪㊉95。行爲人之虛僞申告必須具有相當程度之具體內容，方與本罪之誣告行爲相當，惟不以具有詳細之具體內容爲必要，行爲人之虛僞申告內容祇要相當具體，雖無他人犯罪行爲或公務員違法失職行爲之詳細內容，但已足以令人涉嫌犯罪或涉嫌違紀者，卽有可能構成本罪。又行爲人之申告內容並不以全部虛僞爲必要，申告內容雖然祇是少部份虛僞，但已足以實現其誣告之意圖者，自亦可構成本罪㊉96。

告訴人出於誤會或懷疑被訴人有犯罪事實，或對於事實擴大其詞而爲申告，其後因所訴內容不能證明其係屬實，縱於被訴人爲不起訴處分確定者，該告訴人並不卽因此而負本罪之刑責，惟如告訴人以自己親歷被害事實，堅指被訴人有犯罪行爲，指名向該管公務員提出告訴，若經該管公務員偵查認爲被訴人無此犯罪事實而爲不起訴處分者，則該告訴人向該管公務員申告之內容顯爲虛僞者，自可構成本罪㊉97。因此，行爲人之申告內容是否爲虛僞？應就其申告內容而爲判斷，而不可以檢察官對於告訴事實已爲不起訴處分，卽據之以認定申告內容爲虛僞㊉98。又本罪之成立必須行爲人之申告內容完全出於憑空揑造，若行爲人所告尙非全然無因，祇因缺乏積極證明，致被誣告者不受刑事追訴或刑罰執行者，尙難遽論以本罪㊉99。此外，行爲人所申告之虛僞內容必須出於故意虛構者，

㊉95 參閱二二上五七五：被告所犯爲收受贓物罪，雖與自訴人所訴之侵占罪名不同，然其指訴之犯罪事實旣非虛構，自不能成立誣告罪。

㊉96 參閱二〇上六六二：刑法上之誣告罪，本不限於所告事實全屬虛僞時，始能成立，倘所告事實之一部分係出於故意虛構，仍不得謂非誣告。此外，五九臺上一三六二(一)、五九臺上四二〇三亦均同旨。

㊉97 參照三二上一八四。

㊉98 參閱五五臺上二九〇八：被告是否負誣告罪責，應以其向檢察官所提出之告訴書狀內容是否出於虛構，以及有無意圖他人受刑事處分之意思爲斷，不以檢察官對於告訴事實所爲不起訴處分書之記載爲準。

㊉99 參照四三臺上二五一（四八臺上一五七五、五二臺上七九三、五三臺上二九

方能構成本罪，故其所訴事實雖不能證明屬實，而在積極方面，尙無證據證明其係故意虛構者，亦不能遽以本罪論處⑩。又行爲人明知他人所控者爲虛僞，然竟以己意續行誣控，藉圖坐實其罪，此自應構成本罪⑩。

（三）誣告對象

行爲人誣告之對象必須在法律上能負刑事責任或懲戒責任之人，始能構成本罪⑩，故對無責任能力人誣告其犯罪，或對不具公務員身分者誣告其違法失職⑩，或對不具律師、會計師或醫師、藥劑師、建築師或

（續前）四三、五五臺上四四二、五五臺上二〇九六、五六臺上七四六、五六臺上三一二七㈠、六一臺上二一九七、六一臺上四六〇五等均同旨）。此外，並參閱五五臺上一〇〇一：上訴人出售寺院所有之林木，既未經信徒大會議決，又未得該管官署之許可，出售林木價款若干，如何支用，又未結算公布，被告以住持身分，認上訴人有侵占樹價之罪嫌，提起告訴，顯與虛構事實而誣告之情形有間。雖因證據不充分之故，對上訴人處分不起訴，亦難遽以誣告罪相繩。

⑩參照四六臺上九二七（五〇臺上一七一九、五三臺上二九四三、五六臺上一六七七、五七臺上一六一七等均同旨）。此外，並參閱五九臺上三二：（前略）所訴之事實縱屬不能證明係屬實在，而在積極方面尙未能證明爲虛僞，則被誣告人未予判罪，係祇以犯罪嫌疑不能證明之故，自不能推定告訴人之所訴爲誣告。

⑩參照二三上二五八三。

⑩參閱二八上八七八：誣告罪之成立，以意圖使人受刑事或懲戒處分爲要件，如對於在法律上不能負刑事或懲戒責任之人而爲誣告，則雖有使其受此處分之意圖，仍不能構成誣告罪。

⑩實例如下：

①二六渝上一九一〇：刑法第一百六十九條第一項所謂懲戒處分，係指公務員懲戒法規所定之各項處分而言，故受此項懲戒處分之主體，以有受上開法規懲戒處分之公務員之身分爲前提，國營事業之職工，其進退縱由所屬長官以命令行之，而按其實質，要不過爲一種僱傭關係，並無公務員懲戒法規上公務員身分，即不受該項法規之適用，若意圖其歇業而申告虛僞事實於其僱用之機關，並非使受懲戒處分，自難以誣告論。

此外，四八臺上六一㈠、五三臺上二〇一八、五六臺上三三六九亦均同旨。

②二九上二九八六：（前略）黨員之懲戒，除中國國民黨總章第八十三條，就黨員違犯第八十條所舉紀律設有警告、停止黨權、開除黨籍各種懲戒條款外，並無其他關於懲戒處分之規定，上級黨部對於下級黨部工作人員之更動，係屬黨務

技師等身分者，誣告其違反律師法、會計師法或醫師法、藥劑師法、建築師法、技師法等規定應受懲戒之事項等，自不成立本罪⑩④。

行爲人向該管公務員爲虛僞內容之申告時，必須指明其所誣告之人，否則，如未指明其所誣告之人究爲何人？則非本罪，而應成立未指定犯人之誣告罪（第一七一條第一項）。行爲人指明其所誣告之人而爲虛僞之申告時，並不限於指明其所誣告者之姓名，行爲人雖不指名道姓，但在客觀上可得推定其所誣告之人係某人者，亦與本罪之指定犯人而誣告之情節相當，故仍可構成本罪⑩⑤。

（四）誣告方式

行爲人祇要提出虛僞之申告，即爲已足，至於係採何種方式而爲虛僞申告？則在所不問。行爲人係以書面，抑以言詞⑩⑥，係向檢察機關，抑向警察官署提出告訴或告發，或向法院提起自訴？均無不可。行爲人係以自己名義提出誣告，固可構成本罪，縱係以匿名信或假冒他人名義提出誣告，亦可成立本罪⑩⑦。

（續前）行政上之處置，並非懲戒權之行使，被告以上訴人充任黨務指導人員，向省黨部呈訴其生平劣跡，請求另易賢能，經省黨部予以更換，按諸上開說明，自不得視爲懲戒處分，無論被告前項呈訴之事實，是否虛捏，要不能以其請求另行派員，即謂意圖上訴人受懲戒處分，原審認爲不負誣告責任，於法尚屬無違。

③五五臺上一四六九：（前略）上訴人爲現役軍人，不具受懲戒處分之公務員身分，與誣告罪之構成要件亦不相當，自不能以此罪責相繩。

⑩④惟如依狹義見解（見前註），則誣陷受懲戒處分之誣告對象自僅以具有公務員身分者爲限。

⑩⑤參閱二七滬上三八㈠：刑法第一百六十九條之誣告罪，其所誣告人之姓名，並非必須指明，如對於客觀上可得特定之人而誣告，即與該條所載誣告他人之要件相符。

⑩⑥參閱二一上三三四：意圖他人受刑事處分，捏造事實，以言詞向該管憲兵隊長官報告者，雖未具書狀，亦足構成誣告罪。

⑩⑦參閱二五上一七一五：告訴告發除言詞外，應以書狀爲之，而制作書狀又須

行爲人之誣告行爲並不以行爲人主動積極出面而向該管公務員申告爲限，即使係被動消極而爲申述，如於接受該管公務員訊問時，出於誣陷他人之不法意圖而故爲虛僞之陳述，亦爲本罪之誣告行爲⑩⑧。行爲人雖非親自出面誣告，而係唆使無責任能力人提出誣告，此應成立本罪之間接正犯⑩⑨。此外，行爲人先後向數個機關爲虛僞之申告，此僅爲一個誣告行爲，並非連續數行爲而犯同一罪名之連續犯⑪⓪。又如行爲人以虛僞事實提出告訴後，復行提起自訴，此爲誣告之接續行爲，亦仍祇成立一罪⑪①。

（五）誣告行爲之危險性

行爲人之誣告行爲必須使被誣告者有受刑事或懲戒處分之危險，方

（續前）由制作人簽名蓋章畫押或按指印，固爲刑事訴訟法（舊）第二百二十一條第一項及第五十三條所規定，但檢察官依其職權而偵查犯罪，初不以具備此種程式之告訴告發爲限，即匿名揭帖所載事實亦可據以開始偵查，故以匿名信向該管檢察官誣告他人犯罪，縱未具書狀程式，仍應論以誣告之罪。

⑩⑧參照韓著㈡，一五九頁。

⑩⑨參閱二八上三七四四：上訴人等因與某甲不睦，共同唆使十二歲之乙女出名誣告某甲强姦，顯係共同利用無責任能力之人實施誣告，應成立間接正犯，與無告訴權人對於告訴乃論之罪，逕爲虛僞之告訴，不能成立誣告罪之情形不同，無論上訴人等對於甲之强姦乙女有無告訴權，均不影響於犯罪之成立。

⑪⓪參閱

①四五臺上八六九：上訴人於向該管檢察官誣告警察局職員某甲瀆職之外，雖又有分向監察院、內政部、最高法院檢察署申訴情事，然亦不過僅爲一個誣告行爲，殊與連續數次行爲而犯同一之罪名者以一罪論之要件不合。第一審誤引刑法第五十六條以連續犯處斷，原審未予糾正，自屬適用法則不當。

②四五臺上一一九六：被告雖將密告函以不同日期分別向各機關投遞，但係出於一個單一之犯意，僅屬一個犯罪行爲，不應以連續犯論。

③四七臺上一一〇八：先後於四十六年二月二日及四月十二日繕具函狀，分向司法行政部及臺灣高等法院首席檢察官誣控兩人，內容大致相同，出於一個犯意，乃係一個行爲之數個動作，第一審認係連續犯尙有未合。

⑪①參照五九臺上二六六九。

能構成本罪，故如行爲人以在法律上不能構成犯罪或受懲戒處分之事實誣告他人⑫，或行爲人之申告已逾告訴期限，或其申告之犯罪已在大赦之列⑬，或行爲人所申告者爲告訴乃論之罪，而行爲人爲無告訴權人⑭等，均不成立本罪。

（六）誣告行爲之既遂

行爲人祇要具備本罪之主觀之不法要素（見下述三），而向該管公務員爲虛僞之申告，不待申告有何結果發生，其誣告行爲即已既遂，故本

---

⑫參閱

①二〇上一七〇〇：刑法上誣告罪之成立，在主觀方面，固須申告者有使人受刑事或懲戒處分之意思，在客觀方面，尤須所虛構之事實足使被誣告人有受刑事或懲戒處分之危險，若申告他人有不法行爲，而其行爲在刑法上並非構成犯罪，則被誣告者既不因此而有受刑事追訴之虞，即難論申告者以誣告之罪。此外，五三臺上三一一六亦同旨。

②二二上一九七六：誣告罪以意圖他人受刑事或懲戒處分爲要件之一，若其所虛構之事實，在法律上不生刑事或懲戒處分之問題，即難論以誣告之罪。

③三〇上二〇〇三：誣告罪之成立，須以被誣告人因虛僞之申告，而有受刑事或懲戒處分之危險爲其要件，故以不能構成犯罪或受懲戒處分之事實誣告人者，雖意在使人受刑事或懲戒處分，亦不能成立犯罪。此外，五三臺上一七一二、五七臺非一〇一亦均同旨。

④四四臺上六五三：（前略）上訴人以被誣告人借米不還指爲侵占提起自訴，所謂借米不還，純爲民事上之借貸關係，根本不成犯罪，是其事實縱出虛構，被誣告人仍無受刑事處分之危險，即難論上訴人以刑法第一百六十九條第一項之誣告罪名。

⑬參閱

①四〇臺上二九二：（前略）若申告他人有不法行爲，其申告已逾告訴期限，或其行爲已在大赦之列，則被誣告者不因此而有受刑事訴追之虞，即難論申告者以誣告之罪。

②四八臺非四七(二)：逾越告訴期間之告訴，在法律上已無從引起國家審判權之行使，被誣告者即無受刑事訴追或處罰之虞。乃第一審法院檢察官不加注意，竟自動檢舉，提起誣告之訴，第一審判決率以犯罪嫌疑不足爲諭知無罪之理由，第二審撤銷第一審判決改判罪刑，原判決不加糾正，將被告第三審之上訴駁回，均難謂無違誤。

⑭參閱二八上三七四四（見前註⑩⑨）。

罪為行為犯。行為人為虛偽之申告後，縱撤回告訴或變更其申告內容等，亦不影響業已既遂之誣告行為⑮。又行為人之虛偽申告必須已達該管公務員者，其誣告行為方為既遂。反之，行為人之虛偽申告尚未達該管公務員者，則為刑法所不處罰之誣告未遂行為。

（七）誣告行為與其他行為

誣告行為在本質上原足以妨害被誣告者之名譽或信用，故誣告行為一旦構成本罪，即不另成立誹謗罪（第三一〇條）或妨害信用罪（第三一三條）⑯。又本罪係使公務員登載不實罪（第二一四條）之特別規定，故由於行為人為不實之告訴，而使執行偵查審判職務之公務員於其職務上掌管之公文書為不實登載之情狀，雖亦可該當使公務員登載不實罪（第二一四條），而形成法規競合，適用具有特別關係之本罪處斷，即為已足⑰。此外，行為人如以偽證、偽造文書或行使偽造文書為手段而實施

---

⑮參閱

①二二上八二六：刑法第一百八十條第一項之誣告罪，祇須具有誣告意思，及所告事實足以使人受刑事或懲戒處分，而其所為之申告復已達到於該管公務員時，即完全成立，故誣告完成以後撤回告訴，不過犯罪既遂後之息訟行為，與誣告罪之構成毫無影響。

此外，五七臺上三七三六前段亦同旨。

②三〇上三六〇八：刑法上之誣告罪，以虛偽之申告達到於該管公務員時，即為成立，嗣後變更其陳述之內容，與已成立之誣告罪並無影響。

⑯參閱二六滬上二：刑法第一百六十九條之誣告罪刑，原較第三百十條第一項暨第三百十三條所定妨害名譽信用之罪刑為重，而誣告行為對於被誣告人之名譽信用，亦大都有所妨害，故誣告罪之內容，已將妨害名譽及信用之犯罪吸收在內，行為人之誣告行為，即使具有妨害被誣告人名譽信用之情形，仍應論以誣告罪名，並無適用刑法第三百十條第三百十三條論科之餘地。

⑰參閱五六臺上二三九四㈠：刑法第一百六十九條第一項之誣告罪，係同法第二百十四條之偽造文書對向該管公務員告訴、告發、報告、自訴人之特別規定，故告訴人縱為不實之告訴，使執行偵查審判職務之公務員於職務上掌管之公文書為不實之登載，亦祇能成立誣告罪。

誣告，則構成本罪與僞證罪（第一六八條）、僞造文書罪（第二一〇、二一一條）或行使僞造文書罪（第二一六條）之牽連犯，應依第五十五條後段之規定，從一重處斷[118]。

三、主體之不法要素

行爲人主觀上必須出於使他人受刑事或懲戒處分之不法意圖，以及誣告之故意而實施本罪之行爲，方構成本罪，否則，行爲人若不具

---

[118]參閱

①二四上二一六五：刑法(舊）第一百八十條第二項之罪，係指意圖他人受刑事或懲戒處分而僞造變造證據，尚未實行誣告者而言，上訴人既使用僞造變造之文書，實行誣告，自係構成同條第一項及同法（舊）第二百三十三條第一項（現第二一六條）之牽連犯罪。

②二六渝上五五八：教唆他人僞證，雖有時爲誣告他人犯罪之方法，然並非誣告罪之當然結果，或構成誣告要件之行爲，上訴人在縣司法處誣告甲等略誘其媳，並唆使乙等到庭僞證以實其說，其意圖他人受刑事處分向該管公務員誣告，應與教唆他人僞證，依刑法第五十五條從一重處斷。

③二八上四〇八六：意圖他人受刑事處分，向該管公務員誣告，同時復使用僞造之證據，則其使用僞造證據之行爲，應爲誣告行爲所吸收，除應成立刑法第一百六十九條第一項之罪外，固不應再以同條第二項之罪相繩，但其使用僞造證據，若更觸犯其他罪名時，仍係一行爲而犯數罪，應依刑法第五十五條從一重處斷，不能並謂其所觸犯之其他罪名，亦爲誣告行爲所吸收，而不得再行論處，原判決既認定上訴人於具狀誣告某甲等殺人時，並於狀後黏聯僞造之某乙供單，迨經檢察官處分不起訴後，復揑造某丙名義聲請再議，則上訴人除應負擔誣告罪責外，更觸犯行使僞造私文書之罪名，乃原判決竟謂其行使僞造私文書之行爲，應爲誣告行爲所吸收，殊有未合。

④四七臺上九一九：上訴人使用僞造之私文書誣告他人犯罪，該項文書如不具備刑法第二百一十條之犯罪構成要件，則祇屬同法第一百六十九條第二項所稱證據之一種，上訴人使用僞造之證據誣告他人犯罪，其使用僞造證據之行爲，爲誣告行爲所吸收，祇應成立第一百六十九條第一項之罪，如尙具備刑法第二百一十條之犯罪構成要件，則上訴人僞造文書並進而行使，除應構成誣告罪外，尙不能置行使僞造文書行爲於不論。

使他人受刑事或懲戒處分之不法意圖⑲，或無誣告故意者⑳，自不負本罪

⑲實例如下:

①二五上二九二五: 刑法第一百六十九條第一項之誣告罪，以使人受刑事或懲戒處分之意思，自進而向該管公務員誣告爲要件，若因公務員之推問而爲不利他人之陳述，縱其陳述涉於虛僞，除具有同條第二項之情形外，即與誣告罪之要件不符，被告於告訴某甲遺棄案內，經檢察官詰以你如何出來，答稱他吸鴉片叫我剝枇杷吃，說我剝得不好，打我兩個巴掌云云，是不過因詰問而答述被毆之原因，不能僅據此點論處誣告罪刑。

②三〇上一八八六: 虛僞之申告，以意圖使他人受刑事或懲戒處分而爲之者，始構成誣告罪，若所指事實出於訟爭上攻擊防禦之方法，縱有請求懲辦對方之表示，而其目的旣在脫卸自己罪責，卽難謂與上開要件相合。

此外，四八臺上一五三八、四九臺上一〇六七亦均同旨。

③五二臺上二四〇三: 刑法第一百六十九條第一項之誣告罪，須有虛僞之申告，且係以意圖使他人受刑事處分而爲之者，始可成立。若所指事實非自動申告，乃出於受訊調査所爲之陳述，且其目的在請求保護自己之安全，卽難謂與上開要件相合。

④五三臺上五七四: 刑法第一百六十九條第一項之誣告罪，以使人受刑事或懲戒處分之意思向該管公務員誣告爲要件，若因公務員之推問而爲不利他人之陳述，縱其陳述涉於虛僞，旣無申告他人使其受刑事或懲戒處分之意思，卽與誣告之要件不符。

此外，五九臺上三一二三亦同旨。

⑤五五臺上八八八: 刑法第一百六十九條第一項誣告罪之構成，須具有意圖他人受刑事或懲戒處分之要件，如其報告之目的，在求判明是非曲直，並無使人受刑事或懲戒處分之請求，卽與誣告罪之構成要件不符。

此外，五一臺上八六〇、五九臺上一〇六二亦均同旨。

⑳參閱

①二〇上二五三: 誣告罪之成立，以明知所告事實之虛僞爲要件，若輕信傳說懷疑誤告，縱令所告不實，因其缺乏誣告故意，仍難使負刑責。

此外，四一臺上四二四亦同旨。

②四四臺上八九二: 誣告罪之成立，以告訴人所訴被訴人之事實必須完全出於虛構爲要件，若有出於誤會或懷疑有此事實而爲申告，以致不能證明其所訴之事實爲眞實，縱被訴人不負刑責，而告訴人本缺乏誣告之故意，亦難成立誣告罪名。

此外，五五臺上二三九八亦同旨。

③五一臺上二三六九: 誣告罪之成立，以意圖他人受刑事處分，而爲虛僞之申告

之刑責。稱「他人」乃指自己以外之人,「刑事處分」包括刑事刑罰與保安處分,「懲戒處分」則指科以「紀律罰」(Disziplinarstrafe)㉑之處分,包括公務員懲戒法規定之撤職、休職、降級、減俸、記過、申誡等懲戒處分(參閱公務員懲戒法第九條)以及律師法、會計師法、醫師法、藥劑師法、建築師法、技師法㉒等專門職業法規定之懲戒處分㉓。

行爲人誣譭陷害他人之不法意圖應僅限於使他人受刑事處分或懲戒處分,否則,如意圖使他人受行政罰或行政處分而提出誣告者,自不構成本罪㉔。行爲人祇要出於本罪之不法意圖,而故意實施本罪之行爲,即足以構成本罪,至於此等意圖是否得逞?亦即被行爲人誣陷之他人是

(續前)爲其要件,若係出於誤認或懷疑,即缺乏誣告之故意,不能科以本罪。兩造涉訟,彼此完全無因,究難謂非出於誤會,即顯缺乏誣告之故意,自未便遽以誣告罪責相繩。

㉑參閱拙著(一),一一〇頁。

㉒參閱律師法第四十至四十五條及律師懲戒規則、會計師法第三十九至四十六條,醫師法第二十五至三十條及醫師懲戒辦法、藥師法第二十一條至二十六條、建築師法第四十一、四十五至五十一條、技師法第三十八至四十五條等。

㉓惟有持狹義見解而認爲懲戒處分僅指公務員懲戒法規定之懲戒處分,見陳著,三八九頁。實例亦均持狹義之見解,參閱前註⑱。

㉔實例如下:

①三二上六四六:(前略)被告某甲,以上訴人偷漏國稅,向徵收局具呈,請求處以漏稅罰金,此項罰金屬於行政處分,旣與刑事或懲戒處分不同,雖詞內涉及僞造分單情事,而徵收局對於僞造分單又無權偵查或審判,即非該管公務員,至請轉送縣府嚴厲執行一語,亦與告訴告發之情形有異,其所呈事實,縱屬虛構,亦與誣告罪構成要件不符,自屬不應處罰。

②四〇臺上三三二(見890頁之註⑱)。

③五七臺上三三九三:無論被告投函警局所稱上訴人經營之咖啡館有暗藏春色,爲應召女郎之大本營一節,是否屬實,惟該函中旣未明載上訴人有引誘良家婦女與他人姦淫之語,而咖啡館暗藏春色,有應召女郎,亦不過爲違警行爲而已,僅有受違警處分之虞,尙無因使上訴人受刑事處分之危險,不能構成誣告之罪責。

否受刑事或懲戒處分？則在所不問。此外，行爲人爲掩飾自己之犯罪事實而誣指他人犯罪，雖其誣告目的在於脫卸自己之刑責，但他人受其誣告，可能因之受到刑事處分，故亦可認爲行爲人具有使他人受刑事處分之不法意圖，而可構成本罪[125]。又告訴人所訴事實，不能證明其係實在，若檢察官已對被訴人爲不起訴處分，則告訴人是否構成本罪？尚應就告訴人有無虛構誣告之故意以爲斷？並非被訴人一旦受不起訴處分確定，即當然可以本罪相繩[126]。

行爲人必須明知其所申告之內容係虛僞，且出於本罪之不法意圖而故意誣告者，方構成本罪，故如出於錯誤或誤認犯罪事實而懷疑他人涉嫌犯罪，致向該管公務員申告者，則此錯誤即足以排除故意，而不負本罪之刑責[127]。又行爲人以自己所爲之犯罪，反指爲他人之犯罪行爲，此顯非出於誤會或懷疑，自應負本罪之刑責[128]。

四、罪數問題

雖然本罪之保護法益除國家司法權之行使外，尚有個人法益，且解釋上亦認爲被誣告之個人得以提起自訴[129]，但是本節保護法益之重點乃

---

[125]但實例採不同之見解，參閱四三臺上四一九：爲掩蓋自己罪跡起見，誣指他人犯罪，因其誣告目的究在諉卸自己之罪責，與誣告要件自有未合。

[126]參照五九臺上五八一。

[127]參閱

①二〇上七一七：誣告罪之成立，以犯人明知所訴虛僞爲構成要件，若誤認有此事實，或以爲有此嫌疑，自不得遽指爲誣告。

②二二上三三六八：刑法第一百八十條第一項之誣告罪，以意圖他人受刑事或懲戒處分，向該管公務員誣告爲構成要件，故該項犯罪不特須指出具體事實，足以使人受刑事或懲戒處分，且須明知其爲虛僞，具有故意構陷之情形，始能成立，如對於事實有所誤認，即缺乏此種意思條件，自難令負誣告責任。

③四四臺上八九二、五五臺上二三九八（見前註[120]之②）。

[128]參照四七臺上一六〇。

[129]參照二五院一五四〇、一五四五、一五六二、一五六三、一五六四、二六院一六一六。

在於國家法益，故實例上均認為以一行為誣告數人，或以一誣告行為誣陷他人數事，其所破壞之法益均祇有一個國家法益，均構成一罪[130]。此外，亦由於本罪破壞重點係在國家法益，故行為人雖得被誣告者之同意，亦不能阻卻其誣告行為之違法性，故仍可構成本罪[131]。

五、法律效果

犯本罪者，處七年以下有期徒刑。惟如栽贓誣陷或捏造證據，誣告他人犯肅清煙毒條例之罪者，依該條例第十五條之規定，亦應處以其所誣告之罪之刑[132]。又誣告他人犯貪污治罪條例之罪者，依該條例第十五條第一項之規定，應依刑法規定加重其刑至二分之一。此兩種情形均為本罪之特別規定，在該兩條例施行期間，自應優先適用之。

---

[130]參閱

①十八上三三：誣告罪為妨害國家審判權之罪，故就其性質而論，直接受害者係國家，即國家之審判事務，每因誣告而為不當之進行，至個人受害，乃國家進行不當審判事務所發生之結果，與誣告行為不生直接之關係，故以一訴狀誣告數人，僅能成立一誣告罪。

②十八上九〇四：誣告為妨害國家審判權之犯罪，誣告人者雖有使人受刑事或懲戒處分之故意，但祇能就其誘起審判之原因令負罪責，故以一狀誣告數人者，祇成立一誣告罪，原判決乃依被誣告者人格之法益而計算罪數，自有未合。

③十九上三八一㈡：誣告罪之性質直接受害者係國家，即妨害國家之審判事務，而於個人受害與誣告行為不生直接關係，故以一書狀誣告數人，僅能成立一個誣告罪。

④三一院二三〇六：某甲以一狀誣告乙丙丁三人，祇犯一個誣告罪。

⑤四九臺上八八三：以一狀誣告三人，祇犯一個誣告罪，無適用刑法第五十五條從一重處斷之餘地。

[131]參照韓著㈡，一五九頁。趙著(上)，二二二頁。

[132]此兩種規定，即採自我國舊律中之「反坐」制度，即依行為人所誣告之罪之刑而為處斷。

六、減免特例

依第一七二條規定，犯本罪於所誣告之案件裁判或懲戒處分確定前自白者，減輕或免除其刑。此等減免特例之規定，除獎勵行爲人之後悔外，尙足使偵查或審判機關易於發現眞實，以免爲誣告者所騙而寃枉被誣告者，故行爲人之自白係在審判前或審判中？係出於自動抑被動？簡單或詳細？一次或兩次以上？行爲人自白後有無翻異？均在所不問，祇要行爲人在所誣告之案件裁判確定前自白，即可減輕或免除其刑[133]。此等減免特例爲强行規定，行爲人一旦符合減免特例之條件，法院即應適用之，而無裁量適用與否之職權[134]。行爲人自白當時雖檢察官已就其所誣告案件爲不起訴處分，但因處分確定與裁判確定不同，故行爲人之自白仍可算爲在所誣告案件裁判確定前，而可減免[135]。又一次虛構事實而誣告數人，

---

[133]參照二八上二〇〇一後段、三一上三四五。此外，並參閱

①四九臺上一一七〇：原爲誣告之人就其所告事實於案件之裁判確定前自動或被動、簡單或詳細自白，其在法律上之效果即已發生，縱嗣後對於該項自白有所翻異，仍應依該條之規定減輕或免除其刑，職司審判者祇能於減輕或免除之範圍內予以裁量，並不得置刑法第一百七十二條於弗用。

②五九臺上五四六：上訴人在偵查中對意圖他人受刑事處分，僞造證據或使用之情形，已爲自白，自有刑法第一百七十二條自白減免其刑之適用，縱於起訴後對該項自白又行翻異，仍於自白在法律上之效果不生影響。

[134]參閱

①三〇上二五七三：犯刑法第一百六十九條至第一百七十一條之罪，於所誣告之案件裁判或懲戒處分確定前自白者，減輕或免除其刑，同法第一百九十二條有明文規定，是凡犯誣告罪之人，於其誣告之案件或懲戒處分確定前，果經自白，即與該條減免其刑之要件相符，職司審判者祇能於減輕或免刑之範圍內，予以裁量，究不得置刑法第一百七十二條於弗用。

②五六臺上二〇一八：犯誣告罪，於其所誣告之案件裁判或懲戒處分確定前自白者，減輕或免除其刑，刑法第一百七十二條定有明文，此項減免之强行規定，法院並無裁量之職權，故誣告而自白者，苟未依上開規定減輕或免除其刑，即難謂爲適法。

[135]參閱三一上二二一一：（前略）上訴人既在原審自白其告訴某甲等强借及搶

其誣告行爲仍屬一個，行爲人僅就其中一人之誣告部份而爲自白，而對其餘之人仍有使受刑事處分之意圖，此等不完全之自白行爲，祇是縮小其誣告行爲之範圍而已，故不能適用本條之減免特例[136]。此外，行爲人於誣告之後，係以事出誤會而撤回告訴，而非於裁判或懲戒處分確定前自白，故無本條減免特例之適用[137]。

七、檢討與改進

本罪包括誣告犯罪與誣告懲戒等兩類行爲，前者足以妨害國家司法權之行使，並可能使被誣告者遭受刑事追訴與處罰，後者雖妨害行政權之行使，但其被誣告者可能遭受者僅爲懲戒處分，故兩類行爲之不法內涵顯有不同之處，現將不法內涵不同之兩類行爲合併規定於同一條款之中而賦予相同之法律效果，就刑事立法原則而言，似有不妥之處，故宜將此兩類行爲分別規定。

現行條文中之「懲戒處分」在學說上向有廣狹不同之兩種見解，實例上係採狹義見解而認爲僅指公務員懲戒法上之懲戒處分。按懲戒處分在本質上應指公法上之「紀律罰」，故除公務員懲戒法上之懲戒處分外，尙應包括各種專門職業法[138]所規定之懲戒處分。因此，爲使誣告懲戒行爲之構成要件能够符合明確原則，宜於構成要件中明定誣告對象爲「公務員及依專門職業法從事業務之人」。

現行法不問行爲人所誣告之罪爲何，均劃一規定處七年以下有期徒刑。此等法律效果之規定，由於刑度太過寬濶而極富彈性，顯非良善之

（續前）奪行爲爲虛僞，縱其自白當時某甲之搶奪案件業經檢察官不起訴處分確定，但處分確定究與裁判確定不同，是其自白仍不得謂非在所誣告之案件裁判確定以前，按照前開說明，自應予減輕或免除其刑。

[136] 參照三〇上二六〇六。

[137] 參照五七臺上三七三六後段。

[138] 見前註[122]。

刑事立法，故本罪之法律效果，亦宜作相當之調整。

基於上述，試擬條文如下，作爲第一六九條之第一、二項：

「意圖誣陷他人使受刑事追訴或處罰，而向該管官署誣告者，處七年以下有期徒刑，但所誣告之罪爲第六十一條所列各罪者，處三年以下有期徒刑。」

「意圖使公務員或依專門職業法從事業務之人受懲戒處分，而向該管機關誣告者，處三年以下有期徒刑或三千元以下罰金。」

八、加重處罰之普通誣告罪

依第一七〇條之規定，行爲人意圖陷害直系血親尊親屬而犯本罪者，加重其刑至二分之一。此係就行爲人與被誣告者之間具有特定親屬關係所作之加重處罰規定。

叁、準誣告罪

行爲人意圖他人受刑事或懲戒處分，而僞造、變造證據，或使用僞造、變造之證據者，構成第一六九條第二項之準誣告罪。本罪爲一般犯與行爲犯。

一、行爲

本罪之行爲有三，即：僞造證據、變造證據、使用僞造或變造之證據。已詳述於妨害刑事證據罪（第一六五條），在此不贅（參閱本章、第三節、叁、三之(一)與(三)）。行爲人之僞造或變造證據，或使用僞造或變造證據等行爲必須出於誣衊陷害他人之不法意圖，方構成本罪，如以使他人受刑事處分之意思而將無名屍移置於他人門前或將竊贓移置於他人室內[159]。行爲人意圖誣陷他人而將犯罪證據置放於他人室內，以待警察

[159] 參照三一院二三八三(七)。

之搜查，雖他人果眞犯罪，且另有犯罪證據，但行爲人之誣陷行爲仍可構成本罪⑩。

本罪行爲在本質上係屬普通誣告罪（第一六九條第一項）之預備行爲⑪。因此，行爲人若僅僞造或變造證據，或使用僞造或變造之證據，並未進而提出誣告者固應依本罪處斷⑫，但如已進而提出誣告者，則本罪之低度行爲，即爲誣告之高度行爲所吸收，故可逕論以普通誣告罪（第一六九條第一項），而無成立本罪之餘地⑬，如僞裝中毒，以誣控他

---

⑩參閱二四上五七七一：雖某甲家中另有煙具煙膏等件之搜獲，某甲亦自認有吸煙之事，但上訴人等以非其所有之煙具煙料置放某甲家，以待警察之搜查，仍不能因此免除其意圖他人受刑事處分而僞造證據之罪責。

⑪參閱

①四七臺上八〇二：僞造誣告之證據爲誣告之預備行爲，並非於上訴人着手實行誣告之際，予以便利或易於實施或完成犯罪之行爲，故非誣告之幫助犯，而係觸犯刑法第一百六十九條第二項意圖他人受刑事處分而共同僞造誣告證據之罪。

②五一臺上一五八三：刑法第一百六十九條第二項之使用僞造證據罪，原屬同條第一項誣告罪之預備行爲，祇以意圖使他人受刑事處分而使用僞造證據爲已足，不以向該管公務員告訴、告發、報告爲要件。

⑫參閱四八臺上三三六：刑法第一百六十九條第一項之誣告罪，須意圖他人受刑事或懲戒處分向該管公務員誣告始能成立，倘僅意圖他人受刑事或懲戒處分而僞造變造證據或使用該項證據，尙未實行誣告者，祇能按同條第二項論罪，要無適用該條第一項之餘地。此外，四七臺上一一七一亦同旨。

⑬參閱

①二七滬上三八(二)：刑法第一百六十九條第二項之誣告罪，在實質上本屬誣告之預備行爲，因行爲人意圖他人受刑事或懲戒處分而僞造變造證據，或使用僞造變造證據，其犯罪之危險性已屬重大，故該行爲人雖未實施誣告，仍應科以誣告罪刑，如果行爲人已實施誣告，縱令具有僞造證據及行使等情形，除觸犯其他罪名外，按照低度行爲吸收於高度行爲之原則，祇應適用該條第一項處斷，並無援引第二項之餘地。

此外，四六臺上七三二(一)亦同旨。

②三〇上一九四：刑法第一百六十九條第二項之僞造證據及使用罪，原屬同條第一項誣告之預備，因其犯罪之危險性較爲重大，故不必實行誣告，仍予獨立處

人謀害⑭，或如僞造傷痕而誣告他人傷害⑮，此均爲以虛構事實而誣告，而非本罪之僞造證據，故應成立普通誣告罪（第一六九條第一項）。此外，本罪所破壞之法益雖爲國家法益，但行爲人若同時具有侵害個人法益之故意者，則被害人自得提起自訴⑯。

二、主觀之不法要素

行爲人主觀上必須具備使他人受刑事或懲戒處分之不法意圖，而故意實施本罪之行爲，方構成本罪，否則，行爲人如不具本罪之不法意圖而故意僞造或變造證據或行使僞造或變造之證據，則非本罪，而應構成妨害刑事證據罪（第一六五條）。至於何謂使他人受刑事或懲戒處分之不法意圖？已詳述於前罪（本節、貳之三），在此不贅。

三、法律效果

犯本罪者，處七年以下有期徒刑。

四、減免特例

依第一七二條規定，犯本罪於所誣告之案件裁判或懲戒處分確定前自白者，減輕或免除其刑。行爲人僞造、變造證據或行使僞造或變造證

（續前）罰，如果僞造此項證據持以誣告，除另犯其他罪名外，按照低度行爲吸收於高度行爲之原則，祇應論以第一項之誣告罪名，不應再適用第二項從重處斷。

⑭參閱四四臺上五九八：甲乙僞裝中毒以誣控丙謀害，不過虛構事實爲誣告之內容，並非僞造誣告之證據，僅應構成刑法第一百六十九條第一項之罪，而無同條第二項適用。

⑮參閱五一臺上一一五九：上訴人僞造傷痕爲證據，據以實行誣告，仍應論以誣告罪。

⑯參閱五四臺上一一三九：刑法第一百六十九條第二項所謂意圖他人受刑事或懲戒處分，而僞造變造證據或使用僞造變造證據，祇須有僞造變造證據或使用僞造變造證據，而有使人受刑事或懲戒處分之意圖爲已足，不必有實行誣告之行爲，故爲準誣告罪，於侵害國家法益之中，同時並具有侵害個人法益之故意，與本院二十六年渝上字第八百九十三號判例，對於僞證罪解釋能否自訴之情形有別，被害人對於準誣告罪不能謂非直接被害人，自得提起自訴。

據後，因未提出誣告，故刑事追訴程序或懲戒程序尙未開始，在此情狀下，雖與減免特例「於所誣告之案件，裁判或懲戒處分確定前」之規定不相當，但就刑事政策上之考量，宜採肯定說而認爲仍可適用減輕或免除其刑之特例⑭。此外，並參閱僞證罪(第一六八條)及前罪所述者（本節、壹之七與貳之六)。

五、檢討與改進

本罪包括意圖陷害他人使受刑事處分之準誣告行爲與意圖陷害他人使受懲戒處分之準誣告行爲，兩類行爲相較，則後者顯具較低之不法內涵，況且，行爲人所僞造、變造或行使者若僅爲懲戒事件之證據而非犯罪證據，其爲害尙輕，故就刑事政策上考量，似可予以「除罪化」⑱。

本罪之行爲僅有僞造、變造證據或行使僞造或變造之證據，行爲人尙未提出誣告，故本罪行爲在本質上僅爲普通誣告罪（第一六九條第一項）之預備行爲，但現行法却將本罪之法定刑規定與普通誣告罪者相同，就刑事立法政策而言，預備行爲之法律效果應輕於實行行爲，斷無相同之理，故本罪之法律效果亦宜作適當調整。

基於上述兩點，試擬條文如下，作爲前罪試擬第一六九條（見本節、貳之七）之第三項:

「意圖犯第一項之罪，而僞造或變造刑事證據，或使用僞造或變造之刑事證據者，處三年以下有期徒刑。」

---

⑭參照韓著(二)，一六一頁。

⑱除罪化（Entkriminalisierung, Decriminalization）係各國自第二次世界大戰以來在刑法改革之一種共同趨勢，乃將不法內涵或社會危險性較低之犯罪行爲轉化爲行政不法行爲，而以行政罰或秩序罰作爲反應手段，詳參閱拙著：犯罪問題與刑事司法，二〇六、二〇七頁。此外，並參閱Jescheck: *Grundlimen der internationalen Strafrechtsreformbewegung*, 拙譯：國際刑法改革運動之原則，收入拙著：法制論集，三三五頁以下。

六、加重處罰之準誣告罪

依第一七〇條規定，行爲人意圖陷害直系血親尊親屬而犯本罪者，加重其刑至二分之一。此係就行爲人與被害人之間具有特定親屬關係所作之加重處罰規定。

肆、未指定犯人之誣告罪

行爲人未指定犯人，而向該管公務員誣告犯罪者，構成第一七一條第一項之未指定犯人之誣告罪。本罪爲一般犯與行爲犯。

一、行爲

本罪之行爲乃未指定犯人而向該管公務員誣告犯罪之行爲，如謊報刑案，使刑事追訴機關開始無意義之刑事追訴工作，而足以妨害國家司法權之行使，故刑法乃加以犯罪化。行爲人必須故意虛構犯罪事實而爲申訴，或明知係虛僞事實而提出申訴，方可構成本罪，否則，如誤會事實而爲申訴，則非本罪之誣告[149]。本罪之誣告行爲往往成爲行爲人達成其他犯罪之手段，此等情狀構成本罪與他罪之牽連關係，應依第五十五條後段之規定，從一重處斷[150]。

---

[149]參閱四〇臺上二四〇：誣告罪之成立，固以犯人明知所訴虛僞爲構成要件，若誤認有此事實或以爲有此嫌疑；不得遽指爲誣告。但被告是否明知所訴虛僞或誤認有此事實或以爲有此嫌疑，審理事實之法院，應從各方面調查，以期發現眞實，非任意推測卽可爲無罪之判斷。

[150]實例如下：

①二九上一三五八：上訴人如果確無被刼之事，因欲掩蓋侵占罪責起見，故向該管警察局誣報被刼，則除應成立侵占罪外，復觸犯刑法第一百七十一條第一項之誣告罪，惟誣告與侵占有方法結果之關係，依刑法第五十五條，仍應從侵占之一重罪處斷。

②五七臺上一六六七（見314頁之註[92]）。

本罪所處罰者雖與普通誣告罪(第一六九條第一項)同爲誣告行爲，但本罪之誣告行爲與普通誣告罪之誣告行爲相較，則有下述之不同:

(一) 誣告內容

本罪之誣告內容僅限於誣告犯罪，而普通誣告罪之誣告內容除誣告犯罪外，尙包括誣告他人受懲戒處分。

(二) 誣告對象

本罪之誣告對象爲不特定人，但普通誣告罪之誣告對象則必須爲特定人。易言之，卽本罪行爲人並不指定其所誣告之犯人，而普通誣告罪之行爲人則必須指定其所誣告之犯人，方能成罪。

二、法律效果

犯本罪者，處一年以下有期徒刑、拘役或三百元以下罰金。

三、減免特例

依第一七二條規定，犯本罪於所誣告之案件裁判確定前自白者，減輕或免除其刑（參閱本節、壹之七與貳之六)。

伍、未指定犯人之準誣告罪

行爲人未指定犯人，而僞造、變造犯罪證據，或使用僞造、變造之犯罪證據，致開始刑事訴訟程序者，構成第一七一條第二項之未指定犯人之準誣告罪。本罪爲一般犯與結果犯。

一、行爲

本罪之行爲乃未指定犯人而僞造、變造犯罪證據或使用僞造、變造之犯罪證據，如將自殺者之屍體假扮爲他殺之屍體，或如虛構兇殺現場等。

二、行爲結果

本罪之行爲必須有致開始刑事訴訟程序之結果，方足以成罪，否則，行爲人雖未指定犯人，而僞造、變造犯罪證據或使用僞造、變造之犯罪證據，但並未使刑事追訴機關陷於錯誤而開始刑事訴訟程序者，自爲刑法所不加處罰之行爲。

三、法律效果

犯本罪者，處一年以下有期徒刑、拘役或三百元以下罰金。

四、減免特例

依第一七二條規定，犯本罪者於所誣告之案件裁判確定前自白者，減輕或免除其刑（參閱本節、壹之七與貳之六）。

條文索引

條文號數		罪名	頁數
163	Ⅱ	公務員過失致人犯脫逃罪	992 以下, 971
	Ⅲ	第一項之未遂犯	992
164	Ⅰ	藏匿人犯或使之隱避罪	994 以下, 629, 997, 1003
	Ⅱ	頂替人犯罪	996 以下, 994
165		妨害刑事證據罪	997 以下, 408, 1032
166		犯前罪自白之減免特例	1002 以下
167		犯第一六四、一六五條之罪之減免特例	996, 1003
168		偽證罪	1003 以下, 23, 1023
169	Ⅰ	普通誣告罪	1014 以下, 628, 973, 1030, 1031 1032, 1033, 1035
	Ⅱ	準誣告罪	1030 以下, 1002, 1030
170		加重處罰之普通誣告罪或準誣告罪	1030, 1034
171	Ⅰ	未指定犯人之誣告罪	1034 以下, 973, 1019
	Ⅱ	未指定犯人之準誣告罪	1035 以下
172		犯第一六八至一七一條之罪之減免特例	1013, 1028, 1032, 1035, 1036
173	Ⅰ	放火燒燬現供人用之住宅或現有人在之處所罪	435 以下, 26, 77, 282, 442, 443, 447
	Ⅱ	失火燒燬現供人用之住宅或現有人在之處所罪	450 以下, 77, 282, 443
	Ⅲ	第一項之未遂犯	439, 438, 455
	Ⅳ	第一項之預備犯	439, 455
174	Ⅰ	放火燒燬現非供人用之他人住宅或現未有人在之他人處所罪	441 以下, 282, 440, 445, 446
	Ⅱ	放火燒燬現非供人用之自己住宅或現未有人在之自己處所罪	444 以下, 282

條文號數		罪 名	頁 數
174	Ⅲ	失火燒燬現非供人用之他人住宅或現未有人在之他人處所罪	452, 440, 446, 447, 451
	Ⅲ	失火燒燬現非供人用之自己住宅或現未有人在之自己處所罪	452 以下
	Ⅳ	第一項之未遂犯	442, 455
175	Ⅰ	放火燒燬住宅等以外之他人所有物罪	447 以下, 282, 440, 443, 447
	Ⅱ	放火燒燬住宅等以外之自己所有物罪	448 以下, 282, 447
	Ⅲ	失火燒燬住宅等以外之物罪	453 以下, 440, 443, 447, 451
176		準放火罪或準失火罪	454 以下
177	Ⅰ	漏逸或間隔電流或氣體罪	506 以下
	Ⅱ	結果加重犯	507
178	Ⅰ	決水浸害現供人用之住宅或現有人在之處所罪	457 以下, 461, 464
	Ⅱ	過失決水浸害現供人用之住宅或現有人在之處所罪	466 以下, 461
	Ⅲ	第一項之未遂犯	458
179	Ⅰ	決水浸害現非供人用之他人住宅或現未有人在之他人處所罪	460 以下, 459, 463
	Ⅱ	決水浸害現非供人用之自己住宅或現未有人在之自己處所罪	462 以下
	Ⅲ	過失決水浸害現非供人用之他人住宅或現未有人在之他人處所罪	467 以下, 459, 464
	Ⅳ	過失決水浸害現非供人用之自己住宅或現未有人在之自己處所罪	468 以下, 464
	Ⅴ	第一項之未遂犯	461

條文號數		罪　名	頁　數
339	Ⅱ	詐欺得利罪	338 以下，223,319,324,325,328 353,354,355,373,424,541,571,585,608,619,621,626,767,772,799,855,856,873
	Ⅲ	前二項之未遂犯	342 以下，334
340		常業詐欺罪	352 以下
341	Ⅰ	準詐欺取財罪	353 以下，223,328
	Ⅱ	準詐欺得利罪	353 以下，223
	Ⅲ	前二項之未遂犯	355
342	Ⅰ	背信罪	356 以下，22,223,247,290,291 298,316,345,346
	Ⅱ	未遂犯	371
343		準用第三二三及三二四條	335,343,355,371
344		重利罪	375 以下，377
345		常業重利罪	377
346	Ⅰ	恐嚇取材罪	380以下，148,166,260,347,373 377,379,849,855,856
	Ⅱ	恐嚇得利罪	389 以下，148,166,260,373,377 379,381,855,856
	Ⅲ	前二項之未遂犯	388，390
347	Ⅰ	擄人勒贖罪	392 以下，148,283,397,398,493
	Ⅱ	結果加重犯	394 以下，283,397
	Ⅲ	未遂犯	395
	Ⅳ	預備犯	395,494
	Ⅴ	減刑特例	396
348	Ⅰ	擄人勒贖結合罪	396 以下
	Ⅱ	擄人勒贖結合罪	396 以下

條文號數		罪 名	頁 數
349	I	收受贓物罪	400 以下，412
	II	運藏故買或牙保贓物罪	406 以下，412
	III	贓物之補充規定	403 以下
350		常業贓物罪	412 以下
351		贓物罪之免刑特例	406,411
352		毁損文書罪	415 以下，189,910,933,935
353	I	毁壞建築物礦坑船艦罪	417 以下，512
	II	結果加重犯	419
	III	未遂犯	419
354		一般毁損罪	420 以下，22,152,417,418,512,662,933,935
355		間接損財罪	423 以下
356		損害債權罪	424 以下，937
357		毁損罪之追訴條件	416,423,424,427

罪章暨罪名索引

一　劃

四　劃

五　劃

六 劃

七 劃

八劃

九劃

十　劃

十 一 劃

十 二 劃

十 三 劃

十 四 劃

十 五 劃

十 六 劃

十七劃

十八劃

十九劃

二〇劃

二二劃

二三劃

判解索引

一、最高法院判決與判例

民國十七年至三十七年者全爲判例
民國三十八年至六十八年有＊號者方爲判例

年度	字	號數	頁數	年度	字	號數	頁數
二〇	非	三一	978	二一	上	一五七四	370
		六五	55			一九二〇	288
		七六	589			二〇二二	264
		八四	251, 260			二〇五一	1015
		八七	170			二二一七	1015
		九四	40			二三七六	485
		一一四	124			二六六八	591
		一二二	328		非	九	654
		一七三	251, 260			四〇	974
		一八一	734			一九二	712
		二〇一	250, 251	二二	上	一四二	110
二一	上	一八	264			二〇一	481
		三三四	1019			二〇三	225
		三六九	851			二六九	169, 417
		三九一	439			三一七	259
		三九四	700			四五四	237
		七五五	205			四七二	885
		八九二	265			四七七	646
		一一〇五	261			五一九	720
		一一九九	895			五六四	622
		一三五二	941			五七五	1017
		一三六六	656			六七四	106
		一三六八	1013			八二六	1022
		一五〇四	718			八七四	596

年度	字	號數	頁數	年度	字	號數	頁數
二三	上	二七八三	37	二四	上	一三四四	907
		四二一七	922			一三四五	906
		四五七三	110			一四二六	732
		五二四七	263			一五一一	755
		五二七〇	677			一五一九	755
		五四一〇	1016			一六〇一	44
	非	三七	401			一六九六	66
		七七	974			一七二一	930
		八五	266			一八七五	265
二四	上	二三八	633			一九四四	111
		二五四	978			二一〇四	537
		三八七	614			二一六五	1023
		四一八	234			二二五三	418
		四五八	570			二二九二	746
		四六九	712			二三八〇	38
		四七一	106			二五三四	353
		五一四	718			二六八三	417
		六三一	989			二七三六	937
		一〇八五	436			二八六八	264
		一二二九	710,711			三二六五	747
		一二五一	46			三二八三	406
		一二八一㈠	534			三四〇一	491
		一二八一㈡	544			三四八八	922
		一二九五	760			三五〇一	665

年度	字	號數	頁數	年度	字	號數	頁數
二五	上	四一六八	239	二五	非	三二九	577
		四四三五	1000	二六	滬上	二	1022
		四六八〇	111			五	71
		四八六二	528,589			九	259,267
		五四〇六	690			一八	494
		五四六八	274			二三	625
		六〇九七	250			二九	307,308
		六一五三	279			五四	641
		六二〇三	236			五七	174
		六五一八	345			五七	680
		六六二〇	634			六四	40
		六六二六	276		渝上	一二五	592
		六八〇六	411			一五五	556
		六八五八	912			二四三	124
		六九二五	69			三六九	261
		六九七五	135			五五八	1023
		七一一九	672			六三六	733,735
		七二四九	771			七一九	758
		七三七四	233			八四九	138
		七五一四	533			八六七	546
	非	一一九	339,389			一〇七二	535
		一二三	783			一一四九	867
		一五九	266		上	一一六六	732
		一八八	935			一二〇六	248

年度	字	號數	頁數	年度	字	號數	頁數
二七	上	二三五三	933	二八	上	一七八	365
		二三九一	303		滬上	一八〇	66
		二四八〇	284		上	三一二	1005
		二五六五	593,595			三七四	690
		二五九七	635			三七九	906
		二六一八	418				
		二六六四	740			五六三	723
		二七三九	436			五八五	724
		二八〇一	602			六二一	124
		二八二六	754			六四三	488
		二九四九	626			六五八	673,658
		二九九五	739			七〇五	729
	非	一六	735			七九四	346
		二二	977			八六二	297
二八	滬上	二八	244			八七八	1018
	上	二三	921			九六五	305
	滬上	二五	666			一〇二六	754
		二七	298			一〇九三	986
		三一	309			一二二八	657
	上	三八	677			一二三二	323
	滬上	五三(一)	556,560			一三〇二	69
		五三(二)	562			一四六七	651
	上	六七	598			一四七九	361
		七四	907			一六〇九	303

年度	字	號　數	頁　數	年度	字	號　數	頁　數
二八	上	三四三一	902	二八	非	四七	876,900 899
		三四九五	38			六一	886
		三五〇五	730	二九	上	六	558
		三五一四	733		滬上	七	270
		三五四七	485		上	二一	46
		三五六〇	730			三一	893
		三六二九	409,225			四五	252
		三六五〇	140			六六	435
		三六五二	888			八四	313
		三六八九	600			九〇	299
		三七四四	1020, 1021			一二四	253
		三八二四	284			一三五	110
		三九一二	324,334			一七一	215,311
		三九一二	867			二七〇	956
		三九八四	718			四二二	436
		四〇二〇	691			四五二	284
		四〇八六	1023			五三七	44
		四一二四	709,710			五五八	309
		四一七九	302			六七四	362
		四二一六	768			八一八	726
		四二四七	899			八二〇	371,368
		四二五三	542			八七三	753
	非	二	557			八九二	76
		四三	272			九〇〇	744

年度	字	號 數	頁 數	年度	字	號 數	頁 數
二九	上	二九八六	1018	三〇	上	一一	645
		二九九九	300			三三	900
		三〇〇六	258		滬上	七三	703
		三一一二	259, 262			一一二	77
		三一二〇	90		上	一四三	659
		三二八六	756			一九四	1031
		三三〇七	302, 909			二四八	259
		三三二九	493			二五一	313
		三三四八	250			三二三	684
		三三六四(一)	66, 65			四六三	418
		三三七八	214			四六五	596
		三四二六	849			四九四	74
		三四三八	259			五一一	884
		三五七三	250			五三二	157
		三五九二	719			五五三	727
		三七三一(一)	824			六六八	261
		三七三一(二)	823			七七一	907
		三七五七	149			九五五	922
		三七七七	99			一一〇八	725
		三八五三	692			一一一六	557, 560
	非	五二	106			一一四八	76
		五八	559			一二一〇	370
		六八	909			一二一四	899
三〇	上	三	731			一二四〇	241

年度	字	號數	頁數	年度	字	號數	頁數
三一	上	三六八	624	三二	上	一一一	323
		一〇二二	242			一八四	1017
		一一二九	300			一八七	59
		一一五六	53, 54			二八三	966
		一三七二	242			四三八	624
		一四四四	933			四七七	571
		一五〇五	591			六四六	1025
		一五一三	944			八二六	988
		一八〇七	1012			一二〇六	653
		一八二六	615			一二六五	739
		一八六七	94			一五四二	163
		一九一八	344			一五五四	361
		一九一八	563,556 560			一六六四	73
		二一二四	590			二〇五一	890
		二一九五	738			二一八一	250
		二二〇四	892			二二四八	758
		二二一一	1028			二二七一	976
		二三三四	761			二四〇三	893
		二四二一	759			二四九七	94
		二五五〇	991			二五四八	106
		二六七三	563,557			二七〇七	354
		二六七三	907		非	二八	870
三二	桂上	三	906			二六五	172
	永上	三二	908	三三	上	二六二	674

年度	字	號數	頁數	年度	字	號數	頁數
四〇	臺上	七三	110	四一	臺上	三八	659
		七五	78			四三	149
		* 八八	1016			七〇	68
		一四九	910			* 九六	563
		一六五	39			一二四	981
		二四〇	1034			一三八㈠	618
		二四三	157			一四一㈡	625,606 770
		二七五	107			* 一四三	384
		二七九	244			一四七	657
		二九二	1021			一七〇	910
		三二五	133,906			一七三	552
		三三二	890,1025			一八四	248
		三四八	149			一八五	588
		四〇三	908			二二五	368
		四四〇	253			二九九	632
		四五八	1016			三〇六	910
		四六一	362			三〇八㈠	255
	臺非	一七	529,623			三〇八㈡	254
		一八	326,957			* 三一三	206
		* 一九	554			三三五	735
		* 二二	642			三九八	115
	臺特非	* 六	637,875			四一九㈠	632
四一	臺上	八	228,243			四一九㈡	344,556 571
		一〇	1016			四二四	1024

年度	字	號數	頁數	年度	字	號數	頁數
四三	臺上	* 二五五	934	四三	臺非	二九	241
		二七七	66			* 四五㈠	556,560 564,570
		* 三二三	79			* 四八	273
		* 三三七	602			* 一五七	633
		* 三四八	670,726 740	四四	臺上	五六㈠	637
		三五〇	372			五六㈡	1015
		三五四	353			* 九一	372
		三六九	674			一三七	875
		* 三八七	597			* 一四七	537
		* 四〇四	667			* 一五四	625,635
		四〇七	772			* 一九二	594
		四一一	76			二八〇	908
		四四五	809			* 三四四	909
		四五六	615			三四五	231
		四五七	386			三五三	633
		* 四八五	728			* 三五七	410
		* 四八七	673			* 三七三	41,105
		四九八	97			* 三八七	613,614
		* 六七五	299			三九一	248
		七二七	563			* 四〇〇	975
		* 七八三	294			四一五	245
		* 八二六	69			* 四二〇	313
		* 八七五	605			四三二	787
	臺非	* 二八	425,937			四五一	307

年度	字	號數	頁數	年度	字	號數	頁數
四五	臺上	一六七	372	四五	臺上	九六六	204
		一八四	527			* 九七一	313
		* 二一〇	239			一〇二六	590
		二三二	245			一〇六〇	1015
		三〇六	727			一〇七九	311,372
		三五〇	879			一一〇五㈠	731
		三五八	978			*一一一八	558,955,607
		四三三	658			一一六〇	314
		四五一	1000			*一一八八	353
		* 五六三	651			一一九四	137
		五六四	614,616			一一九六	1020
		五六九	607			一二二三	77
		五九四	384			*一二三五	613
		* 六七四	616,617			*一二九六	167,493
		* 七一三	726			一二九九	253
		七二三	345			一四一二	690
		八五六㈢	272			*一四四三	234
		八五七	135			*一四五〇	384
		八六九	1020			*一四八九	731,719
		八七七	217			一五一七	274
		九〇九	385,856			一五三一	649
		* 九二三	874			一五八三	382
		九三二	112			一六一三	340,528
		九六三	317			一六一七	244

年度	字	號數	頁數	年度	字	號數	頁數
四六	臺上	一三五〇(二)	609,606	四七	臺上	*三五八	597
		一三七四	493			三五九	564
		一三七八	955			*三六五	590
		一三八七	1015			四〇七	909
		一四三四(二)	854			*四二九	491
		一四五五	561			四三二	301
		*一五三二	953			*四八一	612
	臺非	四四	170			*五一五	621
四七	臺上	二八	493			五二〇	776
		*八〇	390			五四四	62
		一一五	41			五七一	636
		一二二(一)	343			*六四九	529
		*一六〇	1026			六五二	340,526
		*一六四	743			六五九	41
		一七八	70			七三五	340,631
		一八〇	254			七四五	73
		*一九三	615			七五九	624
		一九四	874			七八九	47
		*二二六	592			七九五	385,957
		*二三三	908,326			八〇二	1031
		二六八	536			八二五	313
		*二七〇	867,917			八三八	877
		*二九七	620,621			八六五	878
		三三〇	633			*八八三	635

年度	字	號數	頁數	年度	字	號數	頁數
四八	臺上	*三三六	1031	四八	臺上	*一一三七	636
		三四三	589			一一四四㈢	755
		*三四七	1012			一一六三㈠	702
		三五二	1011			一一六三㈡	693
		三七六	850			一二〇八	599
		三八〇	62			一二三五	181
		四六九	302			一三五一	908
		五六二	73			一三八二	681
		五六九	877			一三八八	523
		六五一	302,877			一四三八	154,691
		*六五七	634			一五〇九	73
		六九一㈡	699			*一五三三	638
		七〇九	477			三五三八	1024
		七三八	866			一五七五	1017
		八〇四	314		臺非	四七㈡	1021
		八〇八	637	四九	臺上	九	974
		八一六㈠	305			一三九	173
		八二二	343			*一七〇	243
		*八七八	276			*二六六	382,383
		*九一〇	172,668			三二四	238
		*九八六	382			三七〇	628
		一〇〇六	245			*四九五	589
		一〇一七	699			*五一七㈠	981
		*一〇七二	418			五六六	58

年度	字	號數	頁數	年度	字	號數	頁數
五〇	臺上	五三三	709	五一	臺上	一二六	569
		五九八	573				
		六二九	75			二〇八	573
		*六六二	563,557			二一七	475
		七九一	906			二五三	716
		*八二五	568			二六三	590
		*八七〇	418			二九二	322
		*八八一	728			*二九五	595
		九〇七	480			二九七	472
		*一〇九二	658			三一七	720
		*一二六八	597			三一九	333
		一三三八	571			三二〇	59
		一七一九	1018			*三四七	726,670
		二〇一二	866			四〇〇	324,627
		二〇二〇	561			四四〇	770
		*二〇三一	317			四七二	567,564 570
		二〇四〇	658			四七六	73
五一	臺上	三	964			四八五	155,739
		五八	365				
		七二	77,480			五一八	372
		八〇	387			五一九	346
		*八七	408			五二九	341
		九二	105			五三九	254
		一〇五	234			*五八八	649

年度	字	號　數	頁　數	年度	字	號　數	頁　數
五一	臺上	一九〇四	301,916	五二	臺上	三二六(一)	563
		一九〇九	596			三二六(三)	569
		一九五七(二)	382			三七五	669
		一九五九	866			四三九	590
		一九六二	636			四五一	623
		*二一二八	742			* 五二一	64,70
		二二二〇	928			五三二	667
		二二二三	638			* 五五一	361
		二二六四	527			五八六	702
		*二二七二	719			六〇一	489
		二三〇八	309			六二七	238
		二三一三	363				
		二三五九	382			六五一	340
		二三六九	1024			六五六	638
		二三七九	304,852			六九二	75
	臺非	七七	293			六九九	228
五二	臺上	一二	534			七〇〇	737,670
		三九	333			* 七三七	621
		八五(二)	637			* 七五一	168
		一一二	73			七八二	382
		一六〇	383			七九三	1017
		一六八	305			七九八	253
		二〇九	43			八二〇	302
		* 二三二	570			八二四	344,571 572

年度	字	號數	頁數
五二	臺上	二二〇五	261
		二二九一	369
		二三三五	475
		二三三九㈠	386
		二三五六	701
		二三七五	623
		二三九八	567
		二四〇三	1024
		*二四三七	612,909
		二四五四	525,
		二四七〇㈡	568
		二五〇四	315
		二五一二	727
		二五二二	570,632
		二五四〇	565
		二五六二	632
	臺非	一六	571,570
		八六	617
五三	臺上	二七二	1011
		三一一	1021
		* 四七五	143,254
		四八二	386
		四八六	720
		五七四	1024
五三	臺上	七四二	863
		七八六	346
		九八三	286
		一〇八八	41
		一一六一	614
		一一七八	592
		一二〇〇	444
		一四四三	383
		一四四四	754
		一四四九	905
		一五二五	634
		一七一二	1021
		一八〇一	547
		*一八一〇	560
		一八一一	327
		一八一七	387
		一八五四	759
		二〇一八	1018
		二一六六	229
		二二一六	597
		二二六五	561
		*二四二九	367
		二四四〇	525

年度	字	號 數	頁 數	年度	字	號 數	頁 數
五五	臺上	三九三	877	五五	臺上	一一九六	909
		四二三	41			一二五二	493
		四四二	1018			一二八六	278
		五三六	314			一三二〇	623
		* 五四七	239			一三二五	698
		五七二	69			一三三三	711
		七五一	591			一四六九	1019
		七七九	539			一四七三	363
		七八五	856			一四八五	363
		八二〇	538			一四八六	581
		八五一	418			一五三五	637
		八八七	738			一六七〇	115
		* 八八八	1024			一六八二	137
		九二〇	934			*一七〇三	105
		九八〇	1012			一七七二	314
		九八二(二)	907			一八〇五	68
		九八三	113			一八八四	284
		一〇〇一	1018			一九一三	1016
		一〇一二	387			一九二九	382
		一〇三二	966			二〇四七	736
		一〇七〇	674			二〇九六(二)	1018
		一一三一	388			二一〇一	877
		一一五三	618			二一五四	383
		一一六四	211			二一九一	567

年度	字	號數	頁數	年度	字	號數	頁數
五六	臺上	五八五	560	五六	臺上	一一七二	386
		五九〇	747			一二一二	701
		* 六二二	418			一二二六	742
		六三四	534			一二四五	294
		六三八(一)	539			一二八一	211
		六五八	382			一四〇九	344
		六七三(二)	572			一四三四	908
		六八三	75			一四四四(一)	909
		七三七(二)	40			一四七三	599
		七四六	1018			一四九八	850
		七六九	67			一五八六	701
		七九五	39			一五八九	1011
		八二〇	589			一六七七	1018
		八三六	699			一七〇一	1011
		八三八	590			一七四〇	363
		九〇九	944			一七六七	61
		九三〇	423			一七七三	489
		九四八	71			一八五三	546
		九六三	311			一八六八	865
		九八六	326,627			一八七〇	114
		一〇一〇	732			一九〇四	647
		一〇二一	530			一九一五	476
		一〇六二	589			二〇一七	41
		一一二六	738			二〇一八	1028

年度	字	號數	頁數	年度	字	號數	頁數
五六	臺上	三三三一	720	五七	臺上	一五四三	863,865
		三三六七	868			一五四四(一)	327
		三三六九	1018			一五七七	271
	臺非	二〇	489				
		一七八	772			一五八九	731
		一八一	489			一五九九	651
		二〇六	364			一六一七	1018
						一六六七	314,1034
五七	臺上	八六	173			一六六九	299
		一八五	538			一六九五	571
		二一二	558			一六九八(一)	277
		二九三	1013			一七一四	359
		四一二	70			一七三五	41
		四四四	261			一七八五	868
		五〇九	869			*一八四六	698
		五二三	143			一八五六	538
		九〇六	237, 239				
		九四六	912			二一一〇	341
		九九九	944			二一八四	307
		*一〇一七	271			二三四七	41
		一三二七	737			二四四五	849
		一四一八	164			*二四八六	390
		一四八六	603			二五二一	545
		一五四〇(二)	852			二五二六	878

年度	字	號數	頁數	年度	字	號數	頁數
五八	臺上	五三一	69	五八	臺上	二六八七	67
		五三八	661			二七七五	934
		八二八	710			三〇八四	261
		八五一	664			三一七六	729
		八七三(二)	742			三二二四	149
		*八八四	849			三三四〇	667
		一〇四四	309			三五五九	283
		一〇七二	701			三六〇一	724
		一五三三	638			三六一七	528
		一七五九	383			三六七三	1011
		一七七九	741			三六八一	629
		一八一二	425			三六八六	876
		二〇九〇	382, 261			三九四五	47
		二一一五	108			三九六四	535
		二一四五	79			三九七三	72
		二二三二(一)	70,517		臺非	三〇	776
		二二三二(二)	333			一〇三	333
		二二三二(三)	517				
		*二二七六	698	五九	臺上	三二	1018
		二三四五	693			二七八	854
		二四八六	638			三一二(一)	754
		二六二八	156			三三一	921
		二六三五	686			四〇〇	490
		二六六二	112			五四六	1028

年度	字	號數	頁數	年度	字	號數	頁數
五九	臺上	二五四二	382	五九	臺上	三八五八	41
		*二五八八	564			四〇〇一	72
		二六六九	1020			四〇三三	73
		二六八八	75			四一二一	650
		二七三六(二)	367			四二〇三	1017
		二八一〇	910	六〇	臺上	一八	239
		*二八六一	47			一五二八	309
		二九三五	382			*一七四六	640
		二九三九	902			二九五五	616
		三一二三	1024			三三三一	110
		三一三二	72, 67			*三三三五	651,667
		三二〇三	111			三四九四	590
		三二〇九	868			三六一七	346
		三二五九	732			三六三三(一)	308
		三二八九	560,556 569			三六三三(二)	369
		三三一三	868			三六四六	668
		三三七二	671			四二四二	710
		三五八六	283			四九七七	640
		三六一九(一)	965	六一	臺上	二二	559
		三六四七	372			二五九	937
		三六八四	149			* 二八九	107
		三七〇八	680,682			四一一	251
		三七五六	472			四五六	239
		三八一三	665			六〇〇	43

年度	字	號數	頁數	年度	字	號數	頁數
六二	臺上	七一一	68	六三	臺上	一五七	671
		* 八七九	870			一二九一	733
		一八八二	359				
		*二〇九〇	652			一四六九	638
		二六一七	78			*一五五〇	606
		二八六二	325			一六一四	68
		*三五三九	243			*二一六四	313,621
		三五四六	150			*二一九四	539
		三六五八	156,731			*二二三五	651
		三六八三	693			二三六〇	42
		三九三〇	570			二四三六	150
		四〇一五	69			二五四九	267
		四一八一	906			二六九六	325
		四二一四	328			*二七七〇	636
		*四三一三	756			*三〇九一	304
		*四三二〇	359			*三八二七	671
六三	臺上	* 五〇	235,239	六四	臺上	* 一一八	701
		* 二九二	346			三七七	719
		三一〇	238			* 四二二	934
		三九三	65			四三五	344
		四三一	113,114			四六八	315
		* 六八七	483			六五一	225
		九八三	382			七一八	41

二、司法院解釋

年度	字	號數	頁數	年度	字	號數	頁數
十八	院	一七	665	二二	院	九四七(乙)	243
		一八八	792			九七八	490
十九		二五三	396			九八二	267
		二六一	394	二三		一〇二一	758
		三五〇	91			一〇四二	652
二〇		五三三	211			一一一七	605
		五三四	176,186			一一四二	158
		六一〇	237			一一八三	489
		六二六(四)	754	二四		一二〇〇(一)	1016
		六三四(一)	287			一二四二	205
二一		六五〇	681			一二八二	656
		六五九	885,886			一三一八	800
		六九四	718			一三二七	752
		七〇〇	323			一三七一	798
		七一八(二)	681	二五		一三九四	211
		七一八(四)	690			一四〇三	798
		七三三	885,886			一四一八	490
		七五三	834			一四三一	955
		八一三	921			一四三五	143
		八一四	886			一四五五(一)	798
二二		八六六	591			一四五六	591
		八八六	720			一四五八(一)	798
		九四七(甲)	235			一四五八(二)	802

年度	字	號數	頁數	年度	字	號數	頁數
二九	院	二〇二五	798	三〇	院	二二五〇	956
		二〇二九	712			二二五七	991
		二〇三二	656,669			二二五九	800
		二〇三三	92,176 703,836			二二六一	717
		二〇四五	232			二二六二	709
		二〇六七	953			二二六四	242
		二〇九三	54	三一		二二七七(一)	155,735 740
		二〇九五	904			二二七七(二)	748,161
		二一〇一	875			二二八八	74,292
		二一〇八(一)	890			二二九三	322
三〇		二一一一	798			二三〇六	1027
		二一一六	1007			二三一七	798
		二一三三(二)	614			二三三四	606
		二一三三(三)	155			二三三七	934
		二一三四	769			二三四八	206
		二一五三	974			二三五三	292,308
		二一六三	232			二三五五	417
		二一六九	554			二三五七	792
		二一七九	176,178			二三七二	710
		二一九四	318			二三七五	710
		二二〇二	408			二三七六	639
		二二一九	619,334			二三八三(七)	955,1030
		二二四〇	144			二三九四	621
		二二四二	296			二四〇〇	629,995

年度	字	號數	頁數	年度	字	號數	頁數
三五	院解	三三一九	968	三六	院解	三八〇六	175,179
三六		三三二五(甲)(三)	137	三七		三八〇七	491
		三三二五(甲)(七)	887			三八〇八	340
		三三二五(乙)(一)	896			三八三〇	250
		三三二五(乙)(七)	138			三八四一(五)	992
		三三二五(乙)(八)	888			三八五九	156
		三三二五(乙)(九)	975			三八八九(六)	97
		三三二六	804			三九一五	606
		三三四三(二)	897			三九一六	54
		三三四七	952			三九一七	875
		三四〇六	54			三九三六	936,232
		三四六一	632,916			三九六二(一)	802
		三六一八	900			三九六二(二)	802
		三六九〇	728			三九六二(三)	801
		三六九一	993			四〇〇三	803
				四三	釋	三六	526
		三七一一	104,136	四五		六三	534
		三七四〇	136	四八		八二	609,610
		三七四二(一)	293	五一		九九	538,534
		三七六〇	136	六四		一四三	335
		三七八二	318	六五		一四五	92,176,689,703,836,948
		三七九五	656	六七		一五二	74

三民大專用書書目——經濟·財政

經濟學新辭典	高叔康 編	
經濟學通典	林華德 著	臺灣大學
經濟思想史	史考特 著	
西洋經濟思想史	林鐘雄 著	臺灣大學
歐洲經濟發展史	林鐘雄 著	臺灣大學
近代經濟學說	安格爾 著	
比較經濟制度	孫殿柏 著	政治大學
經濟學原理	密 爾 著	
經濟學原理（增訂版）	歐陽勛 著	政治大學
經濟學導論	徐育珠 著	南康乃狄克州立大學
經濟學概要	趙鳳培 著	政治大學
經濟學（增訂版）	歐陽勛、黃仁德 著	政治大學
通俗經濟講話	邢慕寰 著	香港大學
經濟學（新修訂版）（上）（下）	陸民仁 著	政治大學
經濟學概論	陸民仁 著	政治大學
國際經濟學	白俊男 著	東吳大學
國際經濟學	黃智輝 著	東吳大學
個體經濟學	劉盛男 著	臺北商專
個體經濟分析	趙鳳培 著	政治大學
總體經濟分析	趙鳳培 著	政治大學
總體經濟學	鐘甦生 著	西雅圖銀行
總體經濟學	張慶輝 著	政治大學
總體經濟理論	孫 震 著	國防部
數理經濟分析	林大侯 著	臺灣大學
計量經濟學導論	林華德 著	臺灣大學
計量經濟學	陳正澄 著	臺灣大學
經濟政策	湯俊湘 著	中興大學
平均地權	王全祿 著	內政部
運銷合作	湯俊湘 著	中興大學
合作經濟概論	尹樹生 著	中興大學
農業經濟學	尹樹生 著	中興大學
凱因斯經濟學	趙鳳培 譯	政治大學
工程經濟	陳寬仁 著	中正理工學院
銀行法	金桐林 著	中興銀行
銀行法釋義	楊承厚 編著	銘傳管理學院

銀行學概要	林葭蕃 著	
商業銀行之經營及實務	文大熙 著	
商業銀行實務	解宏賓 編著	中興大學
貨幣銀行學	何偉成 著	中正理工學院
貨幣銀行學	白俊男 著	東吳大學
貨幣銀行學	楊樹森 著	文化大學
貨幣銀行學	李穎吾 著	臺灣大學
貨幣銀行學	趙鳳培 著	政治大學
貨幣銀行學	謝德宗 著	臺灣大學
貨幣銀行——理論與實際	謝德宗 著	臺灣大學
現代貨幣銀行學（上）（下）（合）	柳復起 著	澳洲新南威爾斯大學
貨幣學概要	楊承厚 著	銘傳管理學院
貨幣銀行學概要	劉盛男 著	臺北商專
金融市場概要	何顯重 著	
現代國際金融	柳復起 著	澳洲新南威爾斯大學
國際金融理論與實際	康信鴻 著	成功大學
國際金融理論與制度（修訂版）	歐陽勛、黃仁德 編著	政治大學
金融交換實務	李麗 著	中央銀行
財政學	李厚高 著	行政院
財政學	顧書桂 著	
財政學（修訂版）	林華德 著	臺灣大學
財政學	吳家聲 著	財政部
財政學原理	魏萼 著	臺灣大學
財政學概要	張則堯 著	政治大學
財政學表解	顧書桂 著	
財務行政（含財務會審法規）	莊義雄 著	成功大學
商用英文	張錦源 著	政治大學
商用英文	程振粵 著	臺灣大學
貿易英文實務習題	張錦源 著	政治大學
金融市場	謝劍平 著	政治大學
貿易契約理論與實務	張錦源 著	政治大學
貿易英文實務	張錦源 著	政治大學
貿易英文實務習題	張錦源 著	政治大學
貿易英文實務題解	張錦源 著	政治大學
信用狀理論與實務	蕭啓賢 著	輔仁大學
信用狀理論與實務	張錦源 著	政治大學
國際貿易	李穎吾 著	臺灣大學
國際貿易	陳正順 著	臺灣大學

意外保險	蘇文斌	著	成功大學
市場學	王德馨、江顯新	著	中興大學
市場學概要	蘇在山	著	
投資學	龔平邦	著	逢甲大學
投資學	白俊男、吳麗瑩	著	東吳大學
投資學	徐燕山	著	政治大學
商業心理學	陳家聲	著	臺灣大學
商業概論	張鴻章	著	臺灣大學
營業預算概念與實務	汪承運	著	會計師
海外投資的知識	日本輸出入銀行、海外投資研究所	編	
國際投資之技術移轉	鍾瑞江	著	東吳大學
財產保險概要	吳榮清	著	文化大學

三民大專用書書目——社會

社會學（增訂版）	蔡文輝 著	印第安那州立大學
社會學	龍冠海 著	臺灣大學
社會學	張華葆主編	東海大學
社會學理論	蔡文輝 著	印第安那州立大學
社會學理論	陳秉璋 著	政治大學
社會學概要	張曉春等著	臺灣大學
社會心理學	劉安彥 著	傑克遜州立大學
社會心理學（增訂新版）	張華葆 著	東海大學
社會心理學	趙淑賢 著	安柏拉校區
社會心理學理論	張華葆 著	東海大學
政治社會學	陳秉璋 著	政治大學
醫療社會學	藍采風、廖榮利 著	臺灣大學
組織社會學	張笠雲 著	臺灣大學
人口遷移	廖正宏 著	臺灣大學
社區原理	蔡宏進 著	臺灣大學
鄉村社會學	蔡宏進 著	臺灣大學
人口教育	孫得雄編著	研考會
社會階層化與社會流動	許嘉猷 著	臺灣大學
社會階層	張華葆 著	東海大學
西洋社會思想史	龍冠海、張承漢 著	臺灣大學
中國社會思想史（上）（下）	張承漢 著	臺灣大學
社會變遷	蔡文輝 著	印第安那州立大學
社會政策與社會行政	陳國鈞 著	中興大學
社會福利行政（修訂版）	白秀雄 著	台北市政府
社會工作	白秀雄 著	台北市政府
社會工作管理——人群服務經營藝術	廖榮利 著	臺灣大學
社會工作概要	廖榮利 著	臺灣大學
團體工作：理論與技術	林萬億 著	臺灣大學
都市社會學理論與應用	龍冠海 著	臺灣大學
社會科學概論	薩孟武 著	臺灣大學
文化人類學	陳國鈞 著	中興大學
一九九一文化評論	龔鵬程 編	中正大學
實用國際禮儀	黃貴美編著	文化大學
勞工問題	陳國鈞 著	中興大學
勞工政策與勞工行政	陳國鈞 著	中興大學

少年犯罪心理學	張華葆	著	東海大學
少年犯罪預防及矯治	張華葆	著	東海大學
公民（上）（下）	薩孟武	著	臺灣大學
中國文化概論（上）（下）（合）	邱燮友 李鍌 周瑜 應裕康	編著	臺灣師大 臺灣師大 臺灣師大 臺灣師大
公民（上）（下）	呂亞力	著	臺灣大學
歷史社會學	張華葆	著	東海大學

三民大專用書書目——會計·統計·審計

會計制度設計之方法	趙仁達 著	
銀行會計	文大熙 著	
銀行會計（上）（下）	李兆萱、金桐林 著	臺灣大學等
銀行會計實務	趙仁達 著	
初級會計學（上）（下）	洪國賜 著	淡水學院
中級會計學（上）（下）	洪國賜 著	淡水學院
中級會計學題解	洪國賜 著	淡水學院
中等會計（上）（下）	薛光圻、張鴻春 著	西東大學
會計辭典	龍毓珊 譯	
會計學（上）（下）	幸世間 著	臺灣大學
會計學題解	幸世間 著	臺灣大學
會計學（初級）（中級）（高級）（上）（中）（下）	蔣友文 著	
會計學概要	李兆萱 著	臺灣大學
會計學概要習題	李兆萱 著	臺灣大學
成本會計	張昌齡 著	成功大學
成本會計（上）（下）	洪國賜 著	淡水學院
成本會計題解（增訂版）	洪國賜 著	淡水學院
成本會計	盛禮約 著	淡水學院
成本會計習題	盛禮約 著	淡水學院
成本會計概要	童綷 著	
管理會計	王怡心 著	中興大學
管理會計習題與解答	王怡心 著	中興大學
政府會計	李增榮 著	政治大學
政府會計（修訂版）	張鴻春 著	臺灣大學
政府會計題解	張鴻春 著	臺灣大學
稅務會計	卓敏枝、盧聯生、莊傳成 著	臺灣大學
財務報表分析	洪國賜、盧聯生 著	淡水學院
財務報表分析題解	洪國賜 編	淡水學院
財務報表分析	李祖培 著	中興大學
財務管理（增訂版）	張春雄、林烱垚 著	政治大學
財務管理（增訂新版）	黃柱權 著	政治大學
公司理財	黃柱權 著	政治大學
公司理財	文大熙 著	
珠算學（上）（下）	邱英祧 著	

珠算學(上)(下)	楊渠弘 著	臺中商專
商業簿記(上)(下)	盛禮約 著	淡水工商
商用統計學	顏月珠 著	臺灣大學
商用統計學題解	顏月珠 著	臺灣大學
商用統計學	劉一忠 著	舊金山州立大學
統計學(修訂版)	柴松林 著	交通大學
統計學	劉南溟 著	臺灣大學
統計學	張浩鈞 著	臺灣大學
統計學	楊維哲 著	臺灣大學
統計學	張健邦 著	政治大學
統計學題解	蔡淑女 著 張健邦校訂	政治大學
現代統計學	顏月珠 著	臺灣大學
現代統計學題解	顏月珠 著	臺灣大學
統計學	顏月珠 著	臺灣大學
統計學題解	顏月珠 著	臺灣大學
推理統計學	張碧波 著	銘傳管理學院
應用數理統計學	顏月珠 著	臺灣大學
統計製圖學	宋汝濬 著	臺中商專
統計概念與方法	戴久永 著	交通大學
統計概念與方法題解	戴久永 著	交通大學
迴歸分析	吳宗正 著	成功大學
變異數分析	呂金河 著	成功大學
抽樣方法	儲金滋 著	成功大學
商情預測	鄭碧娥 著	成功大學
審計學	殷文俊、金世朋 著	政治大學
管理數學	謝志雄 著	東吳大學
管理數學	戴久永 著	交通大學
管理數學題解	戴久永 著	交通大學
商用數學	薛昭雄 著	政治大學
商用數學(含商用微積分)	楊維哲 著	臺灣大學
線性代數(修訂版)	謝志雄 著	東吳大學
商用微積分	何典恭 著	淡水學院
商用微積分題解	何典恭 著	淡水學院
微積分	楊維哲 著	臺灣大學
微積分(上)(下)	楊維哲 著	臺灣大學
大二微積分	楊維哲 著	臺灣大學
機率導論	戴久永 著	交通大學

三民大專用書書目——歷史・地理

中國歷史	李國祁 著	臺灣師大
中國歷史系統圖	顏仰雲 編繪	
中國通史（上）（下）	林瑞翰 著	臺灣大學
中國通史（上）（下）	李方晨 著	
中國近代史四講	左舜生 著	
中國現代史	李守孔 著	臺灣大學
中國近代史概要	蕭一山 著	
中國近代史（近代及現代史）	李守孔 著	臺灣大學
中國近代史	李守孔 著	臺灣大學
中國近代史	李方晨 著	
中國近代史	李雲漢 著	政治大學
中國近代史（簡史）	李雲漢 著	政治大學
中國近代史	古鴻廷 著	東海大學
中國史	林瑞瀚 著	臺灣大學
隋唐史	王壽南 著	政治大學
明清史	陳捷先 著	臺灣大學
黃河文明之光（中國史卷一）	姚大中 著	東吳大學
古代北西中國（中國史卷二）	姚大中 著	東吳大學
南方的奮起（中國史卷三）	姚大中 著	東吳大學
中國世界的全盛（中國史卷四）	姚大中 著	東吳大學
近代中國的成立（中國史卷五）	姚大中 著	東吳大學
秦漢史話	陳致平 著	
三國史話	陳致平 著	
通鑑紀事本末 1/6	袁樞 著	
宋史紀事本末 1/2	陳邦瞻 著	
元史紀事本末	陳邦瞻 著	
明史紀事本末 1/2	谷應泰 著	
清史紀事本末 1/2	黃鴻壽 著	
戰國風雲人物	惜秋 撰	
漢初風雲人物	惜秋 撰	
東漢風雲人物	惜秋 撰	
日本通史	林明德 著	臺灣師大
蜀漢風雲人物	惜秋 撰	
隋唐風雲人物	惜秋 撰	
宋初風雲人物	惜秋 撰	

民初風雲人物（上）（下）	惜 秋 撰	
世界通史	王曾才 著	臺灣大學
西洋上古史	吳圳義 著	政治大學
世界近代史	李方晨 著	
世界現代史（上）（下）	王曾才 著	臺灣大學
西洋現代史	李邁先 著	臺灣大學
東歐諸國史	李邁先 著	臺灣大學
英國史綱	許介鱗 著	臺灣大學
德意志帝國史話	郭恒鈺 著	柏林自由大學
印度史	吳俊才 著	政治大學
日本史	林明德 著	臺灣師大
日本信史的開始——問題初探	陶天翼 著	
日本現代史	許介鱗 著	臺灣大學
臺灣史綱	黃大受 著	
近代中日關係史	林明德 著	臺灣師大
美洲地理	林鈞祥 著	臺灣師大
非洲地理	劉鴻喜 著	臺灣師大
自然地理學	劉鴻喜 著	臺灣師大
地形學綱要	劉鴻喜 著	臺灣師大
聚落地理學	胡振洲 著	臺灣國立藝專
海事地理學	胡振洲 著	臺灣國立藝專
經濟地理	陳伯中 著	臺灣大學
經濟地理	胡振洲 著	臺灣國立藝專
都市地理學	陳伯中 著	臺灣大學
中國地理（上）（下）（合）	任德庚 著	

三民大專用書書目——法律

書名	著者		單位
中華民國憲法與立國精神	胡佛 沈清松 石之瑜 周陽山	著	臺灣大學 政治大學 臺灣大學 臺灣大學
中國憲法新論（修訂版）	薩孟武	著	臺灣大學
中國憲法論（修訂版）	傅肅良	著	中興大學
中華民國憲法論（最新版）	管歐	著	東吳大學
中華民國憲法概要	曾繁康	著	臺灣大學
中華民國憲法逐條釋義（一）～（四）	林紀東	著	臺灣大學
比較憲法	鄒文海	著	政治大學
比較憲法	曾繁康	著	臺灣大學
美國憲法與憲政	荊知仁	著	政治大學
國家賠償法	劉春堂	著	輔仁大學
民法總整理（增訂版）	曾榮振	著	律師
民法概要	鄭玉波	著	臺灣大學
民法概要	劉宗榮	著	臺灣大學
民法概要	何孝元著、李志鵬修訂		前司法院大法官
民法概要	董世芳	著	實踐學院
民法總則	鄭玉波	著	臺灣大學
民法總則	何孝元著、李志鵬修訂		前司法院大法官
判解民法總則	劉春堂	著	輔仁大學
民法債編總論	戴修瓚	著	
民法債編總論	鄭玉波	著	臺灣大學
民法債編總論	何孝元	著	
民法債編各論	戴修瓚	著	
判解民法債篇通則	劉春堂	著	輔仁大學
民法物權	鄭玉波	著	臺灣大學
判解民法物權	劉春堂	著	輔仁大學
民法親屬新論	陳棋炎、黃宗樂、郭振恭	著	臺灣大學
民法繼承	陳棋炎	著	臺灣大學
公司法要義	柯芳枝	著	臺灣大學
民法繼承論	羅鼎	著	
民法繼承新論	陳棋炎、黃宗樂、郭振恭	著	臺灣大學
商事法新論	王立中	著	中興大學
商事法			

商事法論（緒論、商業登記法、公司法、票據法）（修訂版）	張國鍵 著	臺灣大學
商事法論（保險法）	張國鍵 著	臺灣大學
商事法要論	梁宇賢 著	中興大學
商事法概要	張國鍵著、梁宇賢修訂	臺灣大學
商事法概要（修訂版）	蔡蔭恩著、梁宇賢修訂	中興大學
公司法	鄭玉波 著	臺灣大學
公司法論（增訂版）	柯芳枝 著	臺灣大學
公司法論	梁宇賢 著	中興大學
票據法	鄭玉波 著	臺灣大學
海商法	鄭玉波 著	臺灣大學
海商法論	梁宇賢 著	中興大學
保險法論（增訂版）	鄭玉波 著	臺灣大學
保險法規（增訂版）	陳俊郎 著	成功大學
合作社法論	李錫勛 著	政治大學
民事訴訟法概要	莊柏林 著	律師
民事訴訟法釋義	石志泉原著、楊建華修訂	文化大學
破產法	陳榮宗 著	臺灣大學
破產法	陳計男 著	司法院大法官
刑法總整理	曾榮振 著	律師
刑法總論	蔡墩銘 著	臺灣大學
刑法各論	蔡墩銘 著	臺灣大學
刑法特論（上）（下）	林山田 著	臺灣大學
刑法概要	周冶平 著	臺灣大學
刑法概要	蔡墩銘 著	臺灣大學
刑法之理論與實際	陶龍生 著	律師
刑事政策	張甘妹 著	臺灣大學
刑事訴訟法論	黃東熊 著	中興大學
刑事訴訟法論	胡開誠 著	監察委員
刑事訴訟法概要	蔡墩銘 著	臺灣大學
行政法	林紀東 著	臺灣大學
行政法	張家洋 著	政治大學
民事訴訟法論（上）（下）	陳計男 著	司法院大法官
行政法之一般法律原則	城仲模 編	司法院大法官
行政法概要	管歐 著	東吳大學
行政法概要	左潞生 著	中興大學
行政法之基礎理論	城仲模 著	司法院大法官
少年事件處理法（修訂版）	劉作揖 著	臺南縣教育局

犯罪學	林山田、林東茂 著	臺灣大學
監獄學	林紀東 著	臺灣大學
交通法規概要	管歐 著	東吳大學
郵政法原理	劉承漢 著	成功大學
土地法釋論	焦祖涵 著	東吳大學
土地登記之理論與實務	焦祖涵 著	東吳大學
引渡之理論與實踐	陳榮傑 著	自立報系
國際私法	劉甲一 著	臺灣大學
國際私法新論	梅仲協 著	臺灣大學
國際私法論叢	劉鐵錚 著	司法院大法官
現代國際法	丘宏達等 著	馬利蘭大學等
現代國際法基本文件	丘宏達 編	馬利蘭大學
國際法概要	彭明敏 著	
平時國際法	蘇義雄 著	中興大學
中國法制史概要	陳顧遠 著	
中國法制史	戴炎輝 著	臺灣大學
法學緒論	鄭玉波 著	臺灣大學
法學緒論	孫致中 編著	各大專院校
法律實務問題彙編	周叔厚、段紹禋 編	司法院
誠實信用原則與衡平法	何孝元 著	
工業所有權之研究	何孝元 著	
強制執行法	陳榮宗 著	臺灣大學
法院組織法論	管歐 著	東吳大學
國際海洋法——衡平劃界論	傅崐成 著	臺灣大學
最新綜合六法 要旨增編	陶百川 編	國策顧問
最新綜合六法 判解指引 全書	王澤鑑 編	司法院大法官
最新綜合六法 法令援引	劉宗榮 編	臺灣大學
最新綜合六法 事項引得	葛克昌 編	臺灣大學
最新六法全書	陶百川 編	國策顧問
基本六法		
憲法、民法、刑法(最新增修版)		
行政法總論	黃異 著	海洋大學

三民大專用書書目——新聞

基礎新聞學	彭家發 著	政治大學
新聞論	彭家發 著	政治大學
傳播研究方法總論	楊孝濚 著	東吳大學
傳播研究調查法	蘇蘅 著	輔仁大學
傳播原理	方蘭生 著	文化大學
行銷傳播學	羅文坤 著	政治大學
國際傳播	李瞻 著	政治大學
國際傳播與科技	彭芸 著	政治大學
廣播與電視	何貽謀 著	輔仁大學
廣播原理與製作	于洪海 著	中廣
電影原理與製作	梅長齡 著	文化大學
新聞學與大眾傳播學	鄭貞銘 著	文化大學
新聞採訪與編輯	鄭貞銘 著	文化大學
新聞編輯學	徐旭 著	新生報
採訪寫作	歐陽醇 著	臺灣師大
評論寫作	程之行 著	紐約日報
新聞英文寫作	朱耀龍 著	文化大學
小型報刊實務	彭家發 著	政治大學
媒介實務	趙俊邁 著	東吳大學
中國新聞傳播史	賴光臨 著	政治大學
中國新聞史	曾虛白 主編	前國策顧問
世界新聞史	李瞻 著	政治大學
新聞學	李瞻 著	政治大學
新聞採訪學	李瞻 著	政治大學
新聞道德	李瞻 著	政治大學
電視制度	李瞻 著	政治大學
電視新聞	張勤 著	中視文化公司
電視與觀眾	曠湘霞 著	政治大學
大眾傳播理論	李金銓 著	香港中文大學
大眾傳播新論	李茂政 著	政治大學
大眾傳播理論與實證	翁秀琪 著	政治大學
大眾傳播與社會變遷	陳世敏 著	政治大學
組織傳播	鄭瑞城 著	政治大學
政治傳播學	祝基瀅 著	國民黨中央黨部
文化與傳播	汪琪 著	政治大學
電視導播與製作	徐鉅昌 著	臺灣師大

三民大專用書書目——政治・外交

政治學	薩孟武 著	臺灣大學
政治學	鄒文海 著	政治大學
政治學	曹伯森 著	陸軍官校
政治學	呂亞力 著	臺灣大學
政治學	凌渝郎 著	美國法蘭克林學院
政治學概論	張金鑑 著	政治大學
政治學概要	張金鑑 著	政治大學
政治學概要	呂亞力 著	臺灣大學
政治學方法論	呂亞力 著	臺灣大學
政治理論與研究方法	易君博 著	政治大學
公共政策	朱志宏 著	臺灣大學
公共政策	曹俊漢 著	臺灣大學
公共關係	王德馨、俞成業 著	交通大學
中國社會政治史（一）～（四）	薩孟武 著	臺灣大學
中國政治思想史	薩孟武 著	臺灣大學
中國政治思想史（上）（中）（下）	張金鑑 著	政治大學
西洋政治思想史	張金鑑 著	政治大學
西洋政治思想史	薩孟武 著	臺灣大學
佛洛姆（Erich Fromm）的政治思想	陳秀容 著	政治大學
中國政治制度史	張金鑑 著	政治大學
比較主義	張亞澐 著	政治大學
比較監察制度	陶百川 著	國策顧問
歐洲各國政府	張金鑑 著	政治大學
美國政府	張金鑑 著	政治大學
地方自治概要	管歐 著	東吳大學
中國吏治制度史概要	張金鑑 著	政治大學
國際關係——理論與實踐	朱張碧珠 著	臺灣大學
中國外交史	劉彥 著	
中美早期外交史	李定一 著	政治大學
現代西洋外交史	楊逢泰 著	政治大學
中國大陸研究	段家鋒、張煥卿、周玉山主編	政治大學
立法論	朱志宏 著	臺灣大學

三民大專用書書目——心理學

心理學（修訂版）	劉安彥	著	傑克遜州立大學
心理學	張春興、楊國樞	著	臺灣師大
怎樣研究心理學	王書林	著	
人事心理學	黃天中	著	淡江大學
人事心理學	傅肅良	著	中興大學
心理測驗	葉重新	著	臺中師院
青年心理學	劉安彥 陳英豪	著	傑克遜州立大學 省政府

三民大專用書書目——美術・廣告

廣告學	顏伯勤	著	輔仁大學
展示設計	黃世輝、吳瑞楓	著	成功大學
基本造型學	林書堯	著	臺灣國立藝專
色彩認識論	林書堯	著	臺灣國立藝專
造形（一）	林銘泉	著	成功大學
造形（二）	林振陽	著	成功大學
畢業製作	賴新喜	著	成功大學
設計圖法	林振陽	編	成功大學
廣告設計	管倖生	著	成功大學